"十一五"国家重点图书出版规划
教育部哲学社会科学研究重大课题攻关项目

中国传统法律文化研究

········ 总主编 曾宪义 ········

律学与法学：

中国法律教育与法律学术的传统及其现代发展

● 主　　编　曾宪义　王　健　闫晓君

　撰　稿　人　(以撰写章节先后为序)

曾宪义　王　颖　陈　玺
高学强　武　瑞　韩　玮
张文涛　赵璐璐　司贻文
闫晓君　律　璞　黄　博
王　健

中国人民大学出版社
·北京·

《中国传统法律文化研究》
秘书处

负责人：庞朝骥　冯　勇　蒋家棣

成　员：(按姓氏笔画排列)

马慧玥　王祎茗　吴　江　张玲玉

袁　辉　郭　萍　黄东海

中国人民大学法律文化研究中心
曾宪义法学教育与法律文化基金会　组织编写

目　录

引　言

在人类文明与文化的发展中，中华民族曾作出过伟大的贡献，不仅最早开启了世界东方文明的大门，而且对人类法治、法学及法学教育的生成与发展进行了积极的探索与光辉的实践。

在我们祖先生存繁衍的土地上，自从摆脱动物生活、开始用双手去进行创造性的劳动、用人类特有的灵性去思考以后，我们人类在不断改造客观世界、创造辉煌的物质文明的同时，也在不断地探索人类的主观世界，逐渐形成了哲学思想、伦理道德、宗教信仰、风俗习惯等一系列维系道德人心、维持一定社会秩序的精神规范，进而创造了博大精深、义理精微的法律。应该说，在人类所创造的诸种精神文化成果中，法律是一种极为奇特的社会现象。因为作为一项人类的精神成果，法律往往集中而突出地反映了人类在认识自身、调节社会、谋求发展的各个重要进程中的思想和行动。法律是现实社会的调节器，是人民权利的保障书，是通过国家的强制力来确认人的不同社会地位的有力杠杆，它来源于现实生活，而且真实地反映现实的要求。因而透过一个国家、一个民族、一个时代的法律制度，我们可以清楚地观察到当时人们关于人、社会、人与人的关系、社会组织以及哲学、宗教等诸多方面的思想和观点。同时，法律是一种具有国家强制力、约束力的社会规范，它以一种最明确的方式，对当时社会成员的言论或行动作出规范与要求，因而也清楚地反映了人类在各个历史发展阶段中对于不同的人所作出的种种具体要求和限制。因此，从法律制度的发展变迁中，同样可以看到人类自身不断发展、不断完善的历史轨迹。人类社会几千年的国家文明发展历史已经无可争辩地证明，法律制度乃是维系社会、调整各种社会关系、保持社会稳定的重要工具。同时，法律制度的不断完善，也是人类社会文明进步的显著体现。

由于发展路径的不同、文化背景的差异，东方社会与西方世界对于法律的意义、底蕴的理解、阐释存有很大的差异，但是，在各自的发展过程中，都曾比较注重法律的制定与完善。中国古代虽然被看成是"礼治"的社会、"人治"的世界，被认为是"只有刑，没有法"的时代，但从《法经》到《唐律疏议》、《大清律例》等数十部优秀成文法典的存在，充分说明了成文制定法在中国古代社会中的突出地位，唯这些成文法制所体现出的精神旨趣与现代法律文明有较大不同而已。时至20世纪初叶，随着西风东渐、东西文化交流加快，中国社会开始由古代的、传统的社会体制向近现代文明过渡，建立健全的、符合现代理性精神的法律文明体系方成为现代社会的共识。正因为如此，近代以来的数百年间，在西方、东方各主要国家里，伴随着社会变革的潮起潮落，法律改革运动也一直呈方兴未艾之势。

从历史上看，法律的文明、进步，取决于诸多的社会因素。东西方法律发展的历史均充分证明，推动法律文明进步的动力，是现实的社会生活，是政治、经济和社会文化的变迁；同时，法律内容、法律技术的发展，往往依赖于一大批法律专家以及更多的受过法学教育的社会成员的研究和推动。从这个角度看，法学教育、法学研究的发展，对于法律文明的发展进步，也有着异常重要的意义。正因为如此，法学教育和法学研究在现代国家的国民教育体系和科学研究体系中，开始占有越来越重要的位置。

中国早在公元前 2 世纪就产生了"刑名法术之学"或"刑名之学"，秦汉时代，律学即作为经学的分支逐步发达起来，"律博士"之设和私家注律的长盛不衰，成为传统，推动了中国古代法律的发展，造就了唐宋辉煌灿烂的法律文化。自元洎乎明清，虽然法制和律学总体上日渐式微，但"讲读律令"和刑名幕学的风尚依然不绝如缕。

近代意义上的法学教育和法学研究，肇始于 19 世纪末的晚清时代。清同治元年（1862年）设立同文馆，首次聘请美国人丁韪良讲授"万国公法"，从此打开了引入和传播西政知识的大门。光绪二十一年（1895 年）开办的天津中西学堂（1903 年改名为北洋大学，后又发展为天津大学），首开"律例学门"并招收学生，虽然规模较小，但在中国创办近代法学教育机构方面具有开创性的意义。三年之后，中国近代著名的思想家、有"维新骄子"之称的梁启超先生即在湖南《湘报》上发表题为《论中国宜讲求法律之学》的文章，用他惯有的极富感染力、饱含激情的文字，呼唤国人重视法学，发明法学，讲求法学。梁先生是清代末年一位开风气之先的思想巨子，在他辉煌的学术生涯中，法学并非其专攻，但他仍以敏锐的眼光，预见到了新世纪中国法学研究和法学教育的发展。数年以后，清廷在内外压力之下，被迫宣布实施"新政"和"仿行立宪"，修订一切现行律例。以修订法律大臣沈家本为代表的一批有识之士，在近十年的变法修律过程中，在大量翻译西方法学著作，引进西方法律观念，有限度地改造中国传统的法律体制的同时，也开始推动中国早期的法学教育和法学研究。20 世纪初，中国最早设立的三所大学——北洋大学、京师大学堂、山西大学堂均设有法科或法律学科目，以期"端正方向，培养通才"。1906 年，应修订法律大臣沈家本、伍廷芳等人的奏请，清政府在京师正式设立中国第一所专门的法政教育机构——京师法律学堂。次年，另一所法政学堂——直属清政府学部的京师法政学堂也正式招生。这些大学法科及法律、法政学堂的设立，应该是中国近代意义上的正规专门法学教育的滥觞。

自清末以来，中国的法学教育作为法律事业的一个重要组成部分，随着中国社会的曲折发展，经历了极不平坦的发展历程。在 20 世纪的大部分时间里，中国社会一直充斥着各种矛盾和斗争。在外敌入侵、民族危亡的沉重压力之下，中国人民为寻找适合中国国情的发展道路而花费了无穷的心力，付出过沉重的代价。从客观上看，长期的社会骚动和频繁的政治变迁曾给中国的法治与法学带来过极大的消极影响。直至 70 年代末期，以"文化大革命"宣告结束为标志，中国社会从政治阵痛中清醒过来，开始用理性的目光重新审视中国的过去，规划国家和社会的未来，中国由此进入长期稳定、和平发展的大好时期，以这种大的社会环境为背景，中国的法学教育也获得了前所未有的发展机遇。

从宏观上看，实行改革开放以来，经过三十多年的努力，中国的法学教育事业取得了辉煌的成就。首先，经过"解放思想，实事求是"思想解放运动的洗礼，在中国法学界迅速清除了极左思潮及苏联法学模式的一些消极影响，根据本国国情建设社会主义法治国家已经成为国家民族的共识，这为中国法学教育和法学研究的发展奠定了稳固的思想基础。其次，随着法学禁区的不断被打破、法学研究的逐步深入，一个较为完善的法学学科体系已经建立起来；理论法学、部门法学各学科基本形成了比较系统和成熟的理论体系和学术框架，一些随着法学研究逐渐深入而出现的法学专门领域也渐次成型；法学硕士和博士研究生及法律硕士专业学位研究生的专业设置、课程教学和培养体系也日臻完善。再次，法学教育的规模迅速扩大，层次日趋齐全，结构日臻合理，法学教育在不断适应时代需要和发展的进程中，其自身也经历着日益深化的改革和完善，法学教育与法治实践的联系日益密切；法学学术和法学教育的国际交流与合作不断扩大和深入。

法律的进步、法治的完善，是一项综合性的社会工程。一方面，现实社会关系的发展，国家政治、经济和社会生活的变化，为法律的进步、变迁提供动力，提供社会的土壤。另一方面，法学教育、法学研究的发展，直接推动法律进步的进程。同时，全民法律意识、法律素质的提高，则是实现依法治国理想的关键的、决定性的因素。在社会发展、法学教育、法学研究等几个攸关法律进步的重要环节中，法学教育无疑处于核心的、基础的地位。随着国家的发展、社会的进步，在21世纪，我们将面临更严峻的挑战和更灿烂的前景。"建设世界一流法学教育"，任重道远。

第一编
传统的法律教育

　　本论所谓"古代传统法律教育"首先要解决的问题就是古代有没有法律教育。本论认为中国社会在原始社会末期已有法律制度的萌芽，至夏商周三代，典章制度已蔚为大观，历代统治者将之作为重要的统治手段。战国秦汉以来，法律传统的继承与发展已见诸各正史的《刑法志》或《刑罚志》。法律是一种专门的知识体系，非经学习和专门训练无从获得。因此，古代既有法律，当有掌握这种专门知识体系的人员。在古代社会，有多种社会角色在其职业生涯中从事与法律有关的工作，如官吏、司法审判人员、佐幕人员、民间的讼师、从事尸体检验的仵作等。那么，以上这些人员的法律知识的获得当视为古代法律教育的一个重要方面。显然，这里中国传统的法律教育不同于近代以来受西方影响并从西方移植过来的法律教育模式。近代法律教育，其教育的组织机构、教育的方法、教育的对象、法律教育的内容等都发生了很大变化。中国传统的法律教育有别于此，从这个意义上来讲，中国传统的法律教育是一种广义上的法律教育。但不论是教育教学体系还是教育教学内容及其背后的精神实质，中国传统法律教育都有自己的特点：（1）教育形式在很长的一段历史时期内都是以私学（师徒）传授为主，以官学为辅。（2）教育内容以讲读律令为主，很多参与法律活动、从事法律职业或从事司法审判的人员都以经义、律令并重，但律令以经义为依归。（3）以实际的治事审判为主要的历练方式。（4）司法考试成为选拔主要司法官员的方式。

　　此外，自上古三代以迄清代，在传统的教育体系中，某些朝代还设有专门的法律教育机构从事法律教育的事业，在选举制度中设有选拔法律人才的法律考试制度。古代法律以儒家经义为依归，与封建礼制互为表里，而传统社会的教育内容皆以儒家经典的讲授为主，古代社会从事司法审判者又往往相信能以儒家经义决狱，能以《春秋》判断世间的纷纷扰扰，因此，从这种角度来考虑，传统社会的一般性教育又未尝不能视为法律教育这种专业教育前的一种基础教育。

　　有鉴于此，本论关于古代传统法律教育的内容表述拟分三部分来展开：一是从纵的方面来叙述历代法律教育的发展及背景，这一部分内容故命名为"传统法律教育的历史"；二是从横的方面，以从事与法律有关的职业如官方较专门的司法官吏、幕友、仵作、民间的讼师等不同的角度，来叙述其法律知识的获得与古代法律教育的关系，这一部分内容故命名为"法律职业与传统法律教育"；三是专设一章论述"传统律学与法律教育"。

第一章

传统法律教育的历史

第一节
先秦时期的法律教育

教育是人类社会特有的现象，它作为人类的社会实践活动，是随着人类社会的出现而产生的。我国原始社会最早产生的就是生产劳动教育。根据古文献记载，有巢氏教民构木为巢以避群害，燧人氏教民钻燧取火以化腥臊，神农氏教民斫木为耒耜以耕作。由此可以看出，生产工具的制造和使用、必需的生活资料的获得以及避难逃生等维持人类生存的基本技能是原始社会教育的主要内容。原始社会的教育除了生产劳动教育外，还有宗教图腾教育、战争军事教育、道德传统教育以及原始艺术教育等。这些教育内容的展开在时间上是有先后顺序的，有些出现得早，有些产生得晚，并与其和人类社会生活生存的密切度有关。可以推测，生存技能教育是最早的教育内容。随着社会的不断发展与进步，在法律出现以后，法律教育才正式出现。

历史唯物主义认为，在人类社会早期没有阶级、没有国家，也没有法律规范，所以不存在法律教育。当历史进入原始社会末期，随着私有制的出现而产生了经济利益根本对立的阶级，当阶级斗争达到不可调和的程度，便产生了凌驾于各阶级之上的公共权力机构，即国家。国家为了调整各阶级、各阶层之间的关系，便制定了法律，法律从产生的时候起便是以国家政权为后盾，代表统治阶级的意志和利益，调整社会各阶级、各阶层人们之间的关系准则和行为规范。法律是随着阶级、国家的出现而产生的，法律的学习、研究和教育则是国家和法律产生以后出现的。我国古代的夏、商、周三代已从无阶级的原始社会发展到阶级对立的奴隶制社会，产生了国家和法律，产生了教育机构，法律教育开始萌芽。

一、夏、商、周的法律教育

1. 夏、商、周时期的教育机构

三代教育机构因所教授内容而有不同的名称，《礼记·明堂位》记载："序，夏后氏之序也。瞽宗，殷学也。頖宫，周学也。"[1]

---

① （清）孙希旦撰：《礼记集解》，853页，北京，中华书局，1998。

在周代，已分为大学和小学。根据《礼记·王制》记载："天子命之教，然后为学。小学在公宫南之左，大学在郊。天子曰辟雍，诸侯曰泮宫。"孙希旦曰："天子诸侯皆有国学、乡学，而国学、乡学又各有大小。乡学以闾之塾，州、党之序为小，以乡之虞庠为大；国学以在公宫南之左为小，以辟雍、頖宫为大。胄子之入小学者，皆于国之小学，其入大学，则在辟雍、頖宫。士庶之子入小学者，皆于闾之塾，而递升于州、党之序，其入大学，则于乡之庠。"①

在夏、商、周三代，除了由中央政府举办的国学之外，还存在着地方上举办的乡学和私学。根据《礼记·学记》记载："古之教者，家有塾，党有庠，术有序，国有学。"② 乡、党、术是三代时期地方上行政区域的划分，它们举办的教育为乡学，家塾为私学。

2. 夏、商、周时期的教育内容

夏、商、周时期教育的功能之一就是造士，亦即培养各种统治人才。根据培养人才的需要，主要进行以下内容的教育：

第一，识字、阅读是最基本的教育内容，主要在国学中的小学、私学、乡学中进行，为培养高级的专门人才奠定文化基础。

第二，射、乐、礼等技能教育，一般在国学中的大学进行。元代马端临在《文献通考·学校考》中把三代时期的教育特征概括为：夏以射造士，商以乐造士，周以礼造士。从这些特征我们可以看出，射、乐、礼是三代教育的主要内容，并且每一代各有侧重，夏代以武力开国立国，实行为政尚武的国策，于是开设教场，培养善射的武士是夏代教育的中心内容。在商代，崇尚天命，信奉鬼神，祭祀和战争成为国家的重要活动，据《左传》记载商代"国之大事，唯祀与戎"，因而祭祀和战争中使用的礼仪、音乐成为商代教育的重要内容。在周代，实行敬天保民、尊重礼教的国策，制定周礼。周礼是调整社会各阶层人们关系的准则和规范。天子以礼治国，礼就成为周代教育的重要内容。射、乐、礼的教育是统治者为了使培养的人才具备管理国家的基本技能而进行的教育。它们只是夏、商、周时期教育内容的一部分。

西周时，我国奴隶社会已发展到鼎盛时期，教育内容系统化，是我国奴隶制时期的典型代表，归纳起来，主要包括：

六德：知、仁、圣、义、忠、和。

六行：孝、友、睦、姻、任、恤。

六艺：礼、乐、射、御、书、数。

六礼：冠礼、婚礼、丧礼、祭礼、飨礼、相见礼。

七教：父子、兄弟、夫妇、君臣、长幼、朋友、宾客之教。

八政：饮食、衣服、事为（百官技艺）、异制（五方用器差异）、度、量、数、制（布帛幅广狭）。

乡学中，大司徒以"乡三物（即六德、六行、六礼）"教万民，司徒修六礼以节民性，明七教以兴民德，齐八政以防淫。其下，乡大夫、乡师、州长、党正各掌其所治之乡、州、

① （清）孙希旦撰：《礼记集解》，332 页，北京，中华书局，1998。
② （清）孙希旦撰：《礼记集解》，957 页，北京，中华书局，1998。

党的政教法令。在国学中，大司乐"以乐德、乐语、乐舞教国子"，大胥和乐师"教国子小舞"，师氏教国子三德（指玉德、敏德、孝德）、三行（指孝行以亲父母、友行以尊贤良、顺行以事师长），保氏教国子六艺、六仪，小胥掌学士之征令。由此可见，无论是在乡学、国学，所教的六艺、六德、六行、六礼、七政、八教包括了政治、经济、军事、道德、伦理、法禁、数术、百工技艺等多方面的内容。在国学，除了乡学的基本内容外，对礼、乐舞方面更有专攻，带有专业化的趋向。从三代的教育内容可以看出，三代的教育具有文武并重、知能兼求而又教有所别的特点。

3. 夏、商、周时期的教育管理

从现有的史料看，反映该时期教育管理内容的较少，商代甲骨文中有"师"、"尹"掌教的记载，师在商代是一种职官，也兼任教导之责。根据古代文献记载，西周的国学教官主要有大司乐、乐师、保氏、大胥、小胥等；乡学教官主要有大司徒、乡师、乡大夫、州长、党正、父师、少师等；教师由官吏兼任，师资的选聘任用，均由政府包办。教育机构设于官府，是一种学在官府、政教合一的教育制度，在管理上以官师合一为基本特征。

在入学资格方面，等级名分是入学的首要条件。如国学中的小学，主要招收皇族、贵族子弟以及平民子弟之俊秀者。在入学年龄上，王太子8岁入小学，15岁入大学。大学修业9年，小学修业7年，学程累计16年。在大学中实行隔年考试，9年考试共5次，根据考试来挑选人才，称为学选。《礼记·学记》记载："比年入学，中年考校：一年视离经辨志，三年视敬业乐群，五年视博习亲师，七年视论学取友，谓之小成。九年知类通达，强立而不反，谓之大成。夫然后足以化民易俗，近者说服而远者怀之。此大学之道也。"[①] 乡学考试的内容和程序与贡士制紧密联系，采用乡举里选，由各级政府层层推荐选拔，以获得任官供职的资格。

4. 法律教育的萌芽

奴隶制国家的法律被奴隶主贵族所垄断，并不公布于众。"临事制刑，不预设法"是奴隶制社会常有的现象，法律的制定、运用和研究被奴隶主贵族和官吏垄断，法律是不能被平民百姓知道的，所以在国学、乡学和私学中，没有法律、法令课程的设置和研究。但是，由于这些兼任教师的乡大夫、乡师、州长、党正等地方官吏也对其所管辖的百姓进行政教、禁令、法令的宣传、教化和管理，在这种宣传、教化和管理的过程中，法律得到了传播，教育了百姓，使人们的行为有所遵循，令行禁止。这种官学合一的教育体制中孕育着法律教育的最初萌芽。

二、春秋战国的法律教育

1. 春秋战国时期法律教育的产生

春秋时代是我国奴隶制开始崩溃并向封建制转变的社会大变革时期，铁制工具的使用和牛耕的推广，促进了生产力的发展，引起了生产关系的变革。奴隶制的"井田制"遭到破坏，封建经济关系萌芽，这时期阶级关系的变化，即是新兴地主阶级的出现。在上层建筑领域，也出现了"礼崩乐坏"的局面。到了战国时期，随着封建经济的发展，封建地主阶级的

---

① （清）孙希旦撰：《礼记集解》，959页，北京，中华书局，1998。

力量逐渐强大，日益要求建立反映本阶级意志的法律制度和教育制度。

春秋后期，一些诸侯国在新兴地主阶级的支持和推动下，陆续公布了成文法，如郑国的子产铸刑书，晋国铸刑鼎，把法律公布于众。这反映了新兴地主阶级的要求，打破了奴隶主贵族垄断法律的局面，使法律成为人人遵守、人人可知、人人可学的行为准则。成文法的公布是法律教育产生的前提条件。

春秋战国时期，教育体制上出现了官学与私学并存的局面，而且官学日益没落，私学兴起并得到发展。从西周国学发展而来的官学，到春秋战国时期出现了"乱世则学校不修"的局面。其主要原因是：

（1）官学教育时间长、投入多，不适应战乱时期急功近利的要求，公费支出逐渐没有保证，因而收效快、自筹经费的私学适应了这个变化。

（2）官学"礼乐之教"的教育内容，以讲求伦理道德为主，与春秋战国时期争雄争霸的时代要求不符，而私学中的各家各派的教学内容适应了崇法尚武的时代要求。

（3）官学实行官师合一、政教合一的体制，按照行政命令教学，剥夺了学官和教师的自主、创新的权利，形成了僵死的教育。私学以各家各派为专业教师，各家各派宗师的出现，使教师队伍专业化，求学以"寻师访友"的方式，修学以"行万里路，读万卷书"的方式，自主性强，利于学术的交流和发展。私学的产生促成了战国时期百家争鸣局面的形成。

（4）在教学管理上，官学的入学年龄、修业年限等都有固定的限制，而私学没有固定的学习年限和入学年龄的限制，学习者跟随宗师长达数十年、短到几个月不等，随学随用，满足了该时期人才的急切需求。

因此，春秋战国时期官学失修、私学兴起，出现"天子失官，学在四夷"的局面是必然的。私学的产生是中国古代教育史上划时代的革命，它把教育从政治活动中分离出来，实现了教育的独立化，教师也不再是官吏，而是单纯的脑力劳动者，是以教育人为谋生之道的专职教育工作者。在各家私学兴起的同时，法家私学也独树一帜，最早期的专门的独立的法律教育便由此诞生了，也就是说，独立的法律教育最早产生于私学。法家的私学代表了春秋战国时期专门法律教育的基本状态。

2. 春秋战国时期法律教育状况

春秋战国时期最著名的有儒、墨、道、法四家学派创立的私学。各家私学各聚门徒，各立宗师，竞相宣传自己的观点，形成了各派平等、老少平等、师生平等、在真理面前人人平等的学风。在教师的选任上，政治立场和学术派别不作为选取教师的前提条件，有无真才实学才是决定教师进退的依据。教师来去自由，教学内容、方法各依教师己意，不同观点可自由争论，没有统一的教材、教学大纲，学生也可来去自由，自主择师，也可改门易宗。法家私学也具有以上特点，一般是以具有法律知识的官吏为教师，以公布的成文法和该教师对法律的认识、实践经验、法律思想为教学内容。

春秋时期，郑国邓析聚众讲学，向人传授法律知识，并帮助人进行诉讼，有许多人到他这里来学习法律。根据《吕氏春秋·离谓》记载，邓析"与民之有狱者约，大狱一衣，小狱襦袴。民之献衣襦袴而学讼者，不可胜数"[1]。从这些记载可以看出，发生了诉讼纠纷的人们

---

① 陈奇猷：《吕氏春秋校释》，1178 页，南京，学林出版社，1995。

以"衣"和"襦袴"为代价，向法学家学习有关的法律。卫国的子夏，先师从孔子，孔子死后，子夏离开卫国去魏国，为魏文侯的老师，与他的学生李悝、吴起等人共同发展了法家私学，成为战国前期著名的法家。李悝作魏文侯相时，实行变法，曾制定了我国历史上第一部比较完整的封建成文法典《法经》。吴起在楚国实行变法，富国强兵。战国后期的商鞅年轻时就喜欢刑名法术的学问，曾经就学于李悝，带着李悝的《法经》进入秦国，在秦孝公的支持下进行变法，改法为律，推行法制，奖励农耕，使秦国一跃为强国，其他各国莫敢犯秦。

在春秋战国时期，有些著名的法学家本非师承法家，也不总固守一学，而对法学也有极大贡献，这是受战国时期百家争鸣学风的影响。战国末期著名的法学家韩非是韩国的公子，"喜刑名法术之学，而其归本于黄老……与李斯俱事荀卿"①。这里的"荀卿"指的是战国末期继孔孟之后的儒学大师荀况。韩非曾就学于荀况，后来从韩国出使到秦国，他法、术、势相结合的思想被秦王嬴政采纳，成为秦王朝的统治思想。

春秋战国私学的兴起和发展，造就了一大批法学家和法律人才，法家的法律私学教育使法律教育成为独立的专业化教育。

三、春秋战国时期法家的法律教育思想

按照"著书定律为法家"的说法，李悝则是法家的创始人和代表人，因为他编纂了我国历史上第一部比较完整系统的封建法典《法经》，对以后的封建立法产生了深远的影响。李悝之后，吴起、商鞅分别在楚国、秦国变法图强，实践和发展了法家思想。到了战国后期，韩非集春秋战国以来法家思想之大成，创立了系统的法家思想，其中也包括了丰富的法律教育思想。这些思想的主要内容有：

1. 反对先王之教，摒弃其他各家私学

夏、商、周及至春秋以来，在官学的教育机构中，一般以仁、义、礼、乐为主要内容，战国时期在百家争鸣的局面中，儒、墨、道家各派私学也成为当时的显学，法家主张要"废先王之教"，禁绝各派私学。商鞅从"治世不一道，变国不法古"的历史进化论出发，强调教育必须变革，认为儒家的仁义道德说教是"巧言虚道"，教育必须以重农耕，富国强兵为出发点。他认为："凡人主之所以劝民者，官爵也；国之所以兴者，农战也。今民求官爵，皆不以农战，而以巧言虚道，此谓劳民。"② "仁者能仁于人，不能使人仁；义者能爱于人，而不能使人爱。"③ "礼乐，淫佚之征也；慈仁，过之母也。"④ 仁慈礼乐是祸乱的根源，并将儒士视为社会的"虱子"、"臭虫"，明令加以取缔扫除。韩非提出要"功当其事，事当其言"⑤，废除儒、墨、道等无益国计民生的说教，禁绝除法家以外的各家私学的教育。

2. 建立"以吏为师"的教育体制

法家主张废弃道德说教的教育，而力图建立一个通过行政手段，全面推行法治教育的系统，使整个社会成为一所法治教育的大学校。他们从反对儒墨私学出发，主张建立法学，商

---

① 《史记·老子韩非列传》。
② 《商君书·农战》。
③ 《商君书·画策》。
④ 《商君书·说民》。
⑤ 《韩非子·主道》。

鞅提出："置法官，置立法之吏，以为天下师。"韩非把儒、墨私学痛斥为"二心之学"，称其诽谤法令，造谣惑众，犯上作乱；坚决主张"法立则莫得为私"，以法学代替各家私学，使教育真正成为推行法治的工具。法家提出的"以吏为师"就是由封建国家的政府派出的官吏来掌管教育，这是封建统治阶级实行文化专制，实行中央集权制总政策的组成部分。对教育发展来讲，"以吏为师"实际上是否定了春秋战国以来教师职业的独立化过程，不能不说是中国教育史上的一个后退。

3. 树立"以法为教"的教育内容观

法家主张"以吏为师"的同时，提出"以法为教"，推行法治教育，作为社会和学校教育唯一的内容。"以法为教"包括以下内容：

第一，以成文法作为教育的基本内容。韩非认为："法者，编著之图籍，设之于官府，而布之于百姓者也。""法莫如一而固，使民知之。"所以，要制定成文法，并公之于众，使百姓明白易知，这样才有教育和宣传的必要，通过教育，使"万民皆知所避就"。商鞅变法时改法为律，公布了一系列的法律法令，商鞅变法失败后遭车裂而死，但其法未败，妇孺皆知商君之法，这就是法律宣传教育的结果。

第二，法治教育以奖励耕战为核心内容。商鞅认为"国之所以兴者，农战也"，"国待农战而安，主待农战而尊。"① 对农战有功者重赏，无轨者重罚，商鞅变法时规定："民有二男以上不分异者，倍其赋。有军功者，各以率受上爵；为私斗者，各以轻重被刑大小。僇力本业，耕织致粟帛多者复其身。事末利及怠而贫者，举以为收孥。"② 重奖勤奋耕织多的人员，免除其徭役负担，根据军功大小授予不同的官爵，不致力于农业纺织而弃农经营商业末利，不为国家而战却为私利而斗，要处以不同的刑罚。法家这种以奖励农耕为中心内容的法治教育是推行变法的工具，是法家实行农战、富国强兵国策的一部分。

第三，实行一教，明法重刑，以刑治国。一教就是推行法治来统一人们的思想，取缔一切不利于农战、不符合法令的思想言论，要一切"事断于法"，并且"重刑轻罪"。商鞅认为："言不中法者，不听也；行不中法者，不高也；事不中法者，不为也。言中法，则听之；行中法，则高之；事中法，则为之。"③ 用法律统一人们的思想和言行，君主要以法治国，以法治国就要严刑，如果言、行、事不中法者，则被视为国家的奸民，要被处以重刑。商鞅认为："立君之道，莫广于胜法；胜法之务，莫急于去奸；去奸之本，莫深于严刑。故王者以赏禁，以刑劝；求过不求善，藉刑以去刑。"④ 主张以重刑处罚犯罪，推行以刑止刑、以刑去刑的法治教育思想。

4. 以法矫正人性的教育作用论

韩非发展了荀况的"人性恶"的观点，他认为人性自私。"人无羽毛，不衣则不犯寒，上不属天而下不著地，以肠胃为根本，不食则不能活，是以不免于欲利之心。"人们"安利者就之，危害者避之，此人之情也"。他认为趋利避害、自私自利是人的本性，需要靠后天的教育来矫正。他认为，对于一个家庭来讲，"严家无悍虏，而慈母多败子"。而对于一个国

---

① 《商君书·农战》。

② 《史记·商君列传》。

③ 《商君书·君臣》。

④ 《商君书·开塞》。

家来讲，就必须依靠法制教育来矫正，以法律来惩罚、矫正人的自私自利、作奸犯科的行为。因为法是公正无私的，"刑过不避大臣，赏善不遗匹夫"，刑无等级，以法的严厉和公正无私来矫正人的自私本性，这是法家所认为的法治教育的基本作用。

5. 培养能法人才的教育目的论

商鞅主张要结合实行农战的需要来推行法治教育，通过教育培养执行法律人才和推行农战政策之士。韩非更是反对"所养非所用，所用非所养"的教育方法，提出法律教育的目标是培养两种人才，即见识远大、明于事理的智术之士和坚强果断、刚劲正直的能法之士。法律教育的最终目的是为封建地主阶级培养出尽力守法、循令从事、按法治富的明法、"行法"人才。

从以上几方面可以看出，春秋战国时期法家的教育思想完全是代表新兴地主阶级，以巩固新兴的封建政权为核心的。他们所倡导的文化教育专制主义思想和在变法图强的改革中推行的文化教育专制政策对后世产生了深刻的影响，随之而来的就表现在秦始皇建立统一的中央集权制国家后采取的文教政策上，以至愈演愈烈，把文化教育专制推向了极端。

第二节
秦汉时期的法律教育

一、秦代的法律教育

1. 秦代"以法为教"、"以吏为师"的文教政策

战国时期的秦国，经过商鞅变法的富国强兵，到了秦王嬴政时先后灭掉了韩、赵、燕、魏、楚、齐各国，建立起我国历史上第一个统一的专制主义中央集权的封建国家。秦代统治者奉行法家学说，以韩非"以法为本"并将法、术、势相结合的法治理论作为立法的指导思想，实行"以法为教"、"以吏为师"的教育政策。这个政策的内容主要有两方面：

第一，罢黜百家，崇法尚刑。秦始皇采纳丞相李斯的建议，实行"非秦记皆烧之。非博士官所职，天下敢有藏《诗》、《书》、百家语者，悉诣守、尉杂烧之。有敢偶语《诗》、《书》者弃市。以古非今者族。吏见知不举者与同罪。令下三十日不烧，黥为城旦。所不去者，医药卜筮种树之书。若欲有学法令，以吏为师"①。之后便颁布了《挟书令》，凡私藏、私带、私学诸子百家的书籍便为犯罪；除了医药、卜筮、种树的书籍外，全部付诸烈火。只是公开允许学习法律法令，以官府的官吏做教师，把议论时政的儒生四百六十余人"皆坑之咸阳"，制造了中国历史上臭名昭著的"焚书坑儒"事件。而且提出"禁游宦"，取缔人们自由流动、迁徙、结社、讲学、求学、言论的权利，实行"书同文"制度，力图通过文字改革达到禁绝"诗书之教"的目的，并且以法令匡饬异俗，统一各民族的风俗习惯。

第二，废官学、禁私学，推行法律社会教育。秦始皇时期的教育政策，完全是战国时期

---

① 《史记·秦始皇本纪》。

商鞅、韩非等人法治思想的具体化，是将他们的思想形成制度加以推行。从有关的史料来看，秦代没有举办过程度较高的传授系统知识的官学，并且严禁私学。秦相李斯认为："私学而相与非法教，人闻令下，则各以其学议之，入则心非，出则巷议，夸主以为名，异取以为高，率群下以造谤。如此弗禁，则主势降乎上，党与成乎下。"① 私学议论时政，成为社会不安定的因素，为强化其专制统治，下令废止私学，以法律的社会教育取代学校教育，使社会上人人都学法令。在地方上，设"三老以掌教化"，三老是基层的地方官，基层的法律教育和宣传由"年五十以上，衣修行，能帅众为善"的三老掌管。在中央，从各级官府中选聘官吏教授法律、法令，培养执法人员。秦代"以法为教"、"以吏为师"的教育政策是秦代中央专制主义集权在教育领域的反映。秦虽二世而亡，它对后世教育的影响却很深，其专制主义的内核，被后代封建王朝所沿袭，致使教育功能不能正常发挥，影响了教育自身的发展。

2. 秦代法律教育体制

秦代的法律教育体制有两种：

第一，学室法律教育。秦代废官学、禁私学，以法为教，建立学室，作为法律教育的场所。秦律规定："非史子殹（也），毋敢学学室，犯令者有罪。"② 在入学资格上，不是史的子弟不能进入学室学习。史是政府中管理文书、档案的小官吏，史的儿子才有资格在学室中学习，成为学室弟子。有人就此提出学室教育不可能是系统讲学的机构，但可能是类似明代接受国子监生历事的办公衙门，故所谓学室，无非是兼有供未来文秘人员实习或见习之职的办公室的别名。这当然是一家之言，但学室在当时确实有法律教育的功能。

学室教育的内容主要有两项：一项是启蒙教育，丞相李斯、中车府令赵高和太史公胡毋敬分别以小篆体编写《仓颉篇》、《爰历篇》、《博学篇》等蒙童教材，教宗室弟子写字、识字、熟悉各物等基础教育，这是推行"书同文"政策的基本要求，也是"普施明法，经纬天下，永为仪则"③ 的政治要求。秦代学室实行考试制度，根据《秦律·尉律》规定："学童十七已上始试，讽籀书九千字以上，乃得为史。"④ 学室弟子年满 17 岁才参加考试，能够诵读、背写九千字以上，就可以到政府充当"史"，经过学室教育后，可直接参加政府工作。

学室教育的另一项内容是学习法律、法令。根据史料记载，秦法繁如秋荼，密如凝脂，天下莫不皆有法式，学室弟子在参加政府工作之前必须学习政府的各种法令、法式。由此可以看出学室教育有文化基础教育和法律专业教育的内容。

第二，吏师法律教育。吏师法律教育就是由政府选聘官吏作为教师教授法律知识的制度。这是秦代"以法为教"、"以吏为师"政策的具体化，也是秦代教育的一大特点。在秦代，主要有两种吏作为教师：一是执法官吏，秦始皇三十二年（公元前 190 年），在丞相李斯的主持下，"明法度、定律令"，把原有的法律加以修订和补充，颁行全国，并且规定，只有国家官吏才有权解释法律，一般人若"欲有学法令，以吏为师"。如秦代御史"掌赞书而授法令"。《史记·张丞相列传》记载，张苍"秦时为御史，主柱下方书"，掌管文书档案及教授法律法令。在秦代，可以教授法律的另一种教师是在政府中专司教育的官吏，主要有博

---

① 《史记·秦始皇本纪》。
② 睡虎地秦墓竹简整理小组：《睡虎地秦墓竹简》，107 页，北京，文物出版社，1978。
③ 《史记·秦始皇本纪》。
④ 《说文解字·序》。

士、师、傅等职。博士一职在战国时已有，在秦代，见于史载的在坑儒前有 70 人，秦二世时有 30 人，其职责是掌通古今、辨然否、典教职，或议论时政、或待向咨询或充任吏师。据《汉书》载，叔孙通本来是秦博士，归汉时，"从弟子百余人"。此外，还有公孙贾为太子师，公子虔为太子傅，赵高做秦二世的老师，"尝教胡亥书及狱律令事"。秦代既以执法哀史又以政府中专司教育职能的官吏作为教师教授法律，表明了秦代法律教育在整个社会的教育中占有相当重要的地位。秦代的学室法律教育和吏师法律教育制度是中央政府举办的培养政府官吏的专门法律教育机构，从这种意义上讲，秦代的法律教育是中国古代官学法律教育的开始。

3. 秦代法律教育的内容

秦代法律教育的内容主要包括以下几个方面：

第一，秦律。战国时商鞅变法，改李悝《法经》六篇为律，秦始皇建立秦朝后，沿用了商鞅变法所制定的法律。秦律本久已佚失无存，1975 年在湖北省云梦县睡虎地发掘出土了秦代竹简一千余支，大部分是秦的法律及文书，计有秦律二十九种，如田律、厩苑律、仓律、金布律、工律、徭律、游士律、除吏律、除弟子律等，包括了刑事、民事、行政、诉讼、经济、军事等方面的法律规范，我们可以从中了解秦代教授秦律的部分内容。

第二，皇帝的诏令。秦始皇并天下之后，便更定名号称为皇帝，其命曰制，令曰诏，皇帝的命令具有最高的法律力，皇帝随时随事发布的命令，都是法律教育的内容。

第三，法令。官府发布的法令，如《挟书令》、《垦田令》等。云梦秦简中的《法律答问》就有专门一条解释什么叫犯令、废令："令曰勿为，而为之，是谓犯令；令曰为之，弗为，是谓法（废）令殹（也）。"[1] 对于犯令、废令的官吏要予以惩罚。从此可以看出，秦代存在大量的令，是法律教育的内容。

第四，司法文书和审判案件。法律教育不仅要教授法律、法令和皇帝的命令，还要教授学生学习断案和写作司法文书。云梦秦简中的《封诊式》就是对官吏审理案件的要求和各类案例的程式，并且包括了治狱案例，还有《治狱》、《讯狱》和《封守》等治狱的原则。

秦代法律保护的是以皇帝为首的封建专制主义中央集权统治；它是维护地主阶级私有财产和封建国家对农民的剥削，调整封建经济关系，保证封建经济的发展，以法治吏，发挥封建国家机构的统治效能的工具。秦代的法律继承了战国时期法家重刑轻罪的传统，实行"繁法严刑"，从生产到生活，从行为到思想，莫不"皆有法式"，而且"乐以刑杀为威"，并强迫人民遵守。桓宽在其《盐铁论》中说"秦法繁于秋荼，而网密于凝脂"，以至于"天下苦秦久矣"，揭竿而起，秦及至二世而亡。

二、两汉时期的法律教育

1. 两汉时期文教指导思想

刘邦击败项羽，建立西汉，汉多承秦制，且时有变通。汉初统治者吸取亡秦的教训，倚重黄老之学，实行"与民休息"的政策，对节用民力、恢复生产起了一定的积极作用，促成了中国历史上的"文景之治"，也促进了文化教育的发展和繁荣。社会经济发展之后，到了

① 睡虎地秦墓竹简整理小组：《睡虎地秦墓竹简》，212 页，北京，文物出版社，1978。

汉武帝时，"外事四夷之功，内盛耳目之好，征发烦数，百姓贫耗，穷民犯法，酷吏击断，奸宄不胜"①，社会矛盾日益尖锐，于是汉武帝抛弃了无为而治、省刑减赋的政策；在制定和修改法律的同时，推行"罢黜百家，独尊儒术"，定儒学为官方统一的意识形态，确立了儒家经典的法定地位。在教育方面，把儒家的德、行、道、艺等作为教育培养人才的中心内容，把整理儒家经典，阐述解释儒经精蕴作为教育的中心任务。儒家思想是两汉统治者推行的文教政策的指导思想。

2. 两汉时期的官学教育机构

汉代的教育机构按开办方式分为两种：官学和私学。汉代中央官学始建于汉武帝，初成于汉平帝时期，中央官学有三种：太学、为外戚设立的贵胄学校的四姓小侯学和专门的艺术学校——鸿都门学。②

太学始建于汉武帝建元五年（公元前 136 年），五经博士的设立为太学准备了师资，元朔五年（前 124 年）置博士弟子员，一般认为这是太学的发轫，当时并设置有校舍，一说是在"长安西北七里"，一说是在长安"安门之东，杜门之西"。王莽时规模扩大，筑舍万区，设内外讲堂，长 10 丈，宽 3 丈，堂前竖有 4 部石经，并建有博士舍。到汉顺帝阳嘉元年（公元 132 年）兴复太学，修葺校舍，建 240 房，1 850 室，盛况空前。汉代太学是中国教育史上第一所规制完备、史实详尽可考的教育机构，是中国古代高等教育的起点。自汉代创始以来，直至清末，各封建王朝的最高学府都泛称太学，影响至深。

在汉代，地方官学最早起源于汉景帝时期的蜀太守文翁，他为发展地方教育事业，采取了两项措施：一是遴选。"选郡县小吏开敏有材者张叔等十余人亲自饬厉，遣诣京师，受业博士，或学律令。"③ 即由政府出资选拔有才干的地方官吏去中央学习文化或学习法律法令。二是开办学校。"修起学官于成都市中，招下县子弟以为学官弟子，为除更徭，高者以补郡县吏，次为孝弟力田。常选学官僮子，使在便坐受事。每出行县，益从学官诸生明经饬行者与俱，使传教令，出入闺阁。县邑吏民见而荣之，数年，争欲为学官弟子，富人至出钱以求之。由是大化，蜀地学于京师者比齐鲁焉。至武帝时，乃令天下郡国皆立学校官，自文翁为之始。"文翁办地方教育，派出郡吏进修法律，是地方官学进行法律教育的比较早的记载。王莽执政时，把建立地方学校作为恢复古制的系列措施之一，在汉平帝元始三年（公元 13 年）颁布建立地方官学系统的命令："立官稷及学官：郡国曰学，县、道、邑、侯国曰校，校、学置经师一人；乡曰庠，聚曰序，序、庠置《孝经》师一人。"④ 可见，汉代比较系统的地方官学设置是郡国设学，县、道、邑、侯国设校，乡设庠，聚设序四级教育机构。

3. 两汉官学的教育管理制度

汉代与教育机构相适应的管理机关，在中央由主管宗庙礼仪的太常兼管。太常在汉代的"三公九卿"（三公为丞相、太尉、御史大夫，是中央最高级别的决策官员；九卿为太常、郎中令、卫尉、太仆、廷尉、典客、宗正、治粟内史和少尉，是政府中的执行机关的首长）中居首位，地位较高。太常之下设太史令、太卜、太乐令、博士等官，博士已成为专司教育之

---

① 《汉书·刑法志》。
② 《后汉书·蔡邕传》："光和元年，遂置鸿都门学，画孔子及七十二弟子像。"
③ 《汉书·循吏传》。
④ 《汉书·平帝纪》。

职的官员。

在太学中设置五经博士，博士之长在西汉称为仆射，在东汉称为祭酒，其职责是掌太学之政，相当于一校之长。博士常由太常采用征辟或荐举的形式从德高望重、学问渊博者中选定，主要以五经教授学生，也兼领选才、案访、平决冤狱和掌承问对等工作。在地方上，教育的行政管理大体上由地方长官兼摄，地方各级学校一般也有一专职人员主持，郡、县、侯、道、邑的学校各设置经师1名，庠、序也各设经师一人，兼管教学和行政。两汉官学的教育管理制度的主要内容有：

学生的来源：官学学生来源各异。四姓小侯学招收皇室外戚子弟，学校条件好，师生待遇优厚，匈奴也派遣子弟入此学校，带有浓厚的贵族化色彩。鸿都门学的学生都由州、郡、三公荐举，"能为尺牍、辞赋及工书鸟篆者"，考试合格方能入学。太学的学生可以由监管教育的最高长官补送，也可以由郡国举荐，也可由太学考试选拔，也可由恩荫父任而入太学，其条件是"民年十八以上仪状端正者"，"郡国县官有好文学、敬长上、肃政教、顺乡里、出人不悖所闻"。一经选入太学，就可免除其徭役，"公车"进京。太学的学生，在西汉称为"博士弟子"或"弟子"，在东汉称为"诸生"或"太学生"。其名额各代不同，如汉武帝时只有50人，汉成帝末年达三千人，东汉顺帝以后达三万人。地方学校一般经过"乡举里选"合格后便可入学。

官学的教学内容和形式：鸿都门学以尺牍、小说、辞赋、字画等艺术为主要内容，与法律无关。四姓小侯学由朝廷聘请名师执教，设置五经师，以《孝》经为主兼及《尚书》等，这些儒经中包含了儒家的法律思想。太学以五经为教学内容，因经书各有所传，其说各异而形成各种流派。为了统一五经的异同，西汉宣帝时曾召集太学博士和名儒在石渠阁论述《五经》，东汉章帝亦领衔率博士名儒在白虎观数日论经，最后由班固总结归纳成太学统一的教材——《白虎通义》。汉灵帝时又由蔡邕等人审定今文《五经》及《公羊传》、《论语》，并将它们一并刻于石碑，竖于太学，这就是汉灵帝以后太学法定的统一标准教材——《熹平石经》。这部石经用汉代流行的隶书写成，大约20万字，共用46块石碑，从汉熹平四年（175年）开始刻石，经8年方告竣工，这部石经不仅仅作为太学的教材，也是社会上一般人研究和习经的标准。

汉代的教学方法主要有：设置讲堂，由经师聚集太学生集合讲经；学生自行研习，教师点拨；师生辩论问难，疑义相析。在汉代太学中，因所学经书各有所传，在教学中存在着排斥异说、各自严守师法的学风。

汉代教学管理中实行考试制度：汉代学校考试有四种形式：一为射策，即抽签命题考试。二为对策，提出50个经义问题，要求学生按着经义注解章句一一作答，"答多者为上第，引文明者为高说"。三为开卷考试。四为口试，检验经书背诵情况及口头表达能力。东汉恒帝永寿二年（156年）曾定儒经课试法，该法规定：满两年试通二经者，补文学掌故；已为文学掌故习满二年，试通三经者，擢其高第，为太子舍人；已为太子舍人，习满二年，试通四经者，擢其高第为郎中；已为郎中习满二年，试通五经者，擢其高第补吏，随才而用。这种经义教学考试与任用联系起来的方法在曹魏太学中被完善为"五经课试法"。

汉代政府定期对学校进行检查，主要采取两种措施：一是劳赐，即赐给师生酒肉或实物，作为调动师生积极性的激励手段。二是视学，由皇帝或皇帝指定官员到太学视察，同时召集博士讲经，与太学诸生及同行文武大臣听讲，有时也检查太学生的课业，颁发奖赐品。

在汉代，官学中没有设立专门的法律教育机构。但在太学中使用的教材都是儒家经典著作，其中包括了儒家对法制的阐述，儒家的法治思想体现于各儒经之中，太学在传授儒经的同时，也使儒家的法制思想得到了传播，可以说儒经教育中包括了法律教育的一部分，而且从这个意义上讲，太学的教育管理制度，也是法律教育管理的一部分，后代的历史也已证明，专门的法律教育机构设立后，也采用了相同或相近的管理制度。由此而言，官学中系统的儒家经典法律教育从汉代开始。

4. 两汉的私学

战国时期，私学勃兴，秦代私学俱废，到两汉时期，出现了官私学并存、互为消长的格局。汉初私人讲学之风盛行，主要学派及著名的学者有：以叔孙通、伏生、韩婴等人为代表的儒家私学；以乐臣生、陈平、汲黯等人为代表的黄老刑名之学；以黄霸、赵禹、张汤等人为代表的法家私学；此外还有算学律历、纵横术和其他杂家。这是在汉武帝继位之前的70年中官学不兴的状态下出现的。汉武帝推崇"独尊儒术"的政策之后，私学发展受到压抑，以儒学为核心的官学发展日盛。在东汉初年政治混乱的情况下，官学废弛，各家私学又兴盛起来。在各私学流派中，法家和儒家私学对法律教育的影响最大，主要表现在两汉时期律学的兴盛和引经决狱的风行。

三、两汉时期的律学

两汉时期的律学是指在汉代由司法官吏和学者对汉律进行研究、注疏和传授的活动。它不同于南北朝时期后秦设立的作为法律教育机构的律学。在汉代，律学是以私学的形式出现的，或独立研究，或世传法律，形成各种学派世家，在不同的时期都受到统治者的提倡，有些学说还被付诸司法实践，其在西汉兴盛一时。

关于汉律，据史料载，先由萧何在李悝《法经》的基础上，参照秦律制定了《九章律》，而后叔孙通制定傍章十八篇，张汤制定越宫律二十七篇，赵禹制定朝律六篇，总共合为六十篇，构成汉律的核心，以后各朝不断地进行修改和补充。汉代的法律除了律以外，还有令、科、比等形式。令是指皇帝的命令，具有最高的法律效力。汉朝的令数量大，范围广，为了便于明习，依照令的先后编成令甲、令乙等，据《晋书·刑法志》载，当时"集为令甲以下三百余篇"。科在汉代作为科条，是规定犯罪和刑罚的法令条文。比，也叫决事比，是汉代以典型案例作为判决的标准。律、令、科、比都是汉代实行的法律规范，数量之多，以至于"文书盈于几阁，典者不能遍睹"。就是对如此众多的法律条文，司法官吏或学者对其进行解释，赋予其新的理论，从而形成了各种律学流派或世家。

两汉时期的律学或以世传其业或以聚众讲学的形式。西汉时期，张汤的父亲任长安丞的时候，因他家的肉被老鼠吃掉，张汤遭父亲笞打，他就把老鼠从洞中挖出，对老鼠进行刑讯审问，并作出判决书，在庭院中把老鼠碌碎。张汤的父亲见此情景，再看张汤写的审讯文书如同出自有经验的狱吏之手，非常惊奇他的才能，于是就让张汤学习断狱。张汤断狱以严酷著称，后其官至廷尉，迁至太中大夫，与赵禹共定律令，作越宫律二十七篇，他的儿子张安世也以"父任"选为郎官。杜周先做廷尉史，掌断案，后官至御史大夫，掌司法纠察，断狱深刻，他的儿子杜延年"亦明法律"。杜周、杜延年父子有大杜、小杜之称，他们对汉律的注释有大杜律、小杜律之称，对东汉以后的律学也深有影响。他们世代为司法官，以习律断案作为家传职业。这种法律的传授实际上是一种家学，不是政府主办的，是私学形式的法律教育。通过这种学习或直接担任政府的低级官吏，或是参加政府组织的考试合格后再选授为官。

汉代律学到东汉时期更加兴盛，出现了三大法律世家：

1. 颍川的郭氏。郭弘研习小杜律，太守寇恂任其为决曹掾（汉代地方政府主管案件审理的官吏），他在判案时执法公正，任司法官三十年。他的长子郭躬少传父业，曾聚众达数百人讲授汉律。郭家世代掌法，执法务在宽平。根据《后汉书·郭躬传》的记载，中常侍孙章宣布诏书时误报，尚书上奏孙章矫制罪当斩首，明帝召郭躬问，郭躬回答说："法令有故意、过失之分，孙章误传诏令为过失，过失罪轻，应判罚金。"皇帝准允郭躬的判决。此外，郭躬上奏皇帝，要求把重刑改为轻刑的犯罪行为就有41项，得到皇帝允准施行，并且著为令。郭弘的中子郭晊亦明法律，官至南阳太守，政绩卓著。郭弘的弟弟郭祯"亦以能法律至廷尉"。郭弘的侄子郭镇及侄孙郭僖以及郭僖之子郭妥，都是"少习明家业"。郭氏家族自郭弘后，几代世传法律，用法宽平，决狱无冤。据统计，郭氏家族官至廷尉的就有七人。

2. 河南吴氏。吴雄因明习法律，断狱公平，官从廷尉迁至司徒。他的儿子吴䜣、孙子吴恭三代均为廷尉，"以法为名家"。

3. 沛国陈氏。陈咸在汉成帝、汉哀帝时，明习律令，官至尚书。王莽辅政后，陈咸便"收敛其家律令书文皆壁藏之"。后来他的孙子陈宠"明习家业"，年轻时为州郡吏，后来被司徒鲍昱征召进司徒府。其在任职期间，为鲍昱撰写了《辞讼比》七卷。

两汉时期的律学者一方面对法律进行研究和传授，另一方面又在政府任司法官吏，这样就能把他们的学说贯彻到司法实践中去。由于汉代统治者重视法律，汉代律学者将汉律的学说和理论与司法实践紧密结合，使汉代律学充满了活力，出现了律学繁荣发展的局面。

四、两汉时期的引经决狱

汉初统治者总结秦苛法繁刑、二世而亡的教训，在政治上实行崇尚无为、与民休息的国策。汉武帝时又实行"独尊儒术"的政治策略，其表现在法制建设上，即以礼法并用、德主刑辅作为指导思想：既要制定法律，实行强力镇压，又要提倡德治礼乐，宣扬"先王仁义之道"，以软硬两手进行统治。因此，在执法上，除了依据法律、法令进行审判案件外，还直接引用儒家经典的内容作为审判案件的标准和根据，这就是引经决狱。

根据《汉书·兒宽传》记载，兒宽"以古法义决疑狱"，当时张汤为御史大夫，把兒宽举为侍御史。又据《后汉书·王望传》记载，皇帝因王望不事先奏请皇帝而擅自行事，就让百官议处王望的罪过，当时百官众议王望专权，应依法论罪，只有钟离意认为不予论罪，他说："从前华元子反楚，宋国良臣没有禀报国君就平息了二国之乱，春秋之义，传为美谈。"于是百官集议赦王望无罪。根据《后汉书·何敞传》记载，何敞任职时，政令宽和，平反冤狱，以春秋之义断罪，郡中百姓无怨声。汉代不仅仅以春秋决狱，还常常引用儒家经典议论政事，儒经成为汉统治者治国理狱的法宝。

汉代的董仲舒极力鼓吹以《春秋》的经义断狱,更是受到皇帝的重视,以至于当董仲舒病老退休后,朝廷中每次议论大政,汉武帝"数遣廷尉张汤亲至陋巷,问其得失"。于是董仲舒作了《春秋决狱》二百三十二事,动以经对,言之详也。其极力主张按照儒家"三纲五常"的原则来定罪量刑。如某甲无子,收养一个弃儿,此子长大成人后犯罪杀人,养父某甲把他藏起来拒不报官,对养父某甲藏匿杀人犯的行为,董仲舒断曰:"甲无子,赈活养乙,虽非所生,谁与易之?《诗》曰:螟蛉有子,蜾蠃负之。《春秋》之义,父为子隐,甲宜匿乙而不当坐",完全以孔夫子的"父为子隐,子为父隐"的义理代替法理。除了董仲舒《春秋决狱》外,东汉的应劭著《春秋断狱》数篇,也是主张以儒家经典作为判案的标准。

为什么儒家的经义被广泛引用于断案呢?这可以从董仲舒吹捧《春秋》中得知,他认为,"孔子作《春秋》,上揆之天道,下质诸人情,参之于古,考之于今";"《春秋》者,礼义之大宗也"。"上明三王之道,下辨人事之纪,别嫌疑,明是非,定犹豫,善善恶恶,贤贤贱不肖,存亡国,继绝世,补敝起废,王道之大者也。"所以,《春秋》大义既是统一思想、加强专制、稳固统治的原则,又是司法实践中的审判原则和依据。

董仲舒认为,"《春秋》之听狱也,必本其事而原其志。志邪者不待成,首恶者罪特重,本直者其论轻"。审判案件既要弄清案件的原委,又要考虑被告的动机和行为后果,这有一定的合理因素,但在司法实践中,司法官吏在引经决狱时,完全抛开了犯罪事实、性质、后果等客观因素,只把犯罪动机作为定罪量刑的标准。桓宽在《盐铁论·刑德篇》中对《春秋决狱》的评价是:"《春秋》之治狱,论心定罪,志善而违于法者免,志恶而合于法者诛",完全以犯罪人的动机定罪,抛开法律、法令量刑。这就为司法官吏根据需要出入人罪提供了方便,扩大了司法的随意性,便于司法官吏的解释和运用。引经决狱积极维护了统治者提倡的"三纲五常"等封建专制原则,因此受到统治者的大力提倡,被司法官吏广泛运用,在两汉时期盛极一时。

第三节
魏晋南北朝的法律教育

魏晋南北朝时期是中国封建社会的分裂、对峙和动乱时期。秦汉时期统一的法律制度和法律教育遭到破坏。在这一时期,南北方各民族之间经济、文化的交流,为社会的进步发展提供了条件。各王朝一些有远见的封建统治者为了巩固政权,在动乱中求得生存和发展,比较注意总结各王朝实行法治和教育的经验与教训,这就造成了魏晋南北朝时期法律思想活跃、立法活动频繁、法律制度和法律教育不断发展的局面。

一、律博士的设置

东汉末期,军阀割据,最终形成魏、蜀、吴三国鼎立的局面。三国统治者都比较注重法制建设。魏国在曹操执政时期,就非常重视立法和执法。曹操在行军中,因军马踏坏麦地,违犯了自己定的军令，就以割发代首执行法令，以执法严明而闻名。魏明帝时，曾经组织一批法学家在修订汉律的基础上，制定《魏律》十八篇，它以汉律为基本内容，又增加了适应新形势的法律条文。为了使魏律得到贯彻执行，公元217年，卫觊曾上奏魏明帝"九章之律，自古所传，断定刑罪，其意微妙，百里长吏，皆宜知律。刑法者，国家之所贵重，而私议之所轻贱。狱吏者，百姓之所悬命，而选用之所卑下。王政之弊，未必不由此也。请置律博士，转相教授"。卫觊把培养执法官吏，提高执法人员的素质作为实行王政的重要问题提出来，这一建议得到了魏明帝的批准，遂在廷尉卿之下设置律博士一人，位第六品中中，目的是向地方行政官吏和狱吏教授国家法律。

两晋时期，根据《晋书·职官志》记载，在主刑法狱讼的廷尉之下设置有律学博士。南北朝时期，宋和南齐在廷尉之下各设律博士一人。梁于天监四年（公元505年）在廷尉之下设置律博士，位视员外郎。陈在廷尉之下，设胄子律博士一人，六百石，第八品。北魏初设律博士，位第六品，与太学博士、国子助教品秩相同，但低于五经博士，到太和二十二年（公元498年）位第九品上。北齐在大理寺下设律博士八人，位第九品上。这一时期的律博士一职，是在司法机构大理寺或廷尉之下的属官，他们既研究、教授法律，也参与立法、执法活动，法律教育附属于司法行政之下。

二、独立的法律教育机构的设立

魏晋南北朝时期教育机构设置的基本格局是沿用汉代教育体制，官学与私学并存。官学系统分中央和地方政府的各级办学。地方官学一般按行政建制分为州学、郡学、乡学，中央官学各朝设立的名目不同，但均设太学作为普通教育性质的高等学校。西晋武帝咸宁二年（公元276年）设立国子学，专门招收五品以上高级官员的子弟。太学和国子学的并立，是中国古代平民教育与贵族教育双轨制的定型。此外，各朝还根据自己的情况创办其他形式的官学，如北魏的皇宗学、四门小学，北周的露门学，南朝的宋还设立了研究儒、玄、文、史的四学馆和研究儒、道、文、史、阴阳的总明观，北齐设通道观等。在这一时期，律学成为专门的法律教育机构。

律学作为法律教育机构始创于东晋时期。当时与东晋并立的北方十六国，其统治者多为少数民族首领，受汉族法律和文化的影响，其中也有比较重视法制建设的。后秦的姚兴在执政期间（公元394—415年）于长安设立律学，这是中国历史上第一所独立的专门的法律教育机构。其"召郡县散吏以授之，其通明者还之郡县，论决刑狱，若州郡县所不能决者，谳之廷尉"。由此看来，后秦的律学是以地方各郡县官吏为教育对象，教授的内容主要是法律。这些人经过学习后，对法律"通明"的人就回到各郡县，负责郡县的案件审判工作，这种律学是带有职业教育性质的法律教育。除了设立律学之外，姚兴还经常到谘议堂去听官吏审判案件，监督司法审判，史书称后秦的司法制度是"号无冤滞"。由此也可以看出，专门的法律教育机构的设置与统治者对法制建设的重视程度密切相关。

在十六国时期，后赵的石勒也比较注意吸收中原地区的法律文化。他执政时，设立太学，并在太学中设立专门法律教师——律学祭酒。据史载，后赵的续咸、庚景就曾作过律学祭酒。这一职位的设立是隋唐于国子监设六学之一的律学的渊源。

魏晋南北朝时期，在思想意识形态和文教政策方面，打破了"独尊儒术"的局面，使佛教得以广泛传播，中外文化出现了大汇融的局面；此外，道教又发展起来，玄学滥觞，形成了儒、佛、道、玄兼容合流的格局。在教育思想上形成了以道安、慧远、竺道生为代表的佛学教育思潮，以王弼、嵇康等人为代表的玄学教育思潮，以及以傅玄、颜之推为代表的排佛斥玄的教育思潮，儒、道、佛、玄各家私学复兴，各自形成自己的办学特点，但它们对法律教育的影响不大。

三、魏晋南北朝时期的律学

这里所讲的律学不是指上述的后秦的法律教育，而是指两汉时期律学的发展。在这一时期，各代律学家人才辈出，对律的注疏、解释、学说也更加繁多，由于魏晋南北朝时期的法律大多是历代相继，最初是在汉律的基础上，以汉律为核心进行修订的，如魏律、晋泰始律、北魏律、北齐律等，其立法宗旨都是一脉相承的，所以该时期的律学是两汉律学理论的继续和发展，出现了许多著名的律学专家和律学世家。三国时期的曹魏，较著名的律学者有刘邵、陈群、庾嶷等人。刘邵曾参与魏明帝时制订《魏律》的立法活动，并著有《律略论》，对魏律进行理论阐述。这一时期较为著名的律学世家是钟氏家族。钟皓博学诗律，教授门生千有余人，并作郡功曹。钟皓的孙子钟繇学优才高，深于刑理，官至太傅，曾经从维护统治阶级利益和法理方面主张减死刑为肉刑，废除一些残酷的刑罚。钟会是钟繇的小儿子，也研究律学，其死后后人在他家得书20篇，"名为《道论》，实则刑名家也"。根据《魏书·钟繇传》记载，钟氏家族的钟毓，官至御史中丞、侍中廷尉，"听君父已设，臣子得为理谤，及士为侯，其妻不复配嫁"，就是钟毓所创的科条。在东汉以后的律学世家中，钟氏家族对律学的发展作了贡献。

两晋时期也出现了许多律学家，最著名的是张斐、杜预。晋律又称为泰始律，是三国两晋南北朝时期唯一的推行全国的法典，许多律学家如贾充、杜预、张斐、羊祜等人都参与制订晋律，它以汉、魏律为基础，又"蠲其苛秽，存其清约"，刑宽禁简，是立法史上的一大进步。在晋律颁行的同时，张斐、杜预"兼采汉世律家诸说之长"，为晋律作注，"明发众篇之多义，补其章条之不足"，注解经晋武帝批准，"诏班天下"。张斐、杜预总结了中国古代的刑法理论和立法经验，使法律形式、立法体例和法律概念更加规范化，如在张斐的《律表》中，就已明确区分故意与过失（"其知而犯之谓之故，意以为然，谓之失"，"不意误犯谓之过失"）、主犯与从犯（"二人对议谓之谋"，"三人谓之群"，"制众建议谓之率"，"倡首先言请之造意"）以及罪与非罪、此罪与彼罪之概念。张斐、杜预为晋律作注的形式对后代影响很大，唐代《永徽律疏》的出现正是这种传统的继承和发展。

南北朝时期，在法制建设上，南朝建树很少，北朝以北魏和北齐最注重法制建设。北朝时的律学家以北齐的渤海封氏最为著名。据《太平御览》记载，封述是"廷尉轨之子也。久为法官，明解法令，议断平允，时人称之"。程树德在《九朝律考》一书中讲渤海封氏"世长律学，封隆之参定《麟趾格》，封绘参定齐律令"，并认为："南北朝诸律，北优于南，而北朝尤以齐律为最。"封氏家族的人参与了立法、执法活动，北齐律的重要地位与封氏家族的活动是分不开的。

两汉魏晋南北朝时期的律学在立法史和法律教育史上有着不可低估的作用，律学的发展，形成了这一时期各代研究、传授法律的律学世家，这是法律教育的重要途径之一，同时发展了法学理论，尤其是对中国封建刑法理论的发展造成了深刻影响，这大大丰富了法律教育的内容，推动了法律学科的发展。

四、魏晋南北朝时期的引经决狱

从汉代开始的引经决狱，到此时期犹存。三国时曹操领军经过麦田，明令损害麦子的处死，所有的骑马官兵都下马扶着麦子走过麦田。曹操骑的马受惊闯入麦田。曹操命令主簿议定罪刑执行法令，主簿回答说："春秋之义，罪不加于主。"曹操认为制定法令而自犯之怎能统率部下，然而自己为军帅又不能自杀，就请求自刑，拔剑割发代替刑罪。又据《魏书·贾逵传》记载，贾逵于国有功，可是多次犯了罪，皇帝说："叔向（春秋末期人，曾反对子产变法）犹十世宥之，况逵功德亲在其身乎？"这两案例都是根据《春秋》的大义比照论处的。晋朝曾明令规定："凡违驳议者若违法令节度，当合经传及前比故事，不得任情以破成法"，将经传明令规定为应当遵守执行的依据。如晋朝有个女子叫李忽，她发觉自己的父亲要叛逃就杀了父亲，周处上奏说："发现父亲要叛逃，'子圉告归，怀嬴结舌'，李忽无人子之道，证父攘羊，伤风污俗，宜在投界以彰凶道，俾刑市朝不足塞责，奏可杀忽。"法理大不过儒家义理，判决案件首先要合儒家的义理。

南北朝时期，虽然战乱频繁，但引经决狱的现象还是存在的。根据《北史·瑯邪王俨传》记载，北齐时，皇帝命令人收捕伏莲等人，亲自将这些谋叛的人射死，然后再斩首，肢解暴尸，还想把与这些人谋叛有关的文武职吏全部杀死，有的大臣认为这些人都是贵戚子弟，杀了他们唯恐人心不安，当时赵彦也以为"春秋责帅"，最后分别以罪行定不同的刑罚。

魏晋南北朝时期虽然存在引经决狱，但不及两汉时期兴盛，这并不是说，儒家经典所鼓吹的义理作用小了，而是在魏晋南北朝时期，立法上出现了新的变化，将儒家的义理直接上升为法律条文加以适用。如《魏律》以周礼的"八辟"为依据，规定了"八议制度"。北魏和南陈的法律，出现了"官当"制度，《北齐律》确立了"重罪十条"等，把礼和法结合起来，使法律成为推行礼治的工具。

两汉魏晋南北朝时期引经决狱以及以礼入法，礼法结合，把法律教育和儒家思想的传播联系在一起，使法学与儒学结下了不解之缘，直至封建社会而终。

第四节
唐宋的法律教育

唐代是中国传统律学教育发展的重要阶段，现有研究成果仅见郑显文《唐代明法考试制度初探》和彭炳金《论唐代明法考试制度的几个问题》二文，其他相关著作如怀效锋《中国传统律学述要》等则多限于概括性介绍，对唐代律学教育和明法考试的具体情况言之不详。本节以律学在唐代官方教育系统的地位为基点，将与律学教育直接关联的明法考试置于科举制度的宏观视野之下，对唐代律学教育机构、师资配备、教学内容、学生管理、明法考试以及明法及第者仕宦履历等问题略作梳理，试图对唐代律学的历史地位作出准确的评价。

一、唐代律学的设置沿革

隋承魏晋之制，开皇三年"置律博士，弟子员断决大狱，皆先牒明法，定其罪名，然后依断"①。唐承隋旧，武德时期即设置律学，《新唐书·百官志三》记载："隋律学隶大理寺，博士八人。武德初隶国子监，寻废。"唐代所谓律学者，指唐代设立的培养法律人才的官方教育机构。唐代重视专门法律人才的培养，国立最高学府——国子监分置六学，律学居其一。唐代武德时期即承隋旧设置律学，后几经兴废，其归属多有更易。《旧唐书》记载：贞观六年（632年）二月"戊子，初置律学"②。郑显文《唐代明法考试制度初探》据此断言"贞观六年初置律学"③ 似有偏颇。《新唐书·百官志三》记载唐代律学沿革之梗概："隋，律学隶大理寺，博士八人。武德初，隶国子监，寻废；贞观六年复置，显庆三年又废……龙朔二年复置。"④ 可见，贞观六年并非初置律学，乃恢复武德时期律学设置之旧例。唐高宗龙朔三年（663年）二月庚戌，朝廷对律学的隶属关系作出明确规定："以书学隶兰台，算学隶秘阁，律学隶详刑寺。"⑤ 中宗神龙年间，律学馆作为官方学府的重要地位得以再次重申："中宗反正，诏宗室三等以下、五等以上未出身，愿宿卫及任国子生，听之。其家居业成而堪贡者，宗正寺试，送监举如常法。三卫番下日，愿入学者，听附国子学、太学及律馆习业。"⑥

唐代律学馆内由律博士和助教负责传授律学知识。三国时卫觊首倡设置律博士："刑法者，国家之所贵重，而私议之所轻贱；狱吏者，百姓之所悬命，而选用者之所卑下。王政之弊，未必不由此也。请置律博士，转相教授。"⑦ 自曹魏以降，历代王朝皆有律博士，律学遂得以薪火相承，绵延不绝。唐人杜佑在考察律博士沿革兴替时说："律学博士：晋置，属廷尉。卫觊奏请律学博士转相教授，东晋以下因之。梁曰胄子律博士，属廷尉。陈亦有律博士。后魏、北齐并有之。隋大理寺官属有律博士八人。大唐因之，而置一人移属国学。助教一人，从九品上。"⑧

社会法治秩序之构建，无外法律创制与人才培养两途，二者相辅相成，不可偏废。"法律为专门之学，非俗吏所能通晓，必有专门之人，斯其析理也精而密，而其创制也公而允。以至公至允之法律，而运以至精至密之心思，则法安有不善者。"⑨ 唐代法科专门人才的培养方案，已经纳入国家官方教育计划，律典对律学博士的品秩、执掌均有明确规定："律学博士一人，从八品下；助教一人，从九品上。律学博士掌教文武官八品已下及庶人子之为生者，以律、令为专业，格、式、法例亦兼习之。其束修之礼，督课、试举，如三馆博士之法。助教掌佐博士之职，如三馆助教之法。"⑩ 除律博士和助教之外，唐代还曾经设立律学直

① 《隋书·刑法志》。
② 《旧唐书·太宗纪下》。
③ 郑显文：《唐代明法考试制度初探》，载《政法论坛》，2000（2）。
④ （宋）欧阳修、宋祁：《新唐书·百官三》。
⑤ 《旧唐书·高宗纪上》。
⑥ 《新唐书·选举志上》。
⑦ 《三国志·卫觊传》。
⑧ 《通典》卷二十七《职官九》。
⑨ 沈家本：《历代刑法考》，2060页，北京，中华书局，1985。
⑩ 《唐六典》卷二十一《国子监》。

讲一职。据《国子律学直讲仇道朗墓志铭》记载，仇氏曾"拜骑都尉，授宣德郎，国子监律学直讲，以咸亨三年（672年）五月二日，春秋五十有四，终于京兆私第"①。清人毛凤枝曾据此补《新唐书·百官志》之缺漏。以后《唐六典》规定国子监设立直讲四人，"掌佐博士、助教之职，专以经术讲授而已"②。此时的直讲已经定格于专门讲授儒家经典，律学直讲可能已经被取消。③

二、唐代律学生员概况

国子监六学对于就读生员的门第高下、出身贵贱有十分严格的规定，国子学、太学和四门学属于贵族学校，而进入国子监接受律学教育者多出自下级官僚或平民家庭。由于律学生毕业后应试的明法科远不及进士、明经两科热门，故而律学也不为权贵子弟所重视。唐代国子监诸学名额分配以及学生来源，更是突出了身份等级方面的差异。

唐国子监"六学"生员信息表

六学名称	学生数额	学生来源
国子学	300人	文武官三品已上、国公子孙；从二品已上曾孙。
太学	500人	文武五品已上及郡、县公子孙；从三品曾孙。
四门学	1 300人	文武七品已上及侯、伯、子、男子，庶人子为俊士生者。
律学	50人	文武官八品已下及庶人子。
书学	30人	文武官八品已下及庶人子。
算学	30人	文武官八品已下及庶人子。

律学生要较其他科目学生年长4至6岁："凡生，限年十四以上，十九以下；律学十八以上，二十五以下。"④ 在旧时科举教育模式之下，学生自幼习读儒家经书，这种注重记忆理解和章句分析的考试形式对学生年龄似乎并无特别要求。而律学教育侧重逻辑思辨，并且要求学生拥有相应的社会实践经验。18至25岁的年轻人在接受传统儒家经典教育的同时，多已成家立业，初谙人情世故，基本具备从事法学专业学习的主客观条件。

律学馆生徒数额与唐代时局变化和国家重视程度密切相关，国子监最初仅设于西京长安，龙朔二年（662年）春正月"丙午，东都初置国子监，并加学生等员，均分于两都教授"⑤。同年五月"乙巳，复置律、书、算三学"⑥。此后，律学教育进入蓬勃发展阶段。据《新唐书·百官志三》，律学"龙朔二年复置，有学生二十人，典学二人"⑦。《通典》则记载：

---

① （清）毛凤枝：《关中金石文字存逸考》卷三《国子律学直讲仇道朗墓志铭》，光绪辛丑年会稽顾氏江西萍乡县署刻本。

② 《唐六典》卷二十一《国子监》。

③ 参见彭炳金：《论唐代明法考试制度的几个问题》，载《政法论坛》，2002（4）。

④ 《新唐书·选举志上》。

⑤ 《旧唐书·高宗纪上》。

⑥ 《旧唐书·高宗纪上》。

⑦ 《新唐书·百官志三》。

"西京国子监领六学……四曰律学，生徒五十人。"① 这当是唐代法学教育昌盛时期的定额。安史之乱以后，学校益废，生徒流散，国家官方教育受到严重影响。代宗永泰中曾重置西监生，但馆无定员。唐宪宗元和二年（807年），朝廷重新规定长安、洛阳两监生员限额，律学生员呈现出严重萎缩的迹象：西京国子监"律馆二十人"②，同年十二月敕旨规定，东都国子监"律馆十员"③。《唐摭言》记载与之略同。④《新唐书·百官三》又载："元和初，东都置（律）学生五人。"⑤ 此当为元和二年以后律学生员定额再次缩编后的规定。

律学生员定额统计表

时间	西京律馆生徒	东都律馆生徒	资料来源
高宗龙朔二年	20员	不明	新唐书·百官三
约武后至玄宗天宝末	50员	不明	通典·礼十三
代宗永泰年间	不定	不定	新唐书·选举志上
宪宗元和初年	20员	10员	新唐书·选举志上
	不明	5员	新唐书·百官三

三、唐代律学馆教学与管理

国子监生员入学后，应向师长行"束修之礼"，缴纳学费。中宗神龙二年（706年）九月敕令规定了国子诸学的缴费标准⑥，律学仅需纳"绢一匹"⑦。

律馆学生学习的内容主要是国家现行法律规范，律馆生"以律令为颛业，兼习格式法例"⑧。唐代律学教育与国家法典编纂联系密切，颁布于唐永徽四年（653年）的《永徽律疏》是关于《永徽律》的诠解，被后世历代立法者奉为圭臬，而促成《律疏》颁布的直接动因却是基于明法科考试的需要。高宗永徽三年（652年）诏曰："律学未有定疏，每年所举明法，遂无凭准。宜广召解律人条义疏奏闻，仍使中书、门下监定。"⑨ 由于参加明法考试的生员对律条的理解各异，高宗指派长孙无忌、李勣等重臣和律学专家共同对《永徽律》逐条诠释，阐发微义，达到便利考生应试和指导司法实践的双重目的。

---

① 《通典》卷五十三《礼十三·大学》。
② 《新唐书·选举志上》。
③ 《唐会要》卷六十六《东都国子监》。
④ "元和二年十二月敕：东都国子监量置学生一百员，国子馆十员，太学十五员，四门五十员，律馆十员，广文馆十员，书馆三员，算馆二员。"王定保撰，姜汉椿校注：《唐摭言》卷一《东监》，16页，上海，上海社会科学出版社，2003。
⑤ 《新唐书·百官三》。
⑥ 与国子、太学诸学相比，律学收费最为低廉："国子、太学，各绢三匹；四门学，绢二匹；俊士及律、书、算学、州县，各绢一匹。皆有酒脯。其束修三分入博士，二分助教。"《唐会要》卷三十五《学校》，634页，北京，中华书局，1955。
⑦ 《唐会要》卷三十五《学校》。
⑧ 《新唐书·百官三》。
⑨ 《旧唐书·刑法志》。

唐代法令对在册律学生的成绩有较高要求，律学生在馆学习期间，必须精于专业，学有所成，朝廷委派国子监丞会同祭酒、司业等官员负责定期对律学生的学业进行考核。具体考核方式主要为帖律令和口试两项。《唐六典·国子监》记载："丞掌判监事。凡六学生每岁有业成上于监者，以其业与司业、祭酒试之……其明法、明书、算亦各试其所习业。登第者，白祭酒，上于尚书礼部。"① 学业已成者通过国子监主持的考试，取得参加尚书省礼部主持的科举考试的资格，成为应科举之"生徒"。《新唐书·选举志》对国子监考试内容有更加具体的记载："旬给假一日。前假，博士考试，读者千言试一帖，帖三言，讲者二千言问大义一条，总三条通二为第，不及者有罚。岁终，通一年之业，口问大义十条，通八为上，六为中，五为下。"②

法令对国子监学生学习年限及日常管理有明确规定，律学学制以六年为限，"律生六岁不堪贡者罢归"③。国子监主簿掌管学生学籍，对在上述期限内成绩低下，丧失应试资格或违反学馆相关管理制度的学生，一律做退学处理。《唐六典》载国子监"主簿掌印，勾检监事。凡六学生有不率师教者，则举而免之。其频三年下第，九年在学及律生六年无成者，亦如之。（注云）假违程限及作乐、杂戏亦同"④。在开列的禁止性"作乐杂戏"活动中，"惟弹琴、习射不禁"。因为乐、射两项属于儒家"六艺"范畴，不但不可禁止，还应大力提倡，学生自当勤习"六艺"，全面提升自身素质，最终成为堪当"齐家、治国、平天下"重任的治世贤才。

中唐以后，国子监生员士风日下，元和元年（806年）四月，国子祭酒冯伉上奏，请求整顿国子监教学管理秩序。此次改革措施可以概括为三个方面：首先，端正国子监学风，凡怠于学业，饮酒滋事、赌博游荡、凌慢师长者，一律作退学处理："其艺业不勤、游处非类、樗薄六博、酗酒喧争、凌慢有司、不修法度在一于此，并请解退。"⑤ 其次，学生入监五年未能完成学业或九年间屡试不第，即作退学处理："又有文章帖义不及格限，频经五年，不堪申遂者，亦请解退。……九年不及第者，即出监。"⑥ 再次，被勒令退学的学生改名后再次入学，追究其法律责任："闻比来多改名却入，起今以后，如有此类，请退送法司，准式科处。"⑦ 太和五年（831年）十二月，国子祭酒裴通奏请敕下国子监丞、簿及诸馆博士、助教、直讲，"谨具当司官吏，及学生令典条件如前"⑧，严格恪守《唐六典》中律学生教学管理的相关规定，获得朝廷支持。

四、唐代官私律学著述概要

唐代官私律学世家辈出，据李守良、邱彦考证，其中较为著名者若韩仲良、韩瑗父子、唐临、唐绍祖孙、戴胄、戴至德叔侄、苏环、苏颋父子、狄仁杰、狄光嗣父子、及族曾孙兼

① 《唐六典》卷二十一《国子监》。
② 《新唐书·选举志上》。
③ 《新唐书·选举志上》。
④ 《唐六典》卷二十一《国子监》。
⑤ 《唐会要》卷六十六《东都国子监》。
⑥ 《唐会要》卷六十六《东都国子监》。
⑦ 《唐会要》卷六十六《东都国子监》。
⑧ 《唐会要》卷六十六《东都国子监》。

谟等①，其主要活动为修订、注释律令、撰述律学著作、参与案件审判三项，上述律学世家职业世代相承，具有一定家学因素。而见诸两《唐书》记载的公私律学论著更是丰富，其中《旧唐书·经籍志》多载官方律令格式，私家论著较为匮乏：

令律十二卷（裴寂撰）；律疏三十卷（长孙无忌撰）；武德令三十一卷（裴寂等撰）；贞观格十八卷（房玄龄撰）；永徽散行天下格中本七卷，永徽留本司行中本十七卷（源直心等撰）；永徽令三十卷，永徽留本司格后本十一卷（刘仁轨撰）；永徽成式十四卷，永徽散颁天下格七卷，永徽留本司行格十八卷（长孙无忌撰）；永徽中式本四卷，垂拱式二十卷，垂拱格二卷，垂拱留司格六卷（裴居道撰），律解二十一卷（张斐撰）；开元前格十卷（姚崇等撰）；开元后格九卷（宋璟等撰），令三十卷、式二十卷（姚崇等撰）。②

《新唐书·艺文志》之"刑法类"在继承《旧唐书》著录的基础上亦十分重视私家律学成果，遗憾的是，这些律学著述除了《永徽律疏》以外，均已亡佚：

武德律十二卷，式十四卷，令三十一卷（裴寂等撰）；贞观律十二卷，令二十七卷，格十八卷，留司格一卷，式三十三卷（房玄龄等撰）；永徽律十二卷，式十四卷，式本四卷，令三十卷，散颁天下格七卷，留本司行格十八卷（长孙无忌、李勣等撰）；律疏三十卷；永徽留本司格后十一卷；赵仁本法例二卷；崔知悌法例二卷；垂拱式二十卷，格十卷，新格二卷，散颁格三卷，留司格六卷；删垂拱式二十卷，散颁格七卷；太极格十卷；开元前格十卷；开元后格十卷，又令三十卷，式二十卷，格后长行敕六卷，开元新格十卷，格式律令事类四十卷；度支长行□五卷，王行先律令手鉴二卷；元泳式苑四卷；裴光庭唐开元格令科要一卷；元和格敕三十卷，元和删定制敕三十卷；太和格后敕四十卷，格后敕五十卷；狄兼暮开成详定格十卷；大中刑法总要格后敕六十卷；张戣大中刑律统类十二卷；卢纾刑法要录十卷；张俉判格三卷；李崇法鉴八卷。③

孙祖基的《中国历代法家著述考》（上海1934年刊行）一书，以各代正史中的《艺文志》和《经籍志》等文献为主，收集了各代的法家（实际上是法律类）作品。从该书所列的唐代的法律类著作来看，涉及法学总论类的主要有：李文博撰《治道集》十卷、邯郸绰撰《五经析疑》三十卷、李敬玄撰《正论》三卷；涉及立法类的主要有：刘仁轨撰《永徽留本司格后本》十一卷、崔知悌等撰《法例》二卷、赵仁本撰《法例》二卷、裴光庭撰《唐开元格令科要》一卷、宋璟撰《旁通开元格》一卷、狄兼暮撰《开成详定格》十卷、刘瑑等撰《大中刑法总要格后敕》六十卷、张戣撰《大中刑律统类》十二卷、李崇撰《法鉴》八卷、王行先撰《律令手鉴》二卷、元泳撰《式苑》四卷、卢纾撰《刑法要录》十卷、李保殷撰《刑律总要》十二卷、王朴撰《律准》一卷、卢质撰《新集同光刑律统类》十三卷等。徐道邻根据各朝《艺文志》对当时的刑书也作了统计，结论是在唐代曾编撰有刑书61部，共1 004卷。④

唐代律学教育与国家法典编纂有十分密切的联系，颁布于唐永徽四年的《永徽律疏》，是关于《永徽律》的诠解，堪称中国封建时代律典楷模，被宋元以降历代统治者奉为圭臬。

① 参见李守良、邱彦：《试论唐代的律学世家》，载《茂名学院学报》，2005（2）。
② 参见《旧唐书·经籍上》。
③ 参见《旧唐书·艺文志》。
④ 参见何勤华：《唐代律学的创新及其文化价值》，载《政治与法律》，2000（3）。

而促成《永徽律疏》颁布的直接动因却是基于明法科考试的需要。高宗永徽三年（652年）诏曰："律学未有定疏，每年所举明法遂无凭准"①，由于参加明法考试的生员对法律的理解各异，国家指派朝廷重臣和律学专家共同对《永徽律》逐条诠释，阐发微义，"太尉赵国公（长孙）无忌、司空英国公（李）绩、尚书左仆射兼太子少师监修国史燕国公（于）志宁、银青光禄大夫刑部尚书唐临、太中大夫守大理卿段宝玄、朝议大夫守尚书右丞刘燕客、朝议大夫守御史中丞贾敏行等参撰律疏成三十卷"②。长孙无忌等人本着"网罗训诰，研核丘坟"③的精神，对《永徽律》逐条逐句作出诠释和疏释，并设置问答，辨异析疑，申明其深义，补充其不周不达，于永徽四年十月与《永徽律》共同颁行天下，后世合称《永徽律疏》，元代以后称《唐律疏议》。《永徽律疏》以疏附于律文后，是唐人在总结魏晋注释律学的基础上的新发展，它更便于执法者领略律意，避免在实施中出现偏差。《永徽律疏》既有对于法律精神、法律原则与名词术语的规范性解释，也有对实际操作中可能发生的问题的预见和处理，表明律学达到新的高度。④《唐律疏议》之前历代法典皆散佚，唯《永徽律》得以流传至今，三十卷《律疏》的问世对《永徽律》的传承可谓功不可没，而这一切又都是明法考试衍生之余惠。

五、宋代的法律教育

宋太祖针对唐末以来藩镇割据、武人擅权的弊端，在加强中央集权的同时，大力推行文人政治，改革官制。魏晋以来逐步衰落的士族门阀观念，至宋代已经基本消亡，"自五季以来，取士不问家世"⑤，宋代科举考试杜绝所谓"公荐"（实为私门请托），限制官僚子弟参加考试，士庶界之间的界限变得更加模糊，为寒门士子实现"学而优则仕"理想提供了机遇。

宋代是中国封建时代文化环境最为宽松的时期，为了落实"重文轻武"的国策，宋代统治者将科举制度作为选拔官吏的主要途径。士大夫作为官僚阶层主要来源的社会地位得到普遍认可。宋历代帝王多倡导发展教育、兴办学校，尤其是在王安石主政的熙宁年间，科举制度更是得到长足发展。由于国家政策的引导，整个社会争言诗书，推崇经义，特别重视考察士子官僚法律素养。学校教育与科举取士密切结合，形成"学校之设遍天下，而海内文治彬彬矣"⑥的繁荣局面。

（一）宋代律学的设立

宋代承用唐制，设立律学，专职教授法律知识。宋代自开国之初，即有明法科考试，而开设律学的时间，却与名法试相距甚远。⑦关于宋代设立律学的时间，《宋史·选举一》记载

---

① 《旧唐书·刑法志》。

② 《旧唐书·刑法志》。

③ （唐）长孙无忌：《进律疏表》。

④ 参见怀效锋：《中国传统律学述要》，载《华东政法学院学报》，1998年创刊号。

⑤ 《通志》卷二十五《氏族略一》。

⑥ 《宋史·选举一》。

⑦ 李焘《续资治通鉴长编》卷十四《太祖开宝六年三月辛酉》记载：宋太祖开宝六年（974年）三月，取明法五人。而神宗熙宁六年（1074年）设律学，二者相距百年。

为："国初置博士，掌授法律。熙宁六年，始即国子监设学，置教授四员。"①《宋史·神宗本纪》亦云："（熙宁六年四月）已未置诸路学宫……（四月）乙亥……置律学。"② 故宋代律学似始设于熙宁六年（1074 年）。但据《文献通考·学校考三·太学》，早在仁宗庆历二年（1042 年）即已有品官子弟就读律学馆，而且不在少数："天章阁侍讲王洙言：国子监每科场诏下，许品官子弟投保，官家状量试艺业给牒，充广文、太学、律学三馆，学生多或致千余人。"③ 此处律学何时设立，执掌若何，断难考证，但至少在仁宗庆历二年之前，已有律学，《宋史·选举一》所言或误。

（二）宋代律学官员设置及执掌

宋代律学设立律学博士、律学正和教授。律学博士的职责为："掌传授法律及校试之事。"编制二人④，律学正为属官。早在仁宗庆历六年（1046 年），即有律学教授之设。"三月丁卯诏：……今所习非所学，宜置律学，设教授四员，命官举人皆得入学，习律令。"⑤ 神宗熙宁六年（1074 年），"置（律学）教授四员"⑥。《玉海》引《宋会要》更将时间进一步明确为熙宁六年二月二十七日。⑦ "置律学教授四员……使学而后从政"，为国家培养通晓法律的官员。后哲宗元祐三年（1088 年）、绍圣二年（1095 年）、元符二年（1099 年）又曾下诏设立律学博士：元祐三年九月乙丑诏："省律学博士一员"⑧；哲宗绍圣二年四月丁亥，"诏依元丰条，置律学博士二员"⑨；元符二年"闰（八）月癸酉，置律学博士"⑩。律学博士必择精通律令、学有所成之士，并且要求其拥有一定的司法实践经验。哲宗元符二年闰九月，国子司业刘逵就指出"今后律学博士阙，从朝廷选通知法律人充，从之"⑪。《玉海》曾列举几位曾出任律学教授者的名讳，也含新科明法出身者："熙宁六年七月，王白为正；七年教授李昭远；元丰二年四月，以新科明法及第王壬为教授。"⑫ 宋徽宗政和年间，更进一步强调律学的专业技术特征，博士必须具有法科出身，选拔例同大理寺官员："博士、学正依大理寺官除授，不许用无出身人及以恩例陈请。"⑬ 另外，宋代也有明法出身者担任地方学校教官，为参加明法考试提供合格的生员："壬辰，以华州明法狄国宾为本州岛助教。"⑭

宋神宗时期，国家为律学开辟专门场所，并拨付启动资金本金钱五千缗，送检校库收取利息，保障律学日常开销。这与后世设立基金兴办学校的做法完全一致，在保障律学拥有充

---

① 《宋史·选举一》。
② 《宋史·神宗本纪二》。
③ 《文献通考》卷四十二《学校考三·太学》。
④ 参见《宋史·职官五》。
⑤ 《宋史纪事本末》卷九《学校科举之制》。
⑥ 《文献通考》卷四十二《学校考三》。
⑦ 参见《玉海》卷一百十二《学校下·熙宁律学》。
⑧ 《玉海》卷一百十二《学校下·熙宁律学》。
⑨ 《宋史·哲宗本纪二》。
⑩ 《宋史·哲宗本纪二》。
⑪ 《续资治通鉴长编》卷五百十六《哲宗元符二年闰九月》。
⑫ 《玉海》卷一百十二《学校下·熙宁律学》。
⑬ 《宋史·选举三》。
⑭ 《续资治通鉴长编》卷一百三十九《仁宗庆历三年春正月壬辰》。

足经费的同时，也减轻了国家的财政负担。熙宁六年（1073 年）四月"以朝集院为律学，赐钱万五千缗，于开封府界检校库出息，以助给养生员"①。关于此次拨付的资金数额，宋人李焘附录了考异文字，亦有初次拨付万缗，后要求增加五千缗的说法。② 无论如何，神宗朝对律学给予的重视程度却是显而易见的。

（三）律学生入学资格和学习内容

宋代选官、任官，皆通晓律令，现任官再中法科，可以破格授官，因而官僚士子争言法律。仁宗庆历年间，"广文、太学、律学三馆学生，多致千余"③。唐代律学定员为五十人，而宋代由于习法令者甚众不再一如唐代，而是"律学生无定员，他杂学废置无常"④。

就读律学的人员身份大致为两类：现任官和普通生员，二者"皆得自占入学"，即根据个人意愿，申请进入律学馆学习。应考法科的生员就读"须得命官二人保任，先入学听读而后试补"。律学生课业主要包括断案和律令，目标是为各司法机构培养合格的法官。按照学生不同情况，律学制定的学习方案有所不同，"习断按，则试按一道，每道叙列刑名五事或七事；习律令，则试大义五道"，考试及格可以获得律学提供的膳食。至元祐三年（1088 年），学生不再提供膳食："九月乙丑……复诏省律学博士一员，学生不给食。"⑤ 考生每月就所学进行测试："月一公试、三私试，略如补试法。"律学对在册学员有严格的管理制度："生徒犯罚者，依学规；仍犯不改，书其印历或补牒，参选则理为阙失。"⑥ 此外，命官听还可以实行走读制度，不需住宿。元丰六年（1083 年）规定：命官通过学习如公试律义、断案成绩俱优，吏部经考试授官，一般均可获得升迁或减少磨勘年限。

第五节
明代的法律教育

与前代比较，明代法学教育呈现出自己鲜明的时代特色。明朝建立后，朱元璋面对元代法纪松弛、吏治败坏的现状，提出"重典治乱世"的法律思想，并对传统律学教育进行全面整饬。在"治乱国用重典"的传统立法思想指导下，着手立法创制，倡导吏民知法守法，要求百官"务要熟读，讲明律意，剖析事务"，从而使读律、讲律成为时尚，这为中国古代律学的复兴创造了良好的社会氛围。这一时期的律学著述呈现出承前（承袭唐代律学）启后（开启清代律学）的态势。从律典上可以看出，法律体系分类更加贴切，内容集中，条理清晰，文字简明。与唐律相比，条文少但内容丰富，覆盖面超过唐律。律学著述甚丰。

---

① 《续资治通鉴长编》卷二百四十四《神宗熙宁六年夏四月》。
② 李焘言：熙宁六年八月癸酉，国子监丞杨完言：近诏给钱万缗，送检校库，召人抵保收息给律学。今生员滋多，乞增赐本钱五千缗，从之。朱本削去，云已见六十卷内。盖墨本误以五千缗并入，初给时故也。
③ 《宋史·选举三》。
④ 《宋史·选举三》。
⑤ 《续资治通鉴长编》卷四百十四《哲宗元祐三年九月乙丑》。
⑥ 《宋史·选举三》。

一、官办教育兼习法学

自元代取消律学教育后，明代未设专门的法律学校——律学来从事系统的法律教育。但明代在中央和地方官学以及私学、书院中都设有法律课程，教习律令。明代的学校教育体制大体仿自唐宋，有中央官学如国子监（国子学）及武学、医学等专业的学校，就唯独没有法律学校，地方官学如府县学也同样没有专门法律学校。明代前期是中国封建社会地方官学兴盛的时代。早在明太祖立国之初，既在全国诸府、州、县设立府、州、县学，又在防区卫所设有卫学，乡村设社学，还在各地方行政机构所在地设置都司儒学、宣慰司儒学等有司儒学。最盛时全国合计有学校一千七百余所。"学校以教育之，科目以登进之，荐举以旁招之，铨选以布列之，天下人才尽于是矣。"① 明初恢复了中央和地方各级学校，在各级官办学校日常教学活动中，明代在中央和地方官学以及私学、书院中常开设法律课程，明代官方法律学习和教学主要内容包含了律、令、《大诰》等现行法律规范。"所习自四子本经外，兼及刘向《说苑》及律、令、书、数、御制《大诰》。"② 明代的官学体系，在吸收元代学校体系的基础上，对隋唐的学校体系进行了简化：在中央，国子监下不再设任何学校，而将它从唐宋的中央学校管理机构转化为单一的教育机构，把以前的国子学、太学、四门学简化为一个机构；而算学、律学、书学被排除在中央学校系统之外。在地方，则只在都司、府、州、县、卫、所设立儒学，而将小学剔除了出去。显然，明代官方教育继承发展了唐宋以来的教育模式，尤其加强了对学生法律知识的普遍培养。同时，专门性的传统律学教育，仍未振兴。

二、推行全民性普法教育

重视法律传播与法律教育是中国古代的优良传统。在法律传播与法律教育中重视把制度化的法律条文诠释为日用常识，通俗易懂，并使之潜移默化为普通民众的一种生活习惯，促进其人格养成，也是中国历史的特色。明代是我国封建法律体系不断复杂化的阶段，而科举制度又将其摒弃于考试内容之外，因此，庞杂的律例知识不仅不易为百姓所知晓，对士大夫阶层来说也非常陌生。怎么办呢？明代开国皇帝朱元璋对法律教育的传播和普及发挥了极其重要的作用。明太祖早在平武昌时即议律令，要求"法贵简当，使人易晓"③；书成之后，"又恐小民不能周知，命大理卿周桢等取所定律令，自礼乐、制度、钱粮、选法之外，凡民间所行事宜，类聚成编，训释其义，颁之郡县，名曰《律令直解》"④，使民家喻户晓，才算满意。朱元璋在审阅《律令直解》时反复叮嘱司法官僚："律令之设，所以使人不犯法。……直解其义，颁之郡县，使民家喻户晓。""今吾以《律令直解》遍行，人人通晓则犯法自少矣。"⑤ 为了贯彻落实士民学法、知法、守法，《大明律》在"吏律"中明确规定了"讲读律令"的具体要求。但要真正落到实处，就必须把律例知识中非常详细的规范性条款转化为民众的日用常识，而这无疑是一项十分艰难细致的工作。在明朝，地方政府通常是通

---

① 《明史·选举》。
② 《明史·选举》。
③ 《明史·刑法志》。
④ 《明史·刑法志》。
⑤ 《太祖实录》卷二十八。

过以下几条途径来实现上述目的：

首先，层层颁布封建帝王谕旨的榜文，频繁申示守法的必要性。这是最直接也最简洁表达法律意志的方式。如朱元璋在洪武三十一年（1398年）颁布《教民榜文》："今出令昭示天下，民间户婚、田土、斗殴相争一切小事，须要经由本里老人、里甲断决。若系奸、盗、诈伪、人命重事，方许赴官陈告。是令出后，官吏敢有紊乱者，处以极刑。"① 这个《教民榜文》包含丰富的法律内容，实际上是一个压缩了的律典文本。其最显著的特点是避免了律典规范的过于僵化，增添了接近百姓生活的鲜活内容，使之更容易消化和接受，并且赋予地方里老在申明亭讲解律例、训诫莠民、仲裁案件的权力。明代各地城郭、乡村每晚守夜的更夫，还不停地向辖区民众唱诵榜文圣谕，其良苦用心可见一斑！在封建统治阶级看来，不教而诛显然是违背天理人道的不祥之举，如何教化子民，使之从善如流是牧民天职。

其次，地方各级衙门刊布简明扼要的法律知识读本，对律例内容进行一定的提炼加工，以方便百姓学习了解。律例条文日益繁多，民众不可能了解其全貌，地方衙门有责任进行一定的筛选和精化，并采取恰当的传播方式，使民众更容易接受。明代中后期，就针对农村土地买卖纠纷甚至土地盗卖犯罪严重的情形，在采取传统的税契确权的同时，在产权凭证"契尾"上面又刊布有关法律要求。崇祯十二年（1639年）歙县土地买卖契约中还附有户部"酌采契纸之议"的相关内容，从《大明律》和户部则例有关上地买卖的法律条文，到地方衙门税契程序和罚则，一应俱全，使民众一目了然。

再次，各级官吏士子纷纷编刻训俗格言和功过故事，将律例内容通俗讲解为最起码的道德行仪，这也不失为开展法律宣传与教育的重要方式。如陆世仪《治乡三约》中强调训俗明法，"宜将大诰律令及孝顺事实与浅近格言等书，令社师逐次讲衍"。姚廷杰《教孝编》、王家楫《镂心曲劝孝歌》、王德森《劝孝词百章》和吕坤的《好人歌》等都从"百善孝为先"的角度，以歌词的形式宣讲各种美德。而潘席卿《化愚俗歌》和石天基《戒犯法》等"训俗诗"，实际上与清代的"圣谕十六条"和《圣谕广训》具有异曲同工的效用。另外，明代还广泛存在着一种以"功过格"形式进行宣讲律例内容的方式。如袁黄《立命篇》、陈智锡《劝戒全书》、陈锡嘏《汇编功过格》、刘麟长《圣功格》、周鼎臣《敬信录》等多种善书在提倡种种高尚道德的同时，通过许多警示性的故事来表达守法莫讼等基本准则，而这正是中国传统法律文化强调道德与法律合一的特色所在。将法律条文加以俗讲，未必就意味着漠视民众的合理诉求和切身利益。既然法律是解决社会纷争的天平，人们在伸气和图财方面实际上常常存在着二律背反，即赢得了官司，却输了钱。甚至暂时取得了"国法"上的优势，却失去了邻里之间原有的和睦"人情"，而这正是他们赖以生存的社会资源。就乡村社会来说，诉诸法律往往比民间调解成本更大，"抬头不见低头见"、"冤家宜解不宜结"等民谚讲的正是这个道理。脱离古代社会的生活实际，漠视法律俗讲的宣传教育价值，是十分浅薄的。

最后，借助家庭与家族的教育功能，通过编撰家训族谱来贯彻法律规范的具体要求。在中国古代法律逐渐迈向"礼法合一"的儒家化进程中，封建宗法与封建等级，即家法与国法得到了非常紧密的结合。这一特点鲜明地体现在法律这个"铜板"的两个侧面：违犯家法往往为国法所不容，违犯国法必然遭到家法的重惩；家法的规范往往根据国法要求和家族实际

---

① 《太祖实录》卷六十九。

进一步具体细化，而国法则在保障封建王权利益的同时，又把林林总总的封建家族的共同意志表达出来。通过家训族谱等形式传述的家法规范，无不渗透着法律的基本要求，只是在表现形式上各有侧重而已。而且首先应该确定的是，每一家法规范，无不贯彻遵守国法、明哲保身的基本理念。如何尔健在《廷尉公训约》中反复强调"吾族务要恪遵祖训，以法戒为要道……便当亲近取法"；宋诩在《宋氏家要部》中要求子弟"守国法"，再三告诫后人不能玩法兴讼；杨继盛甚至在天牢中还刻刻不忘教训子弟，不要出入公门，动辄起讼，若谁先引起讼争，家人可持其绝命书作为未来官吏处理其家务纠纷的依据。在相对封闭的家族聚集的乡村社会，强调家人遵纪守法、和睦团结、明哲保身，是有一定道理的。绝大多数家训族约和治家格言都是在此宗旨上演绎成篇的。如张春《不二歌集·庭训迩言》提出了"要孝顺、要和睦、要勤劳、要简朴、莫欠粮、莫争讼、莫斗殴、莫赌博"等一系列规范要求，并编成歌谣，可歌可咏。有趣的是，彭定求在《治家格言》中专门罗列了"成家十富"、"败家十穷"等二十种"显德"。前面十种是保证家族长发其祥的善行，也是政府所褒扬的善德；后面十种是荡败家业性命的恶德，也是国法明令禁止的犯罪行为。要保证整个家族太平无事，最好的办法就是息事宁人。因此，在正面宣传和重申律令规范的同时，往往又从另一个极端否定族人钻研法律知识的必要性。但两者并不矛盾，因为在平常人看来，过分执著和偏好法律知识可能走向玩法乱法，恃以争斗聚讼，从而使整个家族陷入诉讼纠纷之泥潭中。所以，一方面正面阐述国家律令的基本要求，另一方面严禁子弟涉足法律事务，是明代家法的一个共同特征和普遍局限。

　　朱元璋在修订《大明律》的同时，为防止"法外遗奸"，在洪武十八年（1385年）至洪武二十年（1387年）间，手订四编《大诰》，共236条，具有与《大明律》相同的法律效力。洪武十八年"冬十月己丑，颁大诰于天下"①。明《大诰》共包括《御制大诰》、《御制大诰续编》、《御制大诰三编》、《大诰武臣》四编，共236条，其中《御制大诰》74条，《续编》87条，《三编》43条，《武臣》32条。关于颁布《大诰》的目的，朱元璋表达得十分清楚："朕仿古为治，明礼以导民，定律以绳顽，刊着为令，行之既久，犯者犹众。故作大诰以示民，使知趋吉避凶之道。古人谓刑为祥刑，岂非欲民并生于天地间哉？然法在有司，民不周知，故命刑官取大诰条目，撮其要略，附载于律，凡榜文、禁例悉除之，除谋逆及律诰该载外，其杂记大小之罪，悉依续罪例论断。编次成书，刊布中外，令天下知所遵守。"② 其中加强普法宣传、促使臣民知法守法的动机极为明显。各编《大诰》诰文由案例、峻令和明太祖的"训戒"三方面内容组成：一是掇洪武年间、特别是洪武十八年至二十年间的"官民过犯"案件之要，用以"警省愚顽"；二是设置了一些新的重刑法令，用以严密法网；三是在许多条目中，兼杂有明太祖对臣民的"训戒"，明确地表达了朱元璋的法律思想和治国主张。《大诰》中的案件，均经明太祖朱元璋审理或钦准，要求各级法司"比诰所禁者治之"，具有典型的判例性质。作为钦定法律教育读本，明《大诰》峻令曾盛行于洪武中后期，延续于永乐。到洪熙、宣德时，仁宗、宣宗仿效建文帝，采取明不言废而实废的策略，《大诰》峻令遂被搁置不用。明《大诰》是中国法制史上空前普及的法规。明太祖时期要求每户必有一

---

① 《明史·太祖本纪》。
② 《明史·刑法一》。

本，科举考试中也将《大诰》的内容加以列入，为鼓励普及《大诰》，凡是能背诵《大诰》，家中藏有《大诰》的，犯流罪以下，可以减刑一等。《明史》记载：明初《大诰》"皆颁学官，以课士，里置塾师教之。因有大诰者，罪减等。于时天下有讲读《大诰》师生来朝者十九万余人，并赐钞遣还。"① 这可以说是中国古代最大、也是最成功的一次法律普及教育。

三、注重法律法典的完善与发展

明代自开国以来，高度重视法典编纂，由于朱元璋规定《大明律》为祖宗成法，不可更改，因而后世经常通过解释现行律令来发展法律。明代律学著作极大丰富并且得到较为完好的保存，《明史·艺文志》着录刑法类 46 部 509 卷，除《大明律》和《大诰》以外，还有《昭示奸党录》一卷、《逆臣录》五卷、《彰善瘅恶录》三卷、《瘅恶续录》一卷、《集犯谕》一卷、《戒敕功臣铁榜》一卷、何广《律解辨疑》三十卷、郑节《续真西山政经》二卷、薛瑄《从政录》一卷、卢雍《祥刑集览》二卷、何文渊《牧民备用》一卷、《司刑备用》一卷、陈廷琏《大明律分类条目》四卷、顾应祥《重修问刑条例》七卷、刘惟谦《唐律疏义》十二卷、张楷《大明律解》十二卷、《大明律释义》三十卷、高举《大明律集解附例》三十卷、范永銮《大明律例》三十卷、陈璋《比部招拟》二卷、段正《柏台公案》八卷、应廷育《读律管窥》十二卷、雷梦麟《读律琐言》三十卷、孙存《大明律读法书》三十卷、王樵《读律私笺》二十四卷、林兆珂《注大明律例》二十卷、王之坦《律解附例》八卷、舒化《问刑条例》七卷、《刑书会据》三十卷、王肯堂《律例笺解》三十卷、欧阳东凤《阐律》一卷、熊鸣岐《昭代王章》十五卷、吴讷《祥刑要览》二卷、邹元标《筮仕要诀》一卷、苏茂相《临民宝镜》十六卷、陈龙正《政书》二十卷、曹璜《治术纲目》十卷。② 谢晖教授根据定量考察查知，在宋代仅私家法律著述就达 66 种，元代有 27 种，而明代则多达 101 部。这些统计，有些是根据历史记载，有些是根据相关著作的统计，有些则是作者亲赴海内外图书馆查阅所得。因此，其中有些流传至今，有些则可惜已失传！但不论如何，可以从中看到律学著作是我国古典文化作品中值得关注的一大领域。如此卷帙浩繁的作品，在古代中国其他学术领域是极为罕见的。③ 这些律学著作对明代法律教育的发展和传播，发挥了极其重要的作用。

四、民间师承传授律学的兴盛

法律教育在明代官方不受重视，但法律无人不能自行，所以刑名幕友教育走上历史的舞台，担当主角。刑名幕友"拜师入学"成为明代法律教育的主导。幕友特别是刑名幕友拥有极细致的法律知识。他们不仅逐字逐句研究法律条文，对于律文中特定的表达方式如"以"、"准"、"皆"、"各"、"及"、"但"、"同"、"俱"等细加揣摩，而且对朝廷的典章制度、法律的权威注释书籍、公文以及案例的汇编，甚至某些法医学的著作和前辈幕友的经验之作，都要认真研读。他们还通过办案逐渐增加实际经验。可以说，一名优秀的刑名幕友是真正的法律专家，但幕友的专业性知识，并不是通过国家正式的教育渠道获得的，而基本上是以师徒传承的方式习得。做了幕友的人，并不能指望因其专业特长而被国家任命为正式的官员，若

① 《明史·刑法一》。

② 参见《明史·艺文二》。

③ 参见谢晖：《中国古典法律解释的知识智慧——法律解释的知识形态》，载《法律科学》，2005（6）。

想改变身份还是只能通过科举。①

五、进步学者启蒙法学思想的产生

明代出现了黄宗羲、顾炎武、王夫之、唐甄等具有启蒙民主因素的思想家，他们抨击封建制度，指陈社会时弊，呼吁建立新型的社会制度，对腐朽的封建法制进行改革。其中，尤其以黄宗羲和王夫之的思想对后世影响巨大。黄宗羲从分析君主的产生入手，揭露了统治阶级臆造的"君权神授"谬论。认为人类社会的初期，由于人类自私自利的本性，社会"公利"不能振兴，"公害"不能清除。为了调整"公利"与"私利"的矛盾，将两者有机地统一起来，使社会保持一定的秩序，人们就推举一人出来治理社会，这个人就是君主。从君主的产生可以看出，他的存在是以维护总体的"公利"为前提的。黄宗羲认为，后来设立的君主，逐渐失去了原来的意义，治理国家不是为了谋"公利"，而是把国家作为一家一姓的私产，以便"传之子孙，受享无穷"。他们还把自己的大私冒称为天下之大公，而天下之人却再也不能"自私其私"。就这样，君民的地位颠倒过来，君位是大利所在，有人要争夺，天下就不得安宁了。历来儒家把君臣关系说成是绝对的统治与被统治的关系，君叫臣死，臣不敢不死，把"君为臣纲"视为天经地义，这样一来，臣子仅仅是起到了君主意志执行者的一种工具作用。对这种君臣关系，黄宗羲进行了猛烈的抨击。黄宗羲认为，君臣之间的关系应该是师友关系。他看到明王朝废宰相后，国家重要事务都集中在皇帝身上，这势必发生君主一人独裁的现象。他主张宰相要由贤人来担任，有职有权。凡下边来的奏章，均应先交给宰相，由他再转呈天子，共同商议决定，再下达各部执行。由此不难看出，黄宗羲主张设置宰相的目的在于限制君权，提高相权，削弱宦官的权势；同时也提高士大夫的政治地位，充实封建国家政权的基础力量。这在当时的历史条件下具有一定的积极意义。

黄宗羲还提出了以"天下之法"代"一家之法"的主张，在抨击和否定封建君主专制的同时，又在《原法》篇中采取古今对比的方法批判了封建法律；并主张制定反映市民阶层利益的"天下之法"，实行法治。黄宗羲认为，封建社会无公法，其所谓法者，乃君主"一家之法"，而非"天下之法"。这种法律所维护的是君主一家的利益，是"非法之法"，其实质是搜刮天下之财富以供君主一家之私。他主张以"天下之法"代替君主"一家之法"。他认为"三代之法"是为了天下人民的生养教化而设立的，这种"天下之法"是最理想的法律，因为它是保护人民"各得其私，各行其利"的，是保障"贵""贱"平等的。由此可见，他是把保护私有财产和法律上的平等作为基本要求的。

黄宗羲还提出了近似议会政治的设想。他认为，设学校不仅是为了培养人才，还应当使学校成为监督政府的机关。黄宗羲极力赞扬汉、宋太学生的清议，认为学校确实能代表人民的舆论。根据这种"清议"的历史经验，黄宗羲主张扩大学校的职能，使它成为清议的机关，监督政府。国家无论行政、外交、军事、刑狱，等等，都应当通过学校的意见来执行。本来学校只是一种教育机关，可是黄宗羲却大大推崇学校的政治作用，让它主持公是公非，对政府施行一种监察权。这样的学校就近似一个议会了。黄宗羲还把由群众选举的学校主持人的地位提得很高，他享有"其重与宰相等"的职权。学校怎样监督君主和政府呢？黄宗羲提出了一些

---

① 参见任喜荣：《"刑官"的知识结构解析》，载《法制与社会发展》，2004（5）。

具体的办法。在中央，每月初一，君主亲临太学，宰相、六卿、谏议等都参加，由祭酒讲学。在地方，每月初一、十五，召集"缙绅士子"天会，"学官讲学，郡县官就弟子列"，对于郡县官吏的弊政，小的就批评纠正，大的就敲鼓宣布于公众之前。显而易见，黄宗羲所设想的学校，已经具有议政的权力和监督的权力，同近代资产阶级议会颇相近了。这是黄宗羲政治法律思想中富有民主主义的内容，反映了中小地主阶级知识分子迫切要求参政的愿望。

王夫之认为，宇宙间一切事物都是在变化发展的。在他看来，变化日新就是客观世界中事物新旧交替不断更新的过程。王夫之把这种推陈出新的过程叫做"推故而别致其新"。这种发展观反映了他的积极进取精神。王夫之的变化日新的思想用到政治法律上，即主张"趋时更新"，反对复古保守，一切典章制度、法律法令都应随着时代的发展而变化。古代的典章制度、法律法令只能适用于古代的社会，而今天的治国方法也不一定能适用于后代。在王夫之看来，法律、法令的制定和变更，必须做到因时因地而异。王夫之认为，当时业已腐朽的明朝封建统治者没有趋时更新的精神，死守祖宗成法，是无法挽救社会危机的。

总的来看，注重对整个社会进行普遍的法制教育，是明代法律教育的一个特色。①

第六节
清代的法律教育

关于清代法律教育的问题，学界已经进行了较为深入的探究，相关成果亦较为丰富。首先值得指出的是，我国台湾地区学者张伟仁先生有题为《清代的法学教育》的论文，对清代法律教育的概况和特点等问题进行了全面展示。此外，吴建璠先生的《清代律学及其终结》、张晋藩先生的《清代律学及其转型》和《清代私家注律的解析》、何敏女士的《清代注释律学特点》和《清代私家释律及其方法》、高恒先生的《沈家本与中国古代律学》（均收录于何勤华编的《律学考》一书中）和王健先生的专著《中国近代的法律教育》等也对清代法学教育有所涉及。此处在上述成果的基础上，仅就清代法学教育的一般状况和律学知识的传播途径问题进行粗略探究。

一、清代法律教育的一般状况

纵观整个中国封建社会，西汉时汉武帝在中央设太学，令儒生兼习法律；东汉诸大儒作章句注释，聚众授业；唐宋国子监里的读经习律，这些举措的目的，无不旨在通过一定的方式，将法律知识、经验与技术进行传承，教授和培养出新一代的法律人员，从而维系封建社会的统治秩序。

就总体而言，清代不甚重视法学教育。正如沈家本在《法学盛衰说》中所言："本朝讲究此学（指法学）而为世所推重者不过数人。国无专科，群相鄙弃。纪文达编纂《四库全书》，政书类法令之属仅收二部（即《唐律疏议》与《大清律例》），存目仅收五部。其按语

---

① 参见王健：《中国近代的法律教育》，43页，北京，中国政法大学出版社，2001。

谓'刑为盛世所不能废，而亦盛世所不尚'，所录略存梗概，不求备也。夫四库目录乃奉命撰述之书，天下趋向之所属，今创此论于上，下之人从风而靡，此法学之所以日衰也。"① 民国学者程树德也有类似论述："余尝谓有清一代经学词章远轶前轨，独律学阙焉不讲。纪文达编纂四库全书，政书类法令之属仅收二部，存目仅收五部，其按语则谓刑为盛世所不能废，而亦盛世所不尚，所录略存梗概，不求备也。此论一创，律学益微。"我国台湾地区学者张伟仁先生也认为："清代正规学校教育和科举考试都不重视法学，当时直接从事法制工作的官吏、书役等人所需的法律知识，大致都由自修、历练而得。"②

尽管如此，《大清律例》仍然专设"讲读律令"条文，规定："凡国家律令，参酌事情轻重，定立罪名，颁行天下，永为遵守。百司官吏务要熟读，讲明律意，剖决事务。每遇年终，在内在外，各从上司官考校。若有不能讲解，不晓律意者，官，罚俸一月；吏，笞四十。其百工技艺诸色人等，有能熟读讲解，通晓律意者，若犯过失，及因人连累致罪，不问轻重，并免一次。其事干谋反、叛逆，不用此律。若官吏人等挟诈欺公，妄生异议，擅为更改，变乱成法（即律令）者，斩（监候）。"③ 雍正时期的田文镜和李卫曾遵照谕旨撰写《钦颁州县事宜》，颁发给各地州县官使用。该书中就专门规定了"讲读律条"，要求"初任牧令，其于办事之暇，即应将《大清律例》逐篇熟读，逐段细讲，务必晓畅精意，而于轻重疏密之间，以会其仁至义尽之理"；"要究心律例"。因为律例是实际学问，要下工夫学习才能真正掌握。讲读律例的办法主要是在官吏中间提倡律学，在清王朝前期，基本贯彻了这一制度。清代律学著作中讲读律例的很多，由此也可以看出这一规定的有效性。

清代的许多皇帝也十分重视法律教育。如康熙就曾经颁布《圣谕十六条》，把百姓最容易冒犯的一些禁止性行为，浓缩为十六条歌谣式"圣谕"，使民众耳熟能详。雍正在此基础上逐条加以解释，写成万言《圣谕广训》，其中对"讲法律以儆愚顽"作了如下阐述："盖法律千条万绪，不过准情度理，天理人情心所同具，心存于情理之中，身必不陷于法律之内。……惧法自不犯法，畏刑自可免刑。"

到了清代，地方衙门在实施法律宣传教育方面，实际上仍然保留了传统读法讲法的规矩。乾隆年间，江西按察使司"会同布政司、粮、盐道查照律例，将江西愚民最易犯者，摘录简要罪名，汇为一册"，并根据州县人口多少，将这种简明的法律宣传教材逐级散发下去，"核定发司刊刷告示，分发各属，用木板褾裱悬挂。并刊成小本分给各乡族正与衿耆人等，随时讲读。其刊刻本按州县缺分之大小分别发给，大县一百本，中县八十本，小县六十本。如州县有地方广阔，户族殷繁不敷散给者，许其禀请补给，俾各族正等得以一体劝诫，见法知惧，观法怀刑，自必默化潜移"（《西江政要》道光三年八月二十三日宪抚令《民间易犯罪名摘录例律》）。但有些地方官吏并不认真落实，如道光年间当过江西巡抚的吴道在审批庐陵县的一起杀人案时，将该县令革职的理由就是，臬司"曾节刊简明律条颁式各县，该县平日视为迂腐，并不照刊广布，使愚民得以迁善远罪"④。

---

　① 沈家本：《历代刑法考》，2141 页，北京，中华书局，1985。

　② 张伟仁：《清代的法学教育》，载贺卫方编：《中国法律教育之路》，238 页，北京，中国政法大学出版社，1997。

　③ 《大清律例》卷七《吏律·公式》"讲读律令"条。

　④ （清）吴养源编：《吴文节公遗集》卷三十八。

清代的学制大体上沿袭明朝，教育机构主要包括中央的太学，地方的府学、州学、县学、官私书院，以及官设的社学和私立的家塾、村塾、乡塾等初级学校。自元代取消律学教育后，清代也未设专门的法律学校——律学来从事系统的法律教育。儒童完成启蒙教育之后，经考试进入府州县学，但所学课程中没有律例方面的内容。太学中贡监生员的课业和考试与各府、州、县学大致相同。雍正时一度提倡在学士子应学习法律。雍正七年（1729 年）发布谕令指出："律例内刑名、钱谷各条，无不具备，乃莅政临民之要务。士子允宜奉为章程，预先学习，以为他日敷政之本。应令各省学校转饬各学校教官，每当月课季考之次日，将律内开载刑名、钱谷关系紧要者，详为讲解，使之熟习淹贯，预知政治之要。学政于按临读书之时，令诸生各讲律例三条，士子中果有文行兼优，而又能诸熟律例，才堪办事者，该教官申送学校，该学政详加考验，于任满时保题。"[1] 雍正十三年（1735 年）又谕令："讲习律例，定为考核之法，饬令各学教官，于详报月课季考文内，将所讲律例何条，其所受者何人，逐一声明，以凭学臣查核；如有怠乎不肯尽心听受者，亦列明开报。该学政分别次数，严加惩儆，务令各生细心体认，通晓熟。倘该教官不实力讲解，仍前视为具文者，该学臣查实，即行题参议处。"[2] 从雍正的这两次谕令可以看出统治者对法律教育的重视。

乾隆二年（1737 年）规定，太学将学生分属"明经"与"治事"二科。其中"治事"科包括历代典礼、赋役、律令、边防、水利、天官、河渠、算法之类，或专治一事，或兼治数事，务穷其源流，考其利弊。[3] 律令是这些实用知识体系的一个分支。但士子为求入仕而多趋时宜，以应乡试，律令并不受到重视。

清朝政府沿用隋唐的考试制度，将科举制作为评定考生良莠的标准，以此为国家选拔官员。而考试所涉及的内容一般为四书五经类，要求考生对应考书目十分谙熟，记得试题出处及其前后语句，作文才能切题。一般来说这些考试内容与法学并不相关；而且所作之文不允许考生自由发挥，一定要以先儒的注释为据，所以大抵都是记忆的测验。此外文章必须按照一定的格式写作，称为八股文；有固定的段落要求，格式教条刻板。因此，在这种考试制度的影响下，一般的教育机构只注重对学生记忆能力、记忆技巧的训练、培养和对写作格式要求的把握。

由于清代官方不重视法学教育，以致清廷官员中熟悉律例、精于狱讼者甚乏其人，地方司法事务官员怠于躬亲，转将处理日常事务的权力委于刑名胥吏幕友之手，加速了清代司法的腐败，对此清廷并非无所察觉。乾隆八年（1743 年），江苏按察使李学裕奏请：令月选州县官考试律例，随后发布的上谕指出：

> 李学裕所奏事属可行，着即于九卿验看，时摘问律例数条，令其条对，与履历一并进呈，着为例。[4]

但由于清代取士途径的现实制约和司法实践的实际状况，类似诏敕在实践中能否实际执行当存在较大疑问。由于各级官员大多出身文吏，即使是中央官署也缺少得力人员，这从雍

---

① 《大清会典事例》卷三八二。
② 《大清会典事例》卷三八二。
③ 参见《大清会典事例》卷一〇九九。
④ 《皇朝文献通考》卷六十一《选举考十五·考课》。

正二年（1724 年）拣择翰林院官员至刑部学习办案上谕即可窥其一斑：

> 刑名案件最为紧要，朕所赖者诸大臣之赞裹，诸大臣所赖以办事者，各司之尽职。是以每司必得一二实心办事才能之员方有裨益，朕思翰林院满汉编修、检讨、庶吉士俱系进士出身，伊等即未必素谙律例，亦必不难于练习。尔等于满汉编修、检讨、庶吉士内拣选，或有情愿在刑部学习办事者，或有为尔等所知者，共拣二三十员带领引见，分在各司学习办事，如有办事明白，实心效力者，酌量题补。①

由于清代科举将律学知识排斥于考试科目之外，自然律学教育就被摈除于常规教育之外，因而忽略法学机构的建制以及专门法律人才的培养。当时大多数世子视科举考试为正途，以此来光耀门楣，封妻荫子。而在清代欲中试，考试者只需熟记数篇课艺文章，娴习若干写作技巧，便足应付，连四书五经也不必精读，至于其他一切学问，更是无关紧要，因而悉受忽视。② 其中最不受重视的便是法学。但学校的课程中既然包括《大清律例》，考试中自然应有相应的科目。清代的考试有制义、论、策、诏、诰、表、判、诗等项。与法学有关的是"判"。"判"是以《大清律例》的门目为题，听任考生揣摩其意，然后自行拟定一事，加以判断，但并不需要引用条文，作成具体判决。所以考生只要没有猜错题意，便可作答，无须更多的法律知识③，实际上变成了"以经义为凭的道德性决断。更不幸的是，到了清代中叶，这一项考试竟被取消了"④。律学教育与士子的仕宦前程彻底绝缘，遂归于荒疏湮灭。由此可见，清代以制义取士，学校教育和科举考试均不重视法学。

就更为深刻的社会原因分析，传统儒家学派与清廷都不重视法学。由于满族人本无崇儒传统，他们以骑射得天下，一直注重保持本族的特长，以巩固其统治地位。清室之所以强调制义考试，一再声称"制科以四书文取士"⑤、"国家以经义取士"⑥，并非真正信服儒家学说，而是一则想借此抑制汉人入仕的人数；二则因为儒家鼓吹忠孝节义、三纲五常，乃是控制汉人的最佳工具，所以清朝历代皇帝都推崇儒家学说，借此实现对汉人的有效统治。儒家认为维持社会的安定秩序、促使社会自贫乏进于小康而臻于大同，需要许多层次的规范相互协调运作。法律是最下一层的人为规范，主要的功能是惩恶于已然，虽然它也有恫吓的效力，但至多只能使人们免而无耻，而非治国、平天下的良策。何况法家学说流弊极多，非但不足致治，实在是肇祸生乱的根本。基于这些观点，儒家当然鄙视法律，轻视法学。⑦ 而作为儒家学说的倡导与推崇者的清朝统治者，当然也就视法学为无足轻重的学科而采取轻视的态度。清廷这种不重视法学的态度，主要表现为在国家的教育机构中不开设有关法学教育的课程，在考试中亦不涉及与法学有关的内容，这极大地抑制了法学教育的发展。

---

① 《皇朝文献通考》卷五十六《选举考十·举官》。

② 参见《清初通考》卷五二，5344 页。

③ 参见张伟仁：《清代的法学教育》，载贺卫方编：《中国法律教育之路》，168 页，北京，中国政法大学出版社，1997。

④ 张伟仁：《清代的法学教育》，载贺卫方编：《中国法律教育之路》，172 页，北京，中国政法大学出版社，1997。

⑤ 《光绪会典事例》卷三三二，9515 页，雍正十年上谕。

⑥ 《光绪会典事例》卷三三二，9516～9517 页，乾隆元年上谕。

⑦ 参见《清朝通考》卷五二，5344 页。

二、清代私家注律活动对法律教育的影响

私家注律是有清一代律学发展的重要途径之一。张晋藩先生在《清代律学及其转型》一文中指出："明清时期国家对适用法律的要求更为迫切，对律学的期望值也愈益提高，因此鼓励私家注律以补充官府注律的不足。所谓私家，其实是具有官方或半官方身份的人士，他们注律或受命于朝廷，或被委聘于长官。他们注律时总结了从事刑名工作的经验，抒发了研究律学的体会，形式上是自由的，但不得逾越国家宏观控制的限度，不得违背传统的法律意识和礼的基本规范，不得另立异端思想。否则其所注之律不仅无效而且要受到惩治。因此私家注律是寓自由于不自由之中的。"①

由于清律与明律之间存在的天然联系，清代律学家承袭明人注律成果的现象比比皆是。清代立法者们就法律条文所作的解释，除继承这三朝法典中原有注释（主要是明律中小注）外，其余皆引用明人或清人的私注。② 至康熙十三年（1674 年）王明德著《读律佩觿》，标志着清代私人注律进入独立发展时期。康熙五十四年（1715 年）沈之奇编纂的《大清律辑注》，标志着清代律学走上独立发展道路的新风格、新观点与新成就。重要的私家注律成果往往成为律例馆修订律文的重要理论依据。以"投匿名书告言人罪"律文嬗变为例，《大明律》规定：

> 凡投隐匿姓名文书，告言人罪者，绞。见者，即便烧毁。若将送入官司者，杖八十。官司受而为理者，杖一百。被告言者，不坐。若能连文书捉获解官者，官给银一十两充赏。③

明律该条后既无注释，亦无附例，顺治三年（1646 年），律文字句之间首次增入小注，奠定清律"投匿名文书告人罪"律文、注释相互依存之基本风貌：

> 凡投（帖）隐匿（自己）姓名文书，告言人罪者，绞。（监候，虽实亦坐。）见者，即便烧毁。若（不烧毁）将送入官司者，杖八十。官司受而为理者，杖一百。被告言者（虽有指实），不坐。若（于方投时）能连（人与）文书捉获解官者，官给银一十两充赏。（指告者勿论。若诡写他人姓名词帖讦人阴私，递与缉事校尉陷人；或空纸用印虚捏他人文书买嘱铺兵递送，诈以他人姓名附注木牌进入内府不销名字陷人得罪者，皆依此律绞。）④

注文所谓"缉事校尉"，乃前明锦衣卫或东厂中专司侦缉职者，至清代已废。雍正三年（1725 年），修律馆臣以"今无缉事校尉"⑤ 为由，奏请删去小注内"递与缉事校尉"一句。

除律例馆主持修律外，清代私家注律成果亦对本罪律注之完善产生积极影响。学者疏解律意，辩驳诘难，"投匿名书告言人罪"之认定标准日趋严密，部分私家释文经律例馆援引，最终升格为正式律注。乾隆五年（1740 年），修律臣工认为："匿名告人之罪易于诬指，《笺

---

① 张晋藩：《清代律学及其转型》，载《中国法学》，1995（3）。
② 参见何敏：《从清代私家注律看传统注释律学的实用价值》，载《法学》，1997（5）。
③ 怀效锋点校：《大明律》，175 页，北京，法律出版社，1999。
④ （清）沈之奇注，洪弘绪重订：《大清律集解附例》卷二十二《刑律·诉讼》，乾隆十一年刻本。
⑤ （清）吴坤修：《大清律例根源》刑律三十九，安徽敷文书局同治十年活字本。

释》谓泛是骂詈之语不得妄引。《辑注》谓虽有文书尚未投官者不在此限，应增。"①律注文字遂纂入"其或系泛常骂詈之语，及虽有匿名文书，尚无投官确据者，不坐此律"② 一节，清律"投匿名书告言人罪"之律文表述至此定型。③

雍正五年（1727 年）以前，小注、总注均采用明人注释，雍正五年颁布《大清律集解》，在律后总注中开始辑入沈之奇《大清律辑注》和王明德《读律佩觿》的注律成果，从而私家注律被引入法典成为法典的组成部分，其立法解释效力被国家认可。乾隆五年（1740 年）修律时增加的"纳赎诸图"的适用，明确规定应查照《读律佩觿》的有关解释，"以免畸轻畸重之失"。作为《大清律例》律目的八字"以、准、皆、各、其、及、即、若"的释义也以《读律佩觿》的注解为权威。在大清律文注中也多处采用沈之奇《大清律辑注》的观点。何敏指出，清代注释律学的发展主要是通过私家注律活动来实现的，注律成果直接表现为私家释著，一些律学理论也是注律家在注释活动中创立的。④因此，私家注律是清代注释律学的主要代表。由此可见，清代私人对于现行律典的诠释与阐发对立法、司法活动产生了巨大的指导作用，亦由此成为律学知识薪火相传的重要途径。⑤

三、刑名幕友及讼师在法学教育中的作用

清初统治者尚重视在民间讲读律令，据《皇朝通典》卷五十七《礼》记载：顺治元年（1644 年）十月定乡饮酒礼，其中即有讲读律令进行法制宣传的内容：

> 每岁于正月十五、十月初一日举行……择乡里年高有德之人为大宾，其次一人为介，又其次为众宾司，正一人，以教授为之，司爵赞礼，引礼读律令各二人，以生员为之。⑥

已经入仕的官吏主要依靠自修、在职历练和幕友教授的途径获得法律知识。司法是清代州县衙门最重要的功能之一，这就要求州县官具有相当的专业技术和丰富的实践经验，而这些又是那些只受过经义训练的州县官所根本不具备的。由于清代对错判的惩罚是极为严厉的，因而不熟悉律例的州县官绝对需要有能力的法律顾问的帮助⑦，幕友就是官员私人聘用的助理。由于幕友的主要任务是协助州县官处理司法事务，因而这一工作的性质就决定了他们必须通晓律令、精熟法律业务。也正因为如此，幕友所受的法律教育也比较专门和系统，是清代法律教育的正科。⑧张伟仁先生也认为，"中下层官司都要依赖幕友，他们是从师受业

① （清）吴坤修：《大清律例根源》刑律三十九，安徽敷文书局同治十年活字本。
② 田涛、郑秦点校：《大清律例》，477 页，北京，法律出版社，1999。
③ 参见陈玺：《清代惩治匿名告人立法的嬗变与省思——清代律典、附例、成案三者关系的个案考察》，载《求索》，2009（1）。
④ 何敏：《从清代私家注律看传统注释律学的实用价值》，载《法学》，1997（5）。
⑤ 张晋藩：《清代律学及其转型》，载《中国法学》，1995（3）。
⑥ 《皇朝通典》卷五十七《礼·乡饮酒》。
⑦ 参见瞿同祖：《清代地方政府》，范忠信、晏锋译，214 页，北京，中国政法大学出版社，2003。
⑧ 参见王健：《中国近代的法律教育》，48 页，北京，中国政法大学出版社，2001。

的，其法学教育比较制度化，成绩也显然不错，所以成了清代法制运作的筋脉"①。

幕友与主官是宾主关系，协助官员处理一些日常事务。幕友大抵可以按其工作的性质分为刑名、钱谷、征比、账房、书启、朱墨、挂号、阅卷、教读等类，而以刑名与钱谷二者最为重要。顾名思义，可见前者处理涉及刑名的各种事务，后者的工作则主要为钱粮的征收及经费的度支。刑名幕友的主要任务就是协助官吏处理日常官府诉讼之事和对官员进行必要的法律知识的教授。刑名幕友传相教授的律学知识是清代律学传承与发展的重要途径之一，有学者甚至认为清代律学在一定意义上乃为"民间刑名幕友的私家之学"②。

对于幕徒而言，学幕的第一要务是研读律例和有关幕学的书籍，有关律例和幕学的书籍卷帙浩繁，种类繁多，其中"律例注释"类如沈之奇编写的《大清律例辑注》、万枫江编写的《大清律例集注续编》等，"律例图表"类如官修《三流道里表》、《五军道里表》等，"律例歌诀"类如《大清律例歌诀》、《大清律七言集成》，"案例汇编"类如《刑案汇览》、《驳案新编》，"律例考证"类如《大清律例通考》、《读例存疑》等。③ 至清代中叶，应用律学、律史学、比较律学以及古律的辑佚和考证等都成绩卓著，一批堪称经典的律学著作，如《读律佩觽》、《大清律例通考》、《大清律辑注》、《唐明律合编》、《历代刑法考》等，都诞生于这一时期，由此清代律学成为传统中国继魏晋、汉唐以后律学发展中又一个也是最后一个高峰。

上述律学著作对于法律知识的推广和普及起到巨大的推动作用，以《读律佩觽》为例，该书择取《清律》中较重要的条文和条文中意思表示不甚明确的文字，依据《清律》本注、旧注及王肯堂笺释、传记等书，先加以阐释，进而推究律义，补解条文中不明确所在，以供读者随手查阅、解除疑问之用。王明德在书中阐述了这种立意，"读律之法，必先八字之义，先为会通融贯，而后可与言读法"。该书终清之世广为流传、翻印，不仅为私注本中的杰作，其"律母释义"和"律眼释义"还广为各注家抄录引用，甚至得到清廷的重视和肯定。《大清律辑注》、《王肯堂笺释》、《大清律例集注》和《大清律例全纂》等优秀释著对清代司法活动的影响相当广泛。各地刑署衙门乃至刑部，在审断案件时，常将《辑注》等本与《清律》互相参照使用。甚至当《辑注》本的观点和本律稍有歧异或相悖时，司法官也常常引私注而弃律例。④

讼师是民间参与辞讼、代理案件的重要角色，在具体承办案件的同时，在事实上承担了传播法律知识的职能。清代讼师代他人撰写诉状并指导他人如何进行应诉，因此这些人必须精通法学知识。他们一般是靠自行研习、暗中请教的方式来获得法律知识的。这种自学的方式往往又因个人资质、努力程度等因素的不同而产生学习效果的明显差异，因此对其学习效果也不可一概而论。至于代书，一般的工作只是依照应诉之人的"本人情词，据实誊写"，所以其只是一个誊写的书手而已，并不需要太多的法学知识。由于讼师需以辞讼为生，首先应熟悉律例规定以及法司惯例，以便最大限度地为代理方争取利益。由此进行的代写辞状、

① 张伟仁：《清代的法学教育》，载贺卫方编：《中国法律教育之路》，238页，北京，中国政法大学出版社，1997。
② 张中秋：《传统中国律学论辩》，载《比较法研究》，2000（3）。
③ 参见吴建璠：《清代律学及其终结》，载何勤华编：《律学考》，北京，商务印书馆，2004。
④ 参见何敏：《从清代私家注律看传统注释律学的实用价值》，载《法学》，1997（5）。

出庭陈辞和其他诉讼活动则从实证角度诠释清代法律的实践运行，并由此形成案件当事人和知情人对于法律的认识理解。受传统贱讼观念的影响，以及官府对讼师职业的鄙视，顺治十七年（1660 年）三月上谕对讼师诬告进行严惩：

> 讼师、讼棍串通衙役，诡名诬告诈财者，照光棍例，三人以上，为首者立绞，为从者责成。①

雍正六年（1728 年），朝廷又对讼师代书不实等违法行为规定相关罚则：

> 讼师之捏词，嗣后应令地方官严饬。代书务照本人情词据实开写，其有教唆增减者，照律治罪，外如有将讼师底稿嘱其誊写者，许令代书出首，按律治罪。②

可以认为，讼师能够在实践中上下其手、舞弊营私，其势必对现行法律甚为熟悉，然而讼师群体的职业特点虽然使其具备了传播法律知识的主客观条件，但其自身营利特征却使其与中国诉讼传统格格不入，因而其在清代法律教育中的作用是较为有限的。此外，由于刑幕教育具有学徒式的特点，通过这种方式培养的法律人才数量也十分有限。

四、我国近代法学教育的诞生

我国真正的近代意义上的法律教育始于清末。近代中国新式法律教育及其人才培养的规模化是从清末新政开始的。③ 明清（鸦片战争前）时期的法律教育仍属传统法律教育的范畴，直到晚清，从事法律工作所需的专门训练，或凭个人的自修历练，或流散于官学体系之外的民间社会，而最终没有发展出一种培养法律专门人才的正规机制。④ 鸦片战争之后，中西法文化开始冲突和融合，中国传统法律教育中法律人才的培养模式和法律教育的传播方式以及对法律的态度等不断受到西方新的法律教育的影响。新的时代需要新的法律教育和法律人才，在这种时代条件下，近代法律教育开始产生并不断发展。

中国近代的法律教育早在 19 世纪 70 年代就开始出现。⑤ 同治元年（1862 年）开办的京师同文馆，是一所专门学习外国语言文字、培养翻译人才的学校。同治八年（1869 年），同文馆请美国人丁韪良讲授《万国公法》，是为我国"近代法学教育的胚胎"⑥。当时最早出现了留洋习法和在洋务学堂里翻译和传授西方法律的活动。出于和外国办理交涉事务的需要和对西学的工具价值的认识，公法之学成为当时法律教学的主要内容。但由于当时传统的法律教育仍占主导地位，以公法之学为主要内容的新的法律教育对传统的法律教育并未产生直接的影响。

---

① 《皇朝通典》卷八十《刑一》。
② 《皇朝通典》卷八十五《刑六·杂议》。
③ 参见符启林：《中国法学教育的过去、现状与未来》。载《太平洋学报》，2007（6）。
④ 参见王健：《中国近代的法律教育》，362 页，北京，中国政法大学出版社，2001。
⑤ 李贵连先生认为中国的近代法学教育在 19 世纪 60、70 年代即已萌生，20 世纪初期，因立法需要而形成。参见李贵连：《中国近现代法学的百年历程》，载苏力、贺卫方主编：《20 世纪的中国：学术与社会》（法学卷），246 页，济南，山东人民出版社，2001。
⑥ 李贵连：《中国近现代法学的百年历程》，载苏力、贺卫方主编：《20 世纪的中国：学术与社会》（法学卷），247 页，济南，山东人民出版社，2001。

清末新政时期变法修律，这是中国新旧法律教育交替的关键时期。由于新政时期变法修律的主要目的是"务期中外通行，有裨治理"，培养新型的专门法律人才就成为当时一种迫切的需要。以一系列法律学院的创办为标志，中国近代的法律教育诞生了。较早的或刚刚回国的法科留学生，特别是留日法科生以及日本的法律顾问和法律教习，成为设计新型法律制度和开办法政学堂最初的一批动力资源。新型法律人才首次与本国的法律制度建立起了联系。但是，由于清末法律教育的创办与修订法律工作几乎同时进行，而当时人们对西方法律和法律教育的了解才刚刚开始，很肤浅，这就导致了从创办近代法律教育之始，即是一种极其仓促被动的状态，同时也决定了法律教育的速成性质。①

清末法学教育分为两类：一是"大学堂"附设的"法政分科"，二是单独设立的"法政学堂"。光绪二十一年（1895年）天津中西学堂附设法律科，被认为是中国现代法学教育的开端。② 光绪三十年（1904年），清政府建立了第一所"法政学堂"。到宣统元年（公元1909年），全国已有法政学堂47所，学生12 282人，分别占学堂总数的37％和学生总数的32％。③ 清末的法学教育一直由政府垄断，"法政学堂"实为衙门的一个分支，禁止私人设立法学教育机构，直到宣统二年（1910年）才解除了这一限制。④ 清末在大学之外设立法政学堂，据说是模仿日本的产物，也是清政府在外国压力之下被迫采取的法律移植措施之一。这就使得清末法学教育刚刚进入中国就被打上了至今仍然难以磨灭的一些印记：其一，法学教育须由官方垄断而排除私人加入；其二，法学教育被认为是可以"大干快上"的速成教育；其三，法学教育主要是传授外来法学。⑤

---

① 参见王健：《中国近代的法律教育》，363页，北京，中国政法大学出版社，2001。

② 参见汤能松、王清云、张蕴华、阎亚林：《探索的轨迹——中国法律教育发展史略》，119～120页，北京，法律出版社，1995。

③ 参见汤能松、王清云、张蕴华、阎亚林：《探索的轨迹——中国法律教育发展史略》，135页，北京，法律出版社，1995。

④ 参见宣统二年十月初九日（1910年11月10日）《学部附奏推广私立法政学堂片》，载朱有瓛主编：《中国近代学制史料》，第二辑下册，491～492页，上海，华东师范大学出版社，1989。

⑤ 参见方流芳：《中国法学教育观察》，载苏力、贺卫方主编：《20世纪的中国：学术与社会》（法学卷），330页，济南，山东人民出版社，2001。

第二章

法律职业与传统法律教育

第一节
中国古代的法律教育机构

由于我国法律所具有的独特性，法律教育的产生与发展又经历了与其他法制文明不同的特殊途径。我国古代法律教育因应时代，在各代虽略有小异，但其特征一脉相承，而办学方式则经历了从"学在官府"的官学到官学与私学并存的发展过程，它们共同促进了我国古代法律教育的发展。这体现了中华民族走向法制文明的特殊规律，并为中华法系的形成和完善作出了巨大的贡献。

一、我国古代法律教育机构的起源

法制文明作为整个古代文明的有机组成部分，是人类社会发展到一定历史时期的产物。法制文明产生以前的原始公有制社会，虽然也有社会公共事务与争端或纠纷的存在，但维持社会群体秩序、调整氏族内部各种的关系主要依靠的是氏族部落内部的原始民主精神、人们在长期的日常生产生活中约定俗成的风俗习惯以及与此相关的道德行为规范。随着生产力水平的不断提高、社会经济的逐步发展，人们之间的社会关系变得更加复杂，阶级冲突与阶级压迫也日渐突出，上层统治阶级为了维护自己的既得利益，便需要制定法律制度来维护国家稳定，法制文明也就随之出现了。

法制文明的发展需要有专门的法律教育，教育是和人类社会同时出现的一种社会现象，学校则是人类社会和教育发展到一定阶段的产物。法律教育刚开始是作为学校教育的一部分来进行的，并是以礼和刑的形式出现的，这也是中国法律产生的两个源头：一是产生于部落战争中的军法与刑罚，最初的法官、狱官也兼掌军事和司法两种职能，这就是所谓的"刑始于兵"①、"师出以律"②、"兵狱同制"③ 等说法，即兵刑合一。二是产生于部落的风俗习惯，

---

① 《辽史·刑法志》。
② 《周易·师》。
③ 《汉书·百官公卿表序》应劭注。

以神权为后盾的礼。在奴隶社会中，礼的内容几乎无所不包，社会习俗、道德戒律、人生信念、国家戒律都可以称为礼。因此，礼不但是裁判是非的标准，而且是判断罪与非罪的依据，并作为立法原则延伸至整个封建社会。这两个法律的源头，构成了我国古代社会发展初期的规范体系。

公元前 21 世纪，夏禹将王位传给其子夏启，标志着以夏后氏为核心的夏代政权正式建立，建立了中国历史上的第一个朝代。夏代以及其后的商代和周代，都是我国法律萌芽时期的"秘密法时代"。此时的统治者之所以秘藏法律，实因唯恐法律公开以后权力下移，民生争心而诉讼滋蔓。为了维护自身的利益和专制统治，必须垄断法律和诉讼知识，由此便导致此时的法律教育只是在掌握司法权的官员中间，而对外仅警告人民不得犯法，且不明示制裁的方法，所谓"刑不可知，威不可测，则民畏上"[1]，法律教育的活动是以"学在官府"和"学在王宫"为特征的。据古代文献记载，在父系氏族公社末期产生了学校萌芽，五帝时期有"成均"之学，虞舜时有"庠"，这是我国最早的学校名称。夏代进而产生了学校的雏形，有"夏后氏之学在上庠"[2]，"序，夏后氏之序也"[3]，"夏曰校"[4] 等等说法。"序"主要是进行军事教育的，而"校"则以道德教化为主要内容。到了商代，出现了"瞽宗"和"学"，建立了初始的学制。瞽宗是用来祭祀的场所，也是进行礼乐教育的学校。"学"进行一般的文化知识和思想品德教育，而且分为小学和大学两个阶段。这些教育机构中进行的道德和礼乐教育就是我国古代法律的主要渊源。进入西周，我国奴隶制社会高度发展，也形成了比较完备的学校系统，这一时期的学校分为两类（国学、乡学）和两级（大学和小学）。国学主要为奴隶主子弟设立，分为大学和小学。天子设立的大学分为五学，中间的以"辟雍"命名，又称太学，周围有水环绕，其他四学分设四周：水南为"成均"，水北为"上庠"，水东为"东序"，水西为"西雍"。五学以"辟雍"为尊，所以西周天子所设的大学又统称为"辟雍"。诸侯设立的大学，规模较为简单，仅有一学，因为只有一半的地方有水绕过，所以称为"泮水"。乡学是按照地方行政区域的大小，为一般奴隶主与部分庶民子弟设立的，仅设一级，名称有校、序、庠、塾之类。

夏、商、周时期学校教育都具有"学在官府"、官师合一的特征，知识为奴隶主贵族所垄断，典章文物均藏于官府，人们要学习某种知识，只能去向有关的官吏学习，从而呈现出一种官即师、政教不分的局面。在教授内容上，无论国学、乡学都以"六艺"为主要教育内容。所谓"六艺"，即礼、乐、射、御、书、数。礼是政治伦理课，也体现了古代教育"明人伦"的重点，主要包括政治、历史、宗法、道德、礼节等方面的教育。由于法律的主要部分是由礼构成的，并且礼与法又具有同源性，所以这也就是当时的法律教育。乐是艺术教育课，包括诗歌、音乐、舞蹈等方面的教育。射与御是军事体育课，包括射箭、驾驭战车等方面的知识。书、数是基础文化知识，包括识字、写字、数学等方面的知识。除"六艺"外，还有"三德"、"三行"、"六仪"、"六德"、"六行"的教育内容，这其中的许多规章制度方面的内容也与法律密切相关，从这种意义上讲，实际也就包含了当时的法律教育。

---

① 《左传》孔颖达疏。

② 《礼记·礼仪》郑玄注。

③ 《礼记·明堂位》。

④ 《孟子·滕文公上》。

西周时期学校是我国奴隶社会学校教育的典型代表，虽经夏商两代的发展但毕竟比较简陋，并具有"学在官府"的性质。春秋战国时期，我国由奴隶制向封建制转变，西周的官学不能适应新的时代要求，逐渐废弛。由此，产生了"公室养士"的官办教育，其中也孕育着新兴封建官学的胚胎。

战国中晚期存在的稷下学宫便是公室养士的著名地方，它是齐国在稷下设立的高等学府。稷下学宫创立于公元前4世纪60年代，历经一百五十余年。"稷下"即齐国都城临淄的稷门。最初由"齐桓公立稷下之宫，设大夫之号，招致贤人而尊宠之"①。至齐宣王时，稷下之学达到了最高潮，所养学士达数百千人。稷下学宫虽为官办，师生皆赐列第为上大夫，但不任吏治，是"不治而议论者"，专门从事学术研究与教授，教师是择优聘请，其首席不由官方任命，而由众人公推，称做"祭酒"，任期不定。荀子因其"最为老师"，曾"三为祭酒"，师生在行动上是自由的，教学内容不受官方限制，学者讲学，各授专长，是战国各家荟萃、争鸣与交流的场所，法家代表人物慎到等人也曾来此讲学。这样的风气促进了各家的分化和交融，同时也推动了法学教育的发展。

二、我国古代法律教育机构的发展演变

三国魏明帝时期，在大力提倡儒学的同时，采纳了卫觊的建议，朝廷开始"设律博士，转相传授"，后秦姚兴、梁朝武帝也设置律学。律博士的设置是我国古代法律分科设学之始，从公元3世纪至13世纪未曾间断，多则8至9人，少则1至2人，律博士之下还配备了若干称为助教或明法、典学的助手，主要负责低级官吏的法律培训，当然也涉及法律的整理与研究。"律博士"以教授律令为专业，同时又列诸廷尉或隶属大理而有参与断狱的实际任务。

隋唐时期创立了科举制度，按考试成绩选拔官吏，其中有"明法"科的考试科目。参加明法科的考生有两大类：一类是国子监管辖的律学馆的生员，另一类则是地方的乡贡。明法科考试主要以当时的法律出题考试，专门选拔司法官吏的人才；其他科目如"进士"科，虽然在教育部（礼部）考试时不涉及法律的内容，但在考中"进士"后仍须通过吏部举行的"身、言、书、判"的考试后才能被任命做官，其中的"判"就是根据两个模拟案例写两份判决书。为了帮助这些候补官吏通过吏部的这一考试，当时社会上就流传着不少名家所写的模拟判决的参考书。开皇时期于大理寺置律博士弟子员②，并在州县设有律生，这是前代所未见到的。可见，做官须具备一定的法律素养是当时社会的共识。

唐代律学馆是专门学习法律的常设机构，其规模不大，为国子六学（即国子学、太学、四门学、律学、书学和算学）之一。唐代完备了隋代的科举考试制度，律学被纳入科举系统，"明法"一科成为与秀才、进士、明经、明学、明算相并列的常科之一。按照规定，国子监设祭酒一人，作为最高教育行政长官，总辖六学。律学设律博士一人，从八品下，掌教文武官八品以下及庶人之为生者，以律例为专业，格式法例，亦兼习之。据《新唐书·选举志》记载，"律学，生五十人"。安史之乱后，生员人数更少，唐宪宗元和二年（807年），又重新规定了律学生员的人数，"西京长安20人，东都洛阳10人"。律学馆学生学习的内容主

---

① 《中论·亡国》。

② 参见《隋书·刑法志》。

要是国家的法令法规，据《新唐书·百官志》记载，"律学馆生以律令为颛业，兼习格、式、法例"。律令主要是各时期颁布的成文法典，如《贞观律》、《贞观令》、《永徽律》、《开元律》、《开元令》等。律、令是国家的基本法，格、式为中央颁布的部门法规，主要有《贞观格》、《太极格》、《开元前格》、《武德式》、《贞观式》、《永徽式》等。律学馆的学制为 6 年，学员的年龄在 18 岁以上 25 岁以下，在读生员学习不刻苦、成绩低下者，则罢归乡里。律学馆的管理非常严格，平时禁止学生作乐和杂戏，如"有不率师教者"当即被开除学籍。学生完成专业学习后，成绩优秀者允许参加尚书省主持的全国统一考试。

宋代的统治者对于司法的专业训练极为重视，其对于律学的注重，多体现于教育培训司法官方面，百姓则是禁止传授律学的。宋代初期，专设博士教授法律，但未设律学。一百多年之后，即神宗熙宁六年（1073 年）始在国子监开办律学，宋代律学中还设置有"学正"一人，由经过"明法"科考试后任官的人兼任，置教授四员，凡命官、举人皆得入学，举人须得命官二人保举，先入学试读，然后试补，宋朝的律学只此中央一所，地方不设律学专科。律学考试内容因所习科目不同而有所差别：习断案则试案一道，每道序列刑名五式或七式；习律令则试大义五道，中格乃得给食，每月进行一次。"公试"由朝廷差官举办，"私试"由律学内部举办。凡朝廷有新颁条令，由刑部送律学。元丰六年（1083 年）又规定命官在律学如"工律试义，断案俱优"，则准吏部试刑法官例授官。"国子监太学生能兼习律学，中公试第一，比私试第二等"[1]。律学生没有定员，他们所需的参考书可到所属官司索取。而朝廷颁行的条令，则由刑部日夜递送。[2] 据史籍记载，宋太祖乾德五年（967 年），考取各科进士凡 28 人。次年太祖又召见了 360 名落第举子，重新予以考试，其中有 5 名"明法"得赐及第。宋朝律学大约废于北宋末年，律学博士最后出现于元符二年（1099 年），宋朝南渡之后，就不再设律学和律博士了。[3]

宋代以后，中国的法学教育走向了下坡路。元、明、清三代统治者对法学教育都不甚重视。元朝统治者取消了律学和律学博士，不存在官方主办的法律教育，法律已不在科举考试的范围。明代统治者同样不重视法学教育，在中央没有专门的法律专科，只是在中央官学和地方官学均将律令作为一种普通科目进行教授，科举考试中已没有明法科这一科目。

三、清代法律教育机构

清代没有专门的中央法律教育机构，官员的法律教育也不是制度化的，能够找到的法律教育机构也是屈指可数，只是学律馆和课吏馆的有关材料能帮我们一窥当时的法律教育。这两个机构都是晚清时期出现的地方官员研习法律知识的规模化、制度化的官方机构。

关于学律馆的材料见于《湖北臬司钞案》（国家图书馆分馆藏），光绪九年（1883 年）湖北臬司的一份详文有如下内容——详设学律馆、发书丞倅州县批点由："为移会（详明、札饬）事，窃州县以刑名为重，审断以律例为凭，非经平日讲求难免临时舛错。况在省候补各员，与其赋闲而嬉游旷日，何由读律而致用将来？本司查吏明刑，责无旁贷，拟于本署设馆学律，派员充当提调，候补倅丞县中有愿学者赴司报明，发给《大清律》一部，令其在寓点

① 《宋史·选举志三》。
② 参见《文献通考》卷四十二《学校考三·律学》。
③ 参见徐道邻：《中国唐宋时代的法律教育》，载《东方杂志》，1972（4）。

阅，同官考究。遇有疑难之处，许各抒己见，签注批明，以便互相印证，并令何日批点至某条，每逢初二、十二、二十二日携书输入馆，由提调稽核，本司考验，当日发还接续点阅。本司仍随时酌传面试，相与辩论，考其实际。"关于学律馆还有另一份材料：据民国年间的《续修陕西通志稿》记载，按察使黄彭年，进士出身，光绪十一年（1885年）十二月由湖北按察使调任；十三年十一月以升江苏布政使去任。① 他在陕西任上，"以牧令多不谙律例，设学律馆，人给律例，定期会讲"②。《湖北通志》中也记载有臬司请设学律馆之举正在黄彭年任按察使期间，黄彭年精于律例，也重视教育，他曾主讲关中书院，又曾为李鸿章所聘请主讲保定莲池书院。从材料来看，湖北、陕西两地设立学律馆更多的是黄彭年的个人行为，并未被广泛采纳。

课吏馆则是由晚清大吏刚毅请设的，目的在于组织地方官员学习必备知识，其中主要是法律知识。《清史稿》记载，刚毅，满洲镶蓝旗人，字子良，以笔贴式累迁刑部郎中，谙悉例案。"光绪十一年，擢山西巡抚，请设课吏馆，手辑《牧令须知》诸书，分讲习，诏饬行各省"③。刚毅自述，课吏馆的学习内容"曾以昔年所编《秋谳辑要》，比较实缓可矜，示以定谳之准则，复将各衙门公牍程式汇刊为《牧令须知》，广印分赠，并于所至之处设课吏馆，日与僚属切磋问难，拟题考试，随事指点"。经过督促，"比年来，同官亦渐知比律折狱之大意"。他认为晋阳课吏馆中州县所拟各案叙事行文非常规范，于是，经再三删核，付诸平民。"情节形势，序列贵乎简明，授律比拟，轻重酌乎情理，命盗奸伪，按律分目，命之曰《审看拟式》，以示同官"④。与学律馆不同的是，刚毅在山西一省的举措得到了朝廷的支持。陕西省亦曾将"学律馆归并课吏馆办理"⑤，并由樊增祥制订《课吏馆试办章程十条》，这是较详细的教育章程，特抄录如下：

一、陕西课吏馆之设，本为造就吏才起见。原章：同通州县以及佐杂人员均准入馆讲习，自系宽设其途。第开馆以来，应考者固寥寥可数，而蕲在馆中考求一切者，更无其人，则以志士之不可多得也。兹拟变通原章，其实在有志入馆者，准于本年开课前，列报衔名，候本署司等择期局门考试，严定去取，大抵平时接见，亦略得其生平考试文词，又可觇其识议，总以文行俱优者为合格，学识稍逊者次之，至于宗旨不纯，以及庸钝矜躁，品学均无足观者，概屏不录，以肃仕路而励真品。

二、馆中原设有提调帮办，提调文案，收支各员，以督理诸务。第现在既选员入馆。则课程实重在读书，一切治理学术之事，虽有监督总揽大纲于上，然如课文则必须评阅，点书则必须校勘，读约，读律，读报，则必须有通知三项底蕴者为之指陈途径，始能得事半功倍之效，则提调诸员外，似宜添设分校二人，以便襄同考核纠察，此项人员必应妙选雅之才充膺斯任，所有馆员逐日功课均由分校先行详加批阅，拟注分数，送提调覆校后，呈诸监督鉴夺。并不时按照各员所读之书抽询一二以验其学识之浅深，材识之高下，譬诸汉司徒府之有东西掾，唐尚书省之有左右司，先以分纠者理其纷繁，

① 参见杨虎城、邵力子：《续修陕西通志稿》卷十一，职官四，民国二十三年（1934年）十二月。
② 《续修陕西通志稿》卷六十七，名宦四。
③ 《清史稿》卷四百六十五。
④ 《审看拟式》自序。
⑤ 《樊山政书》。

后以统察者振其纲领，庶俾各员有所观摩矜式，而精敏者知奋，怠玩者知惩。

三、入馆人员，拟请正班取三十人，佐班取十人，作为初定额数。查原定章程：本有将臬署之学律馆归并课吏馆，并将该馆月支经费照提充用之议。现既选员入馆，自应查照原章办理，用归一致。所有该馆原设之学习正班十四员，即并入新设之三十人中，月支津贴如旧，其新设之十六员，亦照案支给。计正班每员月给津贴银十六两，佐班每员月给津贴银十二两，以作膏火纸笔之费。其学律馆旧设提调两员，仍留以督普通律学之课改为律学分校，并帮同课吏馆分校办理一切考校事宜。至在馆人员功课优劣，将来必照章实行劝惩。且津贴复经优给，所有口食一节，各馆员即可自备，毋庸增添，既期丰俭自由，且免置庖不得其人，始精洁而终粗疏，又蹈两学堂哗噪之覆辙。

四、原章：馆中读书功课分列三门，而一门之中，书则数部，长编巨帙，卒业綦难。昔人云：用志不纷乃凝于神，立一专门简易办法改为掌故、吏治、交涉、舆地四门。一门中只取精要书一二部授诸馆员，限定一年内诵习卒业。掌故则以三通考辑要（正续考取其于治体有确切论断，《皇朝通考》可具知国家典章，且亦多所折衷）为最，吏治则以《牧令书》（取其亲切可用）为最，交涉则蔡氏《约章分类辑要》（取其简当赅括，且有图表可资考证）为最，舆地则以顾氏《方舆纪要》（取其议论通博，指陈形势，考求沿革，亦皆有实际可寻。且州郡山川道里，尤司牧者所当留心也）为最，《一统图》及《平圆地球图》附入此门参阅，一人只看一书，一日只点二三十页，目之所至，心向往之。每三日后送交分校核阅一次，以点校分明者为及格，其或句读错讹，圈点草率，屡经教习指示改正，仍复疏脱出之者，即非有志之士，自应随时伤出，以示儆戒。至律例为入官者普通之学，不惟读律各员仍照向章，由律学分校按期课试，即读书亦必兼读律例，而读律者仍应兼读他书。

五、专门而外，固应兼习大清律例，而正续经世文编，谕折汇存，外交报三种亦应作为馆中普通学，每日各员均宜分别浏览，不拘页数，如律例有疑义，文编有名论，谕折有要事，外交有博闻者，阅后即摘录钞本中，以备彼此参考。且可随时晤分校质证，积钞既久，将来随事便可会通审度，用资听断而识时务。（魏氏《圣武记》，李氏《先正事略》亦皆典核通博，与空谈政治行谊者有别，馆员课暇有余力可兼阅之。）

六、原章馆中定有初二、十六两课考试策论，自应循照办理。惟考列超特等前三名者，须提覆一次，以验其是否自出心裁。原章馆中每月十五日各呈札记一册，按期送核，系课程之未可少者，惟须先由分校详细评阅，分别判定，以验其是否果有心得。原章馆中定有各员赴府及两县观审以长阅历一节，惟现在甫经入馆肄业，似宜于前半年内专心讲习，俟所业渐有头绪后，再择委数员，轮流前往，以验其坐言起行之能否符合。

七、馆中各员既定以一年卒业，则看书置记，须明立分数，以便计算多寡，用示劝惩。如看书每日定二十页，其能阅至四五十页者，即须优奖。札记每日定二三页，其能书至五六页以上，且有议论考证者，亦即须优奖，均按半月，将各员功课分数示奖一次，以为专心致志者劝，其有分数不及者，按原章分别斥惩，至考验看书之法，每日各员将所点书，自某处起至某处止，注于书册上方，于晚间呈分校用朱笔记明某日，以便稽查而戒欺饰。日记本则三日一呈，其法亦如之，不得漏送干罚。

八、馆中条规，仍酌照原章。惟须每十日给假一天，以资休息。如有要件须回明提调，由提调酌量给假，不得擅自出馆。至各员既在馆中肆业，监督会办遇课期必偕临，自可随班参谒，所有朔望衙参，可不拘执成例，以省奔走而专心致志。至在馆之时，最重潜心玩习，最忌朋聚嬉谈，有志者宜各默守此戒，坚卓勿移。其原章所明禁者，谅不敢违背以自误也。

九、在馆各员既有志读书，即当仰体国家培养之至意，深念本署司等造就之苦心，努力学修，一以卒业为断，藉储异日有用之材，慎勿始勤终怠，自外裁成。如一年卒业后，功课果居上等者，本署司等必照章详请奖叙调剂，或委地方，或司局务，以审所能而示鼓励。倘有籍此请托钻营，不知自爱，及喧嚣多事，疲软无能者，应由提调随时查明，禀由本署司等立予饬出，并分别记过停委，不稍宽贷，庶几侥幸轻躁之流，知所惩儆。

十、课吏馆通年经费，计在事人员薪水津贴奖赏，及新增分校四员薪水银两，暨购书阅报并本馆书役月支口食零星等费，约岁需银一万八千余两，应由本署司等筹定款项，详请奏明作正开销，以期经久而端治本。再查上年馆费，自三月起至十二月止，共支银一万九百两，今拟增正佐班津贴一项，通计正班三十员，每员月给津贴银十六两，佐班十员，每员月给津贴银十二两，满岁需增银六千四百八十两，除以善后局拨支学律馆岁需津贴奖赏库平银三千六百七十二两【扣四□□核□】提归此项充用外，尚不敷银二千八百八两，拟即由司照数筹拨，按月支付，用期撙节而归核实。

以上十条系为目前馆员定立简要切章程，期于遵守易而考验明，以为试办一年之制，其原章之奉行已久，及有仍宜分别照办，并此后须当酌量变通者，统俟一年后由本署司等届时察酌情形，详请核夺办理，合并声明。

陕西省课吏馆的办学章程可谓详明而细致，并且能严格执行。一旦发现有违规违章行为，也往往由负责的官员以"札课吏馆"的形式要求馆中彻查，如《樊山政书》中有《札课吏馆》云：

本日据提调面回，馆中近有闲人阑入居住，闻之不胜诧异，问何人容留，则仍是馆员延请入内，代为点书点律。查馆员读书，所以必须点勘者，盖手到则眼到，眼到则口到，手口眼俱到，则心亦到，此读书定法也。若他人代点，与自己何与？此如看人噉饭，无补我腹之枵；借衣见宾，终露悬鹑之丑。本监督等留意真才，而馆员敢如此欺罔，良可恨也。自今年开馆以来，人皆曰吾秦课吏较他省为有实，数月之间得缺得差者肩背相望，不图我以成材期之，而馆员以作伪报之，以情理论，则为无良，以居心行事言，则为无耻而甘于自弃。此等败类，馆中度亦无多，亟应彻底清查，以免自毁招牌，败坏风气。该委员有稽查之责，而竟形同木偶，熟视无言，若非首府遇事认真，吾馆势必倒败而后已，痛恨之余，合亟札饬，札到，仰该员立将潜匿斋舍，代为点书之枪手，拿交咸长两县答责枷号，其延请枪替之员，严切查明，据实禀复。倘再徇庇，除将该员撤差外，仍当另委妥员查办。凛速，此札。

后经查实后，并出《牌示》云：

照得为政宜辨等威，新学亟明权限，下凌其上，是无纪纲。课吏馆以首府为提调，总司一切。馆中吏役，举由府拨派馆中。委员各有攸司，不相侵轶。乃闻管书监印委员汤直牧一日革退差役四名，并不禀商提调，亦不谋诸同事，似夺权逾限，目无上司，实难宽贷，汤直牧即日撤差示警，遗席以官令其震接充，本司非谓差役不应革除，实因委员不当专恣，凡百君子，尚其鉴之，勿违须牌。

当然无论是学律馆还是课吏馆都非中央的法律教育机构，并且持续时间较短，反映了清代法律教育机构的衰落。

第二节
官箴与古代官员的职业道德教育*

官箴，顾名思义就是做官的箴言录，或者说做官的道理，是对官员的告诫和指导。在《尚书》中就有了《虞箴》。最早的"官箴"一词见于《左传·襄公四年》，其中有："昔周辛甲之为大史也，命百官，官箴王阙。"官箴最初的含义是官员们对君主的谏言，到在唐代时，才演变成官员进献给皇帝的箴词、对各级官员的"做戒训诰之词"。这是以《臣轨》的问世为标志的。古代官箴的形式有两种，一是散见于经史子集等书中的格言警句，二是官箴专书（传世八十余种）。

官箴书是一种政治文献题材，其读者主要是初登科场的仕子、官吏和幕僚。它的出现，一方面是基于仕途中人修养官德、学习为政之术的需要，另一方面也可以说是中国古代官文化进一步发展的必然逻辑。其内容随着封建社会的不断发展而完善。为了有效地控制官吏的所作所为，也为了更好地传承施政行法的经验，约束做官人的行为，官箴越来越发达，名目繁多而且内容更加丰富，不仅包括道德条目和施政纲领，还有朝官、地方官日常事务的规范。

中国古代统治者把道德品行作为衡量施政行法官员的政绩的一种方式。官员道德水平的好坏不仅直接关系到一项施政措施的贯彻实施，同时还会影响到整个封建国家统治秩序的稳定和各项事业的兴衰。官员的道德品质良好，就能在具体的施政过程中立足实际，从公的角度出发，并且能自觉地扶正去邪，扬善惩恶。因此，为官者的道德品行至关重要。深受儒家思想影响的官箴书的作者不仅深知此道理，同时还清楚地知道政令、民心与为官者道德的关系："国家之败，由官邪也"，"一县令坏，则一邑之民心去矣；众县令坏，则众邑之民心去矣"。

我们要强调的是，这里所讲的官员道德并不是我们现代意义上的职业道德。用当代职业道德的标准看，我国古代社会还未曾形成完善的职业道德，但是我们应当看到，不完善不等于没有，因为社会道德必然会反映到各种职业中。官箴书中的道德更多的是强调社会道德，我们不妨将它看作是中国古代官员的一种初步的职业道德。

中国传统政治以人治为基础，认为一切政治制度和规章条例都应该是由人制定，靠人去贯彻执行的，人既可能创新制度规则来服务自己的需要，也可能通过逾越现有的限制来满足自己的私欲。因此对官员的约束、锻炼就特别重要。按照中国传统的观点，政治清明的基础是官吏清廉谨慎的自我修养和道德的自我约束，以身作则、言传身教。官箴当然沿袭了这种

---

* 本节主要吸收和参考了彭忠德和其他学者的研究成果。——编者注

看法，对官员的道德有诸多的要求。这些要求大致有以下几点：

一、修身治家，树立为民父母的表率

我国传统政治的一大特点是强调人治，认为"为政在人"，国家所有法律制度都要靠人去推行，它们的贯彻执行及其效果、甚至是否能够成立，都与官吏的个人品德密切相关。"法不能独立，类不能自行，得其人则存，失其人则亡。"因此特别重视执政官吏的自身修养，强调他们的表率作用。修身就是正己，修身正己首重官德，即思想品质要过关，心术要正。"君子先慎乎有德"，"德者，本也"。"服官有本末，固必先心术而后仪文。"心术不正，虽不贪财，但沽名钓誉，最终也必然劳民伤财。《睡虎地秦梦竹简》中的《为吏之道》就提出了"修身"的思想：

> 反赦其身，止欲去（愿）。中不方，名不章；外不员（圆）。尊贤养孽，原壄（野）如廷。断割不刖。怒能喜，乐能哀，智能愚，壮能衰，愚（勇）能屈，刚能柔，仁能忍，强良不得。审耳目口，十耳当一目。安乐必戒，毋行可悔。以忠为榦，慎前虑后。君子不病（也），以其病病（也）。同能而异。毋穷穷，毋岑岑，毋衰衰。临材（财）见利，不取句（苟）富；临难见死，不取句（苟）免。欲富大（太）甚，贫不可得；欲贵大（太）甚，贱不可得。毋喜富，毋恶贫，正行修身过（祸）去福存。[1]

这段说词具有《老子》的意味和风格，和《大戴礼记》、《礼记》中某些词句也有相似之处，也许可以将其视为一种政治共识，也就是在漫长历史时期内自然形成的带有普遍性的政治态度。它具有包容性和均衡性，不偏激，也不锋芒毕露，而是温和、中庸、圆滑、左右逢源。它是长时间历史沉淀和思想消化的结果，化高深为平易，化凌厉为平和，包含了大量有益的说教和观念。《为吏之道》推重官吏的人品修养，显示出官僚意识当中人性化的一面。

古代官箴中的修身大致有如下几个方面的内容：培养品德，讲究信用，谦逊不骄，以身作则，以忍制怒，不贪权势，及时退休，等等。

1. 端正心术，诚信待人

在端正"心术"的基础上修养仁义恭敬，衣冠、容貌、言谈、举止，都不可"有顷刻亵慢"[2]。因为这些都是公认的修身立政之本。诚信是官吏事君上、怀下人的重要品质，做官无诚信，则"无以取爱于其君"，"无以取亲于百姓"；因此官吏修身"莫善于诚信"[3]，谦逊不骄被官箴看作是利己利人的美德，"在上不骄，高而不危，所以长守贵也"[4]，"平易近民，民必归之"。这些箴言强调，如果统治者能谦逊待人，就能得到人民的拥戴，有利于他的统治和仕途。古代官箴认为官吏之间、官民之间等上下关系中，"上"的表率、引导作用十分重要："吏治无良，未有不自大吏始者"[5]，"其身正，不令而行；其身不正，虽令不从"[6]；在

---

① 睡虎地秦墓竹简整理小组：《睡虎地秦墓竹简》，281 页，北京，文物出版社，1990。

② （明）杨昱：《牧鉴》卷一《治本·心术》。

③ 彭忠德：《古代官箴文献略说》，载《文献》，1995（4）。

④ （明）杨昱：《牧鉴》卷八《接人》。

⑤ （明）吕坤：《四库全书存目丛书·明职》，262 册，济南，齐鲁书社，1996。

⑥ （清）孙希旦：《十三经清人注疏·礼记集解》。

提倡好的言行时，要求"上"必须做到"有诸己而后求诸人"，在制止坏的言行时，则要求"上"必须做到"无诸己而后非诸人"。怒能败事为人所共知，因此官箴强调为官处事时必须以忍制怒，认为"忍之一事，众妙之门"①。"必能忍人不能忍之触忤，斯能为人不能为之事功"②。权势能使追逐它的人丧失廉耻、身败名裂，因此官箴强调"仕宦只是廉勤自守，进退迟速，自有时节，切不可起妄念"③。由于官职带来的特权和利益，大多数官吏都不愿意主动交出手中的权力，这就使官场充满暮气。作为一种道德上的自我约束，古代官箴以善始善终勉励各级官吏及时退休、让贤与能，以保持晚节：首先告诫官吏要知足，"爵位不宜太盛，太盛则危"，更要有自知之明，人老精力必衰，势难胜任繁剧的职事，"耄年志进，鲜不殆者"④。其次强调任重则责重，在责重则忧深的基础上要求官吏不要恋职，以免恋栈罹辟，把官职看得轻一点，要想到"进退皆有为"⑤。

2. 善治其家，政治清明

修身正己的功夫不仅在于严于律己，而且要善治其家，即在执政处事中禁家人侵渔公事，染指政治。官箴认为，家人的言行必然反映出官吏的修养，同时，治家既是官吏治国、平天下的初步演习，也是能否胜任本职工作、做一个好官的前提，其重要性绝不亚于修身，"其家不可教，而能教人者无之"，"居家理，故治可移于官"。历代官箴都很重视治家，要求官吏严格管束妻子儿女等人，以免行贿受贿，干扰公事，同时严禁家人欺压民众，侵财夺利；还要求官吏不以裙带关系用人，即"至亲不可用事"。清代袁枚把吏治不清归结为胥吏与家丁朋比勾结的结果，所以，"不治胥吏，不能治民，不治家丁戚友，不能治胥吏"。另外，为民父母官者加强自身修养也不是一朝一夕的事情，必须持之以恒，尤其要淡泊名利，知足知退，保持晚节，不可恋栈罹祸，贻误一生英名而为百姓所唾弃。这一方面是为了保证职得其人，利于工作，另一方面也是为了避免他们假权谋私，造成不良影响。否则便会因为有投鼠忌器之虑而不能严肃惩治，最终导致百弊丛生，甚至身败名裂。

二、清廉，为民谋利的为政基础

1. 清廉

强调清廉谨勤的官德本分，确立为民谋利的为政基础。中国古代对于官吏的清廉德教要求，不仅仅在于道德层面，更不只是理想目标，而是立政为官的本分事。"居官以清，士君子分内事。"⑥ 武则天在政训中也强调："理官莫如平，临财莫如廉。廉平之德，吏之宝也。"⑦ 官吏只有保持自身清正廉洁，才能上不负朝廷俸禄，下警惕剥民膏血。官吏以清廉为本分事，就必须谨慎言行，不以铺张造势、轻率更改为能事。明代名臣周忱笃力改革，却强调更张必须以便民为宗旨，不能够一意孤行、借事剥民，若轻率变更法度，则往往事与愿

---

① 韩酉山：《清、谨、勤：为官的基本准则》，载《安徽史学》，2007（4）。
② 孙玄常点校：《薛瑄全集》，太原，山西人民出版社，1990。
③ （明）杨昱：《牧鉴》卷一《治本·克励》。
④ （清）汪辉祖：《文渊阁〈四库全书〉·学治臆说》，602册，北京，商务印书馆，1986。
⑤ （元）张养浩：《文渊阁〈四库全书〉·牧民忠告》，602册，北京，商务印书馆，1986。
⑥ （清）陈弘谋：《从政遗规》。
⑦ （彭）忠德：《古代官箴文献略说》，载《文献》，1995（4）。

违、适得其反。但要求官吏谨慎从事，并非束缚他们，相反，还要大力鼓励他们勤勉政事，周知民隐。"为治者，名为知县知州，须周一县一州而知之，有一未知，虽欲尽心而不能受其治者。称曰父母官，其于百姓之事，非如父母之计儿女，曲折周到，终为负官，终为负心。"① 以勤勉政事、关切民生为官德本分，就能够洞察政情民隐，立政为民就有了一个良好的现实基础。"居官首要惟清，察吏莫严于守。操守实立身之根基，而持廉乃计吏之先务。"② 这里，不仅把清廉放在了首要位置，而且还将其看作是为官者施政行法的基础和鉴别政治是否清明、百姓是否安居、风俗是否淳朴的标尺。

官箴对清廉还作了具体的分析，如薛瑄在《薛文清公从政录》中将清廉分为上、中、下三等。并对其作了深入的论述和恳切的评价："世之廉者有三，有见理明而不妄取者，有尚名节而不苟取者，有畏法律保禄位而不敢取者。见理明而不妄取，无所为而然，上也；尚名节而不苟取，狷介之士，其次也；畏法律保禄位而不敢取者，则勉强而然，斯又为次也。"③ 如此区分与评说，旨在要求为官者自觉磨炼意志和品质，使自己达到较高的层次。与此相应的是，官箴还将为政清廉看作是官员应做的分内事，认为官员为政清廉，不过尽职尽责而已，所以既不必为自己做到了而自以为了不起，处处以清官自居，也不必四处张扬举措失当。因为，"居官不言廉，廉盖居官者分内事"，为官者一旦"以廉之一节自满"，便会"种种戾气秕政伏焉"，而事实上，"清非难。不见其清为难，不恃其清而操切凌轹人为尤难"④。可见，清廉既是对为官者施政行法的要求，也是为官者个人修身养性、反省体验、做道德高尚之人的内在需要。

2. 节俭

积极推崇节俭，将节俭看作是清廉的基础保证。节俭与清廉有着密不可分的直接关系。陈襄在《州县提纲》中设置"节用养廉"专条，从为官者的日常起居、待物接人等小事说起，详细阐述了奢可致贪、俭能养廉的道理。由于官员的俸禄是封建国家按其品级发给的，一般情况下数额是固定不变的，如果为官者生活方面不注意节俭，衣食住行讲究排场，那势必入不敷出。一旦出现了入不敷出，那就有可能萌发"窥窃之心"，陷入贪污受贿的深渊只不过是迟早的事。为了从源头上堵塞贪污腐败，保证为政廉洁，官箴从日常生活和具体小事上给为官者保守清廉开了两个处方：一是"量其所入，节其所用"，"惟俭以养廉"；二是"粗衣粝食，节淡度日"，"能廉者在俭"。对此，汪辉祖在《学治臆说》中讲得更明白："欲为清白吏，必自节用始。"

另外，为官者既是社会大家庭的一分子，亦是所在小家庭的一员，在家事的处理上恪守节俭也非常重要。家庭是社会的细胞组织和宗族血缘关系中的亲属团体，同时又是古代社会基本的生产与消费单位。"国之本在家，家齐而后治国"的儒家传统思想对官箴作者影响也很深刻。为官者贪污腐败，既有为官者自身的因素，也与其家属的影响分不开。由于为官者"身之不俭，断不能范其家；家之不俭，必至于累身"⑤。因此，为官者要"躬率妻孥，崇尚

① （清）汪辉祖：《文渊阁〈四库全书〉·学治臆说》，602册，北京，商务印书馆，1986。
② （清）尹会一：《抚豫教条》。
③ 孙玄常点校：《薛瑄全集》，太原，山西人民出版社，1990。
④ （清）陈弘谋：《从政遗规》。
⑤ （清）汪辉祖：《文渊阁〈四库全书〉·佐治药言》，602册，北京，商务印书馆，1986。

俭朴，则资于公者少"①。公私分明、恪守节俭、不以公家之物为私家所用，亦是保证为官者清廉的重要方面。

3. 戒贪

官箴在告诫为官者恪守清廉纯洁品行时，把贪占的危害摆在了重要位置，"人只一念贪私，便销钢为柔，塞知为昏，变恩为惨，染洁为污，坏了一生人品，故古人以不贪为宝"②。贪念尚且如此败坏德行品性，那贪占更是为人们所不齿，不仅"一朝点污，终身玷缺"，而且一生所为的德政和正面的形象也会因此受到影响。元代张养浩在《牧民忠告》中还将为官者的贪占与荣辱生死联系起来："普天率土，生人无穷也，然受国宠灵而为民司牧者能几何人？既受民以牧斯民矣，而不能守公廉之心是不自爱也，宁不为世所诮讥耶？况一身之微，所享能几，厥心蹊壑，适以自贼，一或罪及，上孤国恩，中贻亲辱，下使乡邻朋友蒙诟包羞，虽任累千金，不足以偿一夕缧绁之苦。"既然贪占于国于家于人于己都无补益，那结论只能是"嗟尔有官，所宜深戒"。

总之，古代官箴书中关于清廉的诠释是全面的，既有大小官员恪守清廉施政的成功经验与失败教训，又有保持清廉行法的基本原则与具体措施。虽然这种诠释有不少封建糟粕，且多停留在空泛的引导与劝诫上，但用中华民族的传统美德教育和影响官吏，提倡清廉为立身之本，把清正廉洁作为从政美德，这还是有其积极意义的，对当今仍有借鉴和提醒作用，其中的一些道理亦值得人们深思。

三、待人接物，体恤民众

官箴认为官员的人际关系有三种：与君主和上司的关系，与同僚和下属的关系，与民众的关系。这三种关系互相联系、密不可分。得不到上司的信任，根本不可能从政；和同僚相处得不好，则很难得到上司的信任；所到之处，民怨沸腾，上司会认为你不称职。因此，只要有任何一种关系处理得不好，就有罢官免职，甚至家破人亡的危险。

对于任何一个封建官吏来说，身在官场，"各有涯分"，有其内在的职责要求，必须处理好与上级、同僚、下级的关系，尤其是州县亲民之官，事上、友僚、爱民是其待人接物的基本准则。

"事上"就是对皇上及上级要忠心耿耿、忠于职守。《为吏之道》中列举了"吏有五善"的标准，其首善就是"忠信敬上"，汉代王符认为忠正事上是为吏之根本，"忠正以事君，信法以理下，此所以居官也"。"事上"的关键是在遵从名分礼仪的同时，恪尽职守，干好本职工作，食君之禄，分君之忧，"惟有忠厚以尽事上之礼，直躬而行本职之事"。但是，"移孝作忠"式的"事上"要求，不是一味强调阳奉阴违的虚假奉承，而是要求官吏"不欺君、不卖法、不害民"，"事上不亢不卑，有利必兴，有害必除"③。以"忠"和"礼"作为与君主和上司相处的原则，侍奉君主，要求做到"犹子之事父"，国危事艰、尽忠尽节之时，则要能做到不顾性命，绝对不许卖国图身。承平安居、匡君徐过之时，或"顺辞"，或"抗议"，甚

---

① （清）郑端：《四库全书存目丛书·政学录》，206 册，291 页，济南，齐鲁书社，1996。

② （清）陈弘谋：《从政遗规》。

③ 孙玄常点校：《薛瑄全集》，太原，山西人民出版社，1990。

至宁可丢掉性命也要敢于犯颜直谏，因为"君有过失而不谏者，忠臣不忍为"①。总之，要求官吏彻底做到以君主利益为最高利益。

"友僚"就是共事的同僚之间要一体同心，"和衷共济"，不能钩心斗角，同僚互相倾轧，否则其结果必然是"不和政庞"。友僚也不是同官之间沆瀣一气，而是肝胆相照、开诚布公，"律己当严，待人当恕"，"外若澹然，内则诚实，相孚有如兄弟"，"善事长官，不恤民瘝，昔人所讥"；当上司行事决策有误时，"必须切实禀陈，即遭呵斥，亦所勿计"；要受命上司时，也应"不知有私，惟知有公"，这才是真正的忠于职守。官箴在同僚关系上反复申诫要以和为贵，以恕相待："同寅有兄弟之谊，自宜和衷共济"，彼此交往，应该守礼、讲信、修敬，同时要认识到"世界事非一人所能独满"，只有通力合作、互通声气，才能相翼以成，"政和而民受其福"，否则事功无成，声名两失。同时还要以己之心度人之心，"律己当严，待人当恕"，千万不可用圣人标准要求他人而用普通人标准要求自己，为培养和谐气氛，彼此除生活上互相关心外，还应能在工作上互相支持，"是则归人，非则归己"，真正做到休戚与共，荣辱与共，从而达到既不"自立崖岸，与人不和"，而又能弃绝朋党、齐心为公的境地。

"爱民"就是把老百姓当做自己的子民看待，好好为百姓办实事、求实惠。自从孟子提出"民贵君轻"的民本主义思想之后，历代统治者都把爱民看成确立和巩固其统治合法性的根本，爱民也成为官箴规范的核心内容。爱民内涵非常丰富：一是重视民众的地位和作用。儒家早就提出"民为邦本，本固邦宁"。孟子不仅认为民贵君轻，而且把人民与土地、政事看成诸侯致治的"三宝"。汉代贾谊更加清晰地指出："夫民者，万世之本也，不可欺。凡居于上位者，简士苦民者是谓愚，敬士爱民者是谓智。"后来，唐太宗李世民用水舟载覆的利害关系来比喻君民关系，更加突出了这种传统的民本观念。二是关心体恤民众的生活疾苦。关心民众首先要心系民众，既然号称是父母官，就应当像父母爱惜赤子那样珍爱、体恤民众。宋代名臣真德秀认为父母官应心诚爱民，抚民以仁。"为政者，当体天地生万物之心与父母保赤子之心，有一毫之忿疾，亦非仁也。"② 理学名儒程颐还把"视民如伤"作为为官立政的座右铭。清代顺治皇帝进一步发挥了这种体恤民艰的思想，要求官吏对百姓"养其生而弗伤，厚其财而弗困，节其力而弗极，不烦不扰，民自美安"③。地方官也以亲民为致治之要，认为只有体恤民生，才能官民融于一体。"亲民之道，全在体恤民隐，惜民之力，节民之财，遇之以诚，示之以信，民不觉官之可畏，而觉官之可感，斯有官民一体之象矣。"④ 同时，官箴要求官吏"视民如父母之于赤子"，像父母对待子女那样去体贴关心民众的疾苦，听取他们的呼声，做到"视民如伤"、"惜民之力、节民之财"，不巧取豪夺，也不滥兴徭役，让民众有时间安心生产，同时注意救助鳏寡孤独，赈济水旱灾民，使民众维持最基本的生活水平。

四、尽心公职，宣扬秉公教化的正气

尽心公职是官员道德的根本实质，也是官员考绩的重要标准。官员处理公务时处处都能体现其道德水准的高低，官员们不仅要具备高尚的官德情操，同时还应有良好的业绩。

① 彭忠德：《古代官箴文献略说》，载《文献》，1995（4）。

② 刘俊文等：《官箴书集成》，合肥，黄山书社，1997。

③ （清）顺治帝：《文渊阁〈四库全书〉·御制人臣儆心录》，602册，北京，商务印书馆，1986。

④ （清）汪辉祖：《文渊阁〈四库全书〉·佐治药言》，602册，北京，商务印书馆，1986。

1. 谨慎

官箴所论谨慎我们可分为自慎与慎人。所谓自慎，即留意自己的言行，"非所言勿言，以避其患；非所为勿为，以避其危"①；因为言语是"吉凶荣辱之枢机"，所以，沉默被视为重宝，"万言万中，不如一默"②。所谓慎人，即考察他人的言行，不论是逆耳之言，还是顺心之事，都必须"求诸道"，察证是否属实，以区别善恶、防止失误，所以"为政以问察为第一要"③。

2. 勤奋

官箴从思想和行动两个方面为官吏指出了致勤的方向。思想上要知道"立官长以为官，非立官以为长"，治理官事"一毫不尽心，即为苟禄"，"非如父母之计儿女，曲折周到，终为负官，终为负心"④，因此遇事不能畏首畏尾，"自保太过"，而要敢于负责，否则无补于世，高官厚禄反是耻辱。行动上要做到不图安逸，亲近民众以通上下之情，案无留牍而治当日之事，以渐以恒，善始善终，同时摒弃一切"声色饮燕不急之务"，退出"闹场"，省却不必要的人事应酬，以集中全部精力处理政事。

3. 秉公

官箴所论"秉公"要求官吏做到"守正"与"去私"。所谓守正，要求"臣贵正，不贵权"，为了做到正直，一要虚心、摒除一切成见，绝不自以为是；二要循理守法，平心处理一切事情。所谓去私，要求行事"当不存趋（吉）避（凶）之见"⑤，同时以亲义而远利自律。官无大小，凡事只是一个公。守正不仅包括心术之正，也包括处事公正；去私既包括摒弃私欲，也包括摒弃偏执。"为政当以公平正大行之，是非废誉皆所不恤。必欲曲徇人情，使人人誉悦，则失公正之体，非君子之道也。""不可假公法以报私仇，不可假公法以报私德。"⑥ 宋明时期官场义利之辨、君子小人之争，实际上就是围绕这一主题展开的。

4. 长能

众所周知，"昏官之害，甚于贪官"，因此官箴主张"为治不可无才"。要求官吏提高施政能力的告诫主要集中在"积才"上，为此，应该学习前人经验："不学墙面，莅事惟烦"，"学古人官，议事以制，政乃不迷"⑦。同时，还强调注重实践，处理事务时"事事不放过，而皆欲合理"，久而久之，自能化拙为巧。历史已经证明，凡是能较好地以上述原则来约束和规范自己言行的官吏，基本上都能成为当时人所称道的循良之吏。官僚系统如果充斥昏庸无能之辈，不仅政事不举，而且压抑贤才，招来祸国殃民之害。"昏官之害，甚于贪官，以其狼藉于人也。"⑧ 州县官吏必须具备处理复杂政务的才干，在守官箴、远奸佞、养民生、复民性、禁民非等方面应该有清醒的头脑和果敢的治术，为政不可无才，昏官尸位素餐，其危害巨大。

---

① 彭忠德：《古代官箴文献略说》，载《文献》，1995（4）。
② （清）郑端：《四库全书存目丛书·政学录》，206 册，济南，齐鲁书社，1996。
③ （清）吕坤：《四库全书存目丛书·吕语集粹》，262 册，济南，齐鲁书社，1996。
④ （清）汪辉祖：《文渊阁〈四库全书〉·佐治药言》，602 册，北京，商务印书馆，1986。
⑤ （清）汪辉祖：《文渊阁〈四库全书〉·佐治药言》，602 册，北京，商务印书馆，1986。
⑥ （清）陈弘谋：《从政遗规》。
⑦ （清）孙星衍：《十三经清人注疏·尚书·今古文注疏·周官》，北京，中华书局，1986。
⑧ （清）陈弘谋：《从政遗规》。

五、官箴所强调的道德之基础

官箴作为广为流传的阅读文本，是官员出任仕途的必备资料，而且也是其道德规范的行为模式，作为官箴所强调的道德的来源和规定，其理论基础包括：中国传统的儒学观念、特殊的科举考试制度、复杂的官僚体系以及宋代以来"经学"对官僚文化的影响。

(一) 儒学——官箴产生的理论基础

官箴作为一种初步的职业道德，必然与传统社会的主流文化——儒学——有紧密的联系。我国古代读书人以人世为重，所谓"学而优则仕"，读书的目的在于入仕为官。自唐朝大兴科举之后，古代官吏的队伍便基本上由儒学之士所组成，官箴也必然对此有所反映。因此，以官箴为表现形式的古代官吏道德就体现出了浓厚的儒学思想。从《四库全书总目提要》和《中国丛书综录》等古今目录学巨著中，我们可以看出这么一个现象，官箴类目之书的作者群与其他类目之书的作者明显不同。不论是初期还是后来的官箴书作者，都是熟读儒家经典、以儒学思想为指导的儒学之士。深入考察之后，可以发现官箴书作者群有如下一个特点，即皆为从政有成之儒士，他们之中既有宰辅三公、封疆大吏，也有知州、知县及幕僚等下层官员，而且其中不乏硕儒名臣，如宋朱熹有《朱文公政训》，元张养浩著有《三事忠告》，明薛瑄著有《薛文清公从政录》，清陈弘谋著有《从政遗规》等。蓄诸中者发于外，其作者既如此，官箴书自然不可避免地要以儒学思想为基础。官箴书大多分门别类组织内容，从它们的细目看，都毫无例外地将儒学修养身心的思想放在首位，如"洁己"、"尽己"、"省己"、"正己"、"治本"、"治原"等目，其次则是"爱民"、"恤民"、"忠君"、"友僚"等目，最后才是尽心王事的类目；从文字数量看，前两者的篇幅也较多。官箴书自然而然地显现出以官员自身修养为重、以人为重的风貌，充分体现了儒学之克己、推己及人，然后及事的"人学"特点。战国时期，中华文化的发展形成百家争鸣的局面，虽然汉代独尊儒术改变了这种情况，但儒家之外的各家并没有消失。就官箴而言，虽然是以儒家思想为主，但也兼用少量道家、法家思想指导统治手法，诸如"爵位不宜太盛，太盛则危"，"治民御下，莫正于法；立法施教，莫大于赏罚"等。

官箴的不断出现还与宋学"经世致用"的理念以及中国古代官场黑暗存在一定的关系。大部分官箴作品出现于宋以后，在此之前的作品相对较少。宋学在中国思想史上占有重要地位，影响深远，它的一个重要理念就是"经世致用"，从政和著书立说则是实现这种理念的主要手段。官场的黑暗也是官箴大量产生的一种催化剂。一些有良知的官员洞悉官场的丑态之后痛心疾首，希望能通过著书立说来改变它。清顺治帝的《御制人臣敬心录》更是从"植党"、"好名"等八个方面告诫臣子不可妄为。官箴为官员定下了许多的条文框架，这从另一个方面证明了官场的阴暗和险恶。需要说明的是，官箴在思想创造上的乏力恰是中国古代社会缓慢发展形态的一个侧面——在自汉至清近两千年的历史长河中，中国社会在意识形态、社会制度诸方面一直未有质变。

(二) 官僚体系及科举考试——官箴产生的制度基础

中国封建社会的历代王朝都有一套庞大的官僚系统，这套系统结构复杂，各色的人物混迹其中。面对这样一个系统，任何一个官员都需要一段时间的学习才能胜任他的职位。先不论官场上的各种旁门暗道，仅这套系统的法定运作方法便能让初进官场者费尽心思。在这种情况下，通过官箴来熟悉这个复杂系统则是一个简便的方法。此外，在官员背后有一个特殊群体——门客和幕僚，他们经常充任官员的智囊，富有传奇色彩。幕客同样也是官箴的固定读者群。复杂的体系生成了复杂的人际关系和琐碎杂务，为了给官场中人提供参考，官箴经常不惜笔墨，不厌其烦地道出个中玄机。《政学录》就明显体现了这点，它将一个官员从被授任到与前任交接等行为所涉及的事情一一列出，并点明其中要害。比如"初任事宜"条下就有"戒营求"、"谨贷负"、"问民情"、"防嫌疑"、"处交际"诸事项。在"处交际"条下云："请酒赴席不可醉，亦不可多言自狎"。"初任事宜"之后是"日行规则"和"居官立政"等，在"居官立政"下又有"服官"、"守谦"、"果断"、"崇默"等条目，"崇默"条："言者吉凶荣辱之枢机也，为官常默最妙，使下人不能窥测。是非曲直止以数言剖之，故万言万中不如一默。"在这之外，还有名目繁多的政务。这所有的一切都是官僚体系造就的，而官箴则是解释、分析这套体系及其运作方法的"秘籍"。

官箴的大量产生是在宋代之后，而宋朝又是中国科举制度的完善成熟时期。成熟的科举制度为仕子指明了一条实现人生理想的坦途，这条坦途的目标便是身受朝廷爵禄，为官一任，造福一方，开拓出儒家经典所构拟的社会图景。要想科场得胜，对官场和吏务是不能不学习并熟稔的。从读书人到政客，这是一个巨大的角色转变。在科场中，需要注意的只是先人经典和考题，金榜题名之后，面对的就是鱼龙混杂的官场和各种苛细的法律条文、棘手的事务。于一般人而言，要成功完成这个转变仅凭一己之才是不够的，如有高人指点则能事半功倍。这个高人可以是成熟老练并且可靠的幕僚，也可以是几本前辈留下来的官场秘籍——官箴。从这个角度来看，官箴是促成从儒生到官僚良性转型的积极影响力之一，是连接科举与官僚两种制度的桥梁。

六、官箴的道德评价以及意义

官箴作为对古代官吏的一种指导和要求的文献，从形式上看似是律己律人的道德要求、爱民忠君的政治要求，但是这些议题的背后蕴藏着细腻的治理环节，体现了我国人治的特征，对其具体的评价如下：

第一，突出了对官僚队伍自身的道德素质和业务才干的要求。如前所述，中国古代把州县官吏称做父母官，这不只是一个美誉和期待，更是一份责任。父母首先要生养子女，父母要成为子女的榜样，自己就必须以身作则，起模范带头作用。如果州县官吏说一套做一套，道德沦丧，贪污腐化，最完美的政治说教也无法掩盖其虚伪性。传统官箴文化特别重视对官吏清廉勤谨的自我约束和自我塑造，把经国治天下与修身齐家结合起来，移孝作忠的孝子忠臣观，实际上也是把国家对股肱忠臣的挑选，寄望于那些对家庭、家族和社会有道德感和责任感的人们。如果一个为民众所唾弃的恶德之人跻身高位，不仅无法给民众树立好的榜样，而且其处理政务也必然是随心所欲、胡作非为，成为祸国殃民的贪官蠹吏。所以，官德失，民心必失，失民心者，必失天下，足为当道者诫。

第二，突出了对民生的关怀和重视。传统官箴文化关于亲民、爱民的民本思想与当代中国政治建设理念在很大程度上是相吻合的。虽然官箴文献中的相关论述多为乡间俚俗的朴素话语，没有上升到一定的理论高度，但与我国当代干部队伍建设中有关爱民富民的基本理念和具体要求并无二致，在那些官箴文献中实际上已经蕴涵着"情为民所系，利为民所谋，权为民所用"的思想萌芽和文化积淀。这种以群众实惠、民心向背作为官吏政绩的评价标准，正是中国古代名臣辈出、清官腾涌的社会根源。

第三，突出了对官场权力运行的约束。传统官箴文化不仅有道德教化方面的明确目标，而且对官僚系统的权力运行也起着某种约束作用。尽管封建君主专制之下的分权制衡和监察制度被认为是强化王权的措施而没有得到后人的肯定，但是它们对于严格规范官僚系统的行政执法行为，无疑具有重要的约束效用。官箴文化中强调官吏对自己及身边亲属用权的告诫。通过自上而下的监察制度来肃清吏治腐败中的暗流固然重要，而且从理论上说，制度化的约束是实现法治的基础。但历史的教训却是法愈繁、弊愈甚而人愈猾，无法写入典章规则中的生活环节，常常成为滋生腐败的温床。所以，格致诚正、修齐治平的大学之道看似一种道德命题，却是官吏自我修养、自我约束的基本路径。从提高个人修养到管理好家庭成员，再到国家治理，推己及人，由近至远，每进一步都以前一步为基础。为人不能严于律己，不能妥善处理好亲戚朋友关系，就不足以从政治事，即使进入仕途，也必然为各种利害关系所左右，最终沦为私欲的奴隶、社会的罪人。

当然，传统官箴文化在给予我们历史启迪的同时，也因其自身的局限性而值得我们反思。官箴的模范与官箴作者之间并不存在必然的一致性，因此，人们常常怀疑官箴本身的真实性和权威性。封建官僚的两面性使得民众对他们的道德威严、治道说教和政治智慧的信任度大打折扣，这也许是中国传统官场文化中欺上瞒下恶习的症结所在。所以，我们在解读官箴文化的同时，更应该关注官吏们脚踏实地的治道实践。官箴书所总结出的道德要求和规范，是官吏们大量心得体会、经验教训的总结，是我国传统文化的一部分。要正确地看待这种道德要求，取其精华，去其糟粕，在批判的基础上继承能够为今人所用的理论成果。

第三节
幕友与古代法律教育

幕友是传统社会里官僚延请的办理刑名、钱谷、文书等事务的佐助人员。研究中国历史的日本学者宫崎市定在其所著《清代的胥吏和幕友》中说："幕友是官府的长官雇佣的政治上的顾问或秘书官，又称为幕宾、幕客，内幕等。"①《中国秘书史》描述为："幕僚，又称幕友、幕宾、幕客、师爷等，是由主官自行出资选聘（间或也有朝廷指派，多见于随军办差），用来参议，协助办理文书等事务的助手，是私人秘书身份。"② 幕府制度是中国历史上一项重要的用人制度，成于秦汉终于清，与长达两千多年的封建社会相伴生。其发展虽几经变迁，但始终是封建统治、国家管理的重要辅助工具，在中央和地方政治中起着非常重要的作用。

---

① 《日本学者研究中国史论著选译》，第六卷，514 页，北京，中华书局，1993。
② 聂中东主编：《中国秘书史》，671 页，郑州，中州古籍出版社，2000。

一、幕友的渊源

1. 幕府发轫于春秋战国时期的食客。这一时期盛行养士之风，所养之士称为食客、门客、宾客、舍人等。各个诸侯国为富国强兵，不惜财力笼络有识之士，燕昭王"卑身厚币以招贤者……"① 晋平王"食客门左千人，门右千人"。"公孙鞅闻秦孝公下令求国中贤者……"② 当时不仅各诸侯国国君养士，私人也争相养士，"当是时，魏有信陵君，楚有春申君，赵有平原君，齐有孟尝君，皆下士，喜宾客以相倾。吕不韦以秦之强，羞不如，亦招致士，厚遇之，至食客三千人"③。其中孟尝君"其食客三千人"，平原君"宾客至数千人"，信陵君"致食客三千人"，春申君也"食客三千人"。

战国时的士游学各地，来去自如，宾主之间遵循"合则留，不合则去"的原则，彼此没有法定的权利与义务关系，门客是主人的朋友，宾主之间不相统属。主人对食客不仅礼遇有加，如作为礼贤下士之典范的信陵君拜请侯嬴、朱亥，而且还给门客提供一定的食禄。孟尝君"其食客三千人，邑入不足以奉宾，使人出钱于薛"④，这说的就是孟尝君由于食客众多而入不敷出，不得不派人到薛放高利贷以养宾客。秦统一六国后建立中央集权统治，游士失去了赖以生存的政治基础而退出了历史舞台。

2. 作为清代幕友源头的幕府制始于秦汉。早在战国时期，"李牧……以便宜置吏，市租皆输入莫（'莫'通'幕'）府，为士卒费"。到汉代时，将帅出征，于战地建帐设幕，成为幕府，窦宪"既平匈奴，威名士盛……班固、傅毅之徒皆置幕府，以典之章"。杜钦"征诣于将军莫府"；杨敞"给事大将军莫府，为军司马"。"汉晋唐宋，将军出征，往往有谋士应聘幕中，可以看作清代幕友的渊源。"⑤ 可见，形成于汉代的幕府制首先出现于军事领域，和掌握军权的将帅有关。

汉初由于制度草创，这种将帅自主用人的制度逐渐超出了军事领域，扩展于行政系统。《册府元龟·幕府部总序》载："汉丞相三公开府，置吏掾；司隶、刺史有从事史；佐京尹、守、祖有掾史曹属，皆幕府之职业。"从而形成了一个重要的选官制度，即辟署制，又称"辟召"、"辟举"，指中央公卿和地方长官自己辟用幕僚掾属的制度，官员与被辟举者遵循自愿原则，辟举成功后，被辟举者成为国家正式官员，进入行政编制，享受国家俸禄，与主官一起形成固定的上下级隶属关系。这种自主用人的制度还存在另外一种形式，即脱离于国家体制之外的由幕主出资聘用幕宾的幕宾制。汉初，中央权力松散，为游士宾客的再度活跃提供了契机。幕友大都希望以宾客入仕，像掾属官吏那样堂而皇之出入正庭门，这也是当时幕友入幕的原因。

3. 从魏晋南北朝到唐宋，幕僚制度呈现了与职官制度你消我长、你进我退的局面。幕僚只对幕主负责，帮助幕主称雄称霸。由于这种不受国家限制的特点，其极大地削弱了中央政府的集权统治。因此隋统一后发布命令："海内之官并出朝廷，州郡无复辟署之事"，唐朝政

---

① 《史记·燕召公世家》。

② 《史记·商君列传》。

③ 《史记·吕不韦列传》。

④ 《史记·孟尝君列传》。

⑤ 郑秦：《中国法制史纲要》，北京，法律出版社，2001。

府有一段时间曾经取消了幕主开府自辟幕僚的传统。但是随着割据势力的不断扩大,幕僚政治发展成为幕僚不在品秩,而由幕主自行聘用的局面。至此,幕僚突破了正规官制的约束,成为正规官制的补充。宋代统治者在吸取前朝的经验后,将属于幕职的功能全部纳入正官执掌,所有承担人员一律编入正规官制,通称为幕职官,明确表明其只能作为官员的助手,承办事务性工作。但到了明清,政府又恢复了官员私聘的传统,幕友则完全退出国家官制体系,由官员自行聘请。幕友的薪酬由官员从自己俸禄中发放。幕友与官员是平等的聘用与被聘关系,幕友来去自如,不受限制,形成了与幕僚有同又有异的幕友人事制度。

4. 自明代中晚期开始,幕府逐渐成为一个特殊的职业或行业,幕友成为各级政府官员必不可少的辅佐,至清代达到了全盛。据《剑桥中国晚清史》推断:"随着官员在省一级或地方一级职责的加重,幕友的规模和人数也跟着增加。到 18 世纪末,这些助手的总人数估计已达 7 500 人。虽然没有可靠的调查统计数字,但可以假定他们的人数在 19 世纪继续有所增长。"① "自督抚以下,司、道、府、州、县,衙门虽自不同,俱各延有幕宾。"② 清代各级衙门幕府盛行,使得幕业成为了固定的职业,大量的读书人科场失意后转而学幕,科举落第的士人也是幕友的主要来源。就清代 1 358 个县、124 个州、245 个府与 18 行省的布政司、按察司、巡抚、总督每个地方衙门,以及朝廷六部、大理寺、理藩院、詹事府、都察院等中央机关衙门来看,只要每个衙门请四位师爷,全国的师爷总数就当有一两万人之多,形成不亚于正式官僚团队的庞大群体。清代幕友与官员也遵循"合则留,不合则去"的原则,幕友与幕主地位平等,同样也没有上下隶属关系。

二、清代幕友活跃的原因

清代幕业发达,首先是首先清代地方官员权力集中,集行政、司法、财税、治安等职能于一身,且地方官僚体制极不健全。就编制而言,一县之中,县官(称"知县",也称"大堂"、"正堂"、"正印",正七品)一人,下有"佐贰官":县丞(正八品)、主簿(正九品)、典史、税课大使、河泊所官、仓大使(皆未入流);"杂官":巡检(从九品)、驿丞(未入流)等。县官以下的这些官总称"佐杂",实际上并不满员配备。据《大清会典事例》统计,全国州(清代有两种州,一种是与府同级的直隶州,一种是与县同级的属州)、县官共 1 448 人,州县佐杂官共 3 046 人,平均每一州县不过一二人而已。往往一县之中除正印官外仅主簿或典史、巡检一员。总督、巡抚没有辅佐官员,州县长官只有属僚数人,也不设置专门的司法官员,政府长官事无大小,从勘验现场、检验、指挥侦查、受理呈词、审理到判决,都要亲力亲为。基层政府厉行"精兵简政",而上层机构却一再膨胀。秦汉唐宋时基层政府机构一般只要接受自己直属上司的领导与监督,而明清时县级政府除了要接受直属上级——府的领导外,还要受省布政使司派出的"分守道"、省按察使司派出的"分巡道"以及中央朝廷派至各省的"巡按御史"监督。而各省学政、军事、漕运、盐法等各专职衙门,也经常派官员四出至州县巡察,督促各项专门政务的执行。州县官面对众多的上司,必须时时妥善应付,稍有失误,便会导致参劾、罚俸、降级,甚至革职拿问。所以清代官场流行一句谚语:

① 〔美〕费正清编:《剑桥中国晚清史》,157 页,北京,中国社会科学出版社,1985。

② (清)田文镜:《钦颁州县事宜·慎延幕宾》。

"州县官如琉璃屏，触手便碎。"

其次是因为清代官员任职回避制度严格，不许官员在原籍或与原籍接壤的地区任职，他们既不了解任职地的风土人情，对当地的胥吏也缺乏信任，延请幕友有一个对其鉴别选择的过程，这样官员就有了一个可以信任的助手。另外，清代官员多出身于科举，科举考试的考试内容只限于四书五经之内。而考试的题目往往是四书五经中的只言片语，有时是一字题，但是大多时候是以一句为题目，如"汤一征，自葛始，天下信之"；"维民所止"；"潜龙在田"。这些只言片语，让举子们只能去四书五经里"皓首穷经"，将读书人禁锢在简简单单的几本书中。他们对于经世致用之学一窍不通，对朝廷的律例极为陌生，缺乏相应的处理行政事务的能力与经验。种种原因，使得地方官员延幕成风，"夫督抚司道郡县，即有杰出之才，不能不待助于襄赞之人，故幕宾之不可无者，势也。"① 当然，这些地方官员的素质也参差不齐，有的根本无法解决刑名、钱粮等事务，清末曾做过幕友的陈天锡说："清代刑钱建制，普及全国，其为迫切需要，显无可疑。何以有此需要，追本溯源，实由地行政主官，尤其州县亲民之官，在科举盛行时代，皆以制艺帖括取士，士不经科举，即无从进身。当未仕之时，士之所务，类只制艺帖括，而于管理人民之政治多未究心，至于国家之法律，更无从探讨，一旦身膺民社，日与民人接触，即日与法律为缘，即未习于平时，自难应付于临事，由是非求助于夙有钻研之人不可，而刑钱幕宾遂成为饥渴之于食饮，寒暑之于裘葛，商不可离矣！"②

清代官场所以陋习种种，皆因科举制度已经穷途末路。到了清代，科举只考义理与策论，读书人只钻研经学，无视法律知识。《四库全书》的主编纪昀曾说："刑为盛世所不能废，而亦盛世所不尚，所录略存梗概，不求备也。"因此《四库全书》中只收有《唐律疏议》、《大清律例》等少数著作。正是在这种观念影响下，读书人学非所用，所用非学，无能之辈登堂入室，不得不依赖于幕友。嘉庆道光年间林昌彝抨击道："科举之法，以八股制艺取士，实不足据。况有司故事奉行，士子以腐烂时文互相弋取科名而去，此人才所以日下也。"③

再次，读书人对幕友这一职业也有经济上与心理上的依赖。幕友的职业性质要求他们必须掌握一定的儒家知识和专业知识，因此他们大多是读书人出身。清朝自康熙年间人口激增，参加科举的考生人数增多而通过科举考试考取功名的比例有限，这样势必会有大批秀才落第。为了继续备考，他们会寻找差事来维持生计和贴补家用，相比较其他职业而言，幕友的薪酬较为优厚。并且这对于那些要进入仕途的秀才们而言，不失为一个为做州县官打基础的好机会。这里我们以汪祖辉为例：汪祖辉23岁便进入州县为刑名幕友，26年间，换了16个主人，他做州县幕友二十余年，考中进士，又被授予知县。另外，幕友的社会地位较高，幕友以此来体现自身的价值。汪祖辉就因为曾经有州县官没有采纳自己的意见而辞去幕友一职，直至州县官向其道歉才又回去。幕友不仅社会地位较高，备受州县官的重视，薪酬优厚，而且幕友不属于职官体系，不必为某一项政策的失误负责。对于那些还没有考中进士的秀才而言，幕友这一职业不失为一个好的选择。也有许多幕友、书吏因为业绩的出色而进入了官员的行列，如汪祖辉、田文镜、李卫、林则徐，近代的左宗棠、李鸿章等。

---

① （清）张廷玉：《澄怀国文存》。

② （清）陈天锡：《清代幕宾中刑名钱谷及本人业此经过》。

③ （清）林昌彝：《射鹰楼诗话》卷12。

　　另外，由于幕友收入颇丰，许多读书人入幕之后，以幕业为依托，继续从事经学与史学的研究，在幕友的行列中，也隐藏着许多的学术大师，如章学诚、戴震、王念孙、赵翼、钱大昕等。

　　此外自然还有仕途的诱惑。"学而优则仕"是读书人矢志不渝的追求，但毕竟能走上仕途的寥寥无几，这使得众多读书人转而学幕。许多转行的读书人对仕途依然充满了憧憬，试图在游幕之际谋得一官半职。而朝廷也曾发上谕令各地督抚举荐幕宾，雍正元年（1723 年）有上谕规定："各省督抚衙门事繁，非一手一足所能办，势必延请幕宾相助，其来久矣。……夫今之幕客，即古之参谋记室。凡节度观察等使赴任之时，皆征辟幕僚，功绩果著，即拜表荐引，彼爱惜功名，自不敢任意苟且。嗣后督抚所延幕客，须择历练老成，深信不疑之人，将姓名具题，如效力有年，果称厥职，行文咨部议叙，授之职位，以示砥砺。"① 也有令各省督抚考试荐举司道府州县幕友："司道府州县等官亦豫将刑名钱谷及幕宾之姓名籍贯申报督抚存案，计算六年期满，并无参罚事故，果能深信其有为有守，才识兼优，平日实无公私过犯者，出具切实印结，申送督抚，详加验看，秉公考试，除文理欠优，才具平常者，不准咨部外，如果文理优通，熟谙吏治，才具确有可用，放准据实保题，将考试原卷一并送部，俟直省汇齐之日，吏部照考值例，奏请钦差大臣阅看试卷，分别等第，给以职衔选用。"尽管有上谕如此规定，但也没有资料显示有幕友通过这种途径进入仕途，汪辉祖是一时名幕，完全符合上谕中的条件，最终还是以科举来谋取功名。道光时期，还规定督抚幕宾例不准邀议叙。至于各省督抚考试荐举司道府州县幕友的规定，也未能切实推行。②

　　自鸦片战争后，军务、洋务、外交等事务激增，官员对幕友更加倚重，幕友的社会地位大大提高，幕友凭借在多方事务中的功绩得到幕主的赏识而被保举为官员。咸丰十一年（1861 年）上谕规定："现在各省军务未竣，亟应简拔人才，讲求吏治，以期康保小民，俾无失所。各该督抚于所属各员平日立品居官，知之有素，著择其廉节自爱，任事实心，及素著循声，民情爱戴，堪胜道府者，胪列政绩，出具切实考语，酌保数员，候旨简用。其道府及州县各官，如有出色之员，著一并核实保奏。"③ 自咸丰年间开始，这样的谕旨逐渐增多，被举荐的主要是处理军务洋务外交等事务的幕宾，许多幕友因此而获得了高低不等的官职，从幕成为了通向仕途的捷径。这与鸦片战争之后军务与对外事务增多有关，也和太平天国之后地方汉族地主势力膨胀有关。总之这些做法与清代前期、中期的做法大相径庭，而与汉唐颇为相似。正如毛凤枝所言："迨军兴以来，倜傥非常之人，往往出于幕府，其显著至入相封侯。"④ 如左宗棠、李鸿章等都崛起于幕府。

　　法律体系纷繁复杂，也使得官员不得不延请幕友协助。清代的法律浩如烟海，正律之外的例更加庞杂，《大清律例》明文规定："凡律令该载不尽事理，若断罪无正条者，引律比附，应加应减，定拟罪名，议定奏闻"⑤。引例比附不仅是定罪量刑的根据，而且也适用于刑名与罪名的确定。在广泛应用比附断案当中，一些具有代表性的案件，便成了"成案"。"成

----

① 转引自尚小明：《学人游幕与清代学术》，北京，科学文献出版社，1999。
② 转引自全增佑：《清代幕僚制度论》，载《思想与时代》，1944（31、32）。
③ 《清朝续文献通考》卷九十《选举七·辟举》。
④ （清）毛凤枝：《鸿蒙室文钞》卷首。
⑤ 《大清会典》卷五十四。

案"便可作为今后判决同类案件的先例。成案先例是不断增加的。刑部将某些成案简化为条文，经皇帝批准后，附载在律文之后，这就是"例"。"例"作为判处同类案件的正式根据，用来补充"律"之不足。律文是不改动的，数量有限；而例却经常修改，数量不断增加。乾隆五年（1740年）修订的《大清律例》共分名例、吏律、户律、礼律、兵律、刑律、工律七篇，47卷，30门，律文436条，而附例竟达一千条之多。至同治九年（1870年），附例更增至1 892条。在大清律的附例之外，清朝的一省一地都有专例，或一事也设一例，甚至因此例而产生彼例。律例无正条的，还有比附而产生的例。"例"不仅数量浩繁，而且起着特殊作用，效力与律同，甚至可以补充、代替律、废止律，所谓"有例则置其律"[①]，"有例不用律，律既多成空文，而例遂愈滋繁碎"[②]。"以例断案"是这一时期的特点。这些浩如烟海、汗牛充栋的"例"，都是经过皇帝上谕或中央六部行文一直辗转下达到各级地方政府，存放在各级地方衙门的档案之中。本来就不熟悉法制的地方官员们，要到办理刑事案件时，才去查阅档案，寻"例"为据，操作起来是相当困难的。在这种情况下就只好依靠那些法律专家——"刑名师爷"。那时的公文，无论是七谕或是部文，都有一定的格式。在可作为"例"的指示中，均用"嗣后"字样。譬如，对某个刑事案件以后应该如何办，公文的前部分是述说理由，结语时必是"嗣后"应如此这般。这几句话简洁肯定，是具体执法办案的准则，这是"例"的精髓所在。刑名师爷对每次奉到的公文，凡遇有这类"例"的，必马上用纸把"嗣后"签抄下来（只需抄这几句原文，不必抄全文），并在签抄纸上注明某年某月上谕或某部某号公文。然后，把这张签抄纸粘在有关的"律"的条文上。以后，办案查律时，同时一眼就看到这"例"，非常简便。这种粘签常比"律"多得多，有的刑名师爷所用的"律"书，粘签竟比原"律"书厚二倍。同时，刑名师爷还分门别类另抄入一本抄本，名为"秘抄"。老师传授徒弟，除讲明律例义理、学习各类程式之外，首先叫徒弟学习抄写"签抄"和"秘抄"，同时，每天还要抄新到公文中的"嗣后"。这些都是刑名师爷办案的重要工具，故从不轻易示人。

三、幕友的特点

1. 幕友的专业性

在清代以前，辅佐主官的幕宾并没有专门化的知识与技能，官员所聘用的众多幕友也良莠不齐，更没有具体的工作的划分。春秋战国时，孟尝君"招致宾客及亡人有罪者"，"客无所择，皆善遇之"，只要有一技之长，无论身份、品行与才能的高下，都被收归门客，当时所养之士有文士，也有武士，还有辩士，有学问精深、能够建言献策之人，也有鸡鸣狗盗、市井鼓刀之徒。如平原君门下的辩士毛遂，"以三寸之舌，强于百万之师"；信陵君窃符救赵，击杀晋鄙的是市井鼓刀屠夫朱亥；吕不韦的舍人李斯"学帝王之术"。魏晋之时，也有较高文学素养的人成为幕宾，常随主人参加家宴与游园，吟诗作文。

乾隆初年名幕万枫江在《幕学举要》中说："幕中流品最为错杂。有宦辙覆车，借人酒杯，浇己块垒；有贵胄飘零，摒挡纨绮，入幕效颦；又有以铁砚难磨，青毡冷漠，变业谋

---

① 《大清会典》卷五十四。

② 《清史稿·刑法志》。

生；又有胥钞谙练，借栖一枝，更有学剑不成，铅刀小试。"有的是下台官员、没落贵族，也有的是学业不成、功名不就的读书人，更有的是资深胥吏，"流品错杂，优劣不一"。尽管幕友形形色色，鱼龙混杂，但幕友的知识与技能逐渐专业化，幕友的工作也不再以建言献策为主，而明显有了专业性与针对性，汪辉祖称："刑名虽小道，非才、学、识不可"。清代以八股取士，地方长官一般都不通晓法律，延请幕友的主要目的是处理各种案件。一般说来，涉及财产、借贷、商业交易等纠纷的民事诉讼，不管是否发生斗殴，都被委托给钱谷师爷处理；而涉及斗殴、诈欺、婚姻、墓地争议、立嗣等的案件及其他家庭成员之间的案件，不管是否牵涉借贷或财产权问题，一般都委托由刑名师爷处理。① 尽管幕友并没有任何公职，却是清代政务的实际操作者，无论司法审判、赋税征收、公文批阅、考试选才等各类政务，都有专门的幕友在幕后操作，甚至"钱谷刑名一切资之幕友，主人惟坐啸画诺而已"②。

幕友工作的专业化也促使幕友有了比较细致的分工，幕友的分类主要有这几种："刑名"，协助主官对刑事案件的处理；"钱谷"，掌管税赋与民事讼案；"书启"，书写信函和起草公文；"挂号"，负责管理公文；"朱墨"，负责用朱笔和墨笔抄点勾圈公文；"征比"，负责钱粮征收，不涉其他财税事务；"账房"，负责银钱出入簿记。③ 其中，刑名幕友和钱谷幕友是必须设置的，专业性最强，"束修"也是最可观的。其他幕友则一般读书人都能胜任。各类幕友是否齐全取决于地区大小及事务繁杂的程度，事务少的州县官也会聘请一个幕友承担两类职责，事务繁杂的州县官也会让两位幕友分担同一工作。

在众多幕友中，属刑名与钱谷职责最重，负责诉案的处理与财税，这两项事务是考核主官政绩的主要指标，这两项工作对幕友的知识与技能的要求也是最高的。以处理讼案为例，州县官接到呈词后，由幕友阅读，并在呈词副本末尾批呈词，如果该批为州县官认可，则由负责墨笔誊录的幕友将其抄在呈词正本上并公布。批呈词的过程看似简单，实际颇费心思。"要能揣度人情物理，察觉奸刁诈伪，明大义谙律例。笔简而赅，文明而顺。方能语语中肯，事事适当，奸顽可以折服其心，讼师不敢尝试其伎。若滥准滥驳，左翻右复，非冤申无路，即彼讼累无辜，呈词日积而多矣。善听者，只能剖辨是非于讼成之后；善批者，可用解释诬妄语讼起之初"④。

清徐文弼在其著作《吏治悬镜》卷二十集中列举了州县六房职掌细目。其中指出刑房职掌细目为：办理命案（验伤，定凶，保辜，自尽，成逋，图软，打架）盗案（辩盗，失事，差缉，究窝，审感，起赃，招审，刺字，勾决），审奸情，理隐私，驭捕役，查徒犯，驭娼妓，禁赌博，访私铸，究伪银，严邪教，除反叛等，计12项。

批呈词的工作极为重要，决定着案件是否受理、诉讼程序是否展开，也决定着田土纠纷是否调查，既关系到官衙的司法资源，也关系到当事人的切身利益。如处理不当，则有"非冤申无路，即彼讼累无辜，呈词日积"的后果，并且，"被告之资财已遭浪费"。幕友要分析控诉是否适当，从呈词的字里行间来揣度案件事实，熟练运用逻辑推理，这就要求幕友既要有明辨事实的丰富经验，也要熟悉律例与经义，才能拟出一份既能使原告信服又能阻止讼师

① 参见《瞿同祖法学论文集》，北京，中国政法大学出版社，1998。
② 《皇朝经世文选》卷十四。
③ 参见（清）汪辉祖：《佐治药言》。
④ （清）王又槐：《办案要略》。

歪曲事实的好批，这同时也是对幕友把握语言文字尺度的一大考验。

2. 幕友的地域性

清代幕友除了专业性特点外，还有地域性的特点，清代幕友多出自绍兴，当时流行着"无徽不成商"，"无湘不成军"，"无绍不成衙"的俗语，正是应了幕友行业的地域性特征。民间俗语常将"师爷"与"绍兴人"连在一起，因此"绍兴师爷"作为幕友的另一种称谓常见于近代各种戏剧小说。实际上，清代各省读书人都具有当一名师爷的才能及可能性，而清代的山东、四川、江西、江苏等省也都出过不少"名幕"，清代幕学著作的作者有绍兴人，也有江苏人、山东人、四川人。不过总的来说，长江中下游及钱塘江下游地区是全国各衙门师爷最主要的供给地，其中又确实以绍兴人最多，这是为何呢？清代绍兴府辖下八县：山阴、会稽、上虞、嵊县、新昌、诸暨、萧山、余姚。自东晋开始，这里即成为全国著名的文化中心之一。道光《会稽县志稿·风俗志》称："晋迁江左，中原衣冠之盛咸萃于越，为六朝文化中心之薮。高人文士云合景从，遂为江左之冠。唐时文雅不替，风流翰墨昭炳相接，故名人往往爱游其地。"浓厚的文化土壤培养了绍兴的师爷风气。

自古科举被视为读书人之正途，绍兴读书人自然也热衷于科举考试。清代王先谦任浙江学政时，称"天下通材，浙省最盛"。他在同治四年（1865 年）至光绪二年（1876 年）间主持的六次乡试中，每次参加的考生都在万人以上，而录取举人的名额才 94 个。据《绍兴县志资料》记载，清代绍兴人中进士的有 630 名，中举人的有 2 361 名。绍兴地狭人稠，科举竞争异常激烈，落第者众多，读书人普遍以外出游幕作为救贫的手段。此外，绍兴人也具有做吏的传统，顾炎武《日知录》曾提到："今户部十三司胥吏皆绍兴人。"万历年间，沈德符也说："一入衙门，则前后左右皆绍兴人。坐堂皇者，如傀儡在牵丝之手，提东则东，提西则西。"清代则有所不同，对于朝廷各部书吏多为绍兴人的局面，皇帝也深表不满。例如雍正元年（1723 年），皇帝特意下诏，"六部经承（书吏的正式名称）不许专用绍兴人"，即着意打击绍兴人的势力。

绍兴人既不能由吏选官，又无法在朝廷各部站稳脚跟，最后只得从"作吏"转为"作幕"。比较起来，作吏虽有选官的可能，但也只是佐贰官而已，相形之下，作幕身份更为自由。既然元明时绍兴人就已经以吏学见长，那么传到清代，此一地方优势自然而然成为培养大批"师爷"的动力。所以绍兴不能完成功名举业的读书人，也就很自然地改从幕学，形成绍兴师爷遍及全国的局面。据说清代绍兴做师爷的不下"万家"，各省幕友新年团拜以及幕友之间的联谊活动亦大多在浙会馆或宁绍、仁钱会馆举行。这样一来，"师爷"也就成为绍兴人的一项专利了。

按照清嘉道年间梁章钜（他本人在中进士之前也是幕友出身，自号"儒林参军"）《浪迹续谈》一书中的说法，绍兴的特产——绍兴黄酒行销各省，"可谓酒之正宗"；官场中除了"京片子"外，绍兴口音的"绍兴官话"居然也是流行语；再加上绍兴师爷对于刑名、钱谷事务的垄断，号为"绍兴三通行"。而清末曾在浙江长期任官的湖南人罗信北在其所著《公余拾唾》自序里也表示，天下的刑名、钱谷幕友大多是绍兴人，"父诏其子，兄勉其弟，几于人人诵法律之书，家家夸馆谷之富"。

3. 幕友的等级性

幕友作为一种职业并非制度上有意的设计，而是在清代特殊的社会背景与时代条件下自然而然产生的，因而幕友的等级也并非安排而是一种事实上的状态。读书人做官不成，转而学幕皆是身非得已，本无高低上下之分，然而在从事幕业的过程中，由于各个幕友的才干、资质、悟性与身世背景不一，而逐渐有了分化。比如在同一个官员处就幕，由于幕席的不同而地位就有所不同。在一个事务较多的官府，种类齐全的幕席有"刑名"、"钱谷"、"书启"、"挂号"、"朱墨"、"征比"、"账房"，其中"刑名"、"钱谷"幕友专业性最强，地位最高，薪俸也最多，也是主官重点礼遇的对象。汪辉祖在《佐治药言》说："幕中数席，惟刑名、钱谷岁修较厚，余则不过百金内外，或止四五十金者。"晚年曾提及他经历的幕友薪金的情况：余初幕时，岁修之数，治刑名，不过二百六十金；钱谷，不过二百二十金。已为极丰。松江董君，非三百金不就，号称"董三百"。壬午（乾隆二十七年，1762年）以后，渐次加增，至甲辰、乙巳（乾隆四十九年、五十年1784、1758年），有至八百金者。可见，在同一主官幕后，一个刑名幕友的年收入约260两白银，一个钱谷幕友的年收入约220两白银，书启和挂号两职每年的薪酬从四五十两至一百两白银不等。从幕友薪金的情况，足见不同的幕席有高下之别。

虽然幕友的高低之分不是制度上的设计，但是聘用幕友的主官却有体制内的等级制度，聘用于不同的主官也会客观上产生幕友的高下之分，比如聘用于县令和聘用于督抚甚至皇帝必然会使得幕友的薪金与自我感受有所不同。雍正年间，河南巡抚田文镜的师爷邬思道为田文镜出谋划策，上书弹劾隆科多，使得田文镜深得宠信。后来不知为何与田文镜产生了间隙，邬师爷愤愤离去，从此田总督的奏折得不到上意。田文镜四处找寻邬师爷的下落，以重金美言请回邬师爷。这位邬先生提出每日给五十两才肯动笔。邬思道的大名传至雍正耳中，于是在田文镜的奏折里不时出现"朕安，邬先生安否？"的批语。由此可见，幕友因才能的高低带来的薪金与地位的高下是不可避免的，全国范围内幕友众多，才干幕品不一，从而出现高下的等级也是合情合理的。

四、幕友的知识来源

幕友所专有的知识与技能，称为幕学，学习幕业这种专门知识，称为学幕。在古代，科举考试被视为读书人的正途，但通过层层考试脱颖而出，能进士及第者已经是凤毛麟角了；但中了进士只是获得做官的资格，得到官职需要等待官缺，这个等待的期限并不确定，因此科举成功者与落马者都面临着生存的问题。这些人相当一部分出身贫寒，因此这些人都倾向于跻身幕友行列，尤其是科举失意者，多转而学幕，如当时著名幕友汪辉祖在其幕学著作《佐治药言》中所说："士人不得以身出仕，而佐人为治，势非得已。吾辈以图名未就，转而治生，而佐人为治，与读书为近，故从者众焉。"另外一位幕友龚萼也说："读书无成，迫于饥寒，则流为幕宾。"① 幕席中除刑名、钱谷外，其他都是一般读书人擅长的工作，也能获得一定的收入，而能做到刑名与钱谷幕友，则收入相当可观，但刑名与钱谷幕友最具专业性，非经专门学习不可。

1. 拜师。幕友的培养并不是制度性的，其学习与成才的过程是学徒式的，学徒拜师是必

---

① （清）龚萼：《雪鸿轩尺牍·答同学诸友》。

须的。清代一位幕友周洵说："业是者，必先随师学习，时谓之学幕。"① 清人俞蛟说："习是业者，必求申韩老手，北面师事，朝夕切磨，积数年之久，方可出面应世。"当时的名幕汪辉祖曾拜骆炳文为师。可见，学幕的典型途径就是拜先辈幕友为师，学习法律与钱谷知识、办案的方法与技巧。

与其他行业相似，学幕也讲究拜师的规矩与礼节。学费与礼物是必不可少的："今世之人家子弟，读书不佳，往往改而学幕，或则刑名，或则钱谷。将学幕时，须择一省之中有名老幕而从之。贽见之费，有出三四百金者，有出五六百金者。若仅出一二百金，则群焉谓之便宜，非与其所从师别有交谊，即其师爷声价平常，非卓绝时髦之辈，故尚肯降格迁就。"② 可见，学费与礼物的多寡是依据老师在幕业中的名声与亲疏关系远近，并没有固定的标准。汪辉祖拜骆炳文为师，未见学费礼金，大概是因为他们既是同乡，又是同事的关系，至于家族世代为幕、父子相传的，就不需要学费与礼金了。

拜师也是有讲究的，基于名师出高徒的经验，往往学幕之人都想拜名幕为师，然而，名幕寥寥无几，因此个人的机遇是至关重要的，寻找良师并无既定的途径，主要靠亲友、乡缘等关系的介绍，如果有父兄亲友或者同乡在从事幕业，其子弟就更容易取得学幕的机会。

据陈天锡的介绍，"其学历一端，所关甚巨。学幕固贵师承，尤重实务。州县为亲民之官，一切政治先从州，故学幕必先从州县着手；有成，然后学于宪幕（即督抚司道幕府）。大抵学幕，必刑钱兼习，既有所得，再入臬司学刑名，或入藩司学钱谷，历一二年出而应聘，即可谓之全知，易于脱颖而出。其只入臬司或只入藩司者，亦多有之。若仅学于州县，未登于监司；或仅学于监司，未历于州县，虽历年久亦可问世，但终未窥其全，进于州县监司之并学者；其仅学于监司，又进仅学于州县者……"③ 陈天锡所介绍的学幕途径虽然稳妥，但是对于以幕济贫的读书人来说似乎不大现实。

既然有人拜师，那么名幕对于求学者也是有选择的，为幕者"须胸有经济、有文藻、肆应不穷；又必须二十以内，通达时务记诵难忘庶笔举一隅而三反；更须天生美才，善于应酬，妙于言论"④。"入幕本领原非容易，必胸怀高朗，气力明通，参观事变有素，然后可当一面"⑤，"故凡有心习幕者，当先自视其材力而后从事于此，卒不至自误生平"⑥。做师傅的更是以他多年的经验，"察其才识，如不足以造就刑钱，则四五月之内，即令归习它务"⑦。因此，"千人学幕，成者不过百人；百人就幕，入幕者不过数十人"。对于众多的学幕者来说，优胜劣汰也是无法逃避的规律，能为官员看中而成功进入幕业者毕竟还是少数。

2. 读律。幕友职业的专业性，多因法律事务的专业性，所以学幕首先要读律，学习法律知识。汪辉祖提出，幕友要精研律例，"幕客佐吏，全在明习律例。律之为书，各条具有精蕴。仁至义尽，悟解不易，非就其同异之处，融会贯通，鲜不失之毫厘，去之千里。夫幕客

① 《蜀海丛谈·幕友》。
② 《皇朝经世文选新编》。
③ （清）陈天锡：《清代幕宾中邢名钱谷与本人业此经过》。
④ （清）龚萼：《雪鸿轩尺牍·答韫芳六弟》。
⑤ （清）万枫江：《幕学举要·总论》。
⑥ （清）张廷骧：《赞言十见》，见《入幕须知》。
⑦ （清）汪辉祖：《佐治药言·勿轻令人习幕》。

之用律，犹秀才之用四书也。"①　清末幕友陈天锡介绍："学幕之初，兄命先读《大清律例》，律为常经，例则因时而定，就须熟背其目录，律例中首应细读《名例》，其余各律，则须按需用之多寡，为研读之先后。如《刑律》计有十一目，《户律》计有七目，为办理刑名、钱谷者首先所触及，适用者为多，故读毕《名例》，即须及之。以次读吏、礼、兵、工四律，以窥其全。"②

学幕者要准确地把握律文含义，还要读清代律学家整理与注解律例的书籍，比较重要的有沈之奇的《大清律辑注》，刘衡的《读律心得》，薛允升的《读例存疑》，凌铭麟的《新编文武金镜律例指南》，沈辛田的《名法指掌（附钱谷刑名便览）》，万枫江的《律例图说辨伪》，蔡嵩年、蔡逢年的《律例便览》，曾恒德的《律表》，吴坛的《大清律例通考》，杨荣绪的《读律提纲》，郎汝林的《大清律例总类》等。

只读《大清律例》显然是远远不够的，律例只是清代的基本法典，其他的法律规范也要研习，如清代最庞杂的法规汇编，有康熙、雍正、乾隆、嘉庆、光绪时期的会典，卷帙浩繁。另外，中央各个部门都有规定其组织与权力的法规，以吏、户、礼、兵、刑、工六部的法规最为重要，合称为六部则例，所列条文详尽，内容颇为重要，如吏部则例关乎主官的升迁陟黜，不可不读，户部则例有钱粮税收方面的规定，是钱谷幕友必须认真研究的。幕友既然游幕各地，地方政府执行中央法令的细则和自己制定的法规也必须阅读，留存到现在的典籍如《江苏省例》、《治浙成规》、《西江政要》、《福建省例》等。

除了精通成文法规范外，对判例的阅读也是十分重要的。判例是司法官员的重要参考对象，也是学习法律的教材，从判例的研究中细细体味运用律例的精微诀窍，清末名幕张廷骧说："律例如古方本草，办案如临症行医。徒读律而不知办案，恐死于句下，未能通用；徒办案而不知读律，恐只袭腔调，莫辩由来。"他总结说，当时南北幕风不同，直隶的刑名师爷都从办案入手学习刑名，主要在熟悉成案。这样一来，容易形成只顾一二成案而抛开律例不顾的弊病，就如"无源之水，其涸可待"③。有许多关于司法判例的记载与汇编的书籍，也是必读的，如祝庆祺、鲍书芸的《刑案汇览》、《续增刑案汇览》，全士潮的《驳案新编》，李之芳的《棘听草》，蓝鼎元的《鹿洲公案》，徐士林的《徐两峰中丞勘语》，周守赤的《刑案汇编》，李佳的《柏垣谳狱记》，樊增祥的《樊山判牍》，汪辉祖的《病榻梦痕录》。除清代的判例外。还有许多搜集历代名臣判案的书籍，如和凝等的《疑狱集》，邓克的《折狱龟鉴》，朱熹等的《名公书判清明集》，桂万荣的《棠阴比事》等等。另外，还有一些专门讨论刑名与钱谷的著作，如宋慈的《洗冤录》，赵逸斋的《平冤录》、《折狱便览》、《霹雳手笔》，王又槐的《办案要略》，托津的《钦定户部漕运全书》等；幕友介绍其从事幕业经验和心得的著作，如汪辉祖的《佐治药言》、《续佐治药言》、《病榻梦痕录》，王又槐的《刑钱必览》、《钱谷备要》、《办案要略》，万枫江的《幕学举要》。

上述这些法典与著作浩如烟海，学幕者如果不掌握一定的诀窍，必然毫无头绪而陷入书海之中，根据陈天锡本人的亲身经历，读律分清主次是十分必要的："学幕之初，兄命先读《大清律例》，律为常经，例则因时而定，尤须熟背其目录，律例中首应细读《名例》，其余

---

①　（清）汪辉祖：《佐治药言·读律》。

②　（清）陈天锡：《迟庄回忆录》。

③　（清）张廷骧：《入幕须知·赘言十则》。

各律，则须按需用之多寡，为研读之先后。如《刑律》计有十一目，《户律》计有七目，为办理别名、钱谷者首先所触及，适用为最多，故读毕《名例》，即须及之。以次读吏、礼、兵、工四律，以窥其全。此四律除《兵律》计有五目外，其余三律各只二目。在读《刑律》时，一面即须研究律文中例分'以'、'准'、'皆'、'各'、'其'、'及'、'即'、'若'之八字，每一字皆有一定之意义，不容丝毫错误；一有错误，则罪刑之轻重出入随之。人命生死，所关甚巨。八字之外有所谓'律眼'之'但'、'同'、'俱'、'依'、'并'、'从'六字，及'从重论'、'累减'、'递减'、'得减'、'罪同'、'同罪'七名词，亦各有定义，亦不能误用误解。"①

3. 师爷秘本。关于幕友的学习途径，似有秘本之说。通过秘本相授，形成师徒衣钵传承的专业学习特点。梁章矩言："刑名钱谷之学，本非人人皆擅绝技，而竟以此横行各直省，恰似真有秘传。"② 此语道出了秘本在刑名幕友学幕中的重要性。所谓"秘本"，"即是幕友所常用之律书"，遇有新事例与更改之法令，以及个人之经验等，随手摘录，此书传授于徒弟，徒弟又加自身之心得再传，以至代代相传；或"徒弟学幕时抄录师友之手本"，再加上自身之心得，代代传抄其精华。这些秘本不仅对常用的律例、成案、公文程式加以记录及整理，而且阐释法条，探讨律意，对学幕者法学素养的培养起到重要的作用。但晚清幕友许同莘却不以为然："或言幕友有传钞秘本，此殊不然。幕友之所娴习者，不外刑名、钱谷二端。刑名之言，具于律例。部颁律例，律有注而无笺；局本则有律例汇刻便览。律文以下，句疏节解，兼列眉批，此即幕友据以治事之本也。特例案随时颁行，刻本改修不易，故为幕友者，于通行成案、新定章程，必随时钞录，以备省览；其门徒传习者，就钞本照录一通，随时增补。迨律例新本刊行，则钞本即为废纸。此外则疑难重案，前人判断精当可为法式者，或钞全案，或摘大概，藏之箧笥，如举子之有钞本摘本。其钞全案者，即坊刻之《驳案新编》；其摘大概者，即坊刻之正续《刑案汇览》，无所谓秘本也。钱谷事例，其精密不如刑名，而缴绕繁碎则过之。又各省章程不同，款目随时增减，牧令考成所在，分赔摊派，收支抵补，稍一不慎，亏累随之。故司钱谷之事者，以前后任清算交代妥贴分明为能事。官书言钱谷之事者，有《赋役全书》，而列朝法制变更，随时损益，其书可参考而难依据，故各省或汇刻新章，苏州江西官书局皆有之。此在今日，坊刻法令大全诸书，汗牛充栋，得之甚易，特当日刊本流传不广，非留心时事者或不之知。故为幕客者，佐治某省，必博考某省专章及部院通行文件；其见闻较广者，则就邸钞月摺录之，亦无所谓秘本也。其经验有得著书行世者，则刑名无过于汪龙庄之《佐治药言》，钱谷无过于王又槐之《钱谷备要》。以余所见，如是而已。"③ 由此可见，所谓秘本就是幕友为方便工作，对常用的律例、成案、公文程式加以记录及重新整理，以及自己的实践心得。

4. 读书。刑名师爷除了学习法律知识之外，还要读书，这里所说的书特指儒家经典。汪辉祖的《佐治药言》就在"读律"之后列有"读书"一章，列举自己的亲身经验来证明读书有助于办案；他尤其主张精读儒家经典与史书。清末张廷骧也认为，"幕学固以例案为本"，但如果想在办案时胸有成竹、通达事理，运筹决策动中款要，"则在平日之多看书史，以广

---

① （清）陈天锡：《迟庄回忆录》。

② （清）梁章矩：《浪迹续谈》第四卷"绍兴酒"条。

③ 许同莘：《公牍学史》，234～235 页，北京，中国档案出版社，1989。

其识"①。另一位师爷周询在他所著的《蜀海丛谈》中也说："法律虽系专门，学此亦视诗书根底为何如。根底深者，不惟易成，成后词理亦必充沛。"他还引用当时师爷行当里的一句谚语，即"多读一年书，少读十年律"②。这一方面是因为中国古代法律本身就是根据儒家礼教原则制定的，另一方面也是因为法律多偏重在刑法，而属于民事方面的很多案件，只能以儒家经义来加以判断。汪辉祖就是因为善以经义断案而名闻江南，汪辉祖的幕馆"经史鳞比，而所为幕学之书百无一二"③。他在处理案件的时候，往往引用儒家经义来弥补法条的不足。基于这种观念，清代的名幕大多博通经史。

5. 学期。学习刑名，绝非一蹴而就的事，汪辉祖在胡文伯幕中六年，一直见习刑名。六年后才出而应聘为专门的刑名师爷。汪辉祖是在业余自学刑名，所以用的时间比较长，而如果是专门从师学习刑名，那学习时间可以缩短些。一般而言，随师学习三年，就可掌握刑名法术之学，如《皇朝经世文选续编》卷二十二说："习名法家三年，能佐郡邑治矣。"

学幕并非人人皆可为之，还要看学习者的资质如何，所以《佐治药言》中专列有"勿轻令人习幕"一条："亲友之从余习幕者，余必先察其才识，如不足以造就刑钱，则四五月之内，即令归习它务。"乾隆初年另一位名幕万枫江在《幕学举要》中也说："入幕本领原非容易，必胸怀高朗，气力明通，参观事变有素，然后可当一面。"而清末名幕张廷骧在编辑《入幕须知》后，自附《赘言十则》，其中称："自古全才难得，习幕而可以佐人者，约有三等：识力俱卓、才品兼优、例案精通、笔墨畅达者，上也；人品谨饬、例案精熟、笔下明顺者，次也；人品不苟、例案熟练，而笔墨稍逊者，又其次也……故凡有心习幕者，当先自量其材力而后从事于此，庶不至自误生平。"从这些从事幕业的实践者的记述中可以得知，学习刑名并非易事，想成为名幕更是难上加难。

钱谷幕友的专职之一在会计，所以钱谷幕学也是一门专门学问，与近代财务会计学有相似之处。首先，要求能打得一手好算盘，并经过一段时间的见习，才能熟悉复杂的赋税征收及财政税务核算上的种种繁文缛节和陋规惯例。另外，习惯上有关土地、钱债之类的单纯民事案件及税务纠纷，都由钱谷幕友帮助官员处理，因此钱谷幕友也要熟悉法律及例案。一般来说，学习钱谷幕友亦需经两三年的见习培训。

五、幕友的待遇

1. 幕友的薪金

刑名、钱谷师爷的年薪多的将近两千两，差一点的也有一千两，幕友居宾师之位，所以报酬也就仿教师报酬的称呼称"束修"或"脯修"。束修一般按年支付，称"岁修"。如果按月支付，就称"月修"。月修并没有统一的标准，而要按幕友的种类、"缺分"的繁闲及幕友的各色名目而定。刑名、钱谷以下的几类幕友，其束修要少得多。《佐治药言》说："幕中数席，惟刑名、钱谷岁修较厚，余则不过百金内外，或止四五十金者。"汪辉祖在乾隆十九年（1754年）二十五岁时，首次独自应聘为常州知府胡文伯的书记，不过"岁修二十四金"。但是相较于落第读书人的另一出路——当私塾教师的收入来说，幕友收入毕竟丰厚得多。

① （清）张廷骧：《入幕须知·赘言十则》。
② 周询：《蜀海丛谈》，171页，成都，巴蜀书社，1986。
③ （清）汪辉祖：《佐治药言》，鲍廷博跋。

另外，各地区经济发展层次不一，幕友的束修也多寡不一。据清人笔记记载，"幕友脯修，滇省最赜。大缺或至千金，至简者亦必五百"。而某些富庶地区，束修更高，"如福建之漳浦、侯官，广东之番禺、南海等缺，每缺须用幕友四五人，每人束修至千五六百、千八九百不等"①。可以说，束修的高低取决于多种因素，如就幕地区政务的繁简，政务繁杂者，束修就高。首先，清代官员年薪并不多，他们延请幕友的资金或来源于合法的"火耗"，或者其他的灰色收入，这些官员们职务不同，分管的政务不同，他们的各项收入也多寡不一，用于投资延请幕友也会有所差别，从而影响到幕友的束修。其次，幕友的名气也决定着收入，幕友的能力高下有别，他们游幕各地，能力突出者声名远扬，延请者众多，身价自然倍增，普通幕友必然难以望其项背。

2. 幕友与主官的关系

官员与幕友之间的关系并非单纯的雇佣人和受雇佣人的关系，双方并不存在主从关系。幕友是由官员礼聘延请的，是官员的客人，故称"幕宾"、"幕客"、"西席"。双方地位平等、关系密切，极有可能成为朋友，因此又叫"幕友"。私塾教师称"师馆"，幕友则称"幕馆"、"馆客"；入幕也称"入馆"。官员称幕友为"老夫子"、"先生"，自称"学生"、"晚生"、"兄弟"。而幕友对官员也不必称"老爷"，可以称"东翁"、"主翁"、"堂翁"，或按照地方绅士对官员的尊称，称"老父母"、"老公祖"（对州县官）、"太尊"（对知府）、"大人"、"台尊"、"台翁"（对府道以上）等，自称则为"晚生"、"学生"、"兄弟"。平时幕友以平礼与官员相见——从这点来看，可见幕友的地位还要高于幕僚。所以清代有幕友认为："幕本为专门名家之学，以礼聘于有司，故位在宾师，其道本交相重也。"幕友与官员相处"交相重"，是官员的"宾师"，当然在衙门中的地位非同一般，不要说是胥吏、衙役，就是佐贰、杂职官，对幕友也是礼敬有加。

官员上任前谨慎聘请幕友，成为清代重要的为官准备工作，如何选择幕友也成为教人为官专书的要项："幕友一席，最为要紧。至好者推荐，不可遽许，亦不可遽辞，务细访察所荐之友品学何如。择其善者，延之赴任；有期拜见，下关书；聘金一项，量缺致送……加以水礼八色，随时配合。其起程船脚，或我备，或折价，商酌办理。各处情形不同，随时酌夺。"②聘请幕友，不仅要访察其品格、学问，更要用仪式表示尊重：约会亲送"关书"（聘书）、磋商薪资"聘金"之外，还要讲究应时的"水礼八色"以及安排赴任交通工具。

此外，幕友的日常生活也需官员操心，"时常陪饭，使令厨子不敢省减"；设宴时，要请师爷先坐西席，师爷不到不可举箸。③按照浙江师爷金安清的说法，嘉庆以前，每逢年节，上自总督、巡抚，下至知州、知县，都要先到各房幕友处"逐一致礼"。幕友在东家来拜以后，再去东家房中答礼。这样的惯例一直到道光年间，才开始出现变化，即由幕友先到主官房中拜节。④

① 《皇朝经世文选》卷二十。
② （清）褚瑛：《州县初仕小补》卷上《聘请幕友》。
③ 参见《切问斋文钞》卷十一。
④ 参见《水窗春呓》卷下"世风日替"条。

六、幕友的职业道德规范

1. 职业道德。幕友的职业道德称为幕道、幕品。幕友的身份非官非民，但有才有能，以私人的身份协助官员，却游离于国家体制与法律约束之外，地位十分特殊，其心术不正者，可利用主官不懂司法程序的弱点，操纵地方的司法权，蒙蔽地方官员。更有甚者，与各级官员勾结，上下联手，营私舞弊，为祸一方。甚至于幕友借师徒、亲属、同乡等关系，形成牢固的关系网络，在更大的地域范围内产生集团性的腐败势力。清末吏治败坏，幕道随之败坏，幕道的败坏反过来又加剧了吏治的腐败。幕友佐理官员，处理的都是与民众生活息息相关的事务如诉讼赋税等，虽深居幕后，但其特殊的地位也间接影响了一方百姓的寻常生活，其本身又不受体制约束，因而幕友的职业道德尤其重要。关于幕友的职业道德，清代名幕汪辉祖总结得较为全面。

首先，尽心为本。"尽心"是幕道的第一条原则。幕友从事幕业虽势非得已，但接受了主官的薪俸，就须为主官谋事分忧，而且幕友为主官所倚重、依赖，所协助的事务关系到主官的前途命运，因而"尽心"就要"勤事"，尽最大努力来履行职责。汪辉祖在《佐治药言》中开篇就提出"尽心"："士人不得以身出治，而佐人为治，势非得已。然岁修所入，实分官俸，亦在官之禄也。食人之禄，而谋之不忠，天岂有以福之？且官与幕客，非尽乡里之戚，非有亲故之欢，厚廪而宾礼之，什伯于乡里亲故；谓职守之所系，倚为左右手也。而视其主人之休戚，漠然无所于其心，纵无天谴，其免人谪乎？故佐治以尽心为本。"①

其次，公事为重。官员以特定幕席聘请幕友，支付薪金，目的在于让幕友协助其处理官衙公务，并不是主官所有公事、私事都要由幕友处理，虽是私人所聘，但"宾主之义，全以公事为重"。这样避免与主官有过多的私人交谊而影响公事，保持自己作为宾的地位。不身兼多重角色，方能自尊自立，廉洁自守，面对公事才能以公心出发，不可迁就主官的错误或者相左的意见，更不可为主官谋私利。"宾之佐主，所办无非公事，端贵和衷商酌，不可稍介以私。私之为言，非必已有不肖之心也。持论本是，而以主人意见不同，稍为迁就，便是私心用事。盖一存迁就之见，于事必费斡旋，不能适得其平。出于此者，大概为馆所羁绊。不知吾辈处馆，非惟宾主有缘，且于所处之地必有因。果千虑之得有所利，千虑之失有所累，小者尚止一家，大者或遍通邑，施者无恩怨之素，受者忘报复之端，所谓缘也。宿缘且在，虽甚龃龉，未必解散。至于缘尽留恋，亦属无益。且负心之与失馆，轻重悬殊何如秉正自持，不失其本心之为得乎？"②

最后，爱惜民力。幕友佐官在于治民，时时要设身处地为民众考虑，以公心来办公事，民众财力有限，更需要体恤民情，爱惜民力，尤其是在诉讼当中，更要如此，刑名幕友在准词、勘验、审理等环节上，要能省则省，严防株连，且要讲求效率，否则旷日持久，必然耗费百姓财力。"致贫之故，实在准词之初，故事非急切，宜批示开导，不宜传讯差提，人非紧要，宜随时省释，不宜信手牵连，被告多人，何妨摘唤。干证分列，自可摘芟。少唤一人，即少累一人，谚云'堂上一点朱，民间千点血'。下笔时多费一刻之心，涉讼者已受无

---

① （清）汪辉祖：《佐治药言》。
② （清）汪辉祖：《佐治药言》。

穷之惠。故幕中之有心，以省事为上。""两造守候一日，多一日费用，荡财旷事，民怨必腾……"①

2. 职业道德与因果报应。值得注意的是，幕友的职业道德规范不具有强制性，其职业操守一方面来源于自我约束的气节的观念，另一方面也和福报、阴谴的观念密切相关。换句话说，幕友的道德规范并不是其职业化的一个表现，而是基于敬畏鬼神的因果报应的思想。汪辉祖在《学治臆说·敬城隍神》中提到自己"向就幕馆，次日必斋戒诣庙焚香，将不能不治刑名及恐有冤抑、不敢不洁已佐治之故，一一掳诚默祷"。万枫江在《幕学举要·总论》中说："法律要宽一分，所谓'与其杀不辜，宁失不经'。然非轻纵之谓也，情真罪实自当置之重典。"清末名幕张廷骧也说："平恕二字，为千古治狱要诀。""凡事留一分余地，便是积阴德于子孙也。"《周易》载："积善之家，必有余庆；积不善之家，必有余殃。"许多刑名幕友为积阴德，都以"求生"、"平恕"为本，甚至有师爷为积阴德，不惜篡改案情，大行仁恕之道，造成了枉法擅断的弊端。由于幕友能够暗中操纵生死大权，笔墨之间关乎人命，稍有疏忽便造成冤案。"幕府宾佐，非官而操官之权，笔墨之间，动关生死，为善易，为恶亦易，是必冤谴相寻。"② 在人们的观念中，幕业是一个容易遭报应的行业，很多正直的人欲操此业都犹豫不决，汪辉祖在决意做刑名幕友的时候也因此而被母亲极力劝阻，出于对善恶果报的畏惧，汪辉祖在当刑名师爷时，总是小心谨慎、洁身自好，尤其对人命案件更是慎重——为幕二十六年，一共才办过六个死刑案件。在《佐治药言》中，他也再三强调办案应以"求生"为原则，并称此二字"实千古法家要诀"。

七、幕友与清代学术

自康熙年间开始，社会趋于稳定，社会经济平稳发展，汉文化也逐步为满族统治阶层所接受与提倡，上自清廷，下至督抚学政乃至州县各级官员，或编书著书，或校勘古籍，或日事文墨，或以文会友，这些活动多依赖幕友。而幕友几乎都是科举不第的读书人，其中不乏当时颇具声名的学者，这些人为生计所迫，在转而学幕之后，依然从事学术研究，以幕业为依托，以幕养学，既解决了生计的问题，也在各地作幕期间博览各个主官所藏书籍，从事各种学术事业。清代的学术极为繁荣，这些有游幕经历的学者们的贡献是不可忽视的。如章学诚、李渔、蒲松龄、朱彝尊、毛奇龄、万斯同、查慎行等都有或长或短的游幕的经历。

这些学者担任幕职之余或者辞馆之后，纷纷著书立说，在经学、史学、地理学、金石学、古籍文献校勘、诗词、戏曲、小说、书画等领域都有显著的成就。如经学有戴震、章学诚、阮元、段玉裁、王念孙、朱骏声、孙星衍、钱大昕、程廷祚、惠栋、沈彤等；史学有万斯同、邵晋涵、赵翼、全祖望、梁玉绳、胡虔、汪辉祖、梁章钜等；金石学有严长明、严观、王昶、朱文藻、毕沅、朱为弼、冯登府等，其他领域也都有大量的学者闻名后世，不胜枚举。除了进行专门的学术研究外，他们还参与中央政府或地方大员主持的修书编纂等大规模的学术事业，如徐乾学主编《大清一统志》，万斯同、顾祖禹、胡渭、阎若璩、沈佳等十几人曾应邀参纂；修《明史》，也是阎若璩、万斯同、胡渭等人的杰作；清政府组织编纂

---

① （清）汪辉祖：《佐治药言》。
② （清）纪昀：《阅微草堂笔记》卷十三。

《四库全书》，丁杰、洪亮吉、凌廷堪、汪中等参与校勘。

此外，在一些学者型大员的府第，都有许多学者入幕，形成了以学术研究为中心的幕府，如罗竹园任山东学政，邀请全祖望入幕；崔纪任顺天学政，邀请郑燮入幕；纪昀任福建学政，邀请李文藻阅卷；朱筠任安徽学政，幕下人才济济，如章学诚、洪亮吉、邵晋涵、黄景仁等等；毕沅任陕西巡抚时，幕下最著名的有严长明、程晋芳、钱坫、孙星衍、洪亮吉、黄景仁、王复等；卢见曾幕府有惠栋、戴震、沈大成、王昶等著名学者，还有诗人金农、郑燮、高凤瀚、沈廷芳等；张伯行任福建巡抚时，蓝鼎元、蔡世远、詹明章、萧正模等协助其编纂校勘；还有徐乾学、谢启昆、阮元、曾国藩、李鸿章、张之洞等幕下都聚集了众多的知名学者。

作为明清法律实践活动的主要参与者，刑名幕友是整理注释法律律令案例活动中不可忽视的主力军，大清律令的庞杂繁复，使清统治者意识到借鉴与依据成案对于办案具有重要意义。乾隆皇帝即下谕："督抚办理案件，果有与旧案相合可援为例者，许于本内声明，刑部详加查核，附请著为定例"①。以此为前提，拥有丰富办案经验的刑名幕友纷纷致力于刑案整理。其中，尤以清道光年间名幕祝松庵编订的《刑案汇览》最为著名，它共辑录乾隆至道光年间案件七千三百余件。此后，又经其他刑名幕友的积累与整理，内容不断充实，其收案下限为光绪十一年（1885 年），共收录了 150 年间近万件案件。此书规模之浩大、收案之多为前代所未见，不仅收录刑部和律例馆审议的说帖，而且完整辑录了皇帝的谕令。以此书为代表的案例汇编书籍，通过对现实事例的剖析，展现了清代法制、司法审判以及民情风俗等社会生活的各个层面，成为读者了解案件事实、案件处理程序、法律依据及法律运用的变通等环节的绝好途径。其突破了"秘本"形式记录案件的局限，为清代律例文化的下移与开放奠定了基础。刑名幕友对立法、司法的贡献由此可窥一斑。

第四节
讼师与古代法律教育 *

中国古代没有形成现代意义的律师及律师制度，虽以"恶讼"为传统，但诉讼大量存在。商鞅在《开塞》篇中所论："天地设而民生之。当此之时，民知其母而不知其父，其道亲亲而爱私。亲亲则别，爱私则险。民众而以别、险为务，则民乱。当此时也，民务胜而力征。务胜则争，力征则讼……"② 韩非子则说："古者丈夫不耕，草木之实足食也；妇人不织，禽兽之皮足衣也。不恃力而养足，人民少而财有余，故民不争。……是以人民众而货财寡，事力劳而供养薄，故民争……"③ 由此可见，争讼是人的本性趋利避害的一个必然结果。为了适应诉讼之需求，在民间便出现了私下为当事人鸣不平、写诉状、出谋划策的人，被称

---

* 本节主要吸收和参考了潘宇和其他学者的研究成果。——编者注
① 《大清律例》卷三十七"刑律·断狱下"。
② 《商君书·开塞》。
③ 《韩非子·五蠹》。

为"讼师"。讼师扮演着准律师的角色，发挥着准律师的职能，"是中国律师的另一种雏形"①古代的讼师作为中国传统法律文化的一部分，对于我们研究现行的律师制度有着反思和借鉴意义。正如黑格尔曾对文化传统做过的精辟阐述："我们在现世界所具有的自觉的理性，并不是一下子得来的，也不只是从现在的基础上生长起来的，而是本质上原来就具有的一种遗产，确切点说，乃是一种工作成果。……我们必须感谢过去的传统，这传统有如赫尔德所说，通过一切变化的因而过去了的东西，结成一条神圣的链子，把前代的创获给我们保存下来，并传给我们。"②

一、中国古代诉讼代理制度的发展

学界一般认为，我国古代的诉讼代理源于西周。例如，"凡命夫、命妇，不躬坐狱讼"③，因为"古者取囚要辞，皆对坐。治狱之吏皆有严威，恐狱吏褒尊，故不使命夫命妇亲坐。若取辞之时，不得不坐，当使其属或子弟代坐也"④。这表明贵族上层人士可以请人或者命令其家奴、家臣代理参加诉讼。考古文物也证实了西周存在诉讼代理。如 1975 年陕西岐山县董家村出土的一件西周青铜器，据学者考证有关铭文，系周厉王或周宣王时代的一起诉讼案件的判决书，涉及诉讼代理人以及向法庭提供的讼辞和辩护辞。⑤

春秋战国时期也有旨在维护贵族和官吏特权的诉讼代理的记载。如鲁僖公二十八年冬（公元前 632 年），"卫侯与元咺讼，宁武子为辅，鍼庄子为坐，士荣为大士"⑥。因卫侯为君，元咺为臣，君臣出庭争讼有损君威，不合宗法，卫侯遂派人代理出庭，并派二人协助。卫侯输掉官司后，晋文公遂刖鍼庄子，诛士荣，宽免宁武子。其中，"大士"的职责就是进行辩论。有学者指出，"士荣必熟刑法者，惟其熟刑法也，故可以为大士，惟其有为大士之才也，故使与元咺相质证，则犹今列国于讼时之用律师也"，"此以知士荣系充律师也，特其充律师之规则，今不可考尔"⑦。另一记载则在襄公十年（公元前 563 年），楚王叔陈生与伯舆争讼，王叔派宰臣，伯舆派大夫，分别代理二人出庭争讼。⑧ 但从秦朝开始，诉讼代理制度受到压制。在纠问式诉讼方式下，"封建统治者不允许法庭上有人替被告辩护，甚至不允许被告人自行辩护，因此，在长达二千余年的封建社会里，中国未能产生律师"⑨。直至唐代，史籍仍未见有关诉讼代理的成文法规定。实际上，除老废笃疾者给以怜恤之外，平民诉讼是不准有诉讼代理人的。有论者据此认为，封建社会的诉讼代理制度只是贵族官吏特权制度的一种体现而已。⑩

唐宋以来，中国传统社会结构出现深层变革。在唐代，除民间人士外，诉讼代理职业多

① 阎志明：《中外律师制度》，17 页，北京，中国人民公安大学出版社，1998。
② ［德］黑格尔：《哲学史讲演录》，第一卷，8 页，北京，商务印书馆，1997。
③ 《周礼·秋官·小司寇》。
④ 《周礼·秋官·小司寇》疏。
⑤ 参见胡留元、冯卓慧：《长安文物与古代法制》，42～45 页，北京，法律出版社，1989。
⑥ 《左传·僖公二十八年》。
⑦ 杨鸿烈：《中国法律发达史》（上），56 页，上海，上海书店，1990。
⑧ 参见《左传·襄公十年》。
⑨ 茅彭年、李必达主编：《中国律师制度研究》，32 页，北京，法律出版社，1992。
⑩ 参见王申：《中国近代律师制度与律师》，7 页，上海，上海社会科学院出版社，1994。

被皇室的一些闲居官员垄断，成为私下的专门职业。至宋代，随着土地私有制的深化及商品经济的繁荣，民间"好讼"之风盛行，江南一带甚至出现专门教人打官司的学问与职业，即讼学与讼师。虽然由于讼师可能构成冲击"父母官型"诉讼传统、动摇礼法基础，不可能公然承认讼师的合法性与正当性，但宋代官方机构在一定程度上认可讼学及其民间机构（书铺）的活动，却是此前不曾有、此后亦罕见的。① 直至元英宗至治三年（1323 年）二月颁布《大元通制》，"诉讼"才首次以类目而独立成篇，有比较严格的诉讼制度，如关于诉讼代理的规定有："诸致仕得代官不得已与齐民讼，许其亲属家人代诉"，"诸老废笃疾，事须争诉，止令同居亲属深知本末者代之。若谋反、大逆、子孙不孝、为同居所侵侮，必须自陈者听。"② 可见其代理制度包括仕官和特殊群体两大类，其制度比周、秦更进步，将代理的范围延伸到部分平民阶层。

明朝在诉讼代理上更趋向平民化而限制官吏。如《大明律》规定："凡年老及笃废残疾之人，除告谋反、叛逆及子孙不孝，听自赴官陈告外，其余公事，许令同居亲属通知所告事理如实之人代告"，注：《大明会典》卷一百七十七"凡官吏有争论婚姻钱债田土等事，听令家人告官理对，不许公文行移，违者笞四十"，"诬告者，罪坐代告之人"③。其缩小了官吏的诉讼代理范围（如限于婚姻钱债田土等），扩大了平民的诉讼代理范围（如"为同居所侵侮"不须亲陈），且诉讼代理人要承担严格的法律责任（如诬告反坐）。此外，明朝在诉状上印有"状内无写状人名者不准"一条④，但没有由官方确立"代书人"和"官代书"制度。

清朝关于诉讼代理的规定与《大明律》大体相似，但又有所发展。由于讼师有"挑词架讼"的嫌疑（尤其在呈词状上），而平民告状又不能无人代书，需要法律业务上的帮助，于是清政府采取一定措施，试图将这一需要合法化，设立了"代书"制度。为防止代书人以其合法身份从事类似于讼师的非法业务，影响既定的司法体制，法律对从事代书者的身份、资格、行为规范等方面都有明文规定。如雍正七年（1729 年）定例："内外刑名衙门，务择里民中之诚实识字者，考取代书。凡有呈状，皆令其照本人情词，据实代写。呈后登记代书姓名，该衙门验明，方许收受。无代书姓名，即行查究。其有教唆增减者，照律治罪。"⑤ 由此可见，法律对"代书"的规定是相当具体的，不仅要求代书人应有良好的道德品格和一定文字修养，还要求其据实撰写文书，附录姓名，呈交衙门验明。此外还有规定关于何时可以代书、诉状的格式、增减其状的情况："凡原告状准发房，被告必由房抄状，……被告抄状入手，乃请刀笔讼师，又照原词破调，聘应敌之虚情，压先攻之劲势。"⑥ 此即被告接到原告诉

---

① 关于宋代的讼师研究，参见陈景良：《讼学与讼师：宋代司法传统的诠释》，载中南财经政法大学法律史研究所编：《中西法律传统》，第一卷，201～232 页，北京，中国政法大学出版社，2001；相关文献另见郭东旭：《宋代之讼学》，载《宋史研究论丛》，石家庄，河北大学出版社，1990；戴建国：《宋代法制初探》，哈尔滨，黑龙江人民出版社，2000。

② 《元史·刑法志》。

③ 《大明律》卷二十二"刑律五·诉讼"。

④ 档案《明代文件》9 号，万历七年徽州府休宁县诉状。转引自张耕主编：《中国律师制度研究》，15 页，北京，法律出版社，1998。

⑤ 《大清律例》"诉讼·教唆词讼"。

⑥ 《福惠全书·刑名立状式》。

状副本后，聘请讼师代写答辩状的一例。设置代书制度的意义在于，确立了代书人的法律地位，以从根本上禁止讼师执业。但实际上由于代书的限制较多，取得代书合法身份的程序也相当复杂，真正取得资格者有限，以至在最广大基层，为当事人提供法律帮助的仍然以无合法身份的讼师为主。"官代书人"须经考试和官府登记，才能代书，但不能出庭辩护，清政府试图由此杜绝讼师的"非法"活动。而事实上"考取"代书人资格者，往往是一些与官府有来往的幕僚之流，其行径与讼师并无二样，不过多了一层合法的面纱而已。①

综上所述，尽管古代诉讼代理制度十分粗糙，与律师职业意义上的代理相去甚远，但其为近代律师制度的引进和发展提供了前提条件。

二、中国古代的讼师

(一) 中国古代讼师的内涵

中国古代的讼师从事着书写诉状及其他文书，教授诉讼方法，帮助当事人与官府打交道等工作。讼师这一词语的内涵，在中国古代相对比较含混，并没有准确的界定。在历代的文字记载中，讼师与"讼棍"、"健讼之人"等称谓②有着相通、混用的现象。明清及民国初期关于该类人的阐述主要集中于"讼师"与"讼棍"两种称谓。所以，"讼师"这一词语的内涵有广义、狭义之分。

广义上的讼师，即通常采用的讼师概念，不区分讼师与讼棍之间的区别，将助人书写诉状、教给其打赢官司的方法、帮助其与官府打交道的人以及所有嚣讼不断、串通胥吏、播弄乡愚、恐吓诈财等种种行为之人统称为讼师。这之中包含了"讼棍"。"讼师"与"讼棍"二者没有明确的区别，内涵是一致的，为一对通用的词语。如郭嗣宗案中，就将"讼师"与"讼棍"混同为一个概念。其在行文中，先是用"讼棍"一词，后文中提及其行为、手段时，多次提及郭嗣宗为"讼师手段"。庭审时欲掌责，令大惊，张曰："责一讼师，何惧之有？"可见，张集馨在使用"讼师"与"讼棍"二词时，不加区分而混用。《折狱奇闻》有："功令严禁讼师。今皆讼棍耳，安得云？"③《中国恶讼师》（续编）中也有："清朝功令，严禁讼师，然所禁，皆无意识之讼棍耳"④。可见，通常意义上的讼师，不但包括为人作状、帮人打赢官司、出谋划策的人，同时也包括嚣讼不已、教唆词讼，恐吓诈财的讼棍。综观有关讼师的资料，基本都采用该种广义的内涵来定义讼师。

讼师的狭义内涵，则将讼师与"讼棍"严格区分。王有孚在《一得偶谈》中对讼师与讼棍进行了区分："若夫安分良民，或为豪强欺压，或为仇盗扳累，大则身家几陷，小则名节攸关，捶胸恨抱屈莫伸。仅假手于庸碌代书，具词呈诉，非格格不入，即草草敷衍，徒令阅者心烦，真情难达於此。而得一智能之士为之代作词状，摘状发奸惊心动魄，教令对簿当

---

① 关于明清时期的讼师研究见［日］夫马进：《明清时代的讼师与诉讼制度》，载［日］滋贺秀三等：《明清时期的民事审判与民间契约》，王亚新等译，389～430 页，北京，法律出版社，1998。

② 关于讼师的其他称谓，在《名公书判清明集》中有多种称谓，如"讼师官鬼"、"把持人"、"茶食人"、"哗鬼讼师"、"健讼之民"、"珥笔之民"、"佣笔之人"等。参见《名公书判清明集》，中国社会科学院历史研究所宋辽金元史研究室点校，北京，中华书局，1987。

③ 上海会文堂书局辑：《折狱奇闻》，卷一，1917 年石印本。

④ 平襟亚编著：《中国恶讼师》（续编），106 页，襟霞阁主印行，1919。

堂,理直气壮,要言不繁,卒致冤得白,奸者坐诬,大快人心,是不惟无害于人,实有功于世。律内故有见人愚而不能伸冤,教令得实,勿论之。若而人者,庶不愧讼师之名哉!彼播弄乡愚,恐吓良善,从而取财者,乃讼棍耳,安得以师字加之?余谓讼棍必当惩,而讼师不必禁。"① 可见,王有孚即将讼师与讼棍的界限区分得比较清晰,替人申冤者为讼师,而从中取财者为讼棍,所以禁讼棍而不禁讼师。"若真有邓思贤刀笔,有司所畏,亦有司所欲也。"② "讼师之能者,亦有司之所欲,有司之所敬也,安得而禁者?"③ 由此,讼师与讼棍有了本质上的区别:讼师为仗义之人,而讼棍为贪利小人。

然而,目前有关讼师的材料中,很多讼师既替人申冤,又诈财,甚至因财而助人为恶。可见,讼师的行为与心理存在双重内涵。所以,本节在用及"讼师"这一名词时,采用了广义的内涵。

(二) 中国古代讼师的发展沿革

讼师是中国古代非常特殊的专门帮助人打官司的职业。"讼",《说文解字》注"从言从公",通俗地理解就是要一个公道的说法。对于纷争类别古已有"争财曰讼,争罪曰狱"④ 之说,郑氏注曰:"讼,谓以财货相告者;狱,谓相告以罪者"。而能称得"师"者,必得有某种高于常人的知识和技能。讼师的概念又区分为讼师与讼棍两个层面,将助人书写诉状、教给其打赢官司的方法、帮助其与官府打交道的人以及所有嚣讼不断、串通胥吏、播弄乡愚、恐吓诈财等种种行为之人统称为讼师。其中为利禄所累,专钻法律空子、颠倒黑白、教唆人打官司并从中牟利的人被称为"讼棍"。不论"讼师"还是"讼棍",都是中国古代讼师文化所包容的,我们应一并加以研究。

中国最早的讼师应属春秋末期的邓析。邓析不仅法律知识渊博,且能言善辩,可以"操两可之说,设无穷之词"⑤,"持之有故,言之成理"⑥,并聚众讲学,传授法律知识和诉讼方法,收取一定的报酬。史籍有载:"与民有狱者约:大狱一衣,小狱襦袴,民之献衣、襦而学讼者,不可胜数"⑦。在诉讼中,常从"君与民无厚"出发,打破旧传统,"以非为是,以是为非,是非无度,可与不可日变,所欲胜因胜,所欲罪因罪"⑧。但在今人看来,邓析"反对司法专横,乐于为民说理的精神,真可算是后世正直辩护人的先驱者"⑨。

秦代以法为教、以吏为师的文化专制制度使讼师不可能存在。汉代至唐代对讼师的记载,无史料可考。但"春秋决狱"、"引礼入法"、"以礼立法"的制度成果为讼师的勃兴创造了广阔的空间。直至宋代,"讼师"一词正式出现。宋代民间"好讼"之风盛行,讼师与讼学也应运而生。沈括在《梦溪笔谈》中记载的《邓思贤》即为讼学的最早记录,开讼师秘本

---

① (清) 徐栋辑:《牧令书》,清道光刻本,卷十八。
② 上海会文堂书局辑:《折狱奇闻》,卷一,1917 年石印本。
③ 平襟亚编著:《中国恶讼师》(三编),33 页,襟霞阁主印行,1919。
④ 《周礼·秋官·司寇》。
⑤ (汉) 刘歆:《邓析子·序》。
⑥ 《荀子·非十二子》。
⑦ 《吕氏春秋·离谓》。
⑧ 《吕氏春秋·离谓》。
⑨ 王申:《中国近代律师制度与律师》,5 页,上海,上海社会科学院出版社,1994。

的先河，而邓思贤亦是一位成功的讼师。《名公书判清明集》中对讼师的多种名称及讼师的行为的记载，足以反映宋代讼师行业的繁荣与讼学的昌盛。

明清时期，讼师成为诉讼过程中不可缺少的一种职业——"词讼必由讼师"[1]，甚至成为很多有功名之人的职业选择之一。明代的官箴、判牍中都可见大量的讼师记载，而目前我们掌握的讼师秘本也以明代的为主，可见，讼师与讼学在明代已极为普遍。《四进士》中就描写了一位明代的讼师——宋士杰为人申冤的事迹。[2]《大清律例》明确在法律条文中提出对于讼师及讼师秘本的严格禁止。袁守定说："后世词讼必由讼师，虽理直之家，其所讼情节，每为讼师雌黄。……每至不能自明，若据以为断，则失实矣。"[3] 在清代诉讼过程中，讼师已经不可或缺。

三、讼师的养成与活动

（一）讼师的名称

在各个时代，对"讼师"这一职业的称呼各有不同，其不同的称呼反映了当时不同的现实。下面以表格形式对各朝代讼师名称做一介绍。[4]

表 2—1　　　　　　　　　　　　　各朝代讼师名称

时间	对助讼职业的称呼	出处	反映时代特征
春秋	诈伪之民	《吕氏春秋·离谓》："故辩而不当理则伪，知而不当理者则诈，诈伪之民，先王之所诛也。"	（1）奴隶制后期刑罚残酷；（2）民本萌芽思想的微弱；（3）诈、伪是针对维护君主专制，不是为了儒家和争息讼；（4）职业活动具有政治性。
隋唐	教令人者、为人作辞牒状者	《唐律疏议》卷二十三："为人作辞牒加状"和"教令人告虚"。	（1）封建法制制度的规范化；（2）此种职业处于正当公开的合法化状态。
宋	豪横、珥笔之人、讼师官鬼、哗魁讼师、把持之人、哗徒、茶食人、教唆之人、哗徒之师	《明公书判清明集》	（1）商品经济发达；（2）社会助讼职业种类丰富；（3）助讼职业工作范围广；（4）人们的利欲观念发达。
元	哗强之人、恶少无赖、代书人、书状人、豪右、深谙吏事、蝇营狗苟之徒	《元典章》卷五十三；《刑部》十五"籍记吏书状"	（1）诉讼法律制度的健全；（2）社会民事法律纠纷增多；（3）元代政治的昏聩。
明清	刀笔吏、讼棍、刀笔先生、棍徒、讼师、状师、军师	《刀笔菁华》；《清稗类钞》；《学治臆说》；《办案要略》	（1）明清文字斗争的激烈；（2）传统儒家思想对此种职业的厌恶；（3）民间对这种职业良性一面的需要。

---

[1]　（清）魏颂唐辑：《审断须知》，5 页，1915 年排印本。

[2]　参见刘烈茂等主编：《车王府曲本菁华·明清卷》，223～330 页，广州，中山大学出版社，1992。

[3]　（清）魏颂唐辑：《审断须知》，5 页，1915 年排印本。

[4]　表格引自党江舟：《中国讼师文化——古代律师现象解读》，143 页，北京，北京大学出版社，2005。

（二）讼师的出身和来源

精通文字、写作是对讼师最基本的要求，同时其又须熟悉法律，与官府保持一定的联系。在理论上，无论何人，只要具备上述条件就可做讼师。所以，讼师的出身很复杂。

1. 士绅及其后裔、没有功名的读书人

关于"士绅"的内涵有多种，本文采用了徐茂明的观点。在讨论"士绅"的内涵时，徐茂明认为：明代人们用得较多的是"缙绅"，偏重于"绅"的内涵，即为居乡官宦的特指；晚清"绅士"则包括传统的"绅"、"衿"两大群体，更强调其"士"的身份带有尊称敬意；而"士绅"在清朝使用最广，主要指在野的并享有一定政治和经济特权的知识群体，它包括科举功名之士和退居乡里的官员。[①]"士绅"是以知识群体为主的社会阶层，是随中国古代的科举制度逐渐形成的，他们掌握着中国的文化权力。[②] 中国古代，很多人不认字，更不会写文章。正如费孝通先生所说，文字所能传的情、达的意是不完全的，在面对面的社群中，连语言都是不得已而采取的工具。所以在中国这样一个"熟人社会"、乡土社会中，"不但文字是多余的，连语言都并不是传达情意的惟一象征体系"[③]。另外，读书需要很大一笔花费，并不是每个人都能承担得起。这样，一旦有争讼需要撰写诉状或对官府有所请求时，就需要一位专业人士帮助，抛开是否胜诉或状纸是否被官府批准的因素，首先该人就必须认字并会写文章。由此，这群掌握着文化权力的人成为首选。清代士绅充当讼师已是普遍现象。《州县事宜》中说，"绅士有等凭藉门第，倚恃护符，包揽钱粮，起灭词讼，出入衙门"[④]；《州县初仕小补》则认为，"绅衿之优劣难分……劣绅鬼蜮难防，必须访察公正者何人，邪曲者何人，奸猾好讼者何人，唆摆架讼者何人"[⑤]。可见，士绅充当讼师这一现象，已经为官吏所重视，并想方设法予以杜绝。

举人、贡生、监生等一系列有功名而未取得官职的人统称为"士人"。明清时期，通过各省的乡试即取得举人的功名，取得参加会试的资格，是科举成功的起点，但是绝大部分人甚至一生都没有机会取得进士的功名。明清两代入国学者通称监生，明代监生分举监、贡监、荫监、例监几种[⑥]，清代入国学者有贡生和监生之分[⑦]，取得参加乡试的权利。而各府、州、县学的学生根据考试成绩的名次可分为廪生、增生、附生等，即为秀才，统称为生员。明代与清初国学尚有严格的管理、考试制度，后来监生、贡生变为终身的资格，只是人们参加科举考试的阶梯。"士人"阶层在中国古代享有免答杖、免跪的特权，他们是士绅阶层中的重要部分。明代士人为讼师的现象已为官府所重视。明代王浚川在《督学四川条约》中就指出："近日有等生员……或起灭词讼，或嘱托公事。"[⑧] 清代士人为讼师已是普遍的现象。

---

① 参见徐茂明：《江南士绅与江南社会：1368—1911 年》，13~23 页，北京，商务印书馆，2004。
② 参见徐茂明：《江南士绅与江南社会：1368—1911 年》，北京，商务印书馆，2004。
③ 费孝通：《乡土中国·生育制度》，12~17 页，北京，北京大学出版社，1998。
④ （清）田文镜等：《州县事宜》，载（清）许乃普辑：《宦海指南五种》，光绪十六年刻本。
⑤ （明）褚瑛：《州县初仕小补》，光绪刻本，卷下。
⑥ 参见《明史》卷六十九《选举志》。
⑦ 参见《清史稿》卷一百六《选举志》。
⑧ （明）王浚川：《浚川公移驳稿》，载郭成伟、田涛编：《明清公牍秘本五种》，56 页，北京，中国政法大学出版社，1999。

汪辉祖在《学治臆说》中说："士不自爱，乃好干讼。"①《盱江治牍》讲士人，"三更灯火学成刀笔精良，以速讼作生涯，一领蓝衫博得护符安稳"②。嘉庆二十五年（1820 年）十二月十七日四川按察使司的告示也提到："举贡生监及考职捐职人员，恃有顶戴为符，播弄是非，包揽词讼，甚至出入衙门，求情关说。"③

综观明清有详细记载的讼师，有功名之人极多。《中国恶讼师》中的诸福宝④、刘某、曹棣华、某孝廉为孝廉⑤，即举人出身；《鹿洲公案》中的"林军师"林炯壁⑥、《清稗类钞》中的监生某、衰宝光⑦为监生出身，《仕隐斋涉笔》中的马贡生为贡生出身⑧，《牧令须知》中的讼师系揭阳县禀生某人⑨，《咫尺录》中的谢芳津是庠生（秀才）出身。⑩ 嘉庆年间在什邡县有几十名监生居住在城里做讼师。⑪ 大量的士人充当讼师的重要原因即为生活所迫。因为只有极少数人能在科举中成为进士，从而得到官职。求官不成，高不成低不就，生计又是最现实的问题，讼师是一个相对赚钱且较容易进入的职业，从而大量的士人转化为讼师。《宦游纪略》中就提到"六安……有寒士数人包揽词讼"⑫。

在中国古代，士绅对司法运作过程影响颇大，他们在民间的纠纷解决中扮演着重要角色。明清时期很多官吏对于士绅交办的案件并不进行详细调查，士绅的请托一般都可以获准。而很多士绅子弟与官员、其他士绅有着种种联系，这正是其做讼师的良好起点。《中国恶讼师》（四编）的《当代讼棍列传》⑬ 中有几位讼师即为这种情况。汪国器为"宦裔，及国器壮，家已中落，几不能具馕粥"；王伯政"其祖为名士，曾中清代甲科文学。……伯政幼时已家徒四壁"。可见，汪、王二人从事讼师是迫于生计。以上两例正反映了士绅后裔为讼师的两个途径，王伯政受过很好的教育且聪敏；汪国器学问平常，但为缙绅子弟，与缙绅们关系很好，打官司可以得到缙绅们的帮助。另一讼师钱牛皮则"家世富厚，至牛皮家虽中落，然尚有数万之家产"，由于其为世家子，与绅宦有渊源，所以打官司可以取胜。可见，士绅后裔在与官员及其他士绅的沟通方面，有天然的优越性，这也是这群人可以做讼师的资本。无论是士绅还是其后裔，从事讼师职业大都由于生计问题。

此外，很多读书人屡试小第，终生没有取得任何功名，家世亦不显赫，没有机会晋升到士绅这一社会阶层，但有做讼师的才干，最终也从事了讼师这一职业。清代有两位讼师就是

---

① （清）汪辉祖：《学治臆说》，载（清）张翰伯辑：《入幕须知五种》，光绪间刊本。
② （清）魏锡祚：《盱江治牍》，卷中，清雍正间刻本。
③ 四川省档案馆、四川大学历史系主编：《清代乾嘉道巴县档案选编》（下），350 页，成都，四川大学出版社，1996。
④ 参见平襟亚编著：《中国恶讼师》，41 页，襟霞阁主印行，1919。
⑤ 参见平襟亚编著：《中国恶讼师》（三编），1、16、39 页，襟霞阁主印行，1919。
⑥ 参见（清）蓝鼎元：《鹿洲公案》，载《鹿洲全集》，光绪补雍正刻本。
⑦ 参见徐珂编撰：《清稗类钞》（三），1035～1036、1194 页，北京，中华书局，1984。
⑧ 参见陆林主编：《清代笔记小说类编·案狱卷》，陈敏杰、丁晓昌选注，423 页，合肥，黄山书社，1994。
⑨ 参见（清）刚毅：《牧令须知》，卷一，光绪江苏书局刊本。
⑩ 参见陆林主编：《清代笔记小说类编·案狱卷》，陈敏杰、丁晓昌选注，220 页，合肥，黄山书社，1994。
⑪ 参见李俊甲：《清代后期四川的社会秩序与各个阶段的动向》，载张国刚主编：《中国社会历史评论》（四），89 页，北京，商务印书馆，2002。
⑫ （清）高廷瑶：《宦游纪略》，清光绪刻本。
⑬ 参见平襟亚编著：《中国恶讼师》（四编），1～20 页，襟霞阁主印行，1919。

这样的例子,钱延伯"习举子业不售于有司,愤而为人刀笔,所为呈文精刻无对";王惠舟则"读书不成,包揽讼事"①。

2. 胥吏或其子弟、代书为专职或兼职讼师

讼师中有一些人是由胥吏或其子弟以及代书转化而来,这些人有的为职业讼师,有的只是兼职讼师。胥吏对于司法实践中的各环节以及衙门中各色人等都较熟悉,比较容易转化为讼师。《四进士》中的宋士杰就是刑房书吏出身②,《鹿洲公案》中的讼师李阿卿系工房书吏出身③,王龙桐为刑房差役出身。④ 前两位为被罢黜的书吏,而王龙桐只是兼职讼师,其正业为钱粮督征员。胥吏的子弟也有担任讼师的记录,陈景良对《名公书判清明集》的统计反映,《清明集》中吏人为讼师的记载有一例,吏人之子有两例。⑤ 代书向讼师的转化则更为容易。从宋代开始,书铺的出现使得人们的状词必须经由官府考取的代书书写,并使用官府授予的戳记。没有代书戳记的状词官府一般不予受理,代书则对自己所书写的状词的真实性负责。代书与讼师的业务在书写状词这一方面是相同的,不同之处就在于讼师是非法的。代书利用职业的方便做兼职讼师,在《活地狱》中就有一例:刁占桂,本是讼棍出身,考取得代书,并继续做讼师。⑥

(三) 讼师的职业转化

讼师并不是所有人的终生职业,很多人在做讼师后有不同的职业选择,向合法职业转化。由讼师可以转化的职业有以下几种:

第一,幕友。讼师向幕友的转化,是从官府打击之人向官吏倚重之人的转化。幕友与讼师在素质要求上有很多相似之处,同样是为生计奔波的读书人。例如,江南某道幕僚张建超、令之幕友王耐伯、幕僚忠某、鲁永清都是讼师出身而又为幕友⑦,且为幕友时都十分杰出。

第二,胥吏。由讼师向胥吏的转化较少,目前看到的只有忠某一例。

第三,官员。讼师向官员转化的事例比较多,讼师中士人出身本就常见,通过科举考试得到官职,是读书人的正途。清代中后期还可以通过捐官的方式成为官吏。这种职业的转换导致了立场的根本转变,由讼师转变为惩治讼师的人。这些人基本活跃在各州县。为县官的如:吴粤生,太仓镇洋县县令,本为讼师;忠某,余姚令;某讼师,为宰;孙某,合肥某邑令;陈旭,桐乡县令;石某,由讼师而登进士,榜下授新郑宰;许某,华亭令;荆道乾,湖南为县;颖梅,令于粤。最为曲折的为忠某,"为保正,为讼师,为吏,为幕僚,以至大令"⑧。为知州的有,张某;某州刺史;鲁永清,由讼师而刑幕,而县令,而太守。最为出名

① 平襟亚编著:《中国恶讼师》,75、82页,襟霞阁主印行,1919。

② 参见刘烈茂等主编:《车王府曲本菁华·明清卷》,264页,广州,中山大学出版社,1992。

③ 参见(清)蓝鼎元:《鹿洲公案》,载《鹿洲全集》,光绪补雍正刻本。

④ 参见平襟亚编著:《中国恶讼师》(四编),9页,襟霞阁主印行,1919。

⑤ 参见陈景良:《讼学与讼师:宋代司法传统的诠释》,载中南财经政法大学法律史研究所编:《中西法律传统》,第一卷,219页,北京,中国政法大学出版社,2001。

⑥ 参见李伯元:《活地狱》,4页,上海,上海文化出版社,1956。

⑦ 参见平襟亚编著:《中国恶讼师》(续编),21、22、117页,襟霞阁主印行,1919;《中国恶讼师》(三编),18、60页,襟霞阁主印行,1919。

⑧ 平襟亚编著:《中国恶讼师》,106页,襟霞阁主印行,1919;《中国恶讼师》(三编),18、29、35、45、50、85、93页,襟霞阁主印行,1919。

的是《鹿洲公案》的作者蓝鼎元，最终为广州知府。① 这些人基本都以听讼闻名。

（四）讼师的知识与等级

1. 讼师的知识

关于讼师的记述虽评价有褒有贬，但大都有一个共同的看法，即他们都是非常聪明、机智、有胆识之人，这些是作为一名成功讼师的基本条件。清代四大恶讼师之一的诸馥葆（亦作诸福宝）所作《解铃人语》讲："心机灵动者，随意可入人犯地，随意可脱己罪案。"② "天下事往往有至简单者，而偏为思虑所不及。于是至平淡者，竟变为至奇幻、至高深矣。能于瞬息之间，索得至简单、至平淡之原委，则其人谓之有机变，机变之才尤恶讼师不可不具也。"③ 可见，机智权变是做讼师的基本要件。在机智权变之基础上，讼师还要有胆识，因为讼师是官府禁止的职业，在严厉的处罚下为涉讼双方出谋划策是需要一定胆识的。所以讼师陈永泰说："吾辈讼师，第一须智，第二须胆。"④《中国恶讼师》对于讼师行为的刻画，总体展现出了讼师的共同特质——才智过人，胆识过人。综观清代最杰出的讼师，四大恶讼师之首谢方樽"性颖悟，过目成诵，特不羁殊甚，胆大心雄，罔所畏惧"，幼年时不屑于作一腐儒，该书对其的评价则为"惜其不轨于正，否则为王者师，与留侯、武侯鼎足留名，亦未可知"；第二位诸福宝"智可媲方樽，才亦游刃有余"；第三位杨瑟严"性狡黠多智计"；第四位冯执中"少而慧，有兼人之智，绝人之才，魄力殊足，思想颇富"⑤，都是智识超群之人。其他的讼师如薛某"性敏捷"；丁振声"幼时即聪明颖悟，有异常儿，而狡猾顽劣，亦无出其右"⑥。正是基于这样的才智，使他们作出了官吏们所说的"颠倒黑白"、"起灭词讼"的事情。当然，这其中也包括一些讼师在日常生活中可以轻松地解决人们的纠纷，甚至帮助官吏解决疑难案件。

2. 讼师的等级

中国古代的讼师良莠不齐，能力也千差万别。有的讼师极为成功，人们遇到重大的案件都求助于他；有的讼师则每天聚集在茶肆等处寻找纠纷，以便可以从中获利。《花当阁丛谈》记载了明朝末年江南地区的讼师等级。"甚矣，吴人之健讼也。俗既健讼，故讼师最多。然亦有等第高下。最高者名曰状元，最低者曰大麦。然不但状元以此道获丰利成家业，即大麦者亦以三寸不律足衣食赡俯仰，从无有落莫饥饿死者。"⑦ 苏州府嘉定县外冈镇，在明末也出现不少闻名本地的讼师，当地人称"状元"或"会元"⑧，类似中国古代科举制度的称谓。

---

① 参见平襟亚编著：《中国恶讼师》（三编），54、60、88 页，襟霞阁主印行，1919。
② 平襟亚编著：《中国恶讼师》（三编），119 页，襟霞阁主印行，1919。
③ 平襟亚编著：《中国恶讼师》（续编），21 页，襟霞阁主印行，1919。
④ 平襟亚编著：《中国恶讼师》（续编），69 页，襟霞阁主印行，1919。
⑤ 平襟亚编著：《中国恶讼师》，1～3、39、54、62 页，襟霞阁主印行，1919。
⑥ 平襟亚编著：《中国恶讼师》（三编），69、75 页，襟霞阁主印行，1919。
⑦ 转引自［日］夫马进：《明清时代的讼师与诉讼制度》，载王亚新、梁治平编：《明清时期的民事审判与民间契约》，426 页，北京，法律出版社，1998。
⑧ ［明］殷聘尹：《崇祯外冈志》，载《中国地方志集成·镇志专集》，上海，上海书店，1992。

四、讼师的行为与业务

（一）讼师的基本业务

讼师的业务包含多方面，整个司法运作的过程，都可以看到讼师活动的身影。针对讼师的评价，以"包揽词讼"或"包谋"为最多。而"歇家"是包揽最为全面的。《束鹿县志·风俗志》记载"奸生、豪棍及衙门胥吏"为包揽词讼而"假开店门"的"歇家"，凡"写状、投文、押牌、发差等事皆代为周旋，告状之人竟不与闻也；及被告状诉亦然"①。这是对整个打官司过程的全面的承接。这种行为将讼师的所有业务系列化。但讼师行为是否都是"包揽"、"教唆"，是这里要探讨的问题。讼师的业务包括：

1. 撰写文状

（1）撰写状词

为人作状是讼师的基本功之一。明清时期的诉讼与审判程序所表现的书面主义使状词成为非常重要的因素。重点突出、引人注目、情理兼顾的诉状一旦入官即可以被准予受理，这样才可以进入审理阶段。同样，反驳得人情入理，一言即可指出破绽的答辩状也是脱罪的重要因素。所以，状词的写作有很系统的方法与原则。讼师秘本中绝大部分的内容都是状词的范例，可见其在讼师业务中的重要地位。

状词又叫做呈词，从元代开始就有状式予以明确要求。状词的字数因朝代与地域不同有不同的规定，大约在二百至三百字之间。在这样的篇幅之中做文章并不是件容易的事情。《唆讼赋》说："写呈讲价，做状索钱，碎纸稿以灭其踪，洗牌字而泯其迹。价高者，推敲百般，惟求耸动乎官府；价轻者，一味平淡，那管埋没了事情？颠倒是非，飞片纸能丧数人之命；变乱黑白，造一言可破千金之家。"② 关于写呈要价的问题确实存在，著名讼师作状的费用是很高的。但是，并不是所有的讼师都这般贪财，讼师吴墨谦"人倩作呈状，必先叩实情。理曲，则但为委曲稽延，劝之和解；若果理直，则虽上官当道不能抑"③。讼师的行为是由其职业道德感决定的。

从另一个角度看，讼师之状词确实也可以达到让人难辨真假的水平。清代四大恶讼师之首的谢方樽，因友人张甲欲诉李乙而无真凭实据，即借张甲肠血之疾作一诉状：

> 诉为强奸朋友，颠倒乾坤事。夫天地定位，不容错乱阴阳；男女攸分，何得倒颠鸾凤？窃民与李乙，本为同学，更属比邻。既契合乎友朋，又情深乎知己。岂意其情怀叵测久矣。夫包藏淫心，昨日设宴家中，招民共饮。方忻良朋畅叙，深信不疑，岂料进药昏迷，后庭被污。及至药解梦回，谷道之中痛如针刺。念此羊肠鸟道，岂容兽突蛇行？可怜雨骤风狂，已是花残月缺。血水交流，疼痛欲绝。呼号床第，如坐针毡。窃思痛已受夫剥肤，辱更亏于亲体。如此兽行加害，实属人伦之变。且民年十四，尚未成人，律有强奸幼童之例，应与强奸室女同科。伏望严惩淫棍，以端风化，而正人伦。含冤上告。

---

① 转引自霍存福：《唆讼、吓财、挠法：清代官府眼中的讼师》，载《吉林大学社会科学学报》，2005（6），129～137 页。

② 方汝浩：《奇侠禅真逸史》第二十五回。

③ 上海会文堂书局辑：《折狱奇闻》，卷一，1917 年石印本。

而后李乙亦往方樽处求作辩诬状，方樽又为其作状云：

> 为冤遭捏砌事。窃念乾坤列序，牝牡攸分，岂有扑朔迷离，雌雄莫辨？而乃横加压力，任意摧残者，惟长官明镜高悬，彼鬼蜮安能肆蛊？比邻张甲，与民宿有仇怨，性同蛇蝎，暗肆毒谋。本一无赖之尤，甘心下贱。囊有青蚨二百，便可联断袖之欢。结来知交千人，悉是余桃之宠。阴阳倒置，?廉耻荡然，后庭花采撷凭人，龙阳君居然自命。人既无耻，乃又妄扳，捏秽词以耸听，无异蜃楼海市。含毒血而喷人，实属寡廉鲜耻。伏望严惩淫棍，以肃刁风。谨禀。①

前一状词诬陷李乙为强奸十四岁朋友，应比照强奸室女之例判决。后一状词则诬陷张甲为龙阳君，一贯有同性恋之癖，其意更进一层。确实翻云覆雨，让人难辨真假。

（2）其他文书

在讼师秘本中除状词外还有多种文书范本，包括求赈济呈词、脱罪禀帖、呈结诸式、执照、首状等，甚至有各级官府告示。这些文书与状词相比，呈现了明显的定式化趋势，其结构、语言基本相近。求赈济类包括旱灾、水灾、阻米、生员求赈等呈词。脱罪类主要有妻为夫、母为子、兄弟之间脱罪等为亲属求出监、请求无罪的文书。呈结诸式主要包括各行业的结状式、验伤等多种日常使用的司法文书。执照包括娼妓从良、寡妇改嫁等。首状主要为对通奸、亲属为婚、族人首强盗、逃军等情况向官府告发的文书。

2. 出谋划策

出谋划策是讼师业务的重要部分，多数求助讼师的人是为了求计，让讼师为自己的事情出谋划策。对于讼师的这种行为，有人认为是"唆讼"的表现。可以认定为"唆讼"类型的主要是故意夸大案情，以便将事主长时间地、更深地拖入诉讼，以便诈取更多的钱财。但是，讼师出谋划策的行为，很多是应事主需要，寻求脱罪之法。讼师在出谋划策之时，可以找到很直接的脱罪之法。关于讼师出谋划策，依时间段的不同可分为：

（1）官府介入前的谋划

官府介入之前的谋划大抵处于案件已经发生，而官府尚未发现或求计之人未被告诉至官府之时。此时大多是伪造伤口、变乱现场这些方面的办法。讼师对于这类问题有共同的手法，如将自缢的尸体换鞋、或解下尸体再挂上，以制造移尸的假象；又如给伤人者或忤逆之人伪造伤口，制造自卫假象等多种手法。

（2）官府审理时的谋划

官府一旦介入后，又有所不同。讼师谋划一般为串供、制造特殊境况使对方犯错、帮助寻找破绽，包括寻找替罪之人等多方面的助讼手段。不能上堂参与诉讼为讼师的一大限制，然而不在堂上却能通过事主解决问题，实现自己的预期，可见其手段更高。吴炽昌《客窗闲话》中记录了一例：某甲生意被某乙抢去，甲用斧敲乙头，乙脑裂而死，甲已置狱。甲之妻子遍求邑之名讼师而谋之，妻子许二千金与狂生。生曰："持金来，莫问出入。先教若夫忽认忽翻，以缓其狱。予入省垣谋之，半载可释。"生携金赴省，览廉访使之吏，询以近日盗

---

① 虞山襟霞阁主编：《刀笔菁华》，衡阳秋痕楼主评，王有林、史鸿雯校注，7、8页，北京，中华工商联合出版社，2001。

案。邻邑大盗未过堂，给大盗千金，使其承认该案。① 这种利用其他盗贼认罪的方法是讼师常用的手段。

教授供词或串供更是讼师常用的方法。在堂上制造特殊情境的方法，一般是因事主被人诬陷而需要求得实情的情况。这种情况也主要通过供词实现。《明清案狱故事选》有一例："有烝婶数年，悔过不往。婶怒，诡以他事邀侄。至室，遽执之，以强奸讼。适官以勘验往乡，羁侄于狱。侄投讼师，教以'求恕、初犯'为辞，别无他语。官归质讯。侄哭求婶如讼师言。婶怒曰：'尔奸我数十次，何言初犯耶！'乃以和奸定爰书焉。"② 这就是创造特殊语境迫使对方犯错误的办法。

（3）与官府打交道

即使在今天，一个普通人依然对充满专业知识、复杂的诉讼程序、不可知的打官司之路等多种因素束手无策，打官司对于很多中国人来说依然是无奈的选择。在古代生活的人，同样存在这种心理，且由于传统与制度的不同，打官司时更加需要帮助。讼师助讼行为中的重要一部分，就是帮助事主与官府打交道。当然，在这个过程中，讼师的行为可能偏离道德的准则。多数关于讼师的评论如"把持公事"、捏造、贿赂、勾结等基本出现在这一业务中。在明清尤其是清代的官府中，胥吏、幕友甚至代书对诉讼的成败有直接或间接的影响。讼师想要打赢官司与官府打交道是不可避免的。

第一，以清代的官府为例，胥吏主要包括书吏和差役等。其中，涉及司法审判的胥吏包括：刑房书吏、门丁、皂隶、快手、民壮、仵作、禁卒等。诉讼与审判的每个环节都离不开胥吏。这群人的社会地位很低，他们没有进入上层社会的机会，且官府基本不负担这群人的报酬，其收入主要靠陋规。到清末，胥吏的队伍日益庞大，一个州县有几十至几百的胥吏不等，这种现象对司法制度的冲击极为巨大。《浚川公移驳稿》中记载的比较全面："各衙门积年主文、书手、老人、皂隶、弓兵、门子、马夫，由其凡百事情，无所不知，经历乖滑，无处不透，是以通同作弊，易如吹毛。主文则改抹文卷，出入罪名；书手则诡寄钱粮，科害里甲；老人则营求管事，欺官害民；皂隶、弓兵则狐假虎威，吓诈良善；门子、马夫则承奉浸润，透漏事情。甚至因而说事过钱，坏累官长，拨置违法，害及平人。"③ 以清代为例，原告需交纳挂号费、传呈费、买批费、送稿纸笔费、出票费、铺堂费、踏勘费、结案费、和息费等多种费用。差役带原、被告到堂也有规费。④ 关于陋规的问题，赵晓华对清代巴县档案的统计表明，整个诉讼过程无处不需要打点，这些人与讼师互相串通，防不胜防。⑤ 这种相互勾结的恶果，如方大湜所说："有串土棍讼师以害民者，则门丁书役是也。官以门丁为心腹，门丁以书差为耳目，书差以土棍讼师为爪牙，土棍讼师书差即以门丁为靠背，内外勾通，择肥而噬。百姓之受害者，动辄破产倾家，甚至卖儿鬻女"⑥。

---

① 参见陆林主编：《清代笔记小说类编·案狱卷》，陈敏杰、丁晓昌选注，335～338 页，合肥，黄山书社，1994。

② 华东政法学院语文教研室：《明清案狱故事选》，224 页，北京，群众出版社，1983。

③ （明）王浚川：《浚川公移驳稿》，载郭成伟、田涛编：《明清公牍秘本五种》，49 页，北京，中国政法大学出版社，1999。

④ 参见《清实录》，第三十五册，569～570 页，北京，中华书局，1986。

⑤ 参见赵晓华：《晚清讼狱制度的社会考察》，48～80 页，北京，中国人民大学出版社，2001。

⑥ （清）方大湜：《平平言》，卷二，清光绪排印本。

第二，幕友与讼师的勾结。从清代开始，幕友成为官员不可或缺的助手。由于对法律的精通，实质性的司法工作主要由幕友完成，在案件的审理过程中，幕友做手脚的情况也较常见。《中国恶讼师》（续编）中的两个讼师徐博公、孟善夫斗法，主要起因即为与刑名师爷金季才的交易分赃不均。① 清代幕友擅权的事例很多，也直接影响着司法制度的运作。

第三，与代书交涉。讼师与代书的职业转化，前述章节中有所论述。设置代书的目的就是遏止讼师，但是代书直接誊写讼师的状词也是常见之事。《唆讼赋》说："以院司为衣钵，陆地生波；藉府县为囮谋，青天掣电。……乘打点，市恩皂快；趁请托，结好吏书。"但是，讼师对于司法制度的驰坏并不应该担负所有的责任，这是多种因素的共同结果。而讼师的"教唆"、"包揽"行为，更应理解为对于生计的维持和案源的寻找。

3. 调解与解纷

调解是中国古代解决纠纷的重要方式，在社会生活中占有重要地位。中国人在遇到纠纷时，一般首先想到的就是通过调解解决之。讼师业务中有一部分为调解，《唆讼赋》中也提及这样的业务。吴墨谦"人倩作呈状，必先叩实情。理曲，则但为委曲稽延，劝之和解"②。一般的讼师秘本开篇都首先劝人和解，不要打官司。

4. 教授讼学

讼学的教授是讼师技艺得以传承的重要方式。讼学师徒相传的方式要求讼师进行状词、技巧等的传承。清末民初的讼师杨小二的父亲就是一位名讼师；讼师英戟孙则"居讼棍门下约月余，即能代其作诉状词"；而谢方樽的儿子在其死后欲做讼师时，也是将其父的遗著寻找出来学习。③ 由此可见，讼师的业务应包含讼学的教授。

（二）讼师的其他行为

除以上的基本业务外，史籍中关于讼师其他行为的记载也占有很大比例。这些行为是讼师另一种生活状态的体现。讼师其他的活动，综合来说，有打抱不平、报复、"吃大户"几种，尤其是后两行为是讼师获得恶名的重要因素。

1. 打抱不平

讼师打抱不平的行为在史料中可见多处，表现了讼师的多重性格，很多讼师象谢芳津一样，"有冤抑难伸，倒悬莫解者，投而求之，一词入庭，即能脱兹罗网……然救人多而害人少，以故官不加法"④。讼师打抱不平的事例见表2—2：

表2—2　　　　　　　　　　　　　讼师打抱不平事例

讼师姓名	事由
谢芳津	富室嫌婿家贫，诬其黑夜抢劫，贿赂炼成冤狱，其女求计，谢为之作一状洗冤，二人当堂完婚。⑤

① 参见平襟亚编著：《中国恶讼师》（续编），43～44页，襟霞阁主印行，1919。
② 上海会文堂书局辑：《折狱奇闻》，卷一，1917年石印本。
③ 参见平襟亚编著：《中国恶讼师》（四编），18～20、38页，襟霞阁主印行，1919。
④ 陆林主编：《清代笔记小说类编·案狱卷》，陈敏杰、丁晓昌选注，220～223页，合肥，黄山书社，1994。
⑤ 参见陆林主编：《清代笔记小说类编·案狱卷》，陈敏杰、丁晓昌选注，220～223页，合肥，黄山书社，1994。

续前表

讼师姓名	事由
谢方樽	李生之妻因其穷弃之而去，数年返，为富商妾，不认其夫，生求见被送县。谢方樽庭审时教其方法，使妇之言露出破绽，宰判妇偿生五倍聘金。①
赵耕石	钱庄欺诈兑银币之老妇，赵为之讨回贴水五十文。②
诸福宝	土豪踢死民妇，抛下十两银子而去，诸福宝为之作状，讨回公道。③

2. 报复

在讼师的行为中有一类很突出，即讼师的报复行为。讼师对于所有触犯自己的行为，不分是否相识及事情大小，"睚眦必报"。讼师的这种行为与中国的传统文化有很大的冲突。中国人的意识之中，只有小人才会睚眦必报，君子是推己及人的，不会做这样的事情。这是人们在表达"怕"讼师之意时的重要依据。关于讼师的报复行为，以《中国恶讼师》为例总结如下：

表 2—3　　　　　　　　　　《中国恶讼师》中讼师的报复行为

讼师姓名	原因	结果
谢方樽	因四人议论其行为 僧语方樽事多诋毁	设计使四人喝粪汁 方樽设计使僧被打④
诸福宝	仆人对之不敬 面馆请其下楼 福宝岳父轻视诸家 因欠茶肆钱不能偿，被堂倌嘲笑	捉弄仆人 设计使其破定例 翁六秩荣庆诅咒之⑤ 设计使主人以二十碗香茗为寿⑥
李君文	赴试时被店伙以一文所窘	深夜擂其门，作各声响，使店主认为暴徒抢劫，受惊吓
季臣犹	被守门之人辱骂	惩守门者
王惠舟	发妻与僧奸	木樨香惩僧
蒋某	被商人蔑视	毁其瓷器⑦
赵耕石	某愚农谈其事，切齿深恨	次日报复
毕亮畴	被僧人戏弄	冬天使僧人冻病
王儒望	账房陆先生以白眼视之	王与陆结交五年，仿其笔迹造五千金借票，告之官，官断陆先生还钱⑧

① 参见平襟亚编著：《中国恶讼师》（续编），6～9页，襟霞阁主印行，1919。

② 参见平襟亚编著：《中国恶讼师》（续编），31～32页，襟霞阁主印行，1919。

③ 参见虞山襟霞阁主编：《刀笔菁华》，衡阳秋痕楼主评，王有林、史鸿雯校注，31页，北京，中华工商联合出版社，2000。

④ 参见平襟亚编著：《中国恶讼师》，20～24、34～35页，襟霞阁主印行，1919。

⑤ 参见平襟亚编著：《中国恶讼师》，45～48、54页，襟霞阁主印行，1919。

⑥ 参见平襟亚编著：《中国恶讼师》（续编），17页，襟霞阁主印行，1919。

⑦ 参见平襟亚编著：《中国恶讼师》，77～78、80～84、110页，襟霞阁主印行，1919。

⑧ 参见平襟亚编著：《中国恶讼师》（续编），30～31、59～61、73～75页，襟霞阁主印行，1919。

续前表

讼师姓名	原因	结果
陈全	父与人因买缸忤	陈报复，使其白白抬缸至陈家
丁震声	王四谈丁震声轶事，并狂加谩骂	丁设计使其赔番佛三十
陈名琛	与某武弁不睦	设计使其马惊，宰斥弁[①]

讼师的报复行为的记录是非常多的，报复多数是第二天就施行，有的则经过长时间的耐心等待，以让人不可防备的方法实现报复的目的。讼师这些手段的运用与报复行为使人们害怕讼师，同样也使人们相信讼师都会有恶报。

3."吃大户"

"吃大户"指讼师通过欺诈或其他手段专门针对富户进行的以索取钱财为目的的行为。这种行为有很明显的规律性，主要针对富室、当铺、钱庄、富裕僧人等人群，通过假造、利用尸体等讹诈行为获得经济利益。如《唆讼赋》中所说，"捞得浮浪尸首，奇货可居；缉着诡寄田粮，诈袋在此。结识得成招大盗，嘱他攀扯冤家；畜养个久病老儿，挽渠跌诈富室"，就是指这种手段。谢方樽就因家贫而两次设计从僧人处获得钱财。[②] 针对当铺的方法主要为以假乱真，冯执中以水银伪造明珠，放于一包内，打开包裹则水银落地不见，冯称珠不见，使主人赔以六百金。[③] 诸福宝则以檀板诈为寿板，当铺执事出百金了事；他还曾以废票支银，为老仆诈钱庄五百金。[④] 这些事件中，讼师可以成功得手的重要因素在于人们对讼师的惧怕心理，害怕就此被拖入诉讼，损失更多的钱。

讼师诈财更加常见而有效的方法就是尸体的运用。在中国古代，人命案件是最重大的案件之一，讼师以尸体做种种文章，成为讼师现象中具有代表意义的行为。《鹿洲公案》中的"三宄盗尸"案即通过将原告弟弟的尸体转移他处埋葬而诬陷别人杀人毁尸，其中有一大一小两个讼师在幕后操作，尸体在这个案件中就具有重要意义。[⑤]

讼师利用尸体诈取钱财大约有两类：一类是利用刚死之人的尸体，但是如果遇到比较明察的官吏就很难实现；另一类则是蓄养一个乞丐，制造机会将之杀死，从而诬陷他人杀人。"三宄盗尸"案就是前一种方法。某讼师为报复富室，则觅一新尸，诈金三千，当然，最终其计策败露。[⑥] 有的讼师则利用此方法帮助别人，如一老妇之孙堕水死，老妇无依，谢方樽因同情其景况而设计使富户误认为因自己的船将人撞入水中溺死，最终使富户赡养老妇、殓尸，谢方樽则索取千金。[⑦]

蓄养乞丐而杀之的方法为人所不齿。如，王赞欠富室周鉴钱，预先养丐妇，鉴索金则杀

① 参见平襟亚编著：《中国恶讼师》（三编），12～13、76～77、79页，襟霞阁主印行，1919。
② 参见平襟亚编著：《中国恶讼师》，3、13～14页，襟霞阁主印行，1919。
③ 参见平襟亚编著：《中国恶讼师》，67～68页，襟霞阁主印行，1919。
④ 参见平襟亚编著：《中国恶讼师》（续编），14～15页，襟霞阁主印行，1919；平襟亚编著：《中国恶讼师》，42～45页，襟霞阁主印行，1919。
⑤ 参见（清）蓝鼎元：《鹿洲公案》，载《鹿洲全集》，光绪补雍正刻本。
⑥ 参见平襟亚编著：《中国恶讼师》（三编），17～18页，襟霞阁主印行，1919。
⑦ 参见平襟亚编著：《中国恶讼师》，35～39页，襟霞阁主印行，1919。

妇以诬,以过路的麻客为证人。当然,最后败露。① 《凉棚夜话》中讼师盛某,蓄养一丐,"秋稻登场,凡运租船出,例烧神纸。是年,盛命丐同往舟中,多携爆竹,沿木牌处乱之,竹缆皆焚。徽商知之,率中殴攻。家人故溺丐于水,以人命控官,商遂破产焉"。当然,盛某也得到了恶报。②

讼师的这些行为为讼师带来了恶名,也是人们害怕讼师的重要根源。但是,从其手法来看,讼师的这种行为表现了明显的习得痕迹,是讼学传承的结果。

五、讼师的成因与评价

(一)讼师的成因

1. 成文法的公布是讼师群体形成的一个最直接原因。成文法公布之前,国家处于秘密法状态,"刑不可知,则威不可测"③,统治阶级对法律的垄断使得当事人之外的第三人无法介入诉讼程序当中。讼师的主要业务就是为人作状、出谋划策,这些都以熟识法律知识为基础,当法律不为人所知时,也就没有了讼师存在的前提。

2. 社会的需要是讼师存在的最根本原因。私有制的出现、社会经济的发展使得人与人之间的利益冲突日渐明显,只要人们之间有利益的冲突,特别是经济利益的冲突,就必然有"讼"的存在。打官司就要先向官府递交诉状,陈述案情,但当时的教育普及状况使得当事人大多目不识丁,无法自行用文字形式表述案情,这就需要有一个能专门为他人写诉状及其他文书的群体。

3. 封建社会的人才选拔制度对讼师群体的形成有重要影响。隋唐以来,科举考试制度成为封建社会选拔官吏的主要手段。十年苦读,并不是所有的文人都能考取功名、进朝为官,只有很少一部分人可以通过科举走入仕途。这样就有大批的文人为生计奔波。但恰恰是这些人,他们掌握着做文章的技巧,逻辑缜密、思维清晰,具备了做讼师所应具备的基本条件。为了维持生计,很多人开始了自己的助讼生涯。

4. 立法的不完善为讼师的活动提供了切入点。立法程序及法典内容的不完善,使得一部分文人可以利用其漏洞"以非为是,以是为非",钻法律的空子。

(二)对讼师的评价

讼师往往是仕途落魄、为求生存之人,社会评价甚低,亦不为法律所承认。讼师是非法的,为政府所严禁,一经查出,便要治罪。以刑去刑、追求无讼是我国传统诉讼文化的基本精神属性之一,讼师的活动恰恰与统治者息事宁人、追求礼让的无讼观念相违背,所以中国古代历代统治者都严禁讼师的代理活动,把讼师蔑称为"讼棍",认为他们是"挑词架讼、搬弄是非"之徒,认为他们凭借其如簧巧舌常常"以是为非,以非为是,是非无度"。统治者对讼师控制诉讼的状况感到不安。《名公书判清明集》第十二卷有一则宋人书判是这样写的:

---

① 参见(清)周尔吉编:《历朝折狱纂要》,509~510 页,全国图书馆文献缩微复制中心,1993。

② 参见陆林主编:《清代笔记小说类编·案狱卷》,陈敏杰、丁晓昌选注,151~152 页,合肥,黄山书社,1994。

③ 《左传·昭公六年》孔颖达疏。

　　大凡市井小民，乡村百姓，本无好讼之心。皆是奸猾之徒教唆所至，幸而胜，则利归己，不幸而负，则害归他人。故兴讼者胜亦负，负亦负；故教唆者胜固胜，负亦胜。此愚民之重困，官府之所以多事，而教唆公事之人，所以常得志也。①

　　古时官府对于讼师的痛恨可想而知。因此，封建统治者对于鼓励怂恿他人兴讼或代为拟写诉状的"讼师"，不仅发动社会舆论对之大加挞伐，更是在法律上设专条予以打击，《唐律·斗讼》把"教唆词讼"定为犯罪，使百姓不知讼、不会讼，以达到息讼目的。《大清律例》不仅规定了"教唆词讼"罪，而且对于撰造刻印传授诉讼的书，"照淫词小说例，杖一百、流三千里"。讼师不被国家认可，没有法定的权利，既不能在诉状上署名，也不能直接参与诉讼，属于"地下"职业。这也决定了他们的社会地位很低，没有任何政治上的出路。

　　讼师虽然在诉讼活动中不可或缺，但是这种职业不是一种正当的职业。在民间讼师又被称为讼棍，即唆使别人打官司自己从中取利的坏人。"为人诉讼者，在民间称为讼师或刀笔吏。人以为，操此职业者，视笔如操刀，能伤人肌肤，取人性命，更多地含有贬义，系恶名也。"② 文献中常用教唆词讼、包揽词讼、架词构讼、颠倒是非、串通衙蠹、欺压乡民、恐吓诈财来描述其品行。"自古及于今，无论是学者文人，抑或是政治家思想家，也无论他隶属于哪个阶级、哪个阶层，一旦论及讼师时，几乎众口一词地斥之为不法之徒或奸诈贪婪的小人。"③ 讼师熟习条文，并善于舞文弄墨，巧妙地运用条文，怂恿人打官司，以不正当手段从中牟利，往往无中生有，虚构或增减罪情，颠倒黑白，为当事人开脱罪状，或诬陷对方，包打赢官司，是一种不正当的职业，完全在暗中活动，既不在讼词上署名，也不能在法庭上出面为原告被告辩护……在传统的社会里，讼师素来受人轻贱，他们的形象，是贪婪、冷酷、狡黠、奸诈的，最善于搬弄是非、颠倒黑白、捏词辩饰、渔人之利。④ 费孝通先生曾在《乡土中国》一书中写道："在乡土社会里，一说起'讼师'，大家会联想到'挑拨是非'之类的恶行。作刀笔吏的在这种社会里是没有地位的。可是在都市里，律师之上还要加个大字，报纸的封面可能全幅是律师的题名录。"⑤ 在传统的乡土社会中，人们对讼师形象的评价似乎没有多少改观。"到了宋代，如果说私有制深化下的商品经济意识及功利主义思想曾经在很大程度上冲击过传统的人伦道德观念，并在一定程度上使人们对秩序期待及法律观念都有所改观的话，那么，这种冲击并没有从根本上动摇社会的道德防线，讼师在人们心目中仍然是道德败坏的小人。明清的讼师虽有让人刮目相看的专业知识及辩论技能，但他们始终生活在社会的阴暗面，得不到法律的认可和官方的确认，其资格和收入也无法通过正当途径获得批准，地位十分尴尬，始终在法律和道德两个方面受到官方的谴责。"⑥ 在普通百姓眼中，讼师弃孔孟之道而习申韩之术，实不可取。讼师的业务活动主要靠诉讼技巧和社会经验，甚至庸俗的社会关系，由于缺乏基本的行业运作机制和统一的行规，坑骗钱财的事情时有发生，这就进一步加剧了民间对他们的否定性评价。

① 转引自梁治平：《寻求自然秩序中的和谐》，225 页，北京，中国政法大学出版社，2002。
② 敖斌：《律师不是"讼师"》，载《中国律师》，2004（8）。
③ 马作武：《为讼师辩护——兼与梁治平先生商榷》，载《比较法研究》，1997（3）。
④ 参见梁治平：《法意与人情》，225 页，北京，中国法制出版社，2004。
⑤ 费孝通：《乡土中国》，54 页，北京，三联书店，1985。
⑥ 陈景良：《讼师与律师——中西司法传统的差异及其意义》，载《中国法学》，2001（3）。

讼师的生存环境，几乎与罪犯无异，始终处于政治和道德、官方与民间双重拒绝的尴尬境地，而始终不被剿灭，唯一的解释就在于它存在的客观必然性和必要性。对普通百姓而言，涉讼意味着冒险，而对深威莫测的八字衙门，加上缺乏最基本的法律常识，他们只能是不知所措、一筹莫展，更遑论了解司法的程序、掌握诉讼的技巧来保护自己的权益了。当一位普通百姓被迫或主动卷入诉讼时，他最需要的一定是法律帮助，这是古代的官府所不能提供的。这时，往往只有一个选择——求助于讼师。于是，讼师之业便有了生存和发展的可能。作为一种社会现象，讼师代表着一股企图对抗专制政治束缚的力量，代表着一种非国家本位的倾向，代表着对司法公正的朦胧追求。历史上由讼师和刑名师爷内外勾结、操纵诉讼，千方百计蒙蔽百姓、诈取钱财的情况的确不在少数，但作为饱读诗书的科举考试落第者，政治上无出路、法律上遭打击、道德上受鞭挞，其处境之艰难，以致不能通过其知识来谋取生活资源的时候，也许便是滋生此等情事的缘由。不能体悟个中滋味的当代人也许应对其报以同情的理解吧。

六、官府对讼师的禁治

中国古代是以"国家（王朝）主义"为核心的大共同体本位社会①，它坚持价值一统，以确保儒家的伦常纲纪逾千年而不坠，崇尚教化而厌弃诉讼，所谓"讼则终凶也"，以无讼为追求，故而"古者修教训之官，务以德善化民。民已大化之后，天下常无一人之狱矣"②。而讼师的活动因恰恰与官府的无讼追求相冲突，被认为是对和谐的人际关系和谦和忍让的民风的破坏，是在播弄乡愚、制造纷争，从而受到官府的憎厌。地方官们"厌恶此曹，如恶盗贼，常欲屏之远方，以御魑魅"③。论及讼师几乎到了切齿的地步：

> 唆讼者最讼师，害民者最地棍，二者不去，善政无以及人。④
> 垄断小人，嚣讼成风。始则以钱借公吏，不满，则又越经上司，为劫制立威之谋。何等讼师鬼言，乃敢如此。⑤

不仅如此，官府还在法律中规定专门的惩治条款予以禁绝。《唐律·斗讼》规定："诸为人作辞牒，加增其状，不如所告者，笞五十。若加增罪重，减诬告一等。""即受雇诬告人罪者，与自诬告同，赃重者，坐赃论，加二等；雇者，从教令法。若告得实，坐赃论，雇者不坐。"即一般情况下，为人作诉状时，如果擅自夸大和增加事实，与委托人所告情事不符，即以罪论。如果受人雇佣，得人钱财而拟状告人，则无论所告虚实与否都以犯罪论之。

宋朝法律直接规定代人诉讼为犯罪，景德二年（1005 年）诏规定：各类人物告讼与己无

---

① 参见秦晖：《从大共同体本位到公民社会——传统中国社会及其现代演进的再认识》，载秦晖：《问题与主义》，长春，长春出版社，1999。在该文中，秦晖先生还对流行的中国古代以村落、家庭（宗族）等小共同体的自治与和谐为不同于"异文化"的华夏文明特性的观点进行了系统的和有说服力的驳证，这种观点认为中国古代以家族为本位的小共同体是高度自治的，国家权力只延伸到县一级，县以下的传统乡村只靠习惯法和伦理来协调，国家很少干预，而秦晖先生认为事实并非如此。

② 《汉书·董仲舒传》。

③ 《名公书判清明集》卷十二。

④ （清）汪辉祖：《学治臆说》卷下。

⑤ 《名公书判清明集》卷十二。

关的事就要处以决杖，"枷项示众"十余日；经常为人告讼，情节严重的，要上报皇帝，决杖后配军籍。

明清律专设"教唆词讼"条，凡教唆词讼，或者为别人写作词状时有增减情罪情况的，就要作为诬告处理。接受委托人财产酬谢的，计赃以受财枉法罪从重论处，明清的条例对讼师的处罚更重，如诬告强盗、人命重罪及诬告十人以上，处近边充军，以钱雇人上京控诉，发云贵两广极边烟瘴之地充军；撰写"构讼之书"者，要比照"淫词小说例，杖一百流三千里"，此类书籍一经发觉就必须"尽行查禁销毁"。

虽然，明清律中有此规定，但如果为人写作诉状没有增减情罪而是真实反映事实的，其行为也是被允许的。但在"厌讼"风习影响下的司法官长们的心理中，对讼师已抱有成见，稍有过犯，对其惩罚常常有过重之嫌。据清朝的《刑案汇览》载，有一年愈七十的老讼师，尽管只是为人代作呈词，且均为寻常案件，全无勾结胥吏欺骗乡愚、诈取钱财的形迹，却被作为"积惯讼棍"而处以流刑，减一等判以满徒。甚至案件尚未审理，审官即先查明当事人背后的讼师，问其唆讼之罪。汪辉祖在任宁远县令时，对讼师的打击也是不遗余力：

> 向在宁远，邑素健讼，上官命余严办。余廉得数名，时时留意。两月后，有更名具辞者，当堂锁系，一面检其讼案，分别示审，一面系之堂柱，令观理事。隔一日审其所讼一事，则薄予杖惩，系柱如故，不过半月，愈不可支，所犯未审之案，亦求多息。①

对讼师的惩罚，不仅有肉体上的，还对其系柱挺立示众，进行人格上的羞辱。为了防患于未然、淳厚民风，地方官常常在上任伊始发布文告，先拿"教唆者"开刀以儆效尤。

> 为严拿讼棍，以息刁风事。照得某属地方民情好讼，偶因睚眦细故，口角微嫌，动辄构讼出庭，任情砌陷，经年累月缠讼不休。推原其故，皆由讼棍从中播弄，渔利把持，往往两造均愿处和，以图息事，而讼棍欲壑未盈，勒肯多端，以致原被欲罢不能，久受拖延之累。不但废时失业，抑且荡产倾家。本州县下车伊始，访悉前情，凡遇接受民词，莫不当堂提问，大率不近情理虚伪者，多系讼棍主唆，当即密饬察访，具知讼棍真名，除密令设法严拿以除民害外，各引晓谕，为此示抑合邑绅民知悉。嗣后如有鼠牙雀角互相争斗，尽可投明亲族邻里，为之理处，慎勿遽行涉讼匍匐出庭。②

由此可见，历朝历代官府对讼师的态度都是严厉打击的，至清朝已形成一套相对完备的法律措施：

首先是针对讼师活动进行惩治的规定：（1）惩治唆讼："凡有控告事件者，其呈词俱责令自作，不能自作者，准其口诉，令书吏及官代书据其口诉之词，从质书写。如有增减情节者，将代书之人照例治罪。其唆讼棍徒，该管地方官实力查拿，从重究办"；"审理词讼，究出主唆之人，除情重赃多实犯死罪，及偶为代作词状，情节不实者，俱各照本律查办外，若系积惯讼棍，串通胥吏，播弄乡愚，恐吓诈财，一经审实，即依棍徒生事扰害例，问发云贵、两广、极边、烟瘴充军"。（2）惩治诬告："代人捏写本状，教唆或扛帮赴京，及赴督抚

---

① （清）汪辉祖：《学治臆说》卷下。
② 《牧令须知》"听讼"。

并按察司官处，各奏告强盗、人命重罪不实，并全诬十人以上者，俱问发近边充军"①。

其次，为严惩讼师活动，还规定了地方官的相关责任："讼师教唆词讼，为害扰民，该地方官不能查拿禁缉者，如止系失于觉察，照例严处。若明知不报，经上司访拿，将该地方官照奸棍不行查拿例，交部议处"。"凡钦差驰审重案，如果审出虚诬，除赴京捏控之人照诬告例治罪外，其有无讼师唆使、扛帮情节，原审大臣即就案严行跟究，按例分别问拟。失察之地方官从重议处。如无此种情弊，亦即随案声明"。"凡审理诬控案件，不得率听本犯捏称，请过路不识姓名人书写呈词，务须严究代作词状、唆讼之人，指名查拿，依例治罪"②。如此一来，地方官不得不经常采取措施，严厉打击讼师活动。例如，同治十年（1871年）九月，福建巡抚通饬全省各县，要求采取断然措施打击讼棍，其《饬令》称："每览各属词讼月报，繁简不一，而刁告健讼者依然如故。皆由积惯讼棍主唆教诱，添改情节，架捏谎词，平地生波，含沙射影。乡愚受其拨弄，失业废时；良善被其株连，倾家荡产。诉伪百出，变幻多端。两造鹬蚌之持，若辈享渔人之利，或号制堂名目，或作死人牙行，一经其手，欲罢不能。此狱讼之所以繁兴，清理殊非易也。若不严饬拿办，何以息讼安民？为此牌仰该司，立即转饬各属，认真访察，严密查拿。凡有著名讼棍，不问举贡生监胥吏本人，务须悉获惩办，以清讼源。"③

最后，查禁民间流传的讼师秘本。如乾隆七年（1742年）颁布禁令："坊肆所刊讼师秘本，如《惊天雷》、《相角》、《法家新书》、《刑台秦镜》等一切构讼之书，尽行查禁销毁，不许售卖。有仍行撰造刻印者，照淫词小说例，杖一百，流三千里。将旧书复行印刻及贩卖者，杖一百，徒三年。买者，杖一百。藏匿旧板不行销毁，减印刻一等治罪。藏匿其书，照违制律治罪。其该管失察各官，分别次数，交部议处。"④

七、讼师秘本*

什么是讼师秘本？按照乾隆年间禁令的说法，就是"构讼之书"⑤。讼师秘本旨在追求诉讼结果的胜算，只要能够取得胜诉，不惜采取一切卑鄙的手段和方式。所以，尽管讼师秘本名色多样，但还是存在不少共性和相同的基本特质。

（一）讼师秘本的特征

1. 流传诡秘是讼师秘本存在的基本状态。官方对传播教授词讼文书的禁令，在宋代就已经明确公布："刑部言，立聚集生徒教授辞讼文书编配法及告获格。从之。"⑥ 上面提到的清代乾隆七年的禁令作为一条定例，规定更加清楚。各级官吏对讼师的打击不遗余力，因为讼师的存在和唆讼活动直接影响他们的仕途，"失察讼师者，罚俸一年，如徇畏讼师不报，经

＊ 本部分主要参考了龚汝富《明清讼学研究》一文及其他学术研究成果。——编者注

① 《大清律例·诉讼》。
② 《大清律例·诉讼》。
③ 台湾银行经济研究室编：《福建省例》卷二十八《通饬严拿讼棍》，1964。转引自徐家力、吴运浩编著：《中国律师制度史》，27页，北京，中国政法大学出版社，2000。
④ 《大清律例》卷三十"教唆词讼"。
⑤ （清）托津等奉敕纂：《钦定大清会典事例》（嘉庆朝）卷六百三十七"教唆词讼"，近代史资料丛刊本。
⑥ （宋）李焘：《续资治通鉴长编》卷三百七十四之二一哲宗元祐元年。

上司访拿者，降一级调用"①。讼师秘本在这样一种环境下要保存下来，只能是格外诡秘，否则难逃劫数。

2. 取名玄乎是讼师秘本取悦读者的外在特征。如明代婺源县讼师稿本《珥笔肯綮》，作者"觉非山人"在序言中对如此命名有一个很好的交代："肯綮者何谓？总会之处，即要诀是也。……熟此而能精之，则法家之要诀已在，于我遇事而裁应之也，有如烛照而龟卜之矣，故名曰肯綮。"② 说到底，就是帮助你胜诉的秘诀！明刻本《霹雳手笔》，乍一听就觉得其刀笔锋利如同晴天霹雳，若用以理讼则无不立解疑难。明代讼师秘本《法林照天烛》取义也颇多堂奥，一说古代"有石尖甚耸，夜每发光，名曰照天烛"③；一说楚人（湖北人）称呼那些其貌不扬而又明察秋毫的官吏为"照天烛"④。不管依据何种解释，《法林照天烛》就是对法理讼辩清楚明白的意思，用之驰骋公堂自然胸有成竹！讼师秘本《惊天雷》的名字更有平地起风波的寓意，如果以其为诉讼指南，自然有出奇制胜的妙计。而《刑台秦镜》也有深意，秦镜"照人五藏，秦皇世号为照骨宝"⑤。意指对诉讼辩驳态势了如指掌，胜算在握。

3. 语言夸张是讼师秘本遣词造句的行文特色。讼师秘本教唆词讼，要在短短的状词里面表达出诉讼双方的各种信息，实际上是很费周章的。如告状事由的题头，总是写得令人触目惊心，使官吏阅读之后，似乎不即刻准词的话可能爆发更大更恶劣的事件。例如康熙五十五年（1716 年）黟县胡瑞寿、胡可佳为田土纠纷起讼，双方均有讼师主笔，原本是乡里乡亲的，经过讼师的刀笔描画，双方都成了万恶滔天的家伙！胡瑞寿告胡可佳"为伪造谋占，惧诛挽耸，急号洞察按诛正典事"，并称其为"万富势豪"，"垂涎地内吉穴，屡谋不遂，辄行伪造圈占。伊系富豪，势压通族"。胡可佳则告胡瑞寿"灭伦杀兄，裂衣毁冠"⑥。在诉讼双方的称谓上，状主总是把自己写成"小的"、"窃身"、"蚁民"、"民妇"、"弱息"、"愚盲"，而把对方写成"地棍"、"土豪"、"劣绅"、"虎狯"、"恶逆"、"劣蠢"、"势豪"、"豪狯"，不一而足。这种向强弱两个极端散发的夸张用语，意在提示官方诉讼双方的地位是不平等的，需要格外开恩。而对官吏的称谓则夸张得近乎谄媚，一般通称接受呈状的衙门堂官为"天"，所以告状就叫"乞天作主"、"叩天亲提"等。⑦ 还有一些令审判官吏听来软耳的称谓，总是把审判官吏抬到神坛似的，称其为"县主爷爷"、"府主爷爷"、"县尊"、"府尊"、"父师"，态度谦卑到了极点。要是控诉对方罪状及揭露其势力，语调又完全是另外一种风格：一个"锊富万金，倚势千丁"劣绅，"明倚口笔两能，上蔑官断，下违私文"，其罪莫大，自然要问官爷爷"电判"⑧。讼师秘本里面对于遣词酌句有六部"珥语"或者"硃语"，就是刑律中吏、户、礼、兵、刑、工等六部分所辖案子的专门用语，如状告包揽钱粮，在"户科硃语"库中可以找到"包揽"、"漏差"、"隐丁"、"避役"、"漏税"、"瞒税"、"赃累"、"冒支"、"坑累"、"侵欺官粮"、"科派官钱"、"冒支官粮"、"侵剋官钱"、"越例加派"、"包揽钱粮"、"冒

① （清）徐文弼：《吏治悬镜》卷五《处分统纪三十八杂项》。
② （明）婺源觉非山人：《珥笔肯綮》。
③ （明）朱国祯：《涌幢小品》卷二十五，丛书集成初编本。
④ （清）赵翼：《陔馀丛考》卷三十八，石家庄，河北人民出版社，1990。
⑤ （唐）段成式：《酉阳杂俎》卷十《物异》。
⑥ 王钰钦、周绍泉主编：《徽州千年契约文书》卷一《康熙五十五年黟县胡瑞寿、胡可佳诉状并县批文》。
⑦ 参见（明）婺源觉非山人：《珥笔肯綮》。
⑧ 王钰钦、周绍泉主编：《徽州千年契约文书》卷四《天启四年祁门陈国英诉状》。

滥优免"、"隐瞒国税"等词句，多有夸饰腔调。① 告状过程中夸大或者捏缩事实和情节，更是讼师唆讼的伎俩，清代有人诙谐地谈到"讼师说讼"的夸张，如果要入人罪的话，"柳下惠坐怀，作强奸论；管夷吾受骈邑，可按侵夺田产律"；若要出人罪的话，"傲象杀兄，是遵父命；陈平盗嫂，可曰援溺"②，几乎是一派胡言乱语，颠倒黑白。

4. 内容雷同是讼师秘本的一大致命弱点。尽管秘本名字五花八门，但许多内容都是千篇一律，甚至有的本子只是换了一个名字和封面而已，内里的东西完全一样。有些内容几乎在所有讼师秘本中都可以找到，如前引状词体式、状词歌诀、律法总歌、法家管见、断罪问答，及十恶律条、八议条例、五刑定律、纳纸则例、金科一诚赋等等。这些内容的雷同，一方面反映了讼师秘本经过长期的实践考验，已经产生了大家公认的较为成熟的诉讼理论和讼辩技巧，并形成了民间认可的共同而实用的法律知识；另一方面也反映了讼师秘本的资源相当匮乏，缺乏创新，因而内容显得非常陈旧，甚至选择的案例也是如此。而在官方厉禁的形势下，从事创造、传承讼师秘本的人们与律学家们相比，其社会地位、知识水平以及所能利用的法律资源皆不可同日而语，因此缺乏可供创新的资源和动力。而综观今天留传下来的讼师秘本，尽管其中重复、抄袭问题严重，但是其中所记载的内容与普通百姓日常所能涉及的法律诉讼事务范围大致相互吻合，因而也基本能够满足一般百姓的法律需要了。

（二）讼师秘本的经验与素材

讼师秘本制作是一个实践经验、诉讼理论不断丰富和诉讼案卷等素材不断积累的过程，尽管各种讼师秘本之间内容雷同严重，但是讼师秘本从总体上体现了民间讼师的辩讼智慧，是经验与素材的结合和提炼。

1. 经验

一是善于总结诉讼理论使之成为歌诀式的秘诀。在官方话语中，讼师是一些无赖文人和衙门罢吏的综合体，从理论深度来说，他们远不如官场上那些从科举考试中间博彩成功的官僚们。但是官僚们的兴趣不在这些刑名之学，他们乐于谈论海阔天空的性理之学。这使得中国传统诉讼理论的发展，很大程度上得益于刑名师爷的"申韩之术"和民间讼师的"教讼唆告"。讼师秘本预设的读者群体文化层次并不很高，但其要求所学实用且容易牢靠掌握。这样一来，也限制了讼师秘本对律例文本作更加深入的理论研究。不过他们在另外一个方面展现了自己的长处，就是把律例法理中有关诉讼理论的精义浓缩为歌诀式的告状秘诀。如讼师秘本中的《律总话》把明律的基本框架用非常简洁的语言表达得淋漓尽致："六律枢要首名例，吏律职制公式异。户律有七首户役，田宅婚姻仓库事。课程钱债与市廛，礼科祭祀与仪制。兵律宫卫军政随，关津厩牧邮驿继。刑律名条首贼盗，人命斗殴并骂詈。诉讼受赃诈伪来，犯奸杂犯捕亡期。终之新律凡十一，工律宫造河房急。律共四百六十条，学律之人须熟记。"③ 而《律法总歌》对刑律定罪量刑的规则及其幅度，也了如指掌："谋挖平人冢，惊魂杖八十。发冢见棺椁，杖百流三千。假若见尸首，绞斩不可避。无头帖与状，问著绞罪拟。畜肉若灌水，与米插沙比。小论物异殊，一体杖八十。损人一牙齿，该问七担米。坏却一眼

---

① 参见《三尺定衡法家新春》同治刻本，金陵吴天民，华东政法学院古籍室藏本。

② （清）沈起凤：《谐铎》卷五《讼师说讼》，北京，人民文学出版社，1985。

③ （明）江湖逸人编著：《新镌音释四民要览萧曹明镜》卷一《兴词切要讲意》。

睛，杖百徒三拟。若还双眼损，杖百流三千。此系成笃疾，家私分半取。"① 这些规则显然超出了刑律的实际内容，还带有地方官吏在民间处理附带民事诉讼案件的一些习惯性做法。

二是善于提炼诉讼技巧并使之成为可操作的规则。如何使告状一告就准，如何在诉讼过程中处于道义优势，如何使得对方始终处于被动弱势，是讼师秘本所要关心的主要目标。所以它们对诉讼技巧的提炼，目的就在于使之成为操作便捷的制胜之术。如果不能够做到这些，在明清时期严密的反坐规则下，就极容易招来罪责。因而讼师秘本反复告诫人们，作状要明白基本规则和法律，"未作琴堂稿，先思御史台。小谙刀笔理，反受槛车灾"②。作状就像写八股文，也有一个写状规程，美其名曰"十段锦"，即包括硃书、缘由、期由、计由、成败、得失、证由、截语、结尾、事释等十个要素，缺一不可。其中截语还要求写成"闭门状"（没有反驳的余地），不能够写成"开门状"（留有被驳的空隙）③。这些规则的运用，使得人们看到现实生活中的讼师教唆词讼时显得炉火纯青，哓哓善辩。由于官方与民间在舆论上对讼师的异类评价和彻底否定，在诉讼过程中各方互相攻讦为讼师、讼棍，常常是在道义上取得支持的技巧。

三是讼师秘本综合了包括法学、心理学、生理学、逻辑学在内的各种实用知识，使之成为一个自成体系的技术之学。讼师秘本对法学知识的消化、吸收和重新构建，使之摆脱了律文沉闷的面孔而成为一些熟能生巧的辩术，如讼师秘本中的《法门定论》、《法门体要》、《兴讼入门要诀》、《法家体要》、《法家管见》、《古忌箴规》不仅对法律文本中的实体法内容有比较全面的归纳，其对程序法方面的阐发和提炼也特别值得称道。这些内容都构成我国古代法学发展的重要源泉，有些内容既是对律例条文的解释发挥，又是应对实践需要的实际判断，具有很强的技术性。

2. 素材

讼师秘本不是无源之水，而是来源于现实生活丰富多彩的诉讼案例，其中有亲身经历的讼案记载，也有道听途说捡拾而来的故事传说，它们共同构成讼师秘本制作的主要素材。

讼师亲身经历的案子，常常会自己留下案底，这些诉状草稿往往成为制作讼师秘本的稿本。实际上，在目前流传的讼师秘本之中，就有成形的讼师秘本和不成形的讼师秘本之差异。成形的讼师秘本有理论概括和提炼深度，有一个相对完备成形的刊刻本子，流传比较广泛。不成形的讼师秘本则是讼师还没有来得及制作完整的传播本子之前留下的草稿本，也叫诉状稿底。

当然，讼师秘本的素材更多的是通过道听途说或者其他方式捡拾得来，这从讼师秘本所选案例看就足以明白。从现存的讼师秘本来看，其案例所覆盖的范围非常广泛，说明来源非一，是经过长期积淀得来的。讼师自己所办案子之外的素材，另外还有以下两个渠道：

一是衙门案卷的流失，成为民间争相传阅的故事题材，它们同时可能成为人们制作公案小说和讼师秘本的源泉。官方诉讼案卷是展现一个案件整体面貌的关键材料，中国古代虽然不具有判例法的传统，但是有些判例的独到之处，常常为后人所称道。如东汉陈宠为鲍昱掾属（即后世的幕友），为辞曹主辞讼事。"其所平决，无不厌服众心。时司徒辞讼久者数十

---

① 《三尺定衡法家新春》卷首《律法总歌》，同治刻本，华东政法学院古籍室藏本。
② （明）江湖逸人编著：《新镌音释四民要览萧曹明镜》卷一《兴词切要讲意》。
③ （明）江湖逸人编著：《新镌音释四民要览萧曹明镜》卷一《十段锦》。

年，事类涸错，易为轻重，不良吏得生因缘。宠为昱撰《辞讼比》七卷，决事科二条，皆以事类相从。昱奏上之，其后公府奉以为法。"①《辞讼比》就是官方的诉讼案卷资料，保留下来"公府奉以为法"，即成为官吏判决的参考。但是这些案件内容对于那些猎奇猎艳的民间人士来说，便是难得的传播素材，甚至是模仿或规避的重要借鉴。宋代以后，文人作邑判讼也往往见诸文集之中，且不说《名公书判清明集》保留那么丰富的判牍材料，本身就是衙门中人的一种牧民夸饰。保存判案的得意之作，在当时看来是比较流行的风尚，如文天祥《文山全集》、刘克庄《刘后村大集》、黄干《勉斋集》都有官衙判案的资料保存其中，甚至有了官僚个人判案过程的完整记录，如范应铃把自己在衙门中的断讼语编辑为《对越集》。② 我们发现在官方判案纪录日益丰富的同时，讼师唆讼气氛也越来越猖獗，并且已经出现了《邓思贤》、《公理杂字》等讼师秘本，其中是否具有某种内在联系呢？如果我们再看看明代已经产生的公案小说，其中有大量的控辩双方的告诉状词，这些难道全部是虚构出来的吗？如果如此逼真的素材不可能完全虚构，必有所自，那么，官方衙门诉讼案件向民间流失并传播，可能就成为小说的创作源泉，如《包公奇案》、《新民公案》、《祥刑公案》等无一不是源于生活中的现实素材，它们可以成为文人创作的材料，自然也容易被文人讼师加工制作讼师秘本。乾隆年间，江西官方的告示也证明了这种判断：按察使从九江至省城，沿途各州县查看，"见有各县审断事件所发谳语俱刊刻随处刷贴，更有好事之徒，于谳语之后复自叙讼胜情节，任意夸张，实属讼棍恶习……湖口县许万玢禀陈办理地方情形内称，该县民风凡讦讼之辈，每逢审结案件必将官发谳语刷贴城乡，在理曲者即经审输，已遭谴责，复被张扬，以此嫌隙日增，多方讦讼以泄其忿。业俱禁止刊刻，现在讼案日少。"③ 这些案卷从衙门流向民间，有的是讼师以此炫耀胜诉技巧。由于民间刁徒在纠缠讼争中往往以原来的判决来耸动上诉，进一步激化矛盾，在福建省曾经一度禁止在呈词中抄卷，就因为抄卷"大启诈赃之门，广开健讼之路"④，即告状不能拿以前的判决相要挟，一事一告，不必牵扯。

二是诉讼双方对案卷的抄辑，是讼师秘本中所列举的控辩各词及官方判词的直接来源。诉讼纠纷经过衙门判决之后，从官方立场来看，是允许当事人抄录案卷的，对于胜诉者来说是确立权利的有力证明，对于败诉者来说，可以吸取教训继续上诉。"嗣后凡有自理词讼案，所发谳语，其中有田土山场等事，如原被愿抄录执据者。许令呈明地方官抄给印发，毋许经承藉端需索。倘有审断屈抑未经输服者，亦许抄谳赴上司衙门控查。概不许刊刻刷贴，以杜挟嫌滋讼之弊。"⑤ 在明清所修谱牒中，只要存在产权纠纷的家族甚至家庭，都有相关的记载，而且视争议纠纷程度不同，开列证据的力度也不一样，纠纷越厉害，产权证明力度越大，材料也越丰富全面。而这些丰富生动的诉讼个案，落到讼师手里，就是制作秘本案例的绝妙素材，讼师秘本中的告、诉、判词就是孕生于这些审判实践的，因而更加具有说服力。

---

① （宋）李昉等编：《太平御览》卷六百三十九。
② 参见《宋史》卷四一〇《范应铃传》。
③ 《西江政要》卷六《民间词讼禁刊谳语》。
④ 《福建省例》卷三十二《民间词讼呈内不准抄卷》。
⑤ 《西江政要》卷六《民间词讼禁刊谳语》。

（三）讼师秘本对古代社会的贡献

1. 道德教育

讼师秘本中所蕴涵的古代道德伦理的教育内容，具有清晰的层次性和逻辑性。它按照三纲五常的儒家基本原则，将所宣传内容分为孝顺父母、尊敬长上、和睦乡里、教训子孙、各安生理、毋做非为六部分。既告诉人们应该怎么做，也告诉人们为什么要这样做。另外，讼师秘本就其形式来说，把道德伦常具体化了，也是对其传统社会教育的另一个显著贡献。

2. 宣传法律常识

首先，讼师秘本把乏味抽象的法典内容转化为浅显易懂、贴近百姓生活的语言，这对于当时教育并不普及状况下的老百姓而言，无疑拉近了法律与他们日常生活的距离，强化了法的教育功能。

其次，为了便于理解、记忆，把常遇到的法条用诗歌等形式编写，脍炙人口，便于法律知识的教授与传播，对于培训讼师法律常识和训导大众知晓法律都起到重要作用。

第五节
官学、吏学与法律教育

吏学又称幕学、宦学、官学、政学，是关于官吏居官施政司法的学问，也是为官经验的总结。它是伴随着职官的专业化而产生的，至封建时代特别是其后期发展到高峰。吏学作为一种专业知识，构成了封建官僚机器正常运行不可或缺的条件。

中国古代吏学大体上可以分成两个阶段：一是西周春秋时期贵族政体的吏学；二是战国后和整个封建社会集权政体的吏学。前者如《尚书·吕刑》所谓"五过之疵"，《国语·晋语》所谓"直与博"——"直能端辩之，博能上下比之"。后者如《睡虎地秦墓竹简·为吏之道》所谓"吏有五善"、"吏有五失"之类。在整个封建社会特别是其后期，官箴成为一种独立的文体，并在庞大的官僚机器的运行中发挥了实际的作用。

一、"讲读律令"与官吏的法律教育

虽然"讲读律令"作为正式律令直到明朝才出现，但是早期的法律传习活动和春秋战国时期法家的兴起为后世提供了内容极为丰富的法律思想材料。封建时期经律兼习式的法律教育为后代的法律教育提供了基本模式。

法律是人类社会文明发展的产物。法律一经产生，就需要把它保留并传递下去。传习法律的活动当然离不开这种活动的内容和主体——人的存在。从最一般的意义上来说，法律教育的出现与法律自身以及从事法律事务的人的出现有着密切的关系。

（一）秘密法时代的法律传授

中国古代的法律起源很早。据古籍记载，上古尧舜时代就出现了一位叫皋陶的法律人物。《尚书·舜典》载，帝舜以蛮夷猾夏、寇贼奸宄而命皋陶为"士"，即主察狱讼之事的司法官。皋陶不仅"造律"，而且"治狱"，即将立法和司法集于一身，可以说是中国法律史上第一位职业法律家。

从公元前21世纪左右开始，先后兴起了夏、商和西周三代奴隶制国家。据史料记载，它们各自都有自己的法律，如夏有"禹刑"，商有"汤刑"。但因史料缺乏，当时法律实际活动的情形还很难看清。《晋书·刑法志》上只是说，"夏后氏之王天下也，则五刑之属三千。殷因于夏，有所损益。"至于殷如何因于夏，又如何损益，都无法详知。董康在文章《我国法律教育之历史谈》论及商以前的情形时说："夏殷两朝，不闻因革。秦廷烧书，法律不罹其劫，然条目如何，后世不传，此殆因传习无人，随时代以为兴替。"他进一步断言："在此时期，法律甫经萌蘖，不足以言教育也。"不过，我们仍可以设想，当时一定存在有某种形式的法律传习活动，否则，夏殷两朝的法律也就无以相因了。

西周建立了远较夏、商完备的社会和法律制度。法律方面，"周承于殷后，刑书相因，故兼用其有理者，谓当时刑书或无正条，而殷有故事可兼用，若今律无条，求故事之比也"①。就是说，西周时有部分的成文法典，但也沿用前代的习惯法。在法律适用上，刑书"藏之盟府"，由专人负责保管。只是遇有争罪或大乱发生谬误时，才取验于书。由于统治者"议事以制，不为刑辟"，当时的法律基本上处于一种秘密状态，即梅因所说的"习惯法以及它为一个特权阶级所秘藏的时代"②。秘密法时代在东西法律史上都曾经历过，它与古代法律的发生有密切的关系，是很值得注意的事情。孔子说："民可使由之，不可使知之。"③ 晋叔向指出，"昔先王议事以制，不为刑辟"的原因是"惧民之有争心也……民知有辟，则不忌于上，并有争心，以征于书，而徼幸以成之，弗可为矣。"④ 如果"刑不可知，威不可测，则民畏上"，"民于是乎可任使也，而不生祸乱"。可见，统治者所以秘藏法律，实因唯恐法律公开以后权力下移，民生争心而诉讼滋蔓。他们为了维护自身的利益和专制统治，必须垄断法律和诉讼知识。

既然统治者秘藏刑书，未尝宣示下民，法律的内容便无法为人民完全知晓，更遑论法律教育的普遍实行。但是对于"严守刑书"、不预设法，不能简单地理解。当时的奴隶主贵族常以恐吓的方式向人民训示法令，他们根据对自己是否有利的实际需要而公开其法令的一部分，以发挥刑罚的作用，树立统治者的权威，并使人民知所趋避。据《周礼·大司寇》："正月之吉，始和，布刑于邦国，都鄙乃县刑象之法于象魏，使万民观刑象，挟日而敛之。"又有州长以下诸官，嘱民读法。《周官》又记秋官小司寇之职："正岁，帅其属，而观刑象，令以木铎曰，不用法者，国有常刑，令群士，乃宣布于四方，宪刑禁。"穗积陈重据此论道，"古来对于人民如有命令或禁令，皆公布其命令之一部分，至于制裁犯罪之部分，则不加规定，或严守秘密。即制裁法在古代有作为随意法者，有规定而不公示，而仅训示于裁判官等是也。故当是法律，常系半公开半秘密。"仅警告人民不得犯法，而不明示如何制裁的方法，是由秘密法进至公示法的过渡现象。沈家本对此也曾有总结，当时"未尝有律学之名，而人

---

① （唐）孔颖达：《尚书正义》卷十四。
② ［英］梅因：《古代法》，沈景一译，7～11页，北京，商务印书馆，1984。
③ 《论语·泰伯》。
④ 《左传·昭公六年》。

人知法"①。

还应当注意的是，西周之时不唯有刑，刑之外还有一套较为完备而复杂的"礼"的规范体系，即维护宗法等级制的典章仪式和道德规范。当时的礼，不仅与刑并存，而且与刑相辅为用，是法律的一种。又由于礼治的推行与文化教育活动密切相关，所谓"以礼为教"，因而礼教也是考察中国古代法律教育不可缺少的一个方面。

据古籍记载和最新考古发现，西周时已有学校建制。在天子设立的辟雍中，教授礼、乐、射、御、书、数六种知识，即"六艺"。其入学者仅限于王太子、王子、诸侯、大夫的嫡长子及属于统治者中平民阶层的"俊秀"。"六艺"代表了西周发达的奴隶制社会的全部文明。其中，礼、乐占有重要的位置。"乐所以内修也，礼所以外修也"②。通过修己，以成"治人之道"，培养维护以"亲亲"、"尊尊"为原则的宗法等级制度的政治统治人才。西周礼教的宗旨大体不出乎此。

总之，西周社会有礼有刑。奴隶主贵族明白礼教对于维护自身等级特权的意义和垄断法律知识的重要性，将法律和文化典籍深藏于王官，"由士以上则必以礼乐节之，众庶百姓则必以法数制之"③。这时，"意识的产生只有在氏族贵族的范围内发展，不会走到民间"，因此，学者们将西周文化教育的这种特征归纳为"学在官府"或"学在王官"。它表明中国古代的法律教育已开始在奴隶主贵族内部萌芽，并为后世法律教育的兴起奠定了初步的基础。

（二）法律的公布与诸家私学的兴起

春秋战国时期，随着社会关系的剧烈变动和思想文化繁荣局面的出现，中国古代的法律教育开始兴起。从历史背景上看，当时的各诸侯国相互争雄称霸，王室衰微，政权下移，"天子失官，学在四夷"④。原来保存于王室的文化典籍、礼器和乐器，随着周天子的史官和百工的流布四方而散失到民间。这些掌握着大量文献资料的博学者由于失去了往日世袭的特权，为谋生计而以知识求售，于是出现了士的雏形。士阶层一出现于社会，便要对当时"礼崩乐坏"的社会情势进行观察和思索，兴论立说，有系统的学术研究因此出现。由于受不同阶级利益的驱使和对学术资料取向的不同，又形成了儒、墨、道、法、阴阳、兵、名、农、纵横、小说等学派，开创了"百家争鸣"的学术繁荣景象。各家以本学派的政治和学术主张收徒教学，而在社会剧变中没落的贵族子弟、新兴地主分子和自由民又需要学习文化知识，这促成了私人授受关系的建立，于是产生了私学。

在先秦诸子学术中，法家是最重"刑名法术之学"的一个学派，其代表人物如管仲、李悝、吴起、商鞅、慎到、申不害、韩非、李斯等，他们精阐法理，著书立说，为后世提供了内容极为丰富的法律思想材料。法家的出现，被认为是中国古代法学最盛的一个表现。许多学者都持有这种看法。与儒家相比，法家多为当时政治上的得势者。作为他们推行法治主义的重要一环，法家建立了一种所谓"以法为教"、"以吏为师"的法律教育模式。⑤ 由于吏民

---

① 沈家本：《历代刑法考》（四），《寄簃文存》卷一，"设律博士议"，2059 页，北京，中华书局，1985。

② 《礼记·文王世子》。

③ 《荀子·富国》。

④ 《左传·昭公十七年》。

⑤ 参见王健：《中国近代的法律教育》，18 页，北京，中国政法大学出版社，2001。

欲知法令皆问法官，因而主法的官吏在推行法律教育的过程中负有重要的责任，官吏为导民知法之师。法家欲将天下变为一所以官吏为唯一导向的法治教育的大学校，但其实质是要使法律教育成为建立和巩固新兴封建君主专制统治的有利工具。

（三）封建社会时期各朝代的法律教育

秦朝一统天下之后，继承了秦国废公立私、"燔《诗》、《书》而明法令"① 和"以法为教"、"以吏为师"的传统。丞相李斯认为文化上的多元化与道古害今的局面有直接的关系，会造成不利于君主至高无上的权威和帝国长久统治的后果，于是提出禁绝私学的主张。禁绝私学的范围全面而彻底，手段相当残酷。法律知识亦为官府完全垄断，不得私下传授。表面上，这样做似乎极为重视法律和法律教育，但实际上，法学思想失去了往日在自由交锋中得以丰富和发展的学术环境，不仅作茧自缚，窒息了自己，而且导致了整个法学的衰落。

汉初除秦繁苛，但承用秦制。学习律令仍然以吏为师，必诣京师丞相府。例如，汉景帝时蜀守文翁为化蜀地蛮夷之风，行仁爱教化，"乃选郡县小吏开敏有材者张叔等十余人，亲自饬厉，遣诣京师，受业博士，或学律令"。这些生徒学成归来后，文翁还委之以官职，"官有至郡守刺史者"②。宣帝时，严延年"少学法律丞相府，归为郡吏"③，也是在丞相府里学习法律。应当提到的是，文翁不仅选送本地有才干的官吏去京师受业学律，"又修起学官于成都市中，招县下子弟以为学官弟子，为除更徭，高者以补郡县吏，次为孝弟力田"④。

当时的经学大师及诸儒也对法律产生浓厚的兴趣，并加以研习，这主要是由于他们认识到法律在政治上的重要作用。因为自秦汉以后，国家制定的法律已经成为不容争议的客观事实；加之汉武帝确立"罢黜百家，独尊儒术"的政策，儒生通经入仕之后需要懂得和运用法律，负有司法上的职责。而他们也因此利用各种机会——主要是章句的注释和经义决狱——来改变法律条文的意义和内容，努力使儒家经义成为立法和司法的指导原则。⑤

在儒生关注法律的同时，司法官吏在当时尊崇儒术的风气之下，为迎合帝王的爱好，也重视经学，运用经义于司法。这样就在经学之外产生了一门分支学问，即"律学"。它主要是从文字上、逻辑上，特别是从儒家经义对以律为主的成文法的某些法理加以阐述。有的法学著作中称东汉法学又趋昌盛，指的就是这种律学。⑥ 在这样一种政治和文化的社会背景下，实际上，这时的法律教育的内容已经发生了根本性的变化：读书人为了做官不可能只习经不习律；司法官吏为了提升自己的身份也不可能只习律不习经。在儒法合流的历史趋势下，在以"德主刑辅"为核心的封建正统法律思想的形成和发展中，法律教育以经律兼习的方式进行势所必然。而这种经律兼习式的法律教育，不仅为后代的法律教育提供了基本模式，还为中国法律进一步向着儒家化的方向发展奠定了基础。

魏晋南北朝，作为国家控制私家律学并表明提高法律教育地位的载体的"律博士"官也出现了。魏明帝时，大臣卫觊上呈奏折强调刑法在国家中的重要地位和官吏明习法律业务的

---

① 《史记·秦始皇本纪》。
② 《汉书·循吏传》。
③ 《汉书·酷吏传》。
④ 《汉书·循吏传》。
⑤ 参见王健：《中国近代的法律教育》，25～26 页，北京，中国政法大学出版社，2001。
⑥ 参见王健：《中国近代的法律教育》，25～26 页，北京，中国政法大学出版社，2001。

重大意义，批评了当时法律观念淡漠和不重视选用狱吏的倾向或做法，并把它与王政之弊联系起来。他的建议得到魏明帝的批准。这就是历史上设置律博士的开始。此后，晋有律博士员，为廷尉官属。东晋、宋、齐并同。梁天监四年（505 年），廷尉官属置胄子律博士，位视员外郎第三班。陈时律博士秩六百石，品第八。北魏初律博士第六品，太和二十三年（499年）为第九品上。北齐大理寺官属有律博士四人，正九品上。① 由此可见，律博士官的品秩、人数多寡虽然各代不尽相同，但它一直沿延不断。

立律博士于官署，对于提高律家的地位和鼓励研习律令的兴趣显然有利，也表明当时的统治者对法律教育还是相当重视的。此外，律博士以教授律令为专业，同时又列诸廷尉或隶属大理寺而有参与断狱的实际任务，这样就把法律教育与司法业务两方面结合为一体，使学与用相结合。

隋朝，史载文帝"性猜忌，素不悦学"，晚年用法益峻，喜怒不恒，"不复依准科律"，"以残暴为干能，以守法为懦弱"。炀帝时"外征四夷，内穷嗜欲"，"溢肆淫刑"，以致"百姓怨嗟，天下大溃"②。法制建设如此的反复无常、举废不定，法律教育的状况也就可想而知了。还应提到的是，隋朝一改自魏晋以来一直沿用的"九品中正制"，首开设立科目，以考试取士的制度。③ 这便使读书与做官、教育与政治这两者的直接连结成为国家的正式制度。科举制的形成和发展从不同方面对后世的法律教育产生了重大而深远的影响。

唐宋时期虽然未在国家律令上明文规定"讲读律令"一条，但是法律知识水平的考察仍然被作为考核官吏的重要标准，这段时期的法律教育达到了封建社会时期的鼎盛时期。

唐代完备了隋代的科举考试制度，律学被纳入科举系统，"明法"一科成为与秀才、进士、明经、明学、明算相并列的常科之一。依照规定，"明法"科考试内容是律七条、令三条。全通为甲第，通八为乙第。凡进士，明法甲第，从九品以上；乙第，从九品下。太宗即位，曾一度增置"律学进士"一科，考试时"加读经史一部"④。德宗贞元二年（786 年），诏"明经"科习律以代《尔雅》。律生通过礼部主持的省试之后即可参加铨试，由吏部按身、言、书、判四项以定高下。由此可见，读律与考试、做官三者通为一体。科举考试实为国家控制各个领域中智力资源分配的一个调节枢纽，因为何者前程远大，何者即成为天下士子的奋斗方向。

《唐律疏议·名例》云："德礼为政教之本，刑罚为政教之用，犹昏晓阳秋相须而成者也。"以明经为主，律学为次，这正恰是"德主刑辅"的封建正统法律思想在唐代法律教育中的反映。

宋代的统治者对司法的专业训练极为重视。太宗皇帝诏曰："夫刑法者，理国之准绳，御世之衔勒。重轻无失，则四时之风雨弗迷；出入有差，则兆人之手足何措？念食禄居官之士，皆亲民决狱之人。苟金科有昧于详明，则丹笔若为于裁处。用表哀矜之意，宜行激劝之文。应朝臣、京官及幕职、州县官等，今后并须习读法。庶资从政之方，以副恤刑之意。其

① 参见沈家本：《历代刑法考》（四），"历代刑官考"，1978 页，北京，中华书局，1985。
② 《隋书·刑法志》。
③ 参见王健：《中国近代的法律教育》，31 页，北京，中国政法大学出版社，2001。
④ 《唐书·选举志》。

知州、通判及幕职、州县官等，秩满至京，当今于法书内试问。如全不知者，量加殿罚。"①
由于把法律提到了"理国之准绳"如此之高的地位，把习读法律视为"从政之方"，因而上
自朝京，下至州县，都要学习法律。知州、通判及幕职、州县若对法律全然不知，还要受到
一定的处分。端拱二年（989年），宋太宗又颁诏旨，对京朝官有自信明晓法律的，准其申请
参加考试的请求，如或试中，即派刑部、大理寺服务，三年之后，有缺补缺，无缺转官。②
这明显优越于中试之后只取资格而不一定派官的其他考试，其吸引士人学习法律的功效不言
而喻。

宋神宗更是大刀阔斧，努力完备选拔司法官的考试制度。他先后颁布了《熙宁刑法六场
格式》（1070年）和《考试刑法官等断案粗分三等条约》（1085年）两个法令，扩大通过司
法考试选拔官吏的范围，使之成为一套更加严密而精致的制度。尤其值得注意的是，熙宁八
年（1075年）七月他还准中书门下奏，将两年前的进士科除前三名外其余及第者并试律令大
义、断案的规定，改为进士及第自第一名以下并试律令大义，据等第注官，以此来弥补由于
制度上的不完善而造成的实际当中"人以不试法为荣，以试法为辱，滋失劝诱士人学法之
意"的弊端。③此后又于元丰四年（1081年）作出明确规定："进士试本经，论语、孟子大
义、论策之外，加律义一道，省试二道。"④ 就是说，凡要考取进士科的，不但在礼部"省
试"时要考律义两道，就是在本州府参加乡试时，也要考律义一道。这样，天下的读书人都
要读律。在宋代提倡法律教育的诸项措施中，这是最为彻底的一项。史载神宗时代"天下争
诵法令"⑤，诚非虚言。

南宋的高宗曾说过："刑名之学，其废久矣。不有以崇奖之，使人竞习，则其学将绝"⑥。
如此重视"刑名之学"，并认识到若不崇奖，其将绝学的皇帝，在历史上确属罕见。

宋代的统治者不仅重视法律和法律教育，在司法官训练制度建设方面的努力也尤其显
著。法律考试有"书判拔萃"、"试判"、"试身言判书"、"明法"、"新明法"、"试刑法"、"铨
试"、"呈试"，种类繁多，而且终宋之世，从未间断。这是宋代法律教育发达的一个主要体
现。应当注意的是，在汉唐以降"德主刑辅"的价值观念日益浸润人心的社会背景下，宋代
如此提倡法律的专门训练也并非一帆风顺，其在实际当中所遇到的种种阻力也可想而知。其
间的变化反复也正反映了"明经"与"明法"这两种倾向之间的斗争。陈师锡、司马光等元
祐党人一度崇儒弃法，认为："道德本也，刑名末也。教之大本，人犹趋末，况教之以末
乎"，因此，"不应以刑名之学乱之"⑦。然而，正是在这两种倾向的相互作用下，孕育出了宋
代独具特色的司法官队伍。作为维系和传承礼法文化的载体，他们将文章、经术和吏事合于
一身，既美人伦、厚风俗，又通晓律义、善决狱讼，满足了统治者所追求的"经生明法，法
吏通经"的人才要求，正所谓"文学法理，咸精其能"。这又与发达的民事法律、切近事理

---

① 《宋会要》选举，十三。
② 参见《宋会要》选举，十三。
③ 参见《宋会要》选举，十三；选举，二。
④ 《宋会要》选举，三。
⑤ 《宋史·选举志》。
⑥ （宋）李心传：《建炎以来系年要录》卷八十六。
⑦ 《宋史》卷三百四十六。

的书判、以执法刚正而千古传唱、家喻户晓的法律人物、开法医学世界先河之作的《洗冤录》等等交相辉映，共同构筑了宋代发达的法律文化。

元代废弃律博士官，不存在官方主办的法律教育。明代承于元，不设律学专科，但在普通法律教育中包含有法律课目。因此，明代的法律教育虽不如唐宋之发达，却仍有值得记述的内容。

《明律·吏律·公式》中关于"讲读律令"的规定，是中国古代正律中首次出现关于法律公布宣传事宜的条款。"凡国家律令，参酌事情轻重，定立罪名，颁行天下，永为遵守。百司官吏务要熟读，讲明律意，剖决事务。每遇年终，在内从察院，在外从分巡御史、提刑按察司官，按治去处考校。若有不能讲解，不晓律意者，初犯罚俸钱一月，再犯笞四十附过，三犯于本衙门递降叙用。其百工技艺诸色人等，有能熟读讲解，通晓律意者，若犯过失及因人连累致罪，不问轻重，并免一次。其事干谋反、叛逆者，不用此律。"①

明代普遍设立地方官学。明代官立学校系统之中，虽不像唐宋那样设有法律专科，但中央官学和地方官学中均将律令作为一种普通科目进行教授。另外，从《大明律》中规定有"讲读律令"一目，也可见当时对于法司通晓律令的要求并未放弃。明代"科举必由学校"②，学校既然读习律令，则科举亦有相应的内容。三年一度的科举考试，初场考四书义三道，经义四道；第二场试论一道，判五道，诏诰表内科一道；第三场考经史、时务五道。③

明代的统治者，特别是太祖朱元璋，比较注重对官民的法制宣传教育。注重对整个社会进行普遍的法制教育，是为明代法律教育的一个特色。④ 明代中叶以后，由于条例益繁，加之政治腐败，宦官擅权，官方的注律活动陷于废弛，因此，符合统治者立法意图和利益需要的私家注律活跃起来。释律著作层出不穷，举其著者，约有雷梦麟的《读律琐言》、王肯堂的《律例笺释》、张楷的《律条疏议》、彭应弼的《刑书据会》、唐枢的《法缀》等二三十种。这在一定程度上反映了明代律学的复苏。⑤

清代以制义取士，学校教育和科举考试都不重视法学。然而，疆域辽阔、人口众多、社会关系日趋复杂的清代社会需要法律予以调整，并相应的需要拥有法律知识的官吏以事其职。《大清律例》中也保留"讲读律令"一门，规定"凡国家律令……百司官吏务要熟读，讲明律意，剖决事务"，成为官吏的考核成绩之一。

清代的学制大体上沿明之旧。各级学校中均未设有律学专科。律令只是这些实用知识体系中的一个分支，士子为求入仕而多趋"时宜"，以应乡试。

清代一般教育除了私塾、自修之外，比较正规的有私塾、官学和书院三种制度，似乎三者都不重视法学。清代正规学校教育既不重视法律，当时各类法律工作者的法律知识是从哪里获得的呢？根据张伟仁先生在《清代法学教育》里的描述：一般的法制工作者只靠自修和历练，只有幕友是师从授业的。自修和历练都是个人经验。

清代科举制度对于法学教育也有不良影响。在这背后当然还有更基本的原因抑制了法学

① 《大明律》，怀效锋点校，36页，北京，法律出版社，1999。
② 《明史·选举志》。
③ 参见《明史·选举志》。
④ 参见王健：《中国近代的法律教育》，43页，北京，中国政法大学出版社，2001。
⑤ 参见怀效锋：《中国传统律学述要》，载《华东政法学院学报》，1999年创刊号。

的发展——主要是儒家与清廷都不重视法学。儒家认为维持社会的安宁秩序，促使社会自贫乏而进于小康而臻于大同，需要许多层次的规范协调运作。法律乃是最下一层的人为规范，主要的功能只是惩治已经发生的反社会行为。

至于清廷不重视法学，则是两种明显的因素造成的：一是汉人政要的处境，二是满族执政者的心态。汉官之外，大多数皆以文事得售于清室。这些人原是中国传统教育的产物，他们唯一的本领就是熟悉儒家经典，所以在理论上，他们必然是排斥法学的；而且他们既因儒术而登用，当然也以此报效，所以在实务上，他们也不可能倡导法学或任何其他学问。① 法家学说虽然也主张尊君抑臣，但是其中有一部分内容强调法律适用的普及性，如果严格地推展出来，对于旗人所享种种特权有所妨碍，所以清代深悉个中道理的统治者，都不会认真倡导法治与法学。

清代正规教育不重视法学，但是当时的社会却不能没有制定法律、施行法律以及法律服务的工作。从事这些工作的人从何获取法律知识呢？在一个专制集权的国家，上级的决定乃是下级举措的指标，中央法司的判决，尤其是若干曾奉上谕裁定的，在修订律例之时，往往被纂为新例。清代刑部也偶尔会将其判决，尤其是一些在秋审之时难定实缓的疑难案件的判决，刊印出来，作为下级司法官司的准绳。光绪年间的《秋审比较汇案》、《秋谳辑要》和《选录刑部驳案》便是其例。审断之时虽然在理论上无须考虑成例，但倘若未能找到一个适当的判例，却能熟悉中央官司判案的意向和思路，也比较不容易受到驳斥和处分。除了记载中央司法官司判例的书籍以外，还有一些书籍记载地方官府的判例，其中有的专录判例；有的是官员的自传，里面记录了若干判例。清代的判例之外，还有许多搜集历代名臣判案定谳之书，也值得参考。这些判例之书，既然是司法者参考的资料，当然也是学习法律之人应该研读的教材。

二、公务处理的秘诀

为官尽职，需要有方法和技术，这是古代官箴论述的重要内容。有的官箴是按照官员上任、在任、卸任的顺序论述处事方法和技术的；有的官箴是从碰到的主要问题论述统治方法和技术的；有的官箴则是从常碰到的临民、事上、察采、驭吏、听讼、治狱、催科、理财、差役、贩恤、行刑、期限、远嫌等方面论述方法和技术的。

1. 为官上任的技术和方法。元代张养浩的《三事忠告》对官员如何上任十分重视，认为这是形成好印象的重要一环。其总结的主要有以下几点：（1）上任前要"拜命"，即感谢对自己的任命和将要承担的使命。要考虑如何报效国家，如何善待百姓。从接受任命的第一天起，就要坚定戒贪、爱民、以法律为师的决心和信念。（2）上任时，要做好三件事：第一，要调查研究，"事不预知，难以应卒"。如何调查呢？"比入其境，民瘼轻重，吏弊深浅，前官良否，强宗有无，控诉人之多与寡，皆须尽心询访也。……先得其情，下车之日，参考以断。"第二，不可轻率表态，使民失望。第三，上任后，在拜见前任和部下时要告诉部下，"涤虑洗心，以宣大化"，"不可蒙发邪念"，不然，"国有常宪，非所敢私"。（3）上任之后，取得信任最重要。所以务必要处理好第一件事。明代汤子在官箴《遗书》中称："老成之人，

---

① 参见张伟仁：《清代的法学教育》，载贺卫方编：《中国法律教育之路》，北京，中国政法大学出版社，1997。

一入仕途，建立一二事，促足千古"。为此，要做三方面的工作：第一，要以身作则，带头搞好公务。第二，审旧制。对过去的规章制度，上任伊始，不可自出意见，以防止不合实际。如行之宜，不必改；对不便使用的，"要熟察而徐更之"。第三，明纲常。即重申和制定必要的规章制度。①

2. 处理上下左右关系的技术和方法。古代官员上任后的第一件事，不是考虑如何立即着手工作，而是考虑如何处理好上下左右的关系。多数官箴有事上、驭吏的内容。那么，如何事上呢？有的官箴认为，官员要受上级的制约和考察，所以要忠诚、尊敬。上官若有过错，应当委婉加以劝告。同时，自己要谨慎。一要在经济上谨慎，不要有贪污、受贿行为；二要在提点刑狱时谨慎。"恭而不近于谀，和而不至于流，事上处众之道。"②

在如何对下方面，有的官箴提出：一要以严、以正率下。"所谓自严者，非厉声色也。绝其馈遗而已矣。"③ 即要自我约束，不接受下级的财物。因为其身正，不令而行，其身不正，虽令不从。二要既以恕存心，容下，宽下，又要严格要求下属。他们认为，对下应谦和，但又要严要求。吏佐官治事，不可缺。因不可缺，官与吏平时最亲密，"久而必至为奸"④，所以治吏很难。若想要吏畏，除自严外，要用规章制度约束。何西畴认为，"张严之声，行宽之实，政有纲，令有信，使人望风肃畏"⑤。黄六鸿的《福惠全书》对如何驾驭属下作了详细的介绍：以州县官为主的州县政府，由佐贰、教职、属官、胥役等组成，没有这些人，州县官是无法顺利施政的；但过度地依靠这些人，州县官容易被架空，弄不好还会被他们欺蒙，使自己丢官卸职，乃至承担法律责任。黄六鸿对这些人有不同的看法，也主张采取不同的手段对他们加以控制，使他们能按照自己的意愿去履行职责。

佐贰、教职、属官是为州县官的僚属，"秩卑禄微，诸惟仰赖堂尊"，但这些人若生"怨隙"⑥，会对自己产生不利的影响。黄六鸿对这些僚属多采取谦和的态度，因此所注考语多以"佐贰不外清廉爱民，勤慎尽职；儒学不外课士端教等事"为词，不轻易指出他们的不足。对于佐贰，法律规定他们不准滥受民词。黄六鸿则认为："然每有民间口角争哄小事，不便渎控于印官，而但具禀于佐贰；亦有愤懑无泄欲令稍倾悭囊，而为衙官作壶榼之需。为衙官者，因廉俸之有限，不无冀锱铢以资薪水。"⑦ 只要是不滥加刑罚，让他们在办理词讼过程中赚些钱财，也不失照看僚友，但前提是不能明目张胆违反法律。

胥役几乎在所有的州县官眼里都是恶的化身，是弄奸作弊的一群无耻的人，但每个州县官都离不开他们，也必须使用他们，不然政务便无法运作。因此，驭胥役便成为州县官们所面临的重要问题。胥役主要有两种：一种是在官之民，即吏、书、门、皂、壮、捕兵及狱卒等；另一种是在官亦在民之民，即里老、总甲、小甲、党正、党副、保长及甲长等。在官之民，人们通常以三班六房而概括之；在官亦在民之民则通常指保甲或里甲制度。两者性质不

---

① 参见时运生：《中国古代的为官之道——古代官箴述论》，载《人文杂志》，1996（6）。
② （明）薛瑄：《从政录》。
③ （元）张养浩：《牧民忠告·御下》。
④ 《牧民忠告·御下》。
⑤ （宋）何坦：《西畴常言·莅官》。
⑥ （清）黄六鸿：《福惠全书》卷四《莅任部·交接寅僚》。
⑦ （清）黄六鸿：《福惠全书》卷三一《庶政部·佐贰滥刑》。

同，但在州县政治运作中都起着相当重要的作用。黄六鸿对这两种人的看法截然不同。他认为在官之民"每有父子姻亲，盘踞年久者；有巨棍势豪串党窜入者，弊窦熟猾，胆大手辣。本官长厚可欺，则恣为不法；严刻过甚，则朋谋暗算；结劣衿为爪牙，通内丁为线索，本官稍有瑕疵，辄指为把鼻，讲呈说告，恐吓多端，卖访勾窝，陷害无罪。于是，长厚者受其挟制，莫敢伊何；严刻者化作痴呆，惮于用罚。而侵蚀钱粮，凌虐良懦，官民均被其毒，有不可胜言者矣！"① 需要官长驾驭得体，方能官不受其愚，民不受其害。而在官亦在民之民能"诘奸不出于其家，防护不出于其村，御侮不出于其里"②，如果州县官得其要领，则是维护地方治安的至善之道。因此，他采用不同的手段来对待这两种人。对于在官之民，黄六鸿认为驾驭全在本官所操刑赏二柄，"功之可赏，虽有罪而赏必施；罪之应加，虽有功而刑必及。于其赏也，而常如其不足；于其罚也，而常怀其不忍。如是，赏无小受者，固足以兴感；罚无大受者，亦无以生怨"。这就要求州县官以至诚之心而驭之得法。以在官的角度，他以"里猾奸胥"并列，对"阳奉阴违，仍前作弊，查出立时处死，决不姑贷"③。以在民的角度，他以"民易为吏欺"，故以存恤为主，对"殷实老实"而尽心尽力者，"公堂亲为递酒，批红插花，鼓乐中门导出"④。既认为他们中间良善实多，又以为他们中间刁顽不少，驾驭他们与驾驭在官之民的方法不同，贵在激劝而少示以严威。三要赏罚分明。在如何对待同事方面，古代官箴强调同舟相济，和睦相处。为此，（1）要修诚立敬，积极配合。官员不可自恃高位，对同事颐指气使；必须充分尊重；对其不妥，要有忍耐之心，不可怒形于色；官员若无协恭之诚，同事会心离相叛。（2）要分谤。即分担毁谤和罪责。若同事因公而犯错，为长者应挺身承担责任。（3）要律己严，待人宽。自己有错，不能自我原谅；同事有错，应宽大为怀，只要不害政，闭一只眼即可。"同官有过，不致害政，宜为包容。"⑤（4）生活上肝胆相照，互相照顾。总之，古代官箴对上下左右关系的处理，字里行间渗透着儒家的仁爱思想。

3. 在政务活动中，要"务本"。基层的政务活动包括理财、听讼、治狱、催科、用人……政务管理过程包括决策、授权、考核、监察等几个方面。从事政务活动的方法，包括以法律为师、纳言、示教、应变等。官员应善于在千头万绪的工作中抓住根本。这个根本包括：（1）任百官之智，用众人之力；（2）操其要于上，分其详于下，合理分工，抓关键问题；（3）革人之非要先革心；（4）善用赏罚。元代官箴《许鲁斋语录》称："孔子曰，政宽则民慢，慢则纠之以猛；猛则民残，残则施之以宽，宽以济猛，猛以济宽，政是以和，斯不易之常道也"⑥。其主张宽猛相济，赏罚并用，赏必当功，罚必当错（罪）；亲疏远近，一视同仁；赏有常法，罚有准绳；不以喜赏，不以怒罚；赏不失信，罚不逾时；教育在先，惩戒在后；等等。（5）防止号令数变。号令数变为喜怒不节之故。为此，应做到"审而后发，发无不中"。

4. 理财、催科、用人、听讼、贩恤的技术和方法。许多官箴对地方官吏经常处理的事

---

① （清）黄六鸿：《福惠全书》卷三《莅任部·驭衙役》。

② （清）黄六鸿：《福惠全书》卷二一《保甲部·总论》。

③ （清）黄六鸿：《福惠全书》卷九《编审部·严饬里胥》。

④ （清）黄六鸿：《福惠全书》卷七《钱谷部·完粮奖励》。

⑤ 《牧民忠告·御下》。

⑥ （清）陈弘谋编：《五种遗规》卷上。

务，都一一提出了处理的技术和方法。比如理财的方法，主要包括节用裕民、量入为出、强本节用、禁奢照俭、举利除弊、开源节流等。用人的方法包括知人为先、唯才是举、知人善任。用人的关键在全面看人。官箴《王朗川言行汇纂》中讲："取人之直，恕其憨；取人之朴，恕其愚；取人之介，恕其隘；取人之敏，恕其疏；取人之辨，恕其肆；取人之信，恕其拘。所谓人有所长，必有所短也。可因短，以见长，不可忌长以摘短。"① 用人不要凭主见，要听众人的意见。听讼的方法包括：察案情，分曲直；勿听谗；亲族讼宜缓；分辨强弱，民病如己病。王守仁认为，要以政防刑，不要以刑为政。要"动之以天良，剖之以情理，而后晓之以利害，看待士民如家子弟，推心置腹，期勉备至，民各有心，宜各所感动也"②。以上各项事务，虽各有各的方法，但都包括兼听、权衡、任法、用贤、督责等方面的内容。

5. 离任的技术和方法。官箴作者依据自己的经验，对此有详细的论述。元人张养浩在《三事忠告》中，提出了如下几点：（1）受人替代时要外出迎接，不可以病相称，推脱不去。（2）要坚持有始有终。官员为政不难于始，而难于终。一般官员往往是：到任初期锐，到任中期缓，到任末期废。因此，坚持始终最可称道。（3）不竞。不要为了自己的利益跟别人争胜。为此，要防止居住地该迁的不迁、匿藏公物不交等现象的出现。张养浩认为"此非善后之道"。其还认为，君子从政"宁公而贫，不私而富"，才是最高的品德。（4）不可自鬻。离任时不能自吹自擂在位时的成绩。（5）离职任后，坚持"不在位，不谋政"，不干预继任者的政务。（6）保持风节。"爵禄易得，名节难保"。离任后要任其志，安其所，正确对待荣辱和贫穷，保持好的名声。

《福惠全书》认为"慎"是州县官自我保护的关键所在："所谓州县之事上承钦宪而下理民情者，实不越乎此"。为此，它把谨操守、忍气性、戒躁怒、远博饮等作为自我约束的原则，把承事上司、待绅士、交接寅僚、待游客等作为特别应该注意的问题，把驭衙役、谨关防、亲查阅、禁私谒等作为施政主要事项。而最主要的还是在官自身，"官之性情有宽有严，政事有精有忽"，彼此之间存在很大的差别，黄六鸿认为："善藏其用者，恒示人以不可测，而喜怒不得窥其端；善谋其务者，恒予人以不可欺，而事为无所投其隙。"③ 主张州县官使用权谋，自己也不否认权谋的作用。

第六节
《洗冤集录》与司法检验知识的传承

一、司法检验制度的出现

中国古代司法检验起源早至先秦时期，《礼记·月令》载："是月也（孟秋之月），命有司修法制，缮囹圄，具桎梏，禁止奸，慎罪邪，务搏执。命理瞻伤，察创，视折，审断，决

---

① （清）陈弘谋编：《五种遗规》卷下。
② （清）陈弘谋编：《五种遗规·王文成公告谕》。
③ （清）黄六鸿：《福惠全书》卷二《莅任部·总论》。

狱讼，必端平，戮有罪，严断刑。"① 沈家本先生说："据蔡邕之说，皮曰伤，肉曰创，骨曰折，骨内皆绝曰断。瞻焉、察焉、视焉、审焉，即后世检验之法也。"②

中国法医检验起源较早，中国学术界对此看法一致，但以往研究中国古代法医史的作者，一般对于中国古代法医学的成就估计不足。如孙逵方、张养吾即认为"《洗冤录》（即《洗冤集录》，以下两名称通用）系吾国刑事衙门内所使用之一种检验方法，其检查不用科学方法，其立场不以医学为根据，故不能视为法医学"③。《洗冤集录》这部获得世界赞誉的古代法医学著作尚不能被视为法医学，又遑论其他。据此，孙逵方先生将中国法医学史分为三期，第三期为"法医学之输入"，认为西方法医学输入中国后，中国才有法医学。另外一些法医学者如林几、宋大仁先生等对中国古代法医学尤其是对《洗冤集录》作了较为客观公正的评价，但对于宋以前的法医学成就，尤其是秦汉以后法医学成就与《洗冤集录》的关系，由于史料的缺乏，较少论述，仅作了一些理性的推测，如宋大仁先生说："秦之李悝，汉之萧何，先后皆有律书传世，在其刑事定谳之中，必有资于检验者，此检验实为法医之嚆矢"④。

睡虎地秦简发现以后，使人们对秦汉时期的法医学有了新的认识，有不少学者相继发表了卓有见地的观点，尤以贾静涛先生的《中国古代法医学史》具有代表性："《封诊式》就是一部以文书格式形式出现的古代刑侦技术（criminalistics）书籍"。"《封诊式》确是名副其实的刑侦书籍，并且是我国，大概也是世界上最早的刑侦书籍"。"刑侦技术与法医学是现代法科学（Forensic Science）的两大基本内容，二者的关系十分密切是可以理解的。从现代法科学来看，现代的刑侦技术乃是法医学的一个分支，不仅指纹、足迹、痕迹比对、文检等刑侦技术的主要内容早期都被包括在法医学著作之中，而且在 20 世纪 30 年代以前，这些刑侦技术的运用也大多是由法医人员进行的。但是，在古代却不是这样。从《封诊式》来看，一些活体检验、尸体检验等法医学内容，包括在有一定系统的大量的刑事侦查内容之中，说明在我国古代法医学的萌芽阶段，它是作为刑事侦查内容的一部分或一方面而诞生的。从这个意义上说，尽管《封诊式》中包含不少意义十分重大的法医学内容，却不能把《封诊式》叫做法医学书籍；而在研究战国时期的法医学成就时，却又不能离开《封诊式》。可以说，这个时期的法医学成就，乃是我国古代刑侦技术成就的一个重要组成部分"⑤。

这里必须明确，法医学在古代还没有作为一个独立学科出现，它仅作为司法官吏定谳的一种手段，而与刑事侦查密不可分，尽管在今天它们已成为两个学科，但在当时乃至《疑狱集》、《洗冤集录》产生以后，它们一直属于古代学科分类中的刑法类。睡虎地秦简《封诊式》中法医检验的内容所代表和反映的法医学水平使我们感到震惊，它已远远超出了以往人们的种种想象和推测，尽管秦简《封诊式》还不是当时法医检验的全部，但我们完全可以借此大胆推测，祖国法医学在秦汉时期已经积累了相当丰富的经验，并且初步对某些法医学内容进行了归纳和总结。

秦汉时期的司法检验在很多方面都取得了较有意义的成就：在尸体检查方面，秦简有对

---

① （清）朱彬撰：《礼记训纂》，饶钦农点校，上册，259 页，北京，中华书局，1996。

② 沈家本：《无冤录序》，《历代刑法考》（四），《寄簃文存》卷六，2213 页，北京，中华书局，1985。

③ 孙逵方、张养吾：《中国法医学史》，载《法医季刊》，1936 年第 1 卷第 1 期。

④ 宋大仁：《中国法医学简史》，载《中华医学杂志》，1936 年第 22 卷第 12 期。

⑤ 贾静涛：《中国古代法医学史》，11～12 页，北京，群众出版社，1984。

贼杀、自缢的尸体检验，汉简有对病死的尸体检验，"张举烧猪"更是文献上对烧死的尸体进行检验的典型实例。尤其是对自缢死的尸体检验，我国在秦汉时期就总结了一些具有规则性的操作程序和基本要领，尸象的记载则更令人惊叹不已。在王充的《论衡》中甚至还记载了一例窒息致死的实验，这些成就完全可以和宋代的《洗冤集录》相媲美，也完全符合现代法医学的一些基本原理。

在活体检验方面，已经有对各种器物致损的分类和伤型的基本概念如瘢、大痍、伤、创、折、断等以及各种损伤与保辜的制度等；还有对一些疾病的诊验如麻风病、诈病、精神病、罢癃笃疾、狂易等；也有对个体的识别及亲权的鉴定等方面的内容。

在物证检查方面，已有对笔迹的鉴定，渗入物的检查，足迹、手迹、膝迹、作案工具所留痕迹及现场周围情况的记录和检验等。

尤其是在现场急救方面，已经总结出了一系列行之有效的措施，如对于自缢者的急救，完全符合现代人工呼吸的急救技术，而且急救措施中较多地应用了当时的医学、药物学知识。与医学、药物学联系较多的还有秦汉时期的法医毒物学。当时人们不但对毒物的毒性毒理有认识，而且在长期的医药实践中，对于毒物的安全剂量已经有精确的把握，在一些方剂中大胆地使用毒药以攻治疾病，华佗还用毒物作麻醉剂，这些都反映了当时先进的医药学知识。

秦汉时期的医学发展水平为秦汉时期的法医学和司法检验提供了较宽绰的发展空间和科学支持。从战国到两汉三国时期，"是祖国医学由实践经验积累进入系统理论总结的阶段"[1]。这一时期，出现了《黄帝内经》、《神农本草经》、《伤寒杂病论》等一批重要的医药学典籍和张仲景、华佗、仓公等著名医学家。与此相对应，秦汉时期和法医学也应处于实践经验积累阶段，睡虎地秦简《封诊式》的出现正说明了这一点。

秦汉时期法医学成就的取得也是法学发展和法律逐渐完善的结果，这些都给法医检验提出了较高的要求，促使法医检验进一步地完善和发展。秦汉时期已出现了"式"这样的文书程序，《封诊式》就是有关"封"和"诊"的文书程序，其中的"诊式"就是当时对检验文书的格式要求。当然《封诊式》中的检验文书程序并不是所谓"诊式"的全部，但其足以反映当时法律已经对疑难案件作出诊验的要求，甚至对司法程序中充当证据的诊验文书作出了具体的要求。秦代的检验文书的程序要求一直影响到汉代。如果将汉代简牍中关于"病死"的诊验文书与秦代《封诊式》中的检验文书相对比，不难看出其中的联系。此外春秋以来的"保辜"制度要求对暴力致人伤病依据不同的伤残作出不同的辜限，对一些智力和身体有残障者进行司法鉴定免除徭役、兵役等。

综上所述，秦汉时期的法医学取得的这些伟大成就是和当时医学、法学的发达密切相连的。

二、宋代《洗冤集录》是集大成之作，吸收、继承并总结了自战国秦汉以来的司法检验知识与经验

毋庸讳言，《洗冤集录》中还夹杂着一些非科学和封建迷信的内容，如《自缢》中云：

---

[1]　史兰华等编：《中国传统医学史》，75 页，北京，科学出版社，1996。

"若真自缢，开掘所缢脚下穴三尺以来，究得火炭方是"；《虎咬死》证："虎咬人，月初咬头项，月中咬腹背，月尽咬两脚，猫儿咬鼠亦然"。但它的科学成就还是主要的。表现在：

1. 在检验中，发现和运用了一些符合科学原理的方法。例如用"红油伞遮尸骨"时行检视，"若骨上有被打处，即有红色路微荫；骨断处，其接续两头各有血晕色；再以有痕骨照日看，红活乃是生前被打"。对此，蔡景峰先生认为："雨伞能吸收阳光中的某些光波，因而透过雨伞的光波就具有选择性，对于检查尸骨的伤残情况有较大的作用"①。在辨认刃痕的生前死后伤时，《洗冤集录·杀伤》称："活人被刃杀伤死者，其被刃处皮肉紧缩，有血荫四畔，若被支解者，筋骨、皮肉稠粘，受刃处皮肉骨露。死人被割截尸首，皮肉如旧，血不灌荫，被割处皮不紧缩，刃尽处无血流，其色白，纵痕下有血，洗检挤捺，肉内无清血出"。分辨自缢、勒死与后被假作自缢、勒死状，《被打勒死假作自缢》记："其人已死，气血不行，虽被系缚，其痕不紫赤，有白痕可验。死后系缚者，无血荫，系缚痕虽深入皮，即无青紫赤色，但只是白痕"。这完全符合现代法医学中的"生活反应"原理。

2. 如实客观地记载了一些带有普遍性的尸体现象。如《溺死》："若生前溺水尸首，男仆卧，女仰卧"；《杀伤》："若尖刃斧痕，上阔长，内必狭。大刀痕，浅必狭，深必阔。刀伤处，其痕两头尖小，无起手收手轻重。枪刺痕，浅则狭，深必透杆，其痕带圆。或只用竹枪尖，竹担斡着要害处，疮口多不齐整，其痕方圆不等"。对这些现象可能当时还无法做学理的认识，但如实客观的记载，经验的积累同样也很有意义。当然《洗冤集录》这部法医学巨著的产生离不开宋慈这位伟大的古代法医学家。他认为"狱事莫重于大辟，大辟莫重于初情，初情莫重于检验"②，因此，把搜集整理法医检验资料作为他"洗冤泽物"抱负的一部分。根据前面我们对有关传世历史文献及近年出土相关简牍的分析研究，我们可以得出以下结论：

（1）确切地讲，祖国的法医学、法医检验已有了相当长久的历史。早在战国、秦汉时期，已经产生了较为规范的检验制度，检验技术也有相当高的水平，虽然我们尚无法知道当时是否已经形成了总结检验技术和方法的专书（如相马经之类），但从云梦秦简《封诊式》看，封建政府已对检验文书作出了格式化的要求，并且作为法律知识和规范的一部分，要求广大官吏和司法人员学习和遵守。

（2）至于检验的技术和方法，很可能只在从事检验的司法官吏（如令史）和从事相关杂役的人员（如隶臣妾）中以师徒相授的方式传播。沈括在《梦溪笔谈》中记载着这样一个故事，很能说明问题："太常博士李处厚知庐州慎县，尝有殴人死者，处厚往验伤，以糟醩灰汤之类薄之，都无伤迹。有一老父求见曰：'邑之老书吏也，知验伤不见其迹。此易辨也，以新赤油伞日中覆之，以水沃其尸，其迹必见。'处厚如其言，伤迹宛然。自此江、淮之间官司往往用此法。"③

另《涑水纪闻》载："李南公知长沙县，有斗者，甲强乙弱，各有青赤，南公召使前，自以指捏之，曰：'乙真甲伪也。'诘之，果服。盖南方有榉柳，以叶涂肤，则青赤如殴伤者；剥其皮，横置肤上，以火熨之，则如揢伤者，水洗不落。南公曰：'殴伤者血聚而内硬，

---

① 蔡景峰：《中国医学史上的世界纪录》，38页，长沙，湖南科学技术出版社，1983。
② （宋）宋慈：《洗冤集录校译·序》，杨奉琨校译，北京，群众出版社，1980。
③ 胡道静、金良年：《梦溪笔谈导读》，158页，成都，巴蜀书社，1996。

伪者不然，故知之.'"①

　　沈括、司马光是北宋人，都比宋慈早，在他们的著作里都有零星关于司法检验方面的记载，说明关于司法检验的知识或方法，在司法检验的实践中由来已久，只是由于不受重视，没有人去进行系统整理罢了。否则，怎么去解释中国的司法检验何以在秦汉时期已取得重大成果，此后则不见于文献记载，到南宋才突兀地出现了《洗冤集录》这本法医学的杰作？也就是说，从战国、秦汉时期开始，祖国的法医检验已经积累了大量的检验经验和知识。五代时期，和凝编写《疑狱集》，一些见诸典籍的案例，包括一些零星的司法检验的案例也被编入其中。大概到了宋代，开始有人对法医检验的经验和技术进行总结，在宋慈之前有数家。宋慈《洗冤集录·序》提到"近世所传诸书，自《内恕录》以下凡数家"，这大概属于私人著述，在尤袤的《遂初堂书目》中着录有不知何人所著的《检验法》，此外还有郑克所作的《验尸格目》，显然是官方对检验所作的规范性文件。宋慈在编撰《洗冤集录》时，参考了当时在社会上流行的检验书籍，这是毫无疑问的。宋慈是一位重视检验的司法官，他在长期的司法实践中积累了大量的司法检验的经验，此外，他注意对检验的方法进行搜集、调查研究。我们知道，祖国的法医学有着悠久的历史，秦汉时期的法医检验已达到很高的水平，这些经验和方法一直在从事检验工作的贱役和下级官吏中流传。《洗冤集录》除了对前人已经总结形成文字的检验方法加以参考以外，更多的是向从事检验的仵作和下级官吏调查访问，例如，他在《洗冤集录·序》又加了一句："贤士大夫或有得于见闻及亲所历涉出于此集之外者，切望片纸录赐，以广未备"。

　　3. 受儒家"身体发肤，受之父母，不敢毁伤"的忠孝思想以及"医乃仁术"的观念影响，解剖学在封建中国没有多大进步，因此，传统司法检验停留在以经验为主、以观察尸表现象为主的水平上；同时从事法医检验被视为贱业，由受教育程度较低的仵作、稳婆等实际操作和传承技术。在传统文化氛围下，这些都极大地限制了传统法医检验水平有突破性的提高，也没有可能发展成为现代以尸体解剖为主要特点的法医学。沈家本先生说：中国传统法医学"多出于经验，西学多本于学理。不明学理，则经验者无以会其通，不习经验，则学理亦无从证其是，经验与学理，正两相需也"②。沈家本指出了中西法医学的特点与区别，而且强调中西方法医学可以互补，真可谓一针见血。西方法医学以解剖学为基础，中国虽有解剖学，但不以为法医检验的依据。侯宝璋说：中国古代解剖"始于远古，成于新莽，而盛于宋代和明代清季，间有作者，惟仍不及宋代之多"③。近代以来，尽管有很多学者对《洗冤集录》及中国古代法医学史进行了可贵的探讨，但几乎没有人对中国传统法医学的局限性从历史的角度作出客观的分析和说明：中国传统法医学只重经验，与中国解剖学的发展及传统文化观念有极大关系，中国传统法医学能不能发展成为现代法医学也是一个急需回答的问题，诸如此类。现代法医学是以人体生理解剖学为基础的，而我国古代的人体解剖和医药化学并不发达，这是由传统文化的特征所决定的，而这些特点也使我国传统法医检验以尸表检验为主。

---

①　(宋) 司马光撰：《涑水纪闻》，288 页，北京，中华书局，2006。

②　沈家本：《王穆伯佑新注无冤录序》，《历代刑法考》（四），《寄簃文存》卷六，2217 页，北京，中华书局，1985。

③　侯宝璋：《中国解剖史》，载《医学史与保健组织》，1957 (1)。

我国对于人体的解剖起源甚早，《汉书·艺文志》云："医经者，原人血脉经络骨髓阴阳表里，以起百病之本，死生之分，而用度箴石汤火所施，调百药齐和之所宜。"侯宝璋先生说："既云'原人血脉经络骨髓'，其为根据解剖之经验，可想而知。"① 《史记·扁鹊仓公列传》记载："臣闻上古之时，医有俞跗，治病不以汤液醴酒，镵石挢引，案扤毒熨，一拨见病之应，因五藏之输，乃割皮解肌，诀脉结筋，搦髓脑，揲荒爪幕，湔浣肠胃，漱涤五藏，练精易形。"在《汉书·王莽传》中有这样一个实例："翟义党王孙庆捕得，莽使太医、尚方与巧屠共刳剥之，量度五藏，以竹筵导其脉，知所终始，云可以治病。"师古曰："以知血脉之原，则尽攻疗之道也。"② 从文献记载看，这次对人体的解剖是作为一种残酷的刑罚，令人毛骨悚然，但抛开这些不谈，王莽有意识地让太医参与，察看五脏的位置，度量其大小轻重，并以竹筵插入血管，以便测知其始终，即察看静脉、动脉与心脏及其他各脏的关系，且"云可以治病"，这显然是有意识地为治疗和了解人体而进行的。

秦汉以后，由于受儒家"身体发肤，受之父母，不敢毁伤"的忠孝思想以及"医乃仁术"的观念影响，解剖学在封建中国没有多大进步，对人体解剖学的知识少之又少，人体解剖的活动也不见于文献记载。清人陈其元在其《庸闲斋笔记》的"解剖尸体验病"条中有这样的记载：

> 同治壬申春，余在上海县任，闻英国领事官某病卒。适因公事出城，过其门，见洋人聚集甚众，以为送殓也。然外国例：死者不吊。因使人问之，则曰："领事以嗽疾死，医士以为必嗽断一筋所致，故剖其胸腹视之。人之聚观以此也。"向来外国人身死，若医士不能悉其病源，则必剖割视之，察其病所在，乃笔之书，家人从不之阻，亦并无以为戚者。余阅《南史》：沛郡唐赐饮比村唐氏酒还，得病，吐蛊二十余物。赐妻张从赐临终言，刳验五脏，悉皆糜碎。尚书顾觊之议张忍行刳腹，子副又不禁止，论母子弃市。刘瓛争之不能得，诏：如觊之议，垂为科例。由外国观之，张氏母子岂非冤死哉！③

南朝时期，张氏因遵其夫的遗嘱而解剖其夫的遗体来验病，结果被视为犯罪，处以死刑。这个案例发人深省，儒家的观念及孝道已严重地影响了传统医学的发展，并决定了它的可能走向。陈其元将其与西方医学对比，也提示中西医学之道的区别。直到宋代，解剖学才有些许进展，但却是作为对"罪大恶极"者施行的酷刑的面目出现的。宋代的人体解剖有两方面的成绩：一是进行了较多的尸体解剖；二是根据尸体解剖绘有图谱，其中成就最大者有欧希范五藏图和杨介存真图。

叶梦得（1077—1148）《岩下放言》云："世传欧希范《五藏图》，此庆历间杜杞待制治广南贼欧希范所作也。希范本书生，桀黠有志数，通晓文法，尝为摄官。乘元昊叛，西方有兵时，度王师必不能及，乃与党蒙干啸聚数千人，声摇湖南。朝廷遣杨略讨之，不得，乃以杞代。杞入境，即伪招降之说，与之通好。希范猖獗久，亦幸苟免，遂从之，与干挟其酋领数十人，偕至。杞大为燕犒，醉之以酒，已而乃执于坐上。翌日，尽磔于市；且使皆剖腹，

---

① 侯宝璋：《中国解剖史》，载《医学史与保健组织》，1957 年第 1 号。
② （汉）班固撰，（唐）颜师古注：《汉书》卷九十九，北京，中华书局，1962。
③ （清）陈其元：《庸闲斋笔记》，200 页，北京，中华书局，1997。

刳其肾肠。因使医与画人，一一探索，绘以为图"（宋范镇《东斋记事》，郑景望《蒙斋笔谈》[①] 所记均与此同，不复录）。赵与时（1172—1228）《宾退录》亦云："庆历间，广西戮欧希范及其党，凡二日，剖五十有六腹，宜州推官吴简皆视详之，为图以传于世。"[②]

关于此事记载较详者，据章潢图书编脏腑全图说[③]，有如下记载：

崇宁五年（公元1106年），梁少保知大名府，有群盗起，内一强寇杨宗，以计擒之，案首恶论死，临刑命医官并画工画之。适徐州欧希范作恶，当刑三十人，亦送来刑，命画工于法场割诸人胸腹，详视画之。见喉咙排三窍：曰水、曰食、曰气。相推惟水食同一窍，走胞中，入胃上口。一窍通肺，循腹抵脊脊，转脐下两肾，与任冲督三脉会。丹田者，气海也。喉管下有肺两叶，为华盖，盖诸心脏腑。肺下有心，外有黄脂裹之，其色赤黄。割视其心，个个不同：有窍无窍，有毛无毛，尖者长者。心下有罗膈，罗膈下有胃，积曲可容一斗物，外有黄脂如旗锬。左有肝一、二、三、四、五叶者，亦各不同。内欧患眼，肝有黑子两张，气喘而且嗽，其肺皱而黑，所谓表里相应也。其肝短，叶上有胆，右胃左脾，与胃同膜，状如马蹄。肝赤紫，下有下肠，盘十六曲，极莹净，化物通行。右有下肠，亦十六曲，内有倾出糟粕之路，外有黄脂粘作一块。下有膀胱，居脐亦莹净，外无所入穴，全借气施行津液，入胞为原。此君子小人之体，各异如此。

古代的法医检验属于律学，而历来的封建政府对律学并不重视，《燕翼诒谋录》卷二云："应伎术官不得与士大夫齿，贱之也。至道二年正月，申严其禁，虽见任京朝，遇庆泽只加勋阶，不得拟常参官。此与书学、画学、算学、律学并列，於文武两学者异矣。"[④] 从事法医检验这种贱役的人就可想而知了，他们受教育程度不高或根本未受过教育，如秦汉时期的隶臣、隶妾，后世的仵作、稳婆等，实际操作中很少有医生参与。而这些人身处社会下层，所从事者又被视为贱业，加上本身的受教育程度和文化素质的影响，很难对传统法医检验作出突破性的贡献，这也是限制中国传统法医检验发展的重要原因。

秦汉时期从事司法检验者为隶臣、隶妾者。唐律中有关于检验的规定："诸有诈病及死伤，受使检验不实者，各依所欺，减一等。若实病死及伤，不以实验者，以故入人罪论。"[⑤] 虽然从事司法检验的人员具体情形不得而知，但可以推测，唐代从事司法检验者大概也属受歧视的贱品，不受社会重视。仵作，从五代笔记《玉堂闲话》的记载可知，是专门从事为丧家殡尸送葬的职业。宋代以后，仵作开始兼应官府的差役，从事死伤的检验。徐忠明认为："及至明代万历年间，一方面仵作逐步获得官方身份，从事死伤检验；另一方面仵作行人仍然从事殡尸送葬的旧业。"[⑥]

---

① 参见《说郛》本卷二十九。

② 《学海》本卷四。

③ 参见《古今图书集成》卷115《艺术典》引。

④ （宋）王栐：《燕翼诒谋录》，14页，北京，中华书局，1997。

⑤ 《唐律疏议》卷二十五。

⑥ 徐忠明：《"仵作"源流考证》，载《法学与文学之间》，北京，中国政法大学出版社，2000。关于此问题，学术界有不同看法，如王召棠在《简明法制史词典》、杨奉琨在《"仵作"小考》、贾静涛在《中国古代法医学史》中都有精当考证，本文采徐忠明观点。

三、仵作与民间法医检验知识的传播

在睡虎地秦墓竹简《出子爰书》中记载，对妇女进行活体检查时，"令隶妾数字者，诊甲前血出及痛状"，让有多次生产经验的妇女参与对妇女的检验。稳婆，宋代本为接生婆，又称"坐婆"、"老娘"，有时也在宫廷当差，其中有一部分稳婆被官方编名在册，以待内廷召用，负责检查入宫女子和奶口等。①《罪惟录》志卷二七载："稳婆，就收生婆中预选，名籍在官，以待内廷召用。凡选女则用以辨妍媸可否，凡选奶口则用以考验乳汁厚薄、有无隐疾，凡内女侍中疑痞诸症，亦令验视。"大概同时，稳婆也参与司法检验，负责检验女尸、检验女性当事人。明末李清《折狱新语》卷一"婚姻"中有："审得汪三才去妇大奴，陈汝能义妹也。先因三才父继先曾出银廿两，聘大奴为三才妇。夫大奴一石女耳……及同衾后，三才悔恨无及，即将大奴送还汝能讫。……初汝能犹执石女之说为诬，及召两稳婆验之，信然。"②

医生参与司法检验，在云梦秦简中，仅见于《疠爰书》。对麻风病的确认，是一项技术性强，没有医学知识便无法胜任的工作。在《伤寒论》中对诈病的诊验，也是由医生进行的。盖在秦汉时期，凡需要较多医学知识和行医经验，非医生无法胜任的检验工作，才由医生来承担。后世的活体检验工作也是由医生承担，《宋史·高防传》载后周时，"宿州民以刃杀妻，妻族受赂，伪言风狂病暗，吏引律不加拷掠，具狱，上请覆。（高）防云：其人风不能言，无医验状，以何为证"③。

正是因为历代统治者对司法检验的不够重视、社会对司法检验人员的歧视，法医检验的知识只是在从事贱役的仵作、稳婆中作为混饭糊口的雕虫小技传播，检验的技术水平受到很大的限制。很少有受过教育、具有医学专门知识的人去从事法医的专门研究，使得传统的法医检验仍停留在凭尸表观察和检验经验的基础上，几乎没有去做学理的探究和总结。

南北朝隋唐时期，滴血法和滴骨在南方较为流行。例如《南史·孝义传》记："孙法宗，一名宗之，吴兴人也。父随孙恩入海澨被害，尸骸不收，母兄并饿死。法宗年小流迸，至十六方得还。单身勤苦，霜行草宿，营办棺椁，造立冢墓，葬送母兄，俭而有礼。以父尸不测，入海寻求。闻世间论是至亲以血沥骨当悉渍浸，乃操刀沿海见枯骸则刻肉灌血，如此十余年，臂胫无完皮，血脉枯竭，终不能逢。"④《南史·梁豫章王传》记："（豫章王萧）综母吴淑媛在齐东昏宫，宠在潘、余之亚。及得幸于武帝，七月而生综，宫中多疑之…及综年十四五，恒梦一年少肥壮自挈其首对综，如此非一，综转成长，心惊不已。频密问淑媛曰：'梦何所如？'梦既不一，淑媛问梦中形色，颇类东昏。因密报之曰：'汝七月日生儿，安得比诸皇子。汝今太子次弟，幸保富贵勿泄。'综相抱哭，每日夜恒泫泣……在西州，于别室岁时设席，祠齐氏七庙。又累微行至曲阿拜齐明帝陵。然犹无以自信，闻俗说以生者血沥死者骨渗，即为父子。综乃私发齐东昏墓，出其骨，沥血试之。既有征矣，在西州生次男月余

① 参见张德英：《稳婆》，载《文史知识》，2003（3）。

② （明）李清：《折狱新语注释》，华东政法学院法律古籍整理研究所注释，8页，长春，吉林人民出版社，1989。

③ （元）脱脱等撰：《宋史》卷二百七十，北京，中华书局，1985。

④ （唐）李延寿：《南史》卷七十三，北京，中华书局，1975。

日，潜杀之。既瘗，夜遣人发取其骨又试之，其酷忍如此。"① 豫章王萧综正是受了民间关于"滴血认亲"的说法的影响，才干出了古今未有的荒唐事。可见滴血验亲法在当时已广为流传，其起源时间可能早至秦汉时期。这种方法当与南方的风俗有关："（衡阳）土俗，山民有病，辄云先人为祸，皆开冢剖棺，水洗枯骨，名为除祟。宪之晓喻，为陈生死之别，事不相由，风俗遂改。"②

（一）在物证检验方面

1. 肠胃内容的检验

《疑狱集》中有"彦超验吐"的故事，《折狱龟鉴》也照录（慕容彦超为五代时后汉人，《疑狱集》的作者和凝为五代时后晋人，其所记当有所本）："汉慕容彦超帅郓，或献新樱，令主者收之。俄为给役人盗食，主者白之。彦超呼给役人伪慰之，曰：'汝等岂敢盗新物耶。主者诬执耳，勿惧。'各赐以酒，潜令左右入藜芦散。既饮，立呕吐，新樱在焉。於是服罪。"③ 汪继祖先生曾撰文对此检验案例做了精辟分析："饮食之物，特别是植物性物质，难于消化，不仅是呕吐物，就是排泄物，亦可检出，俗称入口无赃之说，是认为入口即被消化之意。所以慕容彦超用催吐剂，使之当场暴露，虽然是细事，但要揭发窃盗，即不得不运用计谋。藜芦散具有催吐腹泻的毒性药物，可见汉时已知毒物应用于医疗，并进而应用于犯罪侦查。换言之，伟大祖国在汉时，已知用藜芦散为催吐剂。"但他将慕容彦超误为汉朝人，因而他说："催吐剂的使用，始于汉朝以前"④。

下引的案例则用桐油为催吐剂进行胃肠内容的检验："南唐冯仪为丰城令，有田父诣令求决事。凌晨饭蕨，稍觉饥，至食肆求面。久不与，乃去。肆家坚索面金不与，乃讼於县。公饮以茶，而洒桐油其中，田父尽吐所食，惟蕨耳。肆家乃伏罪。"⑤ "一父欲试其子，令馆中二童，一童盗食鸡卵，问子知为谁。子令各漱齿，识之。浙中某巡按，天旱祷雨，禁屠宰，令各官毋私食肉。一日迎天竺观音，各至拈香，巡按令饮皂荚试吐之，数官有难色，知其食肉也。"⑥ 盗食鸡蛋，使各自漱口，则口齿间留有鸡蛋残渣可验；私食肉，则用皂荚水为催吐剂，以上数例，所用催吐剂虽不同，然道理是一样的。

《南齐书·良政》记载："二野父争鸡，琰各问'何以食（鸡）'，一人云'粟'，一人云'豆'，乃破鸡得粟，罪言豆者。"⑦ 此案例被收入《疑狱集》，称"破鸡辨食"，《折狱龟鉴》称"傅琰破嗪有粟证食豆非"。汪继祖先生解释说："饮食在胃肠中，如前选例'彦超验吐'，可用催吐剂使之吐出，但对鸡禽则唯有取决于解剖。可征古时在法医学检验方法上，已启发

---

①　《南史》卷五十三。

②　（唐）姚思廉：《梁书》卷五十二，北京，中华书局，1973。

③　（清）陈芳生撰：《疑狱笺四卷》卷二，北京大学图书馆藏清康熙三十年刻本，济南，齐鲁书社，1995 年影印《四库全书存目丛书·子部三七》。

④　（清）汪继祖：《疑狱集、折狱龟鉴、棠阴比事的释例》，载《医学史与保健组织》，1958 年第 1 号。

⑤　（清）陈芳生撰：《疑狱笺四卷》卷二，北京大学图书馆藏清康熙三十年刻本，济南，齐鲁书社，1995 年影印《四库全书存目丛书·子部三七》。

⑥　（清）陈芳生撰：《疑狱笺四卷》卷二，北京大学图书馆藏清康熙三十年刻本，济南，齐鲁书社，1995 年影印《四库全书存目丛书·子部三七》。

⑦　（梁）萧子显撰：《南齐书》册三，卷五十三，914 页，北京，中华书局，1972。

到剖验办法。"①

2. 附着物的检验

《南齐书·良政》记载："太祖辅政，以山阴狱讼烦积，复以（傅）琰为山阴令。卖针卖糖老姥争团丝，来诣琰，琰不辨核，缚团丝于柱鞭之，密视有铁屑，乃罚卖糖者。"② 这个故事在《疑狱集》中被称为"季珪鞭丝"，傅琰字季珪，在《疑狱集》中收集了与此类似的"惠击羊皮"、"显杖蒲团"的故事。"惠击羊皮"是关于负薪与负盐者争一羊皮，后来刺史李惠杖击羊皮，见有少许盐屑，因而将羊皮断为负盐者所有的故事；"显杖蒲团"是银店失一蒲团，为邻家收藏，互不相让，经鞭打蒲团，有银屑落下，确认为银店的蒲团的故事。汪继祖先生解释说："从衣服上所附着的灰尘污垢，可以辨识职别，例石工有石屑，煤炭工有煤屑，理发师有短发，磨工有粉屑，铁工有铁屑，铜匠有铜屑，银店有银屑，机匠有油垢，均可借其附有物以辨识之。前选例惠击羊皮，是因负盐者在于避免盐被汗渍而潮解，借以衬垫，彼负薪者何用羊皮。至于古时之针，系由铁丝磨成，用丝团以揩去手污，故有铁屑附入。凡此诸例皆为法医学物证检查的知识，值得后人学习。"③

3. 其他鉴定

《旧唐书·良吏传上》记载："又尝道逢一老母种葱者，结庵守之，允济谓母曰：'但归，不烦守也。若遇盗，当来告令。'老母如其言，居一宿而葱大失，母以告允济，悉召葱地十里中男女毕集，允济呼前验问，果得盗葱者。"④ 葱为辛辣之物，具有浓烈的气味，且气味经久不散。盗葱者在身上、手上或口腔等部位必残留有葱的汁液，张允济将葱地周围的男女一一呼至跟前验问，盖嗅闻其有没有葱味。

明代《祥刑要览》一书记载有乖崖察额的案例："张尚书知江宁，有僧陈牒给凭，公据案熟视久之，判司理院勘杀人贼，郡僚不晓其故，公乃召僧问：'披剃几年？'对曰：'七年。'又曰：'何故额有巾痕？'即首伏，乃一民与僧同行，道中杀之，以其度牒自剃为僧。"⑤

（二）在中毒与毒检方面

1. 对毒物及中毒的认识

（1）野葛

"岭南风俗，多为毒药。令奴食冶葛死，埋之土中。蕈生正当腹上，食之立死；手足额上生者，当日死；旁自外者，数日死；渐远者，或一月，或两月；全远者，一年、二年、三年亦即死。惟陈怀卿家药能解之。或以涂马鞭头控上，拂着手即毒，试着口即死。"⑥

（2）"蕈毒"

"菌蕈类皆幽隐蒸湿之气，或蛇虺之毒，生食之，皆能害人。而好奇者每轻千金之躯，以尝试之，殊不可晓。《夷坚志》所载简坊大蕈，及金溪田仆食蕈，一家呕血殒命六人，邱

---

① （清）汪继祖：《疑狱集、折狱龟鉴、棠阴比事的释例》，载《医学史与保健组织》，1958 年第 1 号。
② （梁）萧子显撰：《南齐书》册三，卷五十三，914 页，北京，中华书局，1972。
③ （清）汪继祖：《疑狱集、折狱龟鉴、棠阴比事的释例》，载《医学史与保健组织》，1958 年第 1 号。
④ （后晋）刘昫等撰：《旧唐书》卷一百八十五上，北京，中华书局，1975。
⑤ （明）吴讷辑，张谦增辑：《祥刑要览》，中山大学图书馆藏明嘉靖刻本，济南，齐鲁书社，1995 年影印《四库全书存目丛书·子部三七》。
⑥ （唐）张鷟撰：《朝野佥载》，4 页，北京，中华书局，1997。

岑幸以痛饮而免，盖酒能解毒故耳。又灵隐寺僧得异蕈，甚大而可爱，献之杨郡王。王以其异，遂进之上方，既而复赐灵隐。适贮蕈之器有余沥，一犬过而舐之，跳跃而死，方知其异而弃之。此事关涉尤大。近得耳目所接者两事，并著为口腹之戒。

"嘉定乙亥岁，杨和王坟上感慈庵僧德明，游山得奇菌，归作糜供众。毒发，僧行死者十余人，德明亟尝粪获免。有日本僧定心者，宁死不污，至肤理拆裂而死。至今杨氏庵中，尚藏日本度牒，其年有久安、保安、治象等号，僧衔有法势大和尚、威仪、从仪、少属、少录等称。是岁，其国度僧万人。定心姓平氏，日本国京东路相州行香县上守乡光胜寺僧也。

"咸淳壬申，临安鲍生姜巷民家，因出郊得佳蕈，作羹恣食。是夜，邻人闻其家撞突有声，久乃寂然，疑有他故，遂率众排闼而入。则其夫妇一女皆呕血陨越，倚壁抱柱而死矣。案间尚余杯羹，以俟其子，适出未还，幸免于毒。呜呼！殆哉！"①

（3）"押不芦"

"回回国之西数千里地，产一物极毒，全类人形，若人参之状，其酋名之曰'押不芦'。生土中深数丈，人或误触之，著其毒气必死。取之法，先于四旁开大坎，可容人，然后以皮条络之，皮条之系则系于犬之足。既而用杖击逐犬，犬逸而根拔起，犬感毒气随毙。然后就埋土坎中，经岁，然后取出曝干，别用他药制之。每以少许磨酒饮人，则通身麻痹而死，虽加以刀斧亦不知也。至三日后，别以少药投之即活，盖古华佗能刳肠涤胃以治疾者，必用此药也。今闻御药院中亦储之，白廷玉闻之卢松厓。或云：'今之贪官污吏赃过盈溢，被人讼者，则服百日丹者，莫非用此。'"②

（4）"火蝎"

"北方毒螫，有所谓火蝎者，比之常蝎极小，其毒甚酷。常有客人数辈，夏月小憩磐石，忽觉髀间奇痛彻心，不可忍，遂急起索之，则石面光莹，初无他物。仅行数步，则通身肿溃而殂。其同行异之，意石之下必有异，遂起视之。见一蝎极小而色黑，一人以行杖击之，竹皆爆裂，而执竹之手亦肿溃，不旋踵而死。近得杜真人持咒驱，此害稍息。"③

（5）"相怜草"

"彼之山中产相怜草，媚药也。或有所瞩，密以草少许掷之，草心著其身不脱，彼必将从而不舍。尝得试辄验，后为徐有功取去。"④

（6）食物中毒

孙思邈在《千金要方》中对食物中毒的症状有描述："心中坚或腹胀，口干大渴，心急发热，狂言妄语，或洞下"。

（7）水银中毒

唐代炼丹成风，中毒者不少。宋人寇宗奭《本草衍义》记载："太学博士李干遇信安人方士柳贲，能烧水银为不死药。以铅满一鼎，按中为空，实以水银，盖封四际，烧为丹砂。服之下血，比四年，病益急，乃死。"

---

① （宋）周密撰：《癸辛杂识》，17～18页，北京，中华书局，1997。
② （宋）周密撰：《癸辛杂识》，158页，北京，中华书局，1997。
③ （宋）周密撰：《癸辛杂识》，260页，北京，中华书局，1997。
④ （宋）周密撰：《癸辛杂识》，178页，北京，中华书局，1997。

2. 毒检的方法

唐代名医王焘在其所著《外台秘要》中提出银钗检毒法:"取银匙若箸或钗含之,经宿色黑即是,不黑者非。"

3. 中毒的急救

"医书言,虎中药箭食清泥;野猪中药箭豗荠苨而食;雉被鹰伤,以地黄叶贴之。又礜石可以害鼠,张鷟曾试之,鼠中毒如醉,亦不识人,犹知取泥汁饮之,须臾平复。鸟兽虫物解毒,何况人乎?被蚕啮者,以甲虫末傅之;被马咬者,以烧鞭鞘灰涂之。盖取其相服也。蜘蛛啮者,雄黄末傅之。筋断须续者,取旋复根绞取汁,以筋相对,以汁涂而封之,即相续如故。蜀儿奴逃走多刻筋,以此续之,百不失一。"①

"冶葛食之立死。有冶葛处即有白藤花,能解冶葛毒。鸩鸟食水之处即有犀牛,不濯角,其水物食之必死,为鸩食蛇之故。"②

"赵延禧云:遭恶蛇虺所螫处,贴之艾炷,当上灸之立差,不然即死。凡蛇啮,即当啮处灸之,引去毒气即止。"③

(三)在尸体勘验方面

《疑狱集》中有"蔡高验尸",宋郑克《折狱龟鉴》、桂万荣《棠阴比事》都有叙录,明代《祥刑要览》作"蔡高验浮尸":"蔡高调福州长溪尉,县媪二子渔于海而亡。媪某氏为仇告县捕贼,吏皆难之。曰:'海有风波,安知不水死乎?虽果为仇所杀,若不得尸,则于法不可理。'高独谓媪色有冤,不可不为理也。乃阴察之,因得其迹,与媪约曰:'十日不得尸,则为媪受捕贼之责。'凡宿海上七日,潮浮二尸至,验之皆杀也。乃捕仇家伏法。"④ 汪继祖先生解释说:"入海捕鱼,确有风波之险,即难免沉于海,但老媪既云为仇所害,即不可拘于常规,而疏于探求。所谓渔于海而亡者,水深浪大,尸便难还,倘杀于道而弃之于海者,纵有浪潮,必不甚远,且海滩移尸,既有足迹可寻,而尸能期待获得。高约日期十天,乃期尸体腐败,浮于水上,故宿海上,避免漏失,果获其尸,尸伤即可发现,因此破案。故其明情察理,县有法医学及犯罪对策学的诸项卓见,是值得后人效法的。"⑤

另有"韩滉听哀惧"的案例:"唐韩滉在润州,夜与从事晋公登万岁楼,宴方酣,置杯不悦,语左右曰:'汝听妇人哭乎?当近何所?'对曰:'在某桥某街。'诘旦,命吏捕哭者,乃妇丧夫也。信宿狱不成,吏惧罪守於尸侧,忽见有大蝇集其首,因发髻验之,果妇私於邻人,醉其夫而钉杀之。吏以为神,因问晋公,公曰:'吾察其哭声疾而不惮,若强而惧者,吾闻郑子产曰,夫人於其亲也,有病则忧,临死则惧,既死则哀,今哭不哀而惧,是以知奸也。'"⑥

---

① (唐)张鷟撰:《朝野佥载》,5页,北京,中华书局,1997。

② (唐)张鷟撰:《朝野佥载》,5页,北京,中华书局,1997。

③ (唐)张鷟撰:《朝野佥载》,5页,北京,中华书局,1997。

④ (明)吴讷辑,张谦增辑:《祥刑要览》,中山大学图书馆藏明嘉靖刻本,济南,齐鲁书社,1995年影印《四库全书存目丛书·子部三七》。

⑤ (清)汪继祖:《疑狱集、折狱龟鉴、棠阴比事的释例》,载《医学史与保健组织》,1958年第1号。

⑥ (明)吴讷辑,张谦增辑:《祥刑要览》,中山大学图书馆藏明嘉靖刻本,济南,齐鲁书社,1995年影印《四库全书存目丛书·子部三七》。

"有被杀于路者，始疑盗杀之，及检沿身衣物俱在，遍身镰刀伤十余处，检官曰：'盗但欲人死取财，今物在伤多，非仇而何？'遂屏左右，呼其妻问曰：'汝夫与何人有仇最深？'曰：'夫自来与人无仇，近有某甲来做债，不得，曾有克期之言，非深仇也。'官默识其居，遣人告示侧近居民，所有镰刀尽将呈验，如有隐藏，必是杀人贼，当行根勘。俄赍到镰刀七八十张，令布列于地。时方盛暑，内刀一张，蝇子飞集。官指此刀为谁者，乃是做债克期之人，擒讯犹不服，官曰：'众人镰刀无蝇子，今汝杀人，腥气犹在，蝇子集聚，岂可隐耶。'左右失声叹服，杀人者叩头服罪。"①

"韩滉听哀惧"出自《疑狱集》，此外类似案例还有"张泳闻哭"等，汪继祖先生对这类案例解释说："至于头部有创伤，诱引苍蝇飞集，引起先进法医工作者注重，披开发髻，发现铁钉钉入于脑。在法医学尸体现象篇，叙述尸体被动物破毁，首先即为蝇产其卵于尸体各腔口，有时在夏天就能产出已孵化的小蛆，直接钻入各腔孔内。宋慈所著洗冤录载有'暑月九窍（头部七窍，阴部二窍）内未有蛆虫，却于太阳穴，发际内，两胁腹内，先有蛆出，必此处有损。'是说明在损伤处，附有脓血，容易被蝇产卵孵化成蛆之意，此外就是脑质容易腐败，如有创伤，即其腐败之血水，容易从创口中向外溢流，当然更容易引诱蝇类蝟集。由此可知，此'蝇集于头顶，得获铁钉或创伤'，至宋时又为宋慈所采用。"②

《疑狱集》有"徐裕夺杀"的案例："浙西有游徽徐裕，以巡盐为名，肆掠村落间，一日遇诸暨商，寺其所赍钱，扑杀之，投尸于水。走告县曰：'我获私盐犯人，畏罪赴水死矣。'官验视，以有伤疑之，遂以疑狱释，贡师泰追询，复按之，具得裕所以杀人状。"汪继祖先生解释说："既云畏罪投水，身上可无重伤，既有致死性重伤，即应严鞫来告者，岂可以疑狱为辞，不予深究，贡师泰能做到追询复按，因此获得徐裕杀人罪状。"③

《梁书·止足》载："元徽中，（顾宪之）为建康令。时有盗牛者，被主所认，盗者亦称已牛，二家辞证等，前后令莫能决。宪之至，覆其状，谓二家曰：'无为多言，吾得之矣。'乃令解牛，任其所去，牛迳还本主宅，盗者始伏其辜。"④

（四）在两性畸形检验方面

《晋书·五行志》中"人痾"条记载："光熙元年，会稽谢真生子，头大而有发，两蹠反向上，有男女两体，生便作丈夫声，经一日死。"

"惠帝之世，京洛有人兼男女体，亦能两用人道，而性尤淫，此乱气所生。自咸宁、太康之后，男宠大兴，甚于女色，士大夫莫不尚之，天下相仿效，或至夫妇离绝，多生怨旷，故男女之气乱而妖形作也。"

"义熙末，吴豫章吴平人有二阳道，重累生。恭帝元熙元年，建安人阳道无头，正平，本下作女人形体。"

① （清）陈芳生撰：《疑狱笺四卷》卷二，北京大学图书馆藏清康熙三十年刻本，济南，齐鲁书社，1995年影印《四库全书存目丛书·子部三七》。

② （清）汪继祖：《疑狱集、折狱龟鉴、棠阴比事的释例》，载《医学史与保健组织》，1958年第1号。

③ （清）汪继祖：《疑狱集、折狱龟鉴、棠阴比事的释例》，载《医学史与保健组织》，1958年第1号。

④ （唐）姚思廉撰：《梁书》册三，卷五十二，758～759页，北京，中华书局，1973。

四、宋代司法检验的发展与宋慈对传统司法检验知识的总结

宋代已经出现了较完备的司法检验制度。表现在：

1.《检验格目》的出现

宋代司法检验的进步首先表现在检验的制度化上，而检验的制度化又最集中地体现在《检验格目》上。《宋史·刑法志》记载："淳熙初，浙西提刑郑兴裔上《检验格目》，诏颁之诸路提刑司。凡检覆必给三本：一申所属，一申本司，一给被害之家。"[1] 李心传在《建炎以来朝野杂记》中说："《检验格目》者，淳熙初，郑兴裔所创也。始时检验之法甚备，其后郡县玩弛，或不即委官，或所委官不即至，即至亦不亲视，甚则以不堪检覆告。由是吏奸得肆，冤枉不明，狱讼滋炽。兴裔为浙西提点刑狱，乃创为《格目》，排立字号，分畀属县。遇有告杀人者，即以《格目》三本付所委官。凡告人及所委官属、行吏姓名、受状承牒及到检所时日、廨舍去检所近远、伤损痕数、致命因依，悉书填之。一申所属州县，一付被害之家，一申本司。又言於朝，乞下刑部镂板，颁之诸路提刑司准此。从之。遂著为令。……兴裔，其先平阳人，后徙开封。曾祖绅，以后父贵，宣和末，为太师、平乐郡王，谥僖靖。祖翼，宁海军节度使，谥荣恭。世父藻事高宗，久在上阁，再为大使，官至使相，封荣国公，谥端靖。兴裔初名兴宗，早以后泽入官，乾道中，为江东兵马钤辖，尝论建康都统及马军行司择帅未善，孝宗韪之。会复武臣提刑，擢使闽部，移浙东，又移浙西。……"[2] 郑兴裔在淳熙（1174—1189）初年创立了《检验格目》，并由南宋朝廷从浙西推广到当时南宋统治下的各路。

嘉定四年（1211年），"江西提刑徐似道言：'检验官指轻作重，以有为无，差讹交互，以故吏奸出入人罪。乞以湖南正背人形随《格目》给下，令於伤损去处，依样朱红书画，唱喝伤痕，众无异词，然后署押。'诏从之，颁之天下。"[3] 可见，当时湖南地方出现了便于检验的正背人形图，在江西提刑徐似道的倡议下，与郑兴裔的《检验格目》一起配合使用，并形成了《正背人检验格目》，这是对郑兴裔所创格目的翻版或改进。

沈家本在《无冤录序》中说："宋嘉定中，湖南、广西刊印《正背人检验格目》，江西提刑徐似道言之于朝，四年，诏颁行于诸提刑司，名曰：《检验正背人形图》。此为今尸格之所自始。宋时有《内恕录》等书，言检验之事，皆不传。至淳祐中，宋慈会粹诸书，为《洗冤集录》，此又《洗冤录》之名所自始也。"[4]

宋代出现的《检验格目》，是对司法检验实践活动中积累的经验的一种系统总结，说明当时的司法检验活动已经制度化了，司法检验的项目和内容也更加规范化了，从而也进一步说明宋代的司法检验更加科学化了。《检验格目》对后世的司法检验产生了重大的影响，明清时期的尸格当渊源于此。

2. 宋慈对传统司法检验的总结

宋慈（1186—1249），字惠父，福建建阳童游里人，生于南宋孝宗淳熙十三年，卒于理

① （元）脱脱等撰：《宋史》卷二百，北京，中华书局，1985。
② （宋）李心传撰：《建炎以来朝野杂记（乙集）》，徐规点校，678 页，北京，中华书局，2000。
③ （元）脱脱等撰：《宋史》卷二百，北京，中华书局，1985。
④ 沈家本：《无冤录序》，《历代刑法考》（四），《寄簃文存》卷六，2213~2214 页，北京，中华书局，1985。

宗淳祐九年。《宋史》无传，清人陆心源所辑《宋史翼》从刘克庄《刘后村大全集》中辑《宋公墓志》，可以概见其生平：

　　宋慈，字惠父，福建建阳人。父巩，以特奏名授广州节度推官。慈少受业於同邑吴雄，雄本朱子弟子，慈因得与杨方、黄干、李方子诸儒论质，学益进。暨入太学，真德秀衡其文，谓其源流出肺腑，慈复师事焉。嘉定十年中进士乙科，补赣州信丰主簿。会南安军三峒贼煽乱，提刑叶宰惩前招安养祸，决意剿除，辟慈充准备差遣官。时副都统制陈世雄拥重兵不进，慈亟趋山前，先赈六保饥民，使不从乱，乃提兵三百为隅，总倡破石门寨俘其酋。世雄悉，轻进逼贼巢，贼设覆诱之，将官死者十有二人。世雄走，赣州贼得势益猖獗，慈欲用前赈六保之策，白宰，数移文提举常平司魏大有。大有闻慈主议，衔之。慈率义丁力战，破高平寨，擒谢宝崇，降大胜峒、曾志，皆渠魁也。贼平，幕府上功，特改合入官宰去，大有摄提刑，挟忿庭辱慈，慈不屈，拂衣而出，语人曰："斯人忍而愎，必召变。"大有怒，劾至再三，慈遂罢归。未几，大有为卒朱先所戕，闽中汀剑邵盗起，诏擢陈韡为招捕使，德秀贻韡书，言慈可用。韡奏雪慈前诬，复元秩，命与李华同议军事。王祖忠督淮西军至闽，以慈书生，谩与约分路克日会老虎寨。祖忠与华以全师渡明溪，慈提孤军从竹洲进，且行且战三百余里，卒如期会寨下。祖忠惊曰："君忠勇过武将矣！"由是军事多所咨访。慈先计后战，所向克捷，直趋招贤、招德，以扼贼锋。祖忠与华遂得进破潭飞漈，贼酋邱文通挟谋主吴叔夏、刘谦子窜入石城之平固。慈与偏将李大声疾驰平固执以归。招德贼徐友文谋中道掩夺，慈并俘以献，大盗无漏网者。汀卒囚知州陈孝严，撄城负固，韡檄慈图之，慈至枭首乱者七人，出旗榜，贷余党，众无敢哗。韡奇其才，荐知长汀县。端平二年，枢密使曾从龙督师江淮，辟慈为属，未至而从龙卒，诏令荆襄督臣魏了翁兼其职。了翁遗书币趣慈，宾主欢甚，每曰："赖有此客尔。"寻通判邵武军，摄郡有遗爱，改通判南剑州，守臣宰相李宗勉以慈应诏，入境问俗，叹曰："郡不可为我知其说矣，强宗巨室始去籍以避税，终闭籴以邀利，吾当代谋之。"析人户为五等，上者半济半粜，次粜而不济，次济粜俱免，次半受济，下者全济之。全济之米从官给，众皆奉令，民无饿者。累迁提点广东刑狱，粤吏多不奉法，有留狱数年未详覆者，慈下条约，立期程，阅八月决辟囚二百余，复以时循行部内，雪冤禁暴。移任江西，兼知赣州，赣民遇农隙率挟兵械贩盬於闽粤境上，所过剽掠，州县莫敢谁何，慈鳞次保伍，讥其出入，奸无所容，台谏奏取慈所行下浙右诸路以为法，除直秘阁提点湖南刑狱，条上大理诸蛮事宜。诏除韡为湖南安抚大使，兼节制广西。韡辟慈参谋，事无大小，多与商榷，然后行会。鬼国与南丹州争金坑，南丹诡言蒙古逼境，望乞师。慈白于韡，曰："北兵无非越大理、特摩二国直捣南丹之理。"已而果然，进直焕章阁，知广州，为广东经略安抚使，威爱相济，岭海晏然。淳祐六年卒，年六十有四，赠朝议大夫，御书墓门以旌之，盖异数也。慈博记览，善辞令，据案执笔，一扫千言，丰裁峻厉，望之可威，然不以己长傲物，虽鳜生小校，寸长片善，提奖如恐不及，性无他嗜，惟喜收异香名帖，而疏食缊袍，萧然终身。刘克庄谓其可与辛弃疾相颉颃焉。[1]

————————————

① （清）陆心源辑撰：《宋史翼》卷二十二，北京，中华书局，1991。

由于他"四叨皋寄",因而在处理狱讼中,特别重视法医勘验,他说:"狱事莫重于大辟,大辟莫重于初情,初情莫重于检验。盖死生出入之权舆,幽枉屈伸之机栝,于是乎决。法中所以通著令佐理据者,谨之至也。"① 正是基于这样的认识,宋慈把司法检验看成是与"起死回生"同等重要的大事。对于当时许多官员轻率、不负责任的态度,以及一些州县往往将关系人命大事的案件交付给一些新任职、毫无实际经验的官员和一些武职去处理,宋慈都表示极力反对,他认为这些人易受仵作、胥吏的欺骗蒙蔽,弄得黑白颠倒,是非莫辨。宋慈在《洗冤集录序》中说:"年来,州县悉以委之初官,付之右选,更历未深,骤然尝试,重以仵作之欺伪,吏胥之奸巧,虚幻变化,茫不可诘。纵有敏者,一心两目,亦无所用其智,而况遥望而弗亲,掩鼻而不屑者哉。"② 宋慈在对现场勘验的经验总结中,反复强调调查研究、实事求是的重要性,指出不可轻信口供,他说:"告状切不可信,须是详细检验,务要从实"③,对疑难案件,"须是多方体访,务令参会归一。切不可凭一二人口说,便以为信,及备三两纸供状,谓可塞责"④。宋慈在自己遇到一些疑信参半、是非难辨的案件时,对大小狱讼"审之又审,不敢萌一毫慢易心","必反复深思,惟恐率然而行,死者虚被涝漉"⑤。针对当时一些没有实际检验经验的司法官员往往造成冤假错案的情况,宋慈采撷先人经验及相关著作如《内恕录》、《折狱龟鉴》等,再结合本人四任司法官员的心得及检验经验,编写完成了世界上第一部法医学书籍《洗冤集录》,用以指导法医检验。书成之后,还再三致意贤士大夫,"或有得于见闻及亲所历涉出于此集之外者,切望片纸录赐,以广未备"⑥。《洗冤集录》问世以后,即被"官司检验奉为金科玉律"⑦,成为当时和后世审理刑狱案件的司法官员的案头必备书。

宋慈的《洗冤录》具有划时代的意义,它标志着中国传统法医检验体系的建立。《洗冤集录》所建立的司法检验体系,对后来的法医检验和法医学的发展产生了重大影响,宋赵逸斋的《平冤录》、元王与的《无冤录》等都可看作是《洗冤集录》的一种补充和发展。关于赵逸斋与《平冤录》,沈家本说:"至《平冤录》,《四库》未收,殆当时未得其书。""《平冤录》据王与之序,乃赵逸斋所撰。以宋慈称宋惠父例之,当亦是其人之号,其名则亦无可考。"⑧

五、王与《无冤录》对《洗冤集录》的发展

自宋慈的《洗冤集录》问世后,历代继有撰述,其中著名的除了南宋赵逸斋的《平冤录》以外,还有元朝的《无冤录》。沈家本说:"顾《洗冤录》官司奉为鸿宝,而平冤、无冤二《录》传本独希者,盖二《录》多采宋《录》之说,世人视为重儓而忽略之。讵知二

① (宋)宋慈:《洗冤集录校译·序》,杨奉琨校译,北京,群众出版社,1980。
② (宋)宋慈:《洗冤集录校译·序》,杨奉琨校译,北京,群众出版社,1980。
③ (宋)宋慈:《洗冤集录校译》,杨奉琨校译,26页,北京,群众出版社,1980。
④ (宋)宋慈:《洗冤集录校译》,杨奉琨校译,17页,北京,群众出版社,1980。
⑤ (宋)宋慈:《洗冤集录校译·序》,杨奉琨校译,北京,群众出版社,1980。
⑥ (宋)宋慈:《洗冤集录校译·序》,杨奉琨校译,北京,群众出版社,1980。
⑦ (清)钱大昕:《十驾斋养新录》卷十四《洗冤录》条,《钱大昕全集》,南京,江苏古籍出版社,2000。
⑧ 沈家本:《无冤录序》,《历代刑法考》(四),《寄簃文存》卷六,北京,中华书局,1985。

《录》递相祖述，后之所说，多可以补正前人之说，相辅而行，不可废也。"① 正如沈家本所说，《平冤录》、《无冤录》二书虽"递相祖述，后之所说，多可以补正前人之说，相辅而行，不可废也"，世人合称"洗冤三录"。

王与，字与之，温州人。生于南宋理宗景定二年（1261 年），卒于元惠宗至正六年（1346 年）。"少有成人志度，劬学不辍。尤注意于律，部使者推择为郡功曹。历丽水、开化、黟三县史。升行中书省，理问提控案牍。佐临海、括苍两郡幕。除湖州录事，未上，引年以乐清县尹致仕。"② 在职期间，善谳疑狱，"多所平反，摘奸发伏，抑强扶弱，见称于时。以致杭人以为神，省臣凡有疑狱，靡不属公谳焉"。晚年退隐山林，澹然自得，除著述《无冤录》外，尚有《钦恤集》、《礼防书》、《刑名通义》等。③

在《无冤录》中，王与在《自序》中说："盖狱，重事也。治狱固难，断狱犹难。然狱之关於人命者，唯检尸为至难。毫厘之差，生命攸系。苟定验不明，虽善於治狱、断狱者，亦未如之何也已。昔宋惠父念狱情之失，由定检之误，曾编《洗冤录》。赵逸斋又订《平冤录》。……予滥叨案牍之寄，历试检复之难。因观《洗冤》、《平冤》二录互有损益，遂以省部见降《考试程式》为持循之本，参考异同，分门别类。凡检验格例，序於卷首。遵而行之，庶几谨於始，民自不冤。僭目曰《无冤录》。"

在《今古验法不同》中首先说明编《无冤录》的原因："法有宜於古者，未必皆便於今，贵乎随时之宜而损益之。且人命至重，检尸最难。今检验尸伤，往往取则于《洗冤》、《平冤》二录，至若上司降下《结案式》，则失於参考。此《无冤录》之所以编也。谓如啮人者，《省部断例》：'同手足伤人保辜'；《洗冤录》则云：'啮人依他物法'。又如刃物杀伤，《结案式》云：'皮肉齐截，认是刃伤致命'；《洗冤录》则云：'肉痕齐截，只是死后假作刃伤'。又如他物伤人，《结案式》云：'行凶器仗，必须量验大小、堪否害人，收监听候'；《洗冤录》则云：'以靴鞋踢伤，若不坚硬，难作他物'。又云：'或额、肘、膝揬头撞致死，并作他物痕伤'。按《刑统》：'非手足者，其余皆为他物'。举手足为例，用头击之类亦是。但靴鞋既非手足，得称他物；额、肘、膝揬头撞，正系手足头击之类，难称他物。倘以古人验法用之於今，则致命者必碍结案，伤人者亦碍科罪。今古不同，若此者众。夫《洗冤》、《平冤》录，皆古书也，有益於后学者多矣，然未便於今者亦有之，岂可一一按之哉？二书互有得失，虽已集而为一，不敢妄意改易，必也临事详酌，随时之宜，择其善者而从之。"④ 也就是说，王与编《无冤录》，是以元代的司法检验制度与技术方法的进一步完善为基础的，因此，沈家本认为《无冤录》"下卷所采亦有《平冤录》之文，并多驳正二《录》之语，极为精审"⑤；又说："时有驳正之语，盖视二《录》益精审矣。"⑥

《无冤录》为王与晚年所作，为"历仕有得"，特别是"历试检复之难"以后经验之谈。

---

① 沈家本：《无冤录序》，《历代刑法考》（四），《寄簃文存》卷六，北京，中华书局，1985。

② 《永嘉县志》。转引自严世芸主编：《中国医籍通考》第四卷《法医》，上海，上海中医学院出版社，1993。

③ 参见杨奉琨：《王与生平事略及〈无冤录〉成书年代问题考辨》，附录杨氏所作《无冤录校注》，上海，上海科学技术出版社，1987。

④ （元）王与撰，杨奉琨校注：《无冤录校注》，1～2 页，上海，上海科学技术出版社，1987。

⑤ 沈家本：《无冤录序》，《历代刑法考》（四），《寄簃文存》卷六，北京，中华书局，1985。

⑥ 沈家本：《王穆伯佑新注无冤录序》，《历代刑法考》（四），《寄簃文存》卷六，北京，中华书局，1985。

全书分上下两卷，上卷为"论辨"和"格例"部分，为官吏检验的章程，使我们对元代的检验制度有了进一步的了解。下卷为"尸伤检验"部分，其内容大体上吸收了宋慈的《洗冤集录》、赵逸斋的《平冤录》中有关尸伤检验技术与方法的一些长处，并稍为驳正而成，在门类上也有所调整，由过去的五十三门简化为四十三门；体例上也有所改进，削繁去芜，更趋精炼；内容上有所充实，增入《平冤录》和《结案式》、《检尸体式》等元代司法检验的一些成就和新说。因此，《无冤录》在中国司法检验史上是非常重要的，其学术价值就体现在对《洗冤录》中的一些内容有所补正。后来的学者，特别是明清的学者也都和王与一样，是通过对《洗冤录》进行补充、订正来发展我国古代的司法检验技术和方法，完善法医学的体系和理论的。沈家本说："近人《详义》诸书，则更於旧《录》之固者通之，疑者析之，缺者补之，讹者正之，辨别疑似，剖析毫厘，并荟萃众说，参稽成牍，视故书为加详矣"①。

《平冤录》对某些尸体现象如溺死尸男仆女仰等及一些旧说成法如食气嗓部位、银钗试毒等进行了可贵的探索和辨正，在原有基础上又作出了新的贡献。②如对"溺死尸首男仆女仰"现象解释说："男子阳气聚面故面重，溺死者必伏；女子阴气聚背故背重，溺死者必仰。"③这种解释虽不科学，但用阴阳二气对自然现象进行解释，带有一定唯物倾向。对"食气嗓之辨"："予尝读医书，夫人身有咽、有喉，喉在前，通气；咽在后，咽物。二窍各不相丽。喉应天气为肺之系，下接肺经为喘息之道；咽应地气为胃之系，下接胃脘为水谷之路。错文见义，于《洗冤录》之说有所不通，窃疑后人传写之际，交错'食''气'二字，以致抵牾。反复参考，喉气嗓在前，咽食嗓在后，医书足可征也。"④针对这条，清末王佑曾"游学东瀛，讲求法医学"，认为："气系在前，食系在后，诚为确论。据英、奥学者巴尔铁列丙及骇眦格耳《解剖图说》、德国海满都《解剖图附录》、日本故今田束《实用解剖学》所言，皆谓气管在前，食管在后。可见此书所言，较《洗冤录》为确也。"⑤

《平冤录》对《洗冤录》的漏误进行了有益的订正。如对于孕妇被杀或产子不下身死，其尸体产生胎儿现象也进行了有益的探讨："《洗冤录》云：'有孕妇人被杀或因产子不下身死，其尸经埋地窖，因地水火风吹，死人尸首胀满，骨节缝开，故逐出腹内胎孕孩子。'予昔任盐官案牍，至治三年春，复检崇德州石门乡孕妇沈观女死尸，当原殡验入棺，怀孕在腹，众证明白。后因房亲发觉，开棺初检，则死胎已出在母裙袴中，虽已从实检覆，每思与《洗冤录》抵牾，未能窹疑。是岁之夏，予于盐官检一孕妇落水尸，初检所怀胎孕亦在母腹中，复检之后，亲属领尸未殡，胎亦自出。此二死胎，并未经埋地窖，俱各出离母腹，乃《洗冤录》议论有所未及者。"⑥王佑针对这条加以评论："据生理学与胎产学所言，孕妇死无多时，而胎儿之所以不能出者，因母体已死而子宫收缩之机能已绝也。若经过半月或月余，其死胎落出於母之

---

① 沈家本：《王穆伯佑新注无冤录序》，《历代刑法考》（四），《寄簃文存》卷六，北京，中华书局，1985。
② 关于王与生平，杨奉琨先生据清代孙衣言《瓯海轶闻》所节录自《丰湖王氏谱》的李孝光《故承直郎温州路乐清县尹王公行状》和赵许《钦恤集序》等材料，撰写了《王与生平事略及〈无冤录〉成书年代问题考辨》一文，见（元）王与撰，杨奉琨校注：《无冤录校注》，上海，上海科学技术出版社，1987。本文即采用了杨奉琨先生的说法。
③ （元）王与撰，杨奉琨校注：《平冤录校注》，4页，上海，上海科学技术出版社，1987。
④ （元）王与撰，杨奉琨校注：《无冤录校注》，10页，上海，上海科学技术出版社，1987。
⑤ 转引自沈家本：《王穆伯佑新注无冤录序》，《历代刑法考》（四），《寄簃文存》卷六，北京，中华书局，1985。
⑥ （元）王与撰：《无冤录校注》，杨奉琨校注，15页，上海，上海科学技术出版社，1987。

裙裤中者，因死胎已羸瘦枯缩故也。除此以外，卵膜之腐败破裂，羊水流出，即胎水，母体弛缓腐败，亦皆为死胎落出之原因。据此论之，则所谓因地水火风所致者不足信也。又据地质学家言，地壳外层四五尺之间甚冷，渐深则渐有温热。通常尸窖深不过三四尺，安有热度可言。据此，地水火风之说，又不足信也。"① 沈家本也进行了评论："据此《录》所载二案，死胎之出，不因地水火风，其论甚是。至谓尸窖不过三四尺，则未知中国北方之葬，大多深四五尺，或有至七八尺者，若南方之葬，皆极浅，稍深则遇水。已葬之棺，有移出数丈外者，有欹侧者，亦间有烧毁痕者，使地中无风火，则孰移之？孰欹侧之？孰烧毁之？地质学家言，恐尚是一隅之见也。以上诸条，其精者足以明旧说之难诬，余亦足以互相印证。"②

王与针对某些地方检验用营造尺而非官尺，认为检验所用的尺应该统一，他在《检验用营造尺》中说："国朝，权、衡、度尺，已有定制。至若检验尸伤，度然后知长短，夫何州县间舍官尺而用营造尺乎？考之古制，度者分寸、尺、丈、引也。以北方秬黍中者一黍之广为分，十分为寸，十寸为尺，一尺二寸为大尺，往往即营造尺耳。省部所降官尺，比古尺计一尺六寸六分有畸，天下通行，公私一体。囊见丽水、开化仵作检尸，并用营造尺，思之既非法物，校勘毫厘有差，短长无准；况明有禁例，若官府缘公行使，而责民间私用，是不揣其本而齐其末，遂毁而弃之。即取官尺打量，初则行吏仵作久习旧弊，相顾不安；终焉结案无驳，始以为是。大抵理当更张者，改之则正，岂徒尺有所短，寸有所长哉。"③ 不仅如此，王与还认为验毒所用银钗也应官为制造，严格管理，他在《检验法物银钗假伪》中说："检会《通制》、《结案式》内，毒药死尸，以银钗探入咽喉中，少时取出，其钗黑色，认是中毒致命。今司、县间，如遇检复，一应尸首，并用银钗试探；但告称中毒、服毒身死者，事多暧昧，全凭银钗定验虚实，即系切要法物。据所用银钗，仵作行人临期多是取办於里正、主首或邻佑人等及被告之家。殊不思目今市铺工匠，打造银器，滥伪不真，俗称倒三七者，即三分是银七分是铜，或半真半假者有之。银钗假伪，一触秽气，其色即变，难以辨明，遂至冤枉。参详事关乎人命，钗称为法物，用之定验，予决是非，若临事取办於民，则情弊多端，衔冤负屈者多矣。理宜官为监临工匠，用足色花银成造，以官对牌试验，凿记封收，专以检尸用度，亦绝冤滥之一端也。"④ 清末王佑针对《无冤录》中的这条规定说："各国验伤检尸器具，皆不假於人民，其器具多先消去毒物，不作他用，与此言暗合。"⑤

第七节
清代的司法检验与仵作培养

唐律中关于司法检验的条文仅有"检验尸伤故不以实"一条，宋元两代相关的司法检验

---

① 转引自沈家本：《王穆伯佑新注无冤录序》，《历代刑法考》（四），《寄簃文存》卷六，北京，中华书局，1985。
② 沈家本：《王穆伯佑新注无冤录序》，《历代刑法考》（四），《寄簃文存》卷六，北京，中华书局，1985。
③ （元）王与撰，杨奉琨校注：《无冤录校注》，5页，上海，上海社会科学出版社，1987。
④ （元）王与撰，杨奉琨校注：《无冤录校注》，6页，上海，上海社会科学出版社，1987。
⑤ 转引自沈家本：《王穆伯佑新注无冤录序》，《历代刑法考》（四），《寄簃文存》卷六，北京，中华书局，1985。

制度得到了进一步完善，明清又针对相关的司法检验制度采取历年不断纂修条例的方法予以补充和完善。至乾隆时期，著名律学家吴坛撰《大清律例通考》时关于司法检验制度的条例已有十九条之多，每条例文都对检验制度做了更加明确细致的规定和补充，因此清代的司法检验制度比以前各代的都要完善和细致。

一、司法检验人员

清代的司法检验工作，以及对仵作等的设置、培养和监督管理主要由各级地方行政长官即所谓"正印官"负责，特殊情况下如正印官外出，可由副贰官员或其他官员负责，但司法检验的具体工作一般由各级官府里专门的检验差役仵作等来承担。

地方"正印官"即州县长官为所辖地方司法检验的主要负责者，因此，他们必须熟悉司法检验的技术和方法。"夫检验尸伤立（之）法，备载《洗冤录》中。凡为牧令悉当留心，讲究熟习，平时一遇地方报到命案，一面差拘凶首，勿使疏脱，一面传集仵作刑书，单骑简从，亲经相验，切勿差催搭棚等项，亦不可任仵作刑书远离左右。"①

但在特殊情况下，可以由其他佐贰官员、属吏来负责司法检验。例如，清例规定："凡黔、蜀等省遇有命案，其府、州、县原无佐贰，及虽有佐贰而不同城者，印官公出，准令经历、知事、吏目、典史等官，酌带谙练仵作，速往如法相验，写立伤单报明，印官回日查验填图通报。如印官不能即回，仍请邻邑印官查验填报。其讯无别故之自尽、病毙等案，验明即准取结瘗埋，仍由印官通详立案。如代验后查有增减伤痕情弊，即将原验官照检验不实例分别议处。其各省所属府、州、县内，有与黔、蜀等省相似者，一体酌量办理。其余仍照定例遵行。"②

乾隆十八年（1753年），广东巡抚苏昌条奏："凡各省州、县同城并无佐贰，邻封寓远地方遇有呈报人命，印官公出，如原系吏目、典史分辖地方，即日可以往返者，仍饬吏目、典史验立伤单，申报印官覆验。其距城遥远、往返必须数日处所，该吏目、典史据报，一面移会该管巡检就近往验，填注伤单，一面申请印官覆验通报，如印官不能即回，即申请邻邑代验通详。倘该巡检相验不实，或有受贿情弊，即行分别参究。"③

司法检验的具体工作既脏又累，而且须具备专门的知识，因此，清代实际的司法检验工作一般由各级官府里定额设置的检验差役仵作来承担。关于仵作的编制定额，清雍正六年（1728年）定例规定："大县额设仵作三名，中县额设二名，小县额设一名。"在北京五城司坊，"每城额设仵作一名之外，各添设额外学习仵作一名，令该巡城御史召募考试充当"。

此外，清例还规定各县须在额设仵作之外"再募一、二人，令其跟随学习，预备顶补"④。如果"州、县仵作缺额不行募补，州、县官及各上司均交部分别议处。倘不将仵作补

---

① （清）田文镜撰：《钦颁州县事宜》，载郭成伟主编：《官箴书点评与官箴文化研究》，117 页，北京，中国法制出版社，2000。

② （清）吴坛撰，马建石、杨育棠等校注：《大清律例通考校注》，1102 页，北京，中国政法大学出版社，1992。

③ （清）吴坛撰，马建石、杨育棠等校注：《大清律例通考校注》，1102 页，北京，中国政法大学出版社，1992。

④ （清）吴坛撰，马建石、杨育棠等校注：《大清律例通考校注》，1101 页，北京，中国政法大学出版社，1992。

足，因而私侵工食银两者，州、县官革职提问，该管各上司一并交部议处"①。清例还规定："遇有额设仵作病故、革退，即以额外仵作顶补，再行考募学习之人。"②

对于仵作的培养，清代法律也有规定，如雍正六年定例：每名仵作"发《洗冤录》一部，选委明白刑书一人，与仵作逐细讲解"，而且有相应的考核管理措施，如乾隆二十八年（1763 年），西安按察使秦勇均条奏定例："州、县平日督令仵作悉心讲读《洗冤录》，务期通晓。将额设仵作几名及额外学习仵作几名，造具花名清册，于每年开印后，申送该管府、州汇册，通送院司存案。该府、州将附近所属仵作，按照册开名数、姓名，每年提考一次。其所属地方有远在二三百里、四五百里者，令该管府、州每年于因公出境经过时就近考试，不必概行提考。其考试之法，即令每人讲解《洗冤录》一节，如果讲解明白，当堂从优给赏。倘讲解悖谬，即分别责革，饬令勒限学习及另募充补。仍将提考已竣及奖赏责革各缘由，于册内登明，汇报院司查核，并将召募非人、懒于稽察之州、县，分别查参。其在京五城司坊额设仵作，即责成该巡城御史每年照此例办理。"③ "若有暧昧难明之事，果能检验得法，洗雪沉冤，该管上司赏给银十两。其有检验故行出入，审有受贿情弊者，照例治罪，不许充役。"④

至于仵作的待遇，清例规定：额外学习仵作的"工食，照额设仵作减半赏给，每名月给工食银五钱，由户部支领，以资养赡"。此外，额设仵作"每人拨给皂隶工食一名，学习者两人共拨给皂隶工食一名"⑤。

二、检验的法律规定

1. 尸体的检验

清代法律规定命案必须进行司法检验。命案一般属于非自然死亡，也即暴力致死，按原因一般又分自杀案件（如金刃自戕、投井、投缳）和他杀（如斗杀、故杀、谋杀等）。不论何种死亡，凡属命案，一般都应进行尸体的检验，如雍正三年（1725 年）律例馆奏准："凡外省驻防旗人遇有命案，该管旗员即会同理事同知、通判，带领领催、尸亲人等公同检验。一面详报上司，一面会同审拟。如无理事同知、通判之处，即会同有司官公同检验，详报审拟。"⑥

对于尸伤的检验主要是确定致死的"根因"即原因，为侦破案件和最后依法审判定案提

---

① （清）吴坛撰，马建石、杨育棠等校注：《大清律例通考校注》，1101 页，北京，中国政法大学出版社，1992。

② （清）吴坛撰，马建石、杨育棠等校注：《大清律例通考校注》，1103 页，北京，中国政法大学出版社，1992。

③ （清）吴坛撰，马建石、杨育棠等校注：《大清律例通考校注》，1103 页，北京，中国政法大学出版社，1992。

④ （清）吴坛撰，马建石、杨育棠等校注：《大清律例通考校注》，1101 页，北京，中国政法大学出版社，1992。

⑤ （清）吴坛撰，马建石、杨育棠等校注：《大清律例通考校注》，1101 页，北京，中国政法大学出版社，1992。

⑥ （清）吴坛撰，马建石、杨育棠等校注：《大清律例通考校注》，1100 页，北京，中国政法大学出版社，1992。

供事实依据。对于死因明确无误者，经讯验属实后一般不予检验。乾隆三十八年（1773年），监察御史邹梦皋条奏定例："凡五城遇有命案，除道途倒毙、客店病亡，经该城验讯属实，即自行完结外，其余金刃自戕、投井、投缳等案，俱令该城指挥照例验报，由该城御史审讯，转报刑部核覆审结。倘有漏报，将该城官员指名参处。"①

2. 活体的检验

斗殴案件中，为了确定斗殴双方刑事责任的大小及保辜期限的长短，历代法律都规定了对活体的检验。清刑律中的《斗殴·保辜限期》是由秦汉隋唐时期的法律沿袭而来的，其明确规定："凡京城内外及各省州县，遇有斗殴伤重不能动履之人，或俱控到官，或经拿获及巡役地保人等指报，该管官即行带领仵作，亲往验看，讯取确供，定限保辜，不许扛抬赴验。如有违例抬验者，将违例抬验之亲属，与不行阻止之地保，各照违令律，笞五十。因抬验而致伤生者，各照不应重律，杖八十。倘内外该管衙门，遇有伤重不能动履之人，仍令扛抬听候验看者，各该上司察实指参，交部议处。"②

清代，一般将殴斗案件视为琐屑细事，关系不大，因此对活体的检验一般可以委托佐贰及属吏代为验看。"凡斗殴伤重之人，除附近城郭，以及事简州县，照例正印亲诣验看外，其离城窎远之区，及繁冗州县，委系不能逐起验看者，许委佐贰、巡捕等官代往据实验报，仍听州县官定限保辜。倘佐贰、巡捕等官，验报不实，照例议处。如州县官怠弛推诿，概委佐贰、巡捕等官代验，致滋扰累捏饰等弊，仍照定例议处。"③

3. 免检的法律规定

明朝洪武时期的旧例规定，对尸体免检要由苦主（死者亲属）提出，官府根据法律批准以后方可免检。清代沿用这种规定，大致分以下情形：

第一，确属自杀或意外死亡者，如"诸人自缢、溺水身死，别无他故，亲属情愿安葬，官司详审明白，准告免检"④。

第二，虽为他杀（非自然死亡），但死因明白者如"事主被强盗杀死，苦主自告免检者，官与相视伤损，将尸给亲埋葬"⑤。

第三，"其狱囚患病责保看治而死者，情无可疑，亦许亲属告免覆检"⑥。

第四，若为暴力死，即"亲属虽告，不听免检"⑦。

清代名幕王又槐在《办案要略》中说："自尽等案准告免检，例内原云：官司详审明白。

① （清）吴坛撰，马建石、杨育棠等校注：《大清律例通考校注》，1103页，北京，中国政法大学出版社，1992。

② （清）吴坛撰，马建石、杨育棠等校注：《大清律例通考校注》，822页，北京，中国政法大学出版社，1992。

③ （清）薛允升：《读例存疑》，胡星桥、邓又天等点校，624页，北京，中国人民公安大学出版社，1994。

④ （清）吴坛撰，马建石、杨育棠等校注：《大清律例通考校注》，1100页，北京，中国政法大学出版社，1992。

⑤ （清）吴坛撰，马建石、杨育棠等校注：《大清律例通考校注》，1100页，北京，中国政法大学出版社，1992。

⑥ （清）吴坛撰，马建石、杨育棠等校注：《大清律例通考校注》，1100页，北京，中国政法大学出版社，1992。

⑦ （清）吴坛撰，马建石、杨育棠等校注：《大清律例通考校注》，1100页，北京，中国政法大学出版社，1992。

所谓详审明白者，似宜亲诣尸所，相视情形，并讯取众供确凿，毫无疑义。如尸亲恳求免检，亦不妨当场准结，以顺下情，仍一面通详立案。若甫经报官，忽递拦词，又或于中途拦阻，则不可准行也。"①

三、检验的程序

1. 报检及发检

清代一般由事主或事发地的保甲来报案，正如清代名幕汪辉祖所说："呈报命案，非尸亲，即地保。"② 对于报案的言词一般应记录在案，被称为报词。

经验丰富的司法审判人员对报词非常重视。"报词者，乃通案之纲领"，对报词力求"要与口供针孔相对，贵于简明切实，最怕牵扯缠扰。尸亲遇有人命，多有捏砌牵连，轻重不实。若勒令改换，刁徒藉为口实。若据词叙详，情节不符，案难归结。夫命案重情，全以验勘情形伤痕与犯证各供为凭，仅据尸亲一面之词，何足取信？查地方保甲，例有稽查命盗之责，闾阎巨细争斗事件，无不投知地保。地保既经查验，则两造之曲折周知，虚实轻重自有公论。当其发觉之初，一同来报，虽未必直言无隐，亦不至旁生枝节。是地保之报词乃案中之纲领也。其地保呈内，只令叙明某人因何身死、查有何伤、曾否起获凶器、捉获凶犯、证佐何人、住居何地，数语而已。尸亲之呈只以'报同前由'，一语带过，不必赘叙。至黑夜被盗情形、赃物，惟事主深知。强窃盗案又当以事主报词为主，如有以窃报强，及混称多人、捏开多赃，与验勘审讯不符者，饬令据实呈明详报，不可依样葫芦"③。

州县地方官在接到报案后，如系应检验的人命重案，应"一面讯供，即一面佥役传验，无论寒暑远近，讯毕即往，以免犯证入城，先投讼师商榷"④。乾隆元年（1736年）定例："地方呈报人命到官，正印官公出，壤地相接不过五六十里之邻邑印官，未经公出，即移请代往相验；或地处窎远，不能朝发夕至，又经他往，方许派委同知、通判、州同、州判、县丞等官，毋得滥派杂职。其同知等官相验，填具结格通报，仍听正印官承审。如有相验不实，照例参处。"⑤

京城旗人命案，"令本家禀报该佐领迳报刑部相验。街道命案，无论旗、民，令步军较呈报步军统领衙门，一面咨明刑部，一面飞行五城兵马司指挥星往相验，迳报刑部。其外城地方人命，亦无论旗、民，俱令总甲呈报该城指挥，该城指挥即速相验，呈报该城御史转报

① （清）王又槐：《办案要略》，载郭成伟主编：《官箴书点评与官箴文化研究》，146 页，北京，中国法制出版社，2000。

② （清）汪辉祖：《学治臆说》，载郭成伟主编：《官箴书点评与官箴文化研究》，217 页，北京，中国法制出版社，2000。

③ （清）王又槐：《办案要略》，载郭成伟主编：《官箴书点评与官箴文化研究》，158～159 页，北京，中国法制出版社，2000。

④ （清）汪辉祖：《学治臆说》，载郭成伟主编：《官箴书点评与官箴文化研究》，217 页，北京，中国法制出版社，2000。

⑤ （清）吴坛撰，马建石、杨育棠等校注：《大清律例通考校注》，1101 页，北京，中国政法大学出版社，1992。

刑部、都察院。若系旗人，并报该旗"①。

但是，在"遇告讼人命，有自缢、自残及病死，而妄称身死不明、意在图赖诈财者，究问明确，不得一概发检，以启疑窦"②。

2. 初检

证据对于人命大案尤为重要，正如田文镜所谓"人命重情，全凭尸伤定案。伤仵相符，供情明确，问疑始得乎平允"。因此，清代官府非常重视初检，有关司法检验的规定也大多是针对初检而设立的。

初检必须及时，要求州县官"一遇地方报到命案，一面差拘凶首，勿使疏脱，一面传集仵作刑书，单骑简从，亲经相验，切勿差催搭棚等项，亦不可任仵作刑书远离左右。一到尸场，即唤原被证佐讯问，彼此有无仇隙，因起何，用何器械，打伤几处，几人动手，各伤何处，几日身死。得其实情，然后令人将尸移放平明地上，督同仵作细验，某处系何物致伤，是何颜色，长阔深浅，是何分寸，先前有无残疾，死后有无赃点，沿身上下，务须亲加察看。硃填尸格，不得避秽远离，任得仵作喝报，被其欺朦。又须追起凶器，比对伤痕，果否相符，有无疑窦。盖验讯既速，则尸无发变之虞，役无贿诈之弊，凶无狡饰之情，伤无不确之患，诸弊除而信案成矣。倘或初验失实，必致后来复验。为时愈久，滋弊愈多，死骨有蒸刷之惨，生命含覆盆之冤，可不慎耶！"③

州县官必须亲临，因为"地方官担利害，莫如验尸。盖尸一入棺，稍有游移翻供，便须开检。检验不实，即干吏议，或致罪有出入，便不止于褫职"④。地方官为了自己仕途的考虑，必须亲临，且亲自看验，"相验时仵作报伤之处，须将尸身反复亲看，遇有发变，更须一一手按，认辨真伪。时当盛暑，断不宜稍避秽气，或致仵作弊混……验毕指是真伤，令凶手比对痕合，然后棺敛，自无后虑。如凶手未到，或系他物伤，伤痕分寸，尤须量准，异日追起凶器，比合可成信谳"⑤。

对于生伤即活体检验也应亲临，不应轻易委托佐杂官吏，因为"两造报告伤，多先嘱托仵作，故仵作喝报后，印官犹必亲验，以定真伪。佐杂则惟据仵作口报而已，何足深信"⑥。

初检必须详尽细心，地方官"亲诣尸所，督令仵作如法检报，定执要害致命去处，细检其圆、长、斜、正，青赤分寸，果否系某物所伤，公同一干人众质对明白，各情输服，然后

① （清）吴坛撰，马建石、杨育棠等校注：《大清律例通考校注》，1102页，北京，中国政法大学出版社，1992。

② （清）吴坛撰，马建石、杨育棠等校注：《大清律例通考校注》，1099页，北京，中国政法大学出版社，1992。

③ （清）田文镜：《钦颁州县事宜》，载郭成伟主编：《官箴书点评与官箴文化研究》，117页，北京，中国法制出版社，2000。

④ （清）汪辉祖：《学治臆说》，载郭成伟主编：《官箴书点评与官箴文化研究》，217～218页，北京，中国法制出版社，2000。

⑤ （清）汪辉祖：《学治臆说》，载郭成伟主编：《官箴书点评与官箴文化研究》，218页，北京，中国法制出版社，2000。

⑥ （清）汪辉祖：《学治臆说》，载郭成伟主编：《官箴书点评与官箴文化研究》，217页，北京，中国法制出版社，2000。

成招。或尸久发变青赤颜色，亦须详辩，不许听凭仵作混报拟抵"①。

检验不得骚扰地官，雍正三年（1725 年）律例馆奏准："凡人命呈报到官，该地方印官立即亲往相验，止许随带仵作一名，刑书一名，皂隶二名。一切夫马、饭食俱自行备用，并严禁书役人等，不许需索分文。……如该地方印官不行自备夫马、取之地方者，照因公科敛律议处。书役需索者，照例赃计，分别治罪。"② 此条系雍正三年定例，薛允升说："总系恐其扰累地方之意。"

检验尸体，一般应传尸亲到场，如遇"刁悍尸亲，或妇女泼横，竟有不可口舌争者。执发变为伤据，指旧痕为新殴，毫厘千里，非当场诘正，事后更难折服。宜将《洗冤录》逐条检出，与之明白讲解，令遵《录》细辩，终能省悟"③。如果"尸亲远居别属，一时不能到案，该地方官应即验明，立案殓埋"④。

3. 尸格的填写

刑部统一印制"验尸图格"，也叫尸状，颁行各省。如遇"人命呈报到官，地方正印官随带刑书、仵作，立即亲往相验。"⑤

验尸，由"仵作据伤喝报部位之分寸，行凶之器物，伤痕之长短浅深，一一填入尸图"⑥。对于尸格的填写，一般还有技术性具体要求："叙伤要照尸格声明致命某处某伤、不致命某处某伤，并长阔、深浅、分寸、颜色，不可但称某处某伤，而不照写致命、不致命也。至无伤之处又不必声明。其有死后残毁、别伤及生前疮杖旧痕，亦须分别填明，取其仵作供结。至于尸格内'偏左'、'偏右'，专对囟门顶心而言，其余左右不得加以'偏'字，致令混淆。叙完各伤之后，点出委系因何身死一语，最宜详慎，不可率混，致有出入。"⑦

对于检骨，则另有格式要求："与尸格不同。伤有疑难，取仵作口供入详，将疑难缘由及《洗冤录》证据逐一供明，庶免驳诘。又必访查邻封谙练检骨仵作，详明关提，留于内署，免致贿嘱作弊"⑧。

4. 检验所用器具

仵作验伤的阔狭深浅常用尺，针对所用尺寸不一，乾隆十二年（1747 年）甘肃按察使顾济美条奏定例："凡检验量伤尺寸，照工部颁发工程制尺一例制造备用，不得任意长短，致

---

① （清）吴坛撰，马建石、杨育棠等校注：《大清律例通考校注》，1099 页，北京，中国政法大学出版社，1992。

② （清）吴坛撰，马建石、杨育棠等校注：《大清律例通考校注》，1100 页，北京，中国政法大学出版社，1992。

③ （清）汪辉祖：《学治臆说》，载郭成伟主编：《官箴书点评与官箴文化研究》，218 页，北京，中国法制出版社，2000。

④ （清）吴坛撰，马建石、杨育棠等校注：《大清律例通考校注》，1101 页，北京，中国政法大学出版社，1992。

⑤ 《清史稿·刑法志》。

⑥ 《清史稿·刑法志》。

⑦ （清）王又槐：《办案要略》，载郭成伟主编：《官箴书点评与官箴文化研究》，160 页，北京，中国法制出版社，2000。

⑧ （清）王又槐：《办案要略》，载郭成伟主编：《官箴书点评与官箴文化研究》，161 页，北京，中国法制出版社，2000。

有出入。"①

　　仵作验毒时常用银钗或银针，而所用银针的质地、成色有时也足以影响检验结果，因此，法律也明确规定："银针试毒，必须用真纹银打成，方可信用。银匠每多抽真换假，或以低色搭配，即当面目击，亦能弄弊。有司不知而误用，难以辨伪。惟有多发纹银，饬令成造二三条，另换工匠，抽出一条入炉倾溶，仍成原色，其针才可备用。"②

　　5. 复检与三检

　　一般案件，只需进行一次司法检验即可定拟，但在法律规定的特殊情况下，往往可以复检，但一般不得三检。康熙时定例："凡人命重案，必检验尸伤，注明致命伤痕。一经检明，即应定拟。若尸亲控告伤痕互异者，许再行覆检，勿得违例三检，致滋拖累。"③

　　复检往往不得委派原审官员及初检仵作，并须亲赴尸所，"如有疑似之处，委别官审理者，所委之官带同仵作亲诣尸所，不得吊尸检验"。薛允升针对该条说："上层言只许复检，不得三检也。下层言只许诣验，不准吊验也。"④

四、检验违法的责任

　　明清律中都有一条"检验尸伤不以实"："凡官司初检验尸伤，若承委牒到，托故迁延不即检验，致令尸变，及虽即检验不亲临尸所监视，转委吏卒凭臆增减伤痕。若初检与复检官吏相见扶同尸状，及虽亲临监视，不为用心检验，移易如移脑作头之类轻重如本轻报重，本重报轻之类，增减如少增作多，如有减作无之类尸伤不实，定执要害致死根因不明者，正官杖六十；同检首领官，杖七十；吏典，杖八十。仵作行人检验不实，扶同尸状者，罪亦如吏典，以杖八十坐之。其官吏、仵作因检验不实而罪有增减者，以失出入人罪论。失出减五等，失入减三等。若官吏、仵作受财，故检验不以实致罪有增减者，以故出入人罪论。赃重于故出、故入罪者，计赃以枉法各从重论。止坐受财检验不实之人，其余不知情者，仍以失出入人罪论。"⑤

　　这条律文是根据清代司法检验的实际情况而制定的，具有很强的针对性。实际上，州县官往往初入仕途，"不谙检验之法，遇有人命，不即往验，因仍旧习，先差衙役催搭尸棚，预备相验什物。种种骚扰，该役既自索差钱，又为仵作刑书串说行贿，官尚未到尸场，而书役贿赂已得，安排已定。及至临场相验，官又躲避臭秽，一任仵作混报，增减伤痕，改易部位，甚或以打为磕，以砍为抹，以致伤仗参差，案情混淆。详驳复验，罪有出入，官被参处，莫不因此而起。"⑥

---

　　① （清）吴坛撰，马建石、杨育棠等校注：《大清律例通考校注》，1101 页，北京，中国政法大学出版社，1992。

　　② （清）王又槐：《办案要略》，载郭成伟主编：《官箴书点评与官箴文化研究》，145 页，北京，中国法制出版社，2000。

　　③ （清）吴坛撰，马建石、杨育棠等校注：《大清律例通考校注》，1100 页，北京，中国政法大学出版社，1992。

　　④ （清）薛允升：《读例存疑》，胡星桥、邓又天等点校，864 页，北京，中国人民公安大学出版社，1994。

　　⑤ （清）吴坛撰，马建石、杨育棠等校注：《大清律例通考校注》，1099 页，北京，中国政法大学出版社，1992。

　　⑥ （清）田文镜：《钦颁州县事宜》，载郭成伟主编：《官箴书点评与官箴文化研究》，117 页，北京，中国法制出版社，2000。

"检验尸伤不以实"这条律文规定了司法检验不如法的法律责任，清代著名律学家沈之奇将这条律文分解为五种不同情形：

（1）检验不及时

他说："凡命案必以尸伤为凭，而检验尸伤，须在身死未久、尚未发变溃烂之时，则伤痕之颜色分寸，确然可指。若委牒已到，当该官司犹不即行检验，致令尸变，则有迟缓之过矣。"①

（2）长官不亲临检验而转委吏卒

"人命至重，例须正官检验，若承牒之后，不亲临监视，转委吏卒，伤痕既未亲见，难免增减之弊也。"②

（3）官吏扶同尸状

官吏扶同尸状是指"初检后，复检官吏不细心详察，仍复扶同尸状"③，对于"仵作受财增减伤痕，扶同尸状，以成冤狱，审实，赃至满数者，依律从重科断。不先究致死根因明确，概行检验者，官吏以违制论"④。

（4）不用心检验

不用心检验是指官员虽"亲临监视，而不用心细看伤痕，致有移易、轻重、增减之事。移者，如脑伤移作头，腿伤移作肋，而受伤之处不同也；轻重者，如赤色本重，报作微红，淡色本轻，报作紫黑，则受伤之处虽同，而伤之轻重不同也；增减者，少伤而增为多伤，有伤而减为无伤之类。再如长阔、大小、围圆、深浅分寸之间，有所增减者，亦是。是皆尸伤不实也"⑤。

（5）致死根因不明

致死根因不明是指"致死必有根因，未曾推勘明白，执定何伤致命，是否死于受伤，或是勒非缢，虽伤后病，及共殴而下手致命之人不的之类"⑥。

第十四条例文："广西凌云县属命案，在天峨哨地方，去县治在三百里者，准令该处分驻县丞带领谙练吏、仵作前往代验，填格取结，远交该县承审。如有勘验不实，照例议处。至去县不及三百里之命案，仍照旧办理。"⑦

第十五条例文："归化城各协厅所属，遇有呈报命案到官，即令该通判星往验明，填格录供通详，仍照例详请都统派委蒙古官员会同审拟，毋庸详派会验，致滋稽延。倘该通判等相验不实，以及迟延贻误，令该管上司分别参处。"⑧

---

① （清）沈之奇撰：《大清律辑注》，下册，怀效锋、李俊点校，1032页，北京，法律出版社，2000。
② （清）沈之奇撰：《大清律辑注》，下册，怀效锋、李俊点校，1032页，北京，法律出版社，2000。
③ （清）沈之奇撰：《大清律辑注》，下册，怀效锋、李俊点校，1032页，北京，法律出版社，2000。
④ （清）吴坛撰，马建石、杨育棠等校注：《大清律例通考校注》，1099页，北京，中国政法大学出版社，1992。
⑤ （清）沈之奇撰：《大清律辑注》，下册，怀效锋、李俊点校，1032页，北京，法律出版社，2000。
⑥ （清）沈之奇撰：《大清律辑注》，下册，怀效锋、李俊点校，1033页，北京，法律出版社，2000。
⑦ （清）吴坛撰，马建石、杨育棠等校注：《大清律例通考校注》，1102页，北京，中国政法大学出版社，1992。
⑧ （清）吴坛撰，马建石、杨育棠等校注：《大清律例通考校注》，1103页，北京，中国政法大学出版社，1992。

第十九条例文："黔省州、县命案，如逢盛暑印官公出不能即回，邻封窎远往返数日者，准代验之杂职等官取立伤单，将尸棺殓。其州、县未行覆验缘由及原验杂职衔名，俱于原题内声叙。如有伤痕不符等弊，将原验官参处。若印官计日即回，邻封相距不远者，仍照旧例行。"①

到清末时，相关例文仍在不断地增补和完善，清末著名律学家长安薛允升大司寇撰写《读例存疑》时，曾就一些相关制度规定中存在的问题提出改进意见。如：

乾隆五十六年（1781年），都察院左都御史舒常等奏准定例："京师五城指挥相验，城内不得过两日，关外不得过三日，如一时案件丛集，指挥不能分身者，准委副指挥吏目代验，仍归指挥承办。倘指挥有心规避，委验之员有心推卸者，巡城御史稽查参奏。御史姑容，经他人查出参奏者，一并交部议处。"薛允升说："此系仿照外省佐贰代验之例也。然必谓正指挥相验者，并无弊端，副指挥及吏目相验者，多不可靠，似非通论。"②

"广西东兰州属之那地土州，陵云县属之天峨哨地方，去州县城在三百里，及全州属之西廷州，同西隆州属之八达州，同去州城在一百里以外之命案，准令该处分驻州同、州判、县丞带领谙练件作，前往代验，填格取结，送交该州县承审，如有勘验不实，照例议处。其东兰、陵云去州县不及三百里，全州、西隆州去州不及一百里之命案，仍各照旧例办理。"此条系乾隆三十八年（1763年），广西按察使柏琨条奏定例，道光六年（1826年）、七年增定。薛允升说："有司决囚门一条专言盗案，此则专言命案也，应彼此参看。相验之法既详，故条例日以增多，其势然也。"③

道光十二年（1832年），京畿道监察御史宋劭谷奏请定例："差役奉官暂行看押人犯，有在押身死者，无论有无陵虐，均令禀明本管官，传到尸亲，眼同验明，不得任听私埋。如有私埋情事，经尸亲控告破案者，官为究明致死根由，详请开检，无庸取具尸亲甘结。检明后除讯系差役索诈陵虐致毙者，仍照各本律例从重治罪外，若止系因病身死，即将私埋之差役，杖七十，徒一年半。控告之尸亲，讯无挟仇情节，仍按诬告各本律，分别科断。地方官有任听私埋，及庇护差役，不即开检者，交部分别严加议处。至差役私押毙命之案，应令禀请邻封州县，传到尸亲，眼同验明究办。若有私埋匿报，以及一切凶徒挟仇谋财，致毙人命，私埋灭迹者，经尸亲告发之后，如业将致死根由，究问明白，毫无疑义，而尸伤非检不明者，亦即详请开检，按例惩办，均无庸取具尸亲甘结。"薛允升说："狱囚患病责保看治而死者，情无可疑，许亲属告免复检，见本门。误执伤痕，致尸遭蒸检，见诬告门。均应参看。诬告门以尸遭蒸检为重，此条又以私埋为重，因私埋而致尸遭蒸检，将坐何人以重罪乎？例内何以并不叙明耶？"④

"奉天省昌图岫岩凤凰城各厅所属命案，如距厅在三百里以外者，准令照磨及分防巡检，带领谙练吏件，前往代验，填格取结，送交各该厅承审。如有勘验不实，增减伤痕情弊，分别照例议处。其讯无别故自尽、病毙等案，亦准取结验埋，由各该厅通详立案。若距厅不及

① （清）吴坛撰，马建石、杨育棠等校注：《大清律例通考校注》，1103页，北京，中国政法大学出版社，1992。

② （清）薛允升：《读例存疑》，胡星桥、邓又天等点校，868页，北京，中国人民公安大学出版社，1994。

③ （清）薛允升：《读例存疑》，胡星桥、邓又天等点校，868页，北京，中国人民公安大学出版社，1994。

④ （清）薛允升：《读例存疑》，胡星桥、邓又天等点校，868页，北京，中国人民公安大学出版社，1994。

三百里者，仍照例办理。"

薛允升说："详请检验，屡次驳查，迟延有因者，另行扣限，见官文书。稽程佐杂代往验伤，见保辜限期。秋审情实人犯病故，派员相验，见有司决囚等第。"①

五、清代司法检验的著作

南宋宋慈所撰《洗冤录》是我国第一部系统的司法检验书籍，历代奉为司法检验之圭臬、从政之津梁。明代王肯堂曾作《洗冤录笺释》传世。清朝政权建立后，由于《洗冤录》在司法审判中的地位和作用越来越重要，"《洗冤》一编，垂为令甲，凡职斯役者，莫不习之，非此书无以决难决之狱，是以群奉为圭臬焉"②。因此，对《洗冤录》进行研究、以《洗冤录》为基础的订补之作层出不穷，正如沈家本所说，"近来《洗冤录辨正》、《续辑》、《汇编》、《集证》、《集注》、《集说》、《附记》、《附考》、《摭遗》诸书，其名难偻指数。海昌许珊林太守槤之《详义》，世尤风行。"③可以说，清代司法检验的科学技术成就主要地集中反映在对《洗冤集录》的订正补充上。

1. 王明德与《洗冤录补》

王明德，清初高邮人，字亮士，又号金樵，康熙时官刑部郎中，据《高邮州志》本传，后"转湖广汉阳府知府，会提督谭洪反，明德督粮入川，陷逆境。胁授伪职，不从，以死自誓，投水求尽，不得，又削发为僧。王师进剿，谭逆殄灭，明德奔归本土。至夔州府分县，夜黑觅路，跌深崖间，两手足皆重伤"④，后不久就弃世。王明德官刑部时"以律例关系民命"，著有《读律佩觿》。

《读律佩觿》卷八为《洗冤录补》，王明德对《洗冤录》订补，是鉴于康熙时，"膺守土之寄、执刑宪之司者，精神智慧类多毕力乎催科，疲精乎酬应，而强半更肆耗夫奔营，否亦侈心于声歌宴会，献酬交错之场而已"，很少有人致力于探讨司法检验，使民无冤民，案无冤狱。"以致《洗冤》一录，竟成腐弃，无论贤士大夫寄情风雅，不屑为之致问，即刀锥射利之徒，亦竟绝其梨枣，不复见诸剖劂。"对此，王明德感叹不已，他说自己"旁搜广搆几四十余年，卒莫可得"。后来他得到明代王肯堂《洗冤录笺释》，开始潜心捧读，发现"虽所辩尚多未备，然前贤苦心，则已尽形纸上，若其所列条贯，乃系汇集并收，未为分条粲列，阅者不免眩然"。于是王明德"于随行判衙之暇，别而澄之，以资校阅。至于录所未备，更即生平见闻所及，聊为续貂，并各谬参治疗诸术方于后"⑤，完成了《洗冤录补》一卷，收于其所著的《读律佩觿》为第八卷。

2. 王又槐对《洗冤录》的增辑

王又槐，字荫庭，乾隆朝浙江钱塘人，是当时著名的律学家、"法家老手"，曾入幕多年，精于律例，在长期刑幕实践中积累了丰富的经验，著有多种著作行世，如《办案要略》、

① （清）薛允升：《读例存疑》，胡星桥、邓又天等点校，869页，北京，中国人民公安大学出版社，1994。
② 沈家本：《王穆伯佑新注无冤录序》，《历代刑法考》（四），《寄簃文存》卷六，北京，中华书局，1985。
③ 沈家本：《王穆伯佑新注无冤录序》，《历代刑法考》（四），《寄簃文存》卷六，北京，中华书局，1985。
④ 浦志强：《论王明德与〈读律佩觿〉》，载中国政法大学法律古籍整理研究所编：《中国古代法律文献研究》，第二辑，北京，中国政法大学出版社，2004。
⑤ （清）王明德：《读律佩觿》，何勤华等点校，309页，北京，法律出版社，2001。

《刑钱必览》、《政治集要》等。此外，王又槐非常重视司法检验，他说："予幕学数十年，未敢掉以轻心，而于人命尤兢兢焉。"因此，他平时就非常重视对司法检验经验和方法的积累，"凡成案足徵医书可信，于验伤检骨有关涉者，就原《录》门类随时附书，以备参考"。在此基础上，他完成了《洗冤录集证》一书的纂辑，书中内容皆平时闻见所得，"所书各条，皆先辈高明所传述，以及近年法司所谳定，一无臆说于其间，不过集所验而证所是"①。

3. 李观澜对《洗冤录》的补辑

康熙时，刑部律例馆曾对《洗冤录》进行校正，对于版本"采择之备，辨别之精，固详审而靡有遗矣"，由刑部刊印颁行。但在实际的司法检验过程中，"或操切以为能，抑姑息以为德。操切者视成书为具文，往往断以己意而周内之。姑息者则又援引寡辩，易售奸民猾吏之欺"。鉴于此，王又槐辑《洗冤录集证》，但"情伪万变，每有事涉暧昧，迹介疑似，非可意计测者，故凡致死伤疲在虚惕之处，检验成法集中尚有未备"，有不断补充订正的必要。李观澜在游幕过程中，得到"《洗冤录补遗》及拙斋国中丞《洗冤录备考》二书，并杂说"，在自己长期积累的检验知识的基础上对二书进行审阅，认为"所有伤痕诸说，历历可采"，因而删定各条，摘录于王又槐《洗冤录集证》之后，"合梓以公诸世，其亦更为详备"②。

4. 阮其新与《洗冤录集证补注》

阮其新，道光时期会稽人，早年曾"从事申韩之学"，接触过《洗冤录》，但"读是书而不甚解，盖事未亲历，无由辨证故也"。道光年间，阮其新任南城指挥，按照惯例，指挥专司相验。于是阮其新"复展是书，详加研究。每遇检验，必反覆而谛审之，以为是书证凡向之所不甚解者，均了然于心目，而疑难之谳，亦无不释矣"。后来，阮其新出任横州道台，过汉江相遇裴恕斋，因其"论及检验事，恕斋津津不已，且出其手批《洗冤录》一册见示，并举录内所云相验当互证参合、不可执一而论以为秘要，恕斋固深得此中三昧者"，让阮其新尤其佩服，因而将裴恕斋手批《洗冤录》"手录数条携以自随"。后来，阮其新"权守泗城政"，从政闲暇，在明代王肯堂《洗冤录笺释》、王又槐《洗冤录集证》的基础上对《洗冤录》又进行了整理，"於坊刻本之讹错者，逐一更正各条之后，附以经验成案，并将所习《宝鉴编》亦附于篇末，以备参览"。经过两年的写作，始大功告成，在序中阮其新自谓"非敢标并翻新，自矜圭臬，然于检验之法，不为无补"③。

5. 瞿中溶对《洗冤录》的辨正

瞿中溶，嘉庆、道光时期人，"从事湘楚十五六年"。当时规定，司法检验应奉律例馆校正《洗冤录》之本为准，但实际上，大小衙门往往多用"坊刻恶劣小册"，其中"脱文讹字"、"增损窜乱之处"不少。刑书仵作，"备有其书，以为护身符耳"。

嘉庆丙寅年（1806年），瞿中溶看到了黄荛圃"新获元刻宋淳祐丁未湖南提刑宋惠父慈《洗冤录》一册"，并向他假借抄录，后又"购集同类之书，互为参校，因成《洗冤录辨正》一卷"。瞿氏《辨正》除对馆本《洗冤录》错讹文字订正以外，还对其中的错误也加以修正。例如对"服毒死"，瞿氏加批："案此用银钗探色，言须至喉内，若只一探入口就算，岂不误事！"又如："馆本《洗冤录》'踢伤致死'后附小注：一说言如人羞必（秘）骨，若系娼妓，

---

① （清）王又槐：《重刊补注洗冤录集证》序，光绪八年京都宝文堂藏板。

② （清）李观澜：《重刊补注洗冤录集录集证》序。

③ （清）阮其新：《重刊补注洗冤集录集证》序。

则青黑殆遍。予曾闻之友人云，尝试验之，其说未确。案此条，乃金坛王氏《读律佩觿》所增，惠父原书并无其文，可见后增益之言，未可尽信矣。又闻诸谙熟检验僚友云：伤痕经久必渐淡，覆检时或在隐约之间，则有无便易于朦混可知。"①

6. 童濂与《洗冤录集证》

道光时期，刑部所颁的《洗冤录》是由宋慈原本，"又合宋无名氏之《平冤录》、元王与之《无冤录》及明王肯堂之《洗冤录笺释》参互而成"，但官印坊刻，鲜有善本。时任两淮、淮北监制同知的童濂得到武林王又槐之《洗冤录集证》，会稽阮其新之《洗冤录补注》，又见"元和张大守锡蕃所句读丹黄者，粲然明备，心目开朗"，因而想"详加校订，重付剞劂"。于是童濂将"原书第五卷之汇纂补辑，皆《集证》、《补注》中所有者，又附刊之《宝鉴编》及《石香秘录》，杂以歌诀，词多俚俗，无资考证，故一并删去"；又将叶玉屏《作吏要言》一卷、朱性斋为之所做的阐述以及童濂自己的见解十二则，附刻于《洗冤录》后。

7. 郎锦骐与《检验集证》、《检验合参》

郎锦骐，雁门人，嘉庆、道光时期一直任地方官员，正如他所说："历官三十余年矣，由闽而燕而豫，旋来桂、管，决狱不下千百案"②。在长期的司法实践中，常常会遇到一些疑难案件，郎锦骐抱着"慎之又慎，不敢掉以轻心"的态度，将临检所见与《洗冤录》悉心比较考究，例如："检临桂县莫唐氏、柳城县民韦濂胜，皆下部受伤殒命，其伤皆观于合面腰眼骨第五节接连方骨，而莫唐氏牙根里骨又有血癥。核与《洗冤录》所载'凡伤下部之人，不分男女，其痕皆现于上，又伤小腹身死，腰间方骨必红色'之语相符。其附考内，分别男女之说，未可执一而论。至莫唐氏生前右乳受伤，启检则现于右肋骨之前，亦格中之所未载；又《洗冤录》附考内称'检自缢死者，脑后有小钗骨三根受伤可验'。而《洗冤录》内并无'小钗骨'之说。检灵川龚顺英之案，其耳后实有小钗骨受伤红色处所，与备考之言无异。乃因骨格未载，不便填报，仍填耳根骨微红色。"③通过这种悉心的比较，郎锦骐深切地感到，"检验之法，虽已备载《洗冤录》中，第其说散见错出，讲求非易。"因此，"凡狱涉疑难，不能尽信于书"。

郎锦骐还认为："蒸检骸骨，事非恒有。其周身筋络部位既未铸有成式，仅按图以稽，恐易淆混，且尸格与骨格，详略亦殊，莫为注释明晰，临事者或多歧误。"因此郎锦骐一直想尝试用木偶制成人体骨格标本，以资考证。最终"按人身三百六十五节分别尸骨，镂为木偶二具，一一标识，废置库中，俾他日检骨，得以依形论辨，或不致蹈谬误"，"且与僚属及幕中诸君子共相商榷，将《洗冤录》注解各条，于尸格内附入骨格，依此分析声叙，何处互相发明，何处内外稍异，庶阅者一目了然，以省寻绎之烦"④。在尸格之外，创出了骨格，使内外伤可相互相比较，这实在是值得称道的发明。

正是出于这样一种认真负责、勇于探索、不受前人成说所囿的科学精神和严谨态度，郎锦骐先后完成了《检验集证》、《检验合参》两部著作。后来他又将这两部书合刻，其中既有郎锦骐个人的心得体会及其亲检的个案记载，也有同人的著说秘录，他说："余所检临邑各

---

① （清）瞿中溶：《洗冤录辨正》自序。
② （清）郎锦骐：《检验集证、检验合参会刻》自序。
③ （清）郎锦骐：《检验集证、检验合参会刻》自序。
④ （清）郎锦骐：《检验集证、检验合参会刻》自序。

案及阮青畲刺史著说数条附于后，更属同人出其秘录，将所见检地、金刃、手足、他物、自缢、自残、汤火疑难各成案摘集成卷"①。

郎锦骐的《检验集证、检验合参合刻》最大的特点就是在前人司法检验知识的基础上，多有创新，"诚足以补《洗冤录》之未逮"②，这也是他对传统司法检验的贡献。

8. 许梿与《洗冤录详义》

许梿，据《杭州府志》、《海宁州志稿》等，为海宁人，初名映涟，字叔夏，号珊琳。笃治经术，尤精律学。道光十三年（1833年）进士，曾任直隶知县，后改授知州。选山东平度州，居官廉介，兴利除弊，锄恶尤严。晚年流寓转徙，年七十六卒。

按照清代的法律规定，司法检验一般由地方官员负责，但由于实行八股取士，任职地官者大都对司法检验一窍不通，率"皆人官而后学"，有一些官员在检验时，"厌弃秽恶，熏香高坐，取办于仵人之口"，即使有忠恳的官员，也由于"平时未尝研究，至临事辨别不审"，因而受欺蒙。有鉴于此，许梿有志编一部内容详尽的司法检验书籍，"俾凡有司手各一编，抉实义以祛素惑"。

在长期的宦海生涯中，许梿又积累了丰富的司法检验知识和经验，他"时时奉大府檄鞫他邑命案"。在司法检验实践中他发现所遵奉的《洗冤录》"自宋迄今，辗转更易，不无讹舛，坊刻鲁鱼尤多"③。因此他"搜集各旧本，并元椠本宋慈《洗冤集录》，及《无冤》、《平冤》诸录，参互考订，以求其是"④，完成了《洗冤录详义》一书。书成后，又得到影宋本《洗冤集录》及诸家校本，再次对原书进行修改，并"以历年亲检各案附载一二，征验异同"，"凡四易稿矣"。

《洗冤录详义》分列三层："录原文于下层，界划以清段落，圈点以明肯綮，而余仍其旧，示慎也。下层之上为详义，或撷拾成说，或直抒己见，或抉原文之讹，自一字一句，非确有依据，不辄下，惧妄作也。其各直省新旧成案，有可印证者咸附，广睹记也。上层为原文各段子目，标而出之，言者愈详，览者愈简也。"⑤ 书中对宋慈《洗冤录》中不正确的或与实际不符的说法做了较多的辨正。如《洗冤录》卷三"验骨"一节对人体骨节有许多错误的说法，许梿对其做了较为详细的辨正："人身骨节据验骨篇……所载，男女互异者七处，如髑髅骨男子八片女子六片、乘枕骨妇人无左右、肋骨男子左右各十二条女子左右各十四条、两臂妇人无髀骨、两腔妇人无骨行骨、尾蛆骨男子九窍妇人六窍……等语，余历次会检男女各骨，悉心比较，始知旧说之谬。"又说："男女骸骨并无异同，其间有不同者，乃人生骨相之殊，男女皆有之，而非以此分别男女也。""尾蛆骨俗名尾椿，在肛门之后，凡三节，男女皆无窍。"

由上可见，《洗冤录详义》内容极其丰富，作者的态度极为严谨，是一部校订水平很高、综合了当时各种司法检验成果的集大成之作，而且还附有当时实际检验案例和作者自己从事司法检验的经验，为我们的研究提供了可贵的实例。《洗冤录详义》共四卷，在当时流传甚

---

① （清）郎锦骐：《检验集证、检验合参会刻》自序。
② （清）郎锦骐：《检验集证、检验合参会刻》周缙序。
③ （清）许梿：《洗冤录详义》自序。
④ （清）许梿：《洗冤录详义》自序。
⑤ （清）许梿：《洗冤录详义》自序。

广，曾多次被刻印，产生了很大的影响，被认为是自南宋宋慈以来才有的定本，天下刑官皆师之。此外，许梿还撰有《检骨补遗考证》一卷。

《洗冤录详义》自咸丰六年（1856年）出版后，因为它较为详备且条理分明，当时"折狱之吏皆得守其法以定案"。到光绪三年（1877年），湖北布政使潘霨鉴于当时"购觅之艰"，捐俸予以重刻。在潘氏的重刻本中附录了一些先哲名言，又考虑到在检验的过程中经常遇到要对伤者进行急救，又增辑了十二则急救的经验秘方，如"遇负伤请验者，取玉真散诸方剂合治之，辄应乎瘳"①。"治伤药甚夥，惟生附子方最奇验，苟能呼吸，鲜不活矣"②。这样可以"使伤者免于死，生者免于刑"③。但在重刻本中，也有一些对《洗冤录详义》的发展，如在潘康保所作跋中录有一例："同治己巳，濮同年文昶宰汉阳，有伍万氏自戕一案，验之目瞠齿噤，咽喉一伤长寸五分，宽三分，皮肉卷缩，食、气嗓俱透，伤之左右略无轻重，不知孰为下刀处。检《洗冤录》无可证，既而得遗剪于侧，血斑斑然，视其两手皆血污，试引之，均可弯曲至伤处，恍然曰：是以两手握剪剪喉死也。"

后葛元煦在此基础上又撰《洗冤录摭遗》二卷。④

9. 姚德豫与《洗冤录解》

姚德豫，襄平人，他在《洗冤录解》自序中曾说："作吏卅年，承乏九邑"。在长期仕宦生涯中，他"深恐人命之狱，死者含冤，生者诬枉，瞻伤察创之不明"，因此对司法检验的方法和书籍非常重视。但康熙时律例馆荟萃而成的《洗冤录》系集体编撰，"作者既非一手、各有师承，故间有异同，又言近旨远，读者每多误解，故习刑名者查阅是编，非深通儒学医理之奥，未易得其仁恕之心，使斯民登仁寿之域也"。因此，姚德豫撰《洗冤录解》⑤ 一卷，自谓："仅就一得之愚，管见所及，为近日世所习误者解数十篇，不敢自信，名曰未定稿，就正有道。"⑥

10. 乐理莹与《宝鉴编补注》

光绪初年，升泰由浙江臬司升任云南总督以后，感到"谙熟刑名家言者所在乏人"，尤其是"刑仵一项，平日于《洗冤录》未能精心体究，以致检验伤痕，辨认不清，喝报含混"。他认为"案情之不真，谳狱之翻异，实阶于此，诚不可不亟讲也"。因此，他将《洗冤录详义》附刻的《宝鉴编》交给熟悉司法检验的乐理莹等人，嘱其在此基础上，"引伸辨类于尸伤，定其部位，辨其器物，察其颜色，析其分寸围圆，验其肌肤，检其骸髅。务使条分类聚，触目了然，叶韵谐声，便口易记"，成稿后，命名曰《宝鉴编补注》。⑦ 这本书最大的特点就是简明扼要，且为七言韵语，便于记忆。时人唐咸仰对这本书评评道："摘《洗冤录》之精华，阐发律例歌诀之义蕴，剖疑似，辨等差，条分缕析，简而易从，于初入仕途者良有裨益。"⑧ 这个评价是比较客观的。

---

① （清）潘霨重刻：《洗冤录详义》本潘介跋。
② （清）潘霨重刻：《洗冤录详义》本潘康保跋。
③ （清）潘霨重刻：《洗冤录详义》本潘介跋。
④ 参见《清史稿》卷一百四十七《艺文三》。
⑤ 参见《清史稿》卷一百四十七《艺文三》作《洗冤录集解》。
⑥ （清）姚德豫：《洗冤录解》未定稿自序。
⑦ 参见《宝鉴编补注》升泰序。
⑧ 《宝鉴编补注》唐咸仰序。

11. 刚毅与《洗冤录义证》

《清史稿》记载："刚毅，字子良，满洲镶蓝旗人。以笔帖式累迁刑部郎中，谙悉例案，承审浙江余杭县民如葛毕氏案，获平反，按律定拟，得旨嘉奖。"① 其著作除《审看拟式》以外，还有《洗冤录义证》四卷，卷首自云："余服官秋曹十有四稔，凡谳庶狱有检验之役，析疑解难，辄奉《洗冤录》为指归。迨陈臬畿辅，曾以此书考校仵作之优劣及能否。熟习明通，以期当事可无歧误。"当时许槤的《洗冤录详义》，在京师、"鄂渚"、"黔中"、"沪上"都有官局、私家等刻本，但其缺点也是很明显的："其病也烦且冗，又有引经据典，征及小学训诂各条，囿于校勘家习气，夫岂明刑听讼之所急哉？"因此，刚毅在许槤《洗冤录详义》的基础上，"汰繁存要，并取雁门郎氏《集证》诸则，足补《录》所未备者，条分件系，合为一编，曰《洗冤录义证》"②。这本书对于各本"字之异同，文之衍误，但取义长，不嫌径改"，因而比较简明扼要。

12. 沈家本对《洗冤录》的订补

清末著名法学家沈家本在长期的司法实践过程中，积累了丰富的司法检验知识，作了《补洗冤录四则》③：

（1）光绪戊寅（1878年）正月，青海扎萨克台吉在东黄寺自刎身死，因其职分较大，由刑部会同理藩院相验："验得已死头等台吉丹怎绰克多布，问年二十二岁，仰面，色微变，口、眼闭，项上偏左伤一处，宽二寸，深至食、气嗓俱断，肉卷缩，左起手重，右收手轻；偏右伤一处，皮破，宽一分，右起手重，左收手轻。两手皆能弯曲至伤处，余无别故。取凶器薙刀比对相符，委系先用左手自刎，伤轻，复用右手自刎，伤重身死，故两手皆能弯曲至伤处。"

沈家本"查《洗冤录》云：'凡自割，喉下只是一出刀痕。'盖以一刀之后，疼痛难忍，立时昏迷，不能复割也。又云：'如割干不深及不系要害，虽两三处未得致死。'《旧说》谓：'设遇此等两三伤之案，必当辨其轻重，验定自割、被杀，方可定断。未便固执喉下只一刀痕，致有遗误。'今此案自刎身死，确是两伤，口、眼俱闭，亦与自刎情形相符，案情亦无疑。似是《洗冤录》'自割喉下，只是一出刀痕'二语未可拘泥"。

（2）直隶天津县郑国锦因奸商同奸妇王氏谋杀本夫刘明身死一案。沈家本当时任天津知府，率属员、仵作开棺查看。"该尸身皮肉销化无存，饬令仵作侯永等将骨殖逐一检出，用温水刷洗净尽，如法检验。已死刘明骨殖，仰面顶心骨，骨缝浮出，用丝绵试验，能挂。囟门骨近左现红色，向日光照视，如瓜子大一点，明透。骨缝浮出，系应伤。又上下牙齿生成二十八个，脱落二十一个，内一个系旧日脱落无存，余具存，糟朽三个。其正中牙根并近左近第一、二、三牙骨俱现红色，亦系应伤，委系虚怯处所受伤身死。检查郑国锦原供，称在死者水分穴扎三针。据医书内载，水分为禁刺之处，其为因此致死无疑。"

"按用针死者，《洗冤录》但有重竭逆厥之名，而无验尸检骨之法。此案余奉扎后，即念事隔数年，势须检骨，而如何检法，无例案可凭，颇觉为难。因思凡人下体虚怯处受伤身死者，必有应伤见於上。《洗冤录》云：'凡伤下部之人，其痕皆现於上。男子之伤，现於牙根

① 《清史稿》卷四百六十五本传。
② （清）刚毅《洗冤录义证》自序，《清史稿》卷一百四十七《艺文三》作《洗冤录证》。
③ 参见（清）沈家本：《历代刑法考》（四），《寄簃文存》卷五，2191页，北京，中华书局，1985。

骨里。'又《备考》云：'肚腹小腹，乃中焦、下焦皮骨易溃之所。案经日久，无凭验视，惟检头顶骨、囟门骨居中至正处，确有圆围三四分许红赤色。'又《疑难杂说》：'将人致死，经久尸肉腐烂，无迹可凭。但检囟门骨，必浮出脑壳骨缝之外少许，其骨色淡红，皆因毙绝呼吸，气血上涌所致。'此数说者，以理推测，当可援以为据。当经咨调京师仵作侯永到津，先向讨论，该仵作亦持此说。迨经检验，则牙根及头顶骨之红赤色，囟门骨之浮出，与所推测者一一相符，得以定案。可见事理贵能会通，未可以古书所未及而遂忽略之。此案验法为《洗冤录》所未载，故并案情详录之，以备参考，庶检察官不至无所适从焉。"

"刘黑儿曾供称：'伊父死后，伊拾得小纸包一个，内系水银。伊先不认识，郑国锦告知，是药虱之用。'故承审官或疑是毒死。开棺时先用银钗在尸骨胸前搅翻良久，细验胸前各骨，并无颜色，可决其非毒死也。"

（3）博野县王林氏，自服洋火，毒发身死。验得："仰面，面色青黄，两眼胞微开，两眼睛全，两鼻窍有血水流出，上下唇吻微青，上下牙齿全，口微开，有血水流出。用银针插入喉内，移时取出，作青黑色，用皂角水擦洗不去。两血盆骨青紫，两胳膊伸，两手微握，心坎微紫，肚腹发胀，合面两臂膊微青，十指甲微青。下身经尸夫拦验。光绪二十五年案。按自来火创自西洋，中含磷质，为中国旧日所无，服之死者，无成案可考。余守保定时，适见此案，录其所验之情形如此。"

（4）《洗冤录》："自残若用左手，刃必起自右耳后过一二寸。用右手，必起自左耳后。其痕起手重，收手轻。若无左右深浅之别，必为人所勒。"同治己巳，湖北汉阳伍万氏自戕一案，县令濮君文昶验之："目瞪齿噤，咽喉一伤，长寸五分，宽三分，皮肉卷缩，食、气嗓俱透，伤之左右略无轻重，不知孰为下刃处。检《洗冤录》，无可证。既而得遗剪于侧，血班然。视其手皆血污，试引之，均可弯曲至伤处。恍然曰：'是以两手握剪剚喉死也。'谳遂定。按此喉下一伤，而无起手、收手之轻重可分者，颇滋疑惑。若非凶器是双股之剪，又验有两手血污，皆可弯曲至伤处情形，即难定案。其目瞪齿噤，必忿恨而自刎者。世情万变，未可执一而论也。"

另曾恒德编《洗冤录表》等，诸如此类，都对《洗冤录》有所驳正和增补。

六、清代司法检验的实例

1. 关于亲权鉴定

明代以前，滴血之法仅施用于死人枯骨，从明代开始已采用合血法，将双方活体的血合在一起，观察凝与不凝以确定亲权关系。明末的《检验尸伤指南》、清初的《福惠全书》都有相同的方法："亲子兄弟或自幼分离，欲相认识，难辨真伪，令各刺出血一器之内，真则共凝为一，否则不凝也。但生血见盐醋则不凝者，故有以盐醋先擦器皿，作奸蒙混。"

著名的戏剧《三滴血》中有关于滴血认亲的故事，当取材于清人笔记《槐西杂志》，并由此敷衍而成："晋人有以赀产托其弟而行商于外者，客中纳妇生一子。越十余年妇病卒，乃携子归。弟恐其索还资产也，诬其子抱养异姓，不得承父业，纠纷不决，竟鸣于官。官故愦愦，不牒其商所问真赝，而依古法滴血试。幸血相合，乃笞逐其弟。弟殊不信滴血事，自有一子，刺血验之，果不合，遂执以上诉，谓县令所断不足据。乡人恶其贪媢无人理，签曰其妇夙与某私昵，子非其子，血宜不合，众口分明，具有征验，卒证实奸状。拘妇所欢鞫之，亦俯首引伏。弟愧不自容，竟出妇逐子，窜身逃去，资产反尽归其兄，闻者快之。按陈业滴血，见《汝南先贤传》，则自汉已有此说。然余闻诸老吏曰：骨肉滴血必相合，论其常也。或冬月以器置冰雪上，冻使极冷；或夏月以盐醋拭器，使有酸咸之味，则所滴之血入器即凝，虽至亲亦不合。故滴血不足成信谳，然此令不刺血，则商之弟不上诉，则其妇之野合生子亦无从而败。此殆若或使之，未可全咎此令之泥古矣。"①

康熙朝，王明德在《洗冤录补》中记载："愚更闻有合血之一法。其法，乃将两人之血，各为刺滴水内，如系子母、父子、夫妻，其血即合而相联，不则分张不属。但此法，止可行之于生人，未可一施于朽骨。"② 这里值得注意的是，王明德提出"滴血之法，不独子与父母滴血为然，而妻与夫更验"，也是如此。王明德对此解释说：夫妻"缘其有生之前，相感以气，是以身死之后，亦无不复还本来。"③

黄六鸿在《福惠全书》中通过实际案例对夫妻之间滴血提出疑问：

> 昔有夫与人同伙生理，去未数日，而同伙独归。妻问其夫，云：行至次日，遇彼某亲，邀同他处生理，我因无伴，故归耳。未几，某路旁塘中有一死尸，不知为谁，其塘适夫与同伙者前所经之道。妻疑之，往视，尸已溃，不可辨。但其尸身长短与夫相似，妻遂控之。官云：系同伙者谋死而取其财。官鞠不招，乃命妻滴血尸骨上，血辄入。官怒其狡，严刑拷之，遂诬服，以谋财害命拟辟，系狱未决。一日，其夫忽归，妻疑以为鬼也，细问之，乃知同伙之言非谬，因详释其罪。瞿中溶"滴血辨"云："滴血之法，孙亦可从验祖，至夫妻各一父母，原非一体之分，滴骨岂能或受。"④

2. 关于检骨

清代对检骨非常慎重，一般认为："开检之时，拆骨洗蒸，最为惨毒，疑似之间，出入重大。"因此，"遇有尸亲翻控，先检原详图格，逐一精研，实有枉抑疑窦，然后详检，则问心无愧。倘系尸亲妄听误告，须细细开导，果能悔悟，自可陈请上官提审，取结免检。盖检而无伤，不惟死者增冤，复令生者坐罪"⑤。

至于检骨的方法，宋慈在《洗冤集录》中就提出了"辨验尸伤法"，但未说明这种方法的科学依据，王明德在《洗冤录补》中做了解释："盖凡人生一息尚存，气血仍周行于身内，若被伤损其处，气血即为凝滞，重则沁入骨中，经久不散，必为多方医治，使所积之气与血，消镕净尽，其骨始为复旧，否则虽至形销骨化，而所伤则仍存，盖以生气所聚，伤为气血所养，人死而骨犹生故也。"⑥

此录清代检骨实例一则："县有役以事逮民，民死，归即敛讫。已而讼役杀之，转辗三十年，不决，上官檄朱会所在检骨。骨在浅土败柳棺中，仵人曰：'久疑不可检也。'朱令坎

① 《历代小说笔记选》（清·第三册），604页，广州，广东人民出版社，1984。
② （清）王明德：《洗冤录补》，见《读律佩觿》卷八，济南，齐鲁书社，1995年影印《四库全书存目丛书·子部三七》。
③ （清）王明德：《读律佩觿》，何勤华等点校，314页，北京，法律出版社，2001。
④ （清）黄六鸿：《福惠全书》卷十六，清刻本。
⑤ （清）汪辉祖撰：《学治臆说》，载郭成伟主编：《官箴书点评与官箴文化研究》，218页，北京，中国法制出版社，2000。
⑥ （清）王明德：《读律佩觿》，何勤华等点校，315页，北京，法律出版社，2001。

地架木，舁棺其上，弛前和，及四墙柳方，土正见，徐徐拨土，正首足乡，羃以席，寮坎注醢，须臾，骨如蒸状，仵人即检讫，告曰：'尸独脑骨紫血伤，见方寸许。'众喜，谓得情。朱熟视之，曰：'未可也，此伤处，涤可去。'众笑曰：'伤三十年，入骨，岂可涤耶？'朱呼水刷之，骨白无洒，而讼遂息。或曰：'于录无此法，公何以辨之？'朱曰：'伤者紫色，中重而外轻，若晕渐减，然此反是，是腐血污耳。'众叹服。"①

3. 关于中毒

毒物的种类很多，中毒的方式各异，因而针对不同种类毒的检验方法也不同。

首先，应辨明死因，断定死者是否中毒，不能将其他死因误认为中毒，例如："瘀胀及阴症不治而死者，《洗冤录》载：手足指甲皆青黯或青紫，甚则头而及遍身紫黯，此因血败成色，不可错认服毒。"② 确属中毒的，应提取毒物样品，辨明中毒的种类，对于"服毒自尽，取验盛药器皿有无余剩毒药，叙入详内"③。对于"误食毒物而死者，须查明毒藏何处，买自何人，有无同食之人及余剩之物取验作证"④。对于因保管毒物不善而误杀也应辨明："毒药杀人，有故买制和秘密谋害者，有备毒禽虫兽物收藏不妥因而误杀者。此乃罪名轻重攸关，秉钧者当虚衷审办，握管者须细心酌核。"⑤

其次，根据中毒的症状及临床分辨中毒的种类：

（1）煤气中毒。明清时期，由于煤炭在北方的广泛使用，因煤气中毒而死的案例也渐渐多了，因此，也有相关的记述见于文献。例如，明代医学家张介宾对煤气中毒记述如下："京师之煤气性尤烈，故每熏人致死，岁岁有之。而人不能避者，无他，亦以用之不得其法耳。夫京师地寒，房屋用纸密糊，人睡火炕，煤多荫其室内，惟其房之最小而最密者，最善害人。凡煤毒中人者，多在夜半之后，其气渐满，下及人鼻，则闭绝呼吸，昧然长逝。但于顶隔开留一窍，或于窗纸揭开数楞，则其气自透去，不能下满，可无虑矣。"⑥ 清人阮其新也记述煤气中毒的症状："受熏时头晕，而心口作呕者即是。"⑦

（2）瘴气中毒。南方多烟瘴之气，王明德在《洗冤录补》中记载瘴气毒死的尸体现象："及其死也，其尸头面或多青黯，或尽紫黑，其手足指甲亦然，此愚幼年随先文通公赴任八闽，亲见其云然者，非得之耳闻也。若未死之前吐出恶物，或泻下黑血，谷道肿突，或大肠突出等项症。"⑧

（3）鸦片中毒。鸦片以前不为国人所识，在陈其元的《庸闲斋笔记》中有一条"雍正朝

---

① （清）陆以湉：《冷庐杂识》，载《历代小说笔记选》（清·第四册），1039 页，广州，广东人民出版社，1984。
② （清）王又槐撰：《办案要略》，载郭成伟主编：《官箴书点评与官箴文化研究》，144 页，北京，中国法制出版社，2000。
③ （清）王又槐撰：《办案要略》，载郭成伟主编：《官箴书点评与官箴文化研究》，161 页，北京，中国法制出版社，2000。
④ （清）王又槐撰：《办案要略》，载郭成伟主编：《官箴书点评与官箴文化研究》，145 页，北京，中国法制出版社，2000。
⑤ （清）王又槐撰：《办案要略》，载郭成伟主编：《官箴书点评与官箴文化研究》，144 页，北京，中国法制出版社，2000。
⑥ 《景岳全书》。
⑦ （清）阮其新：《补注洗冤录集证》。
⑧ （清）王明德：《读律佩觽》，何勤华等点校，347 页，北京，法律出版社，2001。

不识鸦片烟"这样的记载:"道光年间,查禁鸦片烟甚严,吸食者罪至缳首。盖此物在国初以能淫荡人心,贻患不浅。蒙世宗饬部议覆定例,通行禁止,舆赃者枷杖后发边卫充军,罪名固綦重矣。自通商开禁以来,贩烟者乃称巨商,且欲以捐款上邀议叙。余任厘局提调时,曾力拒之,而其意未已也。前数年复申此议,丁雨生中丞不许,乃止。然已流毒海内,虽十室之邑,必有烟馆,游手之人嗜之若命,有心世教者无不痛心疾首也。"①

阮其新作《补注洗冤录集证》中证:"若服多毒重,则身冷气绝,似乎已死。若肢体柔软(即无尸僵),则脏腑经络之气尚在流通,实未死也,乃鸦片烈性醉迷之故耳。三四日后,鸦片之气退尽,即活。但身不僵硬(无尸僵),不变色(无尸斑),七日以前,无遽棺殓。"

阮其新还介绍了吞食鸦片导致假死的实例:"检服鸦片尸骨,伏则居多,侧者亦常常有之,平卧者甚少。盖因其人埋在土中,鸦片毒性退尽,仍服醒活,辗转棺中不能复出,久则真死矣。故其骨殖不伏即侧,实为服鸦片可救之确证也。道光七、八年间,粤东雀有吴姓者,寄居客店,穷极无聊,吞鸦片而死。店主人不敢收殓,知此人有亲属在三水地方,遣人往告。迨其亲属至,而此人已于前一日活矣,计死三日三夜。"②

(4)砒霜中毒。刘体智在《异辞录》中记载了所谓"酖死而使无迹之法":

彭刚直谈葛毕氏案,任筱沅中丞时为江西提刑按察使,适同在座。先文庄曰:"葛品莲覆验无毒。苟酖死而使无迹之法,有诸?"中丞曰:"有之。吾为县令时,遇一谋害亲夫案,查无实据。既判无罪,行将释之矣,夫弟上诉不已,省署发县复鞫。吾百思无术,乃呼犯妇入内室,屏人,会夫人密语之,曰:'兹县令与汝为同舟之人矣,果得其情,汝判罪,县令随之落职,汝曷以实告,俾共图之。汝夫为汝与奸夫毒死,确乎?'犯妇良久乃曰:'确也。奸夫市砒八两,令每日于食物中下一分,不及半年而毒发。'药性由渐而入,故验之不得云。"中丞又曰:"至此,吾亦无如之何,不得不为之秘密矣。"③

清观奕道人《槐西杂志》载:"先师汪文端众言,有欲谋害异党者,苦无善计,有黠者密侦知之,阴裹药以献,曰:'此药入腹即死,然死时情状与病卒无异,虽蒸骨检之,亦与病卒无异也。'其人大喜留之饮,归则以是夕卒矣。盖先以其药饵之为灭口计矣。"④

(5)毒蛇咬伤。《咫闻录》记载:"曾闻一滇人云,有术士精于命学,其灵验一时喧传。细民黄达,业於农,求其推测,术士曰:'大运进绝,流年逢煞,春间午未日,当小心,恐遭蛇害,然避亦难免。'黄达在半信半疑之间。一日,正在耘田,忽惊腿上如针刺,大喊,起而视之,乃蛇伤也,倏忽浮肿,疼亦难忍,急取刈草之刀,剜其肉,大如棋子,弃之於地,血出杯余而疼止,毒亦散,达以为已应术士之言也,难已过矣。易数日,复至田间,见遗弃之肉,膨胀如斗,用竹刺之,暴裂溃水,水入眼中,疼痛异常。情邻农挽扶回家,初流

① (清)陈其元:《庸闲斋笔记》,202 页,北京,中华书局,1997。

② (清)阮其新:《补注洗冤录集证》。

③ (清)刘体智:《异辞录》,73 页,北京,中华书局,1997。

④ (清)观奕道人:《槐西杂志》,载《历代小说笔记选》(清·第三册),607 页,广州,广东人民出版社,1984。

黑水，继之以血，血尽而毙。"[1] 其中有关术士之谈，事涉荒诞，然有关中蛇毒之症状似非能凭空虚构。

4. 关于冻死

王又槐对《洗冤录》之冻死条驳正说："《洗冤集》称冻死者身直，两手紧抱胸前……饿死者混身黑瘦，硬直……余所验冻饥死者不下千计，尸身均系曲而不直，两手紧抱胸前，或曲卧、或靠壁低头而坐。"

5. 关于烧死

宋慈《洗冤录》中对"被火烧死"的检验仅限于生前死后之辨，其以口鼻是否有烟灰来断定，虽符合科学的原理，但在司法检验中会遇到一些实际问题，如王明德说："若云以口鼻烟灰为定，亦必检骨，方可断决，盖于灰烬中检拨出者，其尸之口鼻内，焉能无灰烟？"因此，王明德主张为了更审慎，"必为检验其喉与脑中，有无灰烟，方可辨其生前死后"[2]。

如果遇到凶犯将人打死并将尸体烧毁播弃、以致无尸骨可检的情形，王明德提出检验者"必为详究其打死在于何时？烧毁在于何地？但得其焚尸之地，众证分明，则尸伤便可立检"。办法是："凡遇此等疑案，如已实得其烧尸地面，即于其处设立尸场，令凶首见证，亲为指明，将草芟除净尽，多用柴薪，烧令地热，取胡蔴数斗撒上，用帚扫之，如果系在彼烧化；则蔴内之油沁入土中，即成人形，其被伤之处，蔴即聚结于上，大小方圆长短斜正，一如其状；如所未伤之处，则毫不沾恋。既已得其伤形，然无可见之痕，犹未足深服凶首之心。又将所恋之蔴，尽行除去，将系人形所在，用火再狠烧，和槽水泼止，再用火烧极热，烹之以醋，急用明亮新金漆桌覆上，少顷取验，则桌面之上，全一人形，凡系伤痕，纤毫毕见"。这是王明德的父亲莅任于武林时曾用过的检验方法，至于有什么科学道理，王明德也自称"甚不可解"[3]。

6. 关于自溺

《刑案汇览》卷六十有一例"仵作跌断骨殖妻父诬告女婿"："州督咨：吴锡九因伊女曾吴氏溺毙，误执伤痕叠控一案。查吴锡九所控曾士琏殴毙曾吴氏假作自溺，前经检验，并无殴死重伤，髑髅骨内洗有泥沙，其为实系自溺毙命，已无疑义。乃复误执伤痕，翻控检验，实属不合。惟该犯所指肠出耳根骨断各伤，均属有因，并非疑出无据，与凭空诬告人命者有间……至初验仵作张文高将阴户肠出之处，并未喝报，而复检仵作杜松林又将骨殖跌断，以致吴锡九怀疑妄控，殊属不合，未便以业经责惩，免其重科。"[4]

7. 关于自缢与勒死之分辨

自缢属自杀，勒死为他杀，因此，分辨自缢与勒死关系极大。"如误缢为勒，其冤枉在生人，倘或误勒为缢，则冤又在幽魂。差之毫厘，即谬以千里。"[5] 宋慈的《洗冤集录》已分辨极详，清王明德又针对自缢的尸体现象补充说："有舌尽吐于外者，有舌微露半露者"。又

① （清）慵讷居士：《咫闻录》，载《历代小说笔记选》（清·第三册），622 页，广州，广东人民出版社，1984。

② （清）王明德：《读律佩觿》，何勤华等点校，333 页，北京，法律出版社，2001。

③ （清）王明德：《读律佩觿》，何勤华等点校，334 页，北京，法律出版社，2001。

④ （清）祝庆祺、鲍书芸、潘文舫、何维楷编：《刑案汇览三编》，第三册，2226 页，北京，北京古籍出版社，2004。

⑤ （清）王明德：《读律佩觿》，何勤华等点校，324 页，北京，法律出版社，2001。

进一步解释："喉为舌之根，项有长短，缢有上下，不可以舌之吐与不吐为定衡。如其缢在项下，则根断而舌出矣。倘缢于颔际，止于喉搇，气闭毕命而已，其舌则不至出也。"①

自缢与勒死极难分辨，"检验自缢者，手足俱垂，血气凝注，牙齿手指尖骨俱带赤色，或血气坠下不均，则十指尖骨赤白不同，若俱白色，非缢死也。又有将带先系项颈，然后登高吊挂，八字不交者，头向左侧，伤在左耳根骨；头向右侧，伤在右耳根骨。如缠绕系有一道交匝者，伤在项颈骨。皆须酌看形势。被勒者多有制傅磕碰等伤，或牙齿脱落，指尖骨白色无血晕。凡自缢与被勒、被搭死者，顶心及左右骨有血晕，或又云缢死者无血晕。如有查办自尽命案，尸亲不到，一面审详，一面关传。如尸亲后到，取供补详结案。或有尸亲图诈挟制，故意避匿者，须访缉唆讼把持之人根寻到案。若真正命案尸亲，实在远出不能即到者，验讯明确，亦须先行详报。"②

在《刑案汇览》"向童养妻图奸抠破阴户身死"一案中，司法检验对案件性质的认定起了很大的作用：陕西人"焦灵娃乘醉向童养未婚之妻张氏图奸不允，用手抠其阴户，张氏往前挣扎，不期该犯酒后指力过猛，致将张氏阴户拉透谷道，倒地流血不止，气息渐微，昏晕欲绝。该犯心慌，虑张氏身死畏罪，起意装缢掩饰。即将捆禁皮条挽成活套将张氏悬挂房顶横木上，装作自缢"。后经检验，发现"咽喉缢痕深入一分，色至紫红，其被缢之时气尚未绝……惟缢痕深入一分，色止紫红，是张氏被晕［缢］之时，虽明知必死而气穷尚未绝，即与故毙妻命无异，将该犯照故杀妻律拟绞等因具题。"③

《明斋小识》记载："和尚泾相近，吴姓妇以小事勃豀，乘隙投缳。其夫之姊，救不得活。娄令苏公献琛来验，讶绳长屋低，应不即死，讯准为救者。以女婆告，爰使效缢状。首就绳，即吐白沫，气不复出，急解之，瑜刻即殁。令乃踉跄归，余不复诘。"④

《冷庐杂识》记载：道光时"有顺天通州民妇康王氏之姑康陈氏，与姨甥石文平口角，为石文平殴伤，愤懑自缢，石文平贿嘱康王氏，伪称病故。而康王氏之戚王二，素与有怨，扬言康陈氏之死，系康王氏石文平因奸谋毙。指挥萧培长王莹，访获审讯，康王氏等畏刑诬服，迨属棺检验，适雪后，阴晦严寒，未用糖醋如法罨洗，误认缢痕为被勒，遂以谋杀定谳。刑部额外主事杨文定，以案多疑窦，白之堂官，请旨覆讯，始得实情。"⑤

8. 关于房劳死

房劳指男女性生活过频过度而致病，严重者可导致身体虚弱的一方猝死。隋巢元方《诸病源候论》中说伤寒、时气、温病等新瘥后，人体尚未完全恢复，"阴阳二气未和，早合房室，则令人阴肿入腹，腹内疗痛，名为交接劳复。"清代余师愚在《疫疹一得》中说："瘥后早犯女色而病者，名女劳复；女犯者名男劳复。其证头重，目眩，腰痛酸痿，面热如烘，心胸头闷……若舌出寸余，累日不收，名曰阳强。长至数寸者多不救。"⑥

① （清）王明德：《读律佩觿》，何勤华等点校，320 页，北京，法律出版社，2001。

② （清）王又槐撰：《办案要略》，载郭成伟主编：《官箴书点评与官箴文化研究》，147 页，北京，中国法制出版社，2000。

③ （清）祝庆祺、鲍书芸、潘文舫、何维楷编：《刑案汇览三编》，第二册，1461 页，北京，北京古籍出版社，2004。

④ （清）诸联撰：《明斋小识》，载《历代小说笔记选》（清·第二册），459 页，广州，广东人民出版社，1984。

⑤ （清）陆以湉：《冷庐杂识》，载《历代小说笔记选》（清·第四册），1021 页，广州，广东人民出版社，1984。

⑥ 转引自朱伟常：《中医病理学史》，192 页，上海，上海科学普及出版社，1994。

清代笔记中就有一例典型案件，即所谓的"朱大令断狱"，由于县官明辨，才没有将典型的房劳死误为毒死，使民妇不致被冤屈：

> 朱竹君学士文正公，负天下重望。有二兄，亦皆服官著闻于时，长名堂，官大荔县丞。次名垣，以进士历官济阳长清县令，长于断狱，遗事详见学士文集。节录之，为司民牧者龟监焉。济阳少妇周，新嫁王巧，一月妇归宁而归。明日巧死，翁媪及邻人，以巧食妇所煮粥，而遽腹痛呕吐死也。谓妇毒夫死，讼于官。朱命以粥及所呕吐者饲狗，狗不死。又召吏审，巧之死无毒状，独齿噤，坚不可启。视其私，则入腹中。乃趣召妇曰："死者口不启，汝罪而冤不能明也。汝能启其口，当为汝辨之。"妇泣而前，跪启焉。观者皆骇，吏持银匕入死者喉验毒，出以示众，皆曰中毒非是。朱固问妇以巧死时状，始知其一夕三御，蚤起即饮水三器，已而食粥，遂死。朱太息久之，谓翁媪及邻众曰："是乃死于阴淫寒疾也，顾欲坐妇毒死夫乎？"皆再拜谢，扶妇去。后妇竟为巧守节。①

9. 关于妇女贞操之检验

封建时代，妇女的贞操关系重大，因此往往有妇女贞操之检验。清代，在强奸案中以处女膜是否破损作为强奸既遂或未遂的标志，如《刑案汇览》卷五十二有一例："直督咨范有全强奸李二姐未成一案。查范有全欲将年甫十四岁之李二姐强奸，因见其年小身矮，恐难行奸，先用手指抠试，将其阴户抠破流血，查阅李二姐及其父李德又等供词俱称未被奸污，并据稳婆验称李二姐委系处女，该省将范有全依强奸未成律拟流，尚属允协，应请照覆。嘉庆十年说帖。"②

在妇女死亡案件中，除自然死亡外，不论自杀或他杀，妇女尸体尤其是其生殖器官往往成为检验的重要内容："妇人轻生自缢、自戕、投水、病毙，下身无伤者，取具尸亲免验甘结。若告称谋故、殴死、服毒、跌伤及处女因奸致死者，又当验明下身，以免日后诬指翻控。若男子，下身不论有伤无伤，从无免验也。"③

《刑案汇览》卷二十五有一例"因妻六月生子本夫疑奸杀妻"："嘉庆十二年八月，有李氏婶母李张氏拿带李氏来到仪征，交向顺汉收领，向顺汉与李氏于九月初十日同房，十三年二月向顺汉复驾舟赴楚，李氏于三月初十日产生一子，向顺汉于六月自楚回至仪征，路过妻父李春拔家询知伊妻生子情由，因与妻同房仅止六月，何以即能产子，必系未至仪征以前先已与人通奸有孕，气忿赶回家中，持刀向妻李氏盘问奸夫，因李氏不吐，即将李氏所生子向清明一并戳毙。该抚以此案虽无奸夫到官，而奸情已有确据，抱孩之地即属奸所，入门之顷即是登时，本夫之视奸生子与视奸夫情无二致，将向顺汉比照本夫于奸所亲获奸夫奸妇，登时杀死律勿论等因咨部。本部详核案情，向顺汉疑奸将妻李氏并所生幼子一并戳毙，既据讯明犯邻尸亲金供李氏并无不端情事，即犯父所供伊媳曾因年岁荒歉，在外讨乞，亦未指明与

① （清）陆以湉：《冷庐杂识》，载《历代小说笔记选》（清·第四册），1039页，广州，广东人民出版社，1984。

② （清）祝庆祺、鲍书芸、潘文舫、何维楷编：《刑案汇览三编》，第三册，1940页，北京，北京古籍出版社，2004。

③ （清）王又槐：《办案要略》，载郭成伟主编：《官箴书点评与官箴文化研究》，161页，北京，中国法制出版社，2000。

何人有奸，是奸情并无确据，所杀既非行奸之地，即不得指为奸所，且不知奸夫系属何人，更不得谓之登时，如谓李氏所生之子仅止怀孕六月，即系固奸而生，查该犯与妻同房之时，距李氏生子之日计已满足六月，按妇人怀孕之期即应以七个月论，《洗冤录》所载胎形七月动右手，八月动左手，虽七个月两手未能全动，其骨节毛发俱已生成，该抚前次咨请展现时，声明孕妇生产固以十月为期，或因血气不足未及满月即行产下，亦属事所常有，未便以不满十月之期即为犯奸确凿，本属明晰，即所引《达生篇》内载妇人七八个月生产之说，亦可举以参证。"①

在民间，对妇女的贞操也尤为重视，如《耳邮》记载："直隶永年府某县，其地闺范极严。凡女子初嫁，母家必使侦探。成婚之次日，夫家鼓乐喧阗，宾客杂沓，则大喜；若是日阒然，则女家为之丧气，女之留否，惟夫家为政，不敢与争矣。积习相传如此，虽其意固善，然亦敝俗也。有王姓嫁女於李氏，却扇之夕，李以新妇貌陋嫌之。次日乃讬言非处子，不举乐，仍呼媒妪送归母家。女幼失母，随其嫂以居，嫂知小姑无他，乃问昨夜洞房情事，则固未合欢也。嫂曰：'然则安知其不贞与？'力言於翁，使翁讼于官。官命验之，则果守礼谨严之处子也。乃判李姓，仍以鼓乐迎归。"②

《槐西杂志》也记载："吾郡有焦氏女，不知何县人，已受聘矣。有谋为媵者，中以蜚语。婿家欲离婚，父讼于官，而谋者陷穽已深，非惟证佐凿凿，且有自承为所欢者。女儿事急，竟情邻媪导至婿家，升堂拜姑，曰：'女非妇比，贞不贞有明证也。儿与其献丑于官媒，仍为所诬，不如献丑于母前。'遂合产弛服，请姑验，讼立解。"③

《虫鸣漫录》记载："有十二三幼女，服破裆裤，偶骑锄柄，颠簸为戏，少顷即去。一老翁见锄柄，有鲜血缕缕，知为落红，检而藏之，未以告人。数年后，女嫁婿，疑不贞，翁出柄视之，乃释然。盖血着物日久必变，惟元红终不改色。"④

10. 两性畸形

"吴县民马允升妻王氏与金三观妻周四姐奸宿一案，验讯周四姐产门内从小生有软肉椿一条，与丈夫交媾并不关碍，肉椿举发，即伸出，长有二三寸，粗如大指，可与妇人通奸。"

清袁枚《新齐谐》"假女"记载：

> 贵阳县美男子洪某，假为针线娘，教女子刺绣，行其技於楚黔两省。长沙李秀才聘请刺绣，欲私之，乃以实告。李笑曰："汝果男耶，则更美矣。吾尝恨北魏时魏主入宫朝太后，见二美尼，召而暱之，皆男子也，遂置之法。蠢哉魏主，何不封以龙阳而畜为侍从。如此，不特己得倖臣，且不伤母后之心。"洪欣然就之，李甚宠爱。数年后，又至江夏，有杜某欲私之，洪欲以媚李者媚杜，而其人非解事者，遂控到官。解回贵阳，臬使亲验之。其声娇细，颈无结喉，发垂委地，肌肤玉映，腰围仅一尺三寸，自言"幼无父母，邻有媚妇抚养之，长与有私，遂不剃发，且与缠足，诡言女也。邻母死，乃为

---

① （清）祝庆祺、鲍书芸、潘文舫、何维楷编：《刑案汇览三编》，第二册，898 页，北京，北京古籍出版社，2004。

② （清）羊朱翁：《耳邮》，载《历代小说笔记选》（清·第五册），1261 页，广州，广东人民出版社，1984。

③ （清）观奕道人：《槐西杂志》，载《历代小说笔记选》（清·第三册），617 页，广州，广东人民出版社，1984。

④ （清）采蘅子：《虫鸣漫录》，载《历代小说笔记选》（清·第四册），897 页，广州，广东人民出版社，1984。

绣师教人，十七岁出门，今二十七岁，十年中所遇女子无算。"①

11. 生育能力之判断

女性如果有先天性生殖器官发育异常或阴道及阴道周围异常，可能导致女性性交不能；女性外阴部发育不良，也可能导致女性生育不能。《清稗类钞》中"八窍妙判"记载了一例由于女性外阴发育不正常导致的对女性生育能力产生怀疑的案例：

> 山左刘为干守庐江时，郡民卢仁娶妻姬氏，甫三日，忽告官乞离。诘所犯何条，以不能生育对。问燕尔方新，何以知其不育。初尚嗫嚅，坚鞫之，潜然曰："人皆九窍，彼缺其一，便遗皆从一处出。"氏母争曰："我亦八窍，女即亲生，何害？"乃令官媒引母女入内宅，属夫人督仆妇验之，良信。卢始愿领归，刘判曰："盖闻窍分上下，七阳而二阴。质秉乾坤，三奇而六耦。然大地非无偏缺，而刑天绝少具刑。厥有蚩氓，初谐婚嫁。不图良匹，竟类人痾。但觇玉洞桃花，未睹后庭琼树。渔郎问渡，澄泾共浊渭同流，神女为云，鸟道与羊肠莫辨。莫我疆於南亩，何从界判鸿沟。启秘钥於北门，势且凿残混沌。虑乏邓攸之后嗣，遂效翁子之当年。公庭谬讬乎诡词，虚衷用致其穷诘。琴瑟伊始，胡为伉俪情乖？岁月几何，安见熊罴梦杳！谯诃莫解，夏楚将施。含意难伸，直陈不讳。妇则抚心无忝，嫁鸡志在随鸡。媪则说法现身，雏凤形同老凤。母既载生而载育，女还宜室而宜家。无烦炼补於娲皇，但乞后堂犀照。姑允质成於周姥，果然下体象贤。本县教始彝伦，化先怨旷。在姬氏尾闾偶阙，无亏种玉之田。则卢生息壤可耕，焉用不毛之地。无犯出条之七，当援不去之三。未许鸾分，断从璧合。传其好事，风人增雌兔之诗；广此群生，讼牒绝男妾之案。"②

此案中，由于其母外阴周围虽发育异常，但并不影响其生育能力，"母既载生而载育，女还宜室而宜家"，因而地方官判定其不许离弃。

12. 兽奸之检验

兽奸往往以动物为性交对象，从而达到性欲的满足。兽奸以男奸为多见，动物则多为牛、羊、马、猪、狗等；女性兽奸，则以与女性接触较多的动物为多，如猫、狗等。动物还可能吸吮、舐舔人的外生殖器，因而人的外阴部可能黏附有动物毛，体表可能有动物的抓痕或咬伤痕迹。清程麟《此中人语》中"江北女"条记载了一例女性兽奸的例子：

> 江北某氏女，貌秀丽，性轻荡，畜一犬，与之共寝，遂与交媾。迨女嫁，犬亦随往，每乘其夫不在，暗叙旧情，晚间亦睡于床下。一夕犬偶出外，夫妇闭门而卧，犬归不能入，在户外乱叫，两人俱不之理。犬逡巡一夜，至天晓，其夫先起，甫启门，犬猛然一口，将其夫阴囊咬脱，夫遂毙。翁姑疑心难释，遽讼于官，且言女与犬有奸，乞赐明察。官询女，女不认。官令其翁姑牵犬而至，犬见女摇头拽尾，若不胜欢。官遂以麦饼二枚掷地下，犬食其一，而以一饼置女前。官令女脱衣细验，则见女肩下有犬爪痕，是必有奸无疑矣。乃杀犬并置女于法。③

---

① （清）袁枚：《新齐谐》，载《历代小说笔记选》（清·第二册），486 页，广州，广东人民出版社，1984。
② 徐珂编撰：《清稗类钞》，第四册，1840 页，北京，中华书局，1996。
③ （清）程麟：《此中人语》，载《历代小说笔记选》（清·第五册），1235 页，广州，广东人民出版社，1984。

13. "验伤"

检验尸伤，应根据伤形查知凶器，"伤痕分寸要与凶器及受伤情形相符……若行凶人于虚怯要害处一刀直致命者，其疮必重。又用小刀子自割，只长一寸五分至二寸等论之类，须将物之轻重，伤之浅深宽窄，人之情形势力，三者比对较勘，并与《洗冤录》论无异，方能吻合"①。

"伤痕形状要与凶器相符……斜而长则为木器伤，圆而不整、尖而三角，则为砖石伤是也。"②"金刃伤形状稍异者，文内须将金刃式样声明，以免疑惑。又例载凶器内有秤锤名目，而秤物之称荷亦名秤锤，罪名出入攸关，须当分晰明白。"③

"填注尸伤，查明受伤部位是否与伤痕分寸相符，方无错误。若伤痕宽阔而受伤部位较小，此伤必按连他处。如耳根部位仅止数分，若受伤止一寸有余，自必接连腮颊等处，须声明'耳根连腮颊'字样，余可类推。"④

14. 物证检验

清代沿用催吐药如黎芦等对呕吐物进行检验。"光绪初，乌程徐次舟观察赓陛为粤东陆丰县，以折狱称。有妪来告其子媳忤逆者，讯之，妪备言媳之不孝：'今值我生日，故以恶草具进，而自於房中噉酒肉，我不能复忍矣。'讯媳，则涕泣不作一语。徐疑之，语妪曰：'媳不孝，可恶，本县为民父母，而不能教之，殊而恶。今为汝上寿，和尔姑媳，何如？'妪叩谢。徐乃令人设长案于堂，使姑媳就坐，各予面一碗，面中有他物也。食毕，徐故问他案，不即发落，俄而姑媳皆大吐，众视之，则妪所吐皆鱼肉，媳所吐为青菜也。徐乃责妪曰：'今何如？汝敢于公庭为谰言，则年日可知。姑念今为汝生日，且控媳无反坐理，姑去，幸勿谓本官易欺也。'妪大惭而退。"⑤

15. 雷击死

雷电击死者其颈、胸、臂部、腋窝、腹股、大腿等处多呈现雷电纹，呈树枝状红色或红褐色，这是血管麻痹所致，也容易消失。丁柔克所撰的《柳弧》中"陈小姐"条记载了为雷电所击而死伤者的临床症状："甲戌秋七月，余居通州，忽闻雷震，窗扉动摇。顷之，满街传某妇被击。余趋视之，见茅屋三椽，地下死者三人，一男二女。问之邻里，金云：此妇素美，绰号'陈小姐'……陈氏恶其亲翁之济恶也，欲市毒药鸩毙其翁，女尚有踌躇意。是日，女又归来哭诉被翁责打事。陈氏意遂绝，入毒面中，呼子邀王翁食面。子甫去而天雨降，子复入户，与母妹同坐一櫈上，而雷霆下击矣。击时，邻家惟见飞火一团，并不闻声。顷之，子苏，女亦活。女两乳下有火字，如画蚓然，其母则竟死矣。予视死者，仰面朝天，

---

① （清）王又槐：《办案要略》，载郭成伟主编：《官箴书点评与官箴文化研究》，160页，北京，中国法制出版社，2000。

② （清）王又槐：《办案要略》，载郭成伟主编：《官箴书点评与官箴文化研究》，160页，北京，中国法制出版社，2000。

③ （清）王又槐：《办案要略》，载郭成伟主编：《官箴书点评与官箴文化研究》，160页，北京，中国法制出版社，2000。

④ （清）王又槐：《办案要略》，载郭成伟主编：《官箴书点评与官箴文化研究》，160页，北京，中国法制出版社，2000。

⑤ 徐珂编撰：《清稗类钞》，第三册，1160页，北京，中华书局，1996。

面色灰黑，鼻大如拳，毛发焦灼，臭不可闻。其夫如木偶僵立门傍。"①

　　《福惠全书》卷十六记载："雷乃阳火，著人则身尸焦黑，须发焦捲，身软拳散，口开目皱，头发披乱。经火之处，皮肉坚硬而捲黑，伤痕多在脑后，脑缝多开，有手掌大片紫赤浮皮，胸头肩膊或有似篆字文者。"②

---

① （清）丁柔克：《柳弧》，363页，北京，中华书局，2002。
② （清）黄六鸿：《福惠全书》卷十六，清刻本。

第三章

传统律学与法律教育

第一节
秦汉律学与法律教育

一、律学的含义

"律学"一语最早出现在魏晋时期,但仅指律博士这一官职。至唐代,其含义有所扩大,不仅包括律博士,还专指一门研究的学问。明清律学著作中对律学的含义界定并无太大变化。所以说:"在中国古代,人们对律学的内涵和外延的界定并不非常明确,一般都只是笼统地称其为研究法律的学问"[①]。

目前学术界论及"律学"的著述中,在何种意义上使用"律学"这一词语,尚未取得一致的观点。一种观点认为,"律学"即指中国古代的官办法律教育机构。[②] 另一种观点认为,"律学"指称中国古代的法律学术和法律教育,"它以阐明律意、辨析法律规则、解释法律概念和术语以及培养法律人才为基本内容[③]。还有一种观点认为,"律学"即研究中国传统法律的一门学问。如刘笃才认为:"产生于汉代的律学,因其研究对象是律而得名。"[④] 师棠认为:"中国古代的律学,是研究制定法的内容及其如何适用的问题。"[⑤] 但是,即使在"律学作为研究传统法律的一门学问"的观点中,当研究者以现代知识的学科分类来审视传统律学时,又出现了完全法学说、律学法学说、律学说以及先秦法家法学—汉以后律学说等观点。[⑥] 笔者认为,律学作为一门研究传统法律的学问,它不但关注律典的编纂及司法实践中如何运用,同时又审视法典背后的法理[⑦],它以传统哲学思想为其根基,吸收了古代文字学、逻辑学的研究成果,形成了自己独特的研究方法。如果以现今判断某一学科是否为一独立学科的

---

① 何勤华:《秦汉律学考》,载何勤华编:《律学考》,北京,商务印书馆,2004。
② 参见叶炜:《论魏晋至宋律学的兴衰及其社会政治原因》,载《史学月刊》,2006 (5)。
③ 胡旭晟等:《试论中国律学传统》,载《浙江社会科学》,2000 (7)。
④ 刘笃才:《论张斐的法律思想》,载何勤华编:《律学考》,北京,商务印书馆,2004。
⑤ 师棠:《律学衰因及其传统评价》,载何勤华编:《律学考》,北京,商务印书馆,2004。
⑥ 张中秋教授在《传统中国律学论辩》一文中对这些代表性观点一一进行了辨析。
⑦ 这一点在魏晋律学研究中体现得尤为明显。

标准——确立了自己的研究对象——来看的话，显然律学取得了独立的学科地位。而正是这一点，使律学较前代取得了长足的进步。武树臣认为："中国古代法学是指中国古代人们关于法这一社会现象的一般见解和理论评价，近似于今天的法理学或法哲学。"①

古代社会，法律在统一国家和管理社会中发挥着重要作用。为保证司法在时间上、空间上和质量上的统一性，一种讲求"法条之所谓"的官方学说应运而生。这种学说即为律学。律学是"论述以刑罚为主的法律问题的学说"②，又称为"刑名学"、"刑学"。中国古代律学十分发达。一般而言，有了"法"这一社会现象，也就有了法学。但是，有了"法"这种社会现象，不一定有律学。这是因为，律学是伴随着具体的原则或法条的问世而出现的，是研究具体的法律规则、名词术语之概念特征及量上的规定性的学问。因此，律学与法律解释，密不可分。法学通常解决法律科学、法律原理等问题，对法律现象自身进行研究而产生的学者，被称为法学家。法学家解决的是"法律的形而上"问题，也即法律的理论性问题。而法律最终要进入司法环节，对法律的适用情况进行研究，对法律条文进行注释，对概念进行解读的学者一般被称为律学家。律学家解决的是"法律的形而下"问题。律学家的存在以法律解释为依托。两汉时期，律学家通过频繁的法律解释活动，阐释法律条文的义理，提出自己有关法律适用方面的理论，积极从事学术研究，带来了两汉律学的蓬勃发展。学界一般对两汉律学都有很高的评价。日本著名学者中田薫指出："汉代实际上是中国法律学最为繁盛的时期。"③ 瞿同祖先生也认为："但后代法学渐衰，很少像两汉、魏那样专习法律之家。"④ 我国台湾地区学者徐道邻指出："汉朝的律令繁琐，固不免为后人诟病，可是两汉时法律学的发达，我们却不能不为之大书特书"⑤。台湾地区学者张金鑑也曾指出："秦汉则轻法理，重律文，传授既广，学习亦专，律学颇发达"⑥。两汉律学勃兴，成为中国法制发展史上律学研究活动最为繁荣鼎盛的时期，这一点已得到学术界的广泛认可，然而两汉时期记录律学研究活动的具体资料多已散失，只能从分散、零碎、不完整的史料记载中钩沉爬梳。正因为此，学界尽管对两汉律学评价很高，却多限于只言片语，难以做深入研究。笔者在结合学术界有关两汉律学研究的基础上，欲进一步深入阐述两汉律学勃兴的具体情况，并从法律文化角度对其成因进行剖析，以期能够较为真实地反映两汉律学研究活动的一般情况。

二、两汉律学勃兴

(一) 律学家集团及律学流派的形成

1. 律学家集团

两汉时期律学研究活动以家为基础展开，家学兴盛是律学家集团形成的主要原因。两汉时期，律学研究活动不仅以"家"为核心开展，且具有世代相传的特性，从而形成子孙并世

---

① 武树臣：《中国古代的法学、律学、吏学和谳学》，载《中央政法管理干部学院学报》，1996 (5)。
② 中国大百科全书编辑部：《中国大百科全书·法学卷》，1 页，北京，中国大百科全书出版社，1984。
③ ［日］中田薫：《论支那律令法系的发展》，载何勤华编：《律学考》，80 页，北京，商务印书馆，2004。
④ 瞿同祖：《瞿同祖法学论著集》，12 页，北京，中国政法大学出版社，1998。
⑤ 徐道邻：《中国法制史论略》，51 页，台北，正中书局，1980。
⑥ 张金鑑：《中国法制史概要》，42 页，台北，正中书局，1973。

其业的律学家集团。正如陈寅恪所言："夫汉魏之时法律皆家世之学。"[1] 台湾地区学者陈顾远也说："两汉律家，世修其业也。"[2] 台湾地区学者张金鑑指出："汉人习律为专业与永业，师受之，世守之。"[3] 台湾地区学者徐道邻也认为："原来汉朝的风气，治律有家，都是子孙并世其业，聚徒讲述，往往都是好几百人"[4]。两汉律学研究活动的世代相袭为律学活动的深入开展提供了前提。两汉时期，律学家在审判过程中积累经验，著书立说，解释法律，形成父子相传、子孙多代从事律学研究的盛况。《南齐书·崔祖思传》载崔祖思云："汉来治律有家，子孙并世其业，聚徒讲授至数百人，故张于二氏系誉文宣之世，陈郭两族流称武明之朝，决狱无冤，庆昌枝裔，槐衮相袭，蝉紫传辉。"

西汉时期已经有律学家集团的出现。杜周早期为南阳太守，汉武帝时先后任廷尉、御史大夫，受命解释法律。《后汉书·张忠传》载：杜周"兼律大杜"。《汉书·杜周传》载："周为廷尉，其治大抵放（仿）张汤"，杜周的两个儿子"夹河为郡守。"又载杜周两子"治皆酷暴"，与父亲杜周形成一个律学家集团。《后汉书·王霸传》载：西汉末期，王霸家"世好文法"。王霸祖父为诏狱丞，父为郡决曹掾，霸少亦为狱吏，这是西汉所见三代为法的例子。可见西汉时期，杜周家族、王霸家族都有世代为律家的传统，从而形成律学家集团。

东汉中期，律学研究向纵深发展。据《后汉书·陈宠传》载，汉和帝永元六年（94年），陈宠代郭躬为廷尉，掌管中央司法审判工作，针对当时律令制度存在的问题，奏请蠲除苛法，其中说道"汉兴以来，三百二年，宪令稍增，科条无限。又律有三家，其说各异。"也即东汉中期，汉和帝时有三个律学家集团存在，至于这三个律学家集团情况如何，学界广有争议，说法不一。沈家本认为陈宠所谓"律有三家，其说各异"中的"三家者，不知谁氏，《小杜律》殆是其一家与?"[5] 日本学者中田薰认为，至东汉中叶，有名的法学家有郭氏、吴氏和陈氏三大家族，形成三个律学流派，据说郭氏的学说就是源自《小杜律》，陈宠所谓"律有三家"指的或许就是这三大家族。[6] 程树德也认为，"东汉中叶，郭吴陈三家，代以律学鸣"[7]。我国台湾地区学者邢义田先生认为："东汉以后，以律令为家学者，有郭、陈、吴、钟氏可考"[8]，指出东汉中期的律学家集团有郭、陈、吴家族，东汉晚期尚有以钟皓为主的钟氏家族。综上所述，近现代以来法律史学者关于律学家集团的论述，大致认为东汉中期有郭、吴、陈三家。俞荣根、龙大轩新近发表文章对陈宠所言"律有三家"进行探讨，除赞同学界关于郭氏、陈氏家族为其中两家外，对第三家进行探讨，认为第三家应是杜林。对此笔

① 陈寅恪：《隋唐制度渊源略论稿·唐代政治史述论稿》，116页，北京，三联书店，2004。

② 陈顾远：《中国法制史》，45页，北京，中国书店，1988。

③ 张金鑑：《中国法制史概要》，43页，台北，正中书局，1973。

④ 徐道邻：《中国法制史论略》，51页，台北，正中书局，1980。

⑤ 沈家本：《历代刑法考·汉律摭遗》二十卷，1746页，北京，中华书局，1985。

⑥ 参见［日］中田薰：《论支那律令法系的发展》，载何勤华编：《律学考》，79页，北京，商务印书馆，2004。

⑦ 程树德：《九朝律考·汉律考·律家考》，175～176页，北京，商务印书馆，2003。

⑧ 邢义田：《秦汉的律令学兼论曹魏律博士的出现》，载黄清连主编：《制度与国家》，119页，北京，中国大百科全书出版社，2005。

者持不同看法。① 笔者认为东汉中期的律学家集团有郭、陈、吴三家。其中郭是指郭躬家族，《后汉书·郭躬传》载：郭躬家族世代为律家，"父弘，习《小杜律》。太守寇恂以弘为决曹掾，断狱至三十年，用法平。诸为弘所决者，退无怨情，郡内比之东海于公……躬少传父业，讲授徒众常数百人。后为郡吏，辟公府……元和三年，拜为廷尉。躬家世掌法……中子曰至，亦明法律，至南阳太守，政有名迹。弟子镇。镇字桓钟，少修家业……转廷尉。长子贺……累迁，复至廷尉。镇弟子禧，少明习家业，兼好儒学，有名誉，延熹中亦为廷尉……郭氏自弘后，数世皆传法律，子孙至公者一人，廷尉七人，侯者三人，刺史，二千石，侍中，中郎将者二十余人，侍御史，正，监，平者甚众。实为汉代法家之盛"。郭氏家族世传《小杜律》，《小杜律》为汉武帝时杜周三子汉宣帝时的御史大夫杜延年所著。吴是指吴雄家族，《后汉书·郭躬传》载：吴雄，"以明法律，断狱平，起自孤宦，致位司徒……子诉孙恭，三世廷尉，为法名家"。吴雄在汉顺帝时为廷尉，位及司徒。子吴诉、孙吴恭均为廷尉，吴雄家族不仅律学三世相传，且三世为廷尉。陈是指陈宠家族，《后汉书·陈宠传》载：陈氏家族，"司法职业五世相传。曾祖父陈咸，成、哀间以律令为尚书……建武初，钦子躬为廷尉左监，早卒。陈躬，建武初为廷尉左监。陈宠为陈躬子，少为州郡吏，辟司徒府，转为辞曹，掌天下狱讼。肃宗初，为尚书。陈忠为陈宠子，永初中，辟司徒府，三迁廷尉正"。

东汉末期，随着律学研究的兴盛，律学家集团有扩张的趋势，逐渐发展为十余个律学家集团，律学研究活动兴盛一时。《晋书·刑法志》载："后人生意，各为章句。叔孙宣、郭令卿、马融、郑玄诸儒章句十有余家，家数十万言。"值得注意的是，《晋书·刑法志》述及东汉晚期从事律学研究活动的律学家时只谈到郭令卿、叔孙宣、马融、郑玄四家，其余各家不详。在这里，郭令卿、叔孙宣无传，生平不详；马融、郑玄可以看作是其中两家。除此而外的其他律学家集团，只能加以推测。根据清末学者张鹏一、沈家本、近代著名法学家程树德先生的考察，加上传记所载，笔者认为东汉晚期的律学家集团还应加上应劭。应劭之父为汝

① 从陈宠所言"律有三家"的情况看，东汉和帝时，即公元1世纪，出现了三个律学家集团。从目前的研究情况看以陈宠为代表的陈氏家族、以郭躬为代表的郭氏家族应为这一时期的两个律学家集团，至于第三家是谁，学术界有着广泛的争议，观点较多出入。日本学者中田薰认为第三家应是吴氏家族。（参见［日］中田薰：《论支那律令法系的发展》，载何勤华编：《律学考》，79页，北京，商务印书馆，2004。）而俞荣根、龙大轩则认为陈宠在向汉和帝当说当时"律有三家"这句话时（94年），吴雄远未出生，更谈不上以律学鸣世，自成一家了。所以，吴雄无论如何也挤不进陈宠所谓"律三家"之列。他们认为杜林应当是陈宠所谓"律三家"的第三家。其理由是：说杜林是律家并纳入"律三家"之一，在于他由治经而兼治律、经律互注的成就。（参见俞荣根、龙大轩：《东汉"律三家"考析》，载《法学研究》，2007（2）。）笔者认为该观点值得商榷，首先，陈宠言及"律有三家"时，杜林（？—47）已经去世。其学说如何传承至五十年后和帝统治的时代，作者在文中语焉不详。其次，既然是律家，必然要以家的形式出现，例如陈宠家族五代治律，郭氏家族三代治律。而杜林之律学如何体现家学的特征，作者在文中也未论及。再次，既然在《后汉书·杜林传》中记载有杜林的事迹，说明其生平可考，但是在清人张鹏一所著《两汉律学考》所辑95个律学家中没有杜林，而在程树德所著《九朝律考·汉律考·律家考》所辑两汉75位律学家中也没有杜林则是一件奇怪的事情。因此，根据前述种种，笔者以为，杜林不具备以家学传世的条件，即便他本人有经律互注的成果，也不具备陈宠所谓"律三家"中第三家的条件。因此，笔者认为俞荣根与龙大轩教授关于杜林为"律三家"中第三家的观点值得商榷。笔者认为，从目前的研究情况看，到底陈宠所言"律有三家"中第三家是谁，尚没有充分的证据说明。笔者认为按照绝大多数学者的看法，尽管吴雄在陈宠言及"律有三家"时尚未出生，但学界普遍认为吴氏家族三世治律，具备律家的条件，因此吴氏家族应当算作是东汉中期的一个律学家集团。

南郡决曹掾，应劭于汉灵帝中平六年（189 年）迁为太山太守。应劭一生博学多闻，律学著作颇丰，且有律著传世。在灵帝统治期间著有多种学术论著。《后汉书·应劭传》载：应劭"辄撰具《律本章句》、《尚书旧事》、《廷尉板令》、《决事比例》、《司徒都目》、《五曹诏书》及《春秋断狱》凡二百五十篇"。应劭所有律学著作皆已散失，但从其言论尚能观其法律思想。《后汉书·应劭传》载，应劭曾经"驳陈忠父母兄弟相代死听赦所代者令"，即其曾反对陈忠关于父母兄弟可以互相替代刑罚执行的观点。另外，钟皓可算作东汉末期律学家集团的一家。《后汉书·钟皓传》载："钟皓，颍川长社人也。为郡著姓，世善刑律。"钟皓具体学术著作不详，未见史料做明确记载。

两汉律学研究活动的世代相袭，使每一个家族可能成为一个集团，带动了以家族为核心的律学研究活动的开展，又使每一个家族内部成员的律学研究方式、思维结构大致相仿。例如，郭躬家族世传小杜律，人人研习小杜律，使郭躬家族成为律学之一脉。史载两汉郭氏、陈氏、吴氏家族均具有律学研究活动世代相袭的特点，从而使他们成为东汉时期三个著名的律学家集团。

2. 律学流派

西汉时期，伴随着律学家集团的出现，出现了以家为核心的律学研究活动，各律学家集团在律学研究的基础上阐述自己的观点，也逐渐形成不同的律学流派。邢义田先生认为："汉代律令形成家学，和经学的发展有类似之处，西汉私家传经，因章句解释相异而成门派，律令亦因解释比附之不同而有了武帝时的大杜律和小杜律。"[1] 关于大、小杜律的性质，学界普遍认为它们是法律学著作，日本学者中田薰指出："杜周和他的儿子杜延年（汉宣帝时的御史大夫）的学说被后世称为《大杜律》和《小杜律》。"[2] 钱剑夫指出："杜周所定的律且名为'大杜律'，子延年所定的律则名为'小杜律'。足证'律'已成为专门学问，和'经'一样，也是一家一言，而世其业。"[3] 中田薰认为，由《大杜律》、《小杜律》可知"在西汉时期就已经有了法律的学派"[4]。大小杜律都为后世传习，《隶释》卷七《车骑将军冯绲碑》、卷十二《荆州从事苑镇碑》载：东汉传习大杜律的有冯绲、苑镇，传习小杜律的有著名律学家郭躬的父亲郭弘。大小杜律研究律学的具体方法已无从知晓，然其流传甚广形成两个律学流派。

到了东汉中叶，随着律学研究活动的广泛开展，首先在汉和帝永元年间形成三个律学流派。汉和帝永元六年（94 年），陈宠指出："律有三家，其说各异。"既然"其说各异"，笔者以为，此时，也即公元 1 世纪的东汉，至少存在着三个律学流派。日本著名法律史学家大庭脩指出，在《陈宠传》中有"律有三家"的话，即对律的解释有三个学派（学说）存在。[5] 至于这三个律学流派的情况如何，由于史料欠缺，大庭脩未谈及。笔者同意大庭脩的观点，

① 邢义田：《秦汉的律令学兼论曹魏律博士的出现》，载黄清连主编：《制度与国家》，117 页，北京，中国大百科全书出版社，2005。
② ［日］中田薰：《论支那律令法系的发展》，载何勤华编：《律学考》，79 页，北京，商务印书馆，2004。
③ 钱剑夫：《中国封建社会有律家律学律治而无法家法学法治说》，载何勤华编：《律学考》，28 页，北京，商务印书馆，2004。
④ ［日］中田薰：《论支那律令法系的发展》，载何勤华编：《律学考》，79 页，北京，商务印书馆，2004。
⑤ 参见［日］大庭脩：《秦汉法制史研究》，林剑鸣等译，6 页，上海，上海人民出版社，1991。

如前述法律史学界关于东汉中叶律学家集团的考察所示，笔者认为，东汉中叶至少存在郭氏、吴氏、陈氏三个律学流派。这三个学术流派各有何种律学著作及观点，由于原始著作的缺失，已无法准确界定。程树德认为："而郭氏出于小杜，可考者止此。其余诸家授受渊源，莫能述焉。"① 在这里，他认为：郭氏家族世传小杜律可考，吴氏与陈氏家族渊源已不可考，其著作散失。

东汉晚期的律学研究活动，在西汉及东汉中期律学研究的基础上又有进一步的发展，正如我国台湾地区学者徐道邻所言："而研究法学者既多，理论上自然不免就有了多少宗派。"② 认为研究法律学的人既多，就会有律学流派的形成，《晋书·刑法志》载："后人生意，各为章句。叔孙宣、郭令卿、马融、郑玄诸儒章句十有余家，家数十万言。凡断罪所当由用者，合二万六千二百七十二条，七百七十三万二千二百余言。"笔者认为，从汉代史籍记载：东汉时期，律家已有十余个，且每家数万言的情况看，每个律学集团对律文的解释各不相同，且各为章句，是东汉时期律学流派众多的直接原因。根据《晋书·刑法志》的记载，当时这些律学著作在司法实践中运用，并且具有法律效力的有七百七十三万二千二百余言。律学研究活动兴盛一时。因而，笔者认为东汉晚期，律学的流派已突破了"律有三家"的限制，更进一步发展到十余家，也即出现了十余个律学流派。由于两汉家学兴盛，因而就笔者推断，每一个律学家集团处于同一时代，其观点都不可能完全相同，正因为流派众多，故用于司法实践的言论之巨是可以想见的。因为东汉晚期用于司法实践的律学家言论过巨，且相互抵牾，所以，三国曹魏政权魏明帝统治时代，鉴于后汉十余家诸儒章句同时行世导致的"言数益繁，览者益难"的情况，不得不下令"但用郑氏章句，不得杂用余家"，确定了郑氏章句的唯一合法性。东汉晚期律学家的学术观点由于史料欠缺而难以窥见，只能从点滴记载中钩沉爬梳。③

值得注意的是，关于《晋书·刑法志》所载十有余家到底是谁，学术界广有争议。主要

① 程树德：《九朝律考》，175～176页，北京，商务印书馆，2003。
② 徐道邻：《中国法制史论略》，51页，台北，正中书局，1980。
③ 程树德在《九朝律考》一书中辑后世律学家注释《史记》、《汉书》时的律学观点共八条，这八条内容如下：鬼薪作三岁（《史记集解》如淳引律说）；论决为髡钳，输边作长城，昼日伺寇虏，夜暮筑长城，城旦四岁也（《史记集解》如淳引律说）；都吏今督邮（《文帝纪》注如淳引律说）；卒践更者居也，居更县中，五月乃更也（《明帝纪》注如淳引律说）；戍边一岁当罢，若有急，当留守六月（《沟洫志》注如淳引律说）；平贾一月得钱二千（《沟洫志》注如淳引律说）；出罪为故纵，入罪为故不直（《功臣表》注晋灼引律说）；封诸侯过限曰附益（《诸侯王表》注张晏引律郑氏说）。（参见程树德：《九朝律考》，185～186页，北京，商务印书馆，2004。）在这里程树德通过努力辑出律学家注释《史记》、《汉书》时所引用的汉代律说即律学观点八条，这八条中有六条是如淳注释《史记》、《汉书》时所引汉代律说。这些律学观点除张晏引郑氏说外，其余律说来源不详，当然除了后世学者注释《史记》、《汉书》时引用律学家的观点外，在20世纪末出土于敦煌的汉简中，有汉代人直接引用的汉代律说佚文，非常遗憾的是这些律说佚文也都未见出处，不知为何人所言。例如，其中有"行言者若许，多受赇以枉法，皆坐赃为盗"的内容。（参见徐世虹主编：《中国法制通史·战国秦汉卷》，233页，北京，法律出版社，1999。）转引自林梅村、李均明编：《疏勒河流域出土汉简》，339号，北京，文物出版社，1984。这种注引律说不言出处的情况，给我们考察东汉晚期律学流派及其观点带来了困难。即便是前述郑氏学说，因内容简单也难窥其总体观念。

是因为《晋书·刑法志》只载有郭令卿、叔孙宣、马融、郑玄四家,其他各家不详。① 古罗马②从奥古斯都于公元前 27 年当政起到哈德良皇帝于公元 138 年去世为止的一个半世纪中,形成了两大法学流派。以卡皮托为代表的萨宾学派及以拉贝奥为代表的普罗库路斯学派。两大学术流派广泛开展学术争鸣,推动了罗马法学与法律的发展。古罗马两大法学流派形成时正好处于东汉中期公元 1 世纪,这一时期,中国有三个律学流派,到了东汉晚期更增加到十几个律学流派。从数量上看,东汉中期以后形成的律学流派似乎要多于古罗马同期。

(二)律学家拥有法律解释权

两汉律学家广泛开展律令研究,著书立说,其律令研究活动十分活跃。其学术论著多已散失,然而由于两汉经学与律学的融通,律学家的律学观中处处渗透着儒家的基本伦理价值观念。值得注意的是,两汉时期律学家拥有公开的法律解释权,其言论具有法律效力。

西汉时期,律学家的学说能够用于司法实践的总数已不可考。但从点滴记载可以看出这一时期律学家拥有公开的法律解释权。自西汉武帝时起,随着儒家正统思想登上历史舞台,

---

① 龙大轩指出,东汉后期自殇帝起至献帝止,"为律令章句可考者,凡有九人,曰许慎、马融、郑玄、何休、吴雄、钟皓、服虔、文颖、应劭",以上九家应是《晋书·刑法志》所言十有余家之其中九家。(参见龙大轩:《汉代律章句学考论》,27 页,西南政法大学博士学位论文,2007。)就这一问题,我国台湾地区学者邢义田认为,除《晋书·刑法志》所言郭令卿、叔孙宣、马融、郑玄外,"汉儒作律章句可考的还有应劭",原因在于《后汉书》卷四八《应劭传》说应劭"撰具《律本章句》"。(参见邢义田:《秦汉的律令学兼论曹魏律博士的出现》,载黄清连主编:《制度与国家》,122 页,北京,中国大百科全书出版社,2005。)在这里邢义田认为应劭应当是东汉晚期的律家之一。何勤华教授在这个问题上也有自己的观点,他认为:"应劭著有律章句一事,《汉书·应劭传》(应为《后汉书·应劭传》可能是笔误)有记载。但服虔和文颖是否著有律本章句,其他文献也无记载。或许他们有这方面的著作,但为《晋书·刑法志》的作者所省略了。"(何勤华:《秦汉律学考》,载何勤华编:《律学考》,42 页,北京,商务印书馆,2004。)笔者认为,在汉末律家的问题上,邢义田及何勤华均采取较为谨慎的态度,都根据史料所载推断应劭为汉末著有律本章句的十余家之一。笔者认为在史料记载不全的情况下,这种严谨的治学态度无疑是重要的。因为清人张鹏一所辑律学家 95 人,程树德在《九朝律考》中所辑律家 75 人,远远超出了史料所载"律有三家"或"律十有余家"的范围,就是台湾地区学者邢义田所列举的汉末律学家也达 20 人。如此情形,不得不让人发问,为什么会如此。笔者认为,原因很简单。张鹏一、程树德、包括邢义田所言律学家多指治律之家,著有律本章句者并不多。笔者认为,按史料所载推断,汉末律家不仅须著有律本章句,且规模浩大,家数十万言,每家有几十万字的律本章句著作。如果仅从表面上看,许慎确实著有《说文解字》,用经义或律令注字,是否能以此为据推断许慎为汉末著有律本章句的律家之一,笔者认为证据不足,因为许慎在《说文解字》一书中以律令注字的情况并不是很多。《说文解字》一书是汉代的文字类词典,主要以一般文字的注释为内容,涉及法律用字只是其中的一部分。因此,笔者认为,《说文解字》一书只是汉代普通词典,不具备律本章句著作的性质。至于文颖、何休等人的确对《史记》、《汉书》、《公羊春秋》等著作进行了注释。但他们在对这些著作进行注释时,不仅涉及法律内容,尚涉及政治、经济、文化、地理、日常生活等方方面面。仅因为他们对《史记》、《汉书》、《春秋》中的法律术语进行过厘定,就判断他们是东汉著有律本章句的律家,则未免牵强,不可信。因此,笔者认为,如果没有充分的史料佐证,我们就不能轻言许慎、何休、服虔、文颖为汉末著有律本章句的律家。但不论如何,东汉末年有十余个律学流派却是毋庸讳言的。至于他们到底是谁,还待学术界在进一步论证的基础上深入研究。在这里还需注意的一个问题是,我们从史料记载推断,当时《晋书·刑法志》中所言律有十余家,是指其言论在司法实践中运用并且具有法律效力,也即具有法律解释权的律学流派。如果加上没有法律解释权的律学流派总数恐怕要多于十余家。

② 需要指出的是,公元前 202 年西汉政权建立,其时正好是古罗马共和国时期。公元 25 年,东汉政权建立,至公元 220 年政权终结,正好是古罗马帝国时代。由于两汉与古罗马政权大致处于同一时期,而两汉政权存在的时代,正值古罗马法学蓬勃发展、五大法学家出现、职业法学家集团形成的重要时期,而罗马法学与两汉律学在发展与传承上具有许多相似之处,具有可比性,因而笔者在论及两汉律学发展状况时,在许多方面与古罗马法学发展的情况进行了比较,以期通过这种方式加深对古罗马法学及两汉律学发展传承情况的深入了解。

著名的司法官员律学家杜周奉命注释法律，并写成律学著作《大杜律》。这是律学家拥有法律解释权的开端。汉宣帝时，御史大夫、著名的司法官员律学家杜延年又奉命注释《小杜律》。《汉书·刑法志》载大、小杜治狱有宽严，所谓"罪同而论异……所欲活则傅生议，所欲陷则予死比。"史料载："延年以宽厚称，其所著律书必不若周之深刻。郭躬世传《小杜律》，故用法多依矜，恕，其渊源有自来矣"①。从史料记载可知，杜延年所著《小杜律》因内容没有《大杜律》苛酷而为后世学者奉为至典。大、小杜律尽管已经散失，但从其流传至东汉并且在司法实践中得到适用的情况看，均有法律效力。西汉时期，地方司法官员也通过司法实践解读法律，著书立说，阐明自己的法学理论观念。著名儒学家、司法官员董仲舒写作《春秋决狱》，至于《春秋决狱》的内容及卷数，因原始资料散失，史料记载不一。据《汉书·艺文志》记载《公羊董仲舒治狱》十六篇；《隋书·经籍志》记载董仲舒撰《春秋决事》十卷；《唐志》记载董仲舒《春秋决狱》十卷；《后汉书·应劭传》中记载："故膠（东）西相董仲舒老病致仕，朝廷每有政议，数遣廷尉张汤亲至陋巷，问其得失。于是作《春秋决狱》二百三十二事，动以经对，言之详矣。"关于《春秋决狱》的性质，学术界说法不一，徐世虹认为，"《春秋决狱》绝不仅仅是一部经学著作，它既然是一部以经义代替法律的判例集，便具有指导法律实务的功能"②，《春秋决狱》具有判例集与律学著作的双重性。该书因在司法实践中通行而具有法律效力。

东汉中期，律学家的言论著作虽多散失，但从史料点滴记载仍然可知他们注重法律条文的司法适用问题，对法律条文的司法操作给予了极大的关注，提出了一系列以儒家慎刑思想为核心的法律适用主张，这些主张大多变为现实，在司法实践中得到具体操作和适用。《后汉书·郭躬传》载：郭躬家族世传小杜律，"躬家世掌法，务在宽平……决狱断刑，多依矜恕，乃条诸重文可以从轻者四十一事奏之，事皆施行，著于令"。即郭躬在断狱过程中，常依儒家矜恕精神，且提出将重刑，特别是大辟刑从轻决者四十一事上奏皇帝，这些主张得到皇帝的认可而通行于司法实践。沈家本先生认为，"东汉死刑所以减于西汉。西汉重刑，虽创于张赵，实孝武信任之。东汉轻刑，固议自郭陈，实光武不取梁统重刑之议。故后嗣虽多轻刑之政，作法之始，可不慎哉。"③他认为，东汉死刑减轻，郭躬、陈宠作出了不可磨灭的贡献。如果说郭躬只是倡议减轻刑罚，特别是死刑，那么，陈忠则提出了具体的宽刑慎刑主张。《后汉书·陈忠传》载：陈忠"上除蚕室刑；解臧吏三世禁锢，狂易杀人，得减重论；母子兄弟相代死，听，赦所代者。事皆施行。"在这里，陈忠提出四个立法主张，皆贯彻着儒家的慎刑理念：陈忠提议废除宫刑；废除贪污官吏禁锢三世子孙不得为官的规定；因精神分裂症发作而杀人者，应当从轻处罚；母子兄弟在犯罪时相互替代死刑，应予许可，并赦免被判处刑罚的人。这些立法建议也都被皇帝采纳，在司法实践中得到运用。东汉晚期，律学进步，律学家用于司法实践具有法律效力的言论激增。这一时期有十几个律学家集团，每家有数十万言，可见学术内容之巨，而律学家具有法律效力的著作和言论运用于司法实践的总数有二万六千二百七十二条，七百七十三万二千余言。可见其法律解释权的扩张。

古罗马时代，法学家拥有法律解释权，法律解释权又称为法学家解答。公元1世纪，奥

① 沈家本：《历代刑法考·律令二》，874页，北京，中华书局，1985。
② 徐世虹主编：《中国法制通史·战国秦汉卷》，216页，北京，法律出版社，1999。
③ 沈家本：《历代刑法考·律令二》，873页，北京，中华书局，1985。

古斯都皇帝为争取民心，赋予一些著名法学家以法律解释权。从公元前 27 年帝政伊始到戴克里先（284—305 年在位）被拥立为帝止，为罗马法的发达时期，法学家的解答成为其时罗马法的重要组成部分。法学家的法律解答活动主要有编撰、办案、答复和著述四种。虽然罗马法学家拥有公开的法律解答权，但其解答权利却受到奥古斯都皇帝及后世皇帝的诸种限制。奥古斯都皇帝只赋予某些著名法学家以公开的法律解答权，到了哈德良皇帝统治时代则进一步规定："法学家的解答是那些被允许对法加以整理的人的意见和见解。如果所有这些法学家的意见都一致，他们的这种意见就具有法律的效力。如果互相分歧，审判员可以遵循他所同意的意见。"① 由此可以看出，罗马帝国时代，法学家尽管拥有公开的法律解答权，但通常由著名的法学家拥有，而未加普及。当法学家就某一问题达成一致意见时，该意见拥有法律效力；意见不一致时，司法官员则可选择采用一家之言。就两汉律学家法律解释权的运作情况看，两汉特别是东汉时期律学家拥有较自由的法律解答权。东汉晚期对法律进行解释的有十几家，每家数十万言，运用于司法实践具有法律效力的超过二万六千二百七十二条，七百七十三万二千余言。可见，这一时期拥有法律效力的律学家注释条文及言论之巨。与古罗马同一时期相比较，东汉中后期的律学家似乎拥有更大的法律解释权。这一时期，十余个律学流派，不论其观点、言论是否互相抵牾，均可在司法实践中通行而具有法律效力。从此可以看出，东汉中期以后律学家法律解释权的扩张，反映了这一时期律学研究活动的兴盛，及律学家地位的提升，以及整个社会对律学研究的认同和统治者对律令学的重视，无怪乎法律史学界给了两汉律学以极高的评价。我们自然不能忽略两汉律学家通过其法律解释权的运用为两汉律学勃兴作出的巨大贡献。尽管我们现在已无法知悉东汉晚期运用于司法实践具有法律效力的律学家言论的具体内容，我们仍可以通过与古罗马法学家法律解释权的比较窥得两汉律学勃兴的一般情形。

（三）多元化的律学研究方法

两汉时期律学家对律学进行研究表现为对律、令进行注释研究后写成的学术论著。两汉时期比较早的律令学著作主要有汉武帝时期的廷尉杜周、杜延年父子所著大小杜律。大小杜律已无从考证，但律学家郭躬及其父亲郭弘对律令中法律术语进行的概念上的阐述，说明大小杜律主要是基于律学基础进行术语界定。东汉时期，律令学更进一步演化为律章句学。所谓律章句学通常是指离章析句，求义明理。律章句学是汉儒采用训诂学方式分析汉律，阐发义理的一种方式。东汉时期，研究律学者辈出，这一时期，律章句学的特点是：释字求义，语言简练。律学家在进行离章析句时，主要以法律概念为出发点，此时的律学活动绝大多数是对法律概念进行界定和阐发。

1. 引律注经

东汉时期，律学家在注经时，常会引用律令概念以释经义。在这一方面，东汉郑玄是一个特殊人物。郑玄在注释《周礼》时共征引汉律四十一例。其中在注释《周礼·秋官·司刺》"三赦"时说：若今之律令："年未满八岁，八十岁以上，他皆勿坐"，也就是说八岁以下小儿，八十岁以上老人属于三赦的范围，一般犯罪行为不承担刑事责任。何休注《春秋公羊传》时亦征引汉律十例。这种以律注经的成果是否属于律令学的范畴呢？徐世虹认为，

---

① ［古罗马］盖尤斯：《法学阶梯》，黄风译，4 页，北京，中国政法大学出版社，1996。

"这种以律释经的成果，也有可能构成律令章句学的内容"①，引律注经应当是两汉律令学研究的方法之一。

2. 引律注字

汉代律学研究方法之一为引律注字。东汉许慎在撰写《说文解字》② 时，引用汉律、令条款对某些字作出解释，文字简练，内容生动，注释准确，具有很强的说服力，现举数例加以说明。《说文解字·卷八》载：殊：死也。从歺，朱声。汉令曰："蛮夷长有罪，当殊之。"《说文解字·卷二十四》载：威，姑也。从女，从戌。汉律曰："妇告威姑。"《说文解字·卷二十五》载：缦：缯无文也。从系，曼声。汉律曰："赐衣者曼表白里。"《说文解字·卷十二》载：赀：小罚以财自赎也。从贝，此声。汉律："民不徭系，赀钱二十二。"用律注字有助于加强读者对文字的理解，同时达到学习文字与法律的双重效果。

3. 引经注字

东汉许慎在《说文解字》一书中，不仅引用汉律、令条文对某些文字进行注释，在涉及一些法律用字时还采用以经释字的方法，引用儒家经典经义内容对法律用字进行注释，以便使人们在学习法律术语时加深对儒家经义内容的认识。《说文解字》一书中多处出现这样的情形。《说文解字·卷五》载：诉：告也。从言，（斤）[屰] 省声。《论语》曰："诉子路于季孙。"此处，许慎用《论语》中公伯寮向季孙诬告子路一事为证，说明诉的含义。《说文解字·卷六》载：弑，杀君也。从杀省，式声。《易》曰："臣弑其君。"东汉郭躬的律学著作已散失，但其对法律概念的阐释史料尚有记载。其引《诗经》、《论语》中的儒家经义对法律概念进行解释，采用引经注律的基本法律解释方法。据《后汉书·郭躬传》载，郭躬曾经对汉律中的"故"、"误"概念进行解释。东汉明帝时，有兄弟共杀人，明帝认为兄未尽到训弟之责，故重处兄而减弟死罪。中常侍孙章宣诏，误言两者皆重处，尚书奏孙章矫制，罪当腰斩。帝诏郭躬问之，躬对："（孙）章应罚金。"帝曰："章矫制杀人，何谓罚金？"躬解释说："法令有故、误，章传命之谬，于事为误，误者其文则轻。"明帝又问："章与囚同是，疑其故也。"躬引《诗小雅》之文："周道如砥，其直如矢。"又引《论语》孔子之言："君子不逆诈。"然后奏曰："君王法天，刑不可委屈生意。"明帝终于被说服，高兴地说："善。"在这里郭躬引《诗经》、《论语》中的儒家经义作为立论依据，对汉律中的概念"故"、"误"作出解释，认为君主不可"委屈生意"而随意将误臆断为故。

4. 一般意义上的解释

有些时候，律学家在对一些法律术语进行解释时，既不用经注律，也不用律注经，而是对其进行一般意义上的阐释，以说明法律术语之含义。许慎在《说文解字》一书中对许多法律术语进行了一般意义上的阐释，以说明其含义。《说文解字·卷十九》载：廌，解磨廌兽也，似山牛，一角。古者决讼，令触不直。象形，从豸省。凡廌皆从廌。许慎在对中国传统文化中的独角兽"廌"进行解释时即采用一般意义上的解释。这种情况在《说文解字》一书中大量存在。例如，《说文解字·卷十九》载，许慎在对"狱"一字进行解释时说：狱，确也，从狀狀，从言。二犬，所以守也。《说文解字·卷五》载，许慎在对"讼"一词进行解

---

①　徐世虹主编：《中国法制通史·战国秦汉卷》，234 页，北京，法律出版社，1999。

②　本文所引《说文解字》内容来源于（东汉）许慎原著，汤可敬撰：《说文解字今释》，周秉钧审订，长沙，岳麓书社，2004。以下涉及该书内容，为简便起见，只指出卷数，不再一一出注。

释时说：讼，争也，从言，公声。在对"误"一词进行解释时说：谬也。从言，旁声。从两汉律学家注释法律的方式看，与学术界普遍认可的观点不同，他们不是绝对以经注律或以律注经，有些时候也对法律术语的含义进行一般意义上的解释。这些都反映出两汉时期律学研究活动的多元化。

目前可以见到的两汉时期的律学著作十分有限，无法充分了解汉代律学家研究律学的方法，但是目前可以看到的一些以经解律或以律释经的著作——前者如《说文解字》，后者如《十三经注疏》郑玄作注，仍然可以让我们从侧面了解汉代律学家注释法律的一般方法。

三、两汉律学勃兴之法文化成因分析

（一）蓬勃发展的两汉律学教育

1. 师徒式律学教育模式的存在

以往在谈到两汉律学勃兴之成因时，研究者或寥寥数语，或主要从政治、经济、社会成因出发进行分析。笔者欲从法文化角度探求两汉律学勃兴之成因，以期能够较为全面地反映两汉律学勃兴的深刻原因。我国古代私人教学渊源已久，西汉武帝正式创立博士弟子员制度，在官学发展的影响下，汉代私人教育也蓬勃发展起来。在汉代，特别是东汉中叶，官学虽然很盛，但是私人教育较官学还要发达，其影响也比官学要大。这一方面是因为官学名额有限，不能满足人们的需要；另一方面是因为地方官学时有兴废并不经常，所以人们多就读于私学。两汉时私学勃兴，这一时期是在先秦诸子百家之后，因此私人间所教授的并不限于儒家的《诗》、《书》、《礼》、《易》等，其他学派如黄、老、刑名、法律等方面也是私人教学的内容。不少官吏学习过律令，如《汉书·路温舒传》载：路温舒，"学律令，转为狱史，县中疑事皆问焉……又受《春秋》，通大义……迁临淮太守，治有异迹"。《汉书·循吏传·黄霸》载：黄霸，"少学律令，喜为吏……为河南太守丞。霸为人明察内敏，又习文法……处议当于法，合人心，太守甚任之。五凤三年，代丙吉为丞相"。《汉书·元后》载：王禁，"少学法律长安，为廷尉史"。这一时期的律学教育也以私学模式展开，师徒式律学教育模式是两汉私学教育的主要途径，该种律学教育模式非常流行。师徒式律学教育规模庞大，少则数百人，多则数千人。这种教育模式，扩大了律学研究者的队伍，有助于律学家集团的形成。两汉时期，律学家在绝大多数情况下，一面从事司法审判工作，一面从事律学研究并广招门徒。从事律学研究者人数众多，且师出一门，这就有可能使律学研究向纵深发展。例如，《后汉书·郭躬传》载：著名司法官员、律学家郭躬"少传父业，讲授徒众常数百人"。《后汉书·马融传》载：东汉著名律学家马融"教养门生，常有千数"。《后汉书·郑玄传》载：郑玄"学徒相随已数百千人"。《后汉书·钟皓传》载：东汉末年律学家钟皓"教授门生，千有余人"。汉代特别是东汉，不论官学和私学都很发达，私人教授徒弟上百人，甚至上千人，董仲舒、马融都采用招收徒弟传授知识的方式，有时徒弟过多，常常不能亲自传授，只好采用以高业弟子这种徒弟中有较高造诣者再将自己的学术观点传授于他人的教学方式，皮锡瑞也说："至一师能教千万人，必由高足弟子传授。"[①]《汉书·董仲舒传》载：董仲舒"孝景时为博士，下帷讲诵，弟子传以久次相授业，或莫见其面"。《后汉书·郑玄传》

---

① 皮锡瑞：《经学历史》，131 页，北京，中华书局，1959。

载：马融"门徒四百余人，升堂进者五十余生。融素骄贵，（郑）玄在门下，三年不得见，乃使高业弟子传授于玄"。郑玄师从马融，却三年未谋其面，可见，两汉师徒式律学教育之盛。值得注意的是，古罗马时期，师徒式法学教育模式也很发达。法学教育在公元前3世纪得以产生且公开化，从那以后，一些想要学习法律的人便去聆听一个有名望的法学家的讲学。可以说古罗马法学家的培养是通过听讲来实现的。总体看来，罗马共和国时期没有任何正式的法律教育。年轻人以"私塾"的方式学习法律。他追随一位法学家，陪其参加日常的实务并同其一同讨论法律问题以此获得法律知识。以至于巴里尼古拉斯认为："这种实践中的口头教育一直是罗马法的特征之一"①。罗马帝国时代，学生师从法学家学习形成师徒式法学教育模式，与两汉师徒式律学教育模式相近。例如，就古罗马五大法学家而言，帕比尼安是大法学家塞沃拉的学生，是乌尔比安和保罗的老师，而莫特斯丁则是乌尔比安的学生。可见，五大法学家的成长有着师徒式法学教育的典型特征。

2. 两汉小学教育对律令知识的重视

汉代究竟什么时候开始有了小学史无明文记载。从现在可以看到的材料看，大致可以认为在西汉末年已经有了小学。一个可以依据的材料是《后汉书》和《东观汉纪》关于承官八岁曾在徐子盛门下就读的记载。汉代小学主要是识字习字。识字是从教史书开始的。所谓史书是字书的通称，初学者都学习字书，同时学习书法。汉代小学的字书有《苍颉篇》、《训纂篇》、《滂喜篇》、《凡将篇》、《急就篇》等，现在保留下来的只有《急就篇》。内容包括姓字、衣着、农艺、饮食、法律等。《急就篇》流传较广，是汉代小学的主要识字课本。其中包含了初步的律令治狱知识，学童一面识字，一面对汉代的律令知识也有了一定的认识。王应麟校《急就篇》（玉海附刻本）卷一记载：《急就篇》第二十八章至第三十章有如下内容：

> 皋陶造狱法律存，诛罚诈伪劾罪人，廷尉正监承古先，
> 总领烦乱决疑文，变门杀伤捕五邻，亭长游徼共杂诊，
> 盗贼系囚榜笞臀，朋党谋败相引牵，欺诬诘状还返真，
> 坐生患害不足怜，辞穷情得具狱坚，藉受证验记问年，
> 闾里乡县趋辟论，鬼薪白粲钳釱髡，不肯谨慎自令然，
> 轮属诏作溪谷山，笮筴起居课后先，斩伐财木砍株根，
> 犯祸事危置对曹，谩訑首匿愁勿聊，缚束脱漏亡命流，
> 攻击劫夺槛车胶，啬夫假佐伏致牢，疕疥保辜啼呼噪，
> 乏兴猥逮诏该求，聊觉没入缴报留，受赇枉法愤怒仇。

汉代小学学童从这三章大致对中央与地方司法审判机关、诉讼程序、案件审理程序、刑罚种类和罪名设置，都会有一个初步的认识和了解。

（二）司法官员广泛参与律学研究与律学家角色合一

在过去的学术研究活动中，人们已经认识到司法官员与行政官员角色的合一，也即司行合一现象。张晋藩先生认为司法与行政合一是中华法系的特征之一："在地方上表现为行政机关兼管司法，各级行政长官直接主持地方审判，二者在组织上统一；在中央，皇帝握有最

---

① ［英］巴里尼古拉斯：《罗马法概论》，黄风译，30页，北京，法律出版社，2000。

终审判权，某些行政机关与司法机关共同执掌司法审判权。"① 该观点已得到学术界的广泛认可。两汉时期司法官员与行政官员角色合一的现象十分突出。中央丞相、御史大夫和廷尉，地方郡县长官均具有行政与司法的职能。司法官员除与行政官员角色合一外，是否还存在与其他角色合一的问题？② 由于两汉特殊的制度设计及理论构架，两汉司法官员除与行政官员角色合一外，尚有与律学家角色合一的典型倾向。两汉司法官员与律学家角色合一为两汉法律的适用，也即成文法律的实际操作，提供了变通的中介与模式，使两汉成文法律的适用具有司法干预行为性质下的特殊性。也即成文法（国家法）因司法官员的特殊司法行为而更改，在运行中具有灵活性与变通性，甚至使一些法律条文成为具文而丧失其实际效力。究其原因，与司法官员与律学家角色合一息息相关，实有深入探究之必要。

两汉时期，对成文法的阐释与解说主要是由司法官员进行的，他们提出自己有关法律适用方面的理论，积极从事学术研究，从而兼有律学家的角色。通过引经注律及引经决狱的方式分别从立法领域、司法领域对法律条文的运用提出自己的观念与理论，从而使成文法的适用打上了立法解释与司法解释的烙印。这一活动在西汉时已经开始，最早对法律条文进行解释与阐述的是杜周、杜延年父子。杜周是汉武帝时期的廷尉，撰具《大杜律》。廷尉是两汉时期中央司法审判官员。杜周三子杜延年是汉宣帝时期的御史大夫，撰具《小杜律》。御史大夫是两汉时期中央监察官员，兼具司法职能。大小杜律皆已散失。但汉武帝、汉宣帝时期的中央司法官员杜周、杜延年父子注释解读法律条文却是不争的事实。于定国是西汉宣帝时的廷尉，亦著有大量律学著作。《汉书·于定国传》载："东海于定国，少学法于父，父死……亦为狱吏，郡决曹。"《魏书·刑罚志》载："于定国为廷尉，集诸法律，凡九百六十卷，大辟四百九十条，千八百八十二事，死罪决事比，凡三千四百七十二条，诸断罪当用者，合二万六千二百七十二条。"从史料记载可以看出，于定国作为廷尉，进行了大规模的法律汇编工作。对于于定国仅仅是进行立法活动还是在立法过程中注释法律，学界说法不一。何勤华认为："于定国也曾汇编、删定过律、令、比。"③ "集诸法律"的活动本身就是对法律进行汇编，这种法律汇编行为不仅仅是条文的简单重组，应当有着逻辑分析与判断，对相互抵牾之处进行删修，内容上进行增损补充，在这个过程中必然会存在自己对律令的见解。因此，对法律进行汇编本身就是阐释自己律令观点的活动过程。由此可知中央司法官员兼有律学家的角色。著名儒学家董仲舒在汉武帝年间任江都、胶西两王相，长期从事司法审判工作，并且在司法审判实践中引用儒家经典《春秋》决狱，著《春秋决狱》二百三十二事，因而被程树德、张鹏一同时列入两汉律学家名录。可见著名律学家董仲舒同时又是汉武帝时期的地方司法官员，律学家与司法官员身份合一。著名司法官员路舒温在汉宣帝统治时代，为临淮太守，著有"上宣帝尚德缓刑书"。其原始资料已经不可知，清朝著名律学家张

---

① 张晋藩主编：《中国法制史研究综述》，3页，北京，中国人民公安大学出版社，1999。

② 就目前法律史研究状况看，一般学术论著重在陈述司法制度，对法官制度，特别是法官角色问题缺乏深入研究和分析。武建敏所著《传统司法行为及其合理性》（北京，中国传媒大学出版社，2006）一书突破传统研究方法，对两汉法官制度有较深入的研究，涉及司法官员审理案件，搜集证据的逻辑进路，然美中不足的是对法官角色未展开充分的论证。

③ 何勤华：《秦汉律学考》，载何勤华编：《律学考》，39页，北京，商务印书馆，2004。

鹏一将其列入律学家内，主要是因为其有该著述的缘故。①

东汉时期，郭躬家族出了九位廷尉也是中央司法官员。郭躬本人于元和三年（86 年）拜廷尉。章和元年（87 年），言赦令宜及亡命未发觉者，肃宗从之。《后汉书·陈宠传》载陈宠"少为州郡吏，辟司徒府……转为辞曹，掌天下狱讼……肃宗初，为尚书。和帝永元六年（94 年），代郭躬为廷尉，后坐免，拜尚书。迁大鸿胪。十六年为司空。"可见陈宠一生都在从事司法工作。东汉晚期，律学家辈出。《晋书·刑法志》所载东汉晚期律有十余家，其中除叔孙宣、郭令卿身世不可考外，马融、郑玄都曾经做过地方司法官员。马融在和帝统治时期曾为南郡太守，著有律章句。郑玄少为乡啬夫，从事乡村一级的司法审判工作，著有律章句。应劭于汉灵帝中平六年（189 年）迁大山太守，一生都在从事司法审判工作。应劭博学多闻，也曾撰具律本章句。

值得注意的是，两汉时期不仅有律学家与司法官员角色合一的情况，还有司法职业世袭的特点。所谓世袭，是指"世代承袭"②。中国古代，特别是奴隶制社会，代表贵族身份的爵位及代表国家官吏身份的官位均实行世代承袭的继承制度。春秋战国以降，随着郡县制的确立，官吏选拔制逐渐取代官吏的世袭制，成为中国封建制时代官制的基本特征。然而，两汉司法职业却有世代相袭的特点。例如，西汉张汤③家族，三代为司法职业。《汉书·张汤传》载：张汤父亲生前为长安吏，"父死后，汤为长安吏"。张汤在父亲死后继承了父亲长安吏的身份，后位及廷尉、御史大夫。《汉书·张汤传》载：张汤的儿子张安世"少以父任为郎"，后"上奇其材，擢为尚书令"。东汉中期，著名律学家郭躬家族出了九位廷尉；吴雄家族：吴雄，其子吴䜣，孙吴恭，子孙三代为廷尉；陈宠家族：陈咸、陈钦、陈躬、陈宠、陈忠，五代为司法职业。值得注意的是，和两汉时期情况不同，古罗马时代有职业法学家的产生，法学家多专门从事法学研究，法学家的法学研究活动是在司法职业外独立进行的。许多法学家在学院供职，从事法学教育工作。例如，盖尤斯（约 130—180）是一位法学教师，帕比尼安（约 150—212）曾在贝鲁特学院任法学教师，乌尔比安（170—228）曾在贝鲁特学院讲授法学，保罗及莫特斯丁也都做过法学教师。而纵观两汉，律学家主要来自司法职业者，尚未形成以独立学术研究为表现的职业律学家集团。然而，由于两汉律学家多来自司法职业者，因而能够较为接近司法实践，有职业法学家的不及之处及优势。律学家与司法官员角色合一，方便了律学研究活动的开展。由于司法官员长期从事司法审判工作，有较充分的审判经验，因而有可能使其学说来自司法实践而具有较强的可操作性。

（三）律学家与儒者身份合一

两汉由于特殊的官吏选拔方式，律学家队伍中儒者占有相当的比例，为两汉律学家用儒术阐释法律、引经注律、引经决狱提供了方便。例如《汉书·路温舒传》载："路温舒，少为狱小吏，学律令，又受《春秋》，通大义。"路舒温既通晓律令，又了解儒家经典著作《春

---

① 参见（清）张鹏一：《两汉律学考》，载何勤华编：《律学考》，63 页，北京，商务印书馆，2004。

② 《辞海（缩印本）》，33 页，上海，上海辞书出版社，1979。

③ 张汤，汉武帝时期的廷尉，御史大夫。其因制定《越宫律》二十七篇，著"廷尉板令"，而为清末学者张鹏一、程树德列入汉代律学家名录。

秋》的基本精神。在"上宣帝尚德缓刑书"中，很容易将儒家经义贯彻于律学著作中。《汉书·董仲舒传》载，汉武帝时期的著名儒生董仲舒"少治《春秋》，孝景时为博士"。董仲舒少时学习《春秋》经义，汉武帝时举贤良，为江都、胶西两王相，在从事行政管理的同时从事司法审判工作。董仲舒在司法实践中常用《春秋》经义审理案件，既是儒者，也是律学家、司法官员，著有《公羊董仲舒治狱》十六篇。该著作也已散失，但他用儒家经义阐发治狱之术的学术研究方法却流传甚远。例如，汉武帝时期的廷尉张汤早期不通儒经，但顺应司法实践需要也通过自己的努力学习儒家经典著作。《汉书·张汤传》载张汤为廷尉，善于用经书古义来决狱："汤决大狱，欲傅古义，乃请博士弟子治《尚书》、《春秋》，补廷尉史，平亭疑法。"《后汉书·陈宠传》载，廷尉陈宠出身法律世家，"数议疑狱，常亲自为奏，每附经典，务从宽恕"。"宠虽传法律，而兼通经书，奏议温粹，号为任职相。"《后汉书·郭躬传》载，廷尉郭禧出身法律世家，"少明习家业，兼好儒学，有名誉"。因郭氏家族世传《小杜律》，郭躬、郭弘等人对儒家经典都有深刻的理解。《后汉书·应劭传》载，应劭"少笃学，博览多闻"。《后汉书·许慎传》载，东汉许慎"博学为经籍"。律学家精通儒术能够用儒家经典阐发法律之义理，用春秋经义决狱对法律条文进行司法解释。

（四）两汉统治者十分重视律令

两汉时期，律令得到皇帝的高度重视。我国台湾地区学者邢义田指出："汉人有鉴于秦政，讳言申、韩，但并不反对刑名法术。"[1] 汉儒虽然主张以礼乐教化为主，但是承认刑法与礼乐各有作用，可以相辅相成，都是治理国家的工具。我国台湾地区学者林咏荣也认为两汉儒术与法律并重，他说汉代"惟诸帝均重视名法，故汉代经学既多阐发，法学也甚昌明……马融郑玄之章句，成为当时法律之权威解释，其立论主旨皆以经学与法学相贯通者也"[2]。两汉经学与律令并重，儒术与法律为治理国家之二柄。因此，官吏除了明经，还必须通晓律令。两汉择官，通晓法令一直是一个重要条件。由于统治者重视法律，且研习律令者拥有极高的社会地位，因而极大地调动了人们从事法律研究活动的积极性。许多官吏少学律令，从而使律令学作为家学在两汉时期兴盛一时，研习法律成为一种社会风气，而明习法律者常常得到人们的尊重。

从两汉时期的官吏选拔制度可以看出两汉统治者重儒重法的基本主张。察举制度是汉代选官的主要制度，"汉代察举成为一种比较完备的选官制度，应在汉武帝时代"[3]。察举制度在选拔官员时设明法一科，通晓法律者常常能够通过明法一科的考试任官。明法一科在汉代的运用，调动了人们从事律令学习与研究的积极性。汉时，以四科取士。察举制度的确立开了同时选拔儒生与通律令者的先河。汉代察举科目很多，主要有孝廉、茂才、贤良方正与文学（通常是指经学）、明经、明法及临时规定的其他特殊科目。这些都是功名，有了功名，就可实授官阶。《后汉书·百官志》注引应劭《汉官仪》载，汉代察举的标准，无非四科："一曰德行高妙，志节清白（如孝廉、贤良方正）；二曰学通行修，经中博士（如文学、明

① 邢义田：《秦汉的律令学兼论曹魏律博士的出现》，载黄清连主编：《制度与国家》，102 页，北京，中国大百科全书出版社，2005。

② 林咏荣：《中国法制史》，13～14 页，台北，大中国图书公司，1976。

③ 安作璋、熊铁基：《秦汉官制史稿》，311 页，济南，齐鲁书社，1985。

经）；三曰明达法令，足以决疑，能按章覆问，文中御史（如明法）；四曰刚毅多略，遭事不惑，明足以决，才任三辅令（如一治剧），皆有孝弟廉公三行。"四科取士，大约产生于西汉，为东汉时期沿用。在具体操作过程中，可以取其中一二科，或四科全取。两汉明法一科，选拔通晓法律的官员。《汉书·元帝纪》载，汉宣帝曾经对汉元帝说："汉家自有制度，本以霸王道杂之。"意思是说汉朝治理国家的传统做法是儒法并用，因此在选拔通达儒术官员的同时，还应选拔明晓法律的官员。例如，"陈宠，曾祖父咸，成哀间，以律令为尚书"。《后汉书·陈宠传》载，陈忠"司徒刘恺举忠明习法律……于是擢拜尚书，使居三公曹"。《初学记·十二职官部》引华峤《后汉书》载，吴雄"以明法律，断狱平，桓帝时自廷尉致位司徒"。

两汉时期，除通过察举选拔司法官吏外，司法官员特别是中央司法官员还常常通过"积功劳"升迁。许多官吏出身卑微，但由于了解国家律令从而得以升迁，位及中央司法官员廷尉或其他中央官员。据《汉书·萧何曹参传》载，"萧何曹参皆起秦刀笔吏"。萧何在秦时为刀笔吏出身，后拜为丞相，位及三公。据《汉书·杜周传》载，"张汤、杜周并起文墨小吏，致位三公，列于酷吏"。张汤、杜周都是文墨小吏出身。张汤后迁为廷尉、御史大夫。杜周后迁为廷尉。《汉书·丙吉传》载，丙吉"治律令，为鲁狱吏，积功劳，稍迁为廷尉右监"。据《汉书·酷吏传》载，赵禹亦"以刀笔吏积劳，稍迁为御史"。

两汉由于统治者重视律令，谙知律令是其时任官的重要条件之一。正因为此，在社会上形成了少学律令的风气，律令学得到人们的普遍重视。据史料记载，两汉律学家中少学律令者居多。例如，《汉书·于定国传》载，汉宣帝时的廷尉于定国"少学法于父"；《汉书·路温舒传》载，汉宣帝时的临淮太守路温舒"少为狱小吏，学律令"；《汉书·循吏传》载，汉宣帝时期的廷尉正黄霸"少学律令，习文法"；《后汉书·郭躬传》载，东汉和帝时的著名司法官员、律学家、廷尉郭躬"少传父郭弘业"。两汉时期，由于皇帝对律、令学的高度重视，加上官吏选拔时对律令知识的要求，谙知律令知识者往往能够升迁，这些极大地调动了人们学习律令知识的热情，形成少学律令的社会风气，有力地推动了两汉时期律令学的繁荣和发展，为两汉时期律令学研究活动向纵深发展提供了十分重要的平台与基础。

对于中国古代律学的发展兴衰，学者观点见仁见智。举其要述之：沈家本认为，律学滥觞于秦，兴于汉，繁荣于魏晋，至宋元以后趋于衰落。[①] 程树德谈道："汉晋士大夫，往往治律，马融郑玄羊祜杜预皆律家也。六朝以后，祖尚玄虚，律令科条，委之胥吏，其治此者，非陋则俗，斯学浸微。"[②] 怀效锋认为："律学实质上就是中国古代的法学，它发轫于商鞅变法，兴起于汉，繁荣于魏晋，成熟于唐，衰微于宋元，复兴于明，至清而终结。"[③] 由此可见，无论学者如何界定传统律学的发端、衰微，然于律学兴起于汉、昌明繁荣于魏晋时期则无异议。

四、汉代律学研究简述

（一）汉代律学概况

李斯相秦，为了"使天下无以古非今"，"臣请诸有文学诗书百家语者，蠲除去之……所

① 参见沈家本：《法学盛衰说》，载《历代刑法考》，北京，中华书局，1985。
② 程树德：《九朝律考》，"序言"，北京，中华书局，2003。
③ 怀效锋：《中国传统律学述要》，载何勤华编：《律学考》，北京，商务印书馆，2004。

不去者，医药卜筮种树之书。若有欲学者，以吏为师"（《史记·李斯列传》）。从此，研习法令，以吏为师。沈家本针对这一状况，认为："法令之书藏于官府，天下之士，陋于闻见。斯时，朝廷之上，方以法为尚，而四海之内，必有不屑以吏为师者，而此学亦遂衰。"①

秦自商鞅变法，改法为律，凡事皆有法式，然而，即使有密于凝脂的法网，也没有庇佑秦王朝长治久安，二世而终。汉初统治者面对秦王朝的废墟，一个亟待解决的问题就是如何实现统一、强盛。汉初统治者认为秦之严刑竣法应是秦二世而亡的缘由之一。当然，法律的繁密与简约的把握一直是历代统治者处心解决的问题，也是律学家关注的命题。故汉初，崇尚清静无为的"黄老思想"甚为流行，这一时期，统治者轻徭薄赋、约法省刑、安定百姓、与民休息。至武帝时，汉王朝国力强盛，《汉书·食货志》载，"京师之钱累百巨万，贯朽而不可校。太仓之粟陈陈相因，充溢露积于外，腐败不可食"，国力强盛如此，而地方诸侯分裂割据，匈奴入侵，黄老政治遂逐渐显得不合时宜。董仲舒的新儒学应运而生，政治上实行君主专制；思想上"罢黜百家，独尊儒术"；法律上德主刑辅。这一思想的确立对汉代乃至整个封建时代都产生了深远的影响，也为后世律学的研究范围、研究方法埋下了伏笔。

儒家思想得势，必然寻求不同途径将自己思想渗透到国家管理的各个方面，以至确立起正统的地位。"汉律虽已颁布，不能一旦改弦更张，但儒家却有许多机会可以左右当时的法律。"② 这其中最具代表性的，在最初阶段即为董仲舒提倡的春秋决狱："故胶东相董仲舒，老病致仕。朝廷每有政议，数遣廷尉张汤，亲至陋巷，问其得失，于是作《春秋决狱》二百三十二事"（《后汉书·应劭传》）。其作为一种独特的审理案件方式和经义律学的发端，在法律儒家化的进程中，具有里程碑的意义。

至西汉末期，东汉儒学的统治地位已经确立，儒生根据儒家经典《诗》、《书》、《礼》、《易》、《春秋》对法律作章句注释的活动更具规模。不但作为官方职员的儒臣引经决狱，经学大师也加入以经解律的行列。《晋书·刑法志》对此有记载："后人生意，各为章句，叔孙宣、郭令卿、马融、郑玄诸儒章句十有余家，家数十万言。凡断罪所当由用者，合二万六千二百七十二条，七百七十三万二千二百余言。言数益繁，览者益难。天子于是下诏，但用郑氏章句，不得杂用余家。"当日律学研究的风气之盛可见一斑。

（二）汉代律学的特征及成就

第一，春秋决狱发其端，章句注释继其后，推动了传统法律的儒家化，为最终的礼法结合③做了很好的铺垫。试举一例：

> 甲父乙与丙争言相斗，丙以佩刀刺乙，甲即以杖击丙，误伤乙甲当何论？或曰殴父也，当枭首。论曰，臣以父子至亲也，闻其斗，莫不有怵怅之心，扶杖而救之，非所以欲诟父也。《春秋》之义，许止父病，进药于其父而卒，君子原心，赦而不诛。甲非律所谓殴父，不当坐。④

---

① 沈家本：《法学盛衰说》，载《历代刑法考》，北京，中华书局，1985。
② 关于这一问题，瞿同祖先生在《中国法律之儒家化》一文中作了考证缜密、论点中肯、极有创见的研究。
③ 作为唐代律学的代表作，《唐律疏议》即以将法律制度、儒家思想完美结合而得到"一准乎礼，得古今之平"的赞誉。
④ 《太平御览》卷六百四十。

从这则案例中，至少可以看出"三纲"的思想渗透到司法审判中的苗头。同时，董仲舒倡导"原心定罪"，据《春秋繁露·精华》记载，"《春秋》之听狱也，必本其事而原其志。志邪者不待成，首恶者罪特重，本直者其论轻"，即在听狱时，要分析行为人的主观动机、犯罪目的等因素。这一观点为后世律学家所继承。

第二，私家注律、讲习法律成就斐然，出现了一些律学世家。《晋书·刑法志》描述道："诸儒章句十有余家，家数十万言"，由此可猜想当日律学研究之盛况。近人程树德在其《九朝律考·汉律考》中独列"律家考"一卷，共收入律家七十多人。然而仔细考察可发现他们治律之方法、学术背景等却又迥异其趣。比如，有深受法家影响者，如阳球"性严厉，好申韩之学"，樊晔"政严猛，好申韩法，善恶立断"；有儒、法皆通者，如公孙弘"少时为狱吏，习文法吏事，缘饰以儒术"，何比干"经明行修，兼通法律"，"武帝时，为廷尉正，与张汤同时，汤持法深，而比干务仁恕，数与汤争，虽不能尽得，然所济活者以千数"，陈球"少涉儒学，善律令"。私家律学教育已具相当规模："钟皓字季明，温良笃慎，博学诗律，教授门生，千有余人。"而最为值得关注的是出现一些律学世家："南齐崔祖思谓汉来治律有家，子孙并世其业，原徒讲授，至数百人。"于定国"其父于父，为县狱史郡决曹，决狱平……定国少学法于父，父死后……以材高举侍御史，迁御史中丞"。郭弘一门世代习律，"父弘，习小杜律"，"躬少传父业，讲授徒众，常数百人"，"郭躬家世掌法，务在宽平"，"郭躬为廷尉正迁廷尉，家世掌法，凡郭氏为廷尉者七人"。吴雄一家，"顺帝时，廷尉河南吴雄季高，以明法律，断狱平，起身孤宦，致位司徒。子䜣、孙恭，三世廷尉，为法名家"。

由以上可以看出，不同学术背景的人加入注律行列，世代相传的律学世家得以形成。他们把自己司法审判的经验和教训加以总结，具有较高的价值。这对汉律学的发展起了巨大的推动作用。

第三，在经学学术研究处于统治地位的汉代，律学的发展受经学影响颇深。从律家的知识背景就可以说明这一点。如郑昌"皆明经，通法律政事"；何比干"经明行修，兼通法律"；梁松"少为郎，博通经书，明习故事"；王涣"习尚书，读律令，略举大义，为太守陈宠功曹"。

第二节
魏晋律学与法律教育

魏晋律学在传统律学的发展历程中具有里程碑的意义。这一地位的获得，与秦汉以来律学发展的成果积淀是决然分不开的。

一、魏晋时期的立法活动

传统律学的兴起、昌盛，在一定程度上得益于立法活动的成文化、法典化。由于法典的相对稳定和社会生活的变化之间形成了矛盾，法律往往落后于社会生活。为了保持法律的权威和统一适用，解释法律的活动就显得尤为必要。《商君书·定分》载："诸官吏及民有问法令之所谓也于主法令之吏。"① 其中求"法令之所谓"就说明秦汉律学研究的领域就包括了解释法律。显然，这里的法律，已经是成文化的法典了。魏晋时期律学的研究对象，也包括法典的解释，这一点在下文将详细论述。

东汉末年，魏、蜀、吴三足鼎立，因战乱未平，统治者尚无暇顾及立法，基本上还是沿用汉时律令。后来蜀、吴均制定了法令。然而影响最大的应为魏明帝时之《新律》。《晋书·刑法志》有云："天子又下诏，改定刑制，命司空陈群、散骑常侍刘劭、给事黄门侍郎韩逊、议郎庾嶷、中郎黄休、荀诜等删约旧科，傍采汉律，定为魏法制《新律》十八篇。"《新律》十八篇"凡所定增十三篇，就故五篇，合十八篇"。据《晋书·刑法志》记载，所增十三篇为《劫略》、《诈律》、《毁亡》、《告劾》、《系讯》、《断狱》、《请赇》、《兴擅》、《留律》、《惊事》、《偿赃》、《免坐》、《金布》，同时《新律》制定者认为："旧律（指《汉律》）因秦《法经》，就增三篇，而《具律》不移，因在第六。罪条例既不在始，又不在终，非篇章之义。故集罪例以为刑名，冠于律首。"对此一立法活动，近人程树德在其《九朝律考·魏律考序》中评价道："其体例之善，比附之严，亦有未可轻议者。"②

曹魏末，司马氏家族发动政变，亦重视法令之制定。《晋书·刑法志》载："文帝为晋王，患前代律令本注烦杂……科纲本密……于是令贾充定法律，令与太傅郑冲、司徒荀顗……等十四人典其事，就汉九章增十一篇，仍其族类，正其体号，改旧律为刑名、法例……合二十篇……蠲其苛秽，存其清约，事从中典，归于益时。其余未宜除者……故不入律，悉以为令。凡律令合二千九百二十六条，十二万六千三百言，六十卷，故事三十卷……四年正朔，大赦天下，乃班新律。"

二、魏晋律学的概况

传统律学研究的一个非常重要的对象就是朝廷颁行天下的律令。既然以律典为主要研究对象，那么他们的律学研究理论就不能不放到立法活动中去检验。这一时期律学活动较为关注这样几个问题：

1. 法律杂乱、烦苛，于国家治理、司法活动的展开都甚为不利。法家相秦，凡事皆有法式，然终究二世而亡，落得"秦法繁于秋荼，而密于凝脂"的批评。汉室之初，三章之法治天下，《汉书·刑法志》载："蠲削烦苛，兆民大悦。"然统治者又担心三章之法，不足御奸，法网过疏而漏吞舟之鱼，终形成汉律六十篇，在"前主所是著为律，后主所是疏为令"的观念影响下律令至武帝时已达三百五十章，"盈于几阁，典者不能遍睹"，"律令烦多，百有余万言"，"明习者不知所由"。魏晋律学家在总结汉代立法这一现象的原因时认为："由于六篇篇少故也。篇少则文荒，文荒则事寡，事寡则罪漏。"尽管《新律》篇目增为十八，多于《汉九章》，但和汉代律令总体相比却大为简约，从立法技术处理上看，远较汉代成熟，并为后世立法繁简处理提供了范例。

2. 魏晋律学家已开始关注立法体系的逻辑结构，并在立法实践中予以改革。战国魏文侯

---

① 《商君书·定分第二十六》。
② 程树德：《九朝律考》，193 页，北京，中华书局，1963。

师李悝集诸国刑典，著《法经》六篇。"悝以为王者之政，莫急于盗贼，故其律始于盗贼"（《晋书·刑法志》）。"商鞅传授，改法为律。汉相萧何，更加悝所造户兴厩三篇，谓九章之律。"（《唐律疏议·名例》）由此可知，《具律》由李悝时起至魏新律颁行前一直处于法典编纂的第六位，魏立法者认为："罪条例既不在始，又不在终，非篇章之义"，"故集罪例以为刑名，冠于律首"（《晋书·刑法志》）。《泰始律》又于《刑名》之后，新增《名例》一章，后至北齐律合《刑名》、《法例》为《名例》一篇。后世相沿不改。对于《刑名》一章的性质、内容、地位，明法掾张斐有精辟的论述："律始于刑名者，所以定罪制也。""《刑名》所以经略罪法之轻重，正加减之等差，明发众篇之多义，补其章条之不足，较举上下纲。"（《晋书·刑法志》）在律、令的划分、整合上，魏晋立法也较为成功。杜预认为律、令之区分应该是"律以定罪名，令以存事物"（《晋书·杜预传》），显然这一划分标准就更为科学。所以在定新律时，同时又编写了《军中令》、《尚书官令》、《邮驿令》。这一点对后世立法影响深远，首先它合理地解决了律令关系，确保了律作为根本大法的地位，又使令充分发挥了灵活性，以解决社会生活变化多端所造成的立法滞后的难题。其次，它有助于解决立法体系的繁简问题。

3. 律学研究者已开始认识到法律之学乃为一门专门学问。《晋书·刑法志》载"卫觊又奏曰：刑法者，国家之所贵重，而私议之所轻贱；狱吏者，百姓之所悬命，而选用者之所卑下。王政之弊，未必不由此也。请置律博士转相教授。"这一提议对后世颇有影响，具有丰富的法文化内涵。《大唐六典》对律博士的官秩、所属机构、设置朝代均有记载："东晋宋齐并同，梁天监四年，廷尉官属，置胄子律博士，位视员外郎第三班。陈律博士秩六百石，品第八，后魏初律博士第六品，太和二十二年，为第九品上，北齐大理寺官属，有律博士四人，第九品上，隋大理寺官属，有律学博士八人，正九品上，皇朝省置一人，移属国学。"

沈家本对这一法文化现象提出了自己的见解，他将律博士之设与废和律学的兴与衰结合起来考察。他认为："律博士一官，其所系甚重而不可无者也。法律为专门之学，非俗吏之所能通晓，必有专门之人，斯其析理也精而密，其创制也公而允。以至公至允之法律，而运至精至密之心思，则法安有不善者。及其施行也，仍以至精至密之心思，用此至公至允之法律，则其论决又安有不善者。"① 可谓至情至理之论也。

4. 魏晋时期律学家，不论身为立法者，抑或司法官，大都参与律学研究，且多有律学著作。魏晋律学著作大都已经散佚，但从后世史书《经籍志》记载中大致还是能猜想到当时律学研究领域之广、成就之高、作品之多。《魏书·刘劭传》载："刘劭，广平邯郸人也。明帝即位，与议郎庾巂荀诜等定科令，作新律十八篇，著《律略论》。"《隋书·经籍志》载："刘劭《律略论》五卷"，另记："《汉晋律序注》一卷，晋张斐撰。《杂律解》二十一卷，张斐撰"，"《律本》二十一卷，杜预撰"。《新唐书·艺文志》载："张斐《律解》二十卷"，"贾充杜预《刑法律本》二十一卷"。《晋书·杜预传》载："杜预字元凯，与车骑将军贾充等定律令，既成，预为之注解。"《晋书·刘颂传》载："刘颂字子雅，广陵人。守廷尉时，人比之张释之。又论肉刑……上书论律令事，为时论所美。"② 然而，这些律学论著大都亡佚，现在

① 沈家本：《设律博士议》，载《历代刑法考》（四），北京，中华书局，1985。
② 均转引自程树德：《九朝律考》，北京，中华书局，1963。

能见的多存于《晋书·刑法志》。如明法掾张斐为《泰始律》作注所上的表①，为刘颂的表文。缘何仅凭两道表文就猜想当时律学发展的概况与成就呢？首先，两人为朝中大臣，能如此开诚布公谈论批评立法、司法，可见当日学术风气之宽松、自由，这为律学发展营造了良好的氛围。其次，时人律学研究的成果，势必有相互借鉴、吸收之处。最后，从张斐《注律表》可以看出，当时律学研究的领域囊括了人们对法律性质的认识、法律基本概念的界定、法典编纂的逻辑体系、法律运用、审判心理以及司法人员职业素质等方面。

三、魏晋律学的知识体系

正如前文所述，魏晋时期的律学著作存数极少，所以要全面构建此一时期律学知识体系尚有困难。好在张斐、刘颂两位为时人评价颇高的律学家的两篇既能代表其本人的律学研究观点、成就，又能折射出当时律学研究概况的表文传世，故笔者试图在此基础上对魏晋律学研究内容做一个大略的梳理，并适当与汉律学研究作一比较。

第一，此时律学家已开始关注法律的本质。张斐《注律表》记："夫律者，当慎其变，审其理"。到底何者为"理"，张斐并未给出直接回答，然而他却从其他方面间接论述了这个问题："理者，求情之机"，此处，"机"当为"关键、要领"之意，又谈到："自非至精不能极其理也"，"然后乃可以理直刑正"，"夫理者，精玄之妙，不可以一方行也；律者，幽理之奥，不可一体守也"。可见，他只是从"理"的地位、作用、特征方面作了描述，以现今法理学看来，他关注的问题似可归纳为法律产生、存在的终极依据是什么。在此笔者冒昧揣测一下他理解的"理"，似应包括法律儒家化以后确立起来的三纲伦理道德、德主刑辅的法律思想，以及中国传统的天人合一的哲学思想。如在《注律表》开头他谈道："王政布于上，诸侯奉于下，礼乐抚于中，故有三才之义焉，其相须而成，若一体焉。"君臣各守其位，各司其职，显而易见。在论述刑罚之轻重与区别时，他认为："刑杀者是冬震曜之象，髡罪者似秋彫落之变，赎失者是春阳悔咎之疵也。"显然有天人合一的思想。当然这一思想发端甚早。如在先秦时期，人们已经认识到躬行"天罚"须合天意。《礼记·月令》载"仲春之月……命有司，省囹圄，去桎梏，毋肆掠，止狱讼"；"孟秋之月，命有司，修法制，善囹圄，具桎梏"。《盐铁论》中桓宽认为："春夏生长，利以行仁。秋冬杀藏，利以施刑"。

第二，律学家对刑法基本概念作了很出色的研究。如张斐在《注律表》中对《晋律》的二十个名词作了界定。以现代刑法理论观之，大体包括犯罪的主观方面、犯罪主体、犯罪未完成形态、犯罪对象及某些罪名。先来看一下他对犯罪主观方面的研究："知而犯之谓之故，意以为然谓之失，不意误犯谓之过失。"在定罪量刑时充分考虑犯罪者的主观心态，汉代董仲舒以春秋大义决狱，提倡"原心定罪"与此可谓一脉相承，然至晋张斐对此做了简单明了又深得其义的概括。沈家本在《论故杀》一文中谈道："《晋书·刑法志》张斐《注律表》：其知而犯之，谓之故……言律义之较名凡二十，此其一也。似系汉魏以来法家相传之旧说，张特揭其要于《表》中。'故'字之义，自当以此为定论。"②"将害未发谓之戕。""戕"有杀害、杀伤之意，然此处将其解释为"将害未发"，应该说和现代刑法中犯罪未完成形态中的

---

① 学界对此称谓迥异，有《律注表》、《注律表》、《律注要略》等，在此从《注律表》一说，下文同。

② 沈家本：《论故杀》，载《历代刑法考》，北京，中华书局，1985。

"犯罪预备"含义相当。另外,"不道"、"不敬"、"恶逆"等罪名对后世影响颇为深远。当然他的解释中还涉及一些侵犯财产的犯罪,如"背信藏巧谓之诈","取非其物谓之盗",可以说是抓住了这类犯罪最核心的特征,对现今立法术语的表述尚存影响。

第三,对法典编纂的逻辑体系作了开创性的研究,主要是对刑名法例在整个律典中的地位有了新的认识。李悝著《法经》六篇,《具律》位在第六,秦汉时法典循而不改,《新律》制定者以为:"罪条例既不在始,又不在终,非篇章之义。故集罪例以为刑名,冠于律首。"

至张斐著《注律表》时,《泰始律》又在《刑名》之后加《法例》一章,他认识到:"刑名所以经略罪法之轻重,正加减之等差,明发众篇之多义,补其章条之不足,较举上下纲领……告讯为之心舌,捕系为之手足,断狱为之定罪,名例齐其制"。随后又进一步谈道:"律之名例,非正文而分明也。"大意为:即使没有律文正条的明确规定,懂得事理、原则,定罪量刑也能明确掌握。可见,晋律学家已开始认识到并力求解决立法中如何做到以简驭繁这个困扰历代立法者的问题了。同时他也谈道:"律始于《刑名》者,所以定罪制也;终于《诸侯》者,所以毕其政也。"从此文中可以看到,他的律学研究有两点弥足珍贵:一是已经不再仅仅局限于对部分条文的注释,而是将律典作为一个整体来追寻背后隐藏的法理;二是对《刑名》的性质、地位、指导意义有接近本真的认识。

第四,律学家对律典中规定的犯罪构成极为近似的罪名进行了精确的辨析。《注律表》载:"律有事状相似而罪名相涉者,若加威势下手取财为强盗,不自知亡为缚守,将中有恶言为恐猲,不以罪名呵为呵人,以罪名呵为受赇,劫召其财为持质。此六者,以威势得财而名殊者也。"很显然,张斐举例认为这些犯罪情节有较明显的差异,相比较来说,辨清罪名不为难事。然而"即不求自与为受求,所监求而后取为盗贼,输入呵受为留难,敛人财物积藏于官为擅赋,加殴击之为戮辱"。这些犯罪,则要结合犯罪者的主体身份、犯罪方法详加辨析,方能罚当其罪。从他对财产性犯罪的辨析过程中可以推测在其他性质的犯罪理论上也有不凡的建树。

第五,律学家也非常重视法律适用过程中的诸多问题。"研究法律自离不开条文的分析,这是研究的依据,但仅仅研究条文是不够的……某一法律不一定能执行,成为具文。"① 因此,对法律还应进行功能的研究。

魏晋律学在这方面进行了有益的探讨,并对现实法律活动进行了严肃的批评。因为现实生活与法律条文之间存在差距,所以他们认为:"夫律者,当慎其变审其理。若不承用诏书,无故失之刑,当从赎。谋反之同伍,实不知情,当从刑。此故失之变也……如此之比,皆为无常之格也。"充分说明适用法律时,要结合现实生活中的真实情况,对律文加以变通适用,才能对情可矜者予以宽宥,对罪大恶极者施以严惩。刘颂为三公尚书时,针对"法渐多门,令甚不一"上疏皇帝,他认为这一现象产生的原因在于"陛下为政,每尽善,故事求曲当,则例不得直;尽善,故法不得全"。"夫法者,固以尽理为法,而上求尽善,则诸下牵文就意,以赴主之所许,是以法不得全。"在谈到"法多门,令不一"的危害后果时,他认为:"则吏不知所守,下不知所避。奸伪者因法之多门,以售其情,所欲浅深,苟断不一,则居上者难以检下,于是事同议异,狱犴不平,有伤于法。"(《晋书·刑法志》)同时他也提出了

① 瞿同祖:《中国法律与中国社会》,2页,北京,中华书局,1981。

解决这一问题的方法："天下万事，自非斯格重焉……不得出以意妄议，其余皆以律令从事。然后法信于下，人听不惑，吏不容奸，可以言政。人主轨斯格以责群下，大臣小吏各守其局，则法一矣。"从这些论述中，大略也可以看出维护法律权威性的可贵思想。

在定罪量刑的过程中，他们主张以律文正条为准则。张斐《注律表》认为："夫刑者，司法之官；理者，求情之机。"刘颂也认为："又律法断罪，皆当以法律令正文，若无正文，依附名例断之，其正文名例所不及，皆勿论。""唯当奉用律令。""唯得论释法律，以正所断，不得援求诸外。"比如唐律就吸收这一思想，规定："诸断罪皆须引律令格式正文，违者笞三十"（《唐律疏议》）。当然类似的规定，也见于《尚书·吕刑》："哀敬折狱，明启刑书胥占，咸庶中正。其刑其罚，其审克之。"这一论述，现今学者有将其解读为"罪刑法定"的原则，应有合理之处，尽管在封建社会君主言出法随，并不一定能遵行这种原则，然而作为刑事法理论，却充分说明了律学当时的成就。

作为法律运行过程中的重要一环，审判活动是以求得实情、定其纷争、罚当其罪为主要任务的。对于如何求得实情，魏晋律学家在吸收前人既有成果的同时，又提出了自己的观点。《周礼·秋官·小司寇》载："以五声听狱讼，求民情。一曰辞听。观其出言，不直则烦。二曰色听。观其颜色不直则赧然。三曰气听。观其气息不直则喘。四曰耳听。观其听聆不直则惑。五曰目听。观其眸子视不直则眊然。"

董仲舒以《春秋》决狱，谈道："《春秋》之义，许止父病，进药于其父而卒，君子原心，赦而不诛。"是为"原心定罪"之论。张斐在《注律表》中谈道："论罪者务本其心、审其情，精其事，近取诸身，远取诸物，然后乃可以正刑。"其中"本其心"和董仲舒原心定罪有明显的承继关系。张斐进一步谈道："心感则情动于中，而形与言，畅于四支，发于事业。是故奸人心愧而面赤，内怖而色夺……仰手似乞，俯手似夺，拟手似诉，拱臂似自首，攘臂似格斗。"这对前代的司法审判经验做了继承和发展。

第六，司法人员的职业素质也是魏晋律学家关注的领域。《孟子·离娄上》载："徒善不足以为政，徒法不能以自行。"可见，法律规范要起到实效，还必须依赖于公众对法律活动的积极参与和司法者明察秋毫之后的合理运用。而司法者要做到这一点则需要全面的职业素质。西周时就已经注意到司法者的职业素质了。《尚书·吕刑》载："非佞折狱，惟良折狱，罔非在中。"当然这里"良"的标准还较为模糊，但也反映了对司法官人品的关注。张斐《注律表》认为："夫奉圣典者若操刀执绳，刀妄加则伤物，绳妄弹则侵直。"刘颂认为："故小有所得者，必大有所失；近有所漏者，必远有所苞。故谙事识体者，善权轻重，不以小害大，不以近妨远。"可见这时律学家已充分认识到司法在社会生活中的重要性，在现今看来司法应当是社会公正实现的最后一道防线，所以司法官应当谨慎其微，要有全局意识，要在法律之理与人民权益中寻求平衡点。张斐《注律表》还进一步系统地论述："通天下之志唯忠也，断天下之疑唯文也，切天下之情唯远也，弥天下之务唯大也，变无常体唯理也，非天下之贤圣，孰能与于斯！"对司法官的职业素质有了全面而严格的要求。

四、魏晋律学昌明的原因

首先，传统律学的发展，经过秦汉时期的探索已经积累了大量宝贵的研究成果，包括研究方法、研究领域等方面，使魏晋律学有可能在继承与扬弃中更好地发展。

其次，魏晋时期，随着秦汉中央集权国家的解体，中央专制集权相对较弱，使得这一时期的学术氛围比较宽松，各种思想相互吸收借鉴，对律学发展自是不无裨益，尤其是魏晋玄学所倡导的辨名析理的方法对律学影响颇深。

再次，魏晋律学家有相当部分是立法者、司法官，他们有更多的机会直面司法实践，能够及时发现法律适用中的弊病，可以说，更多的是从法律本身去探究，律学有了充足的发展空间。

又次，魏晋律学一改汉代律学作为经学附庸的地位，成为相对独立的一门学问。

最后，从立法角度来看，魏晋时期立法简约，为了辨明律意、探求立法的本意就需要对法律进行解释，也就是说司法活动呼唤律学的昌明。

五、魏晋律学的评价和贡献

魏晋律学作为中国传统法律文化中的瑰宝，吸收了秦汉以来的律学成就，而自己又创造出特点鲜明的律学知识，尽管从宏观方面看来，魏晋律学秉承了"既释律又尊儒，既宣法又承德，两者紧密结合"① 的传统，但在律学传统中却也作出了独特的贡献。

首先，封建国家在政治上奉行专制主义、文化禁锢主义，这就决定了律学研究只能在经世致用的价值取向下展开，即律学研究只能在统治者允许的范围内进行注释。但是魏晋律学家却又往前走了一步，开始追问法律的本体，比如张斐《注律表》中关于"理"的思考就显得弥足珍贵。

其次，魏晋律学的知识已经体系化。秦代律学集中于法令的解释，至汉代律学大体分为经义律学和章句律学。经义律学刻意将儒家经典比附法律，造成了法制的混乱，章句律学则主要以训诂学为方法阐释法律。魏晋律学则从法律的基本概念、法律原则、法典的体系到法理学研究，又关注法律适用、法律与社会、法律与道德的关系，还论及司法人员的职业素质，体系是非常完备的。

再次，魏晋律学对于刑名的研究对后代律学、立法居功至伟。对于刑名的地位、性质、作用有非常精湛的研究，而最值得称道的是认识到将刑名与律条结合在立法中起到以简驭繁的效果。

最后，魏晋律学对于法律基本概念能够做到高度的抽象概括、简明定义。

第三节
唐宋律学与法律教育

一、唐代法科教育与官员选任

依照《旧唐书·职官志》记载，唐人入仕途径大要有三：科举、流外入流和以门资入

---

① 怀效锋：《中国传统律学述要》，载何勤华编：《律学考》，北京，商务印书馆，2004。

仕。"有唐已来，出身入仕者，著令有秀才、明经、进士、明法、书算。其次以流外入流。若以门资入仕，则先授亲勋翊卫，六番随文武简入选例。"① 此外，以向朝廷进献著作、上书言事、举荐贤才以及节镇招募等方式也可获得官职。受传统门阀等第观念的影响，科举及第者所获官职品级和入仕人数均远不及门荫，这充分说明中国职官制度演进历程的连续性，承继父祖余绪凭借门荫入仕的情况，在唐代仍屡见不鲜。

但是，伴随国家选官制度的不断完善，科举出身跻身高位者代不乏人，出现了"台阁清选，莫不由兹"② 的繁荣局面。中唐以后，科举场屋已经成为贵胄子弟与广大贫寒学子争夺仕进出路的重要场所。朱门绣户在入仕竞争中的优势地位逐渐丧失。"达官身亡以后，子孙既失覆荫，多至贫寒"③，社会上甚至出现重寒门、轻子弟的现象："科第之选，宜与寒士，凡为子弟，议不可进。熟于上耳，固于上心，上持下执，坚如金石，为子弟者鱼潜鼠遁，无入仕路。"④

《新唐书·选举志》对唐代取士科目作了如下描述："其科之目，有秀才，有明经，有俊士，有进士，有明法，有明字，有明算，有一史，有三史，有开元礼，有道举，有童子……此岁举之常选也。"⑤《唐六典》则记载："凡诸州每岁贡人，其类有六：一曰秀才，二曰明经，三曰进士，四曰明法，五曰书，六曰算。"⑥ 可见，明法科为唐代科举常科之一，主要是对考生律、令等法律基础知识的综合考察。

研究唐代科举制度的文献资料，当首推唐人登科记。"登科记"为记录各科登第者姓名之簿册，见于《新唐书·艺文志》著录者仅三家："崔氏《唐显庆登科记》五卷；姚康《科第录》十六卷；李奕《唐登科记》二卷；《文场盛事》一卷。"⑦《玉海》引《中兴书目》言："崔氏《登科记》一卷，载进士、诸科姓名。"⑧ 上述《登科记》今均已亡佚。清代学者徐松认为："诸科者，谓明法、明字、明算、史科、道举、开元礼、童子也，明经不在此数。"⑨ 原因是："明经每岁及第将二百人，其数倍于进士，而《登科记》总目所载诸科人数皆少于进士。"所以，在其著作《登科记考》中，徐松将五经、二经、三经、学究一经、三礼、三传入明经科，明法以下可考者入诸科。

参加明法考试的生员除前述律学生以外，还包括地方州县乡贡考生，"自京师郡县皆有学焉……其不在馆学而举者，谓之乡贡"⑩ 乡贡考生经地方州、县逐级选拔，凭有关文书赴举。唐代乡贡体制开创了考生自由应试的科举先例，正如宋人葛洪所言："举人投牒自应之制，盖昉于唐。"⑪ 开元二十五年（737 年）二月，朝廷确定诸州贡举限额："应诸州贡士，

① （后晋）刘昫：《旧唐书》卷四十二《职官一》，北京，中华书局，1975。
② （宋）王溥：《唐会要》卷七十六《贡举中·进士》，北京，中华书局，1955。
③ （宋）祝穆：《古今事文类聚》前集卷五十一《丧事部》，北京，中华书局，1985。
④ （唐）杜牧：《樊川集》卷九《上宣州高大夫书》，上海，上海古籍出版社，1978。
⑤ （宋）欧阳修、宋祁：《新唐书》卷四十四《选举志》，北京，中华书局，1975。
⑥ （唐）李林甫撰，陈仲夫点校：《唐六典》，卷二《尚书吏部郎中员外郎》，北京，中华书局，1992。
⑦ （宋）欧阳修、宋祁：《新唐书》卷五十八《艺文志》，北京，中华书局，1975。
⑧ （宋）王应麟：《玉海》卷一百十五《选举·科举二》，京都，中文出版社，1977。
⑨ （清）徐松撰，孟二冬补正：《登科记考补正》，4 页，北京，燕山出版社，2002。
⑩ （五代）王定保撰，姜汉椿校注：《唐摭言》卷十五《选举三》，上海，上海社会科学院出版社，2003。
⑪ （宋）葛洪：《涉史随笔》，92 页，上海，进步书局，民国年间（无出版年号）。

上州岁贡三人，中州二人，下州一人。必有才行，不限其数。"① 地方州县即按照上述名额举选人才，送至京城参加科举考试。《新唐书·地理志》记载："开元二十八年（740 年）户部帐，凡郡府三百二十有八，县千五百七十三。"② 唐开元全盛时期，全国每年乡贡人数当在六百至一千人左右。乡贡数额本身较少，具体到明法科这样较为冷清的科目，及第者自然更是凤毛麟角，文献明确记载由乡贡擢第者目前仅见两人：王植，"雍州贡明法省试擢第"③；"薛敖前，乡贡明法"④。

从《新唐书·选举志》的记载看，乡贡考生与学馆生徒均需参加礼部试，区别似乎仅仅在于来源不同。但实际上，生徒名额多为衣冠子弟和豪门贵胄所占据；而就读于乡间私塾、参加乡贡者，多是缺少就读国子监入学资格的寒门士子。自天宝以后，朝廷曾多次发布诏令，强调由生徒参加科举考试，停止乡贡，要求地方生员就读国子监和地方官办学校，然后方可应试。"重学校、轻乡贡"是唐代统治者对科举生员出身的基本判断标准，在考试中，考官有意偏袒生徒的现象更是屡见不鲜。⑤ 朝廷虽反复强调官方学校正统地位，但自开元以后，乡贡根本无法禁绝，大量出自民间而学有所成者，通过地方乡贡跻身官僚阶层，成为衣冠子弟仕进征途中的强大竞争对手。

二、唐代明法考试概况

郑显文《中国古代法学考试制度初探》一文推定唐代明法考试的形成上限为贞观二十年（646 年）。⑥ 但据《唐故滑州匡城县丞范阳卢府君（医王）墓志铭》记载：卢医王"十八，举明法高第……维永淳二年（683 年）岁次癸未六月廿七，终于郑州管城县垂陇乡之私第，享年七十八"⑦。因此，卢医王当生于隋炀帝大业元年（605 年），武德六年（623 年）明法擢第，其后又有王植于武德九年（626 年）明法及第。可见，早在武德年间，明法考试已经作为一种常设性考试科目存在。

唐代科举考试一般在白天举行，唐人张鷟《龙筋凤髓判》记载："太学生刘仁范等省试落第，挝鼓申诉，准式卯时付问头，酉时收策试，日晚付问头，不尽经业，更请重试，台付法不伏。"⑧ 这里明确记载了发放考题的时间是早上五时至七时之间（卯时）；下午五时至七时之间（酉时）收卷。唐代也有夜间考试的情况，长庆元年（821 年），白居易主持复试即在夜间举行，"伏准礼部试进士例：许用书策，兼得通宵。得通宵则思虑必周，用书册则文字

---

① （五代）王定保：《唐摭言》卷一《贡举厘革并行乡饮酒》，上海，上海社会科学院出版社，2003。

② （宋）欧阳修、宋祁：《新唐书》卷三十七《地理志》，北京，中华书局，1975。

③ 吴钢：《全唐文补遗》，第三辑，379 页，西安，三秦出版社，1997。

④ （宋）欧阳修、宋祁：《新唐书》卷七十三《宰相世系表三下》，北京，中华书局，1975。

⑤ 数年吏部复试录取考生的情况，其中乡贡多为一人，实属点缀："咸亨五年，七世伯祖鸾台凤阁龙石白水公时任考功员外郎，下覆试十一人内张守贞一人乡贡。开耀二年刘思玄下五十一人，内雍思泰一人。永淳二年，刘廷奇下五十五人，内求仁一人。光宅元年闰七月二十四日，刘廷奇重试一十六人，内康廷芝一人。长安四年，崔湜下四十一人，李温玉称苏州乡贡。"（五代）王定保撰，姜汉椿校注：《唐摭言》卷一《乡贡》，17 页，上海，上海社会科学院出版社，2003。

⑥ 参见郑显文：《中国古代法学考试制度初探》，载《西南师范大学学报》，2002（6）。

⑦ 吴钢：《全唐文补遗》，第八辑，13 页，西安，三秦出版社，2005。

⑧ （唐）张鷟撰：《龙筋凤髓判》，田涛、郭成伟校注，卷二《国子监》，北京，中国政法大学出版社，1996。

不错。昨重试之日，书策不容一字，木烛只许两条。迫促惊忙，幸皆成就。若比礼部所试，事校不同。虽诗赋之间，皆有瑕病，在与夺之际，或可矜量"①。

唐代科举考试的地点为礼部贡院廊下，考试条件甚为简陋。唐人舒元舆曾对科举考场情况作如下描述："试之日，见八百人尽手携脂烛、水炭，泊朝晡餐器，或荷于肩，或提于席，为吏胥纵慢声，大呼其名氏。试者突入棘围重重，乃分坐庑下，寒余雪飞，单席在地。鸣呼！唐虞辟门，三代贡士，未有此慢易者也。"② 朝廷对于寒门士子之鄙夷，由此可见一斑。

明法科考试范围是律、令各一部，"识达义理、问无疑滞者为通。粗知纲例，未究指归者为不通"③。采取的方法包括帖律令和试策两种："所试律、令，每部试十帖。策试十条：律七条，令三条。全通者为甲，通八以上为乙，已下为不第。"④《通典·选举三》亦云："明法试律令各十帖，试策共十条（注云：律七条，令三条），全通为甲，通八以上为乙，自七以下为不第。"⑤

高宗永隆二年（681 年）八月，针对明经不读正经，进士不寻史传的浮躁学风，规定各科考试内容增加"帖经"一项："自今已后，考功试人，明经试帖，取十帖得六已上者；进士试杂文两首，识文律者然后并令试策，仍严加捉搦，必材艺灼然，合升高第者，并即依令。其明法并书、算贡举人，亦量准此例，即为常式。"⑥ 此时明法所帖内容，当限于当时通行之律、令、格、式和法例。所谓"帖律令"与其他科目要求的"帖经"方法相同，"以所习经掩其两端，中间开惟一行，裁纸为帖，凡贴三字，随时增损，可否不一，或得四、得五、得六者为通"⑦。

至德宗贞元二年（786 年）六月，明法考试开始兼试儒家经典，兼通经典的明法考生可以获得较好的仕进出路，"明法举人，有能兼习一经，小帖义通者，依明法例处分"⑧。《唐六典》规定了唐代科举考试儒家群经的不同地位："正经有九：《礼记》、《左传》为大经，《毛诗》、《周礼》、《仪礼》为中经，《周易》、《尚书》、《公羊》、《谷梁》为小经。通二经者，一大一小，若两中经；通三经者，大、小、中各一；通五经者，大经并通。"⑨ 此处所谓兼习一经，应为上述"九经"之一。

明法试共试策十条，限于律令本身设问，要求考生依照律疏的标准做答。具体为口试抑或笔试，无明确记载，但从其他科目试策情况推断，当为笔试。与其他科目比较，明法科考试似乎不需要在儒家经典上花费过多精力，但是《永徽律疏》的基本精神就在于"一准乎礼"，诚如疏议所言："德礼为政教之本，刑法为政教之用。犹昏晓阳秋相须而成者也。"⑩ 在

---

① （唐）白居易：《白氏长庆集》，顾学颉点校，卷六十《奏状三·论重考试进士事宜状》，北京，中华书局，1979。

② （宋）姚铉编：《唐文粹》卷二十六上《论贡士书》，上海涵芬楼，四部丛刊本。

③ （唐）李林甫撰：《唐六典》，陈仲夫点校，卷二《吏部考功员外郎》，北京，中华书局，1992。

④ （唐）李林甫撰：《唐六典》，陈仲夫点校，卷二《吏部考功员外郎》，北京，中华书局，1992。

⑤ （唐）杜佑：《通典》卷十五《选举三》，北京，中华书局，1984。

⑥ （宋）王钦若等编修：《册府元龟》卷六百三十九《条制》，北京，中华书局，1960。

⑦ （唐）杜佑：《通典》卷十五《选举三》，北京，中华书局，1984。

⑧ （宋）王溥：《唐会要》卷七十五《选部下·明法科》，北京，中华书局，1955。

⑨ （唐）李林甫撰：《唐六典》，陈仲夫点校，卷二《吏部考功员外郎》，北京，中华书局，1992。

⑩ （唐）长孙无忌等：《唐律疏议》卷一《名例》，北京，中华书局，1983。

唐代诠释经典、撰写正义的学术氛围下，长孙无忌等人使用传统引经注律的方式，将儒家精神与法律适用密切结合，抛开群经难以准确理解唐律之深意。所以，明晰法理、贯通群经是应考明法者决胜科场的不二法门。

通过上述礼部考试者，取得出任国家官吏的资格。而入仕则还需要经过吏部试，吏部试时谓"关试"，又曰"释褐试"，考试及格者，方被分配官职，正式步入仕途。吏部选人按照身、言、书、判四项标准选官，"以三铨之法官天下之材，以身、言、书、判、德行、才用、劳效较其优劣而定其留放，为之注拟"①。《新唐书·选举志》记载了身、言、书、判的具体标准："凡择人之法有四：一曰身，体貌丰伟；二曰言，言辞辨正；三曰书，楷法遒美；四曰判，文理优长。四事皆可取，则先德行；德均以才，才均以劳。得者为留，不得者为放。"② 经过吏部上述四项考查，合格者即可以步入仕途，出任中央机关或地方官员。

三、唐明法及第者仕宦履历概览

唐代科举科目中，"进士"尤为显贵，历来为世人所重，流传至今的各类记载唐代科举掌故的笔记、杂史资料，如《唐摭言》、《北梦琐言》、《南部新书》、《唐语林》之属，无一不将进士科作为主要描述对象。其他所谓"诸科"的传世资料可谓寥若晨星，具体到"明法"一科，相关史料愈加贫乏。由于进士科无以替代的显赫地位，史籍文献给予明法科的关注非常有限，两唐书仅见以下五人：

李朝隐，"京兆三原人。少以明法举，拜临汾尉，累授大理丞"③。

裴润，叔卿子，明法；裴净，叔卿子，明法；裴济，昱子，明法。④

薛敖前，乡贡明法。⑤

另有张骘，为武后、玄宗时名臣张说父，事迹见于《张说之集·张府君墓志》："府君讳骘……年十九，明法擢第，解褐饶阳县尉。"⑥

上述文献关于唐代明法科出身人士的记载极为简略，李朝隐由于以后历任闻喜县令、侍御史、长安县令、绛州刺史，开元二年（714年）迁吏部侍郎，十年，迁大理卿，官至御史大夫，仕途较为畅达，《旧唐书》有传。张骘事迹因见于家传墓志，亦翔实可查，裴氏子孙润、净、济者，生平履历实难考证。

清末以来，唐代墓志大量出土，部分明法科出身人士的履历生平才得以重见天日。墓志资料可考订传世文献的错讹，对于资料稀缺的明法科研究而言，更有补白之功效。见于墓志之明法及第且履历清晰者凡十人，今将其生平履历概录于兹：

卢医王，"十八，举明法高第，起家补沁州绵上县尉"⑦，后历任穰县、高平二县尉、绵竹、方义二县主簿、滑州匡城县丞。

① （宋）欧阳修、宋祁：《新唐书》卷四十六《百官一》，北京，中华书局，1975。
② （宋）欧阳修、宋祁：《新唐书》卷四十五《选举下》，北京，中华书局，1975。
③ （后晋）刘昫：《旧唐书》卷一〇〇《李朝隐传》，北京，中华书局，1975。
④ 参见（宋）欧阳修、宋祁：《新唐书》卷七十一上《宰相世系表一上》，北京，中华书局，1975。
⑤ 参见（宋）欧阳修、宋祁：《新唐书》卷七十三下《宰相世系表三下》，北京，中华书局，1975。
⑥ 张说：《张燕公集》卷二十三《墓志铭·府君墓志》文物出版社据嘉业堂刻本重印本，1982。
⑦ 吴钢：《全唐文补遗》，第八辑，13页，西安，三秦出版社，2005。

王植，"年廿三，雍州贡明法省试擢第，授大理寺录事，丹笔无冤，黄沙绝滞。迁长安县尉，目览耳听，片言折狱"①，历任大理寺录事、长安县尉、武阳县令、尚书省都事、太府寺丞、官至宗正寺丞。

许枢，"君讳枢，字思言，高阳新城人也……释褐以明法授详刑评事，迁大理丞"②，后曾任太中大夫、巂州刺史，官至正义大夫。

张泚，"公讳泚，范阳方城人……法者理道之先，故精志萧何之律。弱冠举明法高第"③，历任南海郡参军、豫章郡兵曹参军、寿春郡安丰令、吴郡常熟令。

潘智，"弱冠，以明法高第补郓州钜野主簿"④，后曾任潞州乡县尉。

成几，"公讳几，东郡淄川人也……初以明法擢第，历绛州曲□□□。秩满，应诏举迁雍州万年县尉……迁绛州闻喜县令……稍迁大理司直"⑤，历任万年县尉、华州司户参军、闻喜县令、大理司直、左骁尉长史，官至徐州长史。

皇甫文备，"弱冠以明法擢第，拜登仕郎……文明元年加朝散大夫，授右玉钤卫长史……旋奉中旨，迁司刑正"⑥，后历任秋官郎中（刑部郎中）、司刑少卿（大理少卿）、营缮少匠、官至姚府都督府都督。

李正本，"君讳正本，字虚源，陇西狄道人也……乃明法举及第，解褐慈州昌宁县主簿。未几，应八科举，敕除陕州河北县尉"⑦，后曾任蒲州河东县尉、汾州孝义县尉、相州司士参军等职，官至洋州长史。

乔梦松，"公早以义烈称，刚劲而不犯，文而有礼。以明法高第，补瀛州河间尉，调同州冯诩尉，迁京兆三原主簿"⑧，后历任监察御史、殿中侍御史、侍御史等职。

骞晏，"弱冠，以工甲令擢第，补洋州司法参军……详刑则噬肤灭鼻，洁己乃枯鱼在竿"⑨。唐代常用甲令一词代指法令，中唐翰林学士陆贽曾言："谨按命秩之载于甲令者，有职事官焉，有散官焉，有勋官焉，有爵号焉。"⑩ 故骞晏当为明法及第，后历任洋州司法参军、湖城县丞、中部郡宜君县令等职。

另有四人仕宦履历墓志记载比较简略，难以逐一查明，录文于此，以备稽考：

吉怀恽，"君讳怀恽，字崇东，冯诩人也……君覃精三尺，镜十简之明科；专怀九章，洞五刑之妙赜。既该条宪，俄应褰然，高第文昌，伫昇清列……以垂拱三年闰正月十日遘疾，卒于延福里第，享年卌有五"⑪。孟二冬依据上述墓志铭内容推断吉怀恽当为明法

① 吴钢：《全唐文补遗》，第三辑，379 页，西安，三秦出版社，2005。
② 周绍良主编：《唐五代墓志汇编》，970 页，上海，上海古籍出版社，1992。
③ 周绍良主编：《唐五代墓志汇编》，1591 页，上海，上海古籍出版社，1992。
④ 吴钢：《全唐文补遗》，第八辑，379 页，西安，三秦出版社，2005。
⑤ 吴钢：《全唐文补遗》，第三辑，452 页，西安，三秦出版社，1996。
⑥ 吴钢：《全唐文补遗》，第二辑，387 页，西安，三秦出版社，1995。
⑦ 吴钢：《全唐文补遗》，第四辑，15 页，西安，三秦出版社，1995。
⑧ 吴钢：《全唐文补遗》，第七辑，44 页，西安，三秦出版社，1995。
⑨ 吴钢：《全唐文补遗》，第二辑，23 页，西安，三秦出版社，1995。
⑩ （唐）陆贽：《陆宣公集》卷十四《又论进瓜果人拟官状》，北京，中华书局，1936 年四部备要本。
⑪ 周绍良主编：《唐五代墓志汇编》，750 页，上海，上海古籍出版社，1992。

及第。①

房兴昌，"君讳逸，字文杰，魏郡清河人也……季子乡贡明法及第兴昌等，因心遂远，毁骨庭闱"②。

车孚，"嗣子孚，十七法律擢第。虽学袭聚萤，而夭随颜氏，苗而不秀，未齿先殂"③。

祖岳，"府君讳仲宣……有子二人：长曰岳，明法登第，历官州县，次任京僚，累迁朝秩，通理瓯越"④。

四、唐明法取士历史地位评析

首先，唐代律学教育和明法考试仍然处于初步发展阶段，在为数众多的官吏遴选途径中，明法科仅占据补充地位。唐代律学鼎盛时期生员峰值为 50 人，仅占全部国子监学生的 2.26％。至宪宗元和年间，律馆生员定额低至 5 人，官办律学几近废弛。自唐季丧乱，藩镇割据，明法科呈现出久已无人应的尴尬局面，或许久已废弃。目前出土文献所见明法及第人士也主要集中于安史之乱以前，中、晚唐时期相关资料甚是匮乏。后唐长兴二年（931 年）六月，刑部员外郎和凝上奏，主张给予明法科考试以必要的关注，此科才得以重新设立。⑤《五代会要》卷二十三《缘举杂录·明法》条记载："后唐长兴二年七月一日敕：其明法科，今后宜与开元礼科同其选数，兼赴举之时，委贡院别奏，请会诸法试官，依格例考试。"⑥ 此敕令当为和凝奏疏内容之落实。

其次，在明经、进士两科独领风骚的历史环境下，明法考试始终仅是一种常设科目而已，某种程度上是不受时人青睐的冷僻专业。诚如清人王鸣盛所言："其实若秀才则为尤异之科，不常举。若道举，仅玄宗一朝行之，旋废。若律、书、算学，虽常行，不见贵。其余各科不待言。大约终唐世为常选之最盛者，不过明经、进士两科而已。"⑦ 明法及第者"登科记"罕有著录，生平履历难于考索，这就势必给后世研究唐代明法考试带来严重的负面影响。出身明法者的事迹之所以大量失载，还与修史者对于人物的品评标准直接相关。旧制明法最为下科，自汉代以降，儒学取得至尊地位，执掌刀笔、躬操狱讼之业为封建士大夫所不齿。与专攻儒家经典者比较，出身法科者难入正统，除非身后有非常显赫之功勋，其事迹几乎归于湮灭，以致后世难于查考。

再次，唐代律学尚未获得相对独立的学科地位。从教学模式和培养方案层面考察，唐代

①　参见（清）徐松撰，孟二冬补正：《登科记考补正》卷二十七《附考·诸科》，1359 页，北京，燕山出版社，2002。

②　张昉编：《千唐志斋藏志》，880 页，北京，文物出版社，1983。

③　《唐代墓志汇编》著录："十□法律擢第。"周绍良主编：《唐代墓志汇编》，1683 页，上海，上海古籍出版社，1992。查阅《千唐志斋藏志·亡妻侯氏墓志铭并序》拓本，虽略有漫漶，仍可辨别缺字当为"七"，今据此录。参见张昉编：《千唐志斋藏志》，880 页，北京，文物出版社，1983。

④　张昉编：《千唐志斋藏志》，1252 页，北京，文物出版社，1983。

⑤　《册府元龟》卷六百四十二《贡举部·条制四》记载：长兴二年"六月刑部员外郎和凝奏：臣窃见明法一科，久无人应。今应令请减其选限，必当渐举人谨按考课令。诸明法，试律令十条。以识达义理、问无疑滞者为通。所贵悬科待士，自勤讲学之功。为官择人，终免旷遗之咎。况当明代，宜举此科"。参见（宋）王钦若等编修：《册府元龟》卷六百四十二《贡举部·条制四》，7696 页，北京，中华书局，1960。

⑥　（宋）王溥：《五代会要》卷二十三《缘举杂录》，上海，商务印书馆，1937。

⑦　（清）王鸣盛：《十七史商榷》，703 页，上海，上海书店出版社，2005。

律学教育秉承传统儒学教育理念，律学附属于经学的格局至此基本定型。学馆对律学生的管理，遵从国子监"六学"教育统一模式；而明法取士标准则同于进士、明经诸科。与时属热门的进士科比较，唐代明法科当较易考取，车孚"十七法律擢第"；卢医王"十八，举明法高第"；张鷟"年十九，明法擢第"；皇甫文备、张泚、潘智、骞晏等皆言"弱冠明法擢第"，年龄当在 20 岁左右。前述生员进入律馆学习的年龄应在 18 岁至 25 岁之间，而分析上述墓志资料，未入学馆即应考明法科并且一举中第者不在少数。相比之下，进士科竞争却异常激烈，每年取士数额十分有限，其艰难程度时人谓之"三十老明经，五十少进士"①。明法科考试的范围主要是现行律令，其范围相对固定，侧重对考生识记和写作能力的考察，其难度远不及进士与明经，因此，当时社会对明法考试及第者的重视程度自然也大打折扣。

最后，唐代科举授官首先考虑品秩和等级，依据各处职位空缺情况进行统一人事安排，明法及第者的学科背景在除授官职活动中仅具有参考意义，而非决定因素。明法科考生的仕宦出路盖分两途：其一为担任地方行政官吏。如张鷟中第后，"解褐饶阳县尉"；李正本担任慈州昌宁县主簿；潘智补郓州钜野主簿；李朝隐拜临汾尉；乔梦松补瀛州河间尉，其品秩为从九品左右。而唐代进士、明经及第以后，也可授县尉、县丞职务，如韩衡，"皇朝进士，遂州青石县尉"②。又如卢招，"以乡贡明经，射策上第，调补魏郡冠氏县尉"③。其二为从事基层司法工作，如骞晏补洋州司法参军，品秩稍高，为从八品下。自秦汉以降，县级行政机构之设置延续两千余载，辖区内司法审判重任均由县令及僚属承担。明法及第者或任县官，或为法吏，恰为唐代地方司法、行政融合之明证。值得注意的是，明法科的专业技术特质在盛唐开始彰显，开元十四年（726 年）十一月二十五日敕令强调从科举及第人士中选拔法官，"宜令吏部每年先于选人内，精加简试，灼然明闲理法者。留拟其评事已上，仍令大理长官相加简择，并不授非其人"④。上述思想在武宗会昌五年（845 年）再次得到肯定："刑部、大理法直，并以明法出身人充。"⑤ 实践中亦有多位明法出身者曾供职于中央司法机关，如前述王植曾授大理寺丞；许枢"释褐以明法授详刑（大理寺）评事"、大理丞；成几曾任大理司直；皇甫文备曾任司刑正、秋官郎中、司刑少卿；而李朝隐则官至御史大夫，位及正三品高官。因此，从专业背景和仕宦出路而言，明法与明书、明算存在本质差别，而与进士、明经相近。

五、五代时期的明法考试

宋末元初学者马端临曾言："五代五十二年其间，惟梁与晋各停贡举者二年。"⑥ 科举考试基本未曾中断。五代开科取士始于后梁太祖开平二年（907 年），《旧五代史·卢损传》记载："梁开平初，举进士。"《文献通考》明确记载为开平二年："梁太祖开平二年进士十八人，诸科五人。"⑦ 五十余年期间除全面停止贡举的年份之外，进士科基本属于常设性科目，

① （五代）王定保撰：《唐摭言》，姜汉椿校注，卷一《散序进士》，上海，上海社会科学院出版社，2003。
② 吴钢：《全唐文补遗》，第五辑，318 页，西安，三秦出版社，1995。
③ 周绍良主编：《唐五代墓志汇编》，1707 页，上海，上海古籍出版社，1992。
④ （宋）王溥：《唐会要》卷七十五《选部下》，北京，中华书局，1955。
⑤ 李昉：《文苑英华》卷四百二十九《会昌五年正月三日南郊赦文》，北京，中华书局，1966。
⑥ （元）马端临：《文献通考》卷三十《选举考三·五代登科记总目》，上海，上海古籍出版社，1986。
⑦ （元）马端临：《文献通考》卷三十《选举考三·五代登科记总目》，上海，上海古籍出版社，1986。

而明法科则时置时废。

(一) 后唐复明法科

目前所见有关明法考试的资料主要集中在后唐，天成三年（928年），权判大理寺萧希甫进言，呼吁重新设立明法科，允许地方岁贡应举之人，但未受到应有重视。天成三年十一月，权判大理寺萧希甫上言曰："臣闻禁暴乱者，莫先于刑律。勤礼义者，无切于诗书。刑律明则人不敢为非，礼义行则时自然无事。今诗书之教，则业必有官。刑律之科，则世皆莫晓。近者大理正宋升请置律学生徒，虽获上闻未蒙申举，伏乞特颁诏旨下付国庠，令再设此科，许其岁贡。仍委诸州各荐送一两人，就京习学，候至业成，便放出身，兼许以卑官，却还本处，则率土之内尽会刑书，免误触于金科，冀咸遵于皇化。"①

可见，在萧希甫进言重开明法科目之前，大理正宋升也有过相似主张，看来律学之设，确为时势使然，断非人为可以压抑。长兴二年（931年）六月，刑部员外郎和凝上奏，主张给予明法科考试以必要的关注，明法科得以重新设立：

"臣窃见明法一科，久无人应。今应令请减其选限，必当渐举人谨按考课令。诸明法，试律令十条。以识达义理、问无疑滞者为通。所贵悬科待士，自勤讲学之功。为官择人，终免旷遗之咎。况当明代，宜举此科。"②

自唐季丧乱，藩镇格局，法令废弛，明法科久已无人应试，或许已经废弃。和凝上述建议受到朝廷重视，《唐会要》卷二十三《缘举杂录》也记载："后唐长兴二年七月一日敕：其明法科，今后宜与开元礼科同其选数，兼赴举之时，委贡院别奏，请会法试官依格例考试。"③ 此敕令当为和凝奏疏内容之落实。后唐十分重视明法考试，规定考试具体方式同"开元礼"，由礼部贡院会同刑法试官考试，依照格例考试。自此以后，明法考试为五代各朝所重，作为常设科目。

(二) 五代明法出身者授官情况

五代后晋时，明法科录取数额较少，但明法出身者在授官方面予以优待。按照当时规定，及第举子不能马上授予官职，需要经过冬集铨选后方可以得到官职。冬集在举子通过关试即前述吏部试后举行，吏部南曹依据贡举科目，在其文书上注明待选年限。明法待选年限为五年。后晋天福六年（1941年）五月十五日敕："明法一科，今后令五选集，合格注官日，优与处分。"④ 后周广顺年间，曾经对明法考试内容进行改革："广顺三年（953年）正月，户部侍郎权知贡举，赵上交奏：明法元帖律令各十五帖，对义二十道。今欲罢帖律令，试墨义六十道，从之。"⑤ 可见，至广顺三年，明法考试已经发展为帖律令十五帖，对义二十道，较《通典》"明法试律令各十帖，试策共十条"的规定而言，考试难度大为增加。而此时废除考察记忆的帖律令，改试"墨义"，主要以书面方式考察应试者对律令的理解。但时至其年八月，就恢复了开元格帖律令和对墨义的规定，一如唐代旧制，从记忆、理解、应用三个

① （宋）王钦若等编修：《册府元龟》卷六百四十二《贡举部》，北京，中华书局，1960。
② （宋）王钦若等编修：《册府元龟》卷六百四十二《贡举部》，北京，中华书局，1960。
③ （宋）王溥：《五代会要》卷二十三《缘举杂录》，上海，商务印书馆，1937。
④ （宋）王溥：《五代会要》卷二十三《缘举杂录》，上海，商务印书馆，1937。
⑤ （宋）王溥：《五代会要》卷二十三《缘举杂录》，上海，商务印书馆，1937。

方面考察："刑部侍郎权知贡举徐台符奏，却准元格帖律令各十五帖，对墨义二十道，从之。"①五代时期明法登第者的资料较唐代更为稀缺，见于史书记载的仅有查陶，"初事李煜，以明法登科，补常州录事参军"②。造成这种局面的原因一方面在于进士之外诸科录取名额较少，具体到明法科，更是鲜有中第者。更主要的原因是，旧时着录登科人数进士单列，包括明法在内的诸科杂列，所以很难对明法及第者的准确数字进行统计。③

六、北宋的法科取士制度

明法科源自唐代贡举诸科，终唐之世，虽不显贵，仅为常设科目。《宋史·选举志》载："宋之科目，有进士，有诸科，有武举。常选之外，又有制科，有童子举，而进士得人为盛……初礼部贡举设进士、《九经》、《五经》、《开元礼》、《三史》、《三礼》、《三传》、学究、明经、明法等科。"④ 综观两宋三百余年间贡举历史，明法科受到格外关注，历尽兴衰荣辱，其命运诚可谓跌宕起伏。自太祖、太宗以来，历朝法吏尽用文人，中央、地方设立多重司法机构，负责司法审判。由于法官乏人，通过明法考试途径选拔司法官员受到国家特别重视。明法一科，自唐开创以来，至此大盛。明法科在在宋代经历了数度起伏，多次因为儒家势力的攻击而被罢，又数次重开。宋代统治者一直在寻找一种儒法之间的平衡，一种"使经生明法，法吏通经"的方法。

（一）宋太祖、太宗时期明法科的废立

"宋兴，承五季之乱，太祖太宗颇用重典，以绳奸慝，岁时躬自折狱、虑囚，务底明慎，而以忠厚为本。海内悉平，文教浸盛。士初试官，皆习律令。"⑤《续资治通鉴长编》记载，宋太祖开宝六年（974 年）三月辛酉，新及第进士宋准等人诣讲武殿，三传考生刘浚"材质最陋"，当时知贡举的翰林学士李昉有考试舞弊之嫌，太祖召见终场下第者三百六十人，对其中一百九十五人另择考官，别试诗赋，最后得进士二十六人，五经四人，开元礼七人，三礼三十八人，三传二十六人，三史三人，学究十八人，明法五人，并"皆赐及第"⑥。这是目前可考关于宋代明法科兴废较早的记载。

与其他科目比较，明法科考试范围十分有限，宋太宗太平兴国四年（979 年）十一月丙戌，朝廷下诏予以废除："以明法科于诸书中所业非广，遂废之。"细化学究科，同时规定，进士和其他科目一律加试律令："学究并通三经，谅难精至，乃分为三科，仍兼习法令。又诏进士及诸科引试日，并以律文疏卷问义。"⑦ 律令作为通识性课程，进入

---

① （宋）王溥：《五代会要》卷二十三《缘举杂录》，上海，商务印书馆，1937。

② （元）脱脱等撰：《宋史》卷二百九十六《查道附从兄陶传》，北京，中华书局，1977。

③ 据《五代会要》卷二十三《缘举杂录》载：梁太祖开平二年进士十八人诸科五人；乾化二年进士十一人诸科一人；贞明二年进士十二人诸科一人；唐庄宗同光二年进士十四人诸科二人；长兴元年进士十五人重试落下八人诸科一人；但至汉高祖天福十二年情况发生变化，诸科录取数量大增，进士二十五人诸科一百五十五人；周高祖广顺元年进士十三人诸科八十七人；世宗显德元年进士二十人诸科一百二十一人。

④ （元）脱脱等撰：《宋史》卷一百五十五《选举一》，北京，中华书局，1977。

⑤ （元）脱脱等撰：《宋史》卷一百九十九《刑法志一》，北京，中华书局，1977。

⑥ （宋）李焘：《续资治通鉴长编》卷十四《太祖开宝六年三月辛酉》，北京，中华书局，1985。

⑦ （宋）李焘：《续资治通鉴长编》卷二十《太宗太平兴国四年十一月》，北京，中华书局，1985。

其他科目的考试范围。太平兴国八年（983年）规定："进士、诸科试律义十道"，次年，"诸科试律"。

学究科此前有兼习法律的传统，此时只是恢复而已，这说明宋代关于贡举各科考试范围和明法科的独立地位，一直处于调整变化之中。旧时不为世人重视的明法科，逐渐成为社会关注的焦点。

宋代贡举考试中，给予应试者法律素养以充分重视，即便是在唐代显贵无出其右的进士科，也需要兼试律令。这从某种程度上提高了律学长期作为"下学"的尴尬地位。另外，在选官程序中，要求出任知州、通判的京朝官，也"须习读法，庶资从政之方，以副恤刑之心"。雍熙三年（986年）九月癸未诏，京朝官任满，也需要与选人一样，试问法律："知州、通判幕职州县，官秩满至京师，于法书内试问，如全不知者，量加殿罚"①。在行政司法合一的封建时代，这对各级官吏法学素养的培养和司法水平的提高，可谓大有裨益。

宋太宗雍熙二年（985年）夏四月丙子"复置明法科"②，并对明法科考试内容进行了调整，对儒家经典的考核要求有提高的趋势："（雍熙二年）夏四月丙子，复置明法科……以《论语》、《孝经》、《尔雅》三小经，《毛诗》专为一科，明法亦附三小经。"③

《唐会要》记载唐代明法帖经始于唐贞元二年（786年）六月，当时需要帖一小经，即帖《周易》、《尚书》、《公羊》、《穀梁》其中之一。宋太平兴国四年（979年）明法科帖经具体要求难于考证，但至此时帖经范围与唐代已迥然有别。此时需要兼试的"三小经"——《论语》、《孝经》、《尔雅》，在唐代尚未进入正经（九经）之列，这表明宋人对儒家群经内涵和地位的认识有所变化，这种变化在考试中迅速得到反映。与唐制比较，宋代明法择人的要求明显提高。在增加律令测试难度的同时，对考生儒家经典掌握情况作详尽考察，帖经的范围和数量与唐中晚期比较，有所增益。

此次诏令同时规定："进士、九经以下，更不习法书。"④ 依据《宋史·选举一》所言礼部贡举各科名录，进士、九经以下应当包括《五经》、《开元礼》、《三史》、《三礼》、《三传》、学究和明经等科目。明法科的恢复可以提供精通法律的专门人才，进士九经以下诸科不需学习律令，其目的在于促使考生学有所专，这与后来神宗时期废除明法科，要求官吏皆习法律的规定形成鲜明对比。

宋太宗淳化三年（993年），朝廷对明法考试日程和内容进行重大改革："明法旧试六场，更定试七场，第一、第二场试律，第三场试令，第四、第五场试小经，第六场试令，第七场试律。"⑤ 律令是宋代明法考试的主要内容，在此后七场考试之中，试律占据三场，试令占据两场，另外两场测试儒家经典，"仍于试律日杂问疏义、六经注四"⑥。较之于唐代，宋初明法考试的专业性明显增强，考试难度提高。具备法律素养是宋代选官任官的必备要件。自宋太祖年间，对官员的法律水平就有严格要求，通晓经义，兼习律令成为宋代培养官僚的基本

① （宋）王栐：《燕翼诒谋录》卷三，北京，中华书局，1981。
② （宋）李焘：《续资治通鉴长编》卷二十六《太宗雍熙二年夏四月丙子》，北京，中华书局，1985。
③ （宋）李焘：《续资治通鉴长编》卷二十六《太宗雍熙二年夏四月丙子》，北京，中华书局，1985。
④ （宋）李焘：《续资治通鉴长编》卷二十六《太宗雍熙二年夏四月丙子》，北京，中华书局，1985。
⑤ （元）脱脱等撰：《宋史》卷一百五十五《选举一》，北京，中华书局，1985。
⑥ （元）脱脱等撰：《宋史》卷一百五十五《选举一》，北京，中华书局，1985。

信条。端拱二年（989年），开始实行试刑法选拔法官的用人制度："应朝臣京官等，令御史台告谕，有明于格法者，许于阁门自陈"，"当议明试。如或试中"，"可送刑部、大理寺充职。其大理寺官，满三年，无阙，一依元敕改转"①。此为宋代考试录用法官之始。约与宋太宗同时的辽圣宗也开设法律科选士，"圣宗时，止以词赋、法律取士，词赋为正科，法律为杂科"②。

（二）宋真宗时期明法考试制度的改革

法官之任，人命所悬。选拔各级司法官吏时，应对于明法出身者予以优先考虑。咸平二年（999年），增加"刑法试"考试内容，并责令审刑院与大理寺相互派官主持考试。咸平三年六月，户部判官右司谏直史馆孙何认为，吏部存在滥选法官的弊病："今吏部拟授之际，但问资历相当，精律令者或令捕盗；懵章程者或使详刑，动致纷挈，即议停替。小则民黎负屈，大则旱暵延灾"，进而明确提出选拔司法官吏的标准，特别强调明法出身者在出任司法官吏时的优先地位："欲望自今，司理、司法并择明法出身者授之，不足即于见任司户簿尉内选充。又不足，则选闲书判练格法者，考满无私过，越资拟授，庶臻治古之化，用阐太平之基。"③ 同年三月，刑法考试内容改为律义十道，大理寺已断徒以上公案十道，主要考察应试者处理案件的能力，与唐代判词追求华丽骈对的奢靡之风形成鲜明对比："拆去元断刑名、法状、罪由，令本人自新别断，若与元断并同，即得为通"④，并对考试成绩优异者委以重任，"如十道全通者，于刑狱要重处任使"⑤。

真宗时，地方诸州军均设立司法参军一职，法官缺位较多，故"诸州军司法参军多不得其人，致刑法差"。大中祥符五年（1012年）七月壬申，又有臣僚提出，应当在明法出身者中选拔地方司法官吏："望令吏部铨谨择明法出身者授之。"《宋史·选举四》记载："凡入官……明法入上州判司、紧县簿尉"，这些官员在具备法律知识的同时，拥有一定司法实践经验。后依照王旦的建议，诸州军所属县簿、尉中物色诸州军司法参军人选："顷法官阙多，取属县簿尉习刑名者代之，今请令铨司参酌施行，从之。"⑥

宋真宗景德二年（1005年）三月二十四日，规定刑部、大理寺、三司所属法直官、副法直官，应当在有出身者中选任。三机构相互差官选拔法官。对不同身份的应试者规定不同考试内容：自行申请考试者"试律义十道，合格外，更试断案三道，两道通者为合格"⑦。召试、审刑院及流内铨推荐者，"止试断案三道，两道通者为合格"⑧。同年十二月，朝廷对明法考试的日程进行了调整，基本与太宗淳化元年（991年）制度相同，但试律时兼试内容有所变化："向来明法止试六场，今请依尚书例试七场。第一场、第二场试律，第三场试令，

---

① （清）徐松辑：《宋会要辑稿·刑法一》之六十二，北京，中华书局，1985。
② （清）厉鹗：《辽史拾遗》卷十六《选举志一·科目》，四库全书本。
③ （宋）李焘：《续资治通鉴长编》卷四十七《真宗咸平三年六月》，北京，中华书局，1985。
④ （清）徐松辑：《宋会要辑稿·刑法一》之六十二，北京，中华书局，1985。
⑤ （清）徐松辑：《宋会要辑稿·职官十五》之三十三，北京，中华书局，1985。
⑥ （宋）李焘：《续资治通鉴长编》卷七十八《真宗大中祥符五年七月壬申》，北京，中华书局，1985。
⑦ （清）徐松辑：《宋会要辑稿·职官十五》之三十三，北京，中华书局，1985。
⑧ （清）徐松辑：《宋会要辑稿·职官五》之三十三，北京，中华书局，1985。

第四场、第五场试小经，第六场试令，第七场试律，仍于试律日杂问疏义五道。"①

针对官吏滥试法科，以求擢升的现象，天禧元年（1017 年），对试刑法者的考试资格进行限制，应考者需要具备五年以上任官经历，并有举主同罪保举方可应考。

（三）宋仁宗时期明法考试制度的改革

仁宗天圣六年（1028 年），将刑法试内容改为试律三道、疏二道，断中小狱案二道。考试合格者，可以出任中央官府法官，或注授大州司法或录事参军。天圣八年二月，鉴于明法科学习书目较他科甚少，故将明法考试合格标准由六通（同）增至七通："乙巳，诏礼部贡院：治尚书周易二经者，自今皆分场考试。明法以七同以上为合格……又明法科所对止取六同，书少而易习，请益以一经，故更定之。"②

由于试刑法可以破格升迁、避免外放边远，多有接连应试、不次擢升者。为此，康定元年（1040 年），政府开始限制有官者应试刑法科的次数，得优官后不得再行应试刑法科。仁宗庆历年间，范仲淹主政，主张改革贡举制度，明法科以试断案为主，并确立了评价考生的三项标准："庆历四年（1045 年）三月乙亥，诏……明法科，试断案，假立甲乙，罪合律令，知法意、文理优，为上等。"③ 皇佑五年（1054 年），明法试对儒家经典的考察要求进一步提高，增试大义五道。

（四）宋神宗时期明法科的发展

宋神宗熙宁时期是宋代明法考试发展的繁荣阶段，伴随新科明法的产生，延续四百余年的明法科呈现出前所未有的鼎盛局面。

1. 新科明法的设立

所谓"新科明法"是对传统明法考试的重大发展。"明法一科，又徒能诵其文而已，亦罕通法意"，旧时明法试只考律、令、帖经、墨义，主要侧重考察应试者记忆能力。而新科明法自设立即试律令、《刑统》大义和断案，是对应试者记忆、理解和运用能力的全面考察。

熙宁三年（1070 年）三月，"帝因王安石议谋杀刑名，疑学者多不通律意，遂立刑法科，许有官无赃罪者试律令、刑统大义、断案，取其通晓者补刑法官"④。此即《宋史·选举志一》所谓"新科明法"，或曰"杂科明法"⑤，以示与旧时明法科有所差别。

新科明法考试范围为：律令、《刑统》大义和断案三项，主要针对"诸科之不能业进士者"⑥ 及"有官无赃罪者"。不久，进而规定其他科目选拔官吏或依恩荫得官，都需试律令。"昔试刑法者，世皆指为俗吏"，长期以来，明法最为下科，为士人所鄙。神宗亦曾言："近世士大夫多不习法。"所以，在神宗熙宁四年立新科明法后，虽"推恩既厚，而应者尚少"，进士等科兼试法令，其目的正在于改变世人对律学的偏见，确立新科明法在贡举系列的重要

---

① （宋）李焘：《续资治通鉴长编》卷六十一《真宗景德二年十二月》，北京，中华书局，1985。
② （宋）李焘：《续资治通鉴长编》卷一百九《仁宗天圣八年二月》，北京，中华书局，1985。
③ （宋）李焘：《续资治通鉴长编》卷一百四十七《仁宗庆历四年三月乙亥》，北京，中华书局，1985。
④ （清）毕沅：《续资治通鉴》卷六十七《宋神宗熙宁三年三月》，岳麓书社，1992。
⑤ 《续资治通鉴长编·哲宗元祐元年闰二月己丑》记载："近制明法举人，试以律令、刑统大义及断案，谓之杂科明法。登科者，吏部将司法员阙先次差注，在进士及第人之上。"此处所谓"近制"，当指神宗熙宁年间。
⑥ （元）脱脱等撰：《宋史》卷一百五十五《选举一》，北京，中华书局，1977。

地位。"选人、任子亦试律令始出官。又诏,进士自第三人以下试法,或言高科任签判及职官于习法,岂所宜缓……若高科不试,则人不以为荣,乃诏悉试。"① 熙宁八年(1075 年),为使法官通晓经义,试刑法增加经义。

2. 应新科明法的考生范围

朝廷考虑到新、旧明法试之间的衔接,于熙宁六年(1073 年)三月下诏,新科明法的应考者限于"曾应明法举人",由于明法生员具有记诵法令的基础,所以在参加新科考试时,不再试律令,只考刑统大义和断案两科。如果考试合格,名次还要列于同等之上。"遇科场,愿试断案、大义者,听。如中格,排于本科本等人之上。"②

同年四月己亥,神宗再次下诏,在重申旧科明法考试范围的同时,将新科明法的取士对象扩大至熙宁五年以前曾参加明经、诸科考试而未及第的考生。若妄冒应考,永久取消应考者和保人的录取资格:"仍改先降指挥明法为诸科,如敢冒应诸科人名试法,许人陈告,赏钱百千,同保人永停取应。"③

神宗元丰二年(1079 年)三月癸未,"试诸科明法"④。同年七月甲申规定,参加新科明法考试"断案",可以携带律令和敕,作为参考资料,不以作弊论:"应新科明法举人试断案,许以律令敕自随。"⑤

3. 诸科考试以及授注官职皆习法律

熙宁六年(1073 年)三月乙丑,又下诏强调诸科考试以及授注官职,一律需要试律令大义和断案,上述考试已经不再局限于一般法律通识考察,而是实际从事司法审判能力的测试,士人官吏皆习法律,成为当时社会的风尚和进入仕途的必要条件。"自今进士诸科同出身及授试监簿人,并令试律令大义或断案与注官。如累试不中或不能就试,候二年注官。"⑥

熙宁年间,法科应试者范围日益扩大,"京朝官、选人未满两考,及非见任者,虽无举主,许试刑法"⑦。八年(1075 年),吏人也需试律,"不曾犯徒刑及赃罪,如通晓法律,许三年一次试判案"⑧。

在应考新科明法的考生中,许多人本为明法出身,或已有官职,再参加新科明法考试,不但容易考中,在除授官职方面也较优渥,升迁迅速。而这种突破资历的循环除授制度,进士、武举等科无法望其项背。熙宁十年(1077 年)三月癸未,中书门下就新科明法及第者与其他科目相比"推恩太优"的问题提出质疑,最终达成明法与经义等科授官趋于平等的目的,而当时新科明法独领风骚的优越地位却是不言而喻的。

　　新科明法及第出身人,当年秋以本业试中明法,至有循两资者,推恩太优。况进士

---

① (元)脱脱等撰:《宋史》卷一百五十五《选举一》,北京,中华书局,1977。
② (宋)李焘:《续资治通鉴长编》卷二百四十三《神宗熙宁六年三月乙丑》,北京,中华书局,1985。
③ (宋)李焘:《续资治通鉴长编》卷二百四十四《神宗熙宁六年夏四月》,北京,中华书局,1985。
④ (元)脱脱等撰:《宋史》卷十五《神宗本纪二》,北京,中华书局,1977。
⑤ (宋)李焘:《续资治通鉴长编》卷二百九十九《神宗元丰二年七月》,北京,中华书局,1985。
⑥ (宋)李焘:《续资治通鉴长编》卷二百四十三《神宗熙宁六年三月乙丑》,北京,中华书局,1985。
⑦ (清)徐松辑:《宋会要辑稿·选举十三》之十七、十八,北京,中华书局,1985。
⑧ (清)徐松辑:《宋会要辑稿·选举十三》之十七、十八,北京,中华书局,1985。

及第不许试经义,武举不许更试武艺。今欲应明法及第人,试中明法除入第一等,合差充刑法官。与依例推恩外,余只免试,更不推恩。铨试经义入等者,自依等第推恩,从之。①

(五)宋哲宗时期明法科的变化

神宗熙宁年间新科明法的迅速发展,导致明法出身者仕途通达,升迁迅速,待遇优厚,在招致艳羡的同时,非议之声不断。更为重要的是,新科明法的勃兴,严重威胁到进士等其他科目生员的出路。臣僚儒者多以所谓"礼义为本,先德后刑"的正统观念向明法考试制度发难。哲宗元祐元年(1086 年)闰二月,侍御史刘挚以新科明法不试经典、名额太多、受官太厚为由进言:

> 近制明法举人,试以律令、刑统大义及断案谓之杂科明法。登科者吏部将司法员阙先次差注,在进士及第人之上。臣窃以先王之治天下,以礼义为本,而刑法所以助之者也。惟君子用法必傅之以经术,法之所治理之所在也,故恶有所惩而常不失忠恕之道。旧制明法最为下科,然其所试,必有兼经,虽不知其义而止于诵数,而先王之意犹在也。今新科罢其兼经,专于刑书,则意若止,欲得浅陋刻害之人,固滞深险之士而已。又所取之数比旧猥多,调拟之法失其次序。臣以谓宜有更张。②

刘挚针对新科明法的上述问题,提出三方面的修正建议:(1)新科明法加试儒家经典《论语》、《孝经》大义。太宗时曾规定明法考试兼"三小经",神宗时罢斥,于此意欲恢复。(2)削减新科明法录取人数。(3)依照传统科目高低贵贱授官。

> 欲乞新科明法并加《论语》、《孝经》大义,登科之额裁减其半,及注官之日,并依科目资次所贵从事。于法者稍不远义,而士之流品不失其分。伏望圣慈裁酌如赐开允,即乞今年降诏,并自元祐五年秋赋为始,诏礼部与两省学士待制、御史台、国子司业集议闻奏,所有将来科场,且依旧法施行。③

对于刘挚的上述建议,朝廷在于元祐二年(1087 年)十一月庚申发布诏令予以落实:"新科明法,依旧试断案三道,刑统义五道,添《论语》义二道,《孝经》义一道,分为五场,仍自元祐五年秋试施行。"④

元祐元年(1086 年)三月壬戌,保守派人物司马光将新科明法的设立作为变法罪状看待,其主张较刘挚更为极端,认为新科明法之设立实属多余。司马光从传统礼刑关系出发,认为学习儒家经典,深明道义,自然可以洞察法律之义。

> 律令敕式,皆当官者所须,何必置明法一科,使为士者豫习之。夫礼之所去,刑之所取。为士者果能知道义,自与法律冥合。若其不知,但日诵徒流绞斩之书,习锻炼文致之事,为士已成刻薄,从政岂有循良。非所以长育人材,敦厚风俗也。朝廷若不欲废

① (宋)李焘:《续资治通鉴长编》卷二百八十一《神宗熙宁十年三月》,北京,中华书局,1985。
② (宋)李焘:《续资治通鉴长编》卷三百六十八《哲宗元祐元年闰二月》,北京,中华书局,1985。
③ (宋)李焘:《续资治通鉴长编》卷三百六十八《哲宗元祐元年闰二月》,北京,中华书局,1985。
④ (宋)李焘:《续资治通鉴长编》卷四百七《哲宗元祐二年十一月庚申》,北京,中华书局,1985。

弃已习之人，其明法曾得解者，依旧应举。未曾得解者，不得更应，则收拾无遗矣。①

但是，司马光也承认，"律令敕式，皆当官者所须"，这也充分说明通晓法律是宋代择官任官所必须之条件，而且上述观念已经成为社会共识。人人习法、守法，成为宋代士人官吏仕进的必由之路。

哲宗元祐三年（1089 年）闰十二月，为关照旧时河北、河东、京东、京西、陕西五路不擅长进士考试内容的考生，颁布诏令："不习进士新人，今后另应新科明法"②。

哲宗元祐四年（1089 年），进一步限制考生滥试新科明法，规定以后诸科不得应新科明法试，但元祐二年（1087 年）以前改应者照旧："元祐二年以前，诸科举人改应新科明法听取应外，自今更不许改，其获冒应人，仍增旧赏。从礼部、刑部请也。"③

同年四月戊午，"因旧明法最为下科，今中者即除司法，叙名反在及第进士上"，遂罢明法科，而且其他科目也不再加试律令大义。"定科举法，分经义、诗赋为两科以试士，罢明法科。又言，乃诏立经义、诗赋两科，罢试律义。"④

新科明法应考人士过滥，至哲宗绍圣四年（1097 年），已二十余年，历年积压考生基本解决。四月丙午御史蔡蹈就新科明法在授官方面存在的过于优厚的问题提出意见，主张削减对明法出身的特殊恩荣：

窃详先朝既废罢明经、学究科，特设新科明法，以变革旧业，故优为恩例，使趋新习，以至赐第之后，率先进士，并注法司，盖变法之初，所以示劝，经今二十年，旧人为新科者十消八九，恩例之优，宜亦少损。欲乞明法与其余判司阙，衮同从上差，从之。⑤

上述规定元符三年（1101 年）十二月中予以废除，"因省部勘当，遂罢绍圣指挥，更不施行"。

（六）宋徽宗时期明法科的变化

宋徽宗崇宁初，将明法并入进士额，罢新科明法。政和中，彦逢进言，主张恢复绍圣四年（1098 年）削减新科明法优厚待遇的指挥：

臣伏见神宗皇帝既废明经学究科，特设新科明法，优为恩例。至黄甲拟官，俾先进士注诸州司法。盖将以变革旧习，故其初不得不然。绍圣四年，朝议以此法行之既久，昔人之为新科者十消八九矣。恩例之优，宜亦少损，乃以司法及其余判司阙，衮同从上差注……臣契勘新科明法等人，徒诵其书，未必晓其义，若以进士素不习法，难以轻授司法职任，则其余判司等官，或以治狱，或以听讼，亦未尝待其学而后授之也，朝廷取士，患不得实材，果得实材，何施而不可。将来吏部注新赐及第进士出身等人，并依绍圣四年四月二十三日指挥施行，所贵德泽均被，上称陛下造士之意。⑥

① （宋）李焘：《续资治通鉴长编》卷三百七十一《哲宗元祐元年三月壬戌》，北京，中华书局，1985。
② （清）徐松辑：《宋会要辑稿·选举》十四之二，北京，中华书局，1985。
③ （宋）李焘：《续资治通鉴长编》卷四百二十五《哲宗元祐四年夏四月己未》，北京，中华书局，1985。
④ （明）冯琦原：《宋史纪事本末》卷九《学校科举之制》，北京，中华书局，1977。
⑤ （宋）李焘：《续资治通鉴长编》卷四百八十六《哲宗绍圣四年四月丙午》，北京，中华书局，1985。
⑥ （明）杨士奇等编：《历代名臣奏议》卷一百六十八《选举》，上海，上海古籍出版社，1989。

七、南宋的法科取士制度

（一）宋高宗、孝宗时期明法科的更选

靖康之乱，京华倾覆。南宋虽偏安一隅，对法官选拔却十分重视。由于法官缺额甚多，在高宗建炎、绍兴年间，朝廷多次颁布诏令，意图恢复新科明法考试，选拔司法官吏。宋廷南渡之后恢复明法科，史载宋高宗赵构"建炎三年，复明法新科，进士预荐者听试"。绍兴元年（1131 年），"复刑法科"。这个刑法科，与旧明法科性质相当。考试最初仅有案例，满分五分半，分为几等：五分以上为第二等下，四分半以上为第三等上，四分以上为第三等中。绍兴五年（1135 年），有个名叫李洪的官员"中刑法入第二等"，高宗下令"改秩"——提升他的品级，被中书驳回，理由是："古者以刑弼教，所宜崇奖。"高宗的回答是："刑名之学久废，不有以优之，则其学绝矣。"① 这其中似乎有儒法之间较量的意味。刑法科只试律令，不涉"经义"，不算热点也是个问题。后来刑法科的考试内容加入了"《刑统》义文理"且须"全通"方为合格。之后开始恢复北宋时"兼经"的考试方法。但绍兴十五年（1145 年），明法科即"新科明法"再次被罢，"以其额归进士，惟刑法科如旧"。建炎二年（1128 年），由于法官阙人，大理寺官员请求重开明法科，允许"进士曾豫荐者"应考：

> 初本朝取士，制进士外有诸科，而明法在其中。熙宁以来，罢诸科，独明法为时所尚，故存之。然以旧科但取记诵之学，乃改号"新明法"，许曾应诸科人就试。崇宁初，并入进士额，此科遂废。至是，大理少卿吴璪言：法官阙人，乞复立明法之科，进士曾豫荐者，听其试。癸巳，诏从之。②

建炎二年正月癸巳，复明法新科。③

建炎三年又诏："复明法新科，进士预荐者听试"④。

绍兴元年（1131 年），复刑法科，改革了考试评价标准，并规定以参加明法考试者为考官：

> 凡问题，号为假案，其合格分数，以五十五通分作十分，以所通定分数，以分数定等级：五分以上入第二等下，四分半以上入第三等上，四分以下入第三等中。以曾经试法人为考官。⑤

绍兴七年（1137 年）五月壬寅，由于法官寖阙，仓部郎中兼权大理少卿薛仁辅进言，请求在地方诸路设立明法科，最后虽"诏刑部条具申省"，但无下文。

> 比年以来，法官寖阙，断刑官十四员，而应格者无三。数人试刑法官，恩例增重，而每年中选者无一二人。加以数岁，恐遂旷官。望诏有司，讨论祖宗设法科之制，于京

---

① （元）脱脱等撰：《宋史》卷一百五十七《选举三》，北京，中华书局，1977。
② （宋）熊克：《中兴小纪》卷三，上海，商务印书馆（国学基本丛书本），1937。
③ （元）脱脱等撰：《宋史》卷二十五《高宗本纪二》，北京，中华书局，1977。
④ （元）脱脱等撰：《宋史》卷一百五十七《选举三》，北京，中华书局，1977。
⑤ （元）脱脱等撰：《宋史》卷一百五十七《选举三》，北京，中华书局，1977。

西、荆湖、淮南、江西每路量立明法科，解额以收遗才。①

《中兴小纪》卷三十二载："初建炎间，复置新科明法。自绍兴十一年，礼部始定本科中选人，将来廷试赐第，次年遂得黄子淳一人。"②

《建炎以来系年要录》记载了绍兴十一年（1141 年）有官者考试的内容，其中包括儒家经义和断案律义，目的在于使官员"人人明古今，通法令，而无一偏之失事"。

> 秋七月癸亥……铨试有官人，分五场：曰经义，曰诗赋，曰时义，曰断案，曰律义。愿试一场者，听。议者谓试之以经义、诗赋、时义者，欲使之通古今。试之以刑统义、断案者，欲使之明法令。乞令二者，各兼一场……下吏部，乃命任子如所请。③

绍兴十四年（1144 年）七月丙寅，"立明法科，兼经法"④。但此次恢复可谓旋立旋废，一年以后，新科明法又遭废黜。《宋史·选举三》记载："十五年，罢明法科，以其额归进士，惟刑法科如旧。"此处所罢明法科，即为上年所立明法科。而刑法科是宋初以来一直延续的在现任官中选拔法官的考试制度。《建炎以来系年要录》载：（绍兴十有五年闰十一月）"己卯，诏罢新科明法。"⑤ 而熊克《中兴小历》载此事发生于十六年二月己巳。⑥

自北宋以后，学风发生重大变革，学者著述逐渐改变了唐以前学者一味承用旧文的做法，开始重视考据，考前人著述之错讹。如司马光在著《资治通鉴》的同时，撰《考异》三十卷，对有两说以上者并陈不同观点，并说明采择依据。此处李心传称"诏罢新科明法"时间在绍兴十有五年闰十一月己卯，其依据为日历，史料来源更为可靠，当不误也。同时，李心传指出熊克遗漏绍兴十五年新科明法张镃之得第："克又称，自绍兴十一年礼部定中选人赴庭试，次年遂得黄子淳一人，盖不考今年再得张镃也。"⑦

自汉儒引经注律，以春秋决狱，儒家观念始深入律典之中。以后经师若郑玄、马融者，多以经义注释律令。以后律典之制定，多自觉遵从礼法，至《永徽律疏》颁布，更可谓"一准乎礼"。道德礼法与律令法度，其域虽殊，其用一也。同为帝王治世之具也。至南宋孝宗淳熙五年（1178 年），仍有臣僚进言应考法科者学习儒家经典，并于"大法"考试中增试经义。礼法关系之精妙至微，已为世人认同。

> （淳熙五年六月）壬寅，进呈秘书郎李巘奏：窃观国朝太平兴国元年诏，学究兼习律令，而废明法科。至雍熙二年，复设明法科，以三小经附，则知祖宗之意，未尝不使经生明法，亦未尝不使法吏通经也。谓宜略仿祖宗旧制，使试大法者兼习一经，及小经义共三道为一场。上曰：古之儒者，以经术决疑狱，若以俗吏，必流于深刻，宜如所奏，然刑与礼实相为用，且事涉科举，可专令礼部条具来上，既而礼部条具，欲从臣僚

---

① （宋）李心传：《建炎以来系年要录》卷一百十一，北京，中华书局，1988。

② （宋）熊克：《中兴小纪》卷三十二，上海，商务印书馆（国学基本丛书本），1937。

③ （宋）李心传：《建炎以来系年要录》卷一百四十一，北京，中华书局，1988。

④ （元）脱脱等撰：《宋史》卷三十《高宗本纪七》，北京，中华书局，1977。

⑤ （宋）李心传：《建炎以来系年要录》卷一百五十四，北京，中华书局，1988。

⑥ 参见（宋）熊克：《中兴小纪》卷三十二载：绍兴十六年（1146 年）二月："礼部复言，崇宁初此科已并进士额，今有官人自许试法，其新科明法欲罢。己巳，诏从之。"

⑦ （宋）李心传：《建炎以来系年要录》卷一百五十四，北京，中华书局，1988。

所请，第四场经义，大经一，小经二。诏从之。①

上述使法科考生兼习经义的建议在淳熙七年（1180 年）的诏令中得到反映，要求应刑法科考生经义与律义、断案并重，以实践历代统治者长期秉承的"礼法并行，文武相济"的立法宗旨。

"六月，令试刑法科兼经史。"②

"诏自今第一、第二、第三场试断案，每场各三道，第四场大经义一道，小经义二道，第五场刑统律义五道。明年，命断案三场，每场止试一道，每道刑名十件，与经义通取，四十分以上为合格，经义定去留，律义定高下。"

宋高宗绍兴二十五年（金海陵正隆元年，1155 年），金国也开设律科取士，"熙宗立又增专经、神童、法律三科，为杂科"③。

（二）宁宗、理宗、度宗时期法科考试的完善

宁宗继位之初，从议臣言一度取消了刑法科中经义的考试，两年之后又再次恢复。宁宗嘉定二年（1209 年），臣僚上奏，以为刑法科考试，经义、律令各一场，断案仅三场，不利于选拔精通实务的法律人才，有悖其设立宗旨；轻视法学，以经义定去留；考试时间过短，不利于考生发挥；考官业务素质不高导致请托、作弊等事，因而要求："请罢去经义，仍分六场，以五场断案，一场律义为定。问题稍减字数，而求精于法律者为试官，各供五六题，纳监试或主文临时点定。"上奏得到皇帝的支持。不久又改为考经义一场，以《尚书》、《语》、《孟》题各一篇及《刑统》大义为内容，出题不拘于刑名法律，但选拔标准改为以断案定去留，经义定高下。这一阶段法科考试的变化主要集中在三个方面：（1）法科兼习经义以及录取标准的确定问题；（2）考试命题改革问题；（3）法科考官遴选问题。后两个问题属于技术问题，比较容易达成一致意见，而关于经义和律令关系问题，则至为重大而复杂。自宋初开设法科考试以来，兼试经义是一项基本原则，造成上述局面的根本原因在于长期以来德主刑辅的立法观念，汉儒"德阳刑阴"的理论也是造成法学长期不为世重的根源。同时，法科毕竟始终是置于科举考试的框架之内的，而儒家经义则是各科考试不可或缺之内容。但是，在宁宗庆元时期，法科录取更切实际，考试中确立了将考生断案水平作为录取与否的最终标准，经义降居其次。

宁宗庆元三年（1197 年），刑法科考试曾罢经义，至庆元五年（1199 年）又恢复测试经义的规定。设立刑法科的目的在于"明宪章，习法令，察举明比附之精微，识比折出入之错综"，而当时的刑法考试存在诸多问题。例如，将经义作为录取刑法科考生的最终标准，试题过于烦琐导致应试时间严重不足，遴选考官的范围过于狭小，请托舞弊现象严重。

上述改革仅实行三年，庆元六年（1200 年）又恢复了经义考试。"以议者言法科止试刑统，是尽废理义而专事法律，遂命复用经义一场，以《尚书》、《语》、《孟》题各一篇及《刑统》大义，通为五场。所出经题，不必拘刑名伦类，以防预备。"④ 但是，基于当时缺乏司法官吏的实际问题，录取标准更加侧重考评生员的实际办案能力："以断案定去留，经义为高

① 佚名：《宋史全文》卷二十六下《宋孝宗六》，四库全书本。
② （宋）刘时举：《续宋编年资治通鉴》卷九《宋孝宗二》，上海，商务印书馆，1939。
③ （宋）宇文懋昭：《钦定重订大金国志》卷三十五，台北，"商务印书馆"，1985。
④ （元）脱脱等撰：《宋史》卷一百五十七《选举三》，北京，中华书局，1977。

下"，考生断案水平成为品评考生的最终标准。

理宗淳祐三年（1243 年）对考官遴选标准进行改革，除要求法学出身，并要求有出任司法官员的实践经验，对考生审断疑难案件的能力和文书水平都有明确要求。

> 令刑部措置关防，其考试则选差大理丞、正历任中外有声望者，不许止用新科评事未经作县之人。逮其试中，又当仿省试、中书覆试之法，质以疑狱，观其谳笔明允，始与差除。时所立等第，文法俱通为上，径除评事；文法粗通者为次，与检法；不通者驳放。①

度宗咸淳元年（1265 年），申严选试之法，凡引试刑法官，命题一如《绍兴式》。八年，要求法科考试命题"务在简严，毋用长语"，并进一步放宽应试者的资格要求，对考试成绩较差者也酌情授官，以示劝慰。"有过而愿试者，照见行条法，除私罪应徒、或入己赃、失入死罪并停替外，已历余犯轻罪者，与放行收试。或已经三试终场之人，已历三考，赴部参注，命本部考核元试，果有所批分数，不须举状，与注外郡刑法狱官差使一次，庶可激厉诱掖。格法，试法科者，批及八分，方在取放之数。咸淳末，有仅及二分以上者，亦特取一名，授提刑司检法官，宽以劝之也。"②

明法一科，盛衰兴替，本属事物发展之自然规律，但若两宋这般针对一科目频繁发布诏令，在中国历史上实属绝无仅有。明法至此大盛，其原因仍需归结于宋代文化之昌明。

近代学者陈寅恪先生尝言："华夏民族之文化，历数千载之演进，造极于赵宋之世。"与唐代比较，宋代经济获得显著发展，市民阶层逐渐形成，资本主义萌芽已经隐约可见。宋代统治者又善于借鉴唐末五代教训，加强对藩镇、宗室、外戚和宦官势力的遏制，治国辅政，多用儒臣。因此，两宋成为历史上文人处境最为宽松的时期，统治者对文人士大夫少辱不杀，礼遇有加，在推崇文治的社会背景下，也使读书入仕成为时人倾慕的良途。隋唐开创的贡举制度，至宋代进一步完备，通过科举考试及第以后，无须再经吏部试即可以直接授予官职。利之所趋，士必往之。宋代任官制度极大促进了科举之兴。

同时，宋代将法律知识和断案能力作为评价官员是否具备任职资格的重要指标，多次发布诏令，要求进士等科及现任官通习律令、刑统大义，并能断案。这就比唐代试判但拟甲乙的做法更切实效。法科，由过去的最为下学，升格为仕进之显学。

八、宋代明法及第者仕宦履历考略

宋代承五代之乱，偃武修文，科举至此乃大盛矣。宋初统治者洞悉五代多由武人执掌司法之弊，倡导科举，自国初即有明法及第者："襄州张巨源……素习法律，太平兴国五年（980 年）赐明法及第"③。

伴随科举取士数量的增长，明法一科录取人数也较唐代有所增加。宋真宗大中祥符二年（1009 年）六月丁未，"赐进士梁固等二十六人及第，同出身者三人，同三礼出身者二人，九经、五经、三礼、学究、明法及第者四十八人，同出身者六人"④。

---

① （元）脱脱等撰：《宋史》卷一百五十七《选举三》，北京，中华书局，1977。
② （元）脱脱等撰：《宋史》卷一百五十七《选举三》，北京，中华书局，1977。
③ （元）脱脱等撰：《宋史》卷四百五十六《孝义传》，北京，中华书局，1977。
④ （宋）李焘：《续资治通鉴长编》卷七十一《真宗大中祥符二年六月丁未》，北京，中华书局，1985。

宋代明法考试已经不仅是入仕途径，其专门性和技术性成分显著增强。《宋史·选举四》记载了科举考试不同科目的授官情况："凡入官，则进士入望州判司，次畿簿尉，九经入紧州判司，望县簿尉。五经、三礼、通理、三传、三史、明法入上州判司、紧县簿尉。学究有出身人，入中州判司、上县簿尉。"①

受传统观念影响，进士及第者尤为显贵："宋之科目，有进士，有诸科，有武举，常选之外，又有制科，有童子举，而进士得人为盛。"② 明法授官品级虽在进士及第者之下，但与诸科比较，并无逊色之处。考《续资治通鉴长编》《宋史》等典籍，明法出身者任官与司法实践联系更加紧密，及第者多能学有所用，除担任地方各级司法官吏外（如地方诸军判官、司法参军、司士参军等），其中多人最后还升至大理寺供职，担任大理寺详断官、评事、寺正等职：

> 靳怀德，博州高唐人，祖昌范，殿中丞。父隐，禹城令。怀德太平兴国中明法，解褐广安军判官。③

> 王果，字仲武，深州饶阳人。举明法，历大理寺详断官，迁光禄寺丞，以太子右赞善大夫为审刑院详议官。④

> 许遵，字仲涂，泗州人。第进士，又中明法，擢大理寺详断官，知长兴县。⑤

> 陈规，字符则，密州安丘人。中明法科。⑥

> 王衣，字子裳，济南历城人。以门荫仕，中明法科，历深、冀二州法曹掾，入为大理评事，升寺正。⑦

> 萧贯，字贯之，临江军新喻人……知饶州，有抚州司法参军孙齐者，初以明法得官。⑧

> 熙宁元年六月癸卯，以同州明法魏道严为本州岛司士参军。⑨

> 辛亥，抚州司法参军孙齐者，初以明法得官。⑩

> （希言）子与权，登进士第，再中刑法科，官至开府仪同三司。⑪

> 沈作宾，字宾王，世为吴兴归安人……中刑法科，历江西提刑司检法官，入为大理评事。⑫

宋代编敕成为经常性的立法活动，明法出身者参与立法活动，有利于提高法规的专业水准，"甲午，以明法王衮为编敕所看检，供应诸房条贯文字，从详定编敕所请也"⑬。尤其是

① （元）脱脱等撰：《宋史》卷一百五十八《选举四》，北京，中华书局，1977。
② （元）脱脱等撰：《宋史》卷一百五十五《选举一》，北京，中华书局，1977。
③ （元）脱脱等撰：《宋史》卷三百九《靳怀德传》，北京，中华书局，1977。
④ （元）脱脱等撰：《宋史》卷三百二十六《王果传》，北京，中华书局，1977。
⑤ （元）脱脱等撰：《宋史》卷三百三十《许遵传》，北京，中华书局，1977。
⑥ （元）脱脱等撰：《宋史》卷三百七十七《陈规传》，北京，中华书局，1977。
⑦ （元）脱脱等撰：《宋史》卷三百七十七《王衣传》，北京，中华书局，1977。
⑧ （元）脱脱等撰：《宋史》卷四百四十二《萧贯传》，北京，中华书局，1977。
⑨ 佚名：《宋史全文》卷十一《宋神宗一》，北京，中华书局，1977。
⑩ （宋）李焘：《续资治通鉴长编》卷一百十一《仁宗明道元年春正月庚寅》，北京，中华书局，1985。
⑪ （元）脱脱等撰：《宋史》卷二百四十七《宗室四》，北京，中华书局，1977。
⑫ （元）脱脱等撰：《宋史》卷三百九十《沈作宾传》，北京，中华书局，1977。
⑬ （宋）李焘：《续资治通鉴长编》卷二百二十七《神宗熙宁三年十一月甲午》，北京，中华书局，1985。

熙宁变法以后，敕更取代律，成为最高法律渊源。王安石曾主张律学官吏参与编敕的修订活动："新修编敕，虽已经审刑、刑部、大理寺、殿前马步军司等看详，尚虑事理未尽，欲更送中书、枢密院再看详签贴，及付在京刑法司、律学官吏等，各具所见，申中书，送提举详定官看详，如当改正即改正，刊印颁行。从之。"①

第四节
明清律学与法律教育

一、明清律学的发展概况

据清末沈家本考证，三国时魏国创设律博士，自是之后，迄于赵宋，代有此官。自元代不设此官，而律学遂微。② 明承于元，此官遂废，无人重视律学。沈家本在《法学盛衰说》里把明清两代都归入法学（包括律学）衰世。而实际上明清两代是中国传统律学复兴进而昌盛的时期。武树臣先生就认为"明清律学便顺着自己本身的规律达到登峰造极的地步"③。

（一）明代律学的发展概况

明初制定《大明律》时，丞相李善长建议"今制宜遵唐旧"④，明太祖采纳之，并命儒臣同刑官讲解唐律，日进二十条，共同研究探讨。洪武七年（1374年）完成的《大明律》篇目一准于唐，继而重作修订。洪武三十年（1397年）颁布的《大明律》既脱胎于唐律而又不同于唐律。《大明律》比唐宋律有所发展，表明明初律学研究的独到与精深。⑤ 《大明律》在"吏律·公式"篇中设"讲读律令"一条，规定："凡国家律令，参酌事情轻重，定立罪名，颁行天下，永为遵守。百司官吏务要熟读，讲明律意，剖决事务。每遇年终，在内从察院，在外从分巡御史、提刑按察司官，按治去处考校。若有不能讲解、不晓律意者，初犯罚俸钱，再犯笞四十附过，三犯于本衙门递降叙用。其百工技艺诸色人等，有能熟读讲解，通晓律意者，若犯过失及因人连累致罪，不问轻重，并免一次。其事干谋反、叛逆者，不用此律。若官吏人等挟诈欺公，妄生异议，擅为更改，变乱成法者，斩。"⑥ 由于国家重视讲读律令，致使民间一时以读律、讲律为尚，从而出现以"读律"为名的新的律学著述形式，并呈现出承前（承袭唐代律学）启后（开启清代律学）的态势。⑦

朱元璋不仅重视立法，"又恐小民不能周知，命大理卿周桢等取所定律令，自礼乐、制

---

① （宋）李焘：《续资治通鉴长编》卷二百四十七《神宗熙宁六年九月》，北京，中华书局，1985。
② 参见沈家本：《寄簃文存》卷一《设律博士议》，载《历代刑法考》（四），2060页，北京，中华书局，1985。
③ 武树臣：《中国古代的法学、律学、吏学和谳学》，载《中央政法管理干部学院学报》，1996（5）。
④ 《明史·刑法志》。
⑤ 参见怀效锋：《中国传统律学述要》，载《华东政法学院学报》，1998年创刊号。
⑥ 《大明律》卷三《吏律·公式》"讲读律令"条。
⑦ 参见胡旭晟、罗昶：《试论中国律学传统》，载《浙江社会科学》，2000（4）。

度、钱粮、选法之外，凡民间所行事宜，类聚成编，训释其义，颁之郡县，名曰《律令直解》"①。《律令直解》是钦命完成的具有很高权威性的官方注释律学著作，对于在司法实践中准确地了解律意，正确适用法律，发挥着极其重要的指导作用。这部官方注释律令的成果，开一代注律之风。②

明代的立法解释与此前的疏解（如《唐律疏议》）不同，既不作历史沿革的陈述，也不作理论上的阐述，而是紧紧围绕适用中的具体问题进行解释。如对《大明律》列于律首的"六赃图"、"纳赎例图"、"收赎钞图"、"五刑图"、"狱具图"和"丧服图"等都作出了简明的解释，以便于理解和适用。

从明代开始，统治者一改此前历代重官方注律、轻私家解释的局面，积极鼓励私家注律，促使了出现一批水平较高的私家律学作品。明中叶以后，随着专制主义统治的进一步加强，统一适用法律的要求更为迫切。由于《大明律》正式颁布之后即不再允许修改，因而导致条例日益繁多庞杂，律例之间的矛盾日益突出，法律应用歧异纷呈，需要对法律的解释和适用进行准确界定。但由于明中叶以后政治极端腐败，宦官擅权，皇帝昏庸，统治者已经无暇也无力组织较大规模的官方注律，于是只好把注律的任务委于私家。只要体现国家的立法意图，符合当政者的利益需求，有利于当时法律的贯彻实施，私家注律不仅被认可，而且受到鼓励，从而促使律学在明代得到复苏，律学成果层出不穷，蔚为大观。据何勤华先生考证，已知明代的律学著作共有 101 部。③ 这些著作主要有：郑继芳等订正、洪启睿等校定、高举发刻的《大明律集解附例》，刘维廉等人的《明律集解附例》，陈遇文的《大明律解》，明允的《大明律注释详刑冰鉴》，何广的《律解辨疑》，缺名辑《律例类钞》，缺名辑《大明律直引》，舒化等人的《大明律附疏》，林处南等人的《新刑精选刑学大成》④，陆柬的《读律管见》，雷梦麟的《读律琐言》，王樵、王肯堂父子的《律例笺释》，张楷的《律条疏义》，彭应弼的《刑书据会》，唐枢的《法缀》，等等，都是私家注律的扛鼎之作。这些律学著作在明代司法实践中发挥着极其重要的作用。

在明代律学著作中，《大明律集解附例》是明律官方注释的集大成者，在明代众多律注文献中最具影响力，以致清初法律也名为《大清律集解附例》，可见其对后世立法和律学影响之大。⑤ 私家注律中以王肯堂的《律例笺释》最具权威性，被明人奉为释律圭臬。⑥ 王肯堂继承了律学的家学渊源，受其父王樵《读律私笺》的影响，写成《律例笺释》一书。《律例笺释》不仅指导了明中叶以后的立法和司法，对清初法律的发展也产生了重要影响。顺治三年（1646 年）律不仅律中小注引自王肯堂注释，许多条例也是准依《律例笺释》纂修而成。康熙中期顾鼎重辑《律例笺释》，使其成为律学家注释清律的最主要参考。直到沈之奇《大清律辑注》问世之后，《律例笺释》的地位才逐渐被取代。

---

① 《明史·刑法志》。

② 参见怀效锋：《中国传统律学述要》，载《华东政法学院学报》，1998 年创刊号。

③ 参见何勤华：《中国法学史》，第二卷，202 页，北京，法律出版社，2000。

④ 参见武树臣：《中国古代的法学、律学、吏学和谳学》，载《中央政法管理干部学院学报》，1996（5）。

⑤ 关于《大明律集解附例》的详细内容，参见张伯元：《〈大明律集解附例〉"集解"考》，载何勤华编：《律学考》，385～397 页，北京，商务印书馆，2004。

⑥ 参见张晋藩：《中华法制文明的演进》，478 页，北京，中国政法大学出版社，1999。

总之，明代律学的兴起，除了受唐宋律学的影响之外，还与封建社会后期特定的历史环境密切相关。特别是南宋时期功利学派对旧律中有关婚姻、财产和继承等观念的抨击，对明代律学的兴起，有着深远的影响。①

（二）清代律学的发展概况

清代是我国传统律学发展的最后一个朝代。清代律学直接继承了明代晚期律学的成果，并在康熙年间开始形成自己的风格。清代是传统律学之集大成，是中国历史上私家注律的鼎盛阶段，流派纷呈，注家辈出，他们源于传统，而又不简单重复和模仿传统，在共同的倾向性中表现出了多姿多彩的注释内容与千变万化的注释风格。他们各有专长与侧重面，彼此影响，互相推动，成就了清代注释律学超越亘古的历史地位。② 沈家本认为清朝讲究此学（指法学，实为律学）而为世所推重者不过数人。认为国无专科，群相鄙弃，此法学之所以日衰也。③ 这种看法并不完全符合清代律学的发展情况。

清代律学经历了一个由依赖明代律学到独立发展的过程。清朝的法制建设，以"详译明律，参以国制"为立法原则，力图保持法律制度的连续性，历次制定法典，都注重保持明律原貌，以此维护清朝贵族的封建专制统治。《大清律例》在结构上与《大明律》相同，律文436条，律后附例。清朝立法体制所形成的这种律例关系，以及例的广泛应用所产生的弊端，阻碍了对法律的遵行，这就要求律学家阐明律例关系，增强适用法律的准确性，提高司法的效率，从而为私家注律和律学的发展提供了广阔的天地。由于清朝在入关之初在法律上几乎全部照搬明律，所以清初律学家在解释上也是基本上照搬明代的成果。可见清代早期律学表现出对明代律学的极大依赖性，缺乏自己鲜明的特色，是明代律学的附庸。④ 随着清王朝法律制度的不断发展和完善，清代律学开始摆脱明代的影响而走上独立发展的道路。康熙时期王明德的《读律佩觿》和沈之奇的《大清律辑注》就是代表，影响很大；尤其是《大清律辑注》作为一部地道的清代人注释清律的律学著作，其问世标志着清代律学已进入一个独立的发展阶段，已经不再是明代律学的附庸了。乾隆、嘉庆和道光时期，考据之学发展到登峰造极的地步。受其影响，律学著作开始大量出现。到清代晚期，又产生了薛允升和沈家本等律学大家和律学名著，从而使这一时期成为清代律学发展的顶峰阶段。

清代律学之发达还在于它集古代传统律学之大成，显现出流派纷呈的壮观景象。其中较为重要的，有偏重于注释律例的辑注派（代表性著作有沈之奇的《大清律辑注》和万维翰的《大清律例集注》）；有立意于"考镜源流、辨其原委"的律例考证派（代表性作品有吴坛的《大清律例通考》和薛允升的《读例存疑》）；有侧重于指导司法的司法应用派（代表性著作有王明德的《读律佩觿》和于琨的《祥刑要览》）；此外还有专门汇编案例、为司法实践提供直接参考的案例汇编派；有通过比较不同历史时代的法律、评价各自优劣得失、为现行法律提供借鉴的比较注释派；有以便于查阅、记诵为目的而进行注释的图表派、便览派和歌诀派；有以宣传、注释清帝圣谕为主旨的宣教圣谕派；还有虽非专门注释清律，但与此密切相

---

① 参见张晋藩：《中华法制文明的演进》，478 页，北京，中国政法大学出版社，1999。

② 参见张晋藩：《清代律学及其转型》，载《中国法学》，1995（3）。

③ 参见沈家本：《寄簃文存》卷三《法学盛衰说》，载《历代刑法考》（四），2143 页，北京，中华书局，1985。

④ 参见吴建璠：《清代律学及其终结》，载何勤华编：《律学考》，403 页，北京，商务印书馆，2004。

关的吏治派和幕学派等等。各家各派方法多样，风格迥异，促进了私家注律的繁荣并一直持续到清末。①

清代律学之所以达到鼎盛，是由多种原因共同促成的：第一，清朝统治者不仅重视法律的作用，而且强调任人执法，因此需要通过法律阐明法意，提高读书不读律的官僚队伍素质，更好地实现司法机关的职能。第二，清朝统治处于异常广阔的疆域和多民族共存的统一格局中。为了正确地理解和贯彻中央政府的法律，迫切需要借助律学的注释，做到统一适用法律。第三，清朝立法体制所形成的律例关系以及例的广泛应用所产生的诸多问题，要求律学家们既要注律也要注例，注例尤为司法实践所急需。如薛允升的《读例存疑》。第四，明代律学的发展使得有可能在总结明中叶以后私家注律经验的基础上，发展清代的律学。此外，清代中期兴起的考据之学也为律学的发展提供了方法论上的支持。②

清代是中国古代律学尤其是私家注律的鼎盛阶段，律学著作的数量超过了明代。据何勤华先生考证，已知的清代律学著作大体上就有一百六十余部了。③ 可见清代律学著作是最为丰富的，保存也比较完整。清代律学的主要成果有：清官修《大清律集解附例》、王有孚的《番审指掌》、刘衡的《读律心得》、钱之青的《大清律笺释合抄》、王明德的《读律佩觽》、沈之奇的《大清律辑注》、《大清律例集要新编》、《大清律例刑案汇纂集成》、夏敬一的《读律示掌》、湖北谳局编的《大清律例汇辑便览》、潘德畲的《大清律例按语》、崇纶等人重编的《大清律例根源》、吴坛的《大清律例通考》、万维翰的《大清律例集注》、《律例图说辨伪》、杨荣绪的《读律提纲》、梁他山的《读律琯朗》、程梦天的《大清律例歌诀》、薛允升的《唐明律合编》和《读例存疑》、沈家本的《汉律撼遗》、谢诚钧辑《秋审实缓比较条款》、蔡嵩年的《律例便览》、沈辛田的《名法指掌》、徐文达的《大清律例图说》、费斌的《律例摘要·读律要略》、缺名撰《律例疑义问答》等等。④

清代律学取得了很大的成就，主要表现在：第一，官私并举，流派纷呈；第二，源于传统，超越传统；第三，考证详审，阐释细微；第四，改进立法，改善司法；第五，群书竞献，各领风骚。⑤ 仅以律学对改进立法和改善司法的影响为例。清朝的基本法典在雍正五年（1727 年）以前小注和总注均采用明人的注释。雍正五年颁布《大清律集解》，在律后总注中开始辑入律学家沈之奇《大清律辑注》和王明德《读律佩觽》中的注律成果，从而将私家注律引入法典，成为法典的有机组成部分，国家认可他们解释的法律效力。乾隆五年（1740年）最后颁布的《大清律例》在"纳赎诸图"时明确规定要查照《读律佩觽》的有关注释，

① 参见胡旭晟、罗昶：《试论中国律学传统》，载《浙江社会科学》，2000（4）。吴建璠先生把清代律学著作分为七类：律例注释；律例图表；律例歌诀；案例和案例资料；律例考证；律例比较研究；古律的辑佚和考证。详见吴建璠：《清代律学及其终结》，载何勤华编：《律学考》，405～410 页，北京，商务印书馆，2004。张晋藩先生把清代私家注释本分为辑注本、考证本、司法应用本、图表本和歌诀本五个系统。详见张晋藩：《清代私家注律的解析》，载何勤华编：《律学考》，453～463 页，北京，商务印书馆，2004。何敏女士把清代私家释本分为辑注类、考证类、司法指导类、便览类、图表类和歌诀类释本六种。详见何敏：《清代私家释律及其方法》，何勤华编：《律学考》，493～494 页，北京，商务印书馆，2004。

② 参见张晋藩：《中国法律的传统与近代转型》，2 版，192 页，北京，法律出版社，2005。

③ 参见何勤华：《中国法学史》，第二卷，208 页，北京，法律出版社，2000。

④ 参见武树臣：《中国古代的法学、律学、吏学和谳学》，载《中央政法管理干部学院学报》，1996（5）。

⑤ 详见张晋藩：《清代律学及其转型》，载何勤华编：《律学考》，430～34 页，北京，商务印书馆，2004。

以免畸轻畸重之失。在律文中也多处采用了沈之奇《大清律辑注》的观点。薛允升曾云："王明德之《佩觿》，王肯堂之《笺释》，沈之奇之《辑注》，夏敬一之《示掌》，各有成书，均不为无见，且有采其说入于律注者。"① 清代律学也对当时的司法产生了重要影响。司法官在审判实践中经常参考《大清律辑注》。当《大清律辑注》和大清律的观点有差异或互相矛盾时，司法官往往引私注而弃律例。如清代案例汇编《刑案汇览》中引用《大清律辑注》等私家注律成果作为审案依据的就有近四十个案例②，可见其影响之大。

二、明清律学著作的分类

明清律学著作根据性质和内容大体可以分为以下八类③：

1. 立意于注释律例条文、疏解律意、阐发立法主旨的辑注类释本，如明代王肯堂的《律例笺释》、雷梦麟的《读律琐言》；清代沈之奇的《大清律辑注》和王明德的《读律佩觿》等。

2. 立意于考镜源流、探求律例的历史因革和变化的考证类释本。如明代何广的《律解辨疑》，清代吴坛的《大清律例通考》和薛允升的《读例存疑》等。

3. 专为初入仕或初入刑幕者编写的实用性很强的司法指导类释本。如明代吴讷的《祥刑要览》，清代全士潮等编的《驳案新编》、刘衡的《读律心得》等。

4. 为方便用法者记诵、查阅而择取常用的律例条文编纂而成的便览类释本。如清代李瀚章等撰写的《大清律例汇辑便览》、姚雨芗原纂、胡仰山增辑的《大清律例会通新纂》等。

5. 为使律例条文简明易懂而将全部律例条文简绘成图表形式的图表类释本。如清代沈辛田的《名法指掌图》、万维翰的《大清律例图说》等。

6. 为进行法制宣传，摘取律例中部分关键辞句，编成韵诗的歌诀类释本。如清代程梦元的《大清律例歌诀》、宗继增的《读律一得歌》等。

7. 比较历史上不同的法律体系和法律制度，从中总结若干法制建设的历史经验和教训，以为现实的立法服务的注释作品。如清代薛允升的《唐明律合编》和沈家本的《汉律拾遗》等。

8. 对司法实践中的各种刑事法律关系和法律问题进行理论概括，并提出一系列抽象、普遍的刑法原则和刑法概念的专著性释本。如清代王又槐的《办案要略》等。

三、陕派律学与律学知识传承

清朝末年，由于司法审判等实际工作的需要，在刑部聚集了一批精通律例的法律人才，并逐渐地在其内部形成了两个律学学派，即"陕派律学"和"豫派律学"。这两个律学学派分别以陕西、河南两地研究律例之学的人为主，他们都在传统的律例之学上卓然有成，且各具学术特点。"豫派律学"以"简练"为主要特点，但光绪末，豫派渐衰。陕派以"精核"为主，对传统律学有自己独到的见解和成就，学术成就斐然，学术著作流传于世，受到当时

---

① （清）薛允升撰：《唐明律合编·例言》，2页，北京，法律出版社，1999。

② 参见张晋藩：《清代律学及其转型》（上），载《中国法学》，1995（3）。

③ 详见何敏：《清代私家释本的种类和形式探究》，载《安徽大学学报（哲学社会科学版）》，1984（4）；何勤华：《中国法学史》，第二卷，209～210页，北京，法律出版社，2000。

及后世学者的称誉。①

"陕派律学"作为一个律学学派形成于晚清，并由沈家本明确地提出，他在《大清律例讲义》序中说："当光绪之初，有豫、陕两派，豫人以陈雅侬、田雨田为最著，陕则长安薛大司寇为一大家。余若故尚书赵公及张麟阁总厅丞，于《律例》一书，固皆读之讲之而会通之。余尝周旋其间，自视弗如也。近年则豫派渐衰矣，陕则承其乡先达之流风遗韵，犹多精此学者。"② 从学术关系上看，沈家本的学术成就与"陕派律学"在某种程度上有着密不可分的关系。实际上，沈家本从学术渊源上讲，当属于"陕派律学"。

"陕派律学"的形成在同治道光时期，而且与薛允升这个人有着莫大的关系。换句话说，没有薛允升，就不可能有"陕派律学"。薛允升自1856年考中进士就分在刑部，从此他的一生就和法律结下了不解之缘，而且他本人似乎对法律有着天然的兴趣。吉同钧在《薛赵二大司寇合传》中说：

> 至咸同之时，长安薛允升出焉。允升字云阶，咸丰丙辰科进士，以主事分刑部，念刑法关系人命，精研法律，自清律而上，凡汉唐宋元明律书，无不博览贯通，故断狱平允，各上宪倚如左右手，谓刑部不可一日无此人。不数年，升郎中，外放江西饶州知府，七年五迁，由知府升至漕运总督，以刑部需才，内调刑部侍郎，当时历任刑尚者，如张之万、潘祖荫、刚毅、孙毓汶等，名位声望加于一时，然皆推重薛侍郎。凡各司呈划稿件或请派差，先让薛堂主持先划，俗谓之开堂。如薛堂未划稿，诸公不肯先署，固由诸公虚心让贤，而云阶之法律精通，动〔令〕人佩服，亦可见矣。后升尚书，凡外省巨案疑狱不能决者，或派云阶往鞫，或提京审讯。先后平反冤狱，不可枚举。

如果说薛允升仅仅是自己对法律产生极大的兴趣，那么，在清代的历史上最多也就是再出现一位伟大的律学家。但薛允升偏偏是这样一位人，他不但对法律有着超乎寻常的理解，而且他非常重视"乡谊"，对刑部中的初来乍到者往往给予不惮其烦的指导和帮助，尤其是新分入部的陕西乡党。他的这个性格上的特点使得在刑部内逐渐形成了一个以陕西人为主的学术团体，即"陕派律学"。当然，重视"乡谊"也成了他被人讥讽的把柄。《近代名人小传》就这样说：薛允升"长身瘦削而意气勤恳，有关中故家之风，掌秋曹日，所属多以律书求解，辄为解导，不惮烦也。然俗学无识，立朝未尝有建白，复私乡谊，卒被弹去"。《续修陕西通志稿》谓薛允升"尤好诱掖后进，成就颇多，如赵舒翘、沈家本、党蒙、吉同钧辈，乃门生故吏中之杰出者，其他不可枚举"。

俗话说，独木不成林。在刑部，在薛允升的周围，还有很多以陕籍人士为主的律学家。吉同钧在《薛赵二大司寇合传》说：

> 继云阶而起者为赵舒翘，字展如，与云阶同里。同治联捷成进士，以主事分刑部，潜心法律，博通古今，《大清律例》全部口能背诵，凡遇大小案无不迎刃而解。十年升郎中，任提牢、秋审处坐办、律例馆提调。盖律例馆为刑部至高机关，虽堂官亦待如幕友，不以属员相视。展如任提牢时，适遇河南王树汶呼冤一案，时云阶为尚书，主持平

① 参见闫晓君：《走近"陕派律学"》，载《法律科学》，2005（2）。

② 沈家本：《历代刑法考》（四），2232页，北京，中华书局，1985。

反以总其成，其累次承审及讯囚、取供、定罪，皆展如一手办理。案结后所存爰书奏稿不下数十件，各处传播奉为司法圭臬。

"陕派律学"的出现，在当时的刑部成了一道独特的风景。当时人们就有各种解释。曹允源在《慎斋文集》序中说：

> 国家政事分掌于六曹，而秋官一职关人生命，视它曹尤重。为之长者类多擢自曹司重望，谙习法令。即叙劳外简，往往不数年骤跻右职，入掌纲纪。故它部长官迁调不常，而秋官任独久，盖非精研其学者不能尽职也。陕西人士讲求刑法若有神解夙悟。自康熙间韩城张文端公为刑部尚书，天下想望风采。厥后释褐刑部者，多本所心得以著绩效，如为学之有专家，如汉儒之有师法。同治间，长安有薛公云阶，声望与文端埒。越十数年，光绪中叶，赵公展如继薛公而起，由刑部郎中出典大郡，洊膺疆寄，内召为侍郎，旋擢尚书，决疑平法有张释之、于定国之风。薛公平反冤狱，啧啧人口，视刑律为身心性命之学，尝以律例分类编订，手录积百数十册，又著《汉律辑存》、《唐明律合刻》、《读律存疑》等书。公亦采古人有关刑政嘉言懿行，成《象刑录》。任提牢厅时，辑《提牢备考》，皆足为后世法。然薛公在刑部先后垂四十年，年逾八秩，虽间关行在，卒以寿终。而公则以尚书兼军机大臣，值拳匪构乱，为外人所持，竟不得其死。其学同，其名位同，乃其所遭悬绝如此，得不谓之命也邪。

继赵舒翘之后，又有雷榜荣、段理、张成勋、党蒙、武瀛、萧之葆、段维、王之杰等，人数众多，成果丰硕，律学精深，在刑部号称"陕派"，蔚为大观。兹将他们的生平分述于下，以见其律学之传承：

雷榜荣，字瀛仙，朝邑人，家贫力学，能文善书，由咸丰丙辰（1856年，咸丰六年）进士授刑部主事，荐升郎中，总办秋审处、律例馆事务，皆有声。外简知福建延平府。延平府故烦剧地，地瘠民贫，而盗风复炽，号称难治。榜荣抵任，宽以抚氓庶，而严以缉奸宄，不期年政平讼理，强盗敛迹，纪纲整肃。乃培植文化，时躬往庠序，进俊秀而亲课之，更勖以敦品立行，一时风气为之丕变。权延建邵兵备道，察吏抚民，绩效大著，以疾归，卒于湖北旅次。弟棣荣，字仪斋，同治辛未进士，知山西榆次县，历宰名城，为政以宽，持躬以廉，所至民颂，所去民思。卒于官，无以葬，且负累数千金。

段理，字燮堂，昆生异母弟也。性孝友，年十二补博士弟子，为文崭崭不落恒蹊，州牧王舜臣奇之，语人曰：他日耸壑昂霄、能解吾民冤苦者，即段生也。同治庚午（1870年，同治九年）登贤书，光绪丙子（1876年，光绪二年）成进士，授刑部主事。刑部为全国刑名总汇，档案山积，诸司苦翻阅，书吏或因缘为奸，会长安赵尚书舒翘为提牢厅，理与游处，昕夕研绎，尽得要领，每有大狱及直隶题奏要犯，堂官辄一以委之，寓慎于勤，谳鞫明允，常谓子姓曰：廷尉者，天下之平也。少有瞻徇心不平矣，又何以平刑政而孚四海乎？时长安薛尚书允升官刑部久，知理之能，属以定谳，尚书每称善，旋转员外郎，迁郎中、记名道府，简有日矣，竟一病不起。

张成勋，字麟阁，汉阴人。光绪丁丑（1877年，光绪三年）进士，授刑部主事，精研法律，援引确当，屡主秋审，无稍冤纵，尚书薛允升尤倚重之。积资简放四川川北兵备道，阅兵察吏，无所瞻徇，风气为之一振。丁艰归，服阕，值两宫西狩，赴行在陛见，授安徽凤颖六泗道，兼督凤阳关。抵任，适涡阳匪乱未靖，成勋派兵抚绥安辑，以其地素称薪桂，每遇霖雨，合城艰于炊，乃设官柴局，并捐廉广置滩地，为民储薪，凤人号曰张公滩，立祠祀焉。告归后，诏起为京师总检察厅厅丞，复擢法律馆谘议官，俱辞不就，林下数年，颇多善举。寻卒。著有《秋审实缓比较汇案》。[1]

党蒙，字养山，韩城人。同治癸酉（1873年，同治十二年）举于乡，光绪丙子（1876，光绪二年）成进士，选庶吉士散馆，授刑部主事，历奉天、四川各司主稿，升员外郎，转郎中，充律例馆提调，总办秋审处，各长官咸倚任之。尚书薛允升为律学大家，尤相器重，遇秋审疑狱、现审大案，必待蒙审察决定。庚子出为云南临安知府，累署顺宁、东川等府，卒于任。性朴诚而敏练，简重深沉，言动不苟。官京曹时核阅刑案，终日不倦，端坐斗室如泥塑人。待人无锋棱，而临财不苟，有铁面之称。随钦使查案山东，文武大吏无敢事请托者。后莅顺宁，耿马土司馈千金，却之，夷人感颂。[2]

武瀛，字百川，号仙航，富平人。好学能文，由光绪乙酉（1885年，光绪十一年）举人，己丑（1889年，光绪十五年）成进士，授刑部主事，充秋审处坐办、律例馆提调，累迁员外郎、郎中，谙习法律，中西兼通，为尚书薛允升倚任。修订法律大臣沈家本、伍廷芳亦引以为重，与修《新刑律》。庚子，随扈赴西安行在，襄办陕西赈务，不支薪费，筹画精详，保加三品衔。俟得知府后以道员在任候补，回銮后简任四川雅州知府，创设川南师范暨中学堂，筹办边茶公司，以抵印茶入藏漏卮，革穆坪土司陋规数千金，夷番怀畏，民教融洽。两摄建昌道篆，办理藏务善后，各要政措置适宜。在任六年，保荐卓异。宣统纪元，川省开办法厅，调署高等审判厅厅丞。瀛甄拔人才，拟议规则，清理全省积案八百余起。值川民因铁路归国，聚众罢市要求，总督赵尔丰滥杀多命，瀛建言不纳，遂告归。年五十有八，卒于民国元年，著有《强学斋全集》，待刊。[3]

萧之葆，陕西三水人，清光绪二十一年（1895年）进士，曾任刑部郎中。"仕秋曹十余年，以廉隅气节期许，不屑屑于法律，而法律知识自非同列所及，事长官不作婀态，亦非故以崖岸自高，太史公所谓'事亲孝，与士信，临财廉，取与义'者，殆兼有之。当民国建设之初，众人恋恋官职，首鼠两端，甚者多方奔求，惟患失之。小梅独决然舍去，如弃敝屣，宁终老于乡间，而不贪非分之爵禄；宁力农以食苦，而不作伴食员，诚士大夫中之鸿鹄、骅骝也。"[4]

段维，字纲伯，号用霖，岐山人。由廪生中光绪辛卯（1891年）举人，癸卯（1903年）成进士，授刑部主事，历充四川、河南等司主稿，寻改名法部，任制勘司主事丞、参厅会办、考试各省审检人员襄校官，加员外郎衔，精法律学，为侍郎沈家本所倚重，遇疑狱及可矜，必审慎之。甘回马化隆孙自褪裸系狱三十余年，疆吏屡请从宽发落，格于部议，维引经援律具说帖，遂邀宽典。川省强盗案首从三十余人皆拟死罪，维察其中十余人近诱胁，驳令覆审，卒得减等。其随案矜全，多类此。宣统三年（1910年），请假省亲归，值国变，遂不复出。尝请修召公庙、李烈女墓，联名奏请李二曲从祀文庙，复先贤张横渠祀，创办农林试

① 参见《续修陕西通志稿》。
② 参见《续修陕西通志稿》。
③ 参见《续修陕西通志稿》。
④ （清）吉同钧撰：《乐素堂文集》。

验场于卷阿，植嘉木数千株，后避地西安，当道礼重之。屡办水旱灾赈，分纂通志。性耿介嗜学，手不释卷，跬步必以礼，笃于内行，年六十，遭母丧，哀毁致疾卒。先后主讲凤鸣、朝阳两书院，教士重躬行及经世学，卒后门人私谥曰孝贞先生，著有《梅雪堂诗文集》、《避乱吟》、《青门琐记》、《焚余录》待刊。①

王之杰，字汉三，光绪甲午（1894 年）进士，以主事分刑部，潜心读律，为尚书薛允升器重，恒以法家许之。二十八年（1902 年）秋审，民妇何氏听从伊女姚氏谋毙婿妾一案，母女俱拟绞，而以嫡庶名分，女改缓决。之杰覆勘以谓：嫡庶之分固严，母女之伦尤重，详核案情，当该氏哀求帮助，伊母劝解不听，反以寻死挟制。是何之允从，迫于溺爱；姚之泼悍，即此可知。查例载：尊长谋杀卑幼，如与死者之子同谋，致其子罪于凌迟，起意之犯绞决。尊长陷卑幼之子于极刑，尚不能照寻常谋杀卑幼定拟，出嫁之女陷其母于缳首，似应较寻常谋杀夫妾略严。又例载，妇女与人通奸，致母羞忿自尽，无论出嫁、在室，俱拟绞决。犯奸之妇女致母自尽，尚难稍事姑容，谋命之妇女致母绞抵，何得率尔入缓云云。长吏激赏，即据以定谳。其勘词传诵一时，论者谓其批隙导窾，引伸经义以为律意，汉廷老吏当不过此。之杰治狱明决，此其一斑，要其大凡可知也。②

四、明清律学对东南亚诸国的影响

明清虽然被认为是中国传统法学的衰微期，但律学却获得空前的发展，无论在律学著作数量和律学研究水平等方面均达到了中国传统律学发展的最高峰，对东南亚各国法律均产生了重大影响，尤以对日本和朝鲜的影响最为明显。

日本自从 7 世纪大化革新进入封建社会后开始继承中国隋唐宋元的法学和律学。到德川幕府时期又进一步全方位地吸收和借鉴中国明清的法学和律学。明清时期的律、例、令等法律形式和律学著作（包括国家注律和私家注律）通过各种形式和途径传入日本，成为日本统治者和士大夫立法、司法和法律注释的范本。在明清律例和律学著作的影响下，日本发展并巩固了幕藩法律体系。③ 如日本幕府法的代表《公事方御定书》就是以《大明律》为蓝本制定的。与此同时，在日本还出现了日本学者自己翻译或编纂的明清律例注释书，如《明律国字解》、《明律译》、《大明律例谚解》、《大明律例译义》、《大明律例详解》、《清律例汇纂》等。④ 这些注释书不仅影响了日本的律学研究，也是日本立法和司法等的重要参考。

明清律学对当时的朝鲜也产生了很大影响。朝鲜于世祖七年（1461 年）完成颁行、成宗十六年（1485 年）修改颁布正式施行的《经国大典》，英宗二十二年（1746 年）刊行的《续大典》，正宗九年（1785 年）刊行的《大典通编》等，都深受中国明清法律体制的影响。这些法典已经吸收了中国明清注释律学的许多内容和观点以及体例。为便于官吏和人民了解和学习中国法律，朝鲜将中国明清律引入本国并编写讲义一并出版。如朝鲜人金祗等撰《大明律直解》并在此基础上编写《大明律讲解》。《大明律讲解》从注释上来看和雷梦麟的《读律琐言》以及胡琼的《律解附例》十分相似，很明显是受到了他们著作的直接影响。朝鲜统治

---

① 参见《续修陕西通志稿》。

② 参见《咸宁长安两县续志》。

③ 参见何勤华：《中国法学史》，第二卷，408 页，北京，法律出版社，2000。

④ 参见何勤华：《中国法学史》，第二卷，408~411 页，北京，法律出版社，2000。

者还强调臣民必须讲读律例，将明清律学作为国家律官考试的正式科目。此外朝鲜还推出了自己的律学著作，如《百宪撮要》等。

五、中国传统律学的终结与近代法学的诞生

鸦片战争之后，中国一步步沦为一个半殖民地半封建社会，中国传统法律也开始向近代转型。1901年《辛丑条约》签订后，清政府为了挽救统治危机，不得不进行所谓"新政"，法律改革就是其重要内容之一。清政府为此采取了一系列措施，如派五大臣出洋考察欧美宪政；设立修订法律馆，翻译世界各国法学著作，制定新法律；开办法律学堂，培养专门的法律人才等。在变法修律过程中，西方法律和法学理论开始大量输入，打破了中国传统律学一统天下的局面。

西方法学在中国输入之后，立即引起了中国旧律学同其的对立。旧律学者中有一部分人坚决反对新法学，被称为律学者中的守旧派，以吉同钧为代表，认为旧律绝不可变。但是在旧律学者中更为流行的是折中说，主张取长补短，融合新旧，以清末法制改革的核心人物沈家本为代表。[1] 沈家本在《法学名著序》中说："今者法治之说，洋溢乎四表，方兴未艾。朝廷设馆，编纂法学诸书，将改弦而更张之矣。乃世之学者，新旧纷纭，各分门户，何哉？夫吾国旧学，自成法系，精微之处，仁至义尽，新学要旨，已在包涵之内，乌可弁髦等视，不复研求。新学往往从旧学推演而出，事变愈多，法理愈密，然大要总不外'情理'二字。"[2]

为了争夺思想阵地，旧律学派还办起了律学馆，同新派所办的法律学堂相抗衡。但这也只是旧律学派的最后挣扎。随着清王朝的灭亡，清代律学也走向终结，中国传统律学终于退出了历史的舞台，新的法学取得了绝对的统治地位，并日益为整个社会尤其是法学界所接受。

---

① 参见吴建璠：《清代律学及其终结》，载何勤华编：《律学考》，411页，北京，商务印书馆，2004。
② 沈家本：《历代刑法考》（四），2240页，北京，中华书局，1985。

第二编
从传统到现代的转变

第四章

西方法学概念的早期输入

第一节
明清时期西方法学概念的出现

不论中国现代的法律，还是现代的教育，都是近代中国输入西学或西方文化的产物。中国输入欧洲的政治和教育概念，最早可以追溯到明清之际天主教传教士来华。

16世纪初，葡萄牙的政客、传教士、商人兼冒险家就怀着各种各样的目的相继出现在中国南部濒海附近，这是西方海洋国家与中国发生直接联系的开始。1552年，耶稣会传教士方济各·沙勿略（P. e Francisco Xavier，1506—1552）首次抵达广东的上川岛。作为耶稣会最早在东方开教的传教士，他曾试图突破明朝的海禁而登陆中国大陆，但未能成功，最终死在上川岛。尽管如此，他的冒险却为后来者留下了一条极为重要的经验，这就是中国是东方的大宗，一旦"中华归主"，则整个东方世界的其他国家自会向率而从，传教事业必收事半功倍之效。这就是后来相当长的一段时期里，西学输入中国的水平远高于其他东方国家的一个重要原因。

1582年，意大利传教士利玛窦（Matteo Ricci，1552—1610）首次成功地进入内陆，并长期在中国传教。他死后经人整理出版的《札记》（1615年），对中国和欧洲的文化交流具有划时代的意义。他的《札记》克服了以往或同时代介绍中国作品的作者缺乏在中国长期生活的经验和不懂中文的缺陷，比较真实地介绍了当时中国的政府、法律以及语言文化教育等方面的情况，为后来来华传教士观察和介绍中国提供了一个范例。

利玛窦之后，来华耶稣会传教士通过游记、书信向欧洲介绍了大量关于中国的情况，与此同时，他们也向中国介绍了西方文化。除了大量的西洋的科学技艺外，少数作品也涉及了欧洲的社会风俗或政治司法方面的内容。例如，曾经随利玛窦到北京觐见过明万历皇帝的庞迪我，在万历四年（1614年）出版了他的中文著作《七克》，其中的第四卷和第五卷中略微提到了一些西方法制方面的事情，他介绍说："大西之俗，罪人有未服者，得上于他司更谳"，"大西国之俗，生平尝一醉者，讼狱之人，终不引为证佐，以为不足信"[①]。

---

① 转引自田涛：《十七世纪以来西方人眼中的中国法律》，论文打印稿，2001。

1610 年来华的意大利人艾儒略（Giulio Aleni，1528—1649）写出了《西学凡》、《西方答问》和《职方外纪》等著作。这是当时耶稣会士向中国介绍西方文化教育和各种制度的集中代表。《职方外纪》是艾儒略于明朝天启三年（1623 年）夏，在杭州杨廷筠的协作下写成的第一部介绍世界地理知识的著作。这本书的第二卷"欧罗巴总说"，比较多地涉及了欧洲的文化教育、社会风俗、制度以及政治法律等方面的内容，如说"天下第二大州名曰欧逻巴"，"凡欧逻巴州内大小诸国，自国王以及庶民皆奉天主耶稣正教，丝毫异学不容窜入。国主互为婚姻，世相和好。财用百物有无相通，不私封殖。其婚娶，男子大约三十，女子至二十外，临时议婚，不预聘通。国中皆一夫一妇，无敢有二色者"。此外，还有"君臣冠服各有等差，相见以免冠为礼"，诸国"皆尚文学"，"国王广设学校"以及"病院"，等等。①

关于政治法律的情形，书中有专门的一段文字：

国中有天理堂，选盛德弘才无求于世者主之。凡国家有大举动大征发，必先质之此堂，问合天理与否。拟以为可，然后行之……

欧逻巴诸国赋税不过十分之一。民皆自输，无征比催科之法。词讼极简。小事里中有德者自与和解；大事乃闻官府。官府听断不以己意裁决，所凭法律条例，皆从前格物穷理之王所立，至详至当。官府必设三堂：词讼大者先诉第三堂，不服，告之第二堂，又不服，告之第一堂，终不服，则上之国堂。经此堂判后，人无不听于理矣。讼狱皆据实，诬告则告者与证见即以所告之罪坐之。若告者与诉者指言证见是仇，或生平无行，或尝经酒醉，即不听为证者。凡官府判事，除实犯真赃外，亦不事先加刑，必俟事明罪定，招认允服，然后刑之。官亦始终不加骂詈，即词色略有偏向，讼者亦得执言不服，改就他官听断焉。吏胥饩廪虽亦出于词讼，但因事大小以为多寡，立有定例，刊布署前，不能多取。故官府无恃势剥夺，吏胥无舞文诈害。此欧逻巴刑政之大略也。

这段文字对欧洲法制所作的描写相当简略，但是仔细观察，仍可从中看到一些作者所要介绍的情况，例如说欧洲有议论国之大事的"天理堂"，没有中国的"征比催科之法"，实行三级审判制，"国堂"审判为最终审判，审判官若略有偏向，当事人可以表示不服并可向别的审判官提出审断。

作者在这部书里用不同的汉语词汇来表述欧洲的各种名物。首先，对于外界的国名或地名完全使用音译的方法，如介绍欧美一些国家的国名。这些音译词，皆由拉丁文、法文、意大利文或俄文等西文翻译而来。翻译时完全按照原文发音的音节逐一选用读音上与之最相贴切的汉字译出，而不计汉字字意与表达习惯之良否，于是出现了长短不一的国名名词。对于这些汉字组合的本身的含义，作者没有给予专门的解释。实际上，整部《职方外纪》都在通过地理方位、自然风貌、物产、政教、学术等的描述解释着这些国名名词的内容。后来的其他类似著作对于外界的国名也仍保持了音译的做法。

不止是国名和地名，对于某些制度和学术名词也仍然采用音译的办法，可是，对于这些比较抽象的名词，仅以音译，是中国读者根本无法理解的，如同罗马教皇认为"陡斯"二字在汉语里用不成话的情形一样。于是，作者又在中文里搜寻与之所指类似的相关语词加以解

① 参见［意］艾儒略著，谢方校释：《职方外纪校释》，69～73 页，北京，中华书局，1996。

释，这实际上是以音译与意义解释结合的方法：前者表其称呼，后者达其所指。

这类的表述在《职方外纪》中有很多，如以"落日加"来音译拉丁文的 lagica，其"译言辩是非之法"（即今天的逻辑学）；以"费西加"音译拉丁文 physica，"译言察性理之道"（今自然科学）；以"默达费西加"音译拉丁文 metaphysica，"译言察性理"（今形而上学）；而以上"学之总名"为"斐录所费亚"，即拉丁文 philosophia 之音译（今哲学），该书在记述"印弟亚"（今印度）的学问时，又以"性学"一词表达与该词类似的概念。

《职方外纪》在介绍欧洲大学分科时，提到了与"医科"（即"主疗病疾"）、"教科"（即"主守教法"）和"道科"（即"主兴教化"）并列的"治科"，"治科，主习政事"。另在《西学凡》一书里面，艾儒略又以音意译并列的方法来表示拉丁文里的 leges，"法科谓之勒义斯"。这里的"治科"与"法科"所指的，实际上就是今天我们所讲的培养法律人才的法科教育。这应当是汉语里最早表述西方法律学术分科的词汇了。此外，上文中还出现了最早描述欧洲政制机构的名词"天理堂"和"国堂"。它们是议论和决定国家政事的一种组织机构。

然而在上面那段状写西方事物的文字中，我们看到最多的还是大量中国固有的语词和概念，如"词讼"、"官府"、"堂"、"吏胥"、"讼狱"、"诬告"、"（官府）听断"、"骂詈"、"定例"、"刑政"等，整个文本呈现出来的也完全是中国式的语言风格，以致仅从字面上来看，人们几乎不能判定它所指的是泰西的法制状况。对于这样的表达，只要稍有文化的中国人，一看便懂。文本中呈现出这样的特点并不奇怪，早期耶稣会士来华后必须要做的第一件事就是学习中国的语言；而且无论是翻译西方的著作、抑或直接用中文写作，他们都不得不解决如何在中文里完全地表达新的外来名称和概念这样的问题。而且在他们所写的中文著作里，自然也少不了中国学者的审阅和润饰。

《职方外纪》一书里已经出现了许多我们今天常用的语词，如"法律"、"法科"、"国家"以及"文科"、"文学"、"学校"、"小学"、"中学"、"大学"等等，这些词语被用以描述西方的名物，和它们今天所指的意义实际上是一致的。

除了艾儒略外，还可以提到的有意大利人高一志，此人 1605 年来华，精研中国语言文字，"鲜有能及之者，因是撰作甚多，颇为中国文士所叹赏"[1]。有学者认为，他撰写的四卷《西学治平》（1630 年），是最早用中文系统地介绍西方政治科学的专书。[2]

总结 19 世纪以前中国与西方的接触中法律文化交流的历史，有这样几个特点：

首先，中西间之文化交往，一开始就是在西方主动而中国被动的情况下发生的。传教士充当了文化交流的主角；少部分国人虽然参与了这个活动，但毕竟没有走出家门。

其次，从彼此交流的内容来看，传入的西学，以西方古典的天算制器等自然知识为主，而很少有西方社会政制法律风俗方面的内容；反观传教士不断寄往欧洲的众多的书简、札记、游记里面，却不乏笔墨地关注了中国的政教风俗。

从当时西方法制发达的背景看，当那些使用拉丁文进行研究和写作的传教士东来之时，意大利兴起的罗马法注释和研究运动已有几百年的历史了，其间出现了许多著名法学家和伟

① ［法］费赖之：《在华耶稣会士列传及书目》（上），88 页以下，北京，中华书局，1995。

② 参见钱存训：《近世译书对中国现代化的影响》，戴文伯译，载《文献》，1986（2）；又据冯承钧先生于 20 世纪 30 年代的考证，北平西什库天主堂刻有《民治西学》二卷可能就是《西学治平》之节本。他当时只是听说巴黎国家图书馆藏有《西学治平》，但未获见此书。

大的法学著作，例如，意大利注释法学鼻祖伊纳留、"四博士"、阿佐、阿库修斯及其在法国、德国的发展。然而奇怪的是，所有这些，在传教士介绍西方的文字中却只字未提，甚至连罗马法一类的概念也难以见到，反倒在利玛窦向欧洲人介绍中国情况的札记里面，见到了像中国没有"我们的《十二铜表法》"这样的字句。况且，耶稣会士并非不具备这样的素质和能力，他们大多受过良好的教育，垄断着科学和学术知识，利玛窦本人就曾受过专门的法律教育。可见，从中西法律文化交流的一开始，就存在着知识交往上严重的"逆差"；耶稣会士在向中国传播欧洲法制方面所做的贡献，不仅和它反向的情形不成比例，更无法与19世纪来华的欧美新教传教士的贡献相媲美。

当然，之所以出现这种情况的原因可能很多、也很复杂，不过，耶稣会传教士慑于中国的威势，不敢轻易在政治和法律制度这样一个十分敏感的领域里表露或张扬，应该说是其中的一个重要原因。传教士梯航万里而东来，处境艰险，面对一个历史文化如此悠久而又深不可测的大国，是不敢轻易冒这个风险的。

第二节
19 世纪早期西方法学知识的传入

西方政法之学所以能够输入中国，按照一般的逻辑，自然首先取决于中国与西方国家这两方面对于彼此文化的态度和交往能力等条件因素：两者是否有意和有能力交往，是否愿意互通有无、彼此吸收对方的文化。

从中国方面看，18 至 19 世纪清政府对于输入西方文化的态度从总体上是采取压抑和禁绝的政策。自从康熙禁教以后，雍乾两朝相沿不改，而且对任何外界事物的禁绝和排斥之风越演越烈。在其间颁布的许多关于西洋事务的谕旨里面，充满了"禁"之类的字样，天主教被视为"邪教"、"于我中国圣人之道无甚裨益"；传教的西洋人也都是"居心叵测"、"居心未必善良"、"为害风俗"的人。为防止滋生事端、人心渐被煽惑，而在广东、特别是澳门一带严加防范。此外还屡屡饬令凡外洋人往来贸易，不许久留，亦不许内地闲杂人等擅入夷船。乾隆二十四年（1759 年）下英商洪任辉狱后，总督李侍尧奏"防范外夷五事"，其中之一即"禁外夷雇人传信息"。嘉庆十年（1805 年）的上谕，要求管理西洋堂务大臣留心稽查，如有西洋人私刊书籍，即行查出销毁，并随时谕知在京之西洋人等，务当安分学艺，不得与内地民人往来交结。当时一个广东人私自代传教士传送书信和地图而被拿捕，又查出用汉字刻印的经卷，后被刑事处罚并被发配伊犁，理由是"关系人心风俗者甚巨"。由于该案件中查出有旗人信教，又上谕禁止旗人传习天主教，如有发现，加倍治罪。以后又由于广东地方官防范不严，致使外人得以进入，上谕申严粤省传教，以堵塞外人入口。至嘉庆十六年（1811 年），在北京的外国人仅剩 7 人。① 此外翻译机构的地位也受到了很大削弱。清代培养能"译远方朝贡文字"的翰林院四译馆建制，至乾隆十三年（1748 年）也被并入礼部，由原

① 以上史实均详见（清）王之春：《清朝柔远记》，赵春晨点校，北京，中华书局，1989。

来的八馆缩减为仅设西域、百夷两馆的"会同四译馆"①。康熙时代曾一度提倡"翰林院宜学习外国文字"② 的风尚已经彻底化为历史的陈迹，尽管道光年间，朝廷似有需要外语人才和了解外情方面的某些迹象。③

总之，中国方面采取了一种可以完全不依赖于西方文化的态度以至一概地禁绝和排斥政策，从而使中国自身封闭了西学输入的大门。在这种情况下，所谓西学输入中国，实际上完全成了由西方人自己发动并且有意识、有目的从事的一种冒险活动。

从西学输入的主体来看。19世纪以降西方探险中国者大别为三类人：一是具有政治背景的官员或者军人；二是追逐商业利益的商人或冒险家；三是传教士。尽管这三类角色有时互相交叉，如第一类和第二类人之间，但传教士是其中唯一的承担文化传播活动的角色。不过随之而来的问题是，传教士以传教布道为天职，本不负有介绍基督教以外的中西文化的使命，那么他们为什么又热衷于世俗文化、甚至是政治法律知识的传播呢？这与当时来华传教士新教性质以及其传教政策和方法有着直接密切的关系。

宗教改革以后的基督教新教已具有浓厚的世俗化色彩，正如有的学者所指出的，新教的价值观不仅为近代资产阶级的自由、平等、民主和人权等观念提供了思想基础，而且在资产阶级理性主义和科学进步的影响下实现了与近代科学和哲学成果的调和；宗教改革以来的社会化潮流也使新教各派积极从事社会文化活动，参与社会改革，把建立人道主义社会秩序作为教会的神圣职责。④ 新教的这些特点，实际上支配了整个19世纪的来华传教士，特别是其中所谓的"自由派"⑤。

传教士在华传教的近代风貌，使得他们在传教的同时，还积极从事翻译、办报、出版书刊、兴办学堂等文化教育乃至社会改革活动，并相应地强调文字工作的重要性，认为文字方式的传播具有迅速、广泛、持久的间接影响力而又能够避免公开政治冲突的优点。来华的传教士大都具有良好的教育背景，掌握官话甚至东南沿海的各种方言（这在早期要冒相当大的风险）。这种传教政策后来曾得到了这样的总结，即中国需要更多的科学、更多的报纸和更多的书籍，需要更多的公共演讲和科学仪器，传教士要强调宗教，而且也应该强调政治、社会科学和自然科学的简明真理。⑥ 马礼逊、麦都思、郭实腊、裨治文、丁韪良、傅兰雅、林乐知、李提摩太等传教士对西方政法知识的介绍和改良主张，都是这种传教政策深刻影响的结果。

最初由于尚不敢公开批评清朝腐败落后的制度和司法方式，作为对比或衬托而大肆渲染西方政治法律文明的先进，这可能也是促进西方政法知识输入中国的一个因素。

　　① 《清史稿·职官一》卷一百一十四。
　　② 康熙四十四年（1705年）冬十一月诏翰林院习外国文字谕，参见（清）王之春：《清朝柔远记》，50页，北京，中华书局，1989。
　　③ 1829年从广东调充北京理藩院任通译的四川人袁德辉通晓拉丁文和英文，他后来曾奉差到广州收集外国书籍并担任林则徐的英文秘书。
　　④ 参见王立新：《美国传教士与晚清中国现代化》，9页，天津，天津人民出版社，1997。
　　⑤ 这是从传教政策和方法上对新教教派所作的一种划分，该派认为中国文化与基督教文化的不同是传教的最大障碍；为要使中国福音化，就必须用以基督教为核心的西方文化改造中国文化，建立一个有利于基督教传播的社会环境。
　　⑥ 参见王立新：《美国传教士与晚清中国现代化》，33～40页，天津，天津人民出版社，1997。

　　传教士向中国介绍西方文化的目的，主要基于基督教必将战胜异教中国的宗教信念。尽管他们有的一度曾认为传播西学是为了"使中国人获知我们的技艺、科学与准则"，而且"将不谈政治，避免就任何主题以尖锐的言词触怒他们"①，但他们并不超然于政治之外。许多新教传教士都是积极服务于西方在华利益这个大目标的。翻译西书、介绍西学正是实现其"中华归主"目标的重要手段，为在政治、文化等方面改造中国制造舆论。

　　西方政治和商业利益集团对于传教士向中国输入西学并非不存在私心上的考虑。一个最明显的例子是英国东印度公司拒绝运载所有传教士到印度和中国；第一个来华的新教传教士英国人马礼逊只是借助美国商船才顺利到达中国的（1807年），而且直到他的传教活动与英国在华的利益结合起来以后，马礼逊才在中国立足。美国学者邓莱迪的解释是："盖英国不欲因为基督教的传播而使中国接受西方文化，因而获得与英国知识平等的机会，致使英国不能再在中国获得厚利。"②

　　反映同类性质问题的另一个有名的例子是，当19世纪60年代丁韪良的国际法翻译工作开始产生影响时，一个法国驻华领事就曾愤怒地表示："谁使中国了解到我们欧洲的国际法？杀死他，绞死他，他将给我们制造无穷的麻烦。"③ 这里面的确存在着矛盾。传教士认为基督教是西方文化的核心，中国人接受了西方文化自会接近福音，然而令传教士始料未及的是，辅助传教的文化工具虽然形成了，但提供工具的教会却被抛弃了。

　　不应忽视的是，传播西学的主体从一开始就不是纯粹单一的。传教士来华招收教徒，聘请中国人教汉语并雇用他们帮助编写和印刷中文读物，使得极少数中国人也参加到传播西学的行列当中。在国人以游学等途径具备独立吸收西学知识的能力之前，西人为主而国人为辅、西人主译而辅以国人的文字润饰，是引进西学的一个基本工作模式。

　　传播西学的环境一开始是在中央政权控制的边缘地带或者远离大陆的南洋诸岛上（如马六甲、澳门）进行的，在"不属于清朝政府管辖的地方，西方传教士可以减少许多顾忌，行文时只需主要考虑读者的文化心理状况就无伤大雅。在一种主体文化的边缘，异质的文化有时更容易移植生根，然后向此一文化的本土逐渐扩散和渗透"④。在订约开埠之后，则突破秘密状态和海陆界限转为公开，西学的传播基地亦迅速迁入广（州）、厦（门）、福（州）、宁（波）、上（海）等陆路口岸，并由此向内陆腹地辐射。

　　西方法学的输入也经历了一个逻辑上的引申过程，或者说，西方的政法知识是依附于对世界一般地理历史知识的介绍之后出现的。这是符合人们通常的认识规律的，因为无论介绍何国的议会制度、司法状况和法典内容，都先要知道天下有何邦国、所在何处、来历若何等起码的地理历史常识，不首先确立时空坐标，国家、政府、制度、法律、风俗习惯等一系列抽象概念便无从建立。实际上，在19世纪相当长的一段时期里，西方各种知识的输入主要是以西方地理学的介绍和传播为主线的。⑤ 大量依据传教士刊印的中文材料编辑而成的著名

---

① 《中国丛报》，1833年8月号。
② 转引自李定一：《中美早期外交史》，44～45页，北京，北京大学出版社，1997。
③ 王铁崖主编：《国际法》，17～18页，北京，法律出版社，1981。
④ 爱汉者等编，黄时鉴整理：《东西洋考每月统记传》，影印本"导言"，北京，中华书局，1997。
⑤ 目前已有两种关于晚清地理学方面的专著：邹振环：《晚清西方地理学在中国》，上海，上海古籍出版社，2000；郭双林：《西潮激荡下的晚清地理学》，北京，北京大学出版社，2000。

的《海国图志》、《海国四说》以及《瀛寰志略》等著作，都是以介绍世界地理知识为核心的综合性书籍。只是到了 19 世纪 60 年代以后由于西方国际公法著作的大量翻译，近代西方法学的输入才获得了相对独立的意义。

新教传教士的国籍以英美等国家为主，也决定了输入中国的西方政法知识以英美国家的内容为主。

西学法学的输入首先意味着要突破中西之间语言文字上的界限和隔阂。在新教传教士来华之后的半个世纪里，他们对中国的语言文字进行了大量的研究工作，编纂了许多语言工具书以及中英文对照解释的双语字典①，其中最著名的要数马礼逊（Robert Morrison，1782—1834）的《字典》（A Dictionary of the Chinese Language）和麦都思（Walter Henry Medhurst，1796—1857）的 English and Chinese Dictionary（英华字典）。

马礼逊是英国伦敦教会派往中国的第一个新教传教士，他于 1807 年 9 月抵达广州，来华后他首先按照伦敦会的指示学习汉语。1808 年起开始按照指示中曾提醒他的编辑字典的计划着手进行准备。经过 7 年的艰辛努力，自 1815 年开始出版《字典》，以后又于 1819 年至 1820 年出版《五车韵府》和 1822 年的《英汉字典》，到 1823 年全部出齐，共六大本，凡 4 595页，可谓规模宏大，卷帙浩繁，是为当时进行中西文化交流活动的一部极有影响的参考工具书。马礼逊所以花费巨大心力来从事编纂，据他自己讲，是"希望这部字典会给以后来华的传教士提供极为重要的帮助"②。不过从客观上讲，他的沟通中英语言的开创性工作，也是为满足英国殖民利益需要的一个重要部分，马礼逊的字典的印刷和出版完全得到了在澳门的英国东印度公司的巨资支持（12 000 英镑）即是明证。

马礼逊的字典是力图全面建立两个世界语言的——对应关系的最早尝试。这种尝试的目的主要是帮助英语人学习和理解中国语言。因此字典的大部分是对于中文字词的英文释义，只有第三部字典才如同我们今天的英汉字典（English and Chinese），在按照英文字母顺序的单词后面列出对应的中文字词。这部字典里面有许多与法律有关的汉语词汇。

自 19 世纪 20 年代至 50 年代，随着更多新教传教士的相继来华以及其传播文化设施和工具的准备，近代西方文化输入的活动有了更为迅速的发展。在传教士用中文编印的一些有关地理、历史、政治经济等书刊里，也开始有越来越多的内容丰富的近代西方的政治法律和社会科学知识用中国的语言文字表述出来，它们主要依存于这样一些知识载体③：

1. 马礼逊，《西游地球闻见略传》（Tour of the World），29 页，1819 年，一本述及欧洲政制、风俗习惯的游记。

2. 麦都思，《地理便童略传》（Geographical Catechism），21 页，1819 年马六甲出版；一本讲述亚欧非美国家自然和人文制度方面情况的读物。

---

① 如马歇曼的《中国言法》（1814 年），马礼逊的《中文语法》（1815 年）、《中文会话与断句》（1816 年）、中英文《字典》和《广东省土话字汇》（1828 年），麦都思的《福建土话字典》（1832 年）、《中朝日语对照》（1835 年）和《英华字典》（1842 年），戴尔的《福建土话字汇》（1838 年）、《中文最常用三千字》（1834 年），郭实腊的《厦门土话标志》（1833 年）、《中文语法指南》（1842 年），裨治文的《广州土话注音》（1841 年）。

② Mrs. Eliza A. Morrison complied, *Memories of the Life and Labors of Robert Morrison*. Vol. 1, p. 70. 转引自顾长声：《从马礼逊到司徒雷登》，7~8 页，上海，上海人民出版社，1985。

③ 来华新教传教士所编印的书刊目录，详见伟烈亚力：*Memorials of Protestant Missionaries to the Chinese*，上海，1867。此外，熊月之的《西学东渐与晚清社会》（上海，上海人民出版社，1994）一书亦有详细著录。

3. 米怜，《全地万国纪略》(Sketch of the World)，30 页，1822 年马六甲出版。

4. 郭实腊，《万国地理全集》(Universal Geography)，初次发表于《东西洋考每月统记传》的文章汇集，著于 1833～1837 年间。

5. 裨治文，《美理哥合省国志略》(Brief Geographical History of the United States of America)，125 页，1838 年新加坡坚夏书院版，署名"高理文"；修订本《亚美理驾合众国志略》，75 页，1846 年广州；再修订本《联邦志略》，107 页，1862 年上海。

6. 祎理哲，《地球图说》(Illustrated Geography)，53 页，1848 年宁波出版；修订本《地球说略》，114 页，1856 年。

7. 麦都思，《东西史记和合》(Comparative Chronology)，40 页，1829 年巴达维亚（今雅加达）出版；修订本 30 页，1833 年马六甲出版。该书意在显示西方公元前有 4 000 年文字记载的历史，并非中国才是文明古国。

8. 郭实腊，《万国史传》(General History)，53 页。

9. 郭实腊，《大英国统志》(History of England)，1834 年。[1]

10. 郭实腊，《古今万国纲鉴》(Universal History)，244 页，新加坡，1838 年，此为《东西洋考每月统记传》发表文章之再版；266 页，宁波，1850 年重印；麦嘉缔－培瑞校订本，《万国纲鉴》，132 页，宁波，1850 年。

11. 郭实腊，《制国之用大略》(Outlines of Political Economy)，24 页，论述良好政府之根本原则，1839 年。

12. 郭实腊，《贸易通志》(Treatise of Commerce)，63 页，1840 年。这是一本专门讲述西方商业制度和贸易情况的书。

13. 《察世俗每月统记传》(Chinese Monthly Magazine)，共出 7 卷、81 期，524 页，马六甲，1815～1821 年，主要由米怜（署名"博爱者纂"）经办并撰稿，这是传教士创办的第一份近代中文期刊。[2]

14. 《特选撮要每月记传》(A Monthly Record of Important Selections)，4 卷，巴达维亚，1823～1826 年，这是麦都思（署名"尚德者纂"）继米怜的《察世俗每月统记传》停刊后续办之刊物。

15. 《天下新闻》(Universal Gazette)，马六甲 1828～1829 年，吉德 (Samuel Kidd) 编。

16. 《东西洋考每月统记传》(Eastern Western Magazine)，1833～1838 年间在广州（1837 年以后出版地迁至新加坡）出版，郭实腊（署名"爱汉者纂"）主办，这是在中国境内出版的第一份近代中文期刊。[3]

以上书刊里面，承载了内容极为丰富的近代西方政法知识。归纳起来有以下几方面：

（一）世界上的国家及其名称

这些书刊对世界各国的位置、历史、幅员、人口、风俗习惯和社会制度做了大量的描绘

---

[1]　熊月之认为该书出版地应在马六甲。

[2]　参见方汉奇主编：《中国新闻事业通史》，第一卷，243～270 页，北京，中国人民大学出版社，1992，有关于来华外人所办刊物的专门介绍。

[3]　该刊已由我国学者黄时鉴整理并由中华书局于 1997 年出版。即：爱汉者等编，黄时鉴整理：《东西洋考每月统记传》，北京，中华书局，1997。下文所引即指该版本，以下只注明内容与页码，其他出版信息略。

和介绍。要介绍外界的这些事物，首先就要呼出其名。这些书刊涉及的国名、地名巨多，不胜枚举。仅以《东西洋考每月统记传》（以下简称《东西洋考》）所述及的欧美国名、地名为例，即有：亚墨利加、亚墨理驾（美洲）；北亚墨利加合郡、北亚米利加合郡（北美合众国）；亚米利加兼合国、米利坚合邦（美利坚合众国）；英吉利（英国）；耳兰地（爱尔兰）；佛兰西国、法兰西国（法国）；瑞子国（瑞士）；西班呀国、西班雅国（西班牙）；葡萄雅国（葡萄牙）；者耳马尼国（德国）；布路西亚、破鲁西国（普鲁士）；阿士氏拉国、奥地利亚国（奥地利）；以大里亚国（意大利）；南亚墨利加（南美洲）；都耳基国（土耳其）；大尼国（丹麦）；等等。

此外，还有亚洲、非洲、南美洲许许多多的国名和地名，这里不再一一罗列。

国名、地名虽似简单，但称谓各异的国名足以使中文读者渐渐生发出这样的概念：世界是由众多不同的国家组成的，而不仅止于中国一家。那种认为普天之下除了天朝上国之外，周围都是藩夷的认识完全是错误的。实际上，国人眼界的开阔、外界各种知识的学习和吸纳、世界秩序观念的重新建立，莫不以此为第一块基石；国名以及西国政情都是人们感性上容易认识和理解的部分，穿过这一层面，才谈得上深入到西方政制原理这种抽象的意义世界；换言之，唯有立基于此，国人才可能萌生近代主权国家的概念，迈出走向世界的第一步。

（二）有关欧美国家的政治情势与法制概况

在《东西洋考每月统记传》杂志的新闻栏目和有关的文章里，对英国、法国、西班牙、德国、美国、荷兰以及南美洲等国自18世纪末以来，甚至最新发生的一些政治大事，举凡国会辩论、总统选举、法令之颁布、内外政策之制定、国内政局的动荡以及国际利益之冲突等等，均有不同程度的介绍或报道。其中，对英、美、法国的政治大略，言之尤详。

如介绍当时英国的国势和政情说：

> 仓廪实，真可谓兴隆之际。[1]
> 英吉利国之公会，甚推自主之理，开诸阻挡，自操权焉。五爵不悦，争论不止。倘国要旺相，必有自主之理。不然，民人无力，百工废而士农工商，未知尽心竭力矣。是以英吉利良民不安，必须固执自主之利也。[2]

"新闻"栏目中还经常报道有关英国议会开会的情况。[3] 其中一则消息报道了英国通过立法严禁贩卖黑奴的事情：

> 英吉利公会，立法定例，凡贩卖人口者，其罪之重，如为海贼矣。巡船常驶来航去，无处不搜寻探访，所有载奴之船只，一遇着，即捕掠押送，定是死罪矣。[4]

早在嘉庆二十四年（1819年）麦都思编写的《地理便童略传》一书以及道光元年（1821年）出版的《察世俗每月统记传》第七卷里，就已经出现了介绍美国的由来和政情的文字，

---

① 《东西洋考每月统记传》，1834年甲午二月，92页。
② 《东西洋考每月统记传》，1835年已未六月，186页。
③ 参见《东西洋考每月统记传》，1837年丁酉十一月，297页。
④ 《东西洋考每月统记传》，1837年丁酉十二月，307页。

前者以答问形式介绍了美国：

> 问：花旗国之朝廷如何？答曰：花旗国之朝廷，略像英吉利之朝廷，都有两大会，治理法律、粮税等事，惟花旗国无王，只有一人称总理者治国家的事，在期四年，然后他人得位。

后者则简略述及了美国的建国历史：

> 花旗国，其京曰瓦声顿。此国原分十三省，而当初为英国所治。但到乾隆四十一年（按：即 1776 年），其自立国设政，而不肯再服英国。①

这些大概是中文书刊里最早关于美国政情的介绍。

19 世纪 30 年代后期出版的《东西洋考》里面对于美国政治、历史背景的介绍不仅详细，而且篇幅甚大。例如 1837 年丁酉五月号有一文以问答的形式来解答"花旗国"为何国，首次介绍了美国自殖民地时期以来的历史和政治，提到了波士顿倾茶事件、独立战争；描述了总统、选举和议会制度。该文最后还盛赞华盛顿："此英杰怀尧舜之德，领国兵攻敌，令国民雍睦，尽心竭力，致救其民也。不美权而归庄安生矣。"同年丁酉六月号卷首《侄外奉叔书》，借远离家国之侄致信叔父，又对美国予以盛赞：

> 当乾隆年间，其列邦各自操权，而行宽政，乃以民安，容各人任言莫碍。此居民不服王君，而每省良民立公会，自选人才忠烈缙绅，代庶民政治修举，然统理国会与列邦首领之主，而治国纲纪。首领主在位四年遂退，倘民仰望之，欢声载道，复任四年。百姓之所悦，思能辨众，便超举为官，该国无爵，民齐平等，惟赋性惠达，财帛繁多之主，大有体面焉。……民之通商迄于四海，可谓之贸易洋溢乎中国，施及蛮貊，舟车所至，人力所通遍有居民，莫不知有花旗国矣。此旗之星，表其国之列省，合为一国也。正开衅隙叛英吉利之际，诸省民结党，效死执自主之理，由是国之列邦而兴也……

1838 年戊戌正月号还最早刊登了一篇介绍华盛顿生平的专门文字《华盛顿言行最略》，记述华盛顿率民抗击英军、独立建国的英雄事迹："自此以后，美理哥民自主操权，掌治国也……良民知华胸怀大志，腹有良谋，故立之为国之首领主……在位八年，治国如运于掌。"

1837 年丁酉十一月号的一则新闻还及时报道了当年美国总统选举的结果：

> 此民自主治国，每三年（按：原文如此）一次选首领主，以总摄政事。今年有一位称元比林继承大统，盖其为历年勋旧之臣，胸怀大志，腹有良谋者耳。②

此外，还有大量关于美国国会开会情况的报道。③

美国第一个来华传教士裨治文于 1838 年用中文编写的《美理哥合省国志略》，记述了美国从觅新土、分野度数、创国原由、百姓自脱英吉利之制、开国以后史略，直到原居苗人、户口、山川、土产、农田、工作、贸易、国政、语言文化等各个方面，是完整介绍美国概况的第一部著作。

---

① 原书未见，此处转引自熊月之：《西学东渐与晚清社会》，115 页，上海，上海人民出版社，1994。
② 《东西洋考每月统记传》，此指 Martin van Buren 于 1837～1841 年间就任美国第 8 届总统一事。
③ 参见《东西洋考每月统记传》，1838 年戊戌三月，348 页；1838 年戊戌四月，361 页；1838 年戊戌九月，423 页。

《东西洋考》对于法国 1789 年爆发大革命、1792 年推翻封建君主专制制度的资产阶级革命、拿破仑称霸、推翻波旁王朝的"七月革命"等重大事件均屡有报道。如：

> 佛兰西国数年之先，除位不义之帝君，别设王。……自旧王之除以来，佛兰西人自主倜傥，大开言路，自操其权。①

> 法兰西国自道光十年（按：1830 年）至今，此民自操权，擅自立王而悦服矣。但有多人甚愿推自主之理，莫不恨人之君焉。②

> 乾隆五十四年（按：1789 年）该国大变，国政混乱，肆无尊卑，世子皆逃。③

> 法兰西国王，道光十年（按：1830 年），干百姓之誉，庶民举首望之，欲为君焉，遂驱古王，而立之矣。既是如此，不期其心志与日俱更，因欲肆行操自主之理、且摄总权，相争辩驳，而民安焉。④

1837 年丁酉十一月号还刊载了一篇《法兰西国志略》。该文对法国上自汉朝时归为罗马行省，"遵其律例"；到宋理宗时路易九世"定章程，逐条按语，分晰陈明，勘核案情，援引确当，务使法足蔽辜，不致畸轻畸重"且"亲自遵守其律例"；再到国王"招爵僧民三品会集"、将路易十六送上断头台、拿破仑登基称帝、道光十年新王创立国家，都作了概略的介绍。

1837 年丁酉八月号所载《霸王》一文，和同年十月号、十一月号上连续登载的拿破仑传记《谱姓拿破戾翁》，最早比较完整地介绍了拿破仑的生平和业绩，称"自今以往，诸国之霸，未有超于法兰西国拿破戾皇帝者"，把拿破仑比作像秦始皇或元世祖忽必烈那样的伟人，"但拿破戾翁乃为霸中魁首矣。"传记中说拿破仑"既好自主之理，与摄国之民权结友也"，其中的"民权"一词，大概是文献中比较早的一个出处。传记还首次粗略提到了拿破仑主持编纂法典的事情：

> 拿破戾翁不顾人之言，终恃其兵力之强，而擅自行作也。他之为人，实有超众之才，适始掌治乱邦，帑空而庶民怀疑。然国之首领，皆其王所管辖。于是设造新律例，先正其纲纪之摧残，而后国家乃得稳当。

> 上列之外，对于西班牙⑤、德国⑥、荷兰⑦、瑞典⑧、丹麦⑨等国的政治大事也常有报道。

除了新近的事情，有些文章还介绍欧洲的社会政治递嬗的历史背景。例如《宗教地方》一文，缕叙欧洲基督教会与世俗国家关系历史演变，上自周汉年间罗马民操四海之权而降万

---

① 《东西洋考每月统记传》，1834 年甲午二月，92 页。
② 《东西洋考每月统记传》，1837 年丁酉正月，197 页。
③ 《东西洋考每月统记传》，1837 年丁酉七月。
④ 《东西洋考每月统记传》，1838 年戊戌四月，361 页。
⑤ 《东西洋考每月统记传》，1835 已未六月，186 页；1837 年丁酉三月，216 页；1837 年丁酉七月，287 页。
⑥ 《东西洋考每月统记传》，1834 年甲午二月，92 页；1834 年甲午二月，92～93 页。
⑦ 《东西洋考每月统记传》，1838 年戊戌六月，381 页。
⑧ 《东西洋考每月统记传》，1838 年戊戌四月，357 页。
⑨ 《东西洋考每月统记传》，1838 年戊戌六月，380 页。

人类，直讲到近代欧洲列国自大半脱其权，并说这些国家"今知自主之理，藐视其吓唬，而自主行焉"①。

（三）英美国家的议会制度

中文里关于英美国家议会的概念最早可能出现于 19 世纪 10 年代。英国传教士麦都思在他编写的《地理便童略传》（1819 年）一书当中，就已经讲到了英国和美国都有的两个"大会"（见上文），其一是"世代公侯之会"，另一个是"百姓间凡乡绅世家大族者之会"。这种"大会"的运作的功能及其政治意义，用编者的话讲就是："但凡要设新律，或改旧律，有事急或加减赋税，则两大会必先商量之，然后奏与君上定意。如此国之大权，分与三分，君有一分，众官一分，百姓一分，致君难残虐其民，诸侯不能行霸，百姓不能作乱也。"

"世代公侯之会"和"百姓间凡乡绅世家大族者之会"都是表述概念的短语，其定语部分颇能清楚地表明该"会"的组成及性质，但使用起来毕竟不便，后来遂分别为"爵房"和"乡绅房"所取代。之所以不用"会"（如爵会或乡绅会之类）字而用"房"字，可能是为了避免这里的"会"与"大会"的"会"发生混淆，如果真是这样，则可说语言创制者们已经有意识地区别了议会概念与其内容所指的不同。不过，当时描述"大会"这种政治形体的语词尚不稳定，在后来传教士编写的作品里还有许多各色不一但又大同小异的译词，如郭实腊的《东西洋考》杂志里面，就交替出现过"公会"、"国政公会"、"国政会"等词。

另外，在裨治文的《美理哥合省国志略》（1838 年）一书里，著者还使用了"会议"或"堂"来表示联邦或州的议会；以"议事阁"和"选议处"分别表示参议院和众议院。② 此外，还以"统领"表总统；"副统领"表副总统；在裨治文书里，美国的联邦政府的行政机构也以"部"名之，他举出政府行政机构有"吏部"、"户部"、"兵部"、"水师部"、"礼部"，和"总理各省来往书札"的一个部，作者没有名之，梁氏则给以"邮驿"部，其官员也称左右"侍郎"等。

尽管如此，这些词并无妨于人们对西方议会机构的理解；"国政公会"只不过是更加突出了"公会"的国家机构性质；至少，它们所指的就是一个公共议政的权力机关。

1838 年四、五、六月出版的《东西洋考》接连三期刊载了《英吉利国政公会》一文，集中介绍了英国议会的起源、运作机制及其依赖建立的政制原理。该文说英国国民很早就分为"五爵"和"良民"二等，两者"不得已而相持相扶"。宋朝年间，国政公会起。此国政公会之主为国王，自立操全国权，任重贵大，能治其国。但若敛赋征收钱粮，必须与国政公会并为议处。倘若列位不允，也不可纳税。设使公会弃顺效逆，国王就会申谕饬众解散。孟子曰，得道多助，失道寡助。英国也是如此。国王发政施仁，不然就无计可施，只得顺从民意。"国政之公会，为两间房，一曰爵房，一曰乡绅房"。爵房、乡绅等权势甚盛，国政在掌握之中。遇有紧要之事，公会计较辩论，不然事不成焉。未经公侯乡绅酌量定夺不能立法。"公会未废之，国主不弛法也。变通增减、因时制宜之处，惟公会所办理。然王可以或屏弃、或允从也。"乡绅被民推升，不可捉，不可监禁。他们钩民之誉，得民之志而兴；失民之志而废，因此称之为"民之办理主"。至于爵房，只有公侯等世爵与国之主教构成，各位财帛

---

① 《东西洋考每月统记传》，1838 年戊戌三月，342～343 页。

② 参见裨治文：《美理哥合省国志略》卷十三，国政一。

又盛，权势浩然，或自主而行，或循国主而为。故此大众与乡绅对头，古时自操权，而现今乡绅取民之誉，敢作敢为矣。总之，"公会总摄之务，为英国自主之理"。

同年七月号刊载的《北亚墨利加办国政之会》一文，以管子的一段语录题头，借用一位寄寓北美经营觅利的父亲给在中国的儿子写信的方式，详述了他闻见所及的"民所立之政"，特别是"不立王以为国主，而遴选统领、副统领等大职，连四年承大统"的总统选举制度，结论是美国的朝政是"民摄总政，且操权焉"。

（四）"自主之理"与英美的司法审判制度

19 世纪 30 年代，在介绍欧美政情或政制方面的文章里面，十分流行"自主之理"一词，且有推崇之意，那么"自主之理"究竟指的是什么呢？《东西洋考》的编纂者关注到了这个概念，并发表专文予以详解。[①] 其文曰："我中国人慕英吉利国名，而未知其国家之政体如何。余要解其意，又解不详晰，欲说其治，又说不畅达。故引人信启之言。申明大略。"可见要以中文来解释清楚英国国体的根基所在，并不是十分容易的。

其一，"自主之理"是从"国基"的意义上来讲的，它的基本含义就是："按例任意而行也。所设之律例千条万绪，皆以彰副宪体。独其律例为国主秉钧，自帝君至于庶人，各品必凛遵国之律例。"这实际是说国家治理要奉行一切以法律为最高权威的法治原则，它具体表现在：

（1）"所设之例，必为益众者，诸凡必定知其益处。一设则不改，偶从权略易者，因其形势不同，只推民之益而变焉。情不背理，律协乎情。"

（2）法律面前人人平等。"上自国主公侯，下而士民凡庶，不论何人，犯之者一齐治罪，不论男女、老幼、尊卑，从重究治，稍不宽贷。"

（3）司法审判公开进行并由陪审员断定，"审问案必众人属目之地，不可循私情焉。臬司细加诘讯，搜根寻衅，不擅自定案，而将所犯之例、委曲详明昭示，解送与副审良民"，由其"议定批判"。

（4）臬宪俸禄丰厚，不敢收取陋规，人视之如见其肺肝。真可谓十目所视，十手所指，其严乎。

总之，"此国之宪，不能稍恃强倚势，肆意横行焉。设使国主任情偏执，藉势舞权，庶民恃其律例，可以即防范。倘律例不定人之罪，国主也弗能定案判决矣"。

其二，自主之理与纵情自用迥然分别。因为人"本生之时为自主，而不役人也"，可人之情偏恶，心所慕者为邪，故要以法律来约束人。人若犯律例，就私利损众，则必失自主之理。另外，"设使愿拿住人物，而不出宪票，以无凭据捉人，恐惧陷民，致卒役诬良受罪，定不可也。必须循律例办事，而不准恣肆焉"。

其三，自主之理意味着要有充分的言论自由，"大开言路，任言无碍，各语其意，各著其志。至于国政之法度，可以议论慷慨。若官员错了，抑官行苛政，酷于猛虎，明然谏责，致申训诫警。如此露皮露肉，破衣露体，不可遏志妄行焉"。

至于"自主之理"的价值，作者称赞说，操自主之理，就会使国家大兴，贸易运物甚盛，富庶丰享，文风日旺。"如是可知真理，又真理将释尔，可为自主也。此是天下之正道，

---

① 参见《东西洋考每月统记传》，1838 年戊戌三月，"自主之理"。

天下之定理矣。"

"自主之理"可理解为自己为自己做主的道理或者原理。它是今天我们所讲的"自由"、"民主"、"法治"这类概念最初来到中国时的混合形态。

"自主之理"的要义在于"按例任意而行",与公正司法和限制恣意有密切关系。因此,理解"自主之理"自然离不开对西方司法审判制度的介绍。1838 年《东西洋考》戊戌八月号上发表的名为《批判士》的文章,对按律科断的"自然之理"大加论述。该文意在表明无论中国还是泰西各国,其在适用法律上追求"揆诸天理、准诸人情"、息争化诉而致于刑措的境界方面并无根本的不同。可是臬司独一人操权,有可能会出现这样两种情况,或者擅自恃势,援引断狱,得以意为轻重,任情固执;或者偏憎偏爱,瞻顾情面,屡次累及无辜。而臬司无偏无党、只知执法从事的很少。那么如何除冤屈之弊而立公道之理呢? 这就是作者所推崇的英美国家实行的一套司法方法:

> ……按察使按例缘由汇款通详察核,细加诘训,搜根寻衅,推穷义类。究其精微完,就将情节明说一遍,招众者细聆其言焉。然自不定罪,却招笃实之士数位,称谓批判士发誓云:谓真而不出假言焉。此等人侍台前,闻了案情,避厢会议其罪犯有罪无罪否。议定了就出来,明说其判决之案焉。据所定拟者,亦罚罪人,终不宽贷。设使批判士斟酌票拟不同,再回厢商量、察夺。未定又未容之出也。

这里提到审理案件时臬司不擅自定案,而通过"副审良民""议定批判"。"副审良民"一词在《东西洋考》中只出现过一次,指的就是今天我们所讲的陪审员,与该文标题"批判士"一词意思一致。大概文章作者认为"批判士"一词更能表达"陪审"一词的原义,因而后来选用了这样的表达。"副审良民"和"批判士"就是"陪审"一词的最初来源。不过,表达这个概念的类似语词早在麦都思的《地理便童略传》(1819 年)里就出现了,麦氏称之为"有名声的百姓":

> 在其国内有人犯罪,必须处治他,但不得乱拿,有证据就可以拿解到官府前问罪。要审之时,则必先招几个有名声的百姓来衙门听候,官府选出六个,又犯罪者选出六个,此十二人必坐下,听作证者之言,又听犯罪者之言,彼此比较、查察、深问、商议其事,既合意,则十二人之首,可说其被告之人有罪否,若真有罪,则审司可宣刑罚;若该人无罪,则审司可放释他也。

关于美国的司法制度,在裨治文(Elijah Coleman Bridgman,1801—1861)的《美理哥合省国志略》一书里面以"国例"、"国察院"表示宪法和联邦最高法院,又以"司例"表示司法判例,说该司例"由司自立,惟所属者则恪遵焉",这是对美国司法审判中"遵循先例"原则的最早表述。该书回避了直接表述今日所谓的"陪审员"或"代理律师"的概念,而把代理律师描述为代人作状并同上堂代诉的"识例善言者";而"陪审员"则表述为地方"衿者"①。

(五)近代西方的监狱状况与狱政改革

《东西洋考》的编纂者显然注意到了清朝刑罚的残酷,并力图以中文介绍西方近代的刑

---

① 裨治文:《美理哥合省国志略》卷十六。

事制度，特别是监狱制度的改革，以此来映衬中国的狱政有应加改变的必要。由于当时尚不敢公开地触及现行政治的弊端，所以编者采取非常委曲婉转地文字表达此意。在 1838 年戊戌四月号的《论刑罚书》、五月号的《侄答叔论监内不应过于酷刑》、七月号的《侄答叔书》、八月号《侄奉叔》、九月号《侄复叔》这五篇文章里，作者借两个中国人——一个遍游异邦的侄子和他的从未巡步国外的叔父——的通信，连续讨论刑罚方面的问题。作者首先暗示了中国刑法的严酷，说"查国（按：即中国）有刑法律，其刑法，轻则笞杖枷责；重则徒流遣军，更有斩绞凌迟、入于大辟。嗟乎，世人何苦受其典刑。"接下来便讲述西方国家的治罪处罚是如何进行文明改革的，而且是主要介绍了英国著名慈善家和监狱改革家霍华德（John Howard，1726—1790，《东西洋考》的编者译为"侯活"）毕生致力监狱改革的事迹及其著述的内容，叙述极为详尽，实际上就是一部完整的关于霍华德的传记。

《侄答叔论监内不应过于酷刑》一文主要介绍了霍华德的生平大略。《侄答叔书》叙述霍华德游历俄罗斯彼得堡和莫斯科等地考察刑罚的施行，并探访各处监狱、医院的状况；详细描述了在那里所见到的施刑的残忍暴虐、狱政的黑暗丑恶、牢狱的污秽陋形。《侄奉叔》一文展示了霍华德于 1777 年出版的《英格兰和威尔士的监狱状况》（On the State of the Prisons in England and Wales）一书的内容。"兹者其君子探视各监，业经走了十二万余里并费银数千元，历所见各残忍暴虐之事，诚恐人学而行之，故不尽说与人知。另有许多恶事，故作书三卷，广布于天下，使人不敢为非。"卷一内论监内之苦；卷二内言监内之恶规矩；其中论到："有英吉利四千八十四囚犯，内二千四百乃是负债之人。自想，若一人被禁，则必有二三人因之而受苦，若以二人之数计之，则有一万二千二百五十二人共之受苦矣。"卷三是关于建设文明良好监狱的种种建议。《侄复叔》介绍了霍华德所努力推动的西欧监狱改革的成就。"侯将监内苦楚各情由，写书传与西边各国之王侯总督等，俾看之者心中惊讶。故数十年间，王后总督各处之民，皆欲修改监牢之例。"这篇文章的末尾还译载了道光十五年（1835 年）英国颁布的一项关于监狱管理的法令，一共 17 条。这是中国近代最早翻译成中文的一部外国法令。

由上可见，诸如法兰西国大开言路、民自操权、拿破仑设造新律例；英吉利国政公会权势甚盛，未经公会辩论，国王不得征税和立法，只要律例不定人罪、国王就弗能定案判决的罪刑法定原则，国主公侯以至士民凡庶犯法一齐治罪的法律面前人人平等原则，审判公开原则并由"副审良民"议定批判的陪审制，霍华德致力推动的近代监狱制度改良的业绩；美利坚合邦"民摄总政"、不立国王而选举四年一任的总统，以及"按例任意而行"的"自主之理"等等这些内容十分丰富的名词、概念，早在鸦片战争——它往往被视为中国近代史开端标志——之前就被介绍到中国来了。这些文字强烈地向人们传播了这样的一类概念：英国的国权掌握在由"爵房"和"乡绅房"组成的"国政公会"；国王虽然有权治国，可饬令解散公会，但未经两房商酌、论辩和议处，国王不能征税，不能立法。美国不立国王而由民众选举统领，任期四年；统领虽握有大权，但责任重大，不得滥用"力能"而损害无辜；地方之事由民众按四万比一的比例选出的人代办，并再由各地选出二人组成"政会"代办国政，民有要事提出或要求订立新法，由秉政各位商讨、辩论，决定成与不成。而这些秉政之人的言论、行为都要接受民众严格的监督。所有这些，概括起来就是"民之办理主"或"民摄总政"。在传达这些概念的同时，用中文表达西方近代民主概念的若干语词在这里已具雏形，这些概念后来在一些有地位、有身份的中国读者的著作里得到了回应，也因此而得以为自身的进一步完善奠定了基础："国政公会"、"国政会"后来被简称为"国会"，沿用至今；"爵房"和"乡绅房"即今天所讲的国会上议院和下议院；"统领"即"总统"；"民之办理主"则从字面上表达了后来简称为"民主"一词的原始内涵。

最初用中文表述的西方政法知识的文字还比较粗糙，尚不具有专业的、系统的输入水平，但许多的内容都是第一次在中文文献里出现的，以其开风气之先而具有独特的价值。那些听起来仿佛天方夜谭一样的新的信息，对于长期处于封闭的封建君主专制统治下的中国人来说，无疑有其深刻的启蒙意义。

19世纪上半叶是西法东渐过程中不可忽视的一个重要阶段。在国人睁眼看世界之先，那些首先掌握了中国语言文字的新教传教士通过编印书刊等途径，最早向中国传入了内容相当丰富的西方政治法律方面的信息；而近代中国输入西方法学的进路亦以此为嚆矢。

第五章

中国近代的法科留学

在法律史上，各个民族之间通过观察和学习的方式来进行法律文化的交流，进而改进其各自的法律制度的事例并不鲜见。公元前 5 世纪，古罗马为制定《十二铜表法》，就曾专门派人前往希腊考察法律。[①] 12 和 13 世纪之交，成千上万的法兰克人、皮卡第人、普罗旺斯人、日耳曼人、盎格鲁人、西班牙人曾不舍昼夜地奔向意大利的波伦亚研究罗马法。几年之后，他们又将获得的法学知识，连同波伦亚的法律教育模式带到了欧洲各地。[②] 在没有法学院培训法律家的殖民地时期，北美的一些年轻人到大西洋彼岸的伦敦法律学院（Inns of Court）去读书，观察那里的法律实务，并因而成为美国法律职业的一个源头。[③] 在近代西方两大法系的形成过程中，非洲、南美洲和亚洲一些殖民地的学生往其属国的法学院学习法律的活动更是频繁不断。

中国古代法律在唐代时即已达到较高的文明水平，其影响也远播四方。日本等邻国派遣人员来唐学习，使唐律对这些国家的法律产生较大的影响，从而形成了"中华法系"。但是，中国的封建法律长期处于统一、封闭的状态，远离世界其他国家法律之外独立发展。历史上虽有输出汉家故物的辉煌业绩，却不曾有过借鉴和吸收别国法律的留学活动。自 19 世纪中后期起，由于屡遭西方列强炮舰的打击，"创巨痛深"，古老的天朝大国始由过去的文化输出一变而为文化输入。中西方文化关系形势的逆转，促使国人越来越多地走出国门，乘槎于东西洋之间，竞习西学，这才出现了国人出洋学习西方法学的局面。

在晚清的官方文件中，均使用"游学"一词，而不是像今天使用"留学"；也相应地有"游学生"、"出洋学生"或"游学毕业生"等名称。1903 年，张百熙等在《奏派学生赴东西洋各国游学折》中用"留学"一词，但仅指日本的情形，而言及本国，仍称"游学"。在以后的文件中，开始偶尔出现"留学"一词，但仍多用"游学"。民元之后，均改称"留学"、"留学生"，而不再使用"游学"等名称。另外，民间著作中出现"留学"一词要早于官方，

---

① 参见［古罗马］李维：《罗马史》，第三卷，中译文摘译，载《世界史资料》《丛刊初集》《罗马共和国时期》（上），北京，三联书店，1957。

② 参见［美］伯尔曼：《法律与革命——西方法律传统的形成》，第三章"西方法律传统在欧洲大学中的起源"，147 页以下，北京，中国大百科全书出版社，1993，其中有非常详尽细致的描述。

③ See Lawrence M. Friedman, *A History of American Law*, 2nd ed., p. 97.

不过这也多是在 20 世纪之初的事。

按照一种说法，认为当时之所以使用"游学"一词是有用意的，"游学"意味着稍"游"即返，而"留学"则不免要发生"留"在那里的流弊，以致有悖国家遣送学生出洋学习以为国用的本旨。①

<h1 style="text-align:center">第一节
法科留学的萌芽</h1>

一、容闳与中国近代留学教育的开创

早在鸦片战争以前，开风气之先的东南沿海一带，就有人去美国或者欧洲学习和游历。② 不过，一般认为，中国近代史上的第一位留学生，同时也是第一位留学美国的学生是容闳 (1828—1912)。③ 他是中国近代最早系统接受西方教育的代表人物，也是倡导维新的先驱。

容闳是广东香山人。1847 年，他在他所就读的香港马礼逊学校校长布朗（Samuel Robbins Brown, 1810—1880）等人的帮助下前往美国留学，并在 1850 年至 1854 年间完成了耶鲁大学的学业，获得文学士学位。容闳得到过他的母校颁赠给他的名誉法学博士学位，而且在他大学毕业回国后一度与法律职业有过接触，他曾在极短的时间里担任过香港高等审判厅的译员和见习律师，并曾将派森的《契约论》和一部英国法律书翻译成中文，但他的志趣和成就并不在于法律方面，而是在于他以锲而不舍的精神，怀抱教育救国之志，开创了中国近代的留学教育事业。④ 他曾这样来描绘自己奋斗的理想目标：

> 予既远涉重洋，身受文明之教育，且以辛勤刻苦，幸遂予求学之志，虽未能事事如愿以偿，然律普通教育之资格，予固大可自命为已受教育之人矣。既自命力已受教育之人，则当日夕图维，以冀生平所学，得以见诸实用。此各观念，予无时不耿耿于心。盖当第四学年中尚未毕业时，已预计将来应行之事，规画大略于胸中矣。予意以为予之一身，既受此文明之教育，则当使后予之人，亦享此同等之利益。以西方之学术，灌输于中国，使中国日趋于文明富强之境。予后来之事业，盖皆以此为标准，专心致志以为之。⑤

---

① 参见胡亥庶：《波逐六十年》，72 页，台北，新闻天地社，1972。
② 李喜所在他的《近代中国的留学生》一书中说，据零星史料记载，1840 年以前，中国去外国学习、旅历者有一百多人，并举出若干例子。他认为这些人"严格讲仅为中国人出国留学之先导"，但他并未说明资料的来源。参见李喜所：《近代中国的留学生》，1～2 页，北京，人民出版社，1987。
③ 严格地讲，容闳应是第一批留美的学生。因为除容闳外，与布朗一同去美国读书的还有黄宽和黄胜二人。黄胜到美国后不久即因病回国；黄宽则在美学习两年后转入英国爱丁堡大学攻读医学，凡七年，成绩优异，归国后行医，成为一名学问和医术高超的医生，1879 年死于广州。
④ 舒新城即认为，1872 年政府第一次派遣留学生之举"完全于容闳一人之力"，"近代中国留学实以容为创始者"。参见舒新城：《近代中国留学史》，1～2、7 页，北京，中华书局，1933。
⑤ 容闳：《西学东渐记》，第 5 章，长沙，湖南人民出版社，1981。

容闳欲以西方教育推动中国走向文明富强的目标就是要促使清朝政府"选派颖秀青年，送之出洋留学"。其具体的"派遣之法，初次可先定一百二十名学额以试行之。此百二十人中，又分为四批，按年递派，每年派送三十人。留学期限定为十五年。学生年龄，须以十二岁至十四岁为度。视第一、第二批学生出洋留学著有成效，则以后即永定为例，每年派出此数……"①

在经过将近二十年几经曲折的努力之后，容闳教育救国的真诚之心终于打动了洋务大臣。在曾国藩和李鸿章于同治十年（1871 年）提出的一份奏章中，我们可以看到当时所以支持这项留学计划的一些理由：

（1）西方"舆图、算法、步天、测海、造船、制器等事，无一不与用兵相表里"，而"拟造聪颖幼童，送赴泰西各国书院学习军政、船政、步算、制造诸学……使西人擅长之技，中国皆能谙悉"，"可以渐图自强"。

（2）根据条约规定且"外国所长既肯听人共习"，留洋学习"似与和好大局有益无损"。

（3）已有斌椿、志刚、孙家毂奉命游历各国导之先路，"计由太平洋乘轮船经达美国，月余可至，尚非甚难之事"。

（4）西艺"苟非偏览久习，则本源无由洞澈，而曲折无以自明"，而且"百闻不如一见"②。

由于容闳的设想与当时兴起的洋务运动所致力的方向有其相适应的一面，于是，就促成了自同治十一年（1872 年）至光绪元年（1875 年）的 4 年间，以每年 30 人的进度，分四批连续选派幼童的赴美留学运动。这是清政府第一次向海外派遣留学生。"固属中华创始之举，抑亦古来未有之事。"③ 容闳的梦想变成了现实。

清廷先后派遣的这 120 名幼童出国时的平均年龄只有 12 到 13 岁。到光绪七年（1881年）全部撤回时，其中已有 60 名进入大学和技术学校，但大多数则刚刚开始进入专门训练，而且都是在工程、矿冶、造船、通讯等专业领域。④ 受当时条件的限制，还不可能提出出洋学习政治法律等的专业训练目标。不过，从这些留美学生回国以后的职业发展来看，其中有一人从事律师职业。⑤

---

① 容闳：《西学东渐记》，第 16 章 "余之教育计划"，长沙，湖南人民出版社，1981。

② 《曾国藩、李鸿章奏选派幼童赴美肄业酌议章程折（附章程）》，同治十年七月十九日（1817 年 9 月 3 日），《筹办夷务始末》同治朝，卷八二；又见《洋务运动》（二），153～157 页，上海，上海人民出版社，1961。

③ 《洋务运动》（二），153～157 页，上海，上海人民出版社，1961。

④ 据陈学恂、田正平编：《留学教育》（"中国近代教育史资料汇编"之一，上海，上海教育出版社，1991）一书注解，四批留美肄业学生名单，见拉发格（Thomas E. La Fargne）：《中国幼童留美史》（China's First Hundred，1944）附《中国遣送留美学生名表》（A List of the Students of the Chinese Educational Mission）；徐润：《徐愚斋自叙年谱》，载四批学生中文名单；罗香林：《容闳与中国新文化运动之启发》，载《新亚学报》，1956（2），详列四批学生的中、英文姓名及籍贯、赴美时年岁与所习学科。参见容尚谦、李喜所译：《中国近代早期留美学生小传》，载《南开史学》，1984（1），104～109、146 页。

⑤ 高宗鲁编有 "留美幼童返国后职业分配表"：国务总理 1 人；外交部长 2 人；公使 2 人；外交官员 12 人；海军元帅 2 人；海军军官 14 人；军医 4 人；税务司 1 人；海关官员 2 人；教师 3 人；在美病逝 3 人；铁路局长 3 人；铁路官员 5 人；铁路工程师 6 人；治矿技师 9 人；电报局官员 16 人；经营商业 8 人；政界 3 人；医生 3 人；律师 1 人；报界 2 人；不详 4 人。参见陈学恂、田正平：《留学教育》，686 页，上海，上海教育出版社，1991。就职业贡献或成就而言，唐绍仪（第三批）、钟文耀、梁敦彦、詹天佑（均为第一批）等人的名字常被人们提起。

二、伍廷芳及其后继者

容闳是 1847 年赴美留学的。在他之后的很长一段时间里，我们一直没有看到法科留学生的身影。只是到了 1874 年，才有一个比他小 14 岁的广东青年远涉重洋，来到英国的一所法律学院，并在那里接受系统的法律专门训练。如果说容闳是中国近代留学教育的倡导者，那么这个人则可说是中国近代第一个走出国门的法科留学生。

伍廷芳（1842—1922），字文爵，号秩庸，广东新会人，出生于新加坡。其先世家贫，父亲伍荣彰曾在南洋经商。他 3 岁的时候随父回国，定居广州芳村，由塾师授举子业。14 岁时，他在外国传教士和在香港办报的亲戚陈言的帮助下，来到香港的圣保罗书院读书。1861 年他毕业后即在港担任高等审判厅的译员。1869 年又改任香港地方审判厅译员。这一时期，他还曾利用工作之余，为《中外新报》、《华字日报》翻译资料或提供文稿。① 以后便开始了他的留学生涯。

有关反映伍廷芳游学英伦，研习法律的原始材料不是很多，也很零散。根据《伍廷芳集》中所辑录的材料来看，主要有以下几条②：

（1）《李鸿章请用伍廷芳（函）》（光绪三年九月初一日，1877 年 10 月 7 日）

> 日昨津海关道黎兆棠带人伍廷芳来见。久闻其人熟习西洋律例，曾在英国学馆考取上等。于其来谒，虚衷询访，俱能指陈窾要。虽住香港及外国多年，尚恂恂然有儒士风，绝无外洋习气，尤为难得。前出使英、美之郭侍郎、陈太常争欲罗致之，盖有由矣。此等熟谙西律之人，南北洋需酌用一、二人，遇有疑难，俾与洋人辩论。凡折以中国律例而不服者，即以西律折之。所谓以彼之矛刺彼之盾也……留之俾为我用……与通晓汉文者翻译西例。若能辩正一事，有裨大局……查中国通晓西律，尚未有人，无从翻译……（李鸿章《译署函稿》卷七）

（2）《论美国与东方交际事宜》（光绪二十六年春，1900 年）

光绪二十六年正月，美国费城宾夕法尼亚大学以华盛顿生日，邀伍廷芳往该校演说。这是演说内容译录：

> 前日律例学堂之开，实为书院之大事，不佞幸躬襄典，于此学堂之事，曾极留意。回忆曩昔，不佞知公法律例之学，所关极大。因往英国求读律学，潜心教数载，幸得成就。华人之得交西国律师者，不佞实开其先。今观学堂器具毕陈，师徒咸集，肄业诸生于布勒斯（今译布莱克斯通）氏、甘得（今译肯特）氏、惠顿氏诸法家之言，精勤研究，朝夕揣摩，不禁怅触于心，觉少年在伦敦读律时光景，历历在目……

（3）《删除律例内重法折》（光绪三十一年二月二十日，1905 年 4 月 24 日）③

---

① 此处有关伍廷芳的生平资料，依据：丁贤俊、喻作凤编：《伍廷芳集》，"前言"，北京，中华书局，1993；徐友春主编：《民国人物大辞典》，"伍廷芳"，212 页，石家庄，河北人民出版社，1991。

② 下述引文分别引自丁贤俊、喻作凤编：《伍廷芳集》，1～2、131～132、256、296、908～909 页，北京，中华书局，1993。此外，《奏行抵秘都呈递国书情形折》（1909 年 7 月 3 日）和《致外务部函》（1909 年 7 月 7 日）中亦有提及伍廷芳曾研精法律的记述。参见上书，309、315 页。

③ 此奏折为伍、沈二人联衔上奏；亦见沈家本：《寄簃文存》卷一，"奏议"。

……至英、美各国刑法，臣廷芳从前游学英国，夙所研究。该二国刑法虽无专书，然散见他籍者不少……

(4)《履历单》(光绪三十四年八月二十二日，1908 年 9 月 17 日)

这是伍廷芳自己填写的咨送外务部转咨吏部的履历单：

出使美、墨、秘、古国大臣伍廷芳，广东新会县监生。同治十三年，前赴英国学习刑名律例并万国公法，考取律师。

(5)《美国宴会和美国礼节》(原稿为英文，写作时间不详)

我曾经在伦敦的林肯律师学院攻读法律专业，那里有一座专门为这个协会的学生和律师们所用的法律图书馆，我几乎每天都到那个图书馆去看书，而且几乎每次都坐在同一个位置上……

以上材料，足能表明伍廷芳曾于同治十三年 (1874 年) 远涉重洋进入英国伦敦的林肯法律学院 (Lincoln's Inn) 学习法律并成为中国近代法律史上第一个系统接受西方法学 (英国法) 训练的留学生。

令人感兴趣的是，伍廷芳为什么要去英国学习法律。由于缺乏直接的说明材料，其缘由尚无法判定。不过从大体上，我们可以推测：当时的香港已经沦为英国的殖民地，处于英当局的控制之下，香港与英国之间在客观上有往来的便利条件，且受英殖民文化的影响较大。伍廷芳长期担任香港法院的译员，从工作上来讲，自然会对英国的法律与司法程序有相当多的接触和了解；另外，伍廷芳出洋时已经 32 岁，是一个能够对自己的职业选择有所考虑的成年人。从他以薪俸积蓄，自费留英学习法律这一举动来看，应当说，伍廷芳对法律是抱有兴趣的，抑或说他对法律的重要性还是有相当程度的认识的。所以他讲："回忆曩昔，不佞知公法律例之学，所关极大。因往英国考求律学，潜心数载，幸得成就。"

至于伍廷芳在林肯法律学院究竟学习过哪些课程、读过哪些方面的书，又如何练习律师业务等具体内容，除了以上的零星片断的回忆记述而外，目前还没有发现直接的材料。从当时英国法律教育的环境条件来看，伍廷芳留英就读的林肯法律学院与同在伦敦的内殿 (Inner Temple)、中殿 (Middle Temple) 和格雷 (Gray's Inn) 三所学院并称，是英国著名的四大法律学院 (Inns of Court)。学院的主要目标是为准备加入律师职业的人提供实务性法律教育。其培养方式是阅读判例汇编及有关法律书籍、组织模拟法庭或模拟审判、实习历练并参加"必修性"的"餐会" (dining)，期限一般为三年。与主要以取得法学学位为目标的牛津、剑桥、伦敦、爱丁堡等大学的法律科不同，这些学院最能代表英国传统的法律训练风格。1872 年，由这四所学院联合建立的法律教育委员会 (Council of Legal Education) 规定，得经考试方可加入律师界。[①]

伍廷芳就是在这样的一所法律学院里接受了完整的英国式的法律训练，于 1876 年毕业，经过考试获得了律师证书，成为第一个取得英国律师资格的中国人。[②] 从此，他以通晓通商、

① 有关英国的法律学院以及法律教育与训练，参见 David M. Walker, *The Oxford Companion to Law*, Clarendon Press, (1980), "Inns of Court", "Legal Education and Training (England)", pp. 621, 739~40。

② 参见丁贤俊、喻作凤编：《伍廷芳集》，"前言"，北京，中华书局，1993。贾逸君所编《中华民国名人传》(北平文化学社，1937) 卷四外交"伍廷芳"条目中说伍氏"入林肯法律大学，得法律博士学位"，未注明根据。按林肯学院之性质，以训练符合一定条件之执业律师业指归，且伍氏于 1908 年自填送部的履历单中只说"考取律师"，并未提到曾获有任何学位，故此说不确。

刑名、律例、万国公法而受到清朝洋务派官僚的重视。

从李鸿章对他倍加赞赏的评价中，我们可以约略地感觉到，出于办理交涉通商等时务方面的需要，中国传统的法律人才标准也随之开始渐渐地发生变化。那种既有儒士之风，又无外洋习气；既通晓西语，又熟谙西国律例的人才已成为当时现实的一种需要。在风气渐开的19世纪70年代，伍廷芳留洋习法的这一经历，无疑使他在学习西方法律方面走到了时代的最前列。虽然这时距离清王朝的封建法律改革还有漫长而曲折的道路，但他已经在专业训练上获得了宝贵的积累，而且一旦条件成熟，这种积累便会使他发挥出能量来。

大概由于受其父亲早年留学经历的影响，伍朝枢（1887—1934）和伍廷芳一样，后来也成为英国的法科毕业生。伍朝枢10岁时即随父亲去了美国，并在美国先后完成了从小学到大学的系统教育；1908年又由官费派遣留学英国，入伦敦大学专攻英国法律；1911年毕业获法学士学位，旋又入林肯法律学院学习，获得大律师资格；1912年由英回国，先后担任湖北都督府外交司司长、第一届国会众议院议员、宪法起草委员会委员、广东军政府外交部部长、南京国民政府外交部长、驻美公使、广东省政府主席、国民政府委员等职[1]，活跃于民国时期的外交和司法舞台上。伍廷芳与伍朝枢父子同出自英国的林肯法律学院，可谓近代史上的一个法律世家。

这里顺便说明一点，在中国近代的留学史上，子女借助他们的父辈早年开辟的对外通道而出洋留学的情况比较普遍。正如法人巴斯蒂所观察的："1880年以后，无论在法国抑或在英国，那种认为欧洲人比一切亚洲民族都优越的感情相当广泛地流行于一般社会阶层，因此导致了对中国留学生友好态度的改变。然而，尽管如此，这批早期留欧学生（指福州船政学堂派遣的留学生），包括他们的后人，在他们相互联姻组成的家庭中，有一个传统一直保持到今天，这就是，让孩子们追随其父辈的足迹，到他们曾经受教育的法国或英国去学习。"[2]

继伍廷芳之后，何启于1879年也进入林肯法律学院开始学习法律。不过，他要比伍廷芳更早些时候去英国留学。

何启（1859—1941）是广东南海人，1859年（咸丰九年）生于香港，早年在香港中央书院（Central School）读书。[3] 1872年他13岁时即负笈英国就读于帕尔玛学校。1875年继入阿伯丁大学学习医学，后获医科学士及外科学士学位。1879年再入伦敦林肯法律学院，考获大律师资格。1881年何启回到香港行医，翌年改执律师业。1884年他捐资创办了雅丽氏医院以纪念其妻的去世。1887年他又把这所医院发展成新的雅丽氏纪念医院，并与其他传教医生共同筹划，在医院里创设了有名的香港西医书院，亲自讲授法医学和生理学。以后他连续担任这所医院的财务委员会主席长达27年之久，并最终将西医书院并入了香港大学（1913年）。此外，他还担任过香港立法局华人议员（1890年）、香港大学劝捐董事会主席（1909年）等职务。[4]

---

① 参见徐友春主编：《民国人物大辞典》，"伍朝枢"，214页，石家庄，河北人民出版社，1991。

② ［法］巴斯蒂（M. Bastid Brugureie）：《清末留欧学生——福州船政局对近代技术的输入》。转引自陈学恂、田正平编：《留学教育》，271页，上海，上海教育出版社，1991。

③ 中央书院是英国传教士、著名汉学家理雅各（James Legge，1815—1897）于1860年任香港政府教育咨询委员后建议成立的，1894年改名为香港皇仁书院（Queen's College）。王宠惠即毕业于该书院。

④ 此处关于何启的生平经历主要参考徐友春主编：《民国人物大辞典》，381页，石家庄，河北人民出版社，1991；陈旭麓、方诗铭、魏建猷主编：《中国近代史词典》，"何启"，351～352页，上海，上海辞书出版社，1982。两者介绍的个别之处，略有差异。

从经历上来看，何启在英国接受过系统的医学和法律的双重训练，既行医又从事过律师职业，而这两者在西方人看来都属于"神圣的职业"（Professional）。作为中国最早的法科留学生之一，虽然他在后来法律职业方面的发展远不如伍廷芳那样更加引人注目，但他对于中国近代社会仍有其贡献。在他所创设的香港西医学院的第一批毕业生中，有一位就是后来被誉为"伟大的民主革命的先行者"孙中山先生。1895 年他还参与孙中山筹划的广州起义，起草对外宣言。自 1887 年以后的十几年间，他先后写出《中国宜改革新政论议》、《呈请代奏变化自强宜求本原大计条陈三策疏》、《中国之评论》、《睡与醒》、《新政真诠》、《中国改革之进步论》、《康有为君政见之评论》、《新政议论》、《与英国巴公爵讨论门户开放》等大量的政论文章，主张国家"长治久安"的根本之策，在于"行选举以同好恶，设议院以布公平"等较激进的近代民主政治思想。

三、马建忠、陈季同及早期其他的法科留学生

就在伍廷芳和何启自费留英习法的前后，清政府官费派遣留学欧洲的计划也在开始付诸实施。而在这些赴欧留学的人员当中，有一小部分人分别不同途径、不同程度地接受了西方的法律教育。

1877 年福建船政学堂首次派遣该学堂中"天资颖异，学有根柢者"分赴法国和英国，"学习制造、驾驶之方，及推陈出新、练兵制胜之理"[①]。一般认为，这是中国近代留学欧洲的开始。

这次出洋留学的组成人员是：华监督李凤苞、洋监督日意格、随员马建忠、文案陈季同、翻译罗丰禄，赴法国学习制造的学生郑清濂、罗臻禄、李寿田、吴德章、梁炳华、陈林璋、池贞铨、杨廉臣、林日章、张金生、林怡游、林庆昇及艺徒 4 人；赴英国学习驾驶的学生是刘步蟾、林泰曾、蒋超英、方伯谦、严宗光（即严复）、何心川、林永升、叶祖珪、萨镇冰、黄建勋、江懋祉、林颖启。除去已经先行赴法的学员魏瀚和陈兆翔二人外，学员和艺徒共 28 人。[②]

在所有上列人员当中，马建忠、陈季同、魏瀚和严复是接触、观察和学习西方政制和法律的典型代表。

马建忠（1844—1900）是由李鸿章推荐以随员身份前往法国的。陈季同则以学生兼任华

[①]　同治五年五月十三日（1866 年 6 月 25 日），闽浙总督左宗棠奏请在福建马尾设立船政局，并于次年正式成立了船政学堂，亦名"求是堂艺局"。这是洋务派官僚继京师同文馆、上海广方言馆和广州同文馆之后设立的又一所洋务学堂。自创办至 1913 年改组，前后经历 47 年，其前学堂制造科、后学堂驾驶科及管轮科共毕业学生 637 人。"历时之长，影响之大，超过任何一所洋务学堂，曾被誉为中国近代海军人才的摇篮。"参见郑登云编著：《中国高等教育史》（上册），36 页以下，上海，华东师范大学出版社，1994；沈葆桢：《奏请分遣学生赴英法两国学习造船驾船折》，《海防档》乙，《福州船厂》（二），473 页；李鸿章等：《奏闽厂学生出洋学习折》（附清单二），《李文忠公全书》卷二八，奏稿，20～27 页。

[②]　有些著作，如郑登云编著《中国高等教育史》（上册，45 页）中说，1877 年选派共 38 名学生留欧，其分别各项人员数字与有关史料记载不一，且未注明依据，显系错误。实际上，早在 1875 年，日意格就带领魏瀚、陈兆翔、陈季同、刘步蟾、林泰曾五名学堂优秀生出洋考查历练。1876 年日意格受命带领其后三人返国，而魏、陈二人留法国学习。1877 年正式派遣学生时规定"以三十名为度"，魏、陈二人亦在其中。故当年派遣成行之学生与艺徒员数实为 28 人。学员数规定参见前引李鸿章奏折及"清单一"；全部出派人员列名见《光绪三年三月十九日督办福建船政吴赞诚奏》（1877 年 5 月 2 日），载《洋务运动》（五），199 页，上海，上海人民出版社，1961。

文案。"华文案并随员学习交涉公法"，"华文案并习交涉公法所需教习修金，由华监督另给造报"①。这就是说，按照规定的要求，马建忠与陈季同二人出洋的任务是要在办理公务的同时，学习外交和国际法。

1877 年 7 月留学生使团抵达巴黎后，"随员马建忠、文案陈季同俱入政治学堂，专习交涉律例等事"②。据法国巴黎国立科学研究中心研究部长巴斯蒂（M. Bastid Brugureie）考证，马建忠和陈季同二人当时注册在"巴黎私立政法学校"，马建忠在新闻记者富科·德·蒙戴翁（Foucant de Mondion）的指点和帮助下，于 1878 年获得"文科和理科学士学位"，第二年又获得"法律学士学位"。陈季同在李凤苞被任命为出使德国钦差大臣（1878 年 8 月）后，作为李凤苞的翻译，随同到柏林赴任。③ 陈季同在欧洲游历过程中学习法学方面的情况，由于缺乏资料而不甚清楚。马建忠则在《上李伯相言出洋工课书》中相当详细地记录了他在巴黎政治学院学习、考试的经历，以及他对当时西方社会、政治、文化、经济状况的观察和体会，是反映当时出洋学习法律者经历状况的较为难能可贵的史料，兹将其摘要录于下④：

> 四月以来，政治学院工课甚繁，考期伊迩，无暇将日记缮录吾上。郭星使于四月下旬至法，五月初呈国书札。忠兼办翻译事务，并承多加薪水，长者之赐，忠何敢辞。且翻译事少，不致荒功，无负来欧初意。
>
> 五月下旬，乃政治学院考期。对策八条：
>
> 第一问为万国公法。都凡一千八百页，历来各国交涉兴兵疑案存焉。
>
> 第二问为各类条约，论各国通商、译信、电报、铁路、权量、钱币、佃渔、监犯及领事、交涉各事。
>
> 第三问为各国商例，论商会汇票之所以持信于以知近今百年。西人之富，不专在机器之创兴；而其要领，专在保护商会，善法美政，昭然可举。是以铁路、电线、汽机、矿务，成本至钜，要之以信，不患其众擎不举也。金银有限，而用款无穷，以楮代币，约之以信，而一钱可得数百钱之用也。
>
> 第四问为各国外史，专论公使、外部密札要函，而后知普之称雄，俄之一统，与夫俄土之宿怨，英法之代兴，其故可视缕而陈也。
>
> 第五问为英、美、法三国政术治化之异同，上下相维之道，利弊何如？英能持久而不变，美则不变而多蔽，法则屡变而屡坏，其故何在？
>
> 第六问为普、比、瑞、奥四国政术治化。普之鲸吞各邦，瑞之联络各部，比为局外之国，奥为新蹶之后，措置庶务，孰为得失？

---

① 李鸿章：《奏闽厂学生出洋学习折》，"清单二"，《李文忠公全书》卷二八，奏稿，20～27 页。

② 吴赞成：《光绪四年二月十六日奏续选闽厂生徒随恭塞格赴法国习艺法》（1878 年 3 月 19 日），载《洋务运动》（五），206～207 页，上海，上海人民出版社，1961。

③ 参见［法］巴斯蒂：《清末留欧学生——福州船政局对近代技术的输入》。转引自陈学恂、田正平编：《留学教育》，264 页，上海，上海教育出版社，1991。

④ 以下引文出自马建忠：《适可斋记言》卷二，《上李伯相言出洋工课书》，载梁启超编：《西政丛书》第二十七册，光绪丁酉仲夏慎记室庄石印。相关内容还可参看同书中的《巴黎复友人书》、《玛赛复友人书》二文。又《适可斋记言》载《上李伯相言出洋工课书》作于丁丑夏，即光绪三年（1877 年），时间有误。马氏与首批留欧学生于 1877 年 4 月由香港放洋；又郭嵩焘于 1878 年 5 月 6 日觐见法总统，呈递国书（参见郭廷以编著：《近代中国史事日志》，上册，631、643 页，北京，中华书局，1963），故文中所言之事，系在光绪四年（1878 年），即应为戊寅夏。

第七问为各国吏治异同，或为君主，或为民主，或为君民共主之国，其定法、执法、审法之权，分而任之，不责于一身。权不相侵，故其政事纲举目张，粲然可观。催科不由官长，墨吏无所逞其欲；罪名定于乡老，酷吏无所舞其文。人人有自立之权，即人人有自爱之意。

第八问为赋税之科则，国债之多少。西国赋税十倍于中华，而民无怨者。国债贷之于民而民不疑，其故安在？

此八条者，考试对策凡三日。其书策不下二十本。策问之条目，盖百许计。忠逐一详对，俱得学师优奖。刊之新报，谓能洞隐烛微，提纲挈领，非徒钻故纸者可比。此亦西人与我华人交涉日浅，往往存藐视之心。故有一知半解，辄许为奇。则其奇之，正所以轻之也。忠惟有锐意考求，讵敢以一得自秒哉。

忠自到巴黎后，多与当道相往还。而所最善者，则有彼之所谓翰林院数人，专讲算化格致诸学，与夫各国政事兴替之由。各国钦仰，尊如北斗。渠辈见忠考究西学，殷殷教诲，每劝忠考取彼国功名。忠对以"远来学习，只求其实，不务其名。"劝者云："徒竞其名而不务其实，吾西人亦患此弊。然名之不扬，则所学不彰。故华人与西人交涉时，时或被欺朦。非华人之智短才疏也，名不扬而学不彰，则不足以服之也。且办交涉，以文司律例为主；讲富强，以算学格致为本。中国不患不富，而患藏富之不用。将来采矿、酿酒、制机器、创铁路、通电报诸大端，在在皆需算、化、格致诸学。我国功名，皆以此为宗。子欲务实，意在斯乎？以子之所学，精而求之，取功名如拾芥，何惮而不为耶？"

忠以此说商之二监督，允其赴试。既应政治试华，然后应文词科。六月底试第一场，期二日。第一日，以拉丁文拟古罗马皇贺大将提督征服犹太诏。又以法文译埃及、希腊水战拉丁歌章。次日，考问舆图及希腊、拉丁与法国著名诗文，兼问各国史学。复得宗师优奖，谓："愿法人之与考者，如忠斯可矣。"一时在堂听者，不下数百人，咸鼓掌称善，而巴黎新闻纸，传扬殆遍，谓"日本、波斯、土尔基负笈巴黎者，固有考取格致秀才及律例举人，而东土之人，独未有考取文词秀才者。有之，则自忠始也。"忠念些须微名而震惊若此，亦见西人好名之甚也。年终考文词秀才第二场，兼考格致秀才。来年春夏之交，可考律例、格致举科……

窃念忠此次来欧，一载有余。初到之时，以为欧洲各国富强，专在制造之精、兵纪之严。及批其律例，考其文章，而知其讲富者，以护商会为本；求强者，以得民心为要。护商会而赋税可加，同盖藏自足；得民心，则忠爱倍切而敌忾可期。他如学校建而智士日多，议院立而下情可达。其制造、军旅、水师诸大端，皆以其末焉者也。于是以为各国之政，尽善尽美矣。及入政治院听讲，又与其士大夫反覆质证而后，知"尽信书而不如无书"之论为不谬也……

忠自维于各国政事，虽未能窥其底蕴，而已得其概概。思汇为一编，名曰：闻政取其不徒得之口诵兼之耳闻以为进益也。西人以利为先，首曰开财源；二曰厚民生；三曰裕国用；四曰端吏治；五曰广言路；六曰严考试；七曰讲军政，而终之以联邦交焉。现已稍有所集，但自恨少无所学，涉猎不广，每有辞不达意之苦……

这份材料的内容相当的丰富，至少，我们可以看到，马建忠是抱着一种"只求其实，不务其名"的务实态度而"远来学习"的,对各国政事"窥其底蕴",努力寻找西方所以富强的原因所在。他把学习与实践结合起来,通过批律例,考文章,入学院听讲,并与士夫名流研讨切磋,不拘泥于偏见和成说,以亲身的观察和独立的思索,把对欧洲富强的认识,由制造、军旅、水师推进到护商会、得民心、建学校、立议院这样的层次,从而使他对西方文明的"本"与"末"重新作出了自己的评价。

马建忠所以能够如此地学有所获,与他"博学、善古文辞;尤精欧文,自英、法现行文字以至希腊、拉丁古文,无不兼通"的素质条件也是有关的。①

与马建忠、陈季同的情况有所不同的是,魏瀚和严复都是这次派赴出洋的学生。依照安排,魏瀚在法国消浦官学学习制造船身轮机,但据有的材料讲,魏瀚精通法律,曾任法国皇家律师公会的助理员,在法国享有很高声誉,得法学博士,此后屡任外交、法律等"重要差使",在对外交涉中作出了贡献,云云。② 李鸿章称他"果敢精进",并于他毕业后"破格从优奖励"③。

严复属于赴英学习驾驶的学生之列,他"先在抱士穆德肄业,随入格林尼次官学考课,屡列优等,又赴法游历后,复回该官学考究数理、算学、气化学及格致、驾驶、熔炼、枪炮、营垒诸学,五年六月吴赞诚以工次教习需才,调回充当教习"④。

从表面上看,严复在这短暂的留学期间里大多奔忙于预定的专业学习,而且学习成绩"屡列优等"。可是就在专业学习的同时,严复还热切地考察英国的政治、经济和社会制度,并且最终导致他全神贯注于当时英国的思想。⑤ 他曾经这样来表达他对西方进行观察所得的印象,"吾游欧美之间,无论一沟一塍一廛一市,莫不极治缮葺完。一言蔽之,无往非精神之所贯注而已"⑥。他与初到英国不久的公使郭嵩焘经常在一起,"论析中西学术异同,穷日夕勿休"⑦。多年之后,在翻译孟德斯鸠《法意》一书时编加的按语中,他还回忆到:

> 犹忆不佞初游欧时,尝入法庭,观其听狱,归邸数日,如有所失。尝语湘阴郭先生,谓英国与诸欧之所以富强,公理日伸,其端在此一事。先生深以为然、见谓卓识。⑧

透过这些片断的记载,严复在留英期间的精神关注,已约略可见。应当说,正是在这一时期,他受到了西方价值观念和思想意识的深刻影响,以至于当他在经历了回国以后的几经曲折的生活道路之后,终于以思想家的禀赋,"致力于译述以警世"⑨。把西方 18、19 世纪经典的政治、法律和社会学说传播给这个危难日深的国家,成为中国近代一位著名的启蒙思

---

① 参见《清史稿》卷四百四十六《马建忠传》。

② 参见《福建民报》,1934 年 9 月,51 页。转引自李喜所:《近代中国的留学生》,110 页,北京,人民出版社,1987。魏瀚究竟何时学过法律等有关情况,尚缺乏可靠的史料。

③ 《光绪五年十一月初八日直隶总督李鸿章等奏》(1879 年 12 月 30 日),载《洋务运动》(五),236~237 页,上海,上海人民出版社,1961。

④ 《李鸿章等奏闽省船厂出洋生徒及华洋各员给奖折》(1881 年 1 月 17 日),载《洋务运动》(五),251~254 页,上海,上海人民出版社,1961。

⑤ 参见 [美] 史华兹:《寻求富强:严复与西方》,叶凤美译,26 页,南京,江苏人民出版社,1996。

⑥ [法] 孟德斯鸠:《孟德斯鸠法意》,严复译,卷十八,按语,373 页,北京,商务印书馆,1981。

⑦ 王蘧常:《严几道年谱》,7 页,上海,商务印书馆,1936。

⑧ [法] 孟德斯鸠:《孟德斯鸠法意》,严复译,卷十一,按语,224 页,北京,商务印书馆,1981。

⑨ 王蘧常:《严几道年谱》,上海,商务印书馆,1936。

想家。

以上是首批留欧学生的有关情况。这批学生于 1879 年夏至 1880 年 11 月间陆续回国。李鸿章等洋务大员对于这次出洋学习的成效颇为得意，称"该学生等重洋负笈，学业有成"，"颇为优异"；在事各员"兼习律例公法、化学、政治等事，均能始终勤奋，办理有成"，并一一照案请奖。对于英、法两国教导肄业生徒为出力各员，亦拟请奖励，其中，奖法国政治学院总办二品衔布德米头等金宝星，法国律例师前教习肄业随员福果阿芒四品军功并三钱重鍪金赏牌。①

为储后起之秀而备海防不竭之需，后来又以船政学堂学生为主，分别于 1881 年、1885 年和 1897 年派出三批留学生赴欧留学。② 其中，1881 年和 1897 年派出的留学生，没有关于学习法律的记载。而在 1885 年批准派遣，1886 年成行的 33 名学生当中，派赴英国"专习水师、海军公法、捕盗公法及英国文字语言之学者张秉圭、罗忠尧、陈寿彭"。"张秉圭、罗忠尧学习腊丁文字及英刑司各种律例、海军捕盗等项公法，皆深知旨要。陈寿彭充当翻译，亦音字无讹。"

派赴法国"专习万国公法及法文法语者：林藩、游学楷、高尔谦、王寿昌、柯鸿年、许寿仁六员"。举人林藩等六员"入法国学部律例大书院肄业，均列上上等。高尔谦、游学楷又取中律科举人"。这些学生"莫不尽探奥妙，各具等长，较之前届学生（指 1881 年派出的第二批学生），亦学业较邃，创获实多"③。法国学者巴斯蒂也指出在赴英的学生中，有三名是"学习有关航海法的诸问题"。到法国的留学生，都先经过巴黎桑·巴利博私立中等学校补习法语和普通学科，到了 1887 年秋，有 6 名学生免去参加"外国政府官吏身份鉴定"的考试而进入巴黎大学法学系。这些学习法律的学生后来全部获得了学士学位，其中不乏取得相当成就者。④

以上分别在英国和法国学习法律的 9 名学生均为福建船政学堂的学生（这次同行的留学生中另有 9 人是李鸿章从天津北洋水师学堂调派来的）。从上述的记录中，可以看出他们在国外学习法律的成绩相当显著，尤其是在法国的学生，都获得了一定的法学学位，比较而言，这批学生较注重自己的专业，其中不少深入社会生活，注意了解所在国的情况。⑤ 他们于 1889 年秋和 1890 年夏先后回国。不过，十分可惜的是，就笔者现有资料所及，除了柯鸿

---

① 参见《光绪五年十一月初八日直隶总督李鸿章等奏》（1879 年 12 月 20 日），载《洋务运动》（五），236～237 页，上海，上海人民出版社，1961；《光绪六年三月十六日直隶总督李鸿章奏》（1880 年 4 月 24 日），《李文忠公全书》奏稿三六，27～31 页；《光绪六年十二月十八日直隶总督李鸿章等奏》（1881 年 1 月 17 日），《船政奏议汇编》卷十八，17～20 页；《光绪七年正月十九日直隶总督李鸿章等奏》（1881 年 2 月 17 日），《李文忠公全书》奏稿四十，1～3 页。

② 据 1881 年 12 月 31 日李鸿章奏，派第二批学生 10 人出洋，1882 年 9 月抵达法国。1886 年初全部撤回；第三批于 1885 年 11 月 18 日谕旨批准，1886 年 4 月 6 日 33 名学生出洋，1889 年至 1890 年先后回国；1897 年第四次派 6 名学生赴法国，是为福建船政派出的最后一批留欧学生。

③ 《光绪十六年闰二月初八日裴荫森奏》（1890 年 3 月 28 日），《航政奏议汇编》，卷四十一，8～12 页，光绪十四年（1888 年）刊本。

④ 参见［法］巴斯蒂：《清末留欧学生——福州船政局对近代技术的输入》。转引自陈学恂、田正平编：《留学教育》，268～269 页，上海，上海教育出版社，1991。

⑤ 参见［法］巴斯蒂：《清末留欧学生——福州船政局对近代技术的输入》。转引自陈学恂、田正平编：《留学教育》，269 页，上海，上海教育出版社，1991。

年曾与一个名叫叶瀚的人一同翻译过法文《比较商法》（1897 年）一书外①，尚未见到有关这几个人后来情况的任何记述。因此，关于他们后来的事迹或作为如何，例如他们是否曾经从事过与法律相关的事务，等等，这一切都无从知晓。② 笔者之所以为此感到可惜，是因为除开以公务人员身份并以兼习交涉公法为工作任务的马建忠、陈季同，这 6 名留法的学生，是我们目前所能见到的最早由官费派遣并取得了巴黎大学法学学位的法科留学生。

官派留学首次有人肄习法律，这是一个值得注意的问题。因为当时的洋务大臣选派学生出洋学习本是基于练兵制胜、巩固海防这样一种思想，认为"制造各厂，法为最盛；而水师操练，英为最精"③，目的是要培养驾船的"良将"和造船的"良工"，"以收庄岳数年之益"④。况且，按照计划，对于学生在洋期间所应学习、掌握的知识和要求达到的技术水平，都有专门严格的规定。⑤ 福建船政所派学生与容闳率领的留美学童相比，年龄要大，学有根柢，且出洋时间仅限三年，"不存在丧失中国传统伦理道德的危险"⑥。那么何以会出现官派学生出洋学习法律这样的后果呢？

的确，自左宗棠于 1873 年最早给总署上奏起以后的一系列奏折中，关于出洋学习的具体科目，并没有涉及法学的任何内容。⑦ 然而就在李鸿章与闽浙总督于 1877 年 1 月 13 日的联名会奏（这是首批学生出洋之前的最后一次上奏）中⑧，关于学生学习科目的安排方面出现了一个细小的、但却是值得注意的变化，这份奏折中第一次提出：

> ……至学生中有天资杰出，能习矿学、化学及交涉公法等事，均可随宜肄业。

该奏折后面所附《选派船政生徒出洋肄业章程》中还专门规定："制造、驾驶两项学生之内，或此外另有学生愿学矿学、化学及交涉公法等事者，由两监督会商挑选，就其才质所近，分别安插学习，支给教习修金，仍由两监督随时抽查功课，令将逐日详记送核，亦以三年为期。学成后公订专门洋师考验确实，给有的据，送回供差。"

这一规定显然把"交涉公法"纳入了游学肄业的科目范围，成为出洋之后可以选择学习外国法最初的根据。当然，这里讲的还只是"交涉公法"，即主要是西方近代的国际公法（International Law），而非西方一国法律的全部内容。可是既然允许肄习公法，学生就有可

---

① 参见叶瀚：《块余生自纪》。

② 巴斯蒂也只是说，这批留学生归回之后，大部分没有在船政局任职。他还提到王寿昌曾于 1898 年建议并协助林纾将小仲马的《巴黎茶花女》译成中文《椿姬》。

③ 《光绪二年十一月二十九日钦差北洋大臣直隶总督李鸿章等奏》（1877 年 1 月 13 日），《李文忠公全集》奏稿二十八，20～27 页。

④ 《光绪四年二月十六日督办福建船政吴赞成片》（1878 年 3 月 19 日），载《洋务运动》（五），206～207 页，上海，上海人民出版社，1961。

⑤ 参见沈葆桢：《致总理各国事务衙门函》（同治十三年二月十九日，1874 年 4 月 5 日），《海防档》乙，《福州船厂》（二），505～509 页。

⑥ ［法］巴斯蒂：《清末留欧学生——福州船政局对近代技术的输入》。转引自陈学恂、田正平编：《留学教育》，265 页，上海，上海教育出版社，1991。

⑦ 参见《同治十二年左宗棠上总理各国事务衙门》（1873），《左文襄公全集》，书牍卷十三，40～41 页；《同治十二年十一月初七日船政大臣沈葆桢折》（1873 年 12 月 26 日）等，《海防档》乙，《福州船厂》（二）。

⑧ 以往赴欧的留学生，均由大员派遣，非政府正式派遣，亦未订章程。1877 年 1 月 13 日李鸿章等奏派船政学堂学生及艺徒出洋，始详订章程。

能将其所学知识的范围引申到西方法学的其他具体部门。就留学法国的那六名法科学生而言，他们虽以"专习万国公法"为名而入巴黎大学法学系，但他们最终所获得的某种法学学位，并不意味着他们仅仅学习了万国公法。进一步讲，将公法之学列于游学章程，这就为在当时保守势力仍有相当影响的条件下[①]，初步开了一个超越"西艺"进而通往西学深层的窗口。

当然，在出洋学子中，更不乏像严复那样的人物，在一个充满新奇的世界里，对异国的包括政制、风俗、伦理在内的一切事物细心地观察、体认和思考，从而使他们获得的知识和眼界，实际上都远远超出了造船和驶船所要求的范围。

第二节
赴日研习法政运动的兴起

一、赴日留学的背景

正如我们在前面所看到的，在近代的早期，仅有极少数的人出于和外洋的种种联系而负笈海外学习法律；作为洋务运动组成部分的官派游学也主要以学习西方的军事技术为目标，法科留学只是在"交涉公法"的范围内处于游学计划的边缘地位。因此，从 19 世纪的 40 年代到 80 年代，法科留学尚处于萌芽状态，而且带有一定的盲目性和随意性。这一时期可以说是中国近代法科留学的第一阶段或初始阶段。

然而，到了 19 世纪 90 年代，随着国内以及本国的对外关系中一系列重大事件的相继发生，越来越多的人出洋学习政治和法律，并且在 20 世纪的最初 10 年间达到了高潮。

促成法科留学勃然而兴的原因是多方面的，而且认识一下国人何以从抛弃"祖宗成法"转而"奉夷为师"的过程也是有意义的。显然，无论是从开阔眼界，还是从触动人们心理观念上的变化来讲，法科留学在 19 世纪末期的兴起，与此前国人了解西方社会和认识西学的积累都是分不开的。要理解西方的法律，并进而去西方学习法律，必然要伴随一个对西学的认识过程。

1840 年的鸦片战争打破了"天朝上国"封闭的大门。战争的结果对中国产生了两个方面的意义：一方面是欧洲列强向中国直接显示了西方近代物质文明的力量，另一方面就是中国从此被迫走入近代的国际社会，而这两者又都促成了中国传统的社会结构与文化价值体系的分化和瓦解。国人对西学的认识和接受的过程，正是为回应这两方面的挑战而逐渐展开的。

---

① 导致容闳组织留美学童最终全部撤回的原因之一，就是当时有人对出洋学习提出的这样一种反对意见，"外洋风俗，流弊多端，各学生腹少儒书，德性未坚，尚未究彼技能，实易沾其恶习。既使竭力整饬，亦觉防范难周"。陈兰彬：《奏陈驻洋肄业局情形折》（光绪七年二月初六日，1881 年 3 月 5 日），载《洋务运动》（二），164～165 页，上海，上海人民出版社，1961。又陕西道监察御史朱一新于光绪十二年六月初八日（1886 年 7 月 9 日）奏称："出洋一途，流弊滋大。黠者多染夷风，甚或私习洋教，浸假海疆多故，其不为汉奸者几希。……此后出洋学习之例，拟请普行停止。"《洋务运动》（三），29～31 页，上海，上海人民出版社，1961。

魏源最早提出了"师夷长技以制夷"的思想，并具体指出"夷之长技"在于"一战舰，二火器，三养兵练兵之法"①。洋务派继承了师夷制夷的这种思想②，并将"夷之长技"的范围由（军事）工程技术推进到了"机巧之原，制作之本"的天文、算学、汽学、光学、电学、化学等自然科学领域。洋务派兴办军事、工矿、运输企业，设立新式学堂，遣派学生出洋，译印"西学"书籍，都是围绕学习西方的科学技术而采取的一系列措施。19世纪60年代至90年代，中国传统的突出变化是在自然科学和技术方面。

从另一方面看，由于两次鸦片战争所带来的中外之间联系的日益增加，国人通过各种途径得以观察西方社会和了解西方文化的机会也在相应不断地扩大。如果说魏源的《海国图志》、梁廷枏的《海国四说》、徐继畬的《瀛寰志略》，还只借助美国在华传教士所编印的书刊资料告知国人在"天朝上邦"之外，还有一个"轮舟之奇"、"与民共议"的国度的话，那么林鍼的《西海纪游诗》、斌椿的《乘槎笔记》、张德彝的《航海述奇》、罗森的《日本日记》、王韬的《漫游随录》、李圭的《环游地球新录》等，则以亲历者的权威向人们展示了那些国度并不像神话传说中的"海外奇谈"那样怪诞不经。③ 1876年以后，郭嵩焘、黄遵宪、薛福成等一批注重"经世致用"的传统知识分子先后奉使出洋，在他们所记的大量的出使日记或私人笔记当中④，留下了他们对西方"政教风物"的丰富而颇有深意的观感与思考，得出了诸如"西洋立国"之"本在朝廷政教"，"造船制器"仅为其"末中之一节也"，"其风教实远胜中国"（郭嵩焘语）；"今之立国，不能不讲西法"，"君民共主"好等等一系列前所未有的观察结论。⑤

除了游历者和出使大臣，一些洋务大臣出于办理交涉等时务的需要，首先接触到了并不属于自然科学范畴的另外一个区域——"公法"或"交涉公法"、"万国公法"，主要就是近代西方的国际公法（International Law）。通过遣派人员出洋肄习、组织翻译和在新式学堂中开设课程，他们将国际公法或外交学最早引入国内。1881年，刘坤一甚至已经注意到"中国学西洋之学"与"外洋所学"之间存在着这样一种差异："窃查外洋所学，以律例为重，次则天文、兵法以及制造、驾驶并矿学、化学、汽学、重学之类。中国学西洋之学，似不以律例为先，究竟应由何项入手?"⑥ 对于西国的公法律例在西学中的地位及其在本国对外交涉中的意义这种观察的本身，实际上意味着国人了解西方文化的内容和范围都正在逐渐地丰富和扩大。

当然，这里必须指出的是，洋务派对公法的认识水平是有其一定限度的。

---

① 魏源：《海国图志叙》及同书《筹海篇三》。
② 洋务派学习西方的基本内容和步骤，一如洋务派首领、总理各国事务衙门大臣恭亲王所说："治国之道，在乎自强，而审时度势，则自强以练兵为要，练兵又以制器为先。"《筹办夷务始末》同治朝，第25卷。
③ 参见钟书河：《走向世界——近代中国知识分子考察西方的历史》，北京，中华书局，1985。
④ 清政府曾于1878年作出规定，出使各国大臣应随时咨送日记等件，凡有关系交涉事件及各国风土人情，该使臣皆当详细记载，随事咨报。因此当时许多出使大臣记有出使日记、笔记等件。钟叔河所编《走向世界丛书》中多有辑录，可供参考。
⑤ 除了钟书河主编的《走向世界丛书》外，有关此期使节涉及外国政制、法律方面记述的研究作品，还可参看李贵连：《中国法律近代化简论》，载《比较法研究》，1992（2）。
⑥ 《光绪七年正月二十一日刘坤一复黎召民函》（1881年2月19日），《刘坤一集》，第五册，2500页，北京，中华书局，1959。

1860 年以后，那些按照"道"与"器"的概念来看待西学意义的人往往称西学为器，中学为道。于是，西方的"公法之学"如同其科学技术一样，只被赋予了一种"工具的价值"，而中国传统的"纲常名教"仍被视为高高在上的，具有本质的和主要的价值。① 这正是导致洋务派所致力提倡的西学科目表中，兼有法学、政治学等方面综合性质的公法学，如此不协调地与矿学、化学、天文、重学、电学、植物学等自然科学并列在一起，以及早在 1880 年《法国律例》即被译成中文，但又长期"高阁聚珍，而不被时用"的主要思想根源。②

将西方的公法律例视为"器"或者"用"的另一个典型例证就是 1877 年李鸿章对伍廷芳所作的一番评价。他十分欣赏那种"恂恂然有儒士之风，绝无外洋习气"的"熟谙西律之人"，而"熟谙西律"的意义在于"以彼之矛刺彼之盾"，"俾与洋人辩论"、"以西律折之"等满足应付交涉的实际需要方面。③

到了 1889 年，张之洞（1837—1909）在参照"西学门类"设计他的"洋务五学"（即矿学、化学、电学、植物学、公法学）时，强调了"公法之学"足以"资自强而裨交涉"之理，而鉴于中国缺乏"深谙公法能据之以争者"，他主张"非得深谙中外律法之人不可"④。实际上，张之洞所构想的"洋务五学"基本上代表了洋务派对西学知识体系所作概括的最高水平。

1894—1895 年的中日甲午战争是刺激国人的注意力由"工艺"向"政制"发生转变的一剂触媒。⑤ 庞大的中华帝国竟然败给"蕞尔岛国"日本，这"比迄今视以为常的西方列强的侵略所引起的震惊要更为强烈"⑥。陈耀卿在《富强当求本源论》一文中叹息"国家费数百万之帑项，聚数千人之精力，竭数十载之经营……前功尽弃，莫可挽回"，愤然提出："是役也，办理洋务之员，实有难逃之罪。"⑦ 1896 年，年仅 23 岁的梁启超更是对三十多年来洋务运动中所采取的学习西方文化教育的各种措施提出了全方位的、极其严厉的批评。在《学校总论》和《学校余论》这两篇文章中，他充满激情地指出洋务学堂所以"不能得异才"的原因是"言艺之事多，言政与教之事少"，并将批判的矛头直指封建教育制度的根基——科举制。他对"政学"与"艺学"各自的价值及二者相互之间的关系进行了反复的比较权衡，提出："今日之学，当以政学为主义，以艺学为附庸。"他还认为那些"日日攘臂言新法者"的"所谓洋务中人"，"其于西政非不少有所知也，而于吾中国之情势政俗，未尝通习"，"不知

① 参见张灏：《思想的变化和维新运动，1890—1898》，载〔美〕费正清、刘广京编：《剑桥中国晚清史》，下卷，第五章，332 页，北京，中国社会科学出版社，1993。
② 关于《法国律例》首次被译成中文的意义，以及由此透射出的鸦片战争四十年后中国知识界对西方法律的认识状况的分析，可参见李贵连：《〈法国民法典〉的三个中文译本》，载《比较法研究》，1993（1），86～99 页。
③ 参见李鸿章：《译署函稿》，卷七。转引自丁贤俊、喻作凤编：《伍廷芳集》，1～2 页，北京，中华书局，1993。
④ 《光绪十五年十月十八日张之洞增设洋务五学片》（1889 年 11 月 10 日），《张文襄公奏稿》卷十八，23～24 页。
⑤ 梁启超将近代中国输入西学的过程概括为"始则工艺，次则政制"。参见《清代学术概论》二十，65 页，北京，东方出版社，1996。
⑥ 詹森：《日本与中国的辛亥革命》，载〔美〕费正清、刘广京编：《剑桥中国晚清史》，下卷，第六章，400 页，北京，中国社会科学出版社，1993。
⑦ 《皇朝经世文三编》卷四。

其本"，"不以其道"，并进一步提出："今日欲储人才，必以通习六经经世之义，历代掌故之迹，知其所以然之故，而参合之于西政，以求致用者为第一等。"① 实际上，在 19 世纪 90 年代的思想激荡中，西方的政治理念和制度的价值受到了改良主义者的普遍重视，而强调"器"不能与"道"分离的倾向也表现得越来越显著。严复还直接批判了"中学为体，西学为用"、"西政为本，而西艺为末"、"主于中学，以西学辅其不足"等流行的思想观念，认为这些都是"颠倒错乱"的观点，明确指出："中学有中学之体用，西学有西学之体用，分之则并立，合之则两亡。"他还从挽救"神州之陆沉"、"四万万之沦胥"的历史高度，提出了"统新故而观其通，苞中外而计其全"的主张。②

西学价值概念的扩大与改革封建政制和法律要求的增长是相伴而行的。随着"西政"思潮的兴起③，本来就已经陷入危机之中的封建法制秩序开始受到越来越多的怀疑和批判。④康有为、梁启超、谭嗣同、严复等改良派学者，以西方资产阶级的"三权分立"学说为主要思想武器，提出了设议院、开国会、定宪法，实行君主立宪的变法维新主张；与"许多改良主义者对西方立宪制度和议会制度的向往受到他们忠于儒学的感情的束缚"不同，何启、胡礼桓站在西方自由主义立场上，对传统的政体进行无情的攻击，甚至到了"公开向神圣化的有'三纲'学说进行挑战的程度"⑤；就在伍廷芳向清政府提出"破除成见"，"采各国通行之律""变通成法"的奏议的同一年（1898 年）⑥，黄遵宪在湖南创建了模仿日本等西方国家警察组织的"保卫局"，以此作为推进地方政府法律与行政改革的重要措施。⑦ 而在此前一年，孙中山就已向世界表明了他要"彻底改革"当今中国司法制度的坚定信念，主张："只有王朝的变换使至少旨在公正、纯洁、为生命财产安全提供某些公开保障的司法制度改革成为可能，才能取得社会、商务、政治、内政及其他任何方面的进步。"⑧

由于前述各方面条件的促使，到了 19 世纪 90 年代，西方文化受到了国人比起以往的任何时候都更广泛的关注，而其核心，就是要按照西方的模式来改变中国已经不合时宜的

---

① 梁启超：《饮冰室合集》文集之一，19～20、61～64 页。

② 参见严复：《与〈外交报〉主人书》（1902），载卢云昆编选：《严复文选》，536～538 页，上海，上海远东出版社，1996。

③ "西政"一词出现于 19 世纪 90 年代的文献中。张之洞在他著名的《劝学篇》中的《设学》中讲，"学堂之法约有六要。一曰新旧兼学：四书五经、中国史事、政书、地图为旧学，西政、西艺、西史为新学。旧学为体，新学为用，不使偏废。一曰政艺兼学：学校地理、度支赋税、武备律例、劝工通商，西政也。算绘、矿医、声光、化电，西艺也。（西政之刑狱，立法最善。西艺之医，最于兵事有益；习武备者必宜讲求）。才识远大而年长者宜西政，心思精敏而年少者宜西艺。小学堂先艺而后政，大中学堂先政而后艺。西艺必专门，非十年不成；西政可兼通数事，三年可得要领。大抵救时之计，谋国之方，政尤急于艺。然讲西政者，亦宜略考西艺之功用，始知西政之用意……"

④ 晚清封建法制权威的动摇，秩序的败坏及其与当时的社会生活日趋脱节的有关论述，可看李贵连：《沈家本与晚清变法修律》，第一部分"陷入困境中的封建法律"，载张晋藩主编：《二十世纪中国法治回眸》，24～30 页，北京，法律出版社，1998。

⑤ ［美］费正清、刘广京编：《剑桥中国晚清史》，下卷，331 页，北京，中国社会科学出版社，1993。

⑥ 参见《奏请变通成法折》（1898 年 2 月 10 日），载丁贤俊、喻作凤编：《伍廷芳集》，47～50 页，北京，中华书局，1993。

⑦ 参见《湖南近百年大事记述》，137～138 页，长沙，湖南人民出版社，1980；吴天任：《黄公度先生传稿》，156～196 页，香港，香港中文大学，1972。

⑧ 《中国之司法改革》（1897），载孙中山研究会、孟庆鹏编：《孙中山文集》，上册，444、445 页以下，北京，团结出版社，1997。

政制、法制和教育制度。"变法之本，在育人才"①。变法与培养人才已经成为当时压倒一切的头等大事，是迅速实现富国强兵的希望所在。于是，一种在尽可能短的时间里获取尽可能多的西方"政学"资源的情绪形成了②；这种情绪在 19 世纪末到 20 世纪初国家面临着被列强进一步瓜分，民族危机空前严重的形势下，经过不断地催化而被放大了。

此外，就当时社会生活的实际方面来看，在沿海，沿江一些商品经济比较发达的地区，对新型法律职业者，如律师的需求也在不断地增长着。但是，由于各项制度的改革措施甫告开端，国内现有的教育设施不足以提供时代需要的那种法律人才（这种法律人才所应具备的各方面素质至少不可能完全借助于现有的《大清律例》的熏陶），于是，出国学习、考察并移植引进西方的政治法律制度就成为变革时代的一个主题。

二、赴日本学习法政的原因

中国近代法律制度的改革是以西方的模式为导向的。就"西方"（the West）一词的地理概念而言，出洋学习西方法律的国别所在，合乎逻辑的推理，本当在欧美诸国。可是，在 19 世纪末，特别是在 20 世纪最初的 10 年里，大规模地出国留学并不是去远隔重洋的英国、法国、美国或者德国，而是去与中国一衣带水的日本。尽管这一时期已经开始有一些人远涉重洋到欧美各国的大学法学院里学习，但总的说来，当时赴日研习法政的留学生，从数量上远远超过了去任何一个其他国家的留学生。

留洋习法为什么会发生由西洋到东洋的转变呢？

首先，可以肯定的是，士子学人负笈东瀛，并不意味着他们吸收欧洲先进文明的目标发生了变化，更不是说他们要去学习自隋唐时代即受到中国影响的那种法律，而是为了学习日本自"明治维新"以后刚刚实现了西化的那种法律。

从日本近代法制改革的历程来看，在 1853 年向西方开放以前，日本还长期处于小农经济的闭关锁国状态。但自 1868 年（明治元年）建立明治政府，确立了学习西方的基本国策以后，日本的法律迅速地西化。③ 1869—1874 年间，日本政府首先组织翻译并刊行了法国的刑法、民法、商法、诉讼法、治罪法和宪法。这时，日本人才"开始知晓法律为何物"④。1876 年日本司法省即首次开办了律师资格考试；与此同时，研读欧洲法的风气也开始形成。1881 年在东京集中了教英国学的私塾 54 处，教德国学的 8 处，教法国学的 3 处。1882 年东京已设有法律学校 6 所，共有学生 1 000 余人；到了 1887 年，这 6 所学校的学生总数已达五

---

① 梁启超：《饮冰室合集》，《论变法不知本原之害》。

② 梁启超在《清代学术概论》中写道："启超平素主张，谓须将世界学说为无限制的尽量输入……""新思想之输入，如火如荼矣。然皆所谓'梁启超式'的输入，无组织，无选择，本末不具，派别不明，惟以多为贵，而社会亦欢迎之。盖如久处灾区之民，草根木皮，冰雀腐鼠，罔不甘之，朵颐大嚼，其能消化与否不问，能无召病与否更不问也，而亦实无卫生良品足以为代。"梁启超：《饮冰室合集》，《论变法不知本原之害》，81、89 页。

③ 从比较法的角度论述日本法律近代化历程的作品，可参看日本京都大学法律系教授北川善太郎的《日本学习德国法》（李毅多译）一文，载《中外法学》，1992（4）。

④ ［日］大槻文彦：《箕作麟祥君传》。转引自［日］实藤惠秀：《中国人留学日本史》，282～283 页，北京，三联书店，1983。

千多人。法律学校的大学毕业生通过高等文官考试陆续进入政界。① 在法国、德国、英国、美国、荷兰和意大利法学家的协助之下，1882 年正式颁布了仿照法国法典编制的刑法典和刑事诉讼法典；1889 年颁布了宪法；1890 年通过了以德国法为蓝本的法院组织法和民事诉讼法；1898 年和 1899 年又先后通过了主要参照德国民法，兼收并蓄的民法典及商法典。② 这样，在"明治维新"以后短短的二十多年时间里，日本逐渐脱离了传统的中华法系的影响，转而继受民法法系（civil law）③，并基本上建立起一套比较近代化的资本主义的政治制度和法律制度。

对于日本自明治以来国势发生的奇迹般的变化，当时除了极少部分的人以外，从根本上讲，并没有引起国人太多的注意④，只是由于甲午一役，才在改变国人对待日本的态度方面起了至为关键的作用。

甲午战争以前，中国主要受到来自西方列强的不断入侵，在当时一些人的心目中，只有欧美列强才能打败中国，而日本只是一个"事事以中国为宗"的蕞尔小邦，无足轻重。中国从未派遣过留日学生，也没有派遣的计划。但在明治二十年（1887 年）以后，情况发生了变化，按照汪向荣的说法，"从这时候开始，中日两国的文化地位就开始逆转；不久，日本在中日文化关系中的地位，已完全取代过去中国的地位了。"⑤ 日本由于变法而强，这不能不引起人们的注意。从改良派学者和清廷官员的一些奏议来看，派遣学生去日本留学与提倡向日本学习，都是寻求自强之道相为一体的举措。

1898 年，维新运动的核心人物之一——康有为就在上清帝的奏章中要求清帝"以日本明治之政为政法"⑥，并说⑦：

> 闻日本地势近我，政俗同我，成效最速，条理尤详，取而用之，尤易措手……

---

① 以上参见 ［日］升味准之辅：《日本政治史》，第一册，董果良译，164～165、219 页以下，北京，商务印书馆，1997。

② 参见 ［法］勒内·达维德：《当代主要法律体系》，漆竹生译，第三编远东各国法，第二章日本法，502～504 页，上海，上海译文出版社，1984。

③ 日本自 1868 年"明治维新"以后的法律归属于民法法系，1945 年第二次世界大战之后的法律又受到美国法律的强烈影响。参见沈宗灵：《比较法总论》，54 页，北京，北京大学出版社，1987。

④ 甲午以前，已有清廷派遣的使臣、游历的官员、受地方当局资助的考察人士或自费出游的知识分子观察了日本的近代化过程，并作了游记或日记等记录，例如何如璋的《使东述略》（1877 年），李筱圃的《日本纪游》（1880 年），傅云龙的《游历日本图经，馀记》（1887 年）和黄庆澄的《东游日记》（1893 年）。钟书河在《走向世界》一书第十九章"甲午以前的日本观"中对以上四部游记均有专门的介绍。然而，无论在一般文化史抑或在中国近代法学史上，黄遵宪（1848—1905）的《日本国志》和《日本杂事诗》这两部作品均有较大的价值和影响。前者为中国人所写的第一部日本通志，按中国传统的史书编纂体例，分 12 志（其一即《刑法志》）40 卷，叙述日本古今尤其是"明治维新"后之巨大变化；后者为作者在日本写成的一部具有较强政治目的的诗集，两书均被认为是日本的"明治维新史"。此外，光绪十三年（1887 年）清廷派赴东西洋的游历官刑部主事顾厚焜居游日本半载（1887 年11 月～1888 年 4 月），写成《日本新政考》一书，2 卷 9 部 73 细目，《刑罚考》为其细目之一，对明治的刑制与司法状况作了调查。全书"不繁言辞藻，使全国维新治迹灿若列眉，简约能赅"（黎庶昌序）。但要注意的是，顾书与黄书都是在甲午战争以后才流行起来的；而在此之前，这些书并未受到朝廷应有的重视。

⑤ 汪还对中日文化地位逆转的具体事实及其原因作了比较分析，参见汪向荣：《日本教习》，28 页以下，北京，三联书店，1988。

⑥ 康有为：《上清帝第五书》，又见《上清帝第六书》。

⑦ 参见康有为：《进呈日本明治变政考序》（光绪二十四年一月，1898 年 1 月）。

他把日本的变法作为本国变法的借镜：

> 今我有日本为乡导之卒，为测水之竿，为探险之队，为尝药之神农，为识途之老马，我尽收其利而去其害，何乐如之……

> 因若日本译书之成业，政法之成绩而妙用之，彼与我同文，则转译辑其成书，比其译欧、美之文，事一而功万矣。彼与我同俗，则考其变政之次第，鉴其行事之得失，去其弊误，取其精华，在一转移间，而欧、美之新法，日本之良规，悉发现于我神州大陆矣。

> 若以中国之广士众民，近采日本，三年而宏成，五年而条理备，八年而成效举，十年而霸图定矣……中国自强之计，未有过此。

为此，他要求"专选日本政治书之佳者，先分科程并译之"，并且"大派游学"。他认为："若派学生于诸欧，以德为宜，以德之国体同我，而文学最精也。"但他仍然强调了游学日本的好处："惟日本道近而费者，广历东游，速成尤易，听人士负笈，自住游学，但优其奖导，东游自众，不必多烦官费。"[1]

这里应注意的是，康有为对于日本变法的认识，与另一位维新学者黄遵宪的著作的影响是有关系的。[2] 1897年，黄遵宪的《日本国志》一书既已出版流行。事实上，黄遵宪是当时最有权威的日本问题专家。"百日维新"期间，光绪皇帝即调取三部《日本国志》，并曾任命黄氏为出使日本大臣。

1898年春，湖广总督张之洞写成《劝学篇》一书，并于6月上奏朝廷，7月25日上谕即令刊印40部，分发各总督、巡抚及各省学校。[3] 在《劝学篇》的《游学》一节中，张之洞展开了他之所以主张学习日本的理由。他说：

> 出洋一年，胜于读西书五年，此赴营平"面闻不如一见"之说也。入外国学堂，一年胜于中国学堂三年，此孟子置之庄岳之说也……

> 日本，小国耳，何兴之暴也！伊腾、山县、榎本、陆奥诸人，皆二十年前出洋之学生也，愤其国为西洋所胁，率其徒百余人，分诣德、法、英诸国，或学政治工商，或学水陆兵法，学成而归，用为将相，政事一变，雄视东方……

> 至游学之国，西洋不如东洋：一、路近省费，可多遣；二、去华近，易考察；三、东文近于中文，易通晓；四、西学甚繁，凡西学不切要者，东人已删节而酌改之。中东情势，风俗相近，易仿行，事半功倍，无过于此。若自欲求精求备，再赴西洋，有何不可？[4]

张之洞的《劝学篇》在倡导游学日本这点上是很有代表性的，而且有着十分广泛的影响

---

① 康有为：《请广译日本书派游学折》（光绪二十四年四月，1898年6月）。

② 有学者考证，康有为的《日本变政考》即受《日本国志》的影响。参见李贵连：《近代中国法律的变革与日本影响》，载《比较法研究》，1994（1），27页。"十九世纪九十年代，他的《日本国志》和关于日本的历史诗篇是中国文人了解明治维新情况的一个重要来源。"[美]费正清、刘广京编：《剑桥中国晚清史》，下卷，353页，北京，中国社会科学出版社，1993。

③ 参见《张文襄公全集》，卷201～202，第四册，543页。

④ 《张文襄公全集》，卷203，第四册，568～569页。

力，几乎就是一篇"留学日本的宣言书"①。

1898 年 6 月，御史杨深秀首先奏上《请议游学日本章程》，提出了他关遣派留学日本的理由：

> 泰西各学，自政治、法律、理财、交涉、武备、农、工、商、矿及一技一艺，莫不有学……
>
> 我今欲变法而章程未具，诸学无人，虽欲举事，无由措理，非派才俊出洋游学，不足以供变政之用。特泰西语言文字不同，程功之期既远，重洋舟车，饮食昂贵，虚靡之费殊多……臣以为日本变法立学，确有成效。中华欲游学易成，必自日本始。政俗文字同则学之易，舟车饮食贱则费无多。
>
> 顷闻日人……厚智吾人士，助吾自立，招我游学，供我经费，以著亲好之实，以弭夙昔之嫌，经其驻使矢野文雄函告译署。我与日人隔一衣带水，若吾能自强复仇，无施不可，今我既弱未能立，亟宜固其悔心，受其情意……②

上列意见一致肯定了留学日本的必要性与合理性，归纳起来就是：

（1）非派才俊出洋游学，不足以供变政之用；

（2）游学之国，西洋不如东洋；其理由是去日本路近费省，日本与我同文同俗；相反，赴泰西则重洋舟车，靡费殊多；

（3）西学已经日人删节酌改，我可尽收其利而去其害；若自欲求精求备，可再赴西洋；

（4）日人愿智吾人士，招我游学，供我经费。

以上（1）、（2）两条足以表明这时的留学观念已经发生了相当大的变化，提高了留学在推动社会变革中的地位和作用，对于留学的这种积极、热烈的态度，仿佛是在暗示，只要大派游学，而且是只要仿效日本提供的现成模式，就能很容易地、迅速地实现富国强兵的梦想。

在第（3）条中，我们可以看到对于学习西学所抱的一种理想化的态度，特别值得注意的是，张之洞所讲的"自欲"二字，似乎是说对西学求精求备的需要只是个人的事，而与国家无关；获得有利无害的西学，可以走捷径，直接取自东洋，而若欲求得"真经"，可自赴西洋去取。可以说，这些意见在向国人大力倡导游学的好处的同时，也传播了学习西学的功利思想。事实上，在以后的有关留学日本或是仿效日本模式的议论中，常可以看到"事半功倍"这样的词语。③

至于第（4）条，这一方面是促成大批中国学生得以去日本学习的一个基本条件。但另一方面，日本准备了相应的教育设施，并将其刚刚取得的近代化的经验和知识传授给中国留

---

① ［日］实藤惠秀：《中国人留学日本史》，23 页，北京，三联书店，1983。

② 《山东道监察御史杨深秀请议游学日本章程片》（光绪二十四年四月十三日，1898 年 6 月 1 日），《清光绪朝中日交涉史料》，卷 51，34～35 页。

③ 例如出使日本大臣杨枢在 1905 年 1 月 9 日关于仿效日本设法政速成科的奏折中说，设法政速成科可以不用学习日语日文而进专门学校，"较之人他学校以六七年之功修始得一完全之科学者，诚为事半功倍"。参见《清光绪朝中日交涉史料》，卷 68，34～35 页。又如 1905 年 10 月 15 日伍廷芳等《奏订新律折》中也讲到关于日本的法律，"应详细稽考，借助他山，事半功倍"。参见丁贤俊、喻作凤编：《伍廷芳集》，276～277 页，北京，中华书局，1993；等等。

学生，同时还派遣大量的法律顾问和教习来中国，也并不是简单地出于友好、睦邻，或者是出于报恩的思想，而是与日本在当时国际情势下所处的地位，以及当时日本所推行的对外政策有着极大的关系。①

无论如何，这些意见在当时产生了广泛的影响。在光绪二十四年六月十五日（1898年8月2日）的上谕中，张之洞关于游学日本的理由得到明确的肯定。② 而后来的有关奏请或者主张游学日本的理由，也大都不出这个范围。③ 除了关于游学日本的这些一般意见外，当时朝野还有这样一种看法，以为学习法政以日本为宜，学习工艺则以赴泰西为适。④ 由于朝廷号令于上，疆吏奉行于下，于是，游学之风大开，帆影轮声，汇合成一股滚滚东去的潮流。

三、留日习法的兴起

中国第一批留学日本的学生是光绪二十二年（1896年）由驻日公使裕庚委派理事官吕贤笙在上海、苏州一带招募的13名学生⑤，这些年龄在18岁到32岁之间、不懂日语的学生于当年6月15日（五月初五）抵达日本，并于6月30日（五月二十日）正式办理入学手续，在日本高等师范学校校长嘉纳治五郎的负责下，从日语和普通学科开始学起。1899年他们当中的7人均"以良绩卒三年之业"⑥。其中的唐宝锷、戢翼翚和胡宗瀛三人又转入东京专门学校继续学习。

唐宝锷（1878—1953），字秀峰，是广东中山人，他在东京专门学校毕业后，又转入由该校升格而成的早稻田大学政治经济学部，1905年毕业，获法学士学位，这也是中国学生在日本获得的第一个大学学位。⑦ 同年回国后，他通过了清廷首次组织的回国游学毕业生考试，授予进士⑧，曾任北洋洋务局会办，兼任陆军部、民政部、修订法律馆、宪政馆外务部行走

---

① 关于这一点，参看汪向荣《日本教习》一书的有关分析，特别是该书"日本教习"一文中的"清国保全论"一节，参见汪向荣：《日本教习》，54～59页，北京，三联书店，1988。

② 参见光绪二十四年六月十五日（1898年8月2日）《军机处传知总理各国事务衙门面奏之谕旨片》，《清光绪朝中日交涉史料》，卷52，2页。这是清政府形成留学政策的第一份文件。

③ 例如1901年6月刘坤一与张之洞在《江楚会奏变法第一折》中说，日本"文字较近，课程较速……传习易，经费省，回华速，较之学于欧洲各国者，其经费可省三分之二，其学成及往返日期可速一倍"。袁世凯认为欧美远隔重洋，往来不易，不妨先赴日本及通商各埠就近游览，亦足通知时局。见《东抚覆奏条陈变法疏》及1902年《奏遣派学生赴日本肄习片》，《约章成案汇览》乙编，卷32，下。1904年8月13日山西巡抚张曾敭《奏选派学生前赴日本就学片》称"日本地近情通，费省效速，就学尤为相宜。"《清光绪朝中日交涉史料》，卷8，21～22页。此外，缪荃孙在《日游汇编》（1903年）、章宗祥在《日本游学指南》中均有类似的主张。

④ 参见汪季千：《西方文化与中国知识分子》，958页。

⑤ 这13名学生是唐宝锷、朱忠光、胡宗瀛、戢翼翚、吕烈煌、冯黯谟、金维新、刘麟、韩筹南、李清澄、王某和赵某。参见日本"宏文学院沿革概说"，载《宏文学院普通科、师范科讲义》，第1编。转引自舒新城编，《近代中国教育史料》，第1册，263～264页，北京，人民教育出版社，1962。又见［日］实藤惠秀：《中国人留学日本史》，18～19页，北京，三联书店，1983。

⑥ 这7人是唐宝锷、胡宗瀛、戢翼翚、朱光宗、冯黯谟和吕烈煌等。此外有4人由于疾病等因回国，2人退学。

⑦ 参见［日］实藤惠秀：《中国留学生史谈》，13～20页。转引自［美］任达：《新政革命与日本—中国，1898—1912年》，53页，南京，江苏人民出版社，1998。

⑧ 参见《学务处考试回国游学毕业生名单》（光绪三十一年，1905），《光绪政要》，卷31。

等职，又曾多次到日本考察，除政务活动外，并执律师业，是"中日之间的法律问题专家"①。

戢翼翚（1878—1907），字元丞，湖北房县人，他原为驻日公使裕庚的译员，归国补行留学考试后复派日本留学。在日期间，他创办了《译书汇编》并加入了兴中会，又与秦力山等创办《国民报》，积极从事反清革命宣传和策划活动。1903年被调赴北京外务部任职，1905年亦被授予进士，后因遭陷害，觅得他与孙中山往来书札而被捕，去世时年仅29岁。

唐宝锷、戢翼翚可谓是近代留日法科的先驱者。

1898年张之洞的《劝学篇》发表后，留学日本的观念逐渐形成。同时，军机处电令出使美国大臣伍廷芳"博考各国律例，及日本改订新例"，酌拟条款，咨送总理衙门核办。② 清政府在留日运动开展之际，也明确表示了对日本律例的注意。

自1898年至1899年6月，南北洋大臣及湖北、浙江等省先后咨送赴日的学生已有六十余名，他们被分送在日本的各级学校和陆军学校，学习"公法、制造及武备诸科"③。

庚子之后，清廷不得不重行变法之举。在光绪二十六年十二月初十（1901年1月29日）发布的变法诏书中，提出了针对"现在情弊，参酌中西政治"，实行包括"朝章、国政、吏治、民生、学校、科举、军制、财政"在内的变革方针。诏书中批评了"晚近之学西法者"，只学习"语言、文字、制造、器械"，认为这些都是"西艺之皮毛而非西学之本源"，而"徒学一言一话一技一能"，"天下安得富强？"总之，"法令不更，锢习不破，欲求振作，须议更张"④。同年七月十六日（8月29日）清廷谕令变通科举⑤，八月初五日（9月17日）又谕令各省广派游学⑥，这样，出洋游学培养政治人才已成为一个迫切的现实问题。⑦

张之洞除了继续大力提倡和鼓励留学日本之外，还提出了学习日本法律的问题。他致函刘坤一和袁世凯说，"日本法律学最讲究，其法学共分六门，民法一门极为西人称赞佩服，于东方风土人情，尤为相宜可行"。他还进一步设想："在日本访求精通法律之博士一两人，来华助我考订编纂，尤为有宜。此奏内务望添人，再沈、伍两君似宜称总纂……"⑧

这时去日本的学生渐渐增多。据光绪二十七年（1901）十二月所作的一次调查，中国在日本的留学生已有269人，他们分别来自湖北（47）、江苏（44）、浙江（39）、广东（23）、湖南（19）、直隶（17）、安徽（15）、福建（12）、四川（11）、江西（4）、贵州（2）、山东（1）、陕西（1）、广西（1）、奉天（2）等全国各地，有3名为女子，自费者近半数。他们在

① ［日］实藤惠秀：《中国人留学日本史》，20页，北京，三联书店，1983。

② 参见《军机处电寄伍廷芳谕旨》，《清光绪朝中日交涉史料》，卷52，2页。

③ 《李盛铎请调主事夏偕复充管理学生总监督片》（光绪二十五年五月初八日，1899年6月15日），《清光绪朝中日交涉史料》，卷52，31页。

④ 《光绪朝东华录》，第四册。

⑤ 参见《光绪二十七年七月十六日上谕》（1901年8月29日），《光绪政要》，卷27，59页。

⑥ 参见《清帝广派游学谕》（光绪二十七年八月初五日，1901年9月17日），《光绪朝东华录》第四册，中华书局，1958。

⑦ 光绪二十五年七月二十七日（1899年9月1日）总理衙门奉旨谕令：嗣后出洋学生应选习泰西各国农工商矿等实学科目（《约章成案汇览》乙编，卷32，上），但随着变法形势的出现，政治人才孔亟，实学问题遂淡然下来。

⑧ 《致江宁刘制台保定袁制台》，《张文襄公全集》，卷178，电牍57。

日本肄业的学校主要是帝国大学（其中法科 4 人）、第一高等学校、高等师范学校、高等工业学校、高等商业学校、东京专门学校、法学院（6 人）、日本法律学校（1 人）、明治法律学校（1 人）、东京学院、蚕业讲习所、千叶专门医学校、熊本医学校、成城学校、庆应义塾、高等师范附属中学校，东亚商业学校、东京同文书院、弘文书院等，以肄习师范、军事和法政为主。①

由于东游学生络绎倍增，特别是自费生增加甚速，清政府根据专使大臣载振查复留日学生聚众滋事的情形和驻日公使蔡钧的奏请，于光绪二十八年（1902 年）十月任命外务部员外郎汪大燮为日本游学生总监督，统管所有官派自费学生。② 为了进一步加强对留日学生活动的控制，光绪二十九年八月十六日（1903 年 10 月 6 日）张之洞奉旨拟成《约束鼓励游学生章程》③，规定对留日学生"请假外出"、"托故不上讲堂"、"妄发议论，刊布干预政治之报章"、编辑或翻译"有妄为矫激之说，紊纲纪害治安之字句"的著作等行为者，严加裁制；对于"安分用功学成回国之学生，予以确实奖励"，并分别情况，"给以相当官职"，"使各学生有歆羡之心"。该章程规定的具体措施之一，就是限制对学习政治法律学生的派遣："保送学生入日本各学堂，除农工商各项实业学堂及文科、理科、医科各专门不限人数外，其政治、法律、武备三门，宜分别限定名数，每年只准保送若干名。武备一门，非官派学生不准保送。政治、法律两门，亦先尽官派学生保送。如自费生本系职官请咨前往者，不在限数之列。"

张之洞虽然推崇日本的法律学，但是出于维护清朝封建专制统治根本利益的需要，又不得不对学习法政的学生加以种种限制。他所拟定的这个章程目的在于防范留学生"浮游废学、任情妄为，犯义干名，陷于罪戾"，并以授官加以劝诱，可是在"学生在外国境内，中国法令难行"的情况下，这些措施的实际作用是根本无法保障的。

据冯自由回忆，当时在日本的一些学生，"所取教材多采用英法名儒之自由、平等、天赋人权诸学说"，诸生"高谈革命、各以卢骚、福禄特尔、丹顿、罗伯斯比尔、华盛顿相期许。是时我国留东学生全数不满百人，以主张排满之戢翼翚（元丞）、沈云翔（虬斋）等为最激烈。戢、沈每至大同学校（1899 年梁启超为来日的原湖南时务学堂学生所办）访友，恒流连达旦。此外尚有北洋官费生黎科、金邦平、蔡丞煜、郑葆丞、张煜全、傅良弼诸人亦持革命论调，与总理、梁启超时相过从……"④

1903 年新任的出使日本大臣杨枢雇匠刷刷张之洞的《约束鼓励游学生章程》多张，分发各省的学生后，便立即引起留日学生的强烈不满。在《诸君见约束学生条约否?》一文中，学生责问"陆军、警察、政治、法律、经济数者，皆建置国家之要素"，"禁自费生习政、

---

① 参见《日本留学生调查录》（光绪壬寅，1902 年），《光绪壬寅政艺丛书》上篇（1），卷 5。

② 起初的留学生均暂由驻日公使负责管理，官派学生各省或有委员监督或无委员，自费生则保送后即无约束，而留日生的迅速增加，尤其是留学生与时任公使蔡钧冲突事件之后，清廷亦感到有必要对留日学生加以规制。同月二十四日（9 月 25 日）出使日本大臣蔡钧亦以"人数愈多则照料难以周详，涣散漫无归宿"为由，奏请派总监督。《外务部奏派员外郎汪大燮为赴日本游学生总监督折》、《出使日本大臣蔡钧奏陈驻日情形并请派科甲大员专管学务折》，均载《光绪朝中日交涉史料》，卷 66，38、39 页。

③ 参见《张之洞筹议约束鼓励游学生章程折（附章程）》、《张文襄公全集》，卷 61。

④ 冯自由：《革命逸史》，初集，72～73 页，北京，中华书局，1981。

法、陆军何也?"并公开指骂"满洲"为"满奴",叹张之洞"自戕其同种"①。后来的事实也证明了清政府试图完全控制留学生的思想和政治动向是不可能的。例如,最早荣膺清廷法科进士褒奖的戢翼翚恰恰就是一名反清的革命志士。

四、法政速成科

光绪二十九年(1903年),日本公爵近卫笃麿和东亚同文会副会长长冈护美子爵,与总监汪大燮会商,打算在东京为中国游历官设立"法政速成学院,学章甫拟就,而汪大燮已卸任,近卫笃麿旋身故,事遂中止"。后来由日本法政大学校长梅谦次郎(1860—1910)与在日留学的范源濂和曹汝霖继续谋议。杨枢抵日后,热心这一计划的梅谦次郎又向杨枢提出此议,杨即向长冈护美取得前已拟草的学章,并与梅谦酌议改定,又经日本文部省认可之后,于光绪三十年(1904年)正式开办,舍址在东京麴町区富士见町六丁目十六番地。"开学之日,中外士商来观者千有余人,日本各部院大臣亦来颂祝,礼甚隆重。"② 梅谦次郎与杨枢最终促成的法政速成计划对于留日法政教育是一次重要的推动。

从当时的情况来看,各省陆续派遣日本的学生已逾三千。但其中学习普通科者居多,习法政专门科者尚少。杨枢认为,日本各学校教授法政学科均使用其本国语言文学,中国学生若习法政,必须先掌握日语之后方能听讲,这样一来,要完成法政学业总须六七年之久,"非立志坚定者鲜克成功,所以多畏其困难而不愿学,甚可惜也"。

可以说,杨枢在这里看到了学习法政之不易,培养法政人才需要较长时间这个问题;这一点与外务部的认识是相吻合的。外务部于光绪二十八年十一月二十八日(1902年12月27日)的《奏议复派赴出洋游学办法章程折》中曾指出:"学政治、理财、律例者,须三四年方能毕业。况出洋伊始,恒须先练口耳,或一年,或半年,听讲时方免枘凿。举其大略,非六年不为功。"③

出洋学习法政所以需要花费较长的时间,显然与学生在学习法政之前的基础准备不足有关。而杨枢所要采取的这个速成方案,就是要抛开普通知识甚至是语言的这个必要准备过程而直入法政专业的学习。求速之意,可谓至尽。他在上报朝廷的奏折当中阐述了三点理由,以此来说明设立法政速成科的必要性和可行性:

(1)朝廷已下变法诏书,而变法之要首在于多储人才,明定宗旨。

(2)日本于明治维新之初,即先于本邦设速成司法学校,令官绅每日入校数时,专习欧美司法行政之学,以应急需;然后宣发誓命,定立宪之国,再开国会,一切变法之事皆依立宪政体而行。故能次节敷施,有条不紊。

(3)"中国与日本地属同洲,政体民情最为相近";"日本立国之基,实遵守夫中国先圣之道","其立宪政体,虽取法于英德等国,然于中国先圣之道仍遵守而弗坠。是以国本不摇,有利无弊,盖日本所变者治法,而非常经,与圣训正相符合。即中国舆论亦以日本之变法参酌得宜,最可仿效。"

这就是说,设立法政速成科一是出于国内变法对于政法人才的迫切需要;二是仿效日本

---

① 《游学译编》第十二期,时评。

② 《出使日本大臣杨枢请仿效日本设法政速成科学折》(光绪三十年十二月初四日,1905年1月9日),《清光绪朝中日交涉史料》,卷68,34~35页。

③ 《约章成案汇览》乙编,卷32,上。

的经验。可见，法政速成科这一模式来自日本。

杨枢为了说明设立法政速成科的好处或重要性，还进一步对"法政速成科"的含义作了这样一番解释：

> 第外国之法律，条绪纷繁，搜讨难尽。所谓速成科者，系将法理之所以然及各国法律之得失互相比较，择其适于中国之用者，则详加讲授，其余姑置不论，以免多费时日，学非所用。现在中国兴办铁路、矿务、商标、银行等事，均须参用外国之法始能攸往尽利。是以上年钦奉明诏，修改法律，圣谟广大，中外共仰。查日本从前法律，与中国同而与欧美异，故通商各国亦向日本索有治外法权。迨日本颁布宪法之后，通商各国方允将条约更正。可见修改法律，乃今日切要之图，况各省教案多因本地官绅不谙外国法律，以致办理失宜，酿成交涉要件。中国惟有将法律修改，庶可……与各国公议将治外法权一律收回，不受外人挟制。然则外国法政之学，上下亟应讲求，不宜稍缓。是科之设，不习日语日文便可进讲专门之学校，较之入他学校以六七年之功修始得一完全之科学者，诚为百半功倍……

以上的阐述，涉及借鉴日本近代法律教育的经验，培养法政人才与国内修改法律的关系，以及法政速成方案的基本思路，也是关于如何具体学习外国法的问题较为集中的一段文字，值得我们注意。

按照《日本法政速成科规则》[①]，法政速成科"以教授清国现代应用必要之学科，速成法律、行政、理财、外交之有用人才为目的"（第一条）。"入本科资格者：（一）清国在官者及候补官员；（二）清国地方之士绅年龄已二十岁之有志者，但汉文均须有根底者方许入学。"（第十五条）学制为六个月为一学期，满三学期，即一年半毕业；分设法律、政治、理财和外交四科；聘请"日本最有名之学士、博士"任诸科教习（见表5—1）；授课由日人以日语口授讲义，由中国留日的优秀毕业生同时翻译，并由翻译将每日讲义译成中文，编印成册，发给学生使用。（讲义录在杨枢的赞助下，于1905年2月5日首次发行，以后每两周一次定期发行。）此外，"尚有实地体验之法，举凡司法行政各衙门，及官私所设物业有关于政治之学者，俱由各教习随时率领本科学生前往参观"[②]。

法政速成科从1904年5月接受第一批94名学生开始（其中67人于1905年5月毕业），到1906年年底接受第五批843名学生结束（其中385人于1908年4月毕业），前后共举办五期，培养毕业生总计1 145人。其中378人于1905年及1906年毕业于法政科，400人于1907及1908年毕业于法律科，296人于1907年、1908年毕业于政治科，71人于1907年修完补修科。[③] 这些速成生有的到日本前就已是进士或举人，学识甚高，"堪与高水准的法政大学教

---

　　① 参见《东方杂志》第一年第五期，教育。

　　② 《出使日本大臣杨枢请仿效日本设法政速成科学折》（光绪三十年十二月初四日，1905年1月9日），《清光绪朝中日交涉史料》，卷68，34～35页。

　　③ 参见［美］任达：《新政革命与日本》，南京，江苏人民出版社，1998。关于法政速成科毕业生总数，各种统计数字不尽一致。实藤惠秀认为有1 070余人，参见［日］实藤惠秀：《中国人留学日本史》，50页，北京，三联书店，1983；叶龙彦据台湾教育部档案室藏《日本法政大学法政速成科毕业生名册》认为是1 145余人，与任达所引资料的统计相同。参见叶龙彦：《清末民初之法政学堂1905—1919》，台湾私立"中国文化学院"史学研究所博士论文，95页，1974。

职人员相匹配"①；有的成为后来政界、法律界的要人，如汪精卫、居正、胡汉民、沈钧儒和汤化龙等，很多人后来成了谘议局的议员。

表5—1　　　　　　　　　　　日本法政速成科教习与讲授科目表②

讲授科目	教　习
民法	梅谦次郎（法国法学博士、法政大学校长兼东京帝国大学教授）
商法	志田钾太郎（法学博士、东京高等商业学校兼东京帝国大学教授）
刑法	冈田朝太郎（法学博士、东京帝国大学教授）
国际公法	中村进午（法学博士、学修院及东京高等商业学校教授）
宪法	美浓部达吉（法学博士、东京帝国大学教授）
行政法	松浦镇次郎（文部省参事官）
监狱法	小河滋次郎（司法省监狱局监狱课长）
国际私法、裁判所构成法、民刑诉讼法、政治学、经济学、财政学及警察学	其他知名人士

法政速成科兴办的时候，正值赴日留学的极盛时期。1905年年底，官费和自费生人数已突破8 000人。③ 据杨枢的分析，留日学生骤增的原因是：

（1）诏停科举注重学堂，而学堂之出身不如出洋留学之易而优；

（2）天津、上海至日本东京仅六七日之程，较之由府县入省会学堂，由省会入京师学堂，其劳逸相等；

（3）"挟利禄功名之见而来"。

如此众多的学生相涌而至，使日本的高等教育设施"亦难容此数千之众"。于是日本民间相应出现了以营利为目的的各种"学店"。据杨枢讲，这种学店当时不下十余处，"有以三个月毕业者，有以六个月毕业者，甚至学科有由学生自定者，迎合学生之意，学生即喜。入之而不能禁"。习普通学者两年半毕业，但此两年半内仅习日语犹恐不足，遑论学习其他学科，"故虽大学及高等毕业者，亦未可信也"④。

杨枢对留学生教育质量所持的这种怀疑，同样引起了日本方面的注意。1905年以后，日本文教界也开始指责速成教育的不当和留日学生的泛滥。同年11月，日本文部省颁布《关于令清国人入学之公私立学校规程》，即通常所说的"清国留学生取缔规则"，并由此而引发

---

①　［美］任达：《新政革命与日本》，南京，江苏人民出版社，1998。

②　本表依据任达著《新政革命与日本》一书提供的资料编成，参见［美］任达：《新政革命与日本》，61～62页，南京，江苏人民出版社，1998。任达在使用这部分材料时，特别感谢美国国会图书馆亚洲部中国区的专家Mi Chu Wiens女士（她的祖父就是法政速成科第四届毕业生之一的居正），借用他法政大学史料委员会编的《法政大学史资料集》、第十一集，《法政大学清国留学法政速成科特集》，这是一套非卖品史集，是全面的、极有价值的历史文献。

③　参见《出使日本国大臣杨枢密陈学生在东情形折》（光绪三十一年十二月二十三日，1905年1月17日），《清光绪朝中日交涉史料》，卷69，23页。

④　参见《出使日本国大臣杨枢密陈学生在东情形折》（光绪三十一年十二月二十三日，1905年1月17日），《清光绪朝中日交涉史料》，卷69，23页。

了一场严重的学潮。①

有鉴于此，清政府方面也采取了严格的限制性措施。1906 年 3 月 13 日在《通行各省选送游学限制办法电》中要求："其习速成科者，或政法或师范，必须中学与中文俱优，年在二十五岁以上，于学界、政界实有经验者，方为及格，否则不送。"② 同年 8 月 7 日，学部在《通行各省限制游学并推广各项学堂电》文中又进一步要求："嗣后此项速成学生，无论官费、私费、师范、法政，应即一律停派，不予给咨。"理由是："顷查日本学生一万二三千人，习速成者最占多数，已足以应急需。"与此同时，又要求本国"法政学堂亦当及时设立"③。这样，速成生的派遣，除了当年最后一次派出进士馆学员入日本法政大学第五班速成科外，一律停了下来。法政速成科也经梅谦次郎于当年来中国与张之洞、袁世凯等人协商之后，改为三年制的普通科，并准学生于三年毕业后入法政大学预科或专门部继续学习。除此之外的京外游学生的派遣，无论官费私费，仅限于"具有中学堂毕业程度，通习外国文字，能直入高等专门学堂者，始予给咨"④。

由于对出洋留学的这种资格上的限制，加之本国新式学堂的逐渐设立，自 1907 年以后，留日的高峰始渐回落。与此同时，学部对留学的政策又作进一步调整：以"造就人才"，"欲图富强，重在实业"为由而提倡、鼓励学子出洋学习实业。学部等部在《奏请选派子弟分送各国学习工艺折》（光绪三十四年九月二十一日）中指出："近来各省派往东西洋之游学生，为数亦已不少，然以未经中学堂毕业，普通学不完备，出洋以后，见夫法政等科，可不必习普通学而躐等以进，于是避难就易，纷纷请习法政，以致实业人才愈见其少。""并令此后凡官费出洋学生，概学习农、工、格致各项专科，不得改习他科……如此量为限制，庶几实业人才可以日出。"⑤

光绪三十四年（1909 年）学部发现："日本近年来私立之法政大学日见增多，其所收中国学生，程度每多迁就，且往往有名虽在学，而终年在外游荡，实在到堂听讲，归斋自习之日并不甚多。其有人学一二年，而己自专门部升大学毕业者。"⑥ 学部对此作出规定："凡在日本私立法政大学毕业者，除由普通毕业升入之学生，呈有普遍毕业文凭者外，概于考试之前，先由学部考验普通学大要及日文日语，合格者始准应考。"⑦

到了光绪三十四年年底（1909 年 1 月），鉴于留日诸生大都仍"趋重法政，愿习实业者

---

① 此"规程"共 19 条，令自明治三十九年（1906 年）1 月 1 日施行。由于该规程第 9 条（受选定之公私立学校，其令清国人宿泊之寄宿舍及属于学校监督之旅馆，要为校外之取缔）、第 10 条（受选定之公私立学校，遇有清国人曾在他学校以性行不良之故被命退学者，不得复令入学）之规定，留学生遂与日本教育当局发生冲突。陈天华愤而蹈海，留学生次第罢课，大批学生集体回国，其回国者于 1906 年春在上海成立了中国公学。胡汉民曾指出，日本发布"取缔规则"的原因有二：一是以当时人数过多，有不自整饬其行为者，俾日人有所借口，日人亦有贩文凭为利之私校，其寄宿舍更不堪言；二是革命党之组织成立，清公使馆当有所闻，则与日本交涉，日政府乃使文部省为此以敷衍之。参见《胡汉民自传》，2 页，台北，传记文学社，1969。

② 《学部奏咨辑要》卷一。

③ 《学部奏咨辑要》卷二。

④ 《学部奏变通进士馆办法遣派学员出洋游学折》（光绪三十二年七月初七日，1906 年 8 月 26 日），《附奏非具中学程度之学生概不咨送出洋片》，《学部奏咨辑要》卷二。

⑤ 《学部奏咨辑要》卷四。

⑥ 《大清德宗光绪实录》卷五百九十，4 页。

⑦ 《留东私立法政各大学毕业生考普通学一场片》，《学部奏咨辑要》，上篇。

少",对习实科（农工格致）及医科者继续加以鼓励,规定:"所有酌定自费游学生考入官立高等以上实业学校准补官费。"① 直到宣统二年（1909 年）学部改定《管理游日学生监督处章程》中,仍坚持鼓励和优待学生学习实科,而限制法科等文科。②

从学部为扭转留学风气而采取的这一系列措施当中,可以反见这一期间在日本学习法政的学生仍然很多。官费出洋生虽概令学习实科,但学部仍支持游历官员利用各种机会出洋接受短期培训,以应急需。例如明治大学校长岸本辰雄于 1904 年设立的经纬学堂,就曾与直隶、山西两省达成协议,开设了为期 7 个月的警务速成科。③ 日本法政大学专攻科也附有一个"特设部",讲解期间以三四个月为限,专供各省游历官肄业,只要人数在 30 人以上即可开讲。④

自 1896 年直到清朝灭亡这一期间,法政科始终是留学日本的一个主流。但这期间究竟有多少人曾赴日本学习法政是一个难以准确回答的问题。许多学者对清末民初中国留学日本的人数都做过一般性的考察⑤,但有关法政方面的具体数字,目前尚缺乏专门而完整的统计。据日本文部省的统计,清末留学生毕业于私立早稻田大学、明治大学、日本大学法政科的约有 1 364 人,毕业于东京帝国大学法学部的为 2 人,公私立法政科学生合计 1 366 人。⑥ 如果再加上法政大学速成科的五届毕业生 1 145 人,则合计约有 2 511 人。又据实藤惠秀的统计,

---

① 《学部奏定自费游学生考入官立高等以上实业学堂补给官费办法折》（光绪三十四年十二月十二日,1909 年 1 月 3 日）,《学部奏咨辑要》卷四。

② 参见该章程第十七条、第十八条、第二十八条之规定。参见《大清法规大全》卷 17,教育部,游学生。

③ 参见 [日] 阿部洋:《中国的近代教育与明治日本》,120 页。转引自 [美] 任达:《新政革命与日本》,63 页,南京,江苏人民出版社,1998。

④ 参见《通咨京外各衙门嗣后如派员赴东游历限二、三、九、十四个月到东之期,以便入法政大学特设部听讲文》,载《学部官报》,第六十二期,文牍。

⑤ 大概由于研究者所依据的材料以及对这些材料处理方法的不同,学者之间关于留日人数的计算结果有着较大的差异,这包括各年在日本的中国学生和留日的中国毕业生以及留日生总数。一般认为,较权威的统计是实藤惠秀的。詹森同意实藤的计算,并指出他的统计是当时保守的估计数。黄庆福的估计与实藤相近。资深的中日关系史专家汪向荣同意陈青之《中国教育史》（1937）所引清学部的推计,认为 1906 年在日中国留学生大约有 12 000 人是"比较合于事实的",这高于实藤的计算。其他中国学者,如李喜所、田正平等的计算结果都高于实藤。具体数字的比较可参见上述作者各书。此处,笔者依据有关史料提供的数字列表如下,供读者参考。

年份	在日学生人数	资料来源
1896	13	《弘文学院沿革概说》,转见舒新城《近代中国教育史料》第 1 册
1901	269	《日本留学生调查录》,《光绪壬寅政艺丛书》
1902	600 余	《出使日本大臣蔡钧奏陈驻日情形并请派科甲大员专管学务折》（1902 年）
1903	1 000 余	《出使日本国大臣杨枢密陈学生在东情形折》（1906 年）
1904 年 1 月	1 300	《出使日本大臣杨枢具陈兼管学务情形折》（1904 年）
1905 年 1 月	3 000 余	《出使日本大臣杨枢请仿效日本设法政速成科学折》（1905 年）
1906 年 1 月	8 000 余	《出使日本国大臣杨枢密陈学生在东情形折》（1906 年）
1906 年 8 月	12 000～13 000	《学部通行各省限制游学并推广各项学堂电》（1906 年）
1907 年 7 月	10 000 以内	杨枢《游学计划书》（1907 年）
1908	10 000 以内	《学部奏改订管理游日学生监督处章程折》（1910 年）

⑥ 参见叶龙彦:《清末民初之法政学堂（1905—1919）》,台湾私立"中国文化学院"史学研究所博士论文,110 页,1974。

1901—1911 年间留日的中国毕业生，共有 2 831 人①，两者对照，法科生比例之大显而易见。

以上的统计数字是比较可靠的，但肯定不是在日本学习法政的实际人数，因为在日本的大学里完成全部学业而获得毕业资格的学生，只是众多赴日留学生中的一部分。1907 年，出使日本大臣杨枢曾对当时在日留学生的结构、种类作过一个基本的统计：

> 以现今人数计之，大概在万人以内，其出于官费、公费者居十之三，其出于自费者居十之七。而综计官费、公费、自费学生之得毕业人数，其速成者居百分中之六十，其普通者居百分中之三十，其中途退学辗转无成者百分中之六、七，其专门高等者则仅居百分之三、四，而入大学者则不过百分之一而已。……今也学生虽多，而能入大学者寥落如晨星，固学界之憾，亦我国学界前途未能发达之一原因也。②

杨枢出使日本，兼管学务，与日"各校长、教习时相接洽"，对留日学生的情况比较熟悉，因此，他的这个判断应该说大体上是不会差的。杨枢的上述估计是针对留学生的教育质量而言的。而留学生的学业程度与其来日本的动机是有关系的。

曾经两度赴日留学的胡汉民对当时赴日的留学生作过一个分类：

> 其时学生全体内容至为复杂，有纯为利禄而来者，有怀抱非常之志愿者，有勤勤于学校功课而不愿一问外事者（此类以学自然科学者为多），有好为交游议论而不悦学者（此类以学社会者为多），有迷信日本一切以为中国未来之鹄者，有不满意日本而更言欧美之政制文化者。③

五、一个留日法科生的学习自述

关于法科学生在日本学习方面的情况，是一个令人感兴趣的问题。众多学生在日本学习法律，他们是怎样学习的，都学了些什么，这些对于认识、理解在过渡时代中国人如何通过日本吸收近代法学知识的具体活动过程都是有意义的。

在留日学生记录的旅日日记中，恰好有一位法科学生留下的一部完整的学习生活日记，这就是黄尊三刊行的四册《三十年日记》的第一册《留学日记》，其中记载了他长达 8 年的留学生活。无论黄尊三的留学经历是否具有代表性，这份资料终究提供了一个学生在日本接受大学法科教育全部过程方面的一些情况，现撷其要者，编录如下。④

黄尊三是湖南泸溪人，在出国之前，已是湖南高等学堂的甲班学生。1905 年湖南巡抚端方从高等学堂和师范学堂中选拔官费赴日留学生 60 人，黄氏即为其中的一员。

光绪三十一年（1905 年）四月十日，黄所在的这批学生由湖南出发。十二日抵武昌。二十三日受湖广总督张之洞的接见。张之洞款以西餐，并且各送《劝学篇》、《钦定学堂章程》

---

① 参见［日］实藤惠秀：《中国人留学日本史》，北京，三联书店，1983。
② 杨枢：《游学计划书》（1906 年 7 月 29 日）。转引自陈学恂、田正平编：《留学教育》，370 页，上海，上海教育出版社，2007。
③ 《胡汉民自传》，14 页，台北，传记文学社，1969。
④ 黄尊三的留学日记被实藤惠秀作为留学生在日本生活的一个典型个案加以利用。笔者未见原书，这里所作的摘录即依据实藤在《中国人留学日本史》一书提供的材料，参见［日］实藤惠秀：《中国人留学日本史》，126～146 页，北京，三联书店，1983。

一部。五月十六日坐日船离沪赴日，入弘文学院读预科。

1906 年入早稻田大学普通预科，每日认真上课。

1907 年改用阳历记事，同年 9 月入特别预科。

1908 年 3 月 27 日，特别预科毕业合格，升读高等预科。暑假自订日课表：

"6 时起，10 时睡。上午看英文《沙翁文集》、《鲁滨孙漂流记》；

"下午，练习日文、日语。晚灯下作英文日记。"

后又改日课表：

"6 时起，7 时日记，8 时至 12 时：英文；下午：看日本小说，晚读《左传》。"

9 月 4 日，预科第二学期课表（按每星期计）

英作文文法	6 节	汉文	4 节
英文讲读	9 节	历史	2 节
英文会话	1 节	伦理学	1 节
英文默写	1 节	论理学	1 节
英文音读	1 节	日文作文	1 节
国文文典	3 节	体操	1 节

这期间，每日上课，晚上准备功课，无暇读课外书……

1909 年 6 月高等预科第三期考试，黄仍不及格，但因预备考试用脑过度，常觉头晕。去山田脑科医院接受电气治疗，一周三次，同居日人斋藤来看，对他说："如果再用功下去，你的病是不会好的。"是年 9 月 8 日，参加明治大学入学考试。由 9 时至 4 时。17 日明治大学入学试放榜，黄合格。

1910 年 1 月 3 日，西路同乡会决定办地方自治杂志，请黄任编辑。他为此购买了《自治要义》、《自治精髓》开始翻译。27 日各泰晤士报社订购英文周报。2 月 13 日，定每周日与友人聚会一次，或讨论学问，或讲述时事。第一次在黄家中举行。出席者有 8 人，由下午 1 时至 4 时止。各人觉此会很有益处，决定下次在凌云的居处聚会。4 月 8 日，五天前熊芷斋托他翻译的西洋历史，至今天全部译完。6 月 22 日妻来信催促，起程返国。

1910 年 9 月 26 日，大学部第二学年讲课开始。黄所修科目为：

民事诉讼	岩田	2 节	行政法	上杉	4 节
民法物权	横田	2 节	法理学	笕克彦	2 节
民法债权	横田饭岛	2 节	英法	立石	2 节
商法总则	松波	2 节	平时国际公法	高桥	2 节
商行为	青山	2 节	战时国际公法	秋山	2 节
会社	三桥	2 节	英语		2 节
刑法各论	三木	2 节	独语		2 节
计 14 科目		33 节			

每日生活秩序如下：

6 时至 8 时，读英文报纸。

晚饭后阅读日本杂志、中国杂志、《通鉴》、《左传》。

10 时半记日记。

日间上学。

星期六晚休息。

星期日读报纸，休息。

10 月 1 日学校发起组织辩论会（仅留学生参加），黄负责起草规则十余条。11 月 14 日，虽没有时间，但因"经济困难"和友人盛意，承受与友人合译《货币论》。20 日，开演辩会，黄的题目为《国体意义与公共目的》。

1911 年 1 月 6 日，读宪法与国际法，不赞成上杉氏有关主权的解释。他认为日本的宪法是君主的宪法，而上杉氏又是官僚学者，故上杉之说，无足为怪。2 月 7 日：

> 日来读国际法，于"主权"二字颇有领会。我国名为完全主权国，实则一不完全主权之国家，任人保护，任人租借，任人协调。所幸对内主权，尚未完全落入外人之手，若再并此而失之，虽不瓜分，亦不国也。噫，以数千年大汉之天下，今竟为孺子作牺牲，中国尚有人乎？

18 日，去听刚从中国回来的冈田朝太郎的演说。

11 月 2 日，武昌起义消息传到。4 日，留学生召开全体大会，决议一齐回国，作为革命军后援。22 日，与友人 20 人登船回国。27 日抵沪。30 日，因日本某报刊出干涉革命议论，黄读后愤怒，写《就武昌起义请日本政府及国民严守中立》一文。

1912 年 2 月 29 日返回东京，拟埋首温习功课，应付 8 科毕业考试。6 月 24 日，考试完毕。7 月 5 日，东京友人来函得知毕业考试已合格。8 年间辛苦总算有了结果，心情舒畅。17 日，携五大箱书归国。24 日，抵北京。

黄尊三归国后，仍以教育事业为重，不甚热心政治。他先后担任过中国公学、江汉大学、民国大学教授，后任民国大学总务长。此间他从日本邮购了很多书，翻译出版了不少。仅他的日记中记录的即有 8 种之多，如姊崎正治的《释社会问题》（内务部编译处，1920年）。他与萨孟武（京都帝国大学法学士毕业生）等人合作翻译出版的日本著名法学家穗积陈重的名著《法律进化论》最为有名。

第三节
法科留学在东西洋之间

一、清末（1890—1911 年）

自福州船政学堂派遣的几名学生分别在英国和法国完成了他们的法学学业之后，直到 19 世纪末，再未见有派遣学生出洋习法的事例。这一时期大体上可以说是留学欧美的中止期（包括法政科在内）。[①] 1893 年游历日本的黄庆澄在他的《东游日记》（1894 年刻成）中曾记

---

① 光绪十六年（1890 年）和二十二年（1896 年）总理衙门先后奏准出使英、俄、法、德、美五国大臣每届酌带学生 2 至 4 名，但均系襄赞使署文牍，无暇分身肄业。因此，他们尚不是专门的留学生。

载了一个名叫罗叔羹的人，"通西文，习律例学，曩在西国学校中以法科擢取高等，现在译述西律，尚未脱稿"。由此可知，至少是在此以前，仍然有人在"西国"学习法律，但人数极少。

甲午战争以后，国内变法的主张和大派游学的舆论几乎都以日本为鹄的，甚至提出了游学之国"西洋不如东洋"的口号。因此，留学欧美远不如留学日本那样受到重视。

光绪二十五年（1899 年），总理衙门奏议《出洋学生肄业实学章程》六条①，认为泰西各国于农、工、商、矿务之学，"讲求最精"、"最为究心"，而令出洋的员弁学生入各国农、工、商、矿学堂肄习，又"恐未必能速成"，而将过去所定的三年期满一律改为六年学成。章程中所讲的"出洋"虽是泛指，但主要是提倡赴欧美学习实学，并不包括法政，甚至是在洋务运动中曾经受到推崇的"交涉公法"，这一点颇为有趣。

光绪二十七年（1901 年）八月，清廷发布《广派游学谕》，敦促各省"务择心术端正"、"文理明通之士遣往学习，将一切专门艺学，认真肄业，竭力讲求"。对学成得有优等凭照回华者，奏请考验奖励，并赏给进士、举人各项出身；对自备资斧出洋游学者，一体办理。②这道谕旨是为配合宣布变法后极需人才的形势而发布的，是清政府明确表示支持游学的一个标志。但其内容相当的笼统，游学所应达到的目标，学习何种科目及有关的一系列问题均未涉及。由于"经费极为支绌，物力甚艰"，各省的行动主要就是"就学东瀛"，特别是交通不便的偏僻内陆省份。

光绪二十八年（1902 年）十一月，外务部奏上的《议复派赴出洋游学章程》对游学政策略加论证和充实，其中提出："专门学问，精微奥妙，各有不同，如学矿务制造者，须四五年；学政治、理财、律例者，须三四年方能毕业。"加之"出洋伊始，恒须先练口耳"一年半载，因此"非六年不为功"。还要求："肄业期内，一概不准充当使馆差使，借杜躁进而植成材。"总之，"风气初开，全材难得。苟有一端可取，即为有用之才。所习何项专门，应即用以充当何项差使"③。外务部提出的意见是比较谨慎和现实的。

光绪二十九年十一月（1903 年 12 月），张百熙奏派京师大学堂速成科余棨昌等 31 人于年内往游日本，俞同奎等 16 人于年外往西洋各国游学。此次遣派无科别方面的限制，允许"分习专门"，而且东西洋各国兼派。只因"日本学费较省，往返近便，故派数较多"；西国"常年钜费，力有不支，然而培材起见，自当勉为筹划"④。

在派往西国的 16 人中，林行规（1884—1944）入英国伦敦大学学习法律，获法学士学位后回国，历任大理院推事，法律编查会编查员，北京大学法律科学长等职。魏渤和柏山均于 1904 年 9 月进入俄国森堡大学堂（即彼得堡大学）学习法政科。柏山曾在广东同文馆肄业四年，考例第一名，奏保主事在案。魏渤曾在上海私立学堂肄业英文两年，又在湖北自强

① 参见《总理各国事务衙门奏遵议出洋学生肄业实学章程折》（光绪二十五年七月，1899 年 8 月），《约章成案汇览》乙编，卷 32，上。

② 参见《清帝广派游学谕》（光绪二十七年八月初五日），《光绪朝东华录》，第四册。

③ 《外务部奏议复派赴出洋游学办法章程折》（光绪二十八年十一月二十八日，1902 年 12 月 27 日），《约章成案汇览》乙编，卷 32，上。

④ 此次派遣留学费用系在京师大学堂实存项下，按年提拨，并单奏销。西国 16 人统计需费 10 万余两，日本 31 人共需 9 万余两，川资等项尚不在内。可见派遣留学西洋，财力匮乏是一个极重要的制约因素。张百熙等：《奏派学生赴东西洋各国游学折》（光绪二十九年十一月三日，1903 年 12 月 31 日），《光绪朝东华录》，第 5 册。

学堂学习过五年。

同年，湖广总督端方选派湖北各学堂中22名学生赴美、德、法、俄游学。其中的陈箓、马德润、萧焕烈出国后都肄习法科。

陈箓（1877—1903）是福建闽侯人，曾为福州船政学堂开除，后入湖北自强学堂，被派赴德国，又改入法国巴黎大学，于1907年获法学士学位，次年回国后任法部主事、修律馆纂修，民元后任外交部政务司司长及驻法公使，曾执律业。马德润是湖北枣阳人，也是自强学堂的学生，1903年被派赴德国柏林大学学习，获法学博士学位，回国任京师地方审判厅厅长，1911年任全国第一届县知事考试主试委员，民元后曾任修订法律馆总裁，并在平津执律业。萧焕烈（1881—?），湖南衡州人，曾在自强学堂五年毕业，1904年8月入俄国森堡大学堂学习法政科。

端方没有派遣学生赴日。他认为，近来国人怵于日本之自强，往往径赴东洋游学，"人类既众，学术易歧"；实则日本学制皆步武泰西，"泰西则中国肄业者较少，功课亦极认真"，由欧美卒业者，"大半学问精深，心术纯正，颇多可用之材。现在中国力行新政，所求正在此辈，若不广图造就，势必习于近便，继往无人"。虽然鄂省用款支绌万状，但为大局起见，仍竭力筹画。[1]

光绪三十年八月（1904年9月）外务部及学务大臣又奏《游学西洋简明章程》，继续强调游学西洋要注重武备、制造、农工商诸学和路矿工艺等实科。[2]

经过几年的倡导和推行，游学欧美的学生渐渐地多了一些，但与同期留日的火热情形相比照，仍相差悬殊。当留日出现泛滥的质量问题而受到各方批评、指责的时候，清政府开始对留学的国别加以调整。

光绪三十一年八月（1905年9月）清廷发布的《多派学生分赴欧美游学谕》中指出，"所有派出之学生，皆应讲求实学专科，以期致用，毋得避难就易，徒托空言"；"现在留学东洋者，已不乏人，著再多派学生，分赴欧美，俾宏造就"。前者显然是指留日的情形，后者虽力促各省多派学生游学欧美，但在种种现实的约束条件之下，特别是受制于财力以及游学的功利心，其预期效果很难实现，以致后来留日学生仍络绎不绝，而赴欧美者依然有限。

根据以上涉及游学欧美的奏章，再比照当时东游日本的情形，我们不难看出：直到清朝末年，政府派遣学生游学欧美，唯重实科而疏于法政；肄习法政又西（洋）不如东（洋）。除此之外，晚清最后十年间的留学事务，还有几点值得注意：

其一是贵胄游学以肄习政法、陆军为急务。

光绪三十三年十一月（1907年12月），外务部及学部等会奏《请派贵胄出洋游学折》（附章程）[3]，其论请派贵胄出洋学习政法、陆军的必要性和紧迫性时说：

> 欲振国民之教育，必自贵率以精神；欲固皇室之本根，必于公族宏其造就，其所计至深远也……近怵时局远揽成规，亲贵子弟出洋游学之举诚不可缓。惟学以致用当务为

---

① 参见《奏派学生前赴美、德、俄三国游学折》。端方同年又遣派湖北学生24人，赴比利时学习实业。理由是比利时路矿之学为各国推许。参见《约章成案汇览》乙编，卷32，下。

② 参见《大清光绪新法令》第13册。

③ 参见《学部奏咨辑要》卷三。

先，亲贵子弟所急于肄习者，陆军之外厥为政法。查德国陆军甲于环球，英美两国政治、法律极臻美备。既派贵胄游学，自以分英、美、德三国为宜。现在朝廷举行宪政，整顿陆军，数年以来，官私费出洋学生毕业回国经各衙门调用渐有成效。亲贵子弟士民视为模范，风气待以转移，若能使之悉心研究，学成而归，异日者出贵近而履戎行，进懿亲而谋国是，其提倡较为有力，其效验自必异常……

按照上述理由，章程规定派"贵胄游学生"，包括王公子弟及贵胄学堂的高材生"游学英、美、德三国，研究专门科学"（第一条）；应习之学科分为"政法"和"陆军"二种（第二条）；以三年期满学成回国后，"即予擢用，其尤为优异者破格超擢。"（第三条、第十条）。此外，还规定了游学时所享有的种种优厚待遇，如准带仆役一人，同往通洋文者和精汉文者各一人任译员和经史教员，以及优裕的资费用等，显示出对特权阶层无微不至的关照。

这是自晚清有派遣游学之举以来，唯一明确表示以派赴欧美学习政法为目标的一项计划。它的出现并不偶然。在此前一年，清廷正式颁布了以"大权统于朝政，庶政公诸舆论"为核心思想的预备立宪明诏，并随即着手议定官制、厘订各项法律。但官制改革实际上是"阳托中央集权之名，阴行排汉之实"。在这样的政治背景下，游学日本"路近费者"的理由和"欲图富强，重在实业"的游学政策，于是便成了例外；贵胄生肄习政法、陆军"诚不可缓"，名义上虽是为了朝廷举行宪政而使之成为转移风气的模范，但实际上是出于保障君权"无有丝毫下移"和戒备留学毕业生对满人政权系统日渐渗透的私心。这一点在以上的派遣理由当中，已经表露得相当明白了。

其二是游学毕业生授官成为一项制度。

以往遣派出洋的学生学成归国以后，都分别奏赏顶戴官阶，或有职官奖励。但只是一事一奏的个别情况，并不成为制度。光绪二十九年（1903 年）张之洞拟订《奖励游学毕业生章程》十条，其中规定对符合条件的游学毕业生"即照新章给以出身。已有出身者，给以相当官职"，这是奖励游学生有定章之始。光绪三十一年六月（1905 年 7 月）学务处援照科举制考验出洋学生 14 人，与试者全部及第。唐宝锷、戢翼翚、林棨等分别得进士，举人出身，并授翰林院检讨、主事、县知事。这是清廷举办的第一次回国游学毕业生考试。[①] 参加者均为留日学生，没有欧美留学生。这次考试仅为一时权宜之计，以后游学生日多，而且回国后大多供有要差，不能随时考验。因此，学部于光绪三十二年（1906 年）四月奏订自当年起，每年八月举行一次考试，并拟《考验游学毕业生章程》五条。规定考试科目为"各毕业生文凭所注学科"和中国文、外国文；考评分最优等、优等和中等；考列最优等者给予进士出身，优等及中等者给予举人出身；"毕业生准给出身者并加某学科字样，习文科者准称文科进士、文科举人，习法政者准称法科进士、法科举人"。据学部奏称，该章程系参考外国将"学成试验与入官试验分为两事"的制度而设计的，"考验游学毕业生即各国学成试验之意"[②]。是年八月，学部按此章程举办了第二次回国游学毕业生考试，共 32 人及第，其中最

---

① 参见《光绪政要》，卷 31。
② 《学部奏咨辑要》卷二。

优等 9 人和优等 5 人中的 3 人全为欧美留学生。留学欧美的法科毕业生为①：

一、最优等 4 名，授"法政科进士"

1. 陈锦涛，36 岁，广东南海，美国耶鲁大学、加利弗尼亚大学政治科
2. 施肇基，31 岁，浙江钱塘，美国康乃尔大学政治科
3. 李方，30 岁，广东长乐，英国剑桥大学法律科
4. 张煜全，28 岁，广东南海，美国耶鲁大学、加利弗尼亚大学法律科

二、优等 1 名，授"法政科举人"

5. 田书年，34 岁，直隶东安，美国伟斯利大学法律科

三、中等 2 名，授"法政科举人"

6. 胡振平，25 岁，江苏无锡，英国伦敦大学法律科
7. 薛锡成，28 岁，直隶良乡，德国柏林大学法学科

另外，中等之中有 6 名留日法科生（黎渊、王鸿年、周宏业、董鸿祎、嵇镜、富士英），均授法政科举人出身。以上在考试成绩上西风压倒东风的结果，颇受当时舆论的关注，成为指责留日法科学生质量不佳的一个因素。

光绪三十三年十二月（1908 年 1 月）宪政编查馆与学部又会奏《游学毕业生廷试录用章程》十一条，其中规定："凡在外国高等以上各学堂之毕业生，经学部考验合格取得进士、举人出身后，再经过一次殿试，录取后授予官职。"② 该章程所规定的"授职考试"，与上述的"学成试验"相配套，使留学生毕业回国后的考试授官成为一项正式的制度。

清朝的任官向以科举为正途。1905 年 9 月诏令废除科举制度之后，一时尚难取材于学堂，而内外百司推行新政需才孔殷，争先罗致，私相延揽，往往负笈初归而剡章已列。于是明定考试录用章程，将留学生作用的发挥与传统的科举制结合起来。这对鼓励留学无疑有切实的推动作用，但同时也使留学变成人们获取功名利禄的一种工具。对于清朝统治者而言，这一制度也有利于对留学生的控制。被授予译科进士的留美学生颜惠庆在回忆他参加第二次考试经过时说："当时清廷对于回国之留学生颇存猜忌……政府一面很想利用我等所受的现代教育和所具的新知识为国家服务，同时又怕我们变为革命分子……心理至为矛盾。"③

在晚清最后的十年间，首次出现了留洋习法极为活跃的局面。除了去日本留学外，越来越多的人通过各种途径先后赴欧美各国留学，并在这些国家的大学中接受了现代的法律专业训练。除了前面提到的以外，他们主要还有：

王宠惠（1881—1958），字亮畴，广东东莞人，早年在香港圣保罗书院和皇仁书院学习，1895 年入天津中西学堂（即北洋大学）法科，1900 年毕业后赴日本学习，又转入美国耶鲁大学，1906 年获法学博士学位后继续游学。1907 年赴德国后被选为柏林大学比较法学会会员，并首次将《德国民法典》由德文译成英文出版，由此名声鹊起。1908 年又考取英国律师

① 此处列名依据《学部考取游学毕业生名单》（光绪三十二年）编成，《学部官报》第四期，光绪三十二年九月十一日（1906 年 10 月 28 日）。又见《光绪政要》（三十二年九月赐游学生毕业出身之谕）。

② 《学部奏咨辑要》卷三。

③ 《颜惠庆自传》，台北，传记文学社，1982。

资格。1911 年回国后，长期从事立法、司法和外交工作，是近代法律史上的一位重要人物。

孔祥熙（1880—1967），字庸之，山西太谷人，幼年肄业于通州潞河书院，1901 年赴美国欧柏林大学学习政治经济，后转入耶鲁大学学习法律，1907 年回国在晋创办铭贤学校，1926 年赴美受欧柏林大学颁发的法学博士学位，是国民党政界、实业界的要人。

罗文干（1888—1941），字钧任，广东番禺人，1904 年赴英国牛津大学攻读法律，4 年后毕业获法律硕士学位。1909 年归国后即任广东高等审判厅厅长，1911 年就试获得法科进士。民元后曾任广东高等检察厅厅长、北京政府总检察厅检察长、修订法律馆副总裁、大理院院长，"罗案"后执律师业，后又任南京国民政府司法行政部部长、外交部长等职，兼任北京大学、西南联合大学法学教授。

杨荫杭（1878—1945），字补堂，江苏无锡人，1878 年由南洋公学派赴日本留学，1908 年毕业于早稻田大学法科后又赴美入宾夕法尼亚大学学习，获法学硕士学位，1910 年回国，后曾任江苏、浙江高等审判厅厅长及京师高等检察厅检察长，执律师业。其女杨绛是著名的文学家。

刁作谦（1880—1974），字成章，广东兴宁人，早年随父赴檀香山，中学毕业后入上海圣约翰大学，毕业后赴英国剑桥大学留学，先后获得文学士、法学博士学位和文学硕士学位，并在英国任律师，1910 年回国后应试得法科进士，后长期任职于外交界。其弟刁敏谦（1888—？）亦毕业于圣约翰大学，并留英获伦敦大学法学博士学位。

周泽春（1881—1963），字福介，湖北随县人，曾在湖北经心书院读书，1903 年赴德入柏林大学攻读政治、法律，获法学博士学位，在德时曾主编《欧美法政介闻》杂志，任宪政编查员、留德同学会会长。1910 年回国任职于外务部，赴德考察宪政大臣随员，民元后曾任北京高等检察厅检察长，京师地方审判厅厅长，北京大学及法政大学教授。

严鹤龄（1879—1937），字侣琴，浙江余姚人，1904 年毕业于上海圣约翰大学，后赴美国哥伦比亚大学留学，1911 年获哲学博士学位，归国后授法政科进士。后长期从事外交工作，曾任清华大学校长。

朱兆莘（1879—1932），字鼎青，广东花县人，17 岁考取秀才，先后肄业于广雅书院、京师大学堂优级师范馆，授举人。1907 年赴美留学，先后入纽约大学商务财政科、哥伦比亚大学法科，获学士、硕士学位，又入通儒院博士研究科，民元后回国，曾任宪法起草委员会委员、北京大学商科主任，并从事律师及外交工作。

王正廷（1882—1961），字儒堂，浙江奉化人，10 岁入上海中英学堂，1895 年入天津中西学堂（北洋大学）法科，1907 年赴美先后入密歇根大学、耶鲁大学学习法律，1910 年毕业，后长期从事外交工作。

顾维钧（1888—1985），字少川，江苏嘉定人，1904 年圣约翰大学未毕业即赴美留学，1905 年入哥伦比亚大学，先后获文学士、政治学硕士学位，后又获公法与外交博士学位，以及多种名誉法学博士学位，长期从事外交工作。

二、民国时期（1911 年以后）

詹森说："在二十世纪的最初十年中，中国学生前往日本留学的活动很可能是到此时为止的世界史上最大规模的学生出洋运动。这产生了民国时期中国的第一代领袖。在规模、深度和影响方面，中国学生留日远远超过了中国学生留学其他国家。"[1]

民国以后，继续推行留学政策。1914年教育部公布的《管理留学日本自费生暂行规程》将自费的留学日本学生的资格提高到中等学历以上水平，同年公布的《管理留日学生事务规程》规定"官费学生自民国三年起，不得再送选科"。民国时期，留学日本虽然较清末的那种狂热情景有所缓和，但与留学欧美诸国相比，仍然保持着相当的规模，而且学习的科目也仍以法律、政治和经济等文科为中心。

根据有关材料的统计，民国最初十年（1912—1921年）间毕业于日本私立大学（包括早稻田大学、明治大学、日本大学大学部与专门部）的法政科（包括法律、政治经济科）毕业生共1 201人，占同时期留学日本学生总数（1 616人）的74.3%；毕业于各帝国大学（包括东京帝国大学、京都帝国大学、东北帝国大学、九州帝国大学）法政科的为56人，占总数（283人）的19.7%。[2] 这就是说，法政科仍为留学日本的主流学科。但从公立大学毕业者仅为19.7%这点来看，真正在日本完全取得大学法律科毕业资格的人还是比较少的；而且毕业于私立大学法政科者又以专门部（即专科）占绝大多数，仅就学历来看，留日法科学生的程度也是比较低的，至多是法学士，不像欧美留学生那样大多获有较高级的学位，如硕士或博士学位。当然，这只是就大体的情形而言，不可一概而论。

留日法科学生所以仍能保持较高的比例，主要是因为，自清以来构成吸引人们留学日本的那些基本因素没有改变，如日本法学比较发达，获取干禄的捷径，路近费省，学习法政较为容易（考试有时用中文出题），特别是回国之后出路较广，可谋职于法政学校、各级司法机关和政府机关等等。较早一些时候留学日本的法政科毕业生已不断地取得了政府机构中的显要职位。例如仅在1912年至1928年间先后担任司法部部长、次长的32人当中，就有15人（江庸、章宗祥、张耀曾、林长民、朱深、程克、姚震、汪有龄、张一鹏、余绍宋、石志泉、恩华、李述膺、王文豹、孔昭焱）曾为留学日本的法政科学生。[3] 在国内的司法界有相当的势力。再加当时曾执教大学的余棨昌、钟庚言、程树德、刘志敏、黄右昌、戴修瓒、陈瑾昆等人都是法学名家，这对于当时留日习法的风气无疑也有一定影响和示范作用。

早在光绪三十一年（1905年），清政府即号召多派学生到欧美国家学习，不要只限于日本一国。而西方列强出于他们在华利益的需要，也开始与日本竞争中国的留学生。就在留日人数处于巅峰时的1906年，美国伊利诺伊大学校长爱德蒙·詹姆士向罗斯福总统呈递了一份"备忘录"，要求美国政府关注中国的教育和政治形势，加速吸引中国留学生到美国去。他说：

> 哪一个国家能成功地教育这一代中国青年，哪一个国家便将由于付出的努力而在精神上、知识上和商业的影响上获得最大可能的报偿。如果美国在三十五年前就把中国学生的留学潮流引向美国，并不断扩大这股潮流，那么，我们现在一定能够采取精心安排、得心应手的方式，控制中国的发展……

这种道义上的影响的扩展，即使单纯从物质概念而言，也意味着所付出的代价在回收时

---

① [美]费正清、刘广京编：《剑桥中国晚清史》，下卷，404页，北京，中国社会科学出版社，1993。
② 参见叶龙彦依据日本有关留日中国人统计所作调查资料，参见叶龙彦：《清末民初之法政学堂（1905—1919）》，台湾私立"中国文化学院"史学研究所博士论文，133～134页，1974。
③ 据钱实甫编著的《北洋政府职官年表》（上海，华东师范大学出版社，1991）一书提供的资料统计。

将比用任何其他方式获利更大。商业追随在道义和精神的支配之后，要远比追随在旗舰之后更为合乎情理。①

罗斯福总统根据詹姆士的建议，经与各方商议，向国会提出了"我国宜实力援助中国厉行教育"，"宜招导学生来美"的咨文②，并于 1908 年 5 月获得国会通过。7 月美国驻华公使向清政府正式声明将庚子赔款的半数，共计 1 160 余万美元退还中国，作为遣送留学生赴美之用。③ 宣统元年五月二十三日（1909 年 7 月 10 日）清政府批准了外务部和学部会奏的留美计划和《遣派游学学生办法大纲》。按照中美双方的商定，计划自拨还赔款之年起，最初四年每年遣派学生约 100 名赴美游学，自第五年起，每年至少续派 50 名。由美国派员监督庚款用途和培训学生的标准。同时在北京设立一所留美预备学校，即清华学堂（1928 年正式改名国立清华大学）。可见，这是一项有目的、有组织而且规模庞大的留学计划，是自容闳以后第二次兴起赴美留学高潮的开始。

值得注意的是，这项计划从一开始就明确限定了留美学生所学科目的范围比例，规定："以十分之八习农、工、商、矿等科，以十分之二习法政、理财、师范诸学。"④ 这个比例明显突出了理工科的地位和分量，法律在其中仅占极有限的位置。这与后来清华大学法科的不发达有一定的关系。因此，在利用庚款留美的大批学生当中，习法科者人数极少（第二批中的胡适本习农科，到美国后才又改学哲学，主要原因是对文科的兴趣）。1909 年 10 月至 1911 年 7 月三批直接留美的 180 名学生中，仅有唐悦良、何斌、张传薪、张福运、黄宗发、梁基泰 6 人学习法律或政治学。⑤ 与学成回国的科技文化教育界的大批名流，如梅贻琦、赵元任、竺可侦、胡适等相比，法科留学成效不著。

根据 1914 年至 1915 年官费留学美国、欧洲和日本学生的一项统计（见表 5—2）⑥，留学美国和欧洲（英、法、德）的法科学生人数，都较过去有了很大的增长，尤其是美国，在数量上趋于接近日本。但这仅是中央各部与各省所派的留学生，尚不包括自费的部分。

表 5—2　　　　　　　1914—1915 年官费留学美国、欧洲、日本法科生统计

	美国	欧洲（英、法、德）	日本
法科生数	88	40	110

1916 年 10 月 18 日，教育部公布了《选派留学外国学生规程》十条，这是近代第一个比较完备的留学立法。其中有关留学资格方面的变化尤为引人注目：选派留学人员必须是本国大学、专门学校的教授、曾经留学外国大学、高等专门学校的本科毕业者或本国大学、专门学校的本科毕业生。⑦ 这就意味着，无论留学何国，也无论学习何国科目，学生在被派遣出

---

① 参见《中国近代教育史教学参考资料》，下册，251～252 页。

② 参见《新教育》，第 1 卷第 1 期，1919 年 2 月。

③ 转引自顾长声：《从马礼逊到司徒雷登》，364～367 页，上海，上海人民出版社，1985。

④ 《外务部学部会奏为收还美国赔款遣派学生赴美留学办法折》，《学部奏咨辑要》。

⑤ 参见朱有瓛主编：《中国近代学制史料》，第三辑上册，548 页，上海，华东师范大学出版社，1990。

⑥ 参见《中华民国第三次教育统计图表》，表 5—2 即依此图表编制。转引自陈学恂、田正平编：《留学教育》，690～693 页，上海，上海教育出版社，2007。

⑦ 参见《中华民国教育法规汇编（1912—1949）》，647 页，南京，江苏教育出版社，1990。

国留学之前，至少在国内外接受过大学专科以上的教育。

将留学资格提高到大专水平显然与本国大学教育发展有关。事实上，自晚清创办近代大学以来，一批又一批毕业于北洋大学、南洋公学、京师大学堂、山西大学等校的毕业生被派赴东西洋继续学习。最早毕业于北洋大学的王宠惠即属于这类留学生的先驱。那些与外国保持着某种特殊联系的大学，如教会组织所办的大学，更是方便地将其毕业生直接送往国外。例如，东吴法学院自 1918 年开始有毕业生起，直到 1936 年，其间有 93 名毕业生（占法学院毕业生总数的 15％）先后从外国的大学里获得了高级法学学位，特别是在美国的纽约、密歇根、西北、哈佛、耶鲁、印第安纳和华盛顿等大学法学院。[①] 其中一些在民国时期及以后的法律界都长期享有较高的声誉，如吴经熊、陈霆锐、李浩培、倪征燠等人。

在以后的留学政策方面，关于留学的资格限制越来越严格了。在国民党建立独裁专制的南京国民政府之后，1929 年 1 月教育部以"训政伊始"，"实用人才，尤为需要"为由，训令此后选派留学"务于理、工两科特加注意，并严加考试"[②]。嗣后，又对公派留学生出国前的外语水平严加要求。[③]

1933 年教育部颁布了《国外留学规程》5 章 46 条。该规程继续强调出国学习的科目应注意重理、农、工、医等专科；留学年限为 2～6 年之间；留学考试资格为大学专科以上学校水平毕业者（自费生略宽）；考试科目包括党义、国文、本国史地（前三项共占 25％），外语（25％）及 2～3 种专门科目（50％）；对于公费生还规定："在留学期内，有办理政府所委托事件之义务。"这一条是以往留学章程中所未曾有过的。[④] 这个规程的颁布，标志着近代派遣留学管理规范的定型化。

尽管政府不断强调出国留学应注重实科，但实际上，留学生所习科目最多的仍然是法学。这可以从 1929—1937 年间的留学统计中得到反映（见表 5—3）。[⑤]

表 5—3   1929—1937 年各科留学生人数统计

年度	文类				实类			
	文	法	商	教育	理	工	医	农
1929	260	568	75	62	129	66	219	104
1930	166	307	50	43	77	49	165	109
1931	57	108	45	11	64	17	79	60
1932	98	179	40	25	49	35	76	53
1933	78	151	45	27	55	40	139	83

① 参见《私立东吴大学法学院同学录》（1936）。

② 《选派留学生应注重理工二科》（1929 年 1 月 16 日），《中华民国教育法规选编》，651 页，南京，江苏教育出版社，1990。

③ 参见《派遣公费留学生对于留学国语言文字须严加考试》（1930 年 2 月 11 日），《中华民国教育法规选编》，652 页，南京，江苏教育出版社，1990。

④ 参见《派遣公费留学生对于留学国语言文字须严加考试》（1930 年 2 月 11 日），《中华民国教育法规选编》，652～659 页，南京，江苏教育出版社，1990。

⑤ 参见《民国十八年至二十六年留学生统计表（1929—1937）》，表三，按科划分。转引自《中华民国史档案资料汇编》，第五辑第一编教育（一），396～397 页，南京，江苏古籍出版社，1994。本表系由作者对原表改编而成。

续前表

年度	文类				实类			
	文	法	商	教育	理	工	医	农
1934	99	234	52	43	116	72	164	79
1935	117	246	73	70	135	113	174	104
1936	108	227	64	61	97	113	183	127
1937	20	61	33	24	46	107	34	41

　　表中可见，法科留学生数自 1929 年至 1937 年总体上趋于减少，但一直高于同期各科的人数，除了 1937 年低于工科数目以外。也就是说，在出国所学的文理各科当中，法科仍然是最为吸引留学生的一个科目；法科留学仍为这一时期留学的主流之一。

　　本书在附录二列出了中国近代法科留学生简表，从中可对当时法科留学的情况有更详细的了解。

第六章

法政教育的创办

中国封建社会后期，律学教育便逐渐衰落。到了清代，更是"国无专科"。因此，传统法律系统内部最终没能发展出一种近代意义上的训练法律专门人才的正规机制。海禁大开以后，中西法律之间的冲突日益尖锐，清朝法律的权威地位及法律人才的评价标准不断地受到西方的挑战，传统的法律人才培养方式又无法提供适应时代需要的法律人才，于是，发展近代的法律教育势所必然。

近代法律教育在中国的出现是以创办新式的法律教育机构为主要标志的。关于这一点，以往论者大都强调了晚清立宪和修律之际，在北京乃至全国各地创办法律学堂或法政学堂的重要意义。然而，晚清社会风气之开有先有后，中央政府与地方的行动常常不能保持一致（地方的实践往往先于中央的统一号令），办学主体和受教育机会又呈多元格局，特别是要使一个人口众多、本民族文化积淀深厚的国家实现从传统标准和注重传统向西方的标准和注重西方的转变，所有这些，都使得近代法律教育发生的过程变得相当复杂。①

下面将以法律学院为线索，分别从它们产生的各种不同途径，如设学目的、经费来源及对近代法律发展的作用等方面，具体考察中国近代法律教育产生和发展的过程。应当说明的是，这里所用的"法律学院"一词，泛指各种实施法律教育的机构或设施，包括当时使用的各种名称，如"法律学门"、"法政学堂"、"法政学校"、"法律系"或"法学院"等。

第一节
讲授西方法律的早期开端

一、同文馆的设立

中国开办讲授近代西方法律最早的一个教育机构就是同治元年（1862 年）在北京设立的

---

① 关于前者的观点可在许多有关晚清修律方面的论著中见到。李贵连指出，那种认为中国近现代法律教育肇始于 20 世纪初期的法律改革是把问题"简单"化了，如果把近代法律教育的出现放在一个更广阔的背景之下来观察，早在 19 世纪六七十年代，中国近代的法律教育即已萌生，并于 20 世纪初期因立法需要而形成。参见李贵连主编：《二十世纪的中国法学》，37 页，北京，北京大学出版社，1998。

同文馆。① 然而，设立同文馆的目的最初并不是学习外国法，而是学习外国的语言文字。它是第二次鸦片战争之后，清政府迫于办理外交事务的压力培养翻译人才的一个结果。

1858 年 6 月 26 日签订的《中英天津条约》第五十款规定："嗣后英国文书俱用英字书写，暂时仍以汉文配送，俟中国选派学生学习英文、英语熟习，即不用配送汉文。自今以后，遇有文词辩论之处，总以英文作为正义。"次日签订的《中法天津条约》中的第三款也订有同样内容。这样，尽快培养通晓英文、法文的翻译人才就成为一个无法回避的现实问题了。

1861 年 1 月 13 日，刚刚办理完与英、法两国乞和议约后不久的恭亲王奕訢与文祥、桂良联合呈上了一份具有历史性意义的奏折，其中提出了设立总理各国事务衙门（又称"总署"或"译署"）和培养通译的方案。关于后者，奏折中提出："外国交涉事件，必先识其性情，请饬广东、上海各督抚等分派通解外国语言文字之人，携带各国书籍来京，选八旗中资质聪慧年在十三四以下者，俾资学习。"② 1 月 20 日上谕批准了这个建议。③ 然而委派教习的工作进行得并不顺利，广东称无人可派，上海虽有其人，但艺不甚精，价亦过巨。这样就"不得不于外国人中延访教习了"。旋据英国使馆秘书威妥玛（Thomas Wade）的推荐，并经过一番考察之后，派英国兼通汉文的传教士包尔腾（J. S. Burdon）暂充英文教习，言明"只学语言文字，不准传教"；另请中国人徐澍琳教习汉文，"并令暗为稽察"。1862 年 7 月 11 日，同文馆正式开馆教习，时有学生 10 人。④

由于同文馆的设立事属创始，因而恭亲王等人在奏办同文馆的过程中非常谨慎。仔细阅读他所上的几份奏折，就不难从中感受到这一点。他极力主张设立同文馆的一条重要理由就是，"今语言不通，文字难辨，一切隔膜"⑤，为了"不受人欺蒙"，"必先谙其言语文字"⑥。也就是说，如果中国人要避免吃亏，雇用能胜任的、可靠的翻译，在当时是至关重要的。恭亲王及其僚属深知最近在谈判几份不同的天津和北京条约时，中国代表由于缺乏合格的翻译，只得依靠外国人来充当翻译，这使大清帝国处于屈辱的处境。这种情况不能再出现了。将来，中国的外交关系在语言知识方面，应该要在更平等的基础上展开。

1863 年春，同文馆又设法文馆和俄文馆。⑦ 1871 年开设德文馆。⑧ 1897 年又设东文馆。⑨ 学习语言的各馆都是随着不平等条约的相继缔结而逐步添设的。

随着洋务派举办军事工业的形势的发展，他们感到"若不从根本上用著实功夫，即学习

---

① "同文馆"，又称"京师同文馆"，该名称最初见于总理各国事务大臣奕訢等于同治元年七月二十五日（1862 年 8 月 20 日）的奏折中。参见《筹办夷务始末》同治朝卷八，29～35 页。同文馆的英文名称为 Tung Wen College，据丁韪良说，它的意思是"学习共同学问的学校"（School of Combined Learning）。参见 W. A. P. Martin, *A Cycle of Cathy*,（1896），Chapter XI。

② 《筹办夷务始末》咸丰朝卷七十一，17 页；同治朝卷八，9 页。

③ 参见《筹办夷务始末》咸丰朝卷七十二，2 页。

④ 参见《筹办夷务始末》同治朝卷八，29～30 页。

⑤ 《筹办夷务始末》咸丰朝卷七十一，17 页。

⑥ 《筹办夷务始末》同治朝卷八，29～30 页。

⑦ 参见《筹办夷务始末》同治朝卷十五，12 页。

⑧ 《同文馆题名录》光绪十四年（1888 年）记同治十年（1871 年）开设德文馆，43 页。

⑨ 《同文馆章程及续增条规》"堂谕"记光绪二十三年（1897 年）设东文馆，46～47 页。

皮毛，仍无俾于实用"。于是恭亲王等人于 1866 年 12 月 11 日上奏，建议在同文馆内添设天文、算学一馆，招收满汉年在 20 岁以上的举人和贡生以及正途出身五品以下满汉京外各官年少聪慧者，一体考试录取，"延聘西人在馆教习"，"举凡推算格致之理，制器尚象之法，钩河摘洛之方，倘能专精务实，尽得其利，则中国自强之道在此矣"①。这个仅仅是扩大同文馆规模的框架性意见很快就得到了皇帝的批准，但立即遭到顽固保守势力的非难和攻击。

顽固派官僚对于同文馆的设立本来就已心怀不满，只因它尚是一种招收学童的书塾而未将这种情绪表露公开，现在居然要向洋人去学什么天文、算学，招收科甲正途出身的官学生，无论如何再也不能坐视。1867 年 3 月 5 日，御史杨盛藻首先发难，上奏疏予以弹劾，认为科甲正途出身的官员只应"读孔、孟之书，学尧、舜之道"，"何必令其习为机巧，专明制造轮船、洋枪之理乎"②？"天文算法宜令钦天监天文生习之，制造工作宜责成工部督匠役习之，文儒近臣不当崇尚技能，师法夷裔。"③ 当日，上谕即明确指出："朝廷设立同文馆，取用正途学习，原以天文算学为儒者所当知，不得目为机巧。正途人员用心较精，则学习自易，亦于读书学道无所偏废"，并以"著毋庸议"而予否定。④

然而，这个口气严厉的谕令并没有吓服住保守分子。3 月 20 日，顽固派首领大学士倭仁亲自上奏说："立国之道，尚礼义不尚权谋；根本之国，在人心不在技艺。今求之一艺之末，而又奉夷人为师，无论夷人诡谲，未必传其精巧，即使教者诚教，学者诚学，所成就者，不过术数之士，古今来未闻有恃术数而能起衰振弱者也。天下之大，不患无才。如以天文、算文必须讲习，博采旁求，必有精其者，何必夷人，何必师事夷人？"⑤ 4 月 12 日，倭仁又上奏说同文馆延聘夷人教习正途是"上亏国体，下失人心"之事。重申欲求自强之道"必求之忠信之人"，"必谋之礼义之士"，"奉夷为师"是"多此一举"⑥。

由于倭仁以大学士为帝师，负重望，反对尤力，因此，一时间京城众论纷争，"入馆与不入馆，显分两途，已成水火"⑦。一个叫杨廷熙的候选直录知州呈上了一篇很长的条陈，请人代为转奏。其列举了同文馆的十大罪状，并荒唐地把当年春夏"久旱不雨，屡见阴霾蔽天，御河之水源竭，都中之疫厉行"说成是同文馆设立后招致的"天象之变"，是"天象示警"，甚至考"同文馆"三字为"宋代狱名"。总之，应立即停办。⑧

这场争论前后持续了半年之久。其间上谕对反对派的奏陈屡屡驳回，明确支持了恭亲王等人的意见。1867 年 6 月 30 日，关于这场争论的最后一次上谕，严厉训斥了杨廷熙"呶呶数千言，甚属荒谬……肆口诋诬，情尤可恶！"并批评张盛藻、倭仁"见识拘迁"、"殊失大

① 《筹办夷务始末》同治朝卷四十六，3～4 页。奏折中提出的这项建议与总税务司赫德的意见有关，参见 ［英］魏尔特：《赫德与中国海关》，438～439 页，厦门，厦门大学出版社，1993。

② 《筹办夷务始末》同治朝卷四十七，15～16 页。

③ 徐一士：《倭仁与总署同文馆》，《一士谭荟》，138 页。

④ 参见《筹办夷务始末》同治朝卷四十七，16～17 页。

⑤ 《筹办夷务始末》同治朝卷四十七，24～25 页。

⑥ 《筹办夷务始末》同治朝卷四十八，10～12 页。

⑦ 《同治六年三月二十七日通政使司通政使于凌辰折》，载《洋务运动》（二），39 页，上海，上海人民出版社，1961。翁同龢日记中对当时情势颇有所记，云"京师口语藉藉，或贴纸于前门，以俚语笑骂，或作对句'未同而言，斯文将丧'；又云"孔门弟子，鬼谷先生"。参见徐一士：《倭仁与总署同文馆》，《一士谭荟》，138 页。

⑧ 参见《筹办夷务始末》同治朝卷四十九，13～24 页。

臣之体"①。

倭仁等顽固派官僚反对设同文馆和引进"西学",主要是基于他们对西学与礼义相对立的认识,旨在维护传统礼义文化的正统地位不发生动摇。这种意见表达了19世纪后半期多数士大夫反对现代化的观点。总理衙门的大臣们认为他们原来也有与倭仁同样的看法,但是办理外交的经验使他们不相信"以忠主为甲胄,礼仪为干橹"即"可折冲樽俎,足以制敌之命"。"学习外国语言文字,制造机器各法,教练洋枪队伍,派赴周游列国,访其风土人情"的做法,总比那种平日"徒以道义空谈"、"嗤外国之利器为奇技淫巧",而一旦"兵临城下,烽烟烛灭……学士大夫非袖手旁观,即纷纷逃避"的情况要好。② 所以,"权宜时势,预筹制胜……必须从此入手",否则,"若仍前苟安,不思补苴,其大患亦或在数年、数十年以后"③。

他们批驳了顽固派"以师法西人为耻"的观点,认为"天下之耻,莫耻于不若人","今不以不如人为耻,反而"独以学其人为耻"。"东洋日本亦遣人赴英国学其文字,究其象数,为仿造轮船张本,不数年后亦必有成……蕞尔国耳,尚知发愤为雄,独中国狃于因循积习,不思振作,耻孰甚焉!"洋务官员在此引述了日本的经验,若把它与后来发生的甲午战争联系起来,确为一件值得玩味的事。总之,在他们的心目中,"识时务者,莫不以采西学、制洋器为自强之道"④,为了"可以制外国而不为外国所制","但期可以收效,虽冒天下之不韪,亦所不辞"⑤。在当时的历史条件下,以恭亲王为代表的一班人能有这样的认识,是十分难得的。

以上关于同文馆的创办,特别是在洋务派与顽固派关于引进西学问题所争论的各自理由当中,有许多引人深思之处。笔者之所以花费相当多的篇幅来讲述它的创办经过,是为了帮助理解在中国近代教育变革的最初所遇到的一些基本问题,主要是应否学习西方的科技文化知识,要不要聘请洋人任教。这些问题虽由具体事件引发,但其意义重大。实际上,不仅是自然科学,西方的政治法律以及其他社会科学的引入,也都是以此为前提条件的。抛开这些条件,西方法学如何被引进中国近代教育体系的具体路径是无法看清楚的,"万国公法"又何以被最先引入也是难以深入理解的。

二、"万国公法"的引入

恭亲王的胜利直接导致了天文、算学馆的开设。对于同文馆的发展来讲,这是一个尤其值得注意的变化。这么说,倒不是因为在1867年的夏季同文馆的学生数量和馆舍都有了相应的扩充,而是因为这艰难一步的迈出,为同文馆进一步在更大的范围里吸收或容纳西方各种自然科学和社会科学打开了一条通路。⑥

1867年12月,同文馆决定聘请已经在馆任英文教习的丁韪良(W. A. P. Martin, 1827—

① 《筹办夷务始末》同治朝卷四十九,24～25页。
② 参见《筹办夷务始末》同治朝卷四十八,1页。
③ 《筹办夷务始末》同治朝卷四十八,12～14页。
④ 《筹办夷务始末》同治朝卷四十六,44页以下。
⑤ 《筹办夷务始末》同治朝卷四十八,1页。
⑥ 此后,同文馆相继设立了图书馆、引书处(1876年)、化学实验室(1876年)、天文台和物理实验室(1887年)等教学设施,课程设置也不断地在扩大,自然科学方面增加了医学和生理学、化学与矿物学、物理学等,当然还有天文算学。社会科学方面有"万国公法"、"富国策"(即政治经济学)、"各国史略",这样,同文馆就由原来单纯的训练译员的机构进步为一所综合性的专门学堂。

1916）开设国际法方面的课程。① 同文馆是附设于总理衙门之下的一个机构；同文馆所以设置国际法一科目，并聘请丁韪良担任教习，与此前总署大臣们对国际法有所接触和了解，而丁韪良又曾经翻译过国际法著作有关。为了说明这个问题，我们得先从丁韪良这个人说起。

丁韪良是美国人，曾在印第安纳大学和新阿巴尼神学院读书，没有学过法律。受家庭影响，少年时代即向往海外传教。1850 年他受美国差会部的派遣来华，在宁波一带传教。1858 年他曾随美国驻华公使列卫廉前往大沽口与清政府谈判修约担任翻译。1862 年以后转往上海和北京，继续从事传教和其他活动。

在上海传教期间，丁韪良就已开始翻译惠顿的国际法著作中的部分内容，并曾把翻译此书的情况告诉了美国驻上海总领事西华，得到他的赞成。到北京之后，丁韪良又向美国驻华公使蒲安臣（Anson Burlingame，1820—1870）提出，打算把此书译完，供清政府应用，得到了蒲以及总税务司赫德（Robert Hart，1835—1911）等人的鼓励和支持。不过，在丁韪良来北京之前，赫德已将惠顿这部书中关于使节权的 24 节内容译成中文，提供总理衙门作为派遣驻外使节的参考，还积极向总署建议"有必要在每个缔约国设立常驻使节"②。

1863 年夏，在蒲的引见下，丁韪良开始了他北上向清廷高级官员游说引进西方国际法好处的行程。是年 11 月，蒲又亲自带丁韪良到总理衙门推荐此书。丁韪良"呈公法草稿，彼曰：此乃吾所急需者也"③。于是总署同意派章京陈钦、李常华、方濬师、毛鸿图四人，"与之悉心商酌删润，但易其字，不改其意"，并拨银五百两交京都崇实印书馆刊刻。④ 由于有中国助手的帮助，丁韪良很快得以将该书定稿。⑤ 1864 年 8 月 30 日朝廷批准了总理衙门的奏请，刊刻该书，初名为《万国律例》，正式出版时改名为《万国公法》。⑥ 初版印刷三百部，由赫德建议分送给清政府中央和各省及五口与外事有关的各级官员。紧接着，这部书就传入日本，并在日本广泛流行。⑦

恰好在 1864 年普丹战争中，普鲁士军舰在渤海湾拿捕了一只丹麦船。清政府按照惠顿的著作中提到的关于领海的规则，向普鲁士提出抗议，并使该船获得了释放。这件事使清朝

① 参见〔美〕丁韪良：*A Cycle of Cathy*（N. Y.，1896）。转引自顾长声：《从马礼逊到司徒雷登》，210 页，上海，上海人民出版社，1985。

② 〔英〕魏尔特：《赫德与中国海关》，491 页，厦门，厦门大学出版社，1993。

③ 丁韪良：《花甲忆记》，上海广学会，1910。这里要说明的是，根据《花甲忆记》一书，蒲安臣是带着丁韪良拜见了总署的王大臣，即王文韶；但顾长声在《从马礼逊到司徒雷登》一书（208 页）中转引 F. W. Williams，*Anson Burlingame and the First Chinese Mission to Foreign Power*（p. 285）讲，蒲是与总署大臣文祥接触的，王文韶与文祥的姓发音近似，容易混淆；查《万国公法》凡例，其有丁韪良所说"呈总理各国事务衙门批阅，蒙王大臣派员校正底稿，出资付梓"一语，故笔者推测，当初丁韪良所接触者应是王文韶，而非文祥。

④ 参见《筹办夷务始末》同治朝卷二十七，25～26 页。

⑤ 据《万国公法》一书"凡例"，该书的中译，曾有"江宁何师孟、通州李大文、大兴张炜、定海曹景荣略译数卷"。

⑥ 参见郭廷以编著：《中国近代史事日志》（上），452 页，北京，中华书局，1987。据《万国公法·凡例》："是书所录条例，名为'万国公法'盖系诸国通行者，非一国所得私也。又以其与各国律例相似，故亦名为'万国律例'云。"又董恂为此书作序时在同治三年（1864 年）十二月，故该书印出时间至少应在 1864 年 12 月 29 日以后。

⑦ 日本于 1865 年即有开成所的翻刻本，仅在人名、地名旁边加上了日文字母的读音。明治维新以后，这种翻译刻本还由东都老皂馆用原版增印过。除有六种翻刻本（庆应元年、四年、明治四年、八年、十四年、十九年）之外，此书还有《万国公法释义》、《万国公法蠡管》和《和译万国公法》等各种不同形式的译、注本出版。参见汪向荣：《日本教习》，20～21 页，北京，三联书店，1988。

官员感到国际法确实有些用处，有必要在以后办理外交时参考国际法。①

这里应当提及的是，近代西方国际法著作首次传入中国的，是瑞士著名的国际法学家滑达尔（Emmerich De Vattel，1714—1767）用法文写成的《国际法》（Le Droit des Gens，1758）一书，由美国传教医生伯驾（Peter Parker，1804—1889）和袁德辉于1839年据英译本具体译出该书的片段，供林则徐抗英斗争参考使用，名为"各国律例"②。原书在欧美法学界和外交界久负盛誉，在19世纪上半叶，"它成了外交官特别是领事官必读的经典"③。但丁韪良认为此书已经过时，因此选用了当时最新的和最通用的国际法蓝本④，即惠顿的《万国公法》。该书原名为《国际法原理》（Elements of International Law），出版于1836年。作者惠顿（Henry Wheaton，1785—1848）是美国哈佛大学的国际法教授，曾被派赴欧洲任外交官达20年之久，是当时一位较权威的国际法学家。据丁韪良评价，惠顿"既已深谙古今书籍，更复广有见闻，且持论颇以不偏著名，故各国每有公论，多引其书，以释疑端。奉使外出者，无不携贮囊箧，时备参考"⑤。

丁韪良在中国助手的帮助和各方面的支持下翻译出版的《万国公法》四卷本，基本上是惠顿原书的全译本。"译者惟精义是求，未敢旁参己意，原书所有条例无不尽录，但引证繁冗之处，少有删减。"⑥它的问世，标志着西方近代的国际法著作第一次被完整地介绍到中国，在沟通中西法律文化和在中国法律近代化历程中都占有不容忽视的地位。当然，丁韪良本人也借此提高了身份，并将其作为进一步打入中国上层社会的资本。

1867年当同文馆作了新的调整并决定任命丁韪良为"万国公法"和"富国策"教习时，丁韪良接受了这个职位，但他提出要先回美国进修一段时间。1868年6月，丁韪良携全家从上海返回美国，去耶鲁大学进修国际法等课程。⑦1869年9月丁韪良由美返华。在赫德的推荐下，他被任命为同文馆的总教习（即教务长），兼任"万国公法"教习。同年11月26日，学校为他举行了就职仪式。从此，丁韪良身兼两职长达25年之久。⑧走马上任后的第二年，

① 参见王铁崖主编：《国际法》，17页，北京，法律出版社，1981。
② 王维俭：《林则徐翻译西方国际法著作考略》，载《中山大学学报》，1985（1）。
③ A. Nussbaum, *A Concise History of the Law of Nations*（New York，1947），pp.160~161。转引自王维俭：《林则徐翻译西方国际法著作考略》，载《中山大学学报》，1985（1）。
④ 参见顾长声：《从马礼逊到司徒雷登》，208页，上海，上海人民出版社，1985。
⑤ 《万国公法》凡例。
⑥ 《万国公法》凡例。
⑦ 参见《花甲忆记》。转引自顾长声：《从马礼逊到司徒雷登》，210页，上海，上海人民出版社，1985。又见〔美〕毕乃德：《洋务学堂》，曾钜生译，93页，杭州，杭州大学出版社，1993。
⑧ 有的论著将丁韪良任同文馆英文教习、万国公法教习以及任总教习的时间说得颇为含糊或者混乱，甚至有误。如吴宣易在《京师同文馆史略》（《读书月刊》，1933年第二卷第四号，1~15页）中，有三处说丁韪良于同治七年（1868年）"讲万国公法"，一处又说同治八年任校长兼讲万国公法，并均未说明根据。另外，说丁韪良于同治七年在馆"讲万国公法"，也容易使人误以为丁氏于此年即在馆进行讲授，因此表述亦有不当。笔者认为，关于丁氏担任这几项职务的时间等情况，宜以丁氏本人的《花甲忆记》、《同文馆记》和毕乃德《同文馆考》（原文为英文，发表在《中国社会与政治科学评论》1934年第18期，傅though敢将该文中译，发表在《中华教育界》1935年第23卷第2期）等材料为主，参酌总理衙门奏折与《同文馆题名录》，予以确定。
再丁氏所任同文馆总教习一职类似于教务长职。丁氏好大喜功，对外往往宣称和使用"校长"（President）一词，炫耀自己是大清帝国最高学府的校长。毕乃德在《同文馆考》一文中将"总教习"译为Head Teacher，并专门作注予以说明，并不是偶然的。

丁韪良就获得了纽约大学颁发给他的名誉法学博士学位（LL. D）。

1870 年以后，同文馆开始实行两套比较正规的课程表。一种是八年课程表，包括专门知识和一门外语；一种是五年课程表，适用于"年齿稍长、无暇肄及洋文，仅藉译本而求诸学者"①。两种课表均列有"万国公法"与"富国策"等课，前者分别在第七、第八年学习；后者在第五年学习。无论哪一种，都是在"文字"、"天文"、"舆图"、"化学"或"格致"学成之后，方"习公法或富国策，以毕其业"②。仅从课表上看，公法一课被列在语言、科学等课之后学习。这种编排课程的思路，颇以今天美国法学院对于法律学习的程序设计。它在一定程度上反映了丁韪良自担任总教习以后，要把同文馆办成美国式的"学院"（college）所作的努力。据统计，1879 年、1888 年、1893 年"公法学"一课注册的学生分别有 9 名、8 名和 12 名。③

同文馆既设"万国公法"一课，那么馆中法学教学的内容自然要以此为主，可或说是完全围绕"万国公法"一科进行教习。这里的"公法"、"公法学"或"万国公法"，都是指今天的"国际公法"或"国际法"（International Law）所包括的内容。《清会典》记同文馆的各科课目，说："公法有军宾二例。军例，战时之例也；宾例，平时之例也。即军宾二体所资以办交涉也。"④ 至于同文馆里讲授公法学所用的教材，大体不会超出丁韪良与其学生共同辑译印出的一批国际法书籍；因为考有关同文馆的各种史料，均未提到同文馆编印有教材之事。丁韪良的《同文馆记》中专门列出的"同文馆师生辑译书籍表"，可以说是同文馆在出版方面的全部成果。倘若同文馆另有教材，丁韪良是不会不提到的。再丁韪良在这些译著的凡例中也曾讲到这些书是用作教材，并组织馆生分工翻译的。这些书目是：

1. 《万国公法》四卷，即惠顿的《国际法原理》，1864 年京都崇实馆版，这是同文馆出版的第一部译著。

2. 《星轺指掌》四卷，原书为德国外交官马尔顿所著《外交指南》（Guide Diploma-tique），由联芳、庆常及其他同文馆学员据法文版译出，丁韪良校核，1876 年同文馆聚珍版。该书《凡例》称："邦国藉公使以相见，故通之例为万国公法之一门也。公法家无不论及，而此书论之特详。"

3. 《公法便览》六卷，原书为美国法学家吴尔玺（T. P. Woolsey）的《国际法导论》（Introduction to the Study of International Law），为当时美国最流行的国际法教本。由学员汪凤藻、凤仪、左秉隆、德明四人历时三载译出，丁韪良鉴定，1877 年同文馆聚珍版。

4. 《公法会通》十卷，原书为德国法学家步伦（J. C. Bluntschli）的《国际法》（Interna-tional Law），丁韪良与联芳、庆常、联兴等人合译，贵荣校阅，初拟名"公法千章"，后经董恂更定改为《公法会通》。1880 年同文馆印书处印出。

---

① 八年课程表是由总教习会同各馆教习拟定的，于光绪二年（1876 年）呈堂批准后，以洋汉合璧印刷三百本，发饬生各执一本。课表细目，参见《同文馆题名录》，光绪五年（1879 年）刊、19～23 页。

② 《清会典》卷一百，1152～1155 页。

③ 此统计系毕乃德依据 1879 年、1888 年、1893 年《同文馆题名录》中参加大考的各科学生名录推算而成。参见 [美] 毕乃德：《洋务学堂》，曾钜生译，100 页，杭州，杭州大学出版社，1993。

④ 《清会典》卷一百，1155 页。

5.《陆地战例新选》，原为国际法学会所编《陆战法手册》（Manual of the Law of War on Land），由丁韪良率法文馆学生于 1883 年译出。1897 年编入《西政丛书》。

6.《中国古世公法论略》（International Law in Ancient China），这是丁韪良写的一篇论文，由汪凤藻译成中文，1884 年由同文馆印书处出版，1897 年编入《西政丛书》。

丁韪良不断地将当时欧美最新的国际法著作纳入同文馆的课程体系，"携之于中国而课诸馆生……既以洋文课读，复令译以汉文"①，学生通过学习外语而接触到了西方最新的法学专门知识，这使得同文馆的国际法教学，至少在教本的选用上，大体与欧美的法学院相颉颃。② 更有特殊意义的是，正是在这样的教学过程中，中国学生与洋教习共同尝试了中西法律语言之间的"对接"工作，而这一切，在中国以往的教育体系当中，都是从未有过的。

同文馆一向重视翻译，以"译书为要务"③。除了以上的译作之外，同文馆译出的外国法作品还有《法国律例》（Code Napoleon）、《新加坡律例》（Penal Code of Straits Settlements）、《公法新编》等书。而丁韪良本人后来还有《公法千章》（A Treatise on International Law）和《邦交提要》（Outline of International Relations）等译著。④ 以上均为同文馆或丁韪良所译有关法学方面的作品。

同文馆译出的社会科学类作品，还有汪凤藻译，丁韪良鉴定的《富国策》（原书为英国 Fawcett 的 Political Economy），1880 年同文馆印书处出版，这是西方政治经济学理论第一次传入我国。俄文馆学生译的《俄国史略》（History of Russia），以及杨枢、长秀的《各国史略》（Outlines of the World's History，1989 年题名录说未译完）。

这里应特别指出的是，同文馆的化学教习法国人毕利干（Anatole Adrien Billequin，1826—1894）翻译的《法国律例》。这部名为《法国律例》的四十六卷中译本，包括了法国的《刑律》、《刑名定范》、《贸易定律》、《园林则律》、《民律》和《民律指掌》六种，反映了 19 世纪以来法国法典体系的基本内容。其中的《民律》即 1804 年颁布的《法国民法典》（又称《拿破仑法典》）。⑤ 该书于光绪六年（1880 年）同文馆聚珍版刊行，版中注明为"法国毕利干口译，宛平时雨化笔述"，又据总署大臣王文韶为此书所作的序文，"同文馆化学毕教习系法国好学深思之士"，"而于刑名，尤本诸家学。兹后因教课之暇，商同丁总教习，率化学

① 《公法便览》，光绪三年（1877 年）同文馆聚珍版，"凡例"。

② 在丁韪良为这些译作所写的序文当中，可以发现，他对于引进最新流行的国际法著作抱有十分浓厚的兴趣。另外，他在为同文馆开设国际法课而回美国做准备时，曾观摩了吴尔玺在耶鲁大学法学院的国际法教学。《公法便览》的原书即当时吴氏在耶鲁上课时所使用的教本。

③ 《同文馆题名录》，光绪二十四年（1898 年）刊。

④ 据 1898 年刊《同文馆题名录》记历年所译书目、丁韪良《同文馆记》中所载辑译书籍表和 Norma Farquhar，A Bibliography of the Writings of W. A. P. Martin，Papers on China 10（1956.10）（Harvard University Press，1956）所载，《新加坡律例》系副教习汪凤藻译，丁韪良鉴定，1898 年题名录称"待刊"，后是否出版待考。《公法新编》为丁韪良与联芳、庆常译惠顿新版《国际法原理》，共五卷，1899 年同文馆印书处出版。《公法千章》为丁韪良译赫尔《国际法论集》，1902 年上海基督教文艺出版社出版，李鸿章曾为此书作序。《邦交提要》为丁韪良应张之洞邀请在湖北侍学院讲授公法的笔记，1904 年由上海基督教文艺出版社出版。

⑤ 李贵连对此书情况有专门的分析，论之甚详。参见李贵连：《〈法国民法典〉三个中文译本》，载《比较法研究》，1993（1），86～99 页。

馆诸生，译出法国律例共四十六卷"①。

就目前所见的材料来看，毕利干率馆生译出的《法国律例》是第一次传入中国的法国法典。其在近代中国法律史上的意义是：大陆法系的基本法律部门，包括民法、商法、民事诉讼法、刑法、刑事诉讼法首次传入了中国。除此之外，19世纪中后期传入中国的几乎都是欧美的国际公法。把这件事与日本法律的近代化过程（日本于明治二年（1869年）至七年（1874年）相继译完并刊印了法国民法、宪法、诉讼法、商法、治罪法），和只是在译成《法国律例》的20年后，国人又通过日本输入大陆法系各种法律的活动联系起来考虑一下，是值得人们深思的。

显然，在当时的社会历史条件下，《法国律例》远未受到洋务大臣们对交涉公法那样的热情的关注。几乎没有材料表明这部法典对当时产生了任何方面的影响。同文馆的法学教学也仍然局限于"万国公法"一科。

能够反映同文馆国际法教学方面情况的材料，还有《同文馆题名录》中保留的两套试题②，因其为目前所能见到的最早的法科考试试题，颇不易得，故录之如下：

光绪四年（1878年）各科岁试题·公法学：

1. 遣使之权自主之国皆有之，何以辨之？
2. 此国遣使彼国，有拒而不接者，其故何也？
3. 使臣有四等，试言其序。
4. 遇更易国主，驻京使臣位次何以定之，其定法不一，而各有成案，试言之。
5. 头等公使得邀破格优待之礼，试言其概。
6. 公使权利之尤要者，试言之。
7. 公使职守，其尤重者在何事？
8. 各国议立条约，所论何事居多？
9. 公使偶不安分，有遣之出疆者，系因何事？并引以成案。
10. 公使停职其故有七，试述之。

光绪十二年（1886年）各科大考题·公法题：

1. 海上盘查他国船只，限制有四，试论之。
2. 盘查之权每有条约范围之，试述其一二。
3. 邦国任其自护之权，不理局外旗号，而追捕船只者其例案若何？
4. 英美两国设法禁绝贩卖黑奴之事，其大端若何？
5. 美国与英国第二次启衅其故有二，试言之。

这些试题都完全针对当时办理交涉事务的实际，提问简洁明了，具有很强的实用性。借助同文馆印出的《万国公法》、《公法便览》等书，不难获得上述问题的答案。

---

① 还能知道的有关毕利干的情况大体上是，他在1866年应赫德邀请来华，在同文馆工作长达25年之久，是该馆"资格最深"的外国教习之一。因馆课勤慎而又兼理译书得授清廷四品衔奖励。光绪十六年（1890年）三月署同文馆总教习。他是中国第一部化学教本《化学指南》以及《化学阐原》、《汉法字汇》的著译者。有"中国化学之父"之誉称。卒于巴黎。

② 分别见《同文馆题名录》，光绪五年（1879年）刊、光绪十三年（1887年）刊。

至于学生的学习效果如何，或者说当时的学生能够在多大程度上认识和理解国际法这种陌生的知识，这是个有趣但又不易回答的问题。大体上推测，由于知识准备上的不足、流行的观念上的影响和环境上对西学的认识才刚刚起步等方面的原因，学生学习国际法的效果肯定是有限的。丁韪良曾经这样来描述他最初指导学生学习国际法的情形，他说：

> 如此显著的国际学校，课程当然应注重万国公法及与其相关的学科。但是直到现在，学生的准备仍不充分，不徒须用成熟脑力的功课不能学习，即过去与现在西方国家之知识的功课亦不能学。上年（指 1872 年），我曾领导学生十余人习此高深的法典。……①

> 我有十个学生，我除了教他们的英文以外，还教以使用电报的方法。……我在任教之先，请了总理衙门派人到我家里，来看我做电报实验。恭亲王派了四个汉人来，都是曾经帮我校阅过《万国公法》的。我做实验的时候，他们只是望着，既不了解，又无兴趣的样子。其中有一位是个翰林，竟轻蔑地说道："中国四千年来没有过电报，固仍泱泱大国也。"后来我给了他们一些玩意儿，他们却很高兴了，弄着带磁性的鱼"鹅"抚掌欢笑，叹为神奇，玩了很久。在文学上他们是成人，在科学上他们还是孩提啊！②

不过，丁韪良承认"中国学生理解力强，不求急效，对于科学很成就"，只是"对于语文的学习，比较差些"，所以从来不要他们学习一种以上的外国文字，他们"能精通一种已很难能可贵了"③。

设立同文馆的本意，就是为了培养通晓外国语言文字的翻译人才，以便办理交涉事宜。这样，国际法的学习亦以时务为目标，不可能于此之外另有更大的扩展。而丁韪良积极向清政府官员推荐西方近代的国际法，不断地组织、翻译各国最新的国际法著作，并提出中国古代即有国际法的论说，其目的也是让清政府放弃天朝上国和朝贡的传统观念，把中国纳入不平等条约下的西方殖民主义体系。这与他坚信"西方的意志必定要对中国起作用"④ 的政治观点是相联系的。

然而，同文馆是中国近代引进西方教育制度的最早尝试，它的出现是对传统封建教育制度的挑战，在中国近代法律教育史上占有不可忽视的地位。

同文馆最早将西方近代的国际法引入中国，将其作为一个专门科目正式确定下来，并为洋务运动中发展起来的其他洋务学堂讲求"公法学"树立了模范。由此，学习公法的观念也随之传播开去。例如，1863 年李鸿章奏请"仿同文馆之例"，在上海开办的广方言馆即将"学习外国公理公法"一条列入其课程章程，要求学生学习"外国语言文字，风俗国政"。冯桂芬等在拟定广方言馆课章时还这样评价学习公法的意义："中外交涉，罔有依据。闻《万

---

① 丁韪良，Une Universite en China'Bevue de Droit International et de Legislation Comparee', V (1873), 9. 转引自［美］毕乃德：《同文馆考》，注释 21。

② 丁韪良：*A Cycle of Cathy* (N. Y.，1896)。

③ 丁韪良：*A Cycle of Cathy* (N. Y.，1896)。

④ New York Times，1858. 10. 12. ①. 转引自顾长声：《从马礼逊到司徒雷登》，202 页，上海，上海人民出版社，1985。

国公法》一书，翻译尚有未全，意彼所持以治国莅民者，当有一定法律，如能得其要领，不难以矛攻盾，或可稍俾免张。"① 为此，广方言馆曾聘请法国法学家鲍安（Boyer）来馆向学生教授法文和国际法。②

1887 年湖广总督张之洞奏请设立了广东水陆师学堂。他在《增设洋务五学片》（1889 年）中，大谈学堂讲求"公法之学"的重要性。他还电致出使英国大臣刘端棻致公法学洋教习来粤教授（后聘到英国的 Harper 来学堂教公法学），并且表示公法人员"在其国皆食优俸，募作教习，薪费必倍寻常。凡习公法者，于精通该国语文以后，尚须兼习希腊、拉丁二国语文③。

作为中国近代最早的新式教育机构，同文馆发挥了它出产法学学术作品的功能。长期担任同文馆公法学教习的丁韪良，比较集中地将欧美国际法著作的最新版本介绍到中国来，并由馆内附设的印书处精致地将它们印出。尤其难能可贵的是，通过教习的口译和学生笔述，或者学生翻译而教习鉴定的方式，他们最早对中西法律语言之间的差异进行了分析和比较，对"原文内偶有汉文所难达之意"的法律语词做了艰苦的转换工作，改造或创造出了诸如"主权"、"人民权利"、"民权"、"法院"、"权利"等今天意义上的中文法律词汇，成为我们所接受的近代法律遗产中最重要的一部分，直到现在，它们都仍然为我们所使用。④

---

① 《同治九年三月初三日总办机器制造局冯、郑上督抚宪禀》（1870 年 4 月 3 日），《广方言馆全案》。

② 参见《江南制造局之简史》（下），载《东方杂志》，第十一卷第六号。

③ 《张文襄公奏稿》卷十八，23～24 页。

④ 从现有的材料看，丁韪良翻译第一部国际法著作《万国公法》，是 1862 年以后的事，但是直到 1863 年 11 月见到总署大臣获得人力、财力的支持之后（当时尚未译完），他才很快地将译本完稿。《万国公法》凡例中说，"是书之译汉文"，有何师孟、李大兴、张炜、曹景荣"略译数卷"；此外，应丁韪良要求，由总署派章京陈钦、李常华、方濬师、毛鸿图四人"与之悉心商酌删润，但改其字，不改其意"。因此，《万国公法》汉译工作的最后告成，至少有八位中国人参与译事。至于其间如何分工，如何确定专业术语等细节，目前尚未见有直接记述的材料。但可以肯定的是，通常所谓丁韪良译《万国公法》之说，严格地讲，应当是丁氏与中国学者合作翻译出《万国公法》。此外，丁氏译《万国公法》时，虽然已是来华十余年，且"能华言"（董恂语），但由于专业书籍的翻译不同于一般性文字的翻译，加之缺乏可资借鉴的先例（《万国公法》与 1839 年译出的滑达尔的国际法片段之间的关系，待考），《万国公法》的汉译工作必不平顺；像"权"、"权利"这样关键性的法律语词的翻译成功，亦必是丁氏与中国学者共同耗费心血的结果。

《万国公法》一书的"凡例"中仅是对"公师"一词作出了解释，并未说明中已经大量使用的"权"或"权利"等词的含义。《万国公法》印出后由总署免费分发各地官员，有相当广的传播范围。估计是因为学士大夫们阅读此书之后，对"权利"等语词多有不解，无法与传统的汉字字义相对应，所以，1877 年刊印的《公法便览》一书中的"凡例"当中，又专条说明了"权利"的词义和使用该词的缘由："公法既别为一科，则应有专用的字样。故原文内偶有汉字所难达之意，因之用字往往似觉勉强。即如一'权'字，书内不独指有司所操之权，亦指凡人理所应得之分，有时增一'利'字，如谓庶人本有之权利云云。此等字句，初见多不入目，屡见方知不得以而用之也。"

同文馆以提供外国语言文字的训练为要务，而这恰是从事外国法律翻译活动的一个极有利的环境。甲午战争后，同文馆连同整个洋务运动受到多方的严厉批评，其中包括指责同文馆所学只是西语、西文，而于治国之道、富强之源，多未肄及（如陈其璋、李端棻，1896 年）。总理衙门为此辩说："寻流溯源，必先自语言文字始。未有语言不通，文字不解，而能窥其底蕴者。"（1896 年 2 月 7 日总理衙门奏折）总理衙门关于探求西学底蕴应注重语言文字学习的意见是对的，这一点对于确切把握西方政治法律思想的"底蕴"尤为重要。然而在"国蹙患深"（张之洞语）的历史条件下，舆论虽力倡"广译西书"，但对同文馆在法律翻译方面的成就却估计不足，以后来再也无人给予其以应有的重视。

这些汉译西方国际法著作在中国的问世，也使得西方的国家主权和国家平等的观念输入中国。这对当时的一些学士大夫产生了多方面的影响。一方面，他们引用自己手中掌握的国际法著作来处理某些交涉事件。如在处理 1864 年的普丹大沽口事件和 1875 年的马嘉理案件中，清政府就参考了惠顿的著作。⑤曾纪泽在出使英、法、俄期间，曾反复阅读《万国公法》、《公法便览》、《公法会通》、《星轺指掌》等书，并运用过其中的一些原则与俄国交涉伊犁问题。⑥

另一方面，他们在一系列的不平等条约中，逐渐地认识到条约中的规定并不符合国际法，而利用这些条约不仅使中国达不到自己的目的，反而深受其害。于是引起了对治外法权问题的关注，并进而提出尽快废除治外法权。正因此，有些西方人才对向中国介绍国际法采取敌视的态度。如当时的法国代办就曾责问蒲安臣说："谁使中国人了解到我们欧洲国际法？杀死他，绞死他，他将给我们制造无穷麻烦。"⑦

随着取消治外法权这种愿望的不断增长，某些改良主义者也开始重新审视中国的法律制度。郭嵩焘在 1877 年，何启和胡礼垣在 1887 年，郑观应在 1892 年，宋育仁在 1895 年都认为，传统的中国法律不公正而且量刑太重。甚至中国人都不能容忍它，外国人自然不愿意受制于中国法律。因此他们建议改善狱政，废除酷刑和以劳役代替监禁。他们的结论是，中国只有在改革它的法律制度以后，才能期望受到西方列强的平等对待。⑧

总之，借助这些国际法著作的传播，国家主权的重要性渐渐地被意识到了，而这又为后来法律制度的全面变革奠定了思想基础。

同文馆作为一个新式教育机构的另一个成就是，它最早培养出受过西方语言和国际法训练的外交人才。自从清政府于 1876 年首派驻外使臣起，同文馆即受命为陆续增设的使馆提供译员。1891 年到 1894 年间，同文馆的优秀毕业生汪凤藻已在担任驻日公使。进入 20 世纪以后，在世界上所有重要国家建立的使领馆里工作的同文馆毕业生都得到了提拔。除了汪凤藻和庆常（均任驻法公使）外，张德彝任驻英公使（1901—1905 年）；荫昌任驻德国、荷兰

（续上页）日本在其法律近代化过程之初，也同样遇有西方法律语词翻译的难题。箕作麟祥在 19 世纪 70 年代左右翻译法国法典时，在自造了大量新词新语的同时，也直接从《万国公法》汉译本中取用法律用语，"权利"一词即其著例。此点已为日本学者所肯定。中国学者汪向荣也指出，日本明治维新初期从汉译西洋文化中汲取营养（并以《万国公法》为例来说明），只是在明治二十年（1887 年）后，才摆脱对汉译本的依赖而径从西方吸取营养（《日本教习》，1988）。美国学者里里乌斯-詹森于 20 世纪 70 年代也指出，汉译西方国际法译本中所包含的重要汉字组合，如"权利"（right）、"主权"（sovereignty）流入日本的"现代"思想中，并在 19 世纪末已在日本广泛流传的事实。他还进一步提醒人们注意，这是"中国较早与西方接触而使日本获得的一个最后的、也是很少被人提到的好处"。参见［美］费正清、刘广京编：《剑桥中国晚清史》，下卷，398 页，北京，中国社会科学出版社，1993。

早在 20 世纪三四十年代，我国的一些法学家即认为"权利"二字来自日本，如梅仲协（1900—1971）在其名著《民法要义》（初成于 1934—1937 年，后多次刊印）权利一章云："按现代法律学上所谓权利一语，系欧陆学者所创设，日本从而移译之。清季变法，权利二字，复自东瀛，输入中土，数十年来，习为口头禅。"多年来，我国法学界（包括台湾地区学者在内），仍不乏"权利"一词译自东瀛之论。李贵连曾撰文予以驳正。笔者深感，值此世纪之交高呼权利的时代，中国法学界任重道远。

⑤ 参见《筹办夷务始末》同治朝卷二十七，25～26 页；《李鸿章致潘鼎新书札》，13 页。
⑥ 参见《曾纪泽日记》，刘志惠点校辑注，长沙，岳麓书社，1998。
⑦ 王铁崖主编：《国际法》，17～18 页，北京，法律出版社，1981。
⑧ 参见郭廷以：《郭嵩焘先生年谱》，第 2 册，683～684 页；何启、胡礼垣：《新政真诠》，11 页；郑观应：《盛世危言》，第 4 卷，8 页；宋育仁：《时务论》，3、8～9 页。

公使（1901—1905 年），杨兆鋆为比利时公使（1902—1905 年）；杨晟先后任驻奥匈帝国（1903—1905 年）和德国的公使（1905—1907 年）；杨枢为驻日公使（1903—1907 年），又于1909—1910 年任驻比利时公使；刘式训为驻法国和西班牙公使（1905—1912 年），又驻巴西公使（1914—1916 年）；陆征祥为驻荷兰公使（1905—1917 年），1911 年又任驻俄公使，此后在 1912—1920 年间数次担任外交总长，以及巴黎和会（1919 年）和国际联盟（1922 年）的中国首席代表；等等还有许多。

作为近代教育发轫阶段的学校，京师同文馆尽管还有许多"未尽"之处，尤其在后期，教习"不悉心考校"，学生"亦多任意酣嬉"，不潜心学习等，但同文馆在提倡学习"西学"和传播新思想方面都作出了开创性的贡献。在近代史上，它第一次改变了旧的封建传统教育模式，迈出了学习西方文化知识的第一步，近代的法律教育亦孕育其中。

在经历了整整 40 个春秋之后，根据 1902 年 1 月 11 日上谕，同文馆被并入京师大学堂（即后来的北京大学）。京师大学堂开办时亦列有法科，而考虑到京师大学堂与京师同文馆在校史上的这种渊源关系，我们不妨说，后来北京大学的法律学科，实以京师同文馆为最早渊源。

第二节
清末民初的法政学堂（校）

一、京师法律学堂

晚清厘定学制，统一创办新式教育，是从 1902 年 1 月清廷任命张百熙为管学大臣，"将学堂一切事宜，责成经理"并"核定章程"以后真正开始的。[①] 在同年进呈的《钦定学堂章程》和后来重订的学堂章程，即 1904 年的《奏定学堂章程》中[②]，法律学均被订为大学分科（政治科或政法科）下的一门（另一门为政治学）；且在《奏定学堂章程》的《学务纲要》中明确指出："政法一科，惟大学堂有之，高等学堂预备入大学政法科者习之。"其理由是："此乃成材入仕之人，岂可不知政法，果使全国人民皆知有政治、知有法律，决不至荒谬悖诞，拾外国一二字样、一二名词以摇惑人心矣。"《学务纲要》中还专门规定："除京师大学堂，各省城官设立高等学堂外……其私设学堂，概不准讲习政治法律专科，以防空谈妄论之流弊"。

政法科的严格设置当然不能仅仅是为了防范"妄谈民权自由"和"好谈西国政治法律"的"少年躁妄之徒"[③]。然而，这些章程和纲要共有的一个问题是，设置政法科的目的都不明确，即章程中只有一个总的立学宗旨，就是"端正趋向，造成通才"。试想，按照奏定章程，

① 参见《光绪二十七年十二月初一日（1902 年 1 月 10 日）上谕》，《光绪朝东华录》，第四册，4798 页。
② 1902 年张百熙所订的《钦定学堂章程》颁布后不久，即于次年废止，实际上并未实行，1904 年颁布的《奏定学堂章程》是实行到清末了的。
③ 《学务纲要》（1904 年 1 月 13 日）。

所设分科大学，有经学、政法、文学、格致、医、农、工、商八科之多，究竟是培养通八科之才，抑或通一科、二科之才，章程和纲要中都无专门的说明。即便是培养政法一科的通才，且不论能否将政法一科的政治、法律二门真正贯通，那么培养的政法通才将为何用，仍是一个不清楚、不确定的情形。也就是说，晚清的《奏定学堂章程》虽然第一次提出了一套完整的法科的学制设计，但它又是一个培养目标含糊不清、并且缺乏现实依据的一个计划。从促进法律教育发展的角度来讲，这个章程的作用是极为有限的。而把培养法律人才纳入法律变革的框架之下，从保障法律实施的现实需要出发，真正考虑法律教育问题的则是晚清的修律大臣。

光绪二十八年四月初六日（1902 年 5 月 12 日）清廷命沈家本、伍廷芳"将一切现行律例，按照交涉情形，参酌各国法律，悉心考订，妥为拟议，务期中外通行，有裨治理"①，由此揭开了晚清法律改革的序幕。两年之后，又设修订法律馆。在开馆修律的过程中，修律大臣非常现实地提出了设法律学堂训练法律专门人才的问题。

沈家本在 1908 年为修律馆法律顾问冈田朝太郎（1872—1936 年）编写的《法学通论讲义》一书题写的序文中，专门记述了法律学堂的成立过程。他说：

> 余恭膺简命，偕新会伍秩庸侍郎修订法律，并参用欧美科条，开馆编纂。伍侍郎曰："法律成而无讲求法律之人，施行必多阻阂，非专设学堂培养人才不可"。余与馆中同人，佥韪其议。于是奏请拨款设立法律学堂，奉旨俞允。择地庀材，克日兴筑。而教习无其人，则讲学仍托空言也，乃赴东瀛，访求知名之士。群推冈田博士朝太郎为巨擘，重聘来华；松冈科长义正司裁判者十五年，经验家也，亦应聘而至。于光绪三十二年九月开学。学员凡数百人，昕夕讲贯，昫经三学期矣。吾中国法律之学，其将由是而昌明乎！②

从这段话中，我们可以知道，训练法律人才的意见是由伍廷芳首先提出来的；教习由重金聘请来的日本法律学名家充任；法律学堂于 1906 年 10 月至 11 月间开学，是实际开办了的。应当注意的是，学堂的正式开办虽在 1906 年，但成立学堂之议则是在一年以前。

光绪三十一年三月二十日（1905 年 4 月 24 日）伍廷芳与沈家本奏请在京师专设法律学堂，是为晚清全国开办法政学堂的先声。③ 在修律大臣看来，伴随着修律形势的发展，及早准备懂得新律的法律人才，已经是一个刻不容缓的问题。从道理上讲，"新律既定，各省未预储用律之才，则徒法不能自行，终属无补"；从实际情况来看，海禁大开以后，中外交往日益繁多，外人足迹遍于行省。"民教龃龉，方其起衅之始，多因地方官不谙外国法律，以至办理失宜，酿成要案。将来铁轨四达，虽腹地奥区，无异通商口岸，一切新政，如路矿、商标、税务等事，办法稍歧，诘难立至，无一不赖有法律以维持之。然则弭无形之患，伸自

---

① 沈家本：《寄簃文存》卷一，奏议，《删除律例内重法折》。
② 沈家本：《寄簃文存》卷一，《法学通论讲义序》。
③ 参见丁贤俊、喻作凤编：《伍廷芳集》，"奏请专设法律学堂折"，271～273 页，北京，中华书局，1993。该书据《东方杂志》出版时间推断此折约在 1905 年夏。本文此处所指时间系据《光绪朝东华录》，第五册，《光绪三十一年七月十五日孙家鼐等奏》："本年三月二十日，军机处片交法律大臣奏请专设法律学堂一折……"又此奏为伍廷芳领衔。

主之权，利害所关，匪细故也。"至于收回治外法权，更是现在修律的本意，因此，"亟应广储裁判人材，以备应用"。

可是，从现有的教育条件方面看，虽然在《奏定学堂章程》中列有政法科大学，但要等到有预备科或各省高等学堂毕业生升入之后才能造就，专科之成，为期尚远，显然，现有的法科教育设施无法应付眼下的急需。进士馆和仕学馆的用意仅在于使仕宦对于中外大局和各项政事能知其大要，像法律这样的专门学问，断难深造。留学毕业的法科学生虽不乏人，但未谙中国情形，亦多扞格。再从国外的经验来看，日本变法之初，即设速成司法学校，仿官绅每日入校学习欧美司法行政之学，而且颇有成效。总之，"在今日为内政外交之枢纽，将欲强国利民，推行毋阻，非专设学堂，多储人才不可"。

修律大臣不仅要求尽快在京师设立法律学堂，而且还要求各省也及早采取同样的步骤。因为各省"在平日已有乏才之患，将来新律颁行，需才更亟，非多得晓律意者，不能行之无弊"。在紧接着呈上的《会奏各省课吏馆内专设仕学速成科片》中，伍、沈二人又补充说，各省办理交涉事宜和举行各种新政苦于乏才的情形非常严重，各督抚虽不断资遣官绅前赴日本速成法政，但毕竟花费巨大，人数有限。因此提出在各省已经开办的课吏馆内，添造讲堂，专设仕学速成科。"自候补道府以至佐杂，凡年在四十以内者，均令入馆肄业，本地绅士亦准附学听课，课程一切参照大学堂章程内法律学门所列科目，及日本现设之法政速成科办理。选派明习法律的人员及外国游学毕业者充当教员，分门讲授；令学员在堂录写讲义，定六个月为一学期，三学期毕业。""造就已仕人才，俾办地方庶政。当务之急，莫过于此。"[①]

按照伍、沈的奏章，京师设立的法律学堂，是要"考取各部属员住堂肄习、毕业后派往各省，为佐理新政分治地方之用"。其宗旨是"以造已仕人员，研精中外法律、各具政治知识、足资应用"，"并养成裁判人材"。学习期限定为三年，课程比照大学堂章程内法律学门所列科目酌量损益，并多加授课钟点。

三年的课程为：大清律例及唐明律，现行法制及历代法制沿革，法学通论，经济通论，国法学，罗马法，刑法，民法，宪法，商法，民事诉讼法，刑事诉讼法，裁判所编制法，国际公法，诉讼实习，行政法，监狱法，大清公司律，国际私法，财经通论，大清破产律，外国文，体操，卒业论文。

此外，另立速成科，限一年半毕业。课程纯为法律内容。计有：大清律例及唐明律，现行法制及历代法制沿革，法学通论，宪法大意，刑法，民法要论，商法要论，民刑诉讼法，大清公司律，大清破产律，裁判所编制法，监狱法，国际法要论，诉讼实习。[②]

从以上关于学堂设置的理由及其规制上看，有这样一点应当注意：学堂的名称为"法律"学堂，而非"法政"学堂或"政法"学堂。在清末民初兴起的法律教育高潮中，学堂（校）的名称，除了伍、沈二人所创者名为"法律学堂"之外，其余均为"法政学堂"或"法政学校"。修律大臣没有使用当时已经普遍流行的"法政"或"政法"一词，而用"法律"一词，恐非偶然。

---

① 《奏请各省专设仕学速成科法》（1905），载丁贤俊、喻作凤主编：《伍廷芳集》，273～274 页，北京，中华书局，1993。

② 参见《京师法律学堂章程》，载《东方杂志》，1906 年第 10 期。

就字面上推敲，"法政"或"政法"一词所指，当不限于法律一项，举凡政治、理财、交涉等等，皆可包容其中。而其各项之间，虽然关系密切，但也绝非毫无区别。沈家本是有清一代精通律学的大家，深知中国律学的博大精深。他常讲："法律为专门之学，非俗吏所能通晓，必有专门之人，斯其析理也精而密，其创制也公而允。"① "律例关系重要，非尽人所能通晓"，"独是律例为专门之学，人多惮其难，故虽著讲读之律，而世之从事斯学者实鲜"②。

伍廷芳则系统接受过英国普通法的训练，英国传统的对于法律概念的严格理解对伍氏不会毫无影响。此外，在设立法律学堂的奏章中，他们不仅表示了对进士馆与仕学馆的设学旨义（其取义在明澈中外大局，于各项政事，皆能知其大要）与深造法律学的目标间有异的看法，而且还坦率地指出了法律之为专门学问的特性所在，说："为学之道，贵在本原，各国法律之得失，既当研厥精微，互相比较，而于本国法制沿革以及风俗习惯，尤当融会贯通，心知其意。"因此，"非专设学堂不可"。

应该说，这种把法律学视为专门之学，而不是将法律与政治、经济、外交等学科笼统地糅合在一起加以对待或学习的认识，在当时还并不多见。就伍、沈二人创办的法律学堂而言，学堂以养成裁判人才为目标，并紧紧围绕这个目标设置相关的法律科目，这在晚清的法律教育史上也是绝无仅有的。

京师法律学堂由伍廷芳和沈家本奏请成立，直至清末，该学堂都隶属于修订法律馆而不属学部（学部于1905年12月6日设立）。虽然不在学制之内，但由于它近在整个王朝立法活动的中心位置，有修律大臣的主持（沈家本为法律学堂的管理大臣），又有重金聘请的参加修律的日本法律专家充任教员，可以使法典制定过程中遇到的各种专业问题直接反映到课堂的教学当中，所以，无论是在师资方面，或者在获取最新的法律资料方面，京师法律学堂的教学条件都是得天独厚的，远非当时其他众多的法政学堂可比。这是京师法律学堂法律教学的一个突出特点。

承担法律学堂各门课程讲授任务的教员，除了有两门中国法的课程为中国教员讲授外，其他大部分的课程都由来馆修律的日本法律顾问讲授。

中国法方面的"大清律例"一门是由陕派的律学家吉同钧主讲的。吉同钧是陕西韩城人，"承其乡先达之流风遗韵"，对《大清律例》素有研究，犹精此学，是令沈家本"心折"已久的律学家，故延聘他来主讲大清律例。经过五个学期的连续讲授，授课讲义积成六册，编辑成书，沈氏欣然撰写一篇较长文字的序文《大清律例讲义序》（1909年），称赞所编讲义"于沿革之源流，义例之本末，同异之比较，重轻之等差，悉本其所学，引伸而发明之，辞无弗达，义无弗宜，洵足启法家之秘钥，而为初学之津梁矣"③。沈氏对律学的钟爱，对法律人才的重视，由此可见一斑。

显然，沈家本对法律学堂的律学教学非常重视。尽管采用西法的修律工作决定了法律学堂的教学任务要以学习大量的西法为主，但他认为："中律讲读之功，仍不可废也。"其理由是："不深究夫中律之本原，考其得失，而遽以西法杂糅之，正如枘凿之不相入，安望其会

① 沈家本：《寄簃文存》，《设律博士议》。
② 沈家本：《寄簃文存》，《大清律例讲义序》。
③ 沈家本：《寄簃文存》，《大清律例讲义序》。

通哉?"①

承担大量的外国法课程讲授任务的日本法律教习是冈田朝郎、松冈义正、小河滋次郎、志田钾太郎、岩井尊文和中村襄。②

冈田朝太郎是 1906 年 9 月来到北京的。③ 来华之前,他已经是日本一位享有盛誉的刑法和刑事诉讼法学者。冈田 1891 年毕业于东京帝国大学法科(法学士),1897 年至 1900 年受教育部派遣赴德国、法国和意大利留学,回国后任东大法科教授,主持刑法讲座,同年并任法典调查会委员。1901 年获得法学博士学位,成为"帝大七博士"之一。他来华后担任了修律馆的调查员,并兼任法律学堂教员,月薪是 850 银元并签约三年。④ 另外还任京师大学堂教员。1915 年回国后任法政大学教授。他在法律学堂讲授的课程有法学通论、宪法、行政法、刑法总则、刑法分则、法院编制法和刑事诉讼法。⑤ 沈家本在他的《法学通论讲议序》(1908)一文中,对其人其书及其学识给予了很高的评价。

松冈义正(1870—1939),1892 年毕业于东京帝国大学法科(法学士),1916 年获得法学博士学位。1906 年来华前为东京上诉院推事。他的月薪为 800 银元,约期亦为三年。他在学堂讲授的课目为民法总则、物权、债权、亲族法、相续法、民事诉讼法和破产法。⑥

小河滋次郎(1861—1925)曾留学德国,返日后曾供职于内务省和司法省,是日本研究监狱学的先驱,起草监狱法和施行法,1906 年获得东京帝大法学博士学位。⑦ 他于 1897 年出版的权威性著作《监狱法》是当时日本唯一讲述西欧监狱法的著作,而该书在他来华之前即已被译为中文出版(柳大谧编译《独逸监狱法》,1907 年天津丙午社)。1906 年春,修律馆派刑部候补郎中、法律学堂提调董康、主事麦秩严等赴日考察司法制度时,正值小河的全盛期。从他的著作、从他对法政大学中国留学生的授课和他对董康的考察团一行人的帮助中,沈家本认识到"小河滋次郎为日本监狱家之巨擘,本其生平所学,为我国忠告"⑧。于是决定聘他来华协助完成改善狱政的任务,并在法律学堂讲授监狱学课程,月薪高达 800 银元。小河于 1908 年 5 月来华,1910 年返回日本。⑨

志田钾太郎(1868—1951)是修订法律馆以破纪录的 950 银元月薪聘请来的民商法专

① 沈家本:《寄簃文存》,《大清律例讲义序》。

② 此处所列京师法律学堂的日本教习名单,系依汪向荣《日本教习》一书所编的《日本教习分布表》的记载。参见汪向荣:《日本教习》,60~70 页,北京,三联书店,1988。但据《京师法律学堂第一次同学录》中开列的教员名单,日本教习仅有冈田与松冈二人。

③ 转引自[美]任达:《新政革命与日本》,203 页,南京,江苏人民出版社,1998。有关冈田朝太郎的生平简介,参见彭时编:《世界法家人名录》,"冈田朝太郎"条,117 页,上海,商务印书馆,1936。

④ 参见[美]任达:《新政革命与日本》,南京,江苏人民出版社,1998。据汪向荣提供的资料,正如他所说的,冈田的月薪是来华日本教习当中最高的。因为来华日本教习的月薪大多是在 150~500 元之间,甚至有百元以下者。当然,冈田的这个酬金,也包括了他在修律馆工作的那一部分,不纯为教习的月薪。

⑤ 参见熊元翰等编辑:《京师法律学堂笔记》(共 22 册,北京,安徽法学社,1911)中各该讲义笔记中的介绍。

⑥ 参见彭时编:《世界法家人名录》,"松冈义正"条,113 页,上海,商务印书馆,1936;以及《京师法律学堂笔记》各该册。

⑦ 参见彭时编:《世界法家人名录》,"小河滋次郎"条,104 页,上海,商务印书馆,1936;[美]任达:《新政革命与日本》,204 页,南京,江苏人民出版社,1998。

⑧ 沈家本:《寄簃文存》,《监狱访问录序》。

⑨ 参见[美]任达:《新政革命与日本》,193 页,南京,江苏人民出版社,1998。

家。他于 1894 年毕业于东京帝大法科（法学士），旋入研究院专攻商法中的公司与保险，1898 年受派赴德国研究商法，回国后于 1903 年获得法学博士学位，并任东京帝大商科和法科教授。他于 1908 年来馆协助商法的起草，同时在法律学堂讲授了商法总则、会社法（即公司法）、有价证券、船舶（即海商法）和国际私法课程。① 志田于 1912 年回国，1938 年至 1943 年间任明治大学校长。

岩井尊文，法学士，海军大主计，在法律学堂讲授国法学和国际公法。

中村襄情况不详。

以上可见，在法律学堂任教的这些日本法学家，大体来讲，水平的确都是相当高的。他们大多获有高级的法学学位，并且是其本国某一法学领域中的佼佼者，在华期间，也都配合了法典的起草和法律学堂的教学任务。也正是在这样的条件下，中国通过日本，第一次完整地输入了近代西方（主要是民法法系）的法学知识。根据他们的课堂讲义编辑而成的一系列分门别类的法学书籍很快就传播开来。自 1911 年起就同时流行有两种版本的法律学堂讲义，即汪庚年氏编的《法学汇编——汪辑京师法律学堂笔记》和熊元翰、熊元襄、熊元楷编辑的《京师法律学堂笔记》。② 这些根据最新的第一手的材料编译而成的法律书籍，无疑是当时人们学习法律的权威性书籍，以至它们在问世之后的几年间，连续再版，仅熊氏编辑的那套笔记在 1911 年至 1914 年间几乎每册都四次重印，大有"洛阳纸贵"的轰动效应。

应当说明的是，法律学堂能够得以如此地运转，是与修律大臣的苦心经营分不开的。1907 年修律馆离部独立，沈家本等请求清廷年拨法律馆经费七万两。但清廷财政枯竭，长期未予答复。最后，沈家本不得不主动请求减至三万两，才使法律馆得以运转。③ 沈氏能以这有限的经费，不惜重金聘请日本优秀的法学专家，十分不易。

最后，还有一个不容忽略的细节是，在学生不懂日语，绝大多数日本教员又不通汉语的情况下，法律学堂的课程讲授是如何进行的。这方面的问题，到目前为止，尚缺乏直接的记述材料。有学者对日本教员在堂教授的一般做法作过考察，认为当时是用"双重讲授的间接教授法"，即上课时，日本教员讲课到一定段落，就由担任翻译的将其所讲的内容，译成学生能听得懂的汉语。这种讲授方式当然"既费时又易失真"④，但是当时的讲授，必须适应这种特殊的情况。担任日本教员翻译的，多为回国的留日学生。如果是在日本受过正规教育的，按部就班从日本学校毕业的，那么不仅专业知识，日语水平也非短期的速成生可比，由他们来任翻译，教学质量不成问题。⑤ 笔者认为，当时任法律学堂教务提调的曹汝霖和教员的汪有龄、江庸、张孝簃等人，很可能就是这样的翻译，他们都是留日的法科毕业生，而且

① 参见［美］任达：《新政革命与日本》，204 页，南京，江苏人民出版社，1998；彭时编：《世界法家人名录》，109～110 页，上海，商务印书馆，1936；《京师法律学堂笔记》各该册。

② 《汪辑京师法律学堂笔记》为汪庚年所编，京师法学编辑社 1911 年 7 月至 1912 年 4 月间出版，共有 22 册。熊氏所编《京师法律学堂笔记》亦为 22 册，北京安徽法学社刊印，内容与汪氏笔记略同。

③ 参见李贵连：《近代中国法律的变革与日本影响》，载《比较法研究》，1994（1），28～29 页。

④ 光绪三十三年（1907 年）《学部奏派调查直隶学务委员报告》，载《东方杂志》，1907 年 11 月号。

⑤ 参见汪向荣：《日本教习》，106～107 页，北京，三联书店，1988。

有的学业还相当出色。①

关于京师法律学堂毕业的生员人数，《清史稿》上说有"近千人，一时称盛"。又据《北京法政专门学堂沿革志略》中的记载，光绪三十四年（1908年）五月法律学堂速成班毕业49名；宣统元年（1909年）十二月法律学堂法律甲班毕业104名，宣统二年（1910年）十二月法律乙班毕业363名，这样，直到清末，共计毕业生为516人。此外，民国四年（1915年）二月，原法律学堂丙班举行毕业考试，但未说明人数。②

民国元年（1912年）五月，教育部将京师法律学堂与1906年由学部奏改的京师法政学堂、1909年由度支部奏设的财政学堂三者合并，改设北京法政专门学校，邵章（1874—1953）任校长。同年8月25日，北京法政专门学校举行开学典礼。③ 于是修律大臣开办的法律学堂就又汇入民国时代法律教育的潮流中去了。

二、清末法政学堂的蜂起

伍廷芳与沈家本于1905年4月提出设立京师法律学堂和在各省课吏馆内设讲法律的意见之后，同年8月15日，学务大臣孙家鼐在议奏中一方面承认了"伍廷芳等所请专设法律学堂为当务之急，自应准如所请"，同时又报告"近日直隶议设法政学堂，所列科目颇为祥备"，认为它与修律大臣所拟定的办法相合，并要求政务处通行各省，查取直隶法政学堂章程，参酌地方情形认真办理。④ 这就是说，在修律大臣奏设法律学堂的同时，直隶省也在筹设法政学堂事宜。而且在当年的11月15日，由旧设课吏馆改设的直隶法政学堂正式开学。⑤

按照直隶总督袁世凯奏定的《直隶法政学堂章程》⑥，学堂以"改良直隶全省吏治、培养佐理新政人才为宗旨"，专招直省候补人员，年在45岁以下文理通明者入学，员额每年120人，学堂分预科半年，正科一年半，共计两年毕业。预科主要学习伦理学、中外历史和地理、算学、教育学、伦理学、法学通论、经济原论和东文东语等课程；正科教授的课目为大清律例、大清会典、交涉约章、政治学、宪法、行政法、刑法、民法、商法、国际公法、国际私法、刑事诉讼法、民事诉讼法、裁判所构成法、应用经济、财政学、警察学、监狱学、统计学、中外通商史、东文东语和演习裁判；强调"于本国律例约章，尤宜预为讲求，以期适于实用"。除了预科中的普通学科和正科中的中国律例由本国教员讲授外，专门各科暂请日本教员担任，并延聘精通日语的人员担任翻译，以收速成之效。

这份章程与京师法律学堂所不同的主要是，学制较短，预科、正科合计才两年，速成的

---

① 参见《京师法律学堂第一次同学录》。又据松本龟次郎回忆，当时在京师法政学堂担任过翻译的留日学生有曹汝霖、章宗祥、陆宗舆、汪宝荣、范源濂、江庸、张孝簃、姚震、汪燨芝、曾彝进、黄德章、夏燏时、朱绍濂等人，而林棨更以中国总教习的身份担任过岩谷孙藏、杉荣三郎的翻译。在同校任教的矢野仁一也回忆说，当时给他任翻译的，主要是在政府中任职的曹汝霖。参见汪向荣：《日本教习》，108页，北京，三联书店，1988。

② 参见《教育公报》，第一年第十一册，11～13页。

③ 参见《教育公报》，第一年第十一册，11～13页。

④ 参见《光绪朝东华录》，第五册，5385～5384页。

⑤ 参见《学部官报》，第二十一期。国内法学著作一般认为伍、沈于1906年创办的京师法律学堂，是我国近代第一所法律专门学校，但就开办时间上讲，直隶法政学堂要比京师法律学堂更早一些。

⑥ 参见《直隶总督袁奏拟定法政学堂章程规则折（附章程）》，载《东方杂志》，1906年第9期，213～215页。

色彩较为浓厚，而且，它以培养佐理地方政治人才为目标，不像法律学堂那样专注于培养裁判人才。此外，直隶法政学堂开办于 1905 年 11 月，较京师法律学堂开学的时间要早，因此，它实际上是晚清开办的第一所法政专门学堂，首开各省兴办法政学堂之风气，并成为他们办学参考的一个范例。

是年，立宪的日本战胜了专制的俄国，这更激发了国人要求立宪的热情。舆论纷纷要求广设法律学堂，以养成法政思想。① 也就在这年的 9 月，清廷正式宣布了停止考试，广兴学堂的重大举措，各省次第将旧有书院改设存古学堂，以解决士子读书和出路问题。然而当时仕途各省均以拥挤为虑，而明习法政之选，实不多觏。御史乔树枏就此提出："此项举贡生员，中学皆有根底，若专占政法一门肄习，则三年毕业之后居官官乡，足备任使。"这个意见得到了学部的肯定。

1906 年 7 月 7 日，学部将乔树枏的奏请由军机处饬发各省，并且指出：

> 现在各省举行新政，需材甚殷，裁判课税人员，尤非专门之学不能胜任。而科举既废，举贡生员若无求学之地，以之肄业法政，既不如他项科举之难于成就，而年齿长则阅历富，中学深则根底完，必能会通中西，以为效用之具。以视设立类似书院之学堂，但求疏通之路，不筹造就之方者，较为切实。……凡未经设立此项学堂之省分，应即一体设立，其业经设立者，亦应酌量扩充……②

学部的这个意见有几点值得注意：

其一，举行新政所要求的裁判课税人员，尤非专门之学不能胜任，这说明传统教育方式所培养的人才已经无法适应新政和立宪趋势的需要。

其二，科举废除之后举贡生员的出路以肄业法政易于成就，甚至因其丰富阅历和中学根底而能有会通中西的优势。懂得法政之学的人为当时社会最急缺的资源；科举制所遗下的最后"产品"正无出路，"供"与"求"之间的矛盾可以通过把旧人迅速地过渡到法政新人的方式得到缓解，而这个过渡的桥梁正是法政学堂；法政学堂的兴办也因此具备了广泛的社会基础，于是，举国上下形成了一股广设法政学堂的潮流。

在京师，鉴于甲辰、癸卯两科进士相继赴日速成或考察法政而无学员的实际，学部于 1907 年 2 月 2 日提出把原设进士馆即将空闲下来的馆舍与教习改为法政学堂，名为"京师法政学堂"③。学堂"以造就完全法政通才为宗旨"，分设正科、别科与讲习科三套计划。正科分政治、法律两门，学习期限三年，规定由二年预科毕业之后或相当学力者升入，然后自行选择一门。预科招收年在 20～25 岁、中学有根底者入学；所习课程为人伦道德、中国文学、日本语、历史、地理、算学、理化、论理学、法学通论、理财原论和体操。正科中的政治、法律二门共同开设人伦道德、皇朝掌故、大清律例、政法学、政法史、宪法、行政法、民法、刑法、商法、国际公法、国际私法、理财学、社会学、外交史、统计学、日本语、英语、民事诉讼法、刑事诉讼法、监狱学、体操、财政史、中国法制史、外国法制史课。正科略似今天的法律本科。

---

① 参见《论国人宜知政法之大要》，载《东方杂志》，第三年第五期，丙午增刊，宪政初纲。
② 《学部通行各省御史乔树枏奏请各省添设法政学堂文》（附乔树枏原片），《学部奏咨辑要》。
③ 《学部奏筹设京师法政学堂酌拟章程折》（附章程），载《东方杂志》，1907 年第 11 期，教育，241～256 页。

别科则专门招收各部院人员及举贡生监，年在 35 岁以下者，由考试录取入学，亦以三年毕业，旨在"造就从政之才"。课程较正科略为专门。别科不必像正科那样由预科升入，惟取速成之意，并且是对在职服官或已有科名人员的特别优待。

学堂附设的讲习科是专为吏部新分及裁缺人员入学肄业而设的。政法理财各门只需讲授大要，所以年限从轻，一年半毕业。实际上就是今天法律院校的培训部。

学堂开办以后，由于立宪和修律形势的不断发展，奖励章程和课程设置屡有改动。1910 年 12 月 20 日，学部根据当时迅速变化的实际情况奏请《改定法政学堂章程》[①]，其主要内容是：

其一，将学堂宗旨改为"养成专门法政学识，足资应用"。这一宗旨较之以前更趋向于应用性或实践性。

其二，关于课程设置，由于订章之际，各种新律均未颁布，因而，除大清会典、大清律例之外，再没有本国法令可供教授。现在宪法大纲、法院编制法、地方自治章程等均经先后颁行，新刑律也将议决，奏请钦定施行，因此，以后法政学堂此项功课，自当以中国法律为主。

其三，关于学习年限。旧章所定各科年限是出于应付急需，但法政学科甚繁，正科既以求完全之学问，三年尚嫌其短；讲习科仅一年半，所习无多，断难足用。因此，将正科延长一年，改为四年毕业，同时废止讲习科。

其四，关于分科。旧章仅设法律、政治二门，而财政、经济等学科仅为政治门下兼修，设有专项，而现在中国财政亟须整理，为选就此项人才，有必要专立经济一门。

经过这样的修订，京师法政学堂成为一个兼设法律、政治、经济三门四年制的学堂，同时设有三年制的别科。正科学生须由中学堂毕业得有文凭，经考试入学；别科为入仕人员以及举、贡、生、监，年在 25 岁以上，中学有根底者，经考试入学。正科、别科每年级学额至少须在百名左右。

学部还规定，凡此后京外新设的官立、私立法政学堂，均按照此次改定的章程办理，以求全国法政学堂的划一办理。

改定章程后的京师法政学堂，在体系与规模上都更加完备，逐渐成为后来法政学堂的办学模式。

在学部改定京师法政学堂的当年，即 1910 年，清廷还作出了两项加速法政教育发展的重要决定，一个是通行各省法政学堂应次第扩充[②]，这是由于当年 2 月 7 日，清廷颁布了《法院编制法》，宪政编查馆要求将京外现设及将来续设法政、法律各学堂一律扩充，特别要尽快培养审判和检察人员，以应付各地审判厅的急需。同时提出筹划奖励研究法学的方案，使法律知识逐渐普及，以配合司法制度的改革。

另外一个就是准予私立学堂专习法政。这事最初由浙江的几位留日法科毕业生——阮性存（1874—1928，字荀伯）、许养颐、余绍宋（1883—1949，号樾园）、凌士钧（1885—1954，字砺深）等人上书力争，要求准予私人设立法政学堂。[③]

---

① 参见《学部奏改定法政学堂章程折》（宣统二年十一月十九日，1910 年 12 月 20 日），《学部奏咨辑要》。
② 参见《学部通行各省法政学堂应次第扩充文》（1910 年 5 月 25 日），《学部奏咨辑要》卷二，续编。
③ 参见阮毅成编：《阮荀伯先生遗集》，13 页，台北，文海书局，1970。

后来浙江巡抚增韫上奏清廷，称原"《奏定学堂章程·学务纲要》内载'私学堂禁专习政治法律'一条，其时尚在预备立宪以前……在立法之初，何尝不斟酌尽善，具有苦心，惟政体既更，时势亦异，因时制宜，殆不可缓"，要求"将前定《学务纲要》禁止私立学堂专习法政一条全行删去，并由部通行各省准予私立法政学堂"①。

学部在议复奏折中认为，朝廷已经宣布筹备立宪，并刊布钦定筹备立宪事宜清单，"各省咨议局既于上年成立，京师咨政院亦于今年召集，而各级审判厅、各级地方自治亦皆次第施行，所有议员、自治职员、审判官吏，非有法政之素养不足以赴事机。需才既众，自宜广加培成，以资任费，若专恃官立学堂为途，未免稍狭"。因此，即应照准。

另外，"各国法政之学，派别不同，各有系统，必折衷于一是，始可以杜歧趋而崇政体。故学术之所宗，必求与政治相应。我国各项法规多取则于日本，而日本实导源于德国，德国法学之统系与英法诸国统系绝不相容。日本先采法国派，后乃悉弃之，而改用德国派。盖君主立宪政体之国，一切法制必择其与国体相宜者然后施行，无扞格之弊，此则讲求政学者所必应共喻者也"。基于这种判断，学部准备调取京师法政学堂和京师法律学堂两堂的各科讲义，遴选有关人员审定刊行，"以资研究而端趋向，庶于制宜通变之中，仍寓划一整齐之意"②。可见，在放开私人设立法政学堂的同时，学部设想以颁发统一的教材的办法对私立法政学堂加以控制。

按照学部的规定，各省私立法政学堂，原以在省会设立为条件。但据宪政编查馆奏定的筹备清单，省城及商埠地方等处各级审判厅必须在三年之内一律成立，这样，通商口岸所需司法人员与省城同样的紧要，因此，学部又在同年 11 月 10 日，将这个限制量予变通，"凡繁盛商埠及交通便利之地……一律准予呈请设立法政学堂，以广造就"③。

经过 1906 年和 1910 年清政府这两次大的推动，大大小小、公立与私立的法政学堂逐渐地遍布全国。就公立法政学堂来讲，它们大多由各省旧有的课吏馆改设而成，办学模式一准京师或直隶法政学堂的课章。然而省情各有等差，实际的开办也必须迁就现有的条件，并不能尽如京师或有些地方的开办水平。

必须考虑到的是，在国内如此风风火火大办法政学堂，大讲法政之学的时期，提供满足这种广泛的社会需要的资源，例如教员和教材从何而来。

实际上，将当时的各方面情形联系起来，就不难发现，当 1905 年国内开始创办法政专门学堂时，正值赶赴日留学人数处于巅峰的时期。在仍然有大量官派的或自备资斧者赶赴东瀛速成法政的同时，来自日本的两股力量开始输入国内的法政学堂，一者是稍早些时候即赴日本并已在那里的法科学校完成了学业回到国内的留学生；另外就是来华的日本法政教习。

就留日法科毕业生方面的作用而言，自 1900 年起，留日学生就已具备了翻译日本政法书籍的实力，并且组成了专门的翻译团体"译书汇编社"。戢翼翚、杨荫杭、金邦平、章宗

---

① 《学部奏议复浙抚奏变通部章准予私立学堂专习法政折》（1906 年 6 月 3 日），《大清教育新法令》，续编，第六编，11～12 页。

② 《学部奏议复浙抚奏变通部章准予私立学堂专习法政折》（1906 年 6 月 3 日），《大清教育新法令》，续编，第六编，11～12 页。

③ 《学部附奏推广私立法政学堂片》（1910 年 11 月 10 日），《学部奏咨辑要》，三编。

祥、曹汝霖、钱承志、吴振麟等十余人组成的这个最早的翻译社团，"好像编教学讲义一样"，将大量日译的西方政治法律著作译成中文，再编辑出版。① 其他如教科书译辑社、湖南编译社、普通百科全书社、闽学会等也都译有相当的政治法律书籍。随着形势的发展，留日法科生开始编辑出版成套的法政丛书，以应国内的需求。例如，1906 年 10 月出版的《法政粹编》（22 册）；1907 年 6 月丙午社的《法政讲义》（第一集 29 册，第二集预告有 29 册，是否完成，待考）；1907 年 8 月政法学社的《政法述义》（共 22 册 36 种），湖北法政编辑社的《法政丛编》（24 册）以及《早稻田大学政法理财科讲义》（12 册），戢翼翚、章宗祥、马岛渡、宫地贯道合编的《政治类典》（4 大册）、《新译日本法规大全》（线装 80 册），等等。②

留日法科生所编的这些书籍，基本上是根据他们自己在日本学校上某门课时所作的笔记，或根据任课老师的著作、讲义，再参合同类的其他著作，或附以己意翻译编辑而成的，实际上就是日本法学家的著作、讲义的编译性作品，其内容完全是按照日本当时的法律体系构造的近代西方法学，也有的加以中国的例子。这些书籍均是先在日本编译印刷，然后运回国内发售。③ 当时国内法政学堂所用的教科书，大部分就是由留日法科生编译的这些讲义。④

留日法科毕业生不仅将他们编译的大量法政讲义输入国内，而且还普遍地投身于他们在家乡的省份的法政学堂，充任教员。例如，前文提到的那几位要求创办私立法政学堂的浙江籍留日学生，其中阮性存 1905 年在日本法政大学毕业后即回国任浙江官立法政学校教员，

---

① 参见〔日〕实藤惠秀：《中国人留学日本史》，217~218 页，北京，三联书店，1983。
② 参见〔日〕实藤惠秀：《中国人留学日本史》，241 页，北京，三联书店，1983。
③ 关于留日学生编译的这些政法丛书的具体情况，这里不妨举出一例，以概见其余。

《法学通论》：《政法述义》的第一种。编辑者：湖南益阳的胡挹琪；发行者：政法学社；印刷：日本东京九段中坂九段印刷所；印刷者：池田辰次；总发售所：上海四马路中市游艺图书社；分售处：南京花牌楼崇艺社，湖南永丰仓三圣殿聚吉书栈，奉天省城震东学社。光绪三十三年七月十日（1907 年 8 月 18 日）印刷，光绪三十三年七月十五日（1907 年 8 月 23 日）发行。全书 162 页。

例言

一、本书全以法政第四班梅谦博士所讲授法学通论为主，其于梅氏所略，而为他家所有者，则按其叙秩，采辑以补之。若编中所采中村进午氏、笕克彦氏、织田万氏、奥田义人氏、鹈泽总明氏诸家之说，各随节首章末志其氏名，俾易识别。

二、本讲义中，除讲师口授外，不参臆解，其引用他家著述，皆直译原文。虑失真意，故不加修饰。至名词、姓氏，译音多歧，并录假名，以备参考。

三、本班讲授法学通论，自明治三十八年（1905 年）起，至三十九年（1906 年）夏课毕，其间讲师多按时立论之处，不复以现今事故，窜改原文。

四、编辑法学通论一书，宜简明要约。简明则俾一般国民，便于浏览。要约则于法学全部，握其关键。鄙人法理既浅，又仓促成书，二者皆歉，幸希同志，匡其不逮。

目次：第一编：第一章法学通论研究之必要，第二章法学通论为国民教育必要之学科，第三章法律之定义，第四章法律之发生及意义，第五章法律之维持，第六章法律之分类；第二编：第一章法律之定义，第二章法律与国之关系，第三章法律与道德之关系，第四章法律与政治之关系，第五章法律与经济之关系，第六章法律者学钦抑术钦，第七章法律一语有种种之意义，第八章法律之分类：第一节刑法制定法、第二节国法国际法、第三节公法私法、第四节实体法形式法、第五节普通法特别法、第六节命令法随意法，第九章权利及义务，附法律关系：第一节权利，第二节义务，第十章法律与习惯之关系，第十一章法律之解释，第十二章关于时期法律之效力：第一节法律之施行期，第二节法律之效力应溯之既往与否，第十三章关于土地法律之效力，第十四章法律之执行，第十五章法律之变更及废止。

④ 参见〔日〕实藤惠秀：《中国人留学日本史》，233 页，北京，三联书店，1983。

在要求创办私立学堂的计划成功之后，他即担任了该校的校长。余绍宋和凌士钧都是毕业后即回浙江任官立法政学堂的教员（余为教务长，凌于 1924 年又担任了校长）。这类事例，不胜枚举。

清政府聘请日本教习始于 1901 年。根据汪向荣提供的材料，当时在全国高等和中级法政学堂的日本教习共有 62 人，其中教授法政科者为 24 人。其分布的大体情况是①：

京师大学堂：岩谷孙藏（仕学馆总教习）、杉荣三郎（法学士、教经济学）、冈田朝太郎（教法政学）、织田万；

京师法政学堂：岩谷孙藏（总教习）、杉荣三郎（副总教习）、冈田朝太郎（教法学）、矢野仁一；

京师法律学堂：（见前文）；

高等巡警学堂（北京）：川岛浪速（监督）、町野武马（总教习）、前田爱之进（教法学）、染川丰彦（教法学）；

直隶法政学堂（保定）：甲斐一之（法学士）、中津三省（法学士）、矢板宽（法学士）、太田一平（法学士）、剑持百喜、中岛比多吉（通译）；

北洋法政学堂（天津）：吉野造作（总教习，后任东京帝大教授，法学博士）、今井嘉幸（法学士、东京地方裁判所推事、后法学博士）、大石定吉（法学士）、名和刚（法学士）等；

天津警务学堂：三浦喜传（总教习、原东京警视厅警视）、于野健藏（教警察法规）等。

山东法政学堂（济南）：松野祐裔（法学士）、八田光二（法学士）等；

山东警务学堂（济南）：别府彦磨（东京警视厅巡官）；

山西法政学堂（太原）：横山治一郎（文学士）；

山西警务学堂（太原）：柏原、来板、有马；

江西法政学堂（南昌）：日下清癯（早稻田大学毕业）；

浙江法政学堂（杭州）：大石定吉（后转至天津北洋法政学堂，前见）；

江南巡警学堂（南京）：新纳时哉；

苏州法制学堂：土井常太郎（京都私立法制学校出身）；

湖北法政学堂（武昌）：作田正一，筱崎正；

新疆法政学堂（迪化）：林出贤次郎；

两广法政学堂（广州）：松山丰造（法学士）、关山富（法学士）、腾田积造（法学士）、村中清司；

广东警察学堂（广州）：太胁菊次郎（法学士、东京警视厅巡官）；

云南法政学堂（昆明）：岛田俊雄（法学士，后日本司法大臣）；

东三省法政学堂（盛京）：末松偕一郎（法学士）、柏田哲男（教日语）等；

吉林法政馆：木村钦二。

这就是说，当时有相当多的法政学堂聘请了人数不等的日本教习。但自 1906 年、1907

① 参见汪向荣：《日本教习》，"日本教习分布表"，67～95、104～105 页，北京，三联书店，1988。汪氏一再指出，他所作的这一统计并不十分充分，有待补充。笔者此处所列，仅为其表中涉及法政学堂或相关者的情况，有的并非各该学堂全部日本教习的记录。因当时在华日本教习人数多、分布广，各种材料记录不一，故难于详确，此处所列，仅供参考，以略见当时日本法政教习情形。

年起大批留日法科学生陆续回国，师资严重缺乏的情况稍有缓解以后，日本教习也就渐渐地减少了。只有少数人，如冈田朝太郎、岩谷孙藏，到了民国初期，仍在北京从事法政教学活动。

综观以上所述，清末的留日法科学生支撑了当时各省兴办的法政学堂，他们通过编译法政教科书，并充任教员而成为晚清推动法政教育蓬勃兴起的主要角色。而赴日研习法政和聘请日本法政教习来中国任教，又是实现法政兴学目标同一事物的两个方面。

下面将清末由各省督抚奏设的法政学堂列举出来，以便观察清末法政学堂开办之规模。①

1. 直隶臬署法政学堂

又称直隶法律学堂，后改名幕僚学堂，光绪三十年（1904年）六月落成，八月开办。学生一班，内有本省候补人员及臬署学班学生60名，旁听生16名，三年毕业。总理：臬司毛庆藩，监督：欧阳弁元（兼），教习：东教习1人，中教习3人。课程为地理学、历史学、教育学、政治学、理财学、交涉学、宪法学、法律学、中国律例学等。②

2. 直隶法政学堂

光绪三十一年十月十五日（1905年11月11日）开学。就旧设课吏馆改设。正科160人，二年毕业；预科160人。监督：欧阳弁元，提调：延龄，教员14。课程前见该学堂章程。③

3. 广东法政学堂

光绪三十一年（1905年）十一月就原课吏馆改设。初设速成科，官班生125名，一年毕业；绅班生100名，二年毕业，继设别科及正科。监督：夏同龢，教习：松山丰造、杜之秋、金章、朱执信、张荫庭等。课程：大清会典要义，外国行政法、大清律例要义、外国刑法、大清商法、各国商法等。④

4. 江西法政学堂

光绪三十二年（1906年）三月就原课吏馆改设。设别科及讲习科，分官绅两班，官班不定额，绅班每科60名，另设附学班，收官绅子弟，又收校外生。参酌京师、北洋两地法政学堂章程办理。⑤

5. 山东法政学堂

光绪三十二年（1906年）就原省课吏馆扩充。收学生60名，一年半毕业，其年力不合或羁于职务者，另设讲习科。监督：方燕平。参照北洋法政学堂办法。⑥

6. 浙江法政学堂

光绪三十二年（1906年）由原课吏馆、化学馆、洋务学堂三校合并改建。设简易科、速成科，一年半毕业，招收学生200名，分官绅两班。按奏定大学堂章程法政大学科目及参取

① 以下各省法政学堂表参见朱有瓛主编：《中国近代学制史料》，第二辑下册，499～502页，上海，华东师范大学出版社，1987。

② 参见《学部官报》，第二十一期；《东方杂志》，1905年第8期。

③ 参见《学部官报》，第二十一期。

④ 参见《广东文史资料》，1962年第十辑。

⑤ 参见《学部官报》，第一一五期。

⑥ 参见《学部官报》，第十期。

直隶法政学堂章程。①

7. 贵州法政学堂

光绪三十二年（1906 年）就贡院内原有房舍修葺应用。暂设速成科，二年毕业，每年招生 100 名，分官绅两班，各 50 名。提调：刘大琼，堂长：欧阳葆贞（兼教员），学监：李培元（兼教员），教员：蔡岳尊等。查取直隶法政学堂章程，并参酌本省情形。②

8. 湖南法政速成学堂

开办时间不详。设本科一年半毕业，特别科一年毕业，官绅并收，官额占四成，绅额占六成。按奏定大学堂章程法科大学科目及日本、直隶法政学堂章程办理，一切规则与仕学馆附设之法政速成科相类。③

9. 奉天法政学堂

光绪三十二年（1906 年）由本省仕学馆扩充改设，后旗员仕学馆归并。设专科二年，讲习科一年，招收官费生 200 名，自费生不定额。正监督：钱能训。以中外法律、政治、经济之切于实用必需通晓者为宜。④

10. 四川法政学堂

光绪三十二年（1906 年）八月成立，官班于九月开学，绅班于三十三年（1907 年）二月开学，三十二年（1906 年）由原课吏馆改设，复扩充改建。官班生 60 名，绅班生 240 名。监督：周善德，张孝移（官班）、邵崇恩（绅班），教习：徐焕、卢夔祺、施台愚。仿直隶法政学堂章程。⑤

11. 江宁法政学堂

光绪三十二年（1906 年）二月，招收官班 80 名，绅班 80 名，附课生 40 名。监督：于德懋，教员：张康仁等 6 人。位学部、直隶两处章程，略事变通。⑥

12. 安徽法政学堂

光绪三十二年（1906 年）十一月，分简易科二年毕业，补习科一年毕业，定额正佐班 60 名，附课名 10 名。监督：张仲炘，总办：冯煦、沈曾植、毓秀，教员：毛昌本等四人。⑦

13. 云南法政学堂

光绪三十二年（1906 年）开办。

14. 山西法政学堂

光绪三十二年（1907 年）以省城学署旧址改建，原课吏馆经费拨归其中。先办简易科一年毕业，再办预科、本科，各三年毕业，暂定学额 200 名。总理：刘锦训，教务长：吴人达。仿北洋法政学堂章程。⑧

① 参见《学部官报》，第二十五、二十七期。
② 参见《学部官报》，第二十六、二十七期；《直隶教育杂志》，1907 年第 9 期。
③ 参见《学部官报》，第十二、十三期。
④ 参见《东三省政略》卷九，奉天省。
⑤ 参见《锡良遗稿》奏稿，第一册。
⑥ 参见《学部官报》，第七十一期。
⑦ 参见《学部官报》，第三十八期。
⑧ 参见《学部官报》，第二十五期。

15. 陕西法政学堂

光绪三十三年（1907 年）三月开学，以原课吏馆改建。先办简易科，招生 100 名，其中正佐 60 人，绅士 40 人。仿北洋法政学堂章程。①

16. 新疆法政学堂

光绪三十三年（1907 年）七月开学，将原课吏馆改办。曾定学额，内班 40 名，专收候补人员，外班 20 名，兼收官绅，二年毕业。一切照直隶章程办理。②

17. 湖北法政学堂

光绪三十四年（1908 年）二月。专科三年毕业，讲习科一年半毕业，专科每年收学生 100 名，官绅兼收；讲习科第一学期各收 200 人，第二学期后每学期各收 100 名。监督：邵章。照宪政编查馆章程办理。③

18. 两江法政学堂

光绪三十四年（1908 年）三月就原仕学馆改设。分正科、别科，正科五年毕业，每年招生 100 名；别科二年毕业，专收宁属 36 县举贡生员及候补人员。参照学部及直隶两处章程。④

19. 吉林法政学堂

光绪三十四年（1908 年）八月设立。原设课吏局，光绪三十二年（1906 年）冬改为法政馆。设正科五年毕业，讲习科一年半毕业，招收学生完全科 80 名。总办：钱宗昌。按奏定章程办理。⑤

20. 热河速成法政学堂

光绪三十四年十月初一月（1908 年 10 月 25 日）开学，招满汉官绅 100 名。总办：谢希铨。⑥

21. 广西法政学堂

光绪三十二年（1906 年）八月附设法政讲习所于课吏馆中，复于光绪三十四年（1908年）改办法政学堂。讲习所定额讲习员 240 人，官绅各半，半年毕业，改办学堂后分别科及讲习科，讲习科先后收 160 人，别科无人入学。遵照学部章程。⑦

22. 河南法政学堂

光绪三十四年（1908 年）二月开学，以原仕学馆改建。先办预科、讲习科，讲习科官班招生 160 名，学习一年。监督：陈周祥。照京师法政学堂章程办理。⑧

23. 甘肃法政学堂

原为课吏馆，后改为法政馆，宣统元年（1909 年）改为法政学堂。设官班一年半毕业，

---

① 参见《直隶教育杂志》，1907 年第 18 期；《学部官报》，第四十三期。
② 参见《学部官报》，第四十五期。
③ 参见《学部官报》，第四十八期。
④ 参见《端忠敏公奏稿》卷九。
⑤ 参见《东三省政略》，吉林省。
⑥ 参见《学部官报》，第四十三期。
⑦ 参见《清末筹备立宪档案史料》（下）；《林文直公奏稿》卷五。
⑧ 参见《学部官报》，第四十七期。

分法律、政治两班。绅班一年毕业，收 50 名。①

24. 黑龙江法政学堂

宣统二年（1910 年）开办。

在京师，除了有法律学堂与法政学堂之外，还有光绪三十三年（1907 年）奏请，宣统元年（1909 年）开办的贵胄法政学堂。要求"凡宗室蒙古王公满汉世爵及其子弟曾习汉文者，皆令入学。间散宗室觉罗及满汉二品以上大员子弟，亦准考取肄业"；该学堂分正科（四年）和简科（二年），先学习普通学，然后专授法政，另为业经从仕贵胄及满汉四品以上官员设听讲科一班，一年半毕业，专讲法政大义。宪政编查馆在 1909 年 4 月 8 日《遵设贵胄法政学堂拟订章程折》中奏明开办学堂的理由是："自预备立宪以来……颁布各省咨议局章，并开办资政院，以为上下议院之基础。夫上院或称贵族院……我国贵族一阶，本居少数，凡宗室蒙古王公满汉世爵，将来皆可膺上议院议员之选。若上议院议员懵于学识，与下议院人才相去过远，则非龃龉失当，必且附和取容。是虽酌采两院之制，而有偏重一院之弊。政本所关，殊非浅鲜。"②

可见，贵胄法政学堂之设，完全是清廷以特权的方式来维护特权利益的一种措施。由于立宪已成趋势，于是亲贵们也不得不学习起法政来了。

三、民国初期法政学校的整顿

民国成立后，教育部接管了全国的教育事务，并连续发布了一系列法令，以稳定和延续清末兴起的办学局面。

1912 年 8 月，教育部以"民国成立，专门人才需用甚殷"而电令各省旧有高等专门学校，亟宜继续办理。③ 同年 10 月 22 日，教育部公布《专门学校令》，首次提出了"专门学校以教授高等学术，养成专门人才"的教育宗旨，并规定改清末的学堂为学校；法政专门学校为专门学校的一种；准许私人或私法人依照本令之规定设立私立专门学校；专门学校入学资格须为中学毕业或经试验有同等学力；等等。④

这个法令删去了清末学堂中的别科，由此大量的在本科、预科之外设有别科或仅设有别科的那些法政学校就不符合这个专门学校的规定了。为此教育部又于 10 月 25 日公布了《法政专门学校准暂设别科停止令》，提出："惟现时民国肇建，法政人才需用孔亟，自应量为变通，准于法政专门学校暂设法律别科，政治经济别科，考取年在 25 岁以上具有国根砥者入校肄业，三年毕业。其学习科目，得由校长按照本科酌量减少。"同时规定别科生的招取收于 1915 年 7 月 31 日一律停止。⑤

按照《专门学校令》，法政专门学校已属高等学校层次，其学生本应由中学升入。然而清末遗留下来的各省的法政学校大多设有别科，这种别科是专为不具有中学程度者直接学习法政而设的，实际上是不需任何资格即可入学，其教学质量显然无法保障。但当时的状况

① 参见《清末筹备立宪档案史料》（下）。
② 《大清教育新法令》，第六编，97～106 页。
③ 参见《教育杂志》，第四卷第六期，记事。
④ 参见《中华民国史档案资料汇编》，第三辑教育，107～108 页，南京，江苏古籍出版社，1991。
⑤ 参见《中华民国史档案资料汇编》，第三辑教育，110～111 页，南京，江苏古籍出版社，1991。

是法政学校在各类专门学校中所占比例最大。为此，教育部于同年（1912 年）11 月 2 日又公布了《法政专门学校规程》十条，力图统一全国各法政专门学校的办学标准。该规程规定"法政专门学校以养成法政专门人才为宗旨"；修业年限是本科三年，预科一年；预科学习法学通论、经济原论、心理学、论理学、国文和外国语（英、德、法、日选习一种），这些科目实际上都是学习法学的基础课程。三年的本科分设法律、政治和经济三科，其中法律科学习的科目是宪法、行政法、罗马法、刑法、民法、商法、破产法、刑事诉讼法、民事诉讼法、国际公法、国际私法和外国语共 12 门，另外选修刑事政策、法制史、比较法制史、财政学和法理学中的一门以上。①

以上法令的要义有二：其一是准许大学私立；其二是要把法政教育提高到中学水平之上。就前者而言，这是清末准予私立法政学堂政策的延续；就后者而言，教育部之所以这样做，"诚以法政人才，关系国家至为重大，非绳以严格，不足以培育英才"②。

然而根据当时各省公私立法政学校呈报要求立案的办理情况来看，虽然有的学校能够切实遵令办理，但是"因循迁就，请以别科毕业，稍加补习改为本科"者"亦复不止一处"。"因陋就简"，"前此学部予以展长年限，种种限制，盖亦早知其弊。民国成立，尤应力予痛除"。因此，教育部于 1913 年 1 月 15 日通令各省法政学校要严格按照学生先入预科，毕业后方得升本科的规定办理。③ 同时，为防止私立法政学校敷衍应付，特别要求将学生名册随时抄送司法部备查，否则不予承认其结业资格。④

然而部令几若具文，当时各地法政专门学校无论是否有合格的学生，或相当的教员，纷纷设立法政专门学校，添设别科，入学新生，动辄数百。调查的结果，"大率有专门之名，而无专门之实。创办者视为营业之市场，就学者藉作猎官之途径，弊端百出，殊堪殷忧"。于是，教育部又于 1913 年 10 月 18 日通令京外法政专门学校立即停止招考别科生。⑤ 紧接着，又于 11 月 22 日通咨各省，"所有省外私立法政专门学校，非属繁盛商埠经费充裕、办理合法、不滋流弊者"，酌量情形，饬令停办，或改为法政讲习所。⑥ 不久，教育部又布告整顿私立大学，限三月之内，遵章报部备查。

教育部严行取缔私立法政学校后，立即引起社会上的一些反响。上海私立民国法律专门学校校长电部争执，说本校创办"原冀以法律常识，浸淫社会，补助国立各校之不及。虽无巨金为基本，而随时筹措，前后已及万金。此次大部取消成案，敝校存亡，固无足惜。当此国基初定，人心望治，社会又多学龄已失之人，消极政策，决非所宜。而国帑支绌，教育设施，全无倪绪，对于私立各校，亦当维持现状，扶植善良为促进法治之助"。该校校长还与杭州的私立浙江法政专门学校联合致电教育部，认为取缔政策"不别良莠，悉予摧残，致令学生恐慌，转学无校"等等。⑦

---

① 参见《中华民国史档案资料汇编》，第三辑教育，111～112 页，南京，江苏古籍出版社，1991。

② 《教育部令各省法政学校遵照部令办理公告》（1913 年 1 月 15 日），载《教育新法令》，第四册，94～96 页。

③ 参见《教育部令各省法政学校遵照部令办理公告》（1913 年 1 月 15 日），载《教育新法令》，第四册，94～96 页。

④ 参见《教育杂志》，第五卷第十号，大事记。

⑤ 参见《教育部限制法政学校招考别科生令》（1913 年 10 月 18 日），载《教育新法令》，第四册，17 页。

⑥ 参见《教育杂志》，第五卷第十号，81 页。

⑦ 参见《教育杂志》，第五卷第十二号，记事，111 页。

针对各种议论，教育部于 1914 年 9 月 18 日咨行各省，声明该部对于法政教育的方针，指出，本部对于公私立法政专门学校向取二义，一为监督从严；二为待遇平等。认为："国民之所以需政法常识与时势之所要求者，端在有善良之学风，优美之知识，足以出为世用。与其博宽大之名而近于滥，不若留良汰莠，勿失法政教育之精神。"考核法政学校，只是公私立先后着手不同，并无轻重之异致。要在分别良否，重视学校起见，公立学校亦然，不能误解为摧残法政教育。①

从当时的调查中所反映出来的实际情况看，法政学校，特别是私立法政学校浮滥的程度的确是相当严重的。例如，据对江苏、浙江、安徽的调查，私立法政学校大多没有办学基金，仅靠学费支给校用，完全是营业性质，教员资格不够，常时缺席，敷衍教学，学生程度很差，来去无常，学额任意填报。教育部派出的视学员实际考察之后私议："此类私立法政，能少收一学生，则少误一青年，而国家社会将来可少受一份祸害也。"② 于是仅江苏一省就取缔了私立南京大学、上海打铁滨民国法政大学、上海爱文义路民国法政大学、上海民国大学、镇江法政专门学校、苏州共和法政学校、上海民国法律专门学校、上海中华法律专门学校、上海中华法政专门学校、金陵法政专门学校、南京江南法律学校、南京法律学校、南京法政学校十三所。③

又如广东省的私立广东、粤东、岭南、国民、宏治五所未予立案的私立法政学校，有的合格学生不及十分之一，上课多在晚间。有的借会馆为校舍，借学费为基金，调阅别科生的试卷，竟然讹字满纸，还有的预科生多为高小二三年级水平，别科生竟有在 15 岁以下者，等等。④ 其他省份的情况亦类多如此。

关于民国最初的几年间法政教育的状况，黄炎培先生曾在《教育前途危险之现象》一文中专门作过一番描述和评价。⑤ 根据 1913 年 3 月间对江宁、苏州、上海、镇江、清江五地公立、私立法政大学、法政专门学校调查获得的材料，他说：

> 光复以来，教育事业，凡百废弛，而独有一日千里，足令人瞿然惊者，厥惟法政专门教育。尝静验之，戚郦友朋，驰书为子弟觅学校，觅何校？则法政学校也。旧尝授业之生徒，为求介绍入学校，入何校？则法政学校也。报章募集生徒之广告，则十七八法政学校也。行政机关呈请立案之公文，则十七八法政学校也……

他对土地不过 32 万平方里，人口不过 3 200 万的江苏省是否需要那么多的培养官吏、律师的法政学校表示出极大的怀疑和担心：

> 今悉一国之才智，而群趋于法政之一途，其皆优乎？供多而求少，已有耗多数人才于无何有之乡，而或劣者杂出乎其间！吾恐国家社会之蒙受祸害，乃且加厉，比其觉悟，而元气已伤，飘摇之国运，将与此如狂如醉之潮流，同不返耳。

---

① 参见《教育杂志》，第六卷第七号，记事，61～62 页。

② 《教育周报》，第二十七期，17 页。

③ 参见《1913 年教育部派员察视私立法政之结果》，载《教育杂志》，第五卷第十一号，93～94 页。

④ 参见《教育部咨广东民政长私立广东、粤东、岭南、国民、宏治各法校均难准予立案文》，载《教育周报》，第三十一期，23～24 页。

⑤ 参见《东方杂志》，1913 年第九卷第 12 号。

　　黄炎培的观查反映了当时法政学堂风靡一时的实际情况，而他对于"群趋于法政之一途"的担忧，主要是从教学质量的低下和一国智力资源分配严重失调的角度来考虑的。他认为当今中国以"民多分利，少生利"为造成贫弱的一大疾患，而"习法政者所为事业，分利事业也"。他又进一步指出，"求学必求当世必需之学，教人必教之为当世不可少之人"。那么他所主张的"当世必需之学"和"当世不可少之人"指的是什么呢？从他文章中的分析来看，是指农、工、医等实科方面的人才。这是当时关于培养法政人才和培养建设人才两者之间关系的认识上的一种反映。

　　此外，还有人对当时众多的莘莘学子所以"发狂热于法校之门"的原因以及借机谋利的办学者提出了尖刻的批评：

　　　　专门法校之设立，为学非为官。惟学既有成，才堪用世，则学也而官随之，但亦不限于法政一途。谬视法校者，乃以政法为官之利器，法校为官所产生，腥膻趋附，熏获并进。借学渔利者，方利用之以诈取人财。有名无实之法校，先后纷至……①

　　总之，经过民国初年教育部的着力整顿，新旧之交已达顶峰的法政学校迅速地回落，到了1916年，已经比民国元年（1912年）减少了一半，学生人数亦随之相应地减少（见表6—1）。

　　不过，这一时期，法政学校与学生的数目都远高于同期其他科类的学校和学生的数目。也就是说，法政教育在整个高等教育中始终处于一枝独秀的地位。

表6—1　　　　　　　　　1912—1916 年全国法政专门学校与学生统计②

	1912 年	1913 年	1914 年	1915 年	1916 年
法政专门学校	64	56	44	42	32
法政学生	30 803	27 848	23 007	15 405	8 803

　　到了1926年，根据有关的统计资料，全国公立、私立的法政专门学校（不包括试办及近年无案报部者）只剩下25所，其中国立2所，公立16所，私立7所。它们是国立北京法政大学、江苏法政大学，公立外交部俄文法政专门学校、安徽公立法政专门学校、河南公立法政专门学校、湖北公立法政专门学校、吉林公立法政专门学校、广东公立法政专门学校、甘肃公立法政学校、江西公立法政专门学校、福建公立法政专门学校、山西公立法政专门学校、浙江公立法政专门学校、山东公立法政专门学校、黑龙江公立法政专门学校、四川公立法政专门学校、湖南公立法政专科学校、广西公立法政专门学校，私立江西预章法政专门学校、湖南群治法政专门学校、湖南达材法政专门学校、江西法政专门学校、福建法政专门学校、湖北法政专门学校、四川志成法政专门学校。③

　　关于民国初期法政学校和学生数目锐减的原因，东吴法学院教务长刘伯穆（W. W. Blume）曾分析到：一种解释认为，这些学校的标准提高了，符合入学条件的学生人数因而显著下降。设法使法政学校的办学规范起来，并把它们提高到中学或者高中以上的程

　　① 竞明：《法政学校今昔观》，载《教育周报》，1914年第五十一期，22页。
　　② 参见《第一次中国教育年鉴》丙编，第一，学校教育概况，145～146页。
　　③ 参见《中华民国史档案资料汇编》，第三辑教育，199～203页，南京，江苏古籍出版社，1991。

度，这一点的确是事实，不能否认这一过程排除了相当数量的学生。但难于解释的是，有三分之一多的学校本身也消失了。刘伯穆认为，正当的解释似乎是，这类学校无法满足国家的需要。地方自治在中国是一件新事物，而且伴随着共和国的建立，人民会乐意抛弃掉他们与官府衙门对立的陈旧偏见，并给予法政学校以发展的机遇。他们不足以培养出担当共和政制下所需要的那种人，这已经为当前国家的混乱无序状况所表明。在 1922 年 7 月济南教育会议上通过的一项决议中，人们提出现有的法政学校由于培养出"品行不端的学生"或"挑词架讼的律师"而应予取缔。①

学校标准的提高，办学质量严重无保障，以及招收法政学生过滥而受到舆论批评，这些与取缔学校并导致学生人数的下降之间无疑是有联系的。不过，还应当看到的是，1914 年 4 月司法部饬令各省裁并地方审检厅 90 所，裁撤京外初级审检厅 135 所②，改由县知事兼理司法事务，这一司法制度上的变化，与法政学校学生人数的减少也是有一定的关系的。

例如，据报道，河南在民国成立时有公、私立法政学校七八所之多，但自审判厅和帮审员裁去以后，一时法政学生兴致大减，仅读了一二学期的多中途退学，因之使法政学校大受影响。有因此停办者，有因此归并者，仅存的学校，学生也寥寥无几，大不如前。③

此外，还有人评论，1913 年学子狂热于法政之门的局面"而今无闻矣，或有见于法官之尚待考试，知事之犹需试验，未可以一纸文凭为升官发财地欤"④。

取缔私立法政学校还有政治方面的原因。例如前面提到的上海私立民国法政专门学校，即因查出该校内有新同盟会机关而被封闭，并波及苏、浙、皖三省。⑤

当然，法政学校数目的减少，也并不意味着学生学习法律机会的减少。随着法政学校的整顿并不断减少，新的大学也在陆续地开办，例如，1913 年开办的朝阳大学就是一所法科专门学校。

大凡事物都有它一定的发展过程和规律。一旦经过长期的积蓄而迸发出来，形成风气，自然不易骤然回落。民国最初几年间法政教育如火如荼，乃至近乎"冒滥"的局面，实际上是清末，特别是宣统年间大加推动后的结果，是清末开展法政教育在民国时代的延续。

---

① See W. W. Blume, Legal Education in China, in *The China Law Review*, Vol. 1, No. 6.（1923.7）.
② 参见《司法公报》，第三十四期。
③ 参见《教育周报》，第三十一期，22 页。
④ 竞明：《法政学校今昔观》，载《教育周报》，1914 年第五十一期，22 页。
⑤ 参见郑登云编著：《中国高等教育史》，上册，214 页，上海，华东师范大学出版社，1994。

第七章

法学院的发展

自从 19 世纪 60 年代洋务派倡导学习西方的科学技术，开办专门学堂以后，新式教育的内容一直局限于语言、军事和技术的范围，而没有实质性的进展。受"中体西用"思想的影响，法律教育也一直没能突破"交涉公法"的范围，仍长期处于极幼嫩的萌芽状态。直到甲午战争中老大中国被"蕞尔岛国"打得大败，方知教育的改革仍有未尽之处，不得不在创办新式教育的方向上继续努力。与此同时，举国上下的变法呼声日渐高涨，改革封建教育制度和法律制度的要求已经成为一个不容回避的问题。由此，在晚清最后的十多年里，与废科举、兴学堂和立宪修律相交错，中国近代较完整意义上的法律教育开始生成，其主要的表现就是一系列近代大学法科的相继创办和发展。

第一节
国立（公立）法律学院

一、北洋大学法律科

早在 1892 年，时任天津海关道的洋务派官僚盛宣怀，就按照直隶总督李鸿章的旨意，与美国传教士丁家立（Charles Daniel Tenney，1857—1930）共同筹议开办大学事宜，并且内定丁家立负责校务。丁家立于 1882 年来华，曾在山西传教，1886 年起赴天津担任李鸿章的家庭英文教师，同时在天津设办中西书院。1894 年至 1896 年又兼任美国驻津副领事。1895 年盛宣怀本着"自强之道，以作育人才为本；求才之道，尤宜以设立学堂为先"的思想，呈请北洋大臣王文韶转奏设立天津中西学堂（又称"北洋西学堂"），学堂由伍廷芳为头等学堂总办，蔡绍基为二等学堂总办，聘丁家立为学堂总教习。经清政府准予立案后，学堂于同年 10 月 2 日举行开学典礼。[①]

---

① 参见《盛宣怀拟设天津中西学堂禀（附章程、功课）》（1895 年），《皇朝经世文新编》，第六册，学校上，26～36 页。

按照盛宣怀与丁家立议定的学堂章程，天津中西学堂分设头等、二等学堂各一所，前者为仿"外国所谓大学堂也"；后者为仿"外国所谓小学堂也"。头等学堂学生由二等学堂以次递升，不能躐等，以此"为继起者规式"。因此，后者实际上是前者的预备学校。

学堂的学科与修业年限是丁家立按照美国的哈佛和耶鲁等大学的学制为蓝本设计的，头等学堂修业四年，分设专门学五门，即工程学、电学、矿务学、机器学和律例学（大清律例，各国通商条约，万国公法等）。每门各聘洋教习一名，又聘两名华人教习汉文，包括讲读经名之学、《圣谕广训》及课策论。学生毕业后"或派赴外洋，分途历练；或酌量委派洋务职事"[①]。

以上可见，北洋大学自 1895 年开办时起，即于学堂章程中列有律例学门，并在其下设若干法律课目，此处的"学门"实际上就是后来的法律系的雏形，已与同文馆中设立的"万国公法"一课完全不同了。

学堂开办之后，律例学门的课都是由谁来教授的、使用什么样的教材，这些还都缺乏直接的说明材料。但从该学门第一届毕业的一位优秀毕业生——王宠惠的毕业"考凭"（钦字第一号）记载来看，一个律例学门的毕业生 4 年所学的课程大约有 21 门，分别是英文、几何学、八线学、化学、格致学、身理学（即生理学）、天文学、富国策（经济学）、通商约章、律法总论、罗马律例、英国合同律、英国犯罪律（英国刑法）、万国公法、商务律例（商法）、民间词讼律、英国宪章、田产易主律例、船政律例、听讼法则等。这份"考凭"，如今就镌刻在天津大学百年校庆纪念亭的柱子上，成为我国早期系统开展法律教育弥足珍贵的记录。

1899 年头等学堂第一班学生共约 25 人毕业。律例学门毕业生专门统计不详。但其中的王宠惠是这一届最优秀的毕业生。至此，中国有了在本国培养出来的第一批法科正科生。随后兴起的义和团运动和八国联军入侵，使学堂陷于停顿，各科毕业及未毕业的二百余名学生星散。其中，王宠惠、张煜全、严锦镕、王建祖、王正廷、杨荫杭等人，后来都以官费辗转赴美学习法律。

1902 年直隶总督兼北洋大臣袁世凯恢复天津中西学堂，因原校舍为德军占据，故另在天津风景宜人的西沽武库复建新校。1903 年 4 月 1 日，新校正式开学，校名从此改为北洋大学堂。[②]

重建后的北洋大学改制为法科正科四年，预备班三年。至 1905 年法律科复有正科生。1906 年正科第三班全体 34 名学生尚未毕业，即全部公费资送美国和法国留学。其中赵天麟、钟世铭均入哈佛大学法科，钟于 1910 年回国后授翰林院进修，曾任北洋法政学堂教授和财政部长次长。1907 年夏袁世凯又派尚未毕业的法律科 11 名学生赴美留学[③]，其中，马寅初先后入耶鲁大学、哥伦比亚大学研究经济学，1914 年获经济学博士学位；冯熙运入哈佛大学、芝加哥大学，后获法律博士学位，1913 年任直隶高等审判厅陪审推事，1914 年任北洋大学法学教授，1919 年又任北洋大学校长。

---

① 《盛宣怀拟设天津中西学堂禀（附章程、功课）》（1895 年），《皇朝经世文新编》，第六册，学校上，26～36 页。

② 参见《中国近十七年来教育记事》，11～12 页。

③ 参见《北洋周报》，1937 年 6 月第十七期。

据 1907 年的统计，这时北洋大学堂法律科仅有美国人林文德（Edgar Pierce Allen，1866—1921）和中国人刘国珍 2 名教师，林文德教外国法，刘国珍教中国法律。[①] 在校法律科学生 32 名，法律科设置的科目为：国文国史、英文（兼习法文或德文）西史、生理、天文、大清律例要义、中国近世外交史、宪法史、宪法、法律总义、法律学原理、罗马法律史、合同律例、刑法、交涉法、罗马法、商法、损伤赔偿法、田产法、成案比较、船法、诉讼法则、约章及交涉法参考、理财学、兵学、兵操。[②]

民国以后，北洋大学的隶属由地方转到北京教育部，但由于北洋学款控制在直隶财政厅下，因而教育部实际上并不过问北洋的校务。1914 年，教务提调王劭廉当选为约法议员，辞职离校时推荐了时已回国在北洋任法律与理财学教员赵天麟为改隶后的北洋大学第一任校长。赵接任后，即以汉代河间献王的"实事求是"四字训勉学生，后遂垂为校训。此外，赵聘冯熙运任英国法教员，聘陶木森为民法教员。[③] 外籍法律教员除林文德外，另有爱温斯（Richard Taylor Evans，1885—1941）与法克斯（Charles James Fox，1877—?）二人。他们均为在津执业的美国律师，分别于 1909 年、1914 年来北洋大学法律科任教授，直至 1920 年法科停办。后来，爱温斯继续在津执业直到去世；而法克斯于 1918 年至 1941 年又任天津《华北明星报》（North China Star）的社长兼总主笔。1927 年他曾任鲍罗廷夫人的辩护律师，曾著有《辛丑条约》（1926，The Protocol of 1901）一书。1917 年，北洋大学又添聘奥地利的法学博士孔爱格为法科教员，并将原订的罗马法课程扩充为大陆法课。其余均照原定课程，尚无变更。[④] 这一时期，法科的设施较过去有了显著的改进，1914 年时法律研究室的各项书刊已增至 3 670 余种，1917 年，图书馆及法律研究室又新增参考书 300 余种。[⑤] 到 1918 年，法科已毕业学生共 86 人。[⑥]

1917 年北京大学校长蔡元培向教育部建议，调整北大与北洋两校的科系，即自该年起北大只办文、理、法三科，四年毕业，工科就现有各班逐年毕业后停办，二年毕业的预科生毕业后升入北洋大学工科本科；北洋大学法科也自当年起停招新生，其三年毕业的法科预科生毕业后升入北大法科本科。于是，1918 年北洋大学法律科停办。到 1920 年 6 月，北洋大学最后一届法科学生毕业。当时，藏有外文法律图书的颇具相当规模的图书馆仍保留在北洋大学里[⑦]，此外，也有期待法科能尽早复办的颇多议论。[⑧] 但是自此以后，北洋大学再未设办

---

① 林文德系传教士林乐知的长子，生于上海，1900 年在美国大学毕业后来上海执律师业，1903 年任北洋大学法科教员，并在津执律业，民国后一度任北洋政府交通部法律顾问。卒于北京。

② 参见《学部官报》，第二十一期，京外学务报告，142、143、157～158 页。

③ 参见《1914 年北洋大学周年概况报告》，载《教育公报》，第一年第 11 册，报告。

④ 参见《1917 年 1 月北洋大学五周年概况报告书》，载《教育公报》，第四卷第五期，报告，22～27 页。

⑤ 参见《1914 年北洋大学周年概况报告》，载《教育公报》，第一年第 11 册，报告；《1917 年 1 月北洋大学五周年概况报告书》，载《教育公报》，第四卷第五期，报告，22～27 页。

⑥ 参见《教育部公布全国大学概况》（1918 年），载《中华民国史档案资料汇编》，第三辑教育，178 页，南京，江苏古籍出版社，1991。北洋大学自创办至停止期间所培养的法科学生人数当远不止此，其间有大量未毕业即送出国者等项，估计均未计算在内。

⑦ 1922 年保定河北大学法科学长吴扶青"鉴于法学深奥，并北洋大学先前所存之法学书籍悉归于其中"，创办了河北大学法学研究社。这就是说，北洋大学法科图籍后来被转入了河北大学。参见河北大学法学研究社编：《法学月刊》，1929 年 4 月创刊号。

⑧ See W. W. Blume, Legal Education in China, in *The China Law Review*, Vol. 1, No. 6.

法律学科，直到 1994 年天津大学设置经济法专业。[1]

北洋大学是中国近代创办的第一所大学。北洋大学的法律科也是中国近代的第一个法律教育机构。法律科自开办时起即以英美法为教学基础，以后又不断聘用美国的法律家（Lawyer）为教师，毕业生也大多赴美留学，特别是入哈佛或耶鲁大学，以进一步取得高级法律学位。除大清律例、商律等"不便用西文肄习"，而"必宜用中文教授"外[2]，教学均要求以外语进行，学生必须熟练掌握英文、法文或德文。尤其在开办初期，"课程编排、讲授内容、授课进度、教科用书，均与美国东方最著名的哈佛、耶鲁相同"[3]。因此，北洋大学法科有着浓厚的"美国化"色彩。而这主要与丁家立本人就是美国人，他又仿照美国的哈佛和耶鲁的模式来办学是有直接关系的。不过应当注意，法科的法律课程中一直设有罗马法或罗马法律史一类的课目，而且到了后来，即 1917 年又添聘奥国的孔爱格博士将罗马法扩充，加授大陆法的内容，因此，北洋大学的法科也不纯然为英美法所独占，具有重视大陆法的趋向。

有的材料在评论北洋大学的法科教学时讲："法科的美国教员没有了解中国社会的能力，他们除了给学生讲些固定的课本外，就把学生塞到许多美国案例里；法科学生肚子里装满了美国案例，但要当律师、做法官，还得自修中国法律，因此不少北洋法科的毕业生都转入了外交界。"[4] 这在一定程度上反映了法科的教学内容与中国实际的脱节，以及美国的判例法教学最初在中国法学院中的实际运用。不过，应当看到的是，在本国的法律体系尚未完备起来以前，法学院中讲授外国法是早期法律教育中的普遍情形。

在北洋大学法科就学或毕业的学生当中，著名的有王宠惠、王正廷、王建祖、杨荫杭、赵天麟、冯熙运、燕树棠、张太雷等人。王建祖留美回国后曾任北京大学法科学长、国立北京法政专门学校及燕京大学经济学教授、上海租界临时法院推事和国民政府行政法院第二庭评事。燕树棠于 1914 年由北洋大学法科毕业后，即赴美留学，1920 年获耶鲁大学法学博士学位，回国后先后在北京大学、武汉大学、清华大学任教，后又任西南联大法律系主任和武汉大学法律系主任。吴经熊曾于 1916 年入北洋大学法律预科学习，但不知是否出于法科将要并入北大法科的原因，只读了一个学期，他便转回上海进了开办仅两年的东吴法学院。

北洋大学的法律科在其开办的短暂的二十多年时间里，能有这样的成绩，实属不易。

二、南洋公学特班、政治班

北洋大学成立后的第二年，即 1896 年冬，盛宣怀又以"招商、电报两局众商所捐"，奏准在上海设立了南洋公学。按照章程，南洋公学在设计上分立师范院、外院（附属小学）、中院（中学校）、上院（高等学堂）四院；师范院为上、中两院提供教习；外院童生渐次升

---

① 参见《北洋大学事略》，载《天津文史资料》，第十一辑，20～24 页。由于科系调整，在北洋大学引起校当局与学生的冲突，主要是北大拨来的学生功课难以跟上北洋的水平。加之美国教员借此对北大学生骄满蛮横，遂酿成学潮。最后以冯熙运于 1920 年将北大拨来及原北洋学生百余人（约占全校学生一半）全部开除方告段落。冯熙运被迫辞职后，著名的机械学家刘仙洲接任校长，在他的整顿改革下，北洋大学逐渐发展为著名的近代工科大学。

② 参见《直隶教育杂志》，第二年第四期，文牍，1～5 页。

③ 李书田：《北洋大学五十年之回顾与前瞻》，载《东方杂志》，第 41 卷第 20 号。

④ 《北洋大学事略》，载《天津文史资料》，第十一辑，20～24 页。

入中院、上院，即自小学而中学而高等学校，"阅八年而卒业"，学制系统较天津中西学堂更为完备些。盛宣怀认为，"西国学程必植基于小学"，"师范、小学尤为学堂一事先务中之先务"[①]，于是，1897 年 4 月 8 日，先招师范院 40 名学生入院上课，是为南洋公学的正式开办日。后又开设外院、中院（1898 年）、上院（1900 年）。

1901 年上院添设政治科，并设立一经济特班；1906 年春改政治科为商务科；1907 年夏商务科停办，此后南洋公学专办工科，并逐渐发展成为一所著名的工科大学，并分化出上海、西安等交通大学。

盛宣怀创办南洋公学有着明确的指导思想和办学目标。这一点与创办北洋大学时的情形颇不相同。他总结了自洋务运动以来的育才经验，指出同文馆等学堂培养人才的成效不可谓不大，但仍不免有乏才之感，其原因在于"孔孟义理之学未植其本，中外政法之故未通其大，虽娴熟其语言文字，仅同于小道可观，而不足以致远也"[②]。而他自己在创办天津中西学堂时，"旁求教习，招选学徒，大抵通晓西文者，多懵于经史大义之根底；致力中学者，率迷于章句呫哔之迂途，教者既苦乏才，学者亦难精择，窃喟然于事半功倍之效，盖不导其源，则流不可得而清也；不正其基，则构不可得而固也"[③]。因此，必须将"孔孟义理之学"与"中外政法之故"结合起来，才能培养出达政致远的人才；"西学西政……皆当与中国本有之文学政事融会贯通，才能得其要领且不为所囿"[④]。盛宣怀虽然主张在办学方向上要融会中西政艺，但由于"大抵救时之计，谋国之方，政尤急于艺"（张之洞语），因而，他认为，在学习科目上，要以"法律、政治、商税为要"，"取成材之士专学英、法语言文字，专课法律、公法、政治、通商之学"。而设立南洋公学，即为了"窃取国政之义，以行达成之实"，所定专科，"实居内政、外交、理财三事"。盛宣怀的这一办学思想体现于南洋公学的设学宗旨中，就是"以通达中国经史大义厚植根柢为基础，以西国政治家日本法部文部为指归，略仿法国国政学堂之意。……其在公学始终卒业者，则以专学政治家之学为断"[⑤]。

可见，盛宣怀在规划南洋公学的蓝图时，即明确地把培养"内政、外交、理财"的政治人才放在了首位。按照他的设想，南洋公学应当是一个未来政治家的摇篮。这一目标显然要比培养普通的法律人才的目标更为远大。

南洋公学的上院，即头等学堂成立于 1901 年。其设办的目的是"视西国专门学校肄习政治、经济、法律诸科"，以培养政治人才。[⑥] 当年夏天，因北洋大学学生避乱南来而设铁路一班，由王宠惠教货币赋税、审计、国际条约等课。

1901 年经庚子之役而有变法趋向，准总理（即校长）沈曾植提议，相继于上院设经济特班和政治班。据盛宣怀讲，设立特班是"变通原奏速成之意，专教中西政治、文学、法律、道德诸学，以储经济特科人才之用"。特班聘蔡元培为总教习，录取学生 42 人，课程为课

① 盛宣怀：《愚斋存稿初刊》卷二，《奏疏》二。
② 《大理寺盛宣怀奏请筹设南洋公学》（1896 年 10 月 31 日），《光绪朝东华录》，第四册，3877～3882 页。
③ 《大理寺盛宣怀奏请筹设南洋公学》（1896 年 10 月 31 日），《光绪朝东华录》，第四册，3877～3882 页。
④ 《南洋公学新译各书并拟推广翻辑折》（1901 年），《愚斋存稿》卷五，33～35 页。
⑤ 《南洋公学章程》第一章设学宗旨，第二节，《愚斋存稿》卷五，33～35 页。
⑥ 参见《盛宣怀奏陈南洋公学历年办理情形折》（1901 年），《政艺丛书·政书通辑》（壬寅），卷四，47 页。

艺、英文、数学、格致、史地、名学、政治学、经济学、外交史等，"来学者均为当世绩学，群英聚于一堂，极一时人材之盛"①。同年夏设立的政治班有学生 10 人，由中院毕业生升入，所学课程定为宪法、国际公法、行政纲要、政治学、经济学等。教员为陈锦涛，但陈旋即赴美留学。

蔡元培在特班以书院的方式指导教学。据当时在特班学习的黄炎培的回忆，开班后，蔡元培先提供给学生一份选科单，包括哲学、文学、政治、外交、经济、教育等，约二三十门，让各人选定一门；选好以后，他又给学生开示该门应读的主要、次要书目，令学生向学校的藏书楼借书或自购阅读。学生每日要写札记呈缴，蔡元培亲自批改，隔一二日发还，批语则书于本节之眉，佳者则于本节左下加一圈，尤佳者双圈。每月作一篇命题作文，亦亲手自批改。每夜招二三生到蔡元培的居住谈话，或发问或令自述读书心得，或谈对时事的感想。全班 42 人，计每生隔日得聆训话一次。学生在蔡元培的教诲当中，大获启发。

黄炎培当时选了外交一门，蔡元培即给他开列了"国际公法"和外交文牍等书，并指导他们"和文"翻译法，让他们从学习日文翻译中，阅读容易了解的日文书。到了 1902 年，黄炎培去南京应江南乡试。他与特班的其他 12 名同学都考中了。他在谈他的考试结果得益于在特班的训练经历时说：

> 过去考试都叫人做"八股"文，这年开始改八股策论。许多人做惯八股，不会做散文，这一群特班学生，散文的锻炼，经过了一年半，当然没有什么困难。而我个人还有一点，江南乡试有一个试题："如何收回治外法权？""治外法权"在万国公法上说："于驻在国所治之地外，得管辖其民之权"，是限于使馆所在地和使馆人员的。自五口通商，各国在我国开辟租界，把领事裁判权，假名着"治外法权"，是完全违反万国公法的。这一道理，一般人不尽能正确分析，研究过万国公法，当然能信笔直书，我就在这上边得了便宜。②

南洋公学的特班自开办至 1903 年冬解散，前后不到两年，"其中多数特班生卒能在学术上、社会上有贡献者，全恃此后特殊力学之结果耳。惟同学聚散，不无雪泥鸿爪之感"③。

据蔡元培等人回忆提供的材料，并旁参其他材料，查得特班 42 人中日后与政治法律职业有关者主要为：

王世澄（1876—1977），字峨孙，福建闽侯人，1903 年癸卯科进士，出特班后赴英国入林肯法律学院，毕业后充驻英使馆随员，清学部二等咨议官，北京大学法科学长，袁世凯秘书，北洋政府法制局参事，约法会议议员，参政院参政，后又任北京《京报》社主笔、上海英美菸草公司法律顾问。译有《中国外交关系略史》。

朱履如（1877—1945），一名宝奎，字啸山，又笑山，浙江秀水人，曾留英学习法律，法权讨论会秘书，1930 年任国民政府司法行政部部长，及立法院立法委员，后入汪伪政权。

---

① 杨耀文：《本校四十年来重要变迁》，《交通大学四十周年纪念特刊》，34 页，上海，1936。
② 黄炎培：《八十年来》。
③ 《记三十六年以前之南洋公学特班》（1936 年 4 月），载《蔡元培选集》，上卷，692 页，杭州，浙江教育出版社，1993。

吴宝地，字叔田，江苏上海人，律师。

邵闻泰（1882—1967），后改名力子，浙江绍兴人，出特班后中举人，努力革命，曾任陕西省政府主席，1954 年出席第一届全国人民代表大会，当选为人大常委会委员。

彭清鹏（1883—?），字云伯，江苏吴县人，曾赴日留学，回国后曾任北京图书馆主任、国民政府司法行政部秘书，科长。

潘承锷（1873—1949），字砚生，江苏吴县人，曾留学日本法政大学，回国后任苏州法政学堂教习，苏州地方审判厅推事，参议院议员，后在上海执业律师。

南洋公学的办学目标最初定位在培养政治人才，创办人设想学校应当是一个未来政治家的摇篮。可是学校在后来的发展中变成了一所工科突出的高校。更为有趣的是，学校的学科（专业）设计与人才培养实际结果之间并非存在必然的呼应关系。作为南洋公学办学的遗产，无论上海交通大学还是西安交通大学，其法科的重新设置都是 20 世纪 80 年代以后的事情了。

三、湖南时务学堂

湖南时务学堂是 1897 年秋由湖南的一批具有维新思想的省署官员与诸绅共同在长沙创办的，它是湖南最早的一所新式学堂，是变法维新运动在湖南蓬勃发展的产物。熊希龄为学堂总理，梁启超受聘任中文总教习，韩文举、叶觉迈、欧榘甲三位为分教习，均为康有为的学生；湖南学者康才常和谭嗣同亦襄助授课。1897 年至 1898 年间先后招收三班学生，凡已成年、文字通顺者均在考取之列，与外课生合计，学堂师生约二百人，聚居讲学，意气风发。[1]

据梁启超拟定的《时务学堂功课章程》，学堂分设"溥通学"（即普通学）与"专门学"两种。前者为学生通习，又分四目，即"经学"、"诸子学"、"公理学"和"中外史志及格算诸学之粗浅者"，其中"公理学"大约原本圣经，参合算理、公法、格物诸学而成，"中国尚未有此学"。后者，即"专门学"又分"公法学"、"掌故学"与"格算学"三者，每人各选一门。其中，在"公法学"中，"宪法、民律、刑律之类为内公法，交涉公法、约章之类为外公法"。章程中还特别注明："专门之学非尽于斯，特就所能教者举之耳。又各专门学，非入西人专门学堂不能大成。现时所教，不过就译出各书略引端倪，学者因其性之所近自择焉可也。"

此外，按章程规定，入学堂后以六个月治普通学，再六个月普通与专门兼习；教材分"专精之书"与"涉猎之书"两类，即必读和选读。两者不能偏废；教法是由学生自行按课表阅读，作札记吾缴院长批答，院长每五日讲学一次。[2] 这实际上仍是沿用的书院之制。

在学堂功课章程的后面，附有一份梁启超制订的《第一年读书分月课程表》，其中第七月至第十二月的专门学中列有公法门和掌故门的课目，内容如表 7—1 所示（此处笔者将原表略作改动，以便阅读）：

---

① 参见唐才质：《湖南时务学堂略志》，载《文史资料》（湖南）第二辑"纪念辛亥革命五十周年专辑"二。

② 参见梁启超：《湖南时务学堂学约》（附读书分目课程表），《皇朝经世文新编》卷十九。

表 7—1 第七至十二月专门学公法门掌故门课程表

	公法门	掌故门
第七月	公法会通（最便学者） 公法总论 万国公法	周礼（先阅学校报中读《周礼》界说） 秦会要（此书在学校报中，因两千年制度 多本于秦，故必以此书为掌故学根源）
第八月	佐治刍言（此书为内公法之书） 公法便览（凡治公法学者，皆当随时取与 春秋相印证）	佐治刍言（治掌故学者必须读宪法书，乃 不为古法所蔽。故须读此书，若已经涉猎 者则不必读） 周礼 日本国志
第九月	各国交涉公法论 左氏春秋、国语、战国策 （此等例案有可以略为引证者）	历代职官表 全史职官志 通考、续通考、皇朝考职官门 日本国志职官志
第十月	各国交涉公法论 希腊志略 罗马志略	历代职官表 全史职官志 三通考职官门 日本国志职官志
第十一月	各国通商条约 通商约章类纂 欧洲史略	唐律疏义 全史刑律志 日本国志刑律志 法国律例 英律全书
第十二月	通商约章及成案 法国律例 英律全书	法国律例 大清律例

这里应当说明的是，在第一月至第六月的普通学的"涉猎"范围中，即已经有政治、历史一类的书目，如"公法诸书"、"万国史记"、"日本国志"、"秦西新史揽要"、"佐治刍言"、"西国政学事物源流"等。

梁启超制订的这个学堂课程表，实际上是一个读书计划表。其各门功课均指学生应读的书目，与今天我们讲的课程概念尚有不同。从表中可见，公法门与掌故门所列书目互有一定的交叉，但公法门主要涉及西方的政治法律及历史知识；掌故门则略为倾向于本国传统的法律与典章制度。单就课表上来看，两者的区别似不明确。然而，这样的学堂门类与课程结构的设计，正是梁启超自强兴学思想的反映。

在梁启超看来，中国变法自强的根本在于改革现行的教育制度，培养沟通中西的新式人才。而要做到这一步，就必须引入并大力推行西方的政法教育。他在 1896 年就提出："西国学校……惟政治学院一门，于中国为最可行，而于今日为最有用。""为今之计，莫若用政治学院之意以提倡天下。"据此，他设计出来的新的教育模式就是："以六经诸子为经，而以西人公理公法之书辅之，以求治天之道；以历朝掌故为纬，而以希腊罗马古史辅之，以求古人治天下之法；以按切当今时势为用，而以各国近政近事辅之，以求治今日之天下所当有事。"①

在《湖南时务学堂学约》中，他又进一步把学堂的设计思想概括为"中学以经义掌故为主，西学以宪法官制为归。远法安定经义治事之规，近采西人政治学院之意"，由此而形成了掌故与专门彼此有所交叉的课程结构。

大体上看，课表中的中学书目与西学书目的比例是相当的。不过，如果说他对中学书目可以自由选择的话，那么西学书目的选取则要受到相当的主客观条件的限制。

梁本人不通洋文，这限制了他无法在更大的范围里把西学原著直接纳入他的课表当中。不过，他还是尽可能完整地收集到了当时已经译出的所有西方法学著作。其中多数为同文馆和江南制造局译出的作品，而且主要是国际法方面的作品。表中的"法国律例"即同文馆化学教习毕利干与馆生译出的《法国律例》（1880 年）一书。至少在 1896 年时，梁启超就注意到了这部书（这可能是自《法国律例》汉译本问世以后第一次有人提到它），并对这个译本的准确性表现出怀疑。他说：

> 中国旧译，惟同文馆本，多法家言。……然彼时受笔者，皆馆中新学诸生，未受专门，不能深知其意，故义多闇智。即如《法国律例》一书，欧洲亦以为善本，而馆译之本，往往不能达其意，且常有一字一句之颠倒漏略，至与原文相反者。②

尽管如此，他还是将该书列入了课表，这大概是由于当时西方的内国法方面的译作极为缺乏的缘故吧。不管怎样，梁启超将这些自 19 世纪 60 年代起即陆续汉译出版的西方政治法律的主要著作全部引入学堂，且与本国的历代刑法志、《唐疏疏义》、《大清律例》等并列兼习，使其融会贯通，这在近代法律教育史上是开创性的。

从他对课章的说明当中，还可以反映出当时任公先生对于近代法学分类体系的认识尚处于初始阶段，某些方面的认识还比较模糊。这一点也是应当注意的。例如，前面所述的他对"公法学"所作的划分，还有他将傅兰雅与应祖锡合译的《佐治刍言》（1885 年）一书列入"内公法"，"为宪法学之书"。实际上，《佐治刍言》（Homely Words to Aid Governance）是英人钱伯斯兄弟所主编的教育丛书中的一本书；就其性质而言，这是一部讲述资本主义社会伦理、政治、法律、经济与商业贸易等内容的综合性论著，并非宪法学著作。

梁启超等人的讲课主要是依据儒家经典《春秋》和《孟子》来阐发西方的民权与平等这样一些政治思想。这种教法，据梁后来讲，很是幼稚，然而却给学生们不少的"烟士披里纯"（英文 inspiration，即灵感）。学生们的思想于是不知不觉地发生了剧烈的变化。③ 另外，梁与其他教习还通过在要求学生定期交来的札记上写批语的方法，不断向学生灌输激进的政治思想。这些批语中的一个主旨就是，"将中华帝国的政治传统说成是道德沦丧和政治上巧取豪夺的可耻记录"④。

除了讲课和批答札记之外，学生在参加南学会的讲谈活动中也大获收益，在学问上与思

① 《上南皮张尚书书》（1896 年），《饮冰室合集》，第一册，104～106 页。
② 《变法通议·论译书》，《饮冰室合集》，第一册，69 页。
③ 参见梁启超：《蔡松坡遗事》，载《晨报》，1916 年《蔡公松坡十年周忌纪念特刊》。
④ ［美］费正清、刘广京编：《剑桥中国晚清史》，下卷，357 页，北京，中国社会科学出版社，1993。

想上都有极大转变。从《湘报》所记载的时务学堂学生参加南学会活动的一则问答中，可大略窥见当时讨论的活跃情形：

> 辜天祐问：公法律例之学，梁卓如先生教从《春秋》入手，次及《万国公法》等书。敢问公法之书，共有多少种？其精萃以何者为最佳？即如学幕之人皆有总诀，公法之总诀若何？敢请教。有谓宜兼看本期律例、会典等书者，想专门名家之学，其中之层累曲折甚多，请详细指示。

> 答曰：近来中国所传公法家言，有《万国公法》、《各国交涉公法论》、《公法总论》、《法国律例》、《公法会通》、《中国古世公法考》等书，当不过彼中百之一，而学者恒若其译笔格碑不能上口。又诸书中自以《各国交涉公法论》为较详备，然其胪列成案，率正法、便法，樊然并阵，如入五都之市，目眩意骇，抉择末由，故往往令人不能终篇。若丁韪良《中国古世公法考》，已开吾人以春秋治公法之机械，但彼所引者，不过左氏一二事，于春秋闳旨无当也。故诸书中，自以《公法总论》、《公法会通》为简要。①

这位对公法感兴趣的学生和另外一位名叫郑宝坤的学生，还各自写出了《公法律例相为表里说》同一题目的论文发表在《湘报》上。

湖南时务学堂兴办的时间非常短暂。自成立至戊戌政变后而解散，仅不足一年。但它在培养维新变法人才，传播政治思想，开创办学堂之风等方面对当时和以后都有很大的推动作用。学堂解散之后，部分学生转赴日本继续求学，其中就有蔡锷和范源濂。

时务学堂虽然结束了，但却开启并形成了湖湘法政教育的学风和传统。在经历了清末民初的课吏馆、法政学堂等发展阶段，几经演变，1926 年湖南公立法政专门学校与湖南公立工业专门学校、湖南公立商业专门学校合并成立湖南大学。② 法政专门学校成为湖南大学法科，俞峻先生任法律系主任。法科教师约二十人，以留学日本者居多，数量为理、工、法、商四科之首。

1927 年 4 月至 1928 年 4 月，湖南大学一度被取消，法、商两科并入中山大学。1941 年国立湖南大学奉教育部令改文学院为文法学院，增设法律系，由李祖荫先生任法律系主任。1945 年文法学院分立，即法律、经济、政治三系构成独立的法学院，由李祖荫先生担任法学院院长兼法律系主任。这一时期是湖南大学法学院发展史上的辉煌时期，在法律系主任李祖荫教授的主持下，广揽名师，当时法学界的许多知名教授都先后任教于此。据 1947 年的统计，当时法律系共有专任教授 6 名，兼任教授 5 名，助教 3 名，共 14 名，教授数量较一般科系要多。其中讲授民法的李祖荫教授、黄右昌教授、戴修瓒、赵宝义教授，讲授刑法的王觐教授、俞峻教授，讲授国际法的丘日庆、翟楚、江之泳教授，均属各自领域的权威学者。为了培养学生的司法实践能力，法律系还从司法实务机关聘请了许多兼职教授。名誉教授有国民党元老居正、时任武汉大学校长的著名国际法专家周鲠生等。为培养法科学生的实务能力，法律系于 1943 年设立了模型法院，以为诉讼实务实习之所。1941 年设立民众法律顾问所，凡面询函问者都详加答复，社会效果颇好。1945 年至 1949 年毕业学生总计 169 人，其

---

① 《湘报》第 33 号，130 页。
② 此处参见《湖南大学法学院历史沿革》，载湖南大学法学院网，http://law.hnu.cn。

中有 66 人通过司法官高等考试。法科毕业生大多在湖南各司法机关担任重要职务，成为支撑湖南司法系统的骨干力量。

1949 年 10 月，湖南大学被解放军接管，湖南省临时人民政府、长沙市军事管制委员会文化接管部重新调整了部门院系负责人，李达教授被任命为社会科学院院长、法律系主任。在任期间，他讲授了著名的《法理学大纲》。1949 年 12 月 11 日，中原临时人民政府同意私立民国大学并入湖南大学，民国大学法律系并入湖南大学法律系。1949 年后法律学系取消了旧法学课程，停开了不必要的选修课程；新开法学专题研究、马列主义国家论、国际法原理、新司法经验制度与判例、政协文献研究等课程。1951 年徐铸教授担任法律系主任。1953 年，全国进行院系调整，湖南大学被撤销，社会科学院的政治、法律两系师生被并入在武昌新成立的中南政法学院。

四、京师大学堂政法科——北京大学法科

甲午战争以后，在各地不断创办新式学堂的同时，倡议在京师设立大学堂的呼声也愈见高涨。1896 年 6 月刑部左侍郎即李端棻在《请推广学校折》中，首先提出设立"京师大学"。随后，孙家鼐、康有为、王鹏及美国传教士李佳白、狄考文等接连上疏建议或要求清政府尽快在京师设立大学堂。变法诏书颁布后，光绪帝严厉斥责了"厌言新政"的王公大臣，并于 1898 年 7 月 3 日准设京师大学堂。上谕"京师大学堂为各行省之倡，必须规模宏远，始足以隆观听而育英才"，派孙家鼐为管学大臣，办理大学堂事务。① 后因戊戌政变和八国联军入侵，"大学堂虽设，不过略存体制，仍多未尽事宜"②。

1901 年，清廷被迫推行"新政"，宣布改革教育制度。第二年，张百熙受命为管学大臣，重办京师大学堂。经过他的积极筹办，1902 年 12 月 27 日，大学堂以先招收速成性质的仕学和师范两馆的学生而正式开办。

京师大学堂自筹议开办时起，即在学堂章程中列有法律学分支。根据 1904 年 1 月 13 日张百熙、荣庆和张之洞重订的《奏定大学堂章程》，"政法科大学"为大学堂的分科之一，其下分设"政治门"与"法律门"③。大学堂自 1902 年重新开办之后，一方面一时因无合格的专门学生，而未实际照章开办政法一科的正规教育；但另一方面，在先行开办的速成性质的仕学馆、师范馆及附属于大学堂的译学馆中，也有限地、程度不同地开设了一些法律课程，或做了相应方面的一些准备。

仕学馆是专为科甲出身的已仕人员补充新知识肄习法政而设立的。按 1902 年张百熙等订的《速成仕学馆考选入学章程》，在入仕学馆应考的七门功课中，有政法策一篇、交涉策一篇。④ 同年，在张百熙拟订的学堂章程中提出，入馆肄业的已入仕途人员"当

---

① 参见《光绪政要》，第 20 册，卷 24，21 页。

② 《光绪二十八年正月初六日张百熙奏办京师大学堂疏》，《光绪朝东华录》，第五册，4818 页。

③ 朱有瓛主编：《中国近代学制史料》，第二辑上册，776 页，上海，华东师范大学出版社，1987。此前 1902 年张百熙曾拟订《钦定京师大学堂章程》一册，但未执行。1904 年的重订大学堂章程是实际执行了的。至此，京师大学堂的学制方逐渐稳定下来。此点应当注意。

④ 参见《谨拟大学堂考选入学章程》，中国第一历史档案馆·文教（胶片 8—2389）。又当年招考仕学馆生的"政治策"、"交涉策"等试题载于《湖南官报》第 198 号，33～34 页。参见朱有瓛主编：《中国近代学制史料》，第二辑上册，933 页以下，上海，华东师范大学出版社，1987。

舍工艺而趋重政法",要求除普通课程之外,还要学习掌故学（包括国朝典章制度沿革大略、现行会典则例、考现行政事利弊得失）、交涉学（包括公法、约章使命交涉史、通商传教）、法律学（包括刑法总论分论、刑事诉讼法、民事诉讼法、法制史、罗马法、日本法、英吉利法、法兰西法、德意志法）与政治学（包括行政法、国法、民法、商法）方面的课程;分三年完成。① 不过,1904 年重订学堂章程后,仕学馆即归并到另外设立的进士馆中了。②

1906 年仕学馆首届学生 34 人经考试毕业,因"该馆功课系属法政专科,为应时切要之学",故毕业学员均准给奖,分途尽先补用。③

1903 年年底,张百熙首次派遣大学堂学生出国游学,余荣昌、张耀曾、钟赓言、朱深、林行规、魏渤、柏山等学生先后出国学习法律。

1904 年学堂正式开办预备科,次年因预科生过少,即于师范生中以曾习法文及各国文字者挑选 40 人,请法国教习讲授普通法律,作为日后升入法科的准备。名为"戊级法政预备科"④。他们除了学习普通科外,至少学习了法学通论和国际公法方面的课程。⑤

1902 年同文馆归并大学堂后改办译学馆,并于 1903 年招生开馆,至 1911 年停办,此间共招过五届学生。按 1904 年的《奏定译学馆章程》规定,学生除学习外文外,还须自第三年起学习交涉等专门学（学制五年）。交涉学中包括法学通论、国事交涉（用日本国际公法讲授）和民事交涉（用日本国际私法讲授）三门课程。1908 年 10 月,译学馆甲班学习期满毕业,学部为毕业生举行毕业考试,其交涉学一课考题为:

国际公法题:

> 领事裁判权与治外法权有区别否?试详论之。今有甲乙两国交战,甲国占领乙国土地,其土地内所有财产,甲国应当如何处分?

国际私法题:

> 问国际法上出生地主义与血统主义之区别,其得失如何?近来各国所行者,以何种主义为最善?今有甲国人入乙国籍,其所享之权利与乙国人民相同否?

---

① 参见朱有瓛主编:《中国近代学制史料》,第二辑上册,759~760 页,上海,华东师范大学出版社,1987。

② 据光绪二十九年十一月二十六日（1904 年 1 月 13 日）张百熙、荣庆、张之洞重订学堂章程折:"进士馆系奉特旨令新进士概入学堂肄业,此与仕学馆用意相近,课程与各学堂不同。而仕学馆地狭无可展拓,不得不别设一馆以教之……将来仕学馆或归并进士馆,或照进士馆现订课程改同一律。"《光绪朝东华录》（五）,5125~5127 页。同时,于《奏定大学堂章程》外,另有《奏定进士馆章程》。又据《清朝续文献通考》（二）,卷 107,学校十四,8666 页。"臣谨案光绪壬寅谕,新进士皆令入京师大学堂肄业,嗣于太仆寺街,别立进士馆,不隶于大学堂……"因此,1904 年重订学堂章程之后,仕学馆即脱离大学堂,而并入进士馆。

③ 参见《光绪三十二年八月十五日（1906 年 10 月 2 日）仕学馆毕业学员照章分别给奖折》,《学部官报》本部章奏,70~73 页。

④ 《直隶教育杂志》,第十五期。转引自朱有瓛主编:《中国近代学制史料》,第二辑上册,839 页,上海,华东师范大学出版社,1987。

⑤ 1908 年年底至 1909 年年初,首届预备科学生期满考试。在《大学堂预备科学生毕业分数等第单》（宣统元年六月十八日）中反映出有不少学生"法学通论"、"国际公法"等主课考试不及格。参见《学部官报》,第九六期。又据章梫《京师译学馆同学录叙》,译学馆先后招收甲、乙、丙、丁、戊五级共 700 余人,但毕业者仅 300 余人。参见《一山文存》卷九,8 页。

法学通论题：

何谓国家主权？①

这一时期，由于学制时有变更，课程亦不稳定，加之当时的学生有录取不到者，有到堂不久即辞退者，有自备资斧出洋者，有拣发授职去者，有游宦去学及各部奏调者，有因事开除者②，法律图书资料也还相当有限③，因此，即使是基本的教学目标也是难以预计的。但是，学堂存在的意义，不能仅以法律教学的设施是否完善来进行评价；在国家各项制度改革和整个社会都在迅速变化的关键时期，处于王朝政治中心的大学堂，正在为社会未来的发展积蓄着怎样的力量，同样也是难以预期的。一位最早成为大学堂师范馆的学生曾经这样回忆当时的情形并评价说：

当年我们的政治常识，都是偷偷摸摸，由片纸只字禁书中得来，自然不甚充足。但是对于朝政得失，外交是非，和社会上一班风俗习惯的好坏，都喜欢研究讨论。有几位特别能演说的同学喜作讲演式的谈话，每天功课完毕，南北楼常开辩论会，热闹非常。高谈阔论，博引旁征，有时候甚至于争辩到面红耳赤，大有诸葛亮在隆中，抵掌谈天下事的风度。果然，"蛟龙终非池中物"，后来所谓交通系、研究系、安福系，以及云南起义、广东护宪，都有我们同学参加，且都是重要角色。极右倾和极左倾人物，无所不有。至于在司法界、教育界、财政界以及某界某界有所建树者，亦有多人。这班人是非功罪，可以不谈，不过他们各有主义，各有政见，不是庸庸碌碌的一辈人，却也值得称道。④

1910 年年初，京师大学堂正式开办分科大学。按照奏定章程，法政科原定的法律、政治两门全部设立。法政科以师范生及译学馆毕业生、预科法文班学升入。⑤ 学部派林棨为法政科监督（相当于今天的法律系主任或法学院院长）。⑥ 法政科拟设本国教员三人，英文正教员一人，副教员一人，法文正教员一人，副教员一人。⑦

自此，京师大学堂的法律本科教育正式开始。

林棨（1884—?），字少旭，福建闽侯人，留日法科毕业，1905 年首批授予的法政科举人，任法政科监督以前即在大学堂仕学、进士二馆任教，又任京师法政学堂教务长。1912 年

① 《北京大学史料》，第一卷（1898—1911），276 页，北京，北京大学出版社，1993。
② 参见《光绪三十年（1904 年）添招师范生开办预备科》，载《清朝续文献通考》，卷 106，学校十三，8648 页。
③ 1903—1904 年大学堂译书局购置西国图书 380 余种，其中法律类书籍计有：麦音思《古法典》，白儿格《议院宣词》，边沁《民俗法制史》，吐易思《列国法》，士达布《立宪史》，亚摩思《立宪考》，比阿《公司法律》，劳挨略《政宪论》，虎哥《公法》，倭克尔《公法读本》，倭克尔《公法历史》，边沁《道德政治》，荷兰《公法》等十余种，此外还有大量的西方社会科学书籍。参见《北京大学史料》，第一卷（1898—1911），498～507 页，北京，北京大学出版社，1993。
④ 俞同奎：《四十六年前我考进母校的经验》，载《北大五十周年纪念特刊》，11～16 页。
⑤ 参见《学部奏筹办京师分科大学并现办大概情形折》（1910 年 1 月 10 日），《大清教育新法令》，第六编，58～59 页。按 1904 年《奏定大学堂章程》的规定，大学堂八科之一"政法科"，下分"政治门"与"法律门"。但学部在此奏折中，将原"政法科"名称更为"法政科"，法律在前，政治在后，提法有了改变。此点应当注意。
⑥ 参见《学部官报》，第八十四期，章奏。
⑦ 参见《学部奏筹办京师分科大学并现办大概情形折》（1910 年 1 月 10 日），《大清教育新法令》，第六编，58～59 页。

5 月起任北京政府教育部专门教育司司长。次年 9 月又任大理院推事、京师高等审判厅厅长，1918 年起先后任江苏、湖北高等审判厅厅长及伪满最高法院院长。

依照大学堂章程，法政科法律学门的主课共 11 种：法律原理学，大清律例要义，中国历代刑律考，中国古今历代法制考，东西各国法制比较，各国宪法，各国民法及民事诉讼法，各国刑法及刑事诉讼法，各国商法，交涉法，泰西各国法；补助课 3 种：各国行政机关学，全国人民财用学，国家财政学。

根据教学要求，大清律例要义以讲律为主，兼讲律注；中国历代刑律考撮要讲解汉律辑本、唐律疏义、明律及各史刑法志；泰西各国法主要包括罗马法、英吉利法、法兰西法、德意志法。外国法的讲授主要选用据日译本编纂的教材进行。

从课目上看，除了现行的大清律例之外，基本法律部门均讲授外国法。另外，法律学门的课程与同科政治学门的课程有一定的交叉。

民国元年（1912 年）2 月，南京临时政府命严复为京师大学堂总监督，接管大学堂。同年 5 月经教育总长蔡元培呈请政府，京师大学堂改称北京大学，总监督为大学校长，分科大学监督为分科大学学长。12 月，将原设商科归并法科兼理。

法政科学长林棨于 1912 年 5 月去职以后，王世澄和张祥麟（1890—?）先后极短暂地代理过法政科学长。1913 年 2 月余棨昌任法商科学长，后因升任大理院庭长而于 1914 年元月辞职离校，由时任大理院推事的林行规兼任学长，直到 1915 年 11 月由王建祖接替此职。①

从 1912 年至 1916 年这五年间，法科学长就更换了 5 人，这反映了在当时政局动荡不安的环境条件下，法科教育的良好发展是非常艰难的。1914 年罗马法教员阮志道和宪法教员陈治安辞职后，就不得不聘请伍朝枢同时兼任这两门课的讲授。② 时任北大校长的胡仁源在他的整顿大学计划书中感叹"社会心理大都趋重于官吏一途，为教员者多仅以此为进身之阶梯，故鲜能久于其任"，而且"逐年更换"、"学问日退"③。这种聘请高质量的教师极为困难的局面直到 1916 年蔡元培担任校长以后，始有改观。

蔡元培执掌北大校政以后，大刀阔斧地采取了一系列的改革措施，这些措施对北大后来的发展都产生了深远的影响。

他在上任后不久的就职演说中，有针对性地指出了法科学生所应抱定的宗旨和在校期间的任务。他鼓励（法科）学生把"研究高深学问"视为自己不容推卸的责任，希望学生"抱定宗旨，为求学而来。入法科者，非为做官"，不要"以法科为干禄之终南捷径"。如果"欲达其做官发财之目的"，那么"入法科者尽可肄业法律学堂"，而不必来此大学。他还警告"若徒志在做官发财"，"放荡冶游"，"不问学问之有无，惟争分数之多寡"，"潦草塞责，文凭到手，即可借此活动于社会"那种做法将会对个人和国家造成严重的危害，"担任讲席，则必贻误学生，置身政界，则必贻误国家"④。

---

① 参见《国立北京大学沿革》（1918 年），载《中华民国史档案资料汇编》，第三辑教育，211～213 页，南京，江苏古籍出版社，1991。

② 参见《1914 年 5 月北京大学分科周年概况报告》，载《教育公报》，第一册，报告，1～2 页。

③ 《北京大学计划书》，载《北京大学校史》，36 页。

④ 《就任北京大学校长之演说》（1917 年 1 月 9 日），载《蔡元培选集》，上卷，490 页，杭州，浙江教育出版社，1993。

接着，他就要努力使北大的设置结构更为合理。就与法科相关的方面而言，他认为法科学理必源于文科，以文理两科为基础；法律学非但研求学理，并且讲求适用，是"术"。他通盘考虑了当时国立大学的学科设置，从提高办学经费的使用效率出发，并为避免重复，决定将北洋大学的法科并入北大的法科（同时将北大的工科调整到北洋大学）。在扩充文理的同时，他还认为："北京大学各科以法科为较完备，学生人数亦最多，具有独立的法科大学之资格。"于是想把北大的法科分离出去，与当时的国立北京法政专门学校合并，编为独立的本科大学，专授法律。但后因多人反对，这一计划未能实现。他将当时仅有一种普通商业学的商科并入法科，待商科学生毕业后停办。经过这样的调整，北京大学成了文、理、法三科并存的大学。

1919 年，他又在学科体制上推行"废门改系"和选科制，实行重大改革。撤去文、理、法三科的界限，取消科别，将各科所属的学门，一律改为系。这样，法科原来的政治、法律、经济三门一律改称系，废止学长制，改设系主任。同时各系成立教授会，负责本系的教学工作。又将年级制陆续改为选科制，目的是让学生在完成一定的必修课外，还可自由选修一定的其他课程，以发展学生的兴趣和爱好。此外，还将原来的三年制预科改为二年制，并分隶于文、理、法各科之下，使预科课程与本科相衔接。

对于北大法科的整顿，蔡元培还在他的自述中这样讲道：

> 北大旧日的法科，本最离奇，因本国尚无成文之公、私法，乃讲外国法，分为三组：一曰德、日法，习德文、日文的听讲；二曰英美法，习英文的听讲；三曰法国法，习法文的听讲。我深不以为然，主张授比较法，而那时教员中能授比较法的，止有王亮畴（即王宠惠）、罗钧任（即罗文干）二君。二君均服务司法部，止能任讲师，不能任教授。所以通盘改革，甚为不易，直到王雪艇（即王世杰）、周鲠生诸君来任教授后，始组成正式的法科，而学生亦渐去猎官的陋见，引起求学的兴会。①

在蔡元培看来，要建设一个有水准的、合格的大学法律系，必须要聘请高质量的法学教师。而要做到这一点，在当时的条件下是非常困难的。

从 1918 年的各科教员名录上看，当时的法律本科教授和讲师主要有康宝忠、陈长乐、黄振声、徐崇钦、黄右昌（兼法律门研究所主任）、陈启修（兼政治门研究所主任）、马寅初、周家彦、左德敏、胡钧、罗文干、王宠惠、张君劢、张耀曾等人。② 法科的教员不仅数量较多，而且其中不乏法界的名流。王世杰和周鲠生是在 20 世纪 20 年代初期获得法国巴黎大学法学博士学位后来校任教的。

根据 1917 年北京大学各科的课程表，当时法科法律门（即后来的法律系）的法律课程是（以下各科目后括号内数字为每周时间，即今天的周学时）：

第一年：罗马法（4）、宪法（4）、民法（总则）（4）、参考法（民法）（4）、刑法（4）；

第二年：民法（债权、物权）（8）、参考法（民法）（3）、民事诉讼法（4）、参考法（民事诉讼法）（3）、刑法（各论）（4）、参考法（刑法）（3）、平时国际公法（2）；

---

① 《我在教育界的经验》（1937 年 12 月），载《蔡元培选集》，下卷，1355～1356 页，杭州，浙江教育出版社，1993。

② 参见《1918 年各科部分教员及研究所教员》，载《北京大学二十周年纪念册》。

第三年：民法（4）、商法（4）、参考法（商法）（3）、刑事诉讼法（2）、参考法（刑事诉讼法）（2）、证据法（3）、破产法（3）、行政法（3）、本国法制史（4）、战时国际法（2）；

第四年：民法（3）、商法（2）、行政法（2）、本国法制史（2）、国际私法（3）。

除此而外，第一、二年内还须学一门第二外国语；另设政治学、财政学、社会学和日本文为随意课程（即选修课）。

由上可以看出：（1）法律教学以私法为主，仅民法一课即贯穿四年，公法地位不甚突出；（2）法律课程除罗马法和中国法制史外，全为应用法学，无法理学或法律思想史课。还应说明的是，这四年的法律本科课程与二年的法预科课程是相衔接的。在预科科目中，除了国文、外语、史地、论理学（即逻辑学）、心理学、经济学等课之外，还设一门法律通论（相当于今天的法学概论）。最后，在法本科的政治门（系）、经济门（系）中，亦设有相当比例的法律科目。也就是说，法律教学是在大学的法律系、政治系和经济系中同时进行的。①

在民国最初的十多年间，北大法科学生的数量总体上在不断地增加着，与北大其他各门（系）相比，其数量也逐渐地高于、甚至远远高于其他各系。这可以从 1913 年至 1923 年间法科毕业生的统计数据中清楚地反映出来（见表）。法科学生数目之大，从一个方面反映了法科在北大的重心位置。就全国而言，北大法科也已成为举办法律教育的中心之一。

表 7—2　　　　　　　　　**1913—1923 年北京大学法科毕业生统计表**②

年份	法科各门/系				总计	其他各门/系最多者
	法律	政治	经济	商业		
1913	13	12			25	文学 33
1917	99（无各门统计）				99	文科 63
1918	61	6	18		85	中文门 24
1919	28	6	18	62	114	文学门 30
1920	44	9	22		75	史学系 36
1921	57	20	24		101	化学系 20
1922	57	18	22		97	地质系 19
1923	132	37	56		225	哲学 30

1919 年 8 月，北大法科法律学门改称法律学系。1920 年法律系设主任一职。原法科学长黄右昌继续担任法律系主任。1922 年 4 月何基鸿接替黄右昌任系主任。两年后，王世杰被选为法律系主任直到 1929 年复由黄右昌任法律系主任。这一时期的北大法科，深受蔡元培办学思想的影响，办学规模、师资、课程逐步完善和规范，法学研究活动极为活跃，可以说是北大法学教育发展的黄金时期。

1928 年后半年，由于国民政府仿照德国实行大学区制，将原北大法科并入北平大学法学院，遭到北大全体师生的强烈反对，经过一年的坚决抵制，国民政府明令恢复国立北京大学。

---

① 参见《北京大学二十周年纪念册》。

② 本表系笔者据《国立北京大学卅一周年纪念刊》中提供的《历届本科毕业生统计表》编制。

这就是北大历史上有名的"护校运动"。复校后，法律系又开始重新聘请已经流散的教授。到20世纪30年代初，法律系教授、副教授、讲师和助教已有17人，包括燕树棠、赵之远、刘志(易文)、余荣昌、何基鸿、李怀亮、林彬、程树德、戴修瓒、李浦、石志泉、陈瑾昆、于光熙、白鹏飞、王化成、王家驹、刘兆霖等。教学体系方面，四年制法律系专业学习制度已经相当完备，一年级必修课以法律专业基础课为主，同时学习政治学、经济学、社会学；二、三年级以法律专门课程为主，注重对法学学理的阐释和结合现行法律制度的分析批判，每门课程说明之后所附参考书目，显示了日本教学体系的长期影响。[①] 1935年法律系以进一步改革教学体系和教学方法，提高教学水平等为情由而派助教张守正赴日本考察法律教育。

1937年抗日战争全面爆发，北大与清华大学、南开大学一道开始了国立西南联合大学时期。北大法学院迁云南蒙自。1938年7月12日联大会议决定由燕树棠任法律系主席。此后，燕树棠主持联大法律学系前后凡八九年时间。这一期间，法律系办学条件极为艰苦。刚开始仅有蔡枢衡、陈瑾昆2名教师，以后随着张企泰、罗文干、林良桐、芮沐、章剑、李士彤等新聘者的到来，师资的紧张状况得到缓解。西南联大时期，法律系本科毕业生共91人，在校本科生最多的1944年共26人，此外，还招收和培养了4名法科研究生。

1946年8月开始，经过一年的时间，北大法律系教员陆续重返北平。1948年4月抗战期间一直在美国的冀贡泉应胡适之聘，回国任北大法律系主任，直到1949年解放。

五、山西大学法科

山西大学堂是创自清末的全国三所"大学堂"之一。[②] 1902年新任山西巡抚岑春煊遵照兴学诏书旨令，以太原令德堂书院和晋阳书院为基础筹办山西大学堂。当时因庚子山西教案赔款中与英人订有筹办晋省中西学堂一事，岑抚即在上奏中将中西学堂归入山西大学堂作为西学专斋，以赔款办理，由英国传教士李提摩太总理，议定十年期满后收回自办，原设大学堂为中学专斋，两斋实即中西两学部，分别由华人和西人负责，合称山西大学堂[③]，是年5月8日学堂正式开学上课，是为山西省有大学之始。1903年春，在太原侯家巷征得民地200余亩，由西斋总教习敦崇礼负责动工兴建校舍。次年秋，山西大学堂新建校舍完工，中、西两斋同时迁入。山西大学堂新建校舍规模宏大，布局整齐。西斋教习常富曾赞誉道："诚不愧为大学之名焉，其构造不为不善，布置不为不工。总之，大学一堂，建筑完备，已无遗憾；人才荟萃，大有可观。"

学堂开办之初，中斋只设有高等科和三年制预科。教学内容和方法基本承袭书院旧制，课程分经、史、政、艺四科。1904年经新任提学史宝熙整顿后，分为文、理两类，增设英、日、法、俄等外文和普通高等课程。1904年至1905年两年间选派了优秀学生40名留学日本。

西斋初办时设预科，教授科目自然以西学为主，教习多为外籍人，教学内容和方法基本

① 参见李贵连等编：《百年法学：北京大学法学院院史1904—2004》，北京，北京大学出版社，2004。
② 本部分内容参考了山西大学法学院网站公布的资料，以及常光玮：《法治大厦之基石：以民国时期山西大学法学教育为中心的考察》，载侯欣一主编：《南开法律史论丛》，天津，南开大学出版社，2007。
③ 参见《山西巡抚岑春煊奏请将中西大学堂归并山西大学堂作为西学专斋折》(1902年6月30日)，《政艺丛书·政书通辑》卷三，49～54页。

与英国学校类同。1906 年（光绪三十二年）西斋总教习敦崇礼因病休养，西斋教务由英国人毕善功（Louis Rhys Oxley Bevan，1874—1945）代理。7 月，毕善功与敦崇礼、新常富等人共同筹议，计划在西斋开办法律、矿学和格致三个专门科。1907 年，西斋正式开办了四年制的法律本科班。

西斋之开设法科，应该说是与两斋负责人同具有法律专业背景，特别是当时朝廷已经宣布"预备立宪"的时代条件有关。西斋教务毕善功是 1902 年来华到校的，此人学过法律，是律师，1910 年至 1941 年间曾任北大、燕京大学教授。他关注中国的现实和法律改革，著有《中国的宪政建设》（Constitution Building in China，1910 年）一书。1945 年逝世于澳大利亚。当时的中斋，由 1906 年 9 月来校任监督的留日法政科毕业生解荣辂（1875—1929，字子仁，万泉人，翰林）主持。解于光绪二十九年（1903 年）中进士，授翰林院庶吉士，留学日本京都法政大学期间加入同盟会，后曾任山西省教育司司长、民国教育司司长等职。这时正值倡导立宪时期，山西虽已成立法政专门学堂，但所习课程仅限于日本法律体系。于是解主张在学堂添设法律学门，试图偏重欧美法律，以与北洋大学法科性质略同。1909 年解去职后，由胡钧（湖北人，举人）继任监督，他是留德的法科毕业生。[①] 学堂成立不久，即逢立宪时代，大势所趋，法科成为学堂最早设立的少数高等专业之一，成为山西大学法律教育传统的开端，其开创之功，自属毕善功和解荣辂二人。山西之有现代法科教育，亦萌生于斯。

法科开办之初，教学模式参考了天津北洋大学的法科，课程内容偏重于欧美法律，不同于当时也已起步的山西法政专门学堂，后者基本是日本法政教学体系的翻版。当时法律班所开课程计有法律学（总论）、罗马法、国际公法、名法、伦理、英文、财政学、宪法、契约法、刑法、商法、刑事诉讼法、民法、交涉法、国际法制比较、法文、大清律例要议，中国历代刑律考、中国古今历代法制考、海军律等。所用讲义均译成中文，"程度尚浅，且有阙略"[②]。学生毕业后，进京应试，及格后授予"进士"。在以后的几年中，法律科学生同山西大学堂中斋、西斋其他学生一样，学习新思想、新文化，其中包括毛泽东曾提到的为晋绥边区作出贡献的开明绅士刘少白。他是 1908 年入法科学习的。到了 1911 年年初，有 16 名法科学生毕业。同年 2 月，西斋交由中方自办。

民国元年（1912 年）山西大学堂改名山西大学校，改监督为校长，取消中西两斋设置，设三年制预科和四年制本科。设文科、法科和工科三个分科。法科设法律学门，负责人称学长，由毕善功担任（但未到任，后由刘锦训代理）。1913 年法科法律学门招收第一班学生。1918 年山西大学由省立改为国立。1919 年法科开办政治学门。1931 年根据国民政府《大学组织法》和《大学规程》，山西大学校改称山西大学。法科改法学院，下设法律系和政治系。1934 年山西省立法学院（原为 1907 年 6 月创办的山西公立法政专门学堂，1931 年改为山西省立法学院）并入后，法学院又增设经济系。抗战爆发后，山西大学停课解散，随后师生转战陕西三原县、宜川秋林镇虎啸沟、山西吉县克难坡，备受颠簸，顽强坚持，至 1946 年迁回太原。1948 年学校一度迁往北平，直到 1949 年 5 月太原解放才又迁回。

山西大学法科在 1914 年至 1935 年间冀贡泉（1882—1967）先后担任法科学长和法学院

---

① 参见《山西大学纪略》，载《文史资料选辑》，第八辑，162～165 页。

② 《宣统三年三月十五日（1911 年 4 月 13 日）学部奏山西西学专斋整顿办法片》，《学部奏咨辑要》。

院长期间发展很快。在他的苦心经营下，到 20 世纪 30 年代的前期，法学院已经汇聚了一支阵容可观的师资队伍，据 1936 年统计，法学院有教授 10 人，副教授 1 人，讲师 17 人，助教 7 人，职员 14 人，在各学院中师资力量最为雄厚。其中有冀贡泉（教授日文、国法学、罗马法、民法总则、法理学、中外条约）、张嘉琳（债权概论、物权、刑法概论、刑法各论、刑法总论）、冯纶（平时国际法、国际私法、亲属法、英普通法、战时国际法、英契约法）、仇元（继承法、公用文、宪法）、冯福臻（刑事诉讼法、诉讼实习拟判、土地法、中国法制史）、杨泰嵘（国际公法、海商法、保险法、破产法）、梁泰仁（行政法总论、行政法各论）、张四科（民事诉讼法、强制执行法）、杨步月（刑法分则）、张振之（刑事政策）、陈受中（地方自治）、李翰章（比较宪法）、王赐余（政治史、政治地理、外交史、政治学、国文）、乔仲楠（社会学、国文、中国政治史）、阴毓桂（财政学、劳工法、工业政策、社会政策、经济学）、李效民（满蒙国际关系、英商法、英文法律译读、英文政治译读、英文论文指导），讲师有赵效复（日文）、张国栋（交通政策、国际贸易）、吴淞（国文）、贾向辰（统计学）、贾题韬（逻辑学、哲学），等等。

冀贡泉，字育堂，山西汾阳人，是清末秀才。1908 年毕业于山西大学堂，曾留学日本明治大学法科。后曾任山西省教育厅厅长。1947 年任北京大学教授，法律系主任。新中国成立初任中国政法大学第三部主任。1955 年后任山西省第二、三届政协副主席，是第一届全国政协委员。

法科的学术交流活动非常活跃。孙中山于 1912 年、美国学者杜威和随同的胡适于 1919 年 10 月、美国作家史沫特莱于 1936 年，曾到校做过演讲和报告。孙中山的讲题是"谋幸福须扫除旧思想"；杜威的讲题是"品格之养成为教育之无上目的"、"高等教育之职务"；胡适讲的是"娘子关外的新潮流"，他对山大的教育水平充分肯定，提出山西大学预科毕业生可不经考试直升北京大学。文、法科学生可直接转学北京大学。法学院教师也经常举办法学讲座。在社团方面，法科学生成立了"新共和学会"（1920 年）；"假审判实习社"（1930 年），并发行刊物《民事判决书》；"学艺季刊社"（1932 年），出版《学艺季刊》，探讨新思想和法学新知。此外，法学院教授杜任之与周北峰创办的"中外语文学会"，成为宣传马列主义的阵地。1936 年杜任之在阎锡山的同意下成立了"山西青年暑期健身团"，并组成"政治指导委员会"，学习各国革命史，教唱革命歌曲等，随后，杜任之、刘玉衡等人又组织成立了"牺盟会"。

据统计，从 1913 年至 1936 年抗战爆发前的二十多年间，法律系总计招生 727 人，毕业 648 名。毕业生主要服务于山西地方的政法、文化教育、工商等领域，成为山西省各地的律师、承审员、各级法院院长、推事、书记官及检察官的主要来源。山西全省 105 个县的 77 个县都有法学院毕业生担任行政长官，极大地支撑了地方政治和法制建设。

1946 年 3 月，全校师生陆续由陕西韩城返回太原。同年，法学院教授兼训导长、中共地下党员杜任之担任法学院院长，在他的主持下，1947 年 5 月法学院第二次院务会议上决定成立法学研究所，拟分经济、法律两部，以增进法律学术研究。此外，为加强学生应考能力，参照留学生考试、高等文官考试、高等税务人员考试以及县长考试 4 种考试，决定加授必修、选修课：宪法、民法概要、行政法、土地法、财经学、社会政策。但法学院的这些复兴计划因为随后不久的迁校而受到影响；1948 年法学院迁入北平东交民巷井陉煤矿公司大楼。

1949 年 2 月华北人民政府教育部正式接管了山西大学。5 月重返太原。6 月 29 日校务委员会会议决定法律系暂停招生。9 月 8 日，邓初民为国立山西大学校长。1950 年，山西大学法学院改为财经学院，杜任之任院长，设经济、工商管理、会计三个系。会计系因师资缺乏未招生。法律系调整合并到北京大学。山西大学法科教育的历史就此中断。

1952—1953 年全国性院系调整中，山西大学建制被撤销。1959 年山西大学恢复成立。此后经"文化大革命"到 1979 年末，山西大学的法学教育完全中断。1980 年教育部批准筹建山西大学法律系。1981 年 5 月学校正式宣布建系。1996 年改为山西大学法学院。山西大学的法学教育又揭开了新的篇章。

六、青岛德华高等特别专门学堂法政科[①]

1905 年清廷废止科举以后，假西学和新式人才以求振作的局面已经彻底明朗。德国方面鉴于当时"中国士子讲求西学不遗余力"，顺势推出了建立远东"德国文化中心"的新殖民政策，意在通过宣传德国文化科学上的巨大成就，为将来在华形成自己的人际网络、对抗英美势力奠定基础。德国驻北京公使雷克斯（Rex）于同年提出在青岛创办大学的计划后，立即得到了德国海军部、政论家和知识界的积极评价。1907 年 12 月 1 日，德国海军部国务秘书梯尔庇茨（Tirpitz）正式向中国出使德国大臣孙宝琦通报了德政府的这一计划。清廷学部接到孙宝琦转来的文件后认为：德国希望与清政府合作办学，使有志留学但财力不逮者可在本国内学习各种新学知识，"用意甚善"，于是准出使德国大臣通知德方，选派能通汉语的专员来北京具体商谈办学事宜。

1908 年 5 月，德方聘请奥托·福兰阁（Otto Franke，1863—1946）到帝国海军部与清政府谈判。福兰阁是德国卓越的汉学家，早年曾在哥廷根大学学习梵文，以后又到柏林大学攻读汉语和法律。1888 年至 1901 年作为外交译员被派往中国，先后在北京、天津、上海等地的德国公使馆任职长达 13 年之久。中方代表是当时"第一通晓学务之人"的张之洞（语出张百熙、荣庆奏折），谈判具体事宜，则由清工部员外郎蒋楷（则先）担当。

按学部惯例，凡外人在中国设立学堂，本一概不予批准，理由是洋学堂的宗旨、课程与中国"迥然不同"。不过学部又感到，此次德国的办学计划，"系其政府之意，与私立者不同，而且筹定巨资、遴派专员商定章程，亦非私立学堂家自为学者可比"，所以，只要对方提出的办学"宗旨不悖，课程皆符，能由中国派员驻堂稽察，自应准其立案……以酬答与国之情"。

朝廷的这一态度显然有利于学堂的筹办。不过，在谈判中，有两个相关问题成为双方争议的焦点：一个是学校的性质或程度，这有似今人讨论学校的身份定位于"大专"抑或"本科"的话题；另外一个则是如何认定学生的毕业资格。德方意在学校的程度与西国的大学相等；毕业生应"奖以进士出身"。清学部则坚持这些条件"均与臣部章程权限有碍"，"实为外人在中国设立学堂所无"。由于"大学名称未便轻予假借"，按当时的一种观念，京师乃首善之区，"通国之精神脉络而统筹之"，因此只有京师才能设立大学（1902 年《钦定京师大学

① 本部分主要参考王健：《德国法在中国传播的一段逸史：从青岛特别高等专门学堂说到赫善心和晚清修律》，载《比较法研究》，2003（1）。

堂章程》）；各地省城只设作为大学预备科的三年制"高等学堂"一所，其毕业生入大学堂继续学习，所以地方设立的高等学堂根本不可能授予"进士"学位。况且"政法一科，惟大学堂有之，高等学堂预备入大学政法科者习之"。尽管这条规定旨在与"私学堂禁专习政治法律"的规定相呼应，但足见高等学堂原是不打算设立法科的。高等学堂仅设一门"法学通论"课以为将来入大学堂学习法政科的预备。法政科为大学堂分科之一，学制与医科医学门同为四年，其他分科则均为三年（1904 年《奏定学堂章程》、《学务纲要》）。

但在实际上，处于"礼崩乐坏"、西潮淹有中土的末代王朝，京外高校不得名之为"大学"和禁止举办私立法政教育的清规戒律很快就被打破了；当时除了京师设立的大学堂外，1902 年改名的天津"北洋大学堂"和同年开办的"山西大学堂"均名为"大学堂"；学部颁布的《学务纲要》中禁止私学法政一条，也于 1910 年被全行删去，"一律准予呈请设立法政学堂"（《学部附奏推广法政学堂片》1910 年 11 月 10 日）。只是青岛办学，究系含有涉外因素，故坚守体制，终未给予"大学堂"的名分。

经过反复艰难的磋商，双方最后妥协达成了《青岛特别高等专门学堂章程》（1909 年）十八条。学堂名称定为青岛"特别高等专门学堂"，这既符合大清的学制，同时又在学堂名称上分别杂以"特别"和"专门"字样，以示有别于各地众多的"高等学堂"，学堂的德文名称 Deutsch-Chinesische Hochschule 亦与此相当。关于毕业生的待遇，规定："俟考升中国大学堂肄习毕业后，再行给予奖励，不愿升学者，得由中国官府酌量任使。"学部表示，如此办学，清政府将"极愿赞成"，并立即核准立案。1909 年 8 月 14 日学部在奏请朝廷同意办学的具体意见中表示"是所望虽不无稍奢"，但"宗旨尚无差异"。

显然，德方提出的关键要求其实均未得到满足。协议签订后，时任胶澳总督 Truppel 言辞激烈地指责德方作出了过分的让步。而福兰阁却为学堂总算是能够成功开办而感到欣慰，他在"论青岛高等学堂与中国之关系"一文中称赞学堂是"融道义为一冶，萃中西为一家"。张之洞更对学堂寄予厚望：倘若学堂办得成功，"则整个中国教育制度，将按照所采用的德国方案，加以修改"①。

1909 年 9 月 12 日学堂正式开学。德国海军部官员、地质学家 Georg Keiper 任首任校长。按照章程，学堂分设初级普通学和高等专门学两堂，前者主要学习德文、各国历史、各国地志、算学（包括算术、代数、几何）、逻辑、生物学（包括植物学和动物学）、格致（即物理学）、化学，以及中国的经学、文学、人伦道德、历史舆地等功课，六年毕业。后者分法政科、医科、工科和农林四科。学堂还设有图书馆、实验室、礼堂、博物馆和一个农业实验基地，另外还打算尽快设立一所翻译德文教材的译书局。

学堂运转起来后很快就显现出它的学术水准的不凡，教授的阵容包括了复合函数研究权威、德国《数学杂志》创办人之一的康拉德·克诺普（Konrad Knopp, 1882—1957）、著名物理学家马克斯·普朗克（Max Planck）的得意弟子量子物理学家卡尔·艾利希·胡普卡（Karl Erich Hupka）、地球物理学环境条件对经济作物影响的资深专家、植物学家威廉·瓦格纳（Wilhelm Wagner）等人，由于这些出色的教授和专家学者的加入，青岛这所学校的教学质量和学术水准，宛如德国本土的一所大学。

---

① 王守中：《德国侵略山东史》，173 页，北京，人民出版社，1988。

　　法政科是学堂颇称特色的一个专门学科。依据学堂章程，法政科三年毕业（医科需四年），课程设有"国际公法、各国政治学、行政法、度支律、路政律、国民经济学、理财学"等。法政科学长（即今天的法律系主任）是胶澳帝国高等法院的前任法官 Kurt Romberg，他倡导拟订了若干计划，致力于将德国的法学与法律制度在中国进行传播普及，其中最为人称道的是于 1911 年分别用中德两种文字出版发行的《德华法律报》。接着，他又主持编纂了《中国法学百科概览》和中德双语对照本的《德华法律汇编》，后者可说是当时中德法律比较研究的最新成果。法政科的教授们坚信，基于道德基础的德国国家生活和德国宪法要比共和体制所体现的代表——英美的标榜更适合于中国的现状。这种致力于拉近中德文化精神的研究，是那个时代德国学者相当流行的见解。

　　1912 年学堂已有 26 位德国教授和 6 位中国教师在校授课，学生由最初的 54 人增加到 1914 年的 400 多人。然而 1914 年日德战争爆发后因德国的战败，学堂被迫关闭了刚刚开启不久的大门，德国法在中国传播的极有利的条件也因此而被打断。

　　尽管时间极其短暂，德国教师以其素来闻名的严谨态度，将德国学术研究方式与现代科学分类体系引入了东方这一文化悠久的国度，使国人第一次领略了传统德国大学对知识的神圣崇敬和弥漫着超功利、超宗教的纯学术氛围。

　　青岛学堂的法政科学长赫善心（Kurt Romberg）的生平经历不很清楚。从目前的材料看，我们知道他曾应工部员外郎、"夙精刑名家言"的蒋楷之约，撰写过一篇题为《中国新刑律论》的论文，表达他对当时清政府制定大清新刑律中出现的重大原则问题的意见。他认为《大清律例》是世界上一部最好的法典，总体上应当维护，但某些具体制度上应作适当更改。在清末礼法之争过程中，该文深受礼教派推重，原由张祖廉于宣统二年（1910 年）以单行本印行。随后又被劳乃宣编入他的《新刑律修正案汇录》一书，并收录在刘锦藻《清朝续文献通考》一书中，是研究晚清刑律制定和礼法之争的一篇很有价值的参考文献。

　　青岛的法科教育，可谓中德法律文化交流的一段佳话，是中国与欧洲大陆法系交流的一个见证。

七、清华大学的法科[①]

　　清华大学的成立，缘起于清宣统元年（1909 年）根据中美双方商定利用美国退还部分庚款派遣留学生和办学的计划，该计划决定在成规模地派遣学生赴美留学的同时，在北京设立一所留美预备学校。这所学校在后来渐渐发展成为一所享誉海内外的著名大学。纵观其整个的办学历史，法科教育大约经历了抑制时代、萌芽时代、无法（科）时代和发达时代四个阶段。

　　自清末创办之始至成立大学前，清华的法政科教育实处于抑制状态。1909 年制订的留美计划明确限定了留学所习科目的范围比例，即"以十分之八习农、工、商、矿等科，以十分之二习法政、理财、师范诸学"[②]，这一规定，直接导致了 1909 年 10 月至 1911 年 7 月三批直接留美的 180 名学生中习法者人数区区可数的后果。据文献记载，仅有唐悦良、何斌、张

---

　　① 本部分主要参考了单飞：《二十世纪上半叶的清华大学法学教育》；陈俊豪：《生不逢时的法律学系：20 世纪二三十年代清华法律学系设立之周折》，载许章润主编：《清华法学》，第九辑，北京，清华大学出版社，2006。

　　② 《外务部学部会奏为收还美国赔款遣派学生赴美留学办法折》，《学部奏咨辑要》。

传薪、张福运、黄宗发、梁基泰 6 人学习法律或政治学。① 1912 年至 1925 年间派遣留美的学生中，有 26 人攻读法律（其中 12 人攻读国际公法）。1926 年至 1930 年间，有 5 人攻读法律（包括 1 人攻读国际公法）。总体来讲，攻读法律者在成规模的留学派遣计划中数量有限。

关于留学科目的选择，是经过外务部和学部认真考虑过的。时外务部尚书梁敦彦有鉴于留日学生回国后多从事政治活动，缺乏现代专业训练与民族精神，对国家之工业化与经济建设无助之弊，主张留美学生应以攻读经济实业为主，人文及社会科学为辅。梁的这个意见，为学部所接受。既然清华诞生于学术风向由法政转向实务的历史时代，那么，清华办学的方向设计，从一开始就是抑制法科的；法科教育先天不足。

20 世纪 20 年代末清华开始向高规格大学方向发展，法科教育始有萌芽。

1925 年清华设大学部，次年在大学部设 17 个系，其中包括政治学系，余日宣任系主任。鉴于政治学系和经济学系都需要开设一些法律课程，又新聘吴之椿、浦薛凤、胡元义、王化成来加强相关教学力量。1928 年清华学校升格为国立清华大学后，虽然按照教育部要求实施的《国立清华大学规程》中规定清华大学本科设文理法三学院，法学院包括法律、政治、经济三学系，但教育部明令："惟法律学系暂从缓设，另行筹备可也。"② 尽管如此，法学院仍积极筹备法律系，添聘教师，充实政治系开设法律课程的力量。1932 年 1 月 28 日，学校评议会议决法学院成立法律系，并致函教育部呈请成立法律学系。2 月 22 日，教育部令法律学系之成立"准予备案"。随后燕树棠被任命为法律学系主任。校长梅贻琦还就法律系办学宗旨要求："系对于应用及学理两方面，务求均衡之发展以力僻偏重之积习，以期造就社会上应变之大材，而挽救历来机械的训练之流弊。本校当局历年筹备之计划与努力亦即在于此。"但好景不长，由于国民政府停付庚款办学经费的压缩和政府内部"轻文法、重理工"、避免法科重复建设的考虑等原因，教育部命令清华"应就现时财力所能及，力谋工学院之扩充，至前准备案之法律学系，应暂缓招生；并于 1932 年 12 月予以重申，令"本年度招者，姑予承认，惟一年级生应饬改认他系，其不愿改系者，得与二年级学生办至本年度终了时结束，再送北大平大等校肄业"。这样，1933 年，上年秋入学的法律学系新生开始转入政治学系，法律学系成为只在校内有系之组织机构存在，而无专修学生的学系。1934 年 8 月 13 日，学校评议会遵照教育部文件决定撤销了法律学系。原法律学系教师又转归政治学系。至此，清华法律系微有萌芽，便如昙花一现消失了。清华法学院仅有政治和经济两系，研究院法科研究所也一直仅有政治学部和经济学部。

有趣的是，依附于政治学系的制度框架下，清华法学院里，却有一支水准高、造诣深的法学师资力量。从一份 1937 年法学院的教师名录上看，1931 年至 1937 年间法学院教师和开设课程情况如下：燕树棠（国际私法），专任讲师赵凤喈（行政法，民法通论，刑法通论），讲师王观、戴修瓒、邰曛、张映南、郁宪章、李浦；政治学系教授兼主任浦薛凤（政治学概论，中国历代政治专题研究，近代政治思潮），教授王化成（国际公法，国际公法判例，国际组织）、张奚若（西洋政治思想史，西洋政治思想名著选读）、钱端升、萧公权（当代西洋政治思想，中国政治思想）、沈乃正（地方政府）、燕树棠、陈之迈（近代政治制度，宪法，

① 三批留美学生名单均见有关留学教育史料汇编，此处引自朱有瓛主编：《中国近代学制史料》，第三辑上册，548 页，上海，华东师范大学出版社，1990。
② 《国民政府教育部训令》，第七九四号，1929。

议会制度，独裁政治，中国政府），专任讲师柳哲铭，讲师程树德（中国法制史）、唐悦良、杨沃特、张映南，助教邹文海、赵德洁、龚祥瑞、王彦美、曹保颐。

通过派遣留学和本校政治学训练的途径，不乏后来成为法学名家者，如梅汝璈（1924届）、曾炳均（1925级）、邵循恪（1926级）、王铁崖（1929级）、楼邦彦（1930级）、龚祥瑞（1931级）、费青（1934年）、杨鸿烈（1925级国学院研究生）等。

清华先后创办的学术刊物《清华学报》、《社会科学》等，也刊载有不少清华学者的法学论著和法学译作，其中绝大多侧重于公法研究领域。

抗战爆发后，清华法学院汇入国立西南联合大学法学院，西南联大也成为法律学、政治学、经济学、社会学和商学系等学科综合优势明显的一个学院。

1946年三校各自复员。清华法学院除政治学系、经济学系、社会学系，并开始设立法律学系。赵凤喈为法律系主任，除原有部分政治系教师外，又聘请教授王克勤、助教李声庭到系任教。从1947年法律系课程表上显示，除了必修三民主义、中国通史、西洋通史、逻辑和哲学概论等社会科学课程，专业课方面有"六法"、法理学、中国法制史、国际公法、国际私法等，以及选修课罗马法、英美法、大陆法、土地法、劳工法、破产法等，并有诉讼实习的要求。法律学系还为外系学生开设法学通论。

1949年1月，北平军事管制委员会文化接管委员会和教育部接管清华。同年10月20日，华北高等教育委员会决定将清华大学法律学系并入北京大学。1952年全国院系调整，清华大学法学院被并入新筹建的北京政法学院（今中国政法大学）。清华的人文社科的办学传统因而中断，法科亦荡然无存，直到1995年复建法律学系，这一时期成为清华历史上的"无法（科）时代"。1999年在法律系基础上进而成立法学院以后，清华的法律教育遂进入发达之境，成为我国传统深厚的大学恢复和发展法律教育的典范。

八、四川大学法科

川省的法科教育[①]，和其他各省一样，导源于清末废科举、兴学堂和仿行立宪的时代需要。为加快培养政法人才，1905年四川总督锡良派人赴日本考察教育后，命提学使方旭、候补道周善培在原仕学馆的基础上，于1906年8月创办了四川法政学堂，四川青神进士、日本法政大学毕业生邵从恩任第一任学堂监督。学堂初分设"官班"和"绅班"，官班为有科举功名和世家阀阅的人而设立，地址初设在成都皇城贡院西偏，后迁总府街内务司旧署；绅班主要招收无功名的士绅及其子弟，地址在五世同堂街财政旧署。两班虽由学堂监督（即校长）统一管理，但实际各自独立。1909年，官班学生约170名，绅班约240名，至1910年，绅班在校生达467人，位居当时的五所专门学堂之首。学堂设别科和讲习科，学制二、三年不等，开列课程，计有大清律例、大清会典、法学通论、民法、国际公法、国际私法、商法、刑法、行政法、宪法泛论、城乡地方自治章程、法院编制法等。教材大多取自日本同类教材翻版，并多聘用日本留学回国人员。教师22人，主要有李德芳（法学通论）、陈润海（大清律例）、李光珠（刑法）、周择（经济学、财政学）、叶秉诚（世

---

① 本部分主要参考了里赞、刘昕杰：《百年沉浮：四川大学法科教育史略》，载《问题与进路：中国法学教育研究》，成都，四川大学出版社，2007。

界历史）、龚道耕（大清会典）、孔庆余（国际公私法）、郑鸿基（民法）、刘天佑（政治学、行政法）、沈宗元（算术）、程莹度（法院编制法）、周常昭（商法）、覃育贤（宪法）、陈崇基（民法）等，皆为知名人士。[①] 舆论称"四川法学，可谓发达极矣"[②]。这是川省开办现代法律教育之始。

辛亥革命后，官班与绅班合并，于 1912 年改称四川法政学校，驻绅班原址。1915 年 1 月又改称四川公立法政专门学校，设政治、法律和经济三科。其时学制有本科（三年）、别科（三年，专为年龄大、国学基础好者开办）、预科（一年）和补习班别科（不限学年），层次不一而足。至 1917 年学校有教职员共计 40 人，年经费 31 000 两，固定资产 41 000 两。1906 年至 1915 年间毕业学生共有 2 100 多名，平均每年 210 名。此后，学校办学一直不断发展。至 1917 年前后，在校任教的主要教员有陈崇基（商法、民法）、盛宗培（刑事和民事诉讼法、公司条例）、李德芳（法学通论、刑法总论）、沈仲莹（民法物权）、谢升庵（民法债权、刑法总论）、覃育贤（比较宪法、国法学）、陈国华（行政法）、罗学妹（商法）、衷冀保（国际公法、外交史）、沈瀚林（公司条例）、李薜（货币论、经济学）等。课程基本按照教育部要求开出，相当一部分讲义是自己编写的，1918 年法律科开设了宪法、行政法、罗马法、刑法、民法、法制史、商法、刑事诉讼法、国际公法、财政学、破产法、民事诉讼法、国际私法、法院编制法等课程。

1927 年 8 月，经省长公署及大学院立案，原外语、农业、工业、国学与法政五所专门学校合并改组为公立四川大学。法政专门学校即成为四川大学法政学院，刘昶育时任第一任学长（即院长），其后周馥昌继任院长。1931 年，四川大学与国立成都大学和国立成都师范大学三所高校又合并组建国立四川大学。国立四川大学法学院随之成立。至 1933 年，川大下设文、理和法三个学院，法学院下设法律、政治和经济三个系。1935 年任鸿隽任校长后，以"现代化"、"国立化"的目标实施校务改革，新聘了大量省外的知名学者任法学院教授。法律系的主要教授有谢升庵、王翰芳、龙维光、裴千昌、胡恭先、罗彦辉等，他们大多是当时法学界的名流。

为鼓励学生抒发志趣，加深研究，练习著述，组织了论文奖励会，其会员由院长和教授担任，每月各捐 2 元。每学期向学生征文两次，题目由各会员拟定公布。凡法学院学生均可选作。论文奖分甲、乙、丙三等。甲等奖金 10 元，乙等 7 元，丙等 5 元。自奖励会成立以来，学生投稿异常踊跃，促进了学生应用知识能力的提高。法律系为使学生有实际锻炼的机会，培养学生运用法律的能力，1936 年 4 月成立了法律顾问处，由裴千昌任主任，指导学生在法律顾问处直接与民众见面，收集社会案件、解答法律疑难。此时的法律学系有教授 4 人，副教授 1 人，特约教授 2 人，讲师 4 人，学生 55 人；开出课程有：民法总则、刑法总论、宪法、政治学、经济学、监狱学、犯罪心理学、法院组织法、民法债编总论、国际公法、刑事诉讼法、刑法各论、行政法、罗马法、债编各论、民事诉讼法、物权法、公司法、票据法、海商法、土地法、刑事诉讼实习、法医学、刑事政策、亲属法、继承法、保险法、国际私法、劳动法、破产法、强制执行法、民事诉讼实习、法律哲学、中国法制史等 41

① 参见《四川大学史稿》，25～26 页，成都，四川大学出版社，1985。
② 《法政学堂发达之一斑》，载《申报》，1909-12-15。

门。① 1935 年法学院教师自编讲义 28 种，总页数达88 350页之多。②

1938 年国民政府迁都重庆后，川大在教育界的地位迅速上升。法学院在艰难的战争条件下继续发展。1943 年法学院设法律系（司法组）、政治系和经济系。吴君毅时任法学院院长。裘千昌任法律系主任。法学院教授 12 人，刑法有谢盛堂、赵念非。谢盛堂著有《刑法总论》、《刑法分论》。赵念非系四川省大足县人，1916 年留学日本九州帝国大学，受教于著名法学家牧野英一博士，1930 年获得法学硕士学位。民商法有裘千昌、朱显祯、胡元义、宁柏青。另有土地法的余宗，宪法行政法的胡恭先，国际法的刘世传，诉讼法的龙守荣，法院组织法的杨兰荪等。增设了亲属法、海商法、继承法、公司法、票据法、强制执行法、破产法、土地法等新课程，出版了一系列有影响的法学论著。其时的学生也相当活泼，成立了专门性研究组织"法律学会"③，并创办了由朱显祯和裘千昌主编的学术期刊《法学月刊》。在1941 年的司法官考试中，全国录取共 205 人，川大法学院学生就占 33 人。当时法律系的人数，包括当时司法行政部为专门法官而委托筹办的司法组在内，共达1 000人。

1952 年全国院系调整，四川大学法律系、政治系连同重庆大学、云南大学、贵州大学等校的法律系和政治系并入西南革命大学总校，组建为革命大学一部政法系。四川大学法学院的大量优秀教授如余群宗、裘千昌、赵念非、朱驭欧、伍柳村等调入该校。在此基础上，1953 年西南政法学院成立，成为全国仅有的几所专门性政法学院。四川大学自身的法科教育因之中断。直至 1983 年，经国家教委批准，四川大学任命郭炳和、秦大雕、赵炳寿组成四川大学法律系恢复建系筹备组，由郭炳和任组长。1984 年四川大学法律系正式恢复，四川大学的法科教育因此得以恢复。1985 年法学院开设刑法学专业硕士点，伍柳村、周应德、赵秉寿、黄肇炯、陈康扬和许建光教授分别担任中国刑法、国际刑法、法律逻辑、刑事侦查、物证技术专业方向的导师。这些是当时全国法学界为数不多的几个法科硕士点。

九、其他大学法学院

甲午战争之后创建的学堂中，除了以上讲到的之外，还有 1896 年 2 月两江总督张之洞在南京创办的江南储才学堂，该学堂分设交涉、农政、工艺、商务四门。其中交涉一门中列有律例一日。张之洞拟请法、德两国的教习讲授法律，并认为学生必须从语言文字的学习入手，因为"学生不通西文，即无从受西师之教，无从读西国之书，若必待已翻之书始能披阅，必得中国之师始能转授，则知闻少而见效迟，且不免有差误隔膜，而不能尽得其精意"④。1898 年该学堂又改为江南高等学堂。

1901 年宣布推行"新政"后，9 月 14 日清廷以"人才为政事之本，作育人才，端正修明学术"而谕令各省所有书院于省城均改设大学堂（之后不久据新章程改设高等学堂），要求教法"以四书五经纲常大义为主，以历代史鉴及中外政治艺学为辅"⑤。这是清末全国的教

---

① 参见《国立四川大学档案》第 189 卷。
② 参见《国立四川大学档案》第 189 卷。
③ 国立四川大学出版组：《国立四川大学简况》，5 页，1942。
④ 《光绪二十一年十二月十八日（1896 年 2 月 1 日）张之洞创设江南储才学堂折》，《张文襄公奏稿》卷二十六，1~2 页。
⑤ 《光绪二十七年八月初二日上谕》，《光绪朝东华录》，第四册，4719~4720 页。

育设施开始向近代学校过渡的一次大的转变。于是各省纷纷兴学，依照时间顺序，先后开办了山东高等学堂（1901 年）、直隶高等学堂（1902 年）、河南高等学堂（1902 年）、安徽高等学堂（1902 年）、福建高等学堂（1902 年）、两湖高等学堂（1902 年）、湖南高等学堂（1902 年）、陕西宏道高等学堂（1902 年）、江南高等学堂（1903 年）、甘肃文高等学堂（1903 年）、四川高等学堂（1903 年）、浙江高等学堂（1903 年）、江北高等学堂（1903 年）、云南高等学堂（1903 年）、广西高等学堂（1904 年）、东苏南青文科高等学堂（1904 年）、江苏高等学堂（1904 年）、广东高等学堂（1905 年）、江西高等学堂（1905 年）、陕西高等学堂（1905 年）、贵州高等学堂（1905 年）、新疆高等学堂（1906 年）、顺天高等学堂（1907 年）、八旗高等学堂（1907 年）、满蒙文科高等学堂（1907 年）、奉天高等学堂（1908 年）、青岛特别高等学堂（1909 年）共 27 所。① 这些高等学堂大都为变通各省原有的书院而来，课程大体仿照《钦定高等学堂章程》（1902 年）及《奏定高等学堂章程》（1904 年）的规定设置，内容相当于今天的中学程度。各省在仿照办理时，多少不一地开设了法律科（门）或者法制（即法学通论）或万国公法之类的课程。

　　例如江苏南菁文科高等学堂，原为江阴南菁书院。② 1898 年由时任江苏学政瞿鸿祺奏请改设学堂③，但未几政变，徒留学堂之名。1901 年再改学堂，依章程分设经学、史学、政学、艺学四科。其中政学又分吏政、户政、礼政、兵政、刑政、工政、外交政七类。刑政讲授"国家律例及各国刑律"；外交政则涉及"一切国际公法、私法及各国交涉之属"④。从其 1895—1898 年间的部分课作题看，其中大多为时政一类题目，也包括有法律方面的内容，如"西国听讼用律师论"、"儗辑约章成案例言"等。⑤

　　又如两湖高等学堂，它是 1902 年张之洞将他 1891 年创办的两湖书院改设而来的。学堂设学科八门，法律学即其中一门，聘丁韪良筹划办学。但不及一年，或因参加革命活动的人太多而被张之洞停办。据曾在两湖书院读书的张知本回忆，黄兴在校时，"课程余闲，悉购西洋革命史及卢梭《民论论》诸书，朝夕盥诵。久之，革命思想遂萌芽脑蒂中矣"⑥。

　　以上的这些高等学堂虽然还谈不上有什么较系统、较稳定的法律教学，但在整个社会转型的过渡时期，其对于当时成长起来的一代人的思想启蒙的意义是不能忽视的。

　　民国初期，国立大学设有法科者一仍清旧，仅有北京大学、北洋大学和山西大学三所。但在以后的一二十年间，大学数量在不断地增加着。这与 1922 年"新学制"的颁布，允许单科设立大学有一定的关系。这一期间，大学不断地随着政治、经济和社会环境的变化而分化和重组，几经演变。到了 20 世纪 30 年代中期，已经逐步形成了一批有传统的、综合性的并有一定水准的国（公）立大学和学院。

---

　　① 参见郑登云编著：《中国高等教育史》，上册，87～95 页，上海，华东师范大学出版社，1994。
　　② 由朱子《子游祠堂记》"南方之学，得其菁华"之义得名。
　　③ 参见《光绪二十四年七月十一日（1898 年 8 月 27 日）江苏学政瞿鸿祺折》，载《戊戌变法档案史料》，274～275 页；《南菁书院大事记》。又晚清书院改学堂并不自 1902 年始，1898 年维新变法时即有谕令，但实行者不多。
　　④ 《光绪二十七年十二月初八日（1902 年 1 月 17 日）江苏学政李殿林奏南菁书院改学堂并拟章程折》，载《谕折汇存》，卷二十二，41～43 页。
　　⑤ 参见《南菁文钞》三集，光绪二十七年（1901 年）。
　　⑥ 《黄兴年谱》。转引自朱有瓛主编：《中国近代学制史料》，第一辑下册，405～406 页，上海，华东师范大学出版社，1986。

据 1936 年 1 月的统计①，设有法科的国（公）立大学或独立学院有：

国立大学（学院）8 所：

1. 中央大学（南京）罗家伦（校长，下同）法（法律、政治、经济）

2. 北平大学（北平）徐诵明（代）法商（法律、经济、政治、商学）

3. 北京大学（北平）蒋梦麟 法（法律、政治、经济，法科研究所暂缓招生）

4. 清华大学（北平）梅贻琦 法（政治、经济）（法科研究所分政治、经济两部）

5. 武汉大学（武昌）王星拱 法（法律、政治、经济，设法科研究所经济部）

6. 中山大学（广州）邹鲁 法（法律、政治、经济）

7. 四川大学（成都）任鸿隽 法（法律、政治、经济）

8. 广东法科学院（广州）曾如柏 法（法律、政治）

省立大学（学院）7 所：

1. 河南大学（开封）刘季洪 法（法律、政治、经济，法学院俟法律、政治两系结束后停办）

2. 山西大学（太原）王录勋 法（法律、政治、经济）

3. 云南大学（昆明）何瑶 文法科（法律、政治、经济、教育）

4. 东北大学（北平）王卓然（代）法（政治、边政、经济）

5. 河北法商学院（天津）吕复 法（法律、政治、经济）；商（商学）

6. 甘肃学院（兰州）邓青膏 法（法律）

7. 新疆学院（迪化）何语竹 法（法律）

由以上统计可见，不惟东部地区，西部内陆地区也追逐时代潮流，积极开展法学教育事业，而且办学严谨认真，成就斐然。例如清朝宣统年间，甘肃在法政馆基础上创办的"甘肃官立法政学堂"，即有王家彦讲授律例、宪法；程宗伊讲授民法、行政；王国柱讲授民事诉讼法、经济学、法学、政治学；赵毓岳讲授国际法、刑法、监狱法，培养官、绅和自费官班生员 135 人。至民国二年（1913 年），在成都人蔡大愚的积极筹划和组织，法政学堂改成"甘肃公立法政专门学校"，办学事业不断发展，办学规章制度不断健全和完善，1920 年前后，先后制订实施了《甘肃公立法政专门学校体育成绩考察方法》、《甘肃公立法政专门学校操行成绩考察方法》、《学生操行成绩考察表》以及《修政校章》、《修正学员学业成绩考察规程》、《试验规则》、《教师规则》、《操场规则》、《班长及值日生规则》、《请假规则》、《斋舍规则》、《劝惩规则》、《会客室规则》、《阅报室规则》、《宿室规则》等细则，1921 年还创办了以"练习学识，宣传法政知识"为宗旨的《法政周刊》。在 1917 年 1 月 13 日司法部张耀曾总长发布的一号公告中，成为认可的全国七所法政学校之一（另外六所是广西、四川、陕西、云南、贵州、福建）。1918 年在全国专门以上学校成就展览会上，学校名列乙等。所有这些，都为 1928 年成立的"兰州中山大学"法律系的进一步发展奠定了基础。②

抗日战争爆发后，在办学处于颠沛流离、备尝艰辛状态的同时，东部教育资源的内迁西移，客观上也促进了西部地区法学教育事业繁荣的局面。西北大学就是抗战爆发后于 1939

---

① 参见《全国公私立大学、独立学院、专科学校一览表》（1936 年 1 月），载《中华民国史档案资料汇编》，第五辑第一编教育（一），300～305、312～313 页，南京，江苏古籍出版社，1994。

② 详情参见张新国：《兰大百年》，载兰州大学网，http://100.lzu.edu.cn/，访问时间：2009 年 6 月 21 日。

年根据教育部令由西迁入陕的京津地区高校与陕西原有高校组建而成国立大学。[①] 学校设法商学院、徐诵明、杨兆龙、刘鸿渐、卢峻、赖琏、曹国卿等教授先后任学院院长。学院下设法律系、政治经济系、商学系、政治学系。黄觉非教授、王治焘教授、刘鸿渐教授、冯纶教授、施宏勋教授、郭至德教授曾担任法律系主任。法律学系下又分法理组和司法组。在 20 世纪三四十年代，西北大学先后聚拢了一批高水平的法学师资。除了前面提到的几位教授外，还有赵翰九教授、李宜琛教授、章友江教授、刘鸿渐教授、杨兆龙教授、卢峻教授、韩幽桐教授、杜元载教授、党积龄教授、陈顾远教授（兼职）、孙春海教授、刘毓文教授、严可为教授、胡毓杰、吴清葵、李镜湖、薛铨曾、薛庆衡、李向渠、贾万一、王敬等。他们大多留学日本、美国，学术影响力大，为西北地区法学教育带来了新风。

随着法学院数目的增加，法律学生的数量也在增长着。自民国初年到 20 世纪 30 年代前期的法科生毕业人数一直反映着这一趋势，例如，1931 年到 1927 年间每年毕业的法律系本科学生数（不包括同属于法科的政治学、社会学等系）依次为 689、869、1 161、1 523、1 340、1 366、321。[②] 不过，这里可以发现 1937 年的毕业人数较前陡然减少。究其原因，是与 20 世纪 30 年代初期国民党政府加强对大学的整顿和控制，实行"大学教育以注重自然科学及实用科学为原则"[③]，抑制学习法律人数增长的政策有直接关系的。

1934 年教育部颁布了限制学额的办法，明确地限定法学院及其所设各学系所招新生及转学生之平均数，不得超过理、农、医、工等任何学院各学系所招新生及转学生之平均数，且独立法学院每一学系或专修科所招新生及转学生之数额，不得超过 50 名。[④] 对于这种限制办法，当时的法学界颇有议论。[⑤]

20 世纪三四十年代大学法学院的发展，还逐渐形成了在大学法学院里某些法学学科力量占据优势的局面。例如，国民党南京政府成立之后重点建设的国立武汉大学，其校长王世杰（1929 年 2 月～1933 年 4 月）、周鲠生（1945 年 7 月～1949 年 8 月），均为政界名流和知名的法学家。王世杰是一位著名的宪法学家，著有《比较宪法》一书，曾任南京政府教育部长和外交部长等要职。周鲠生是一位出色的国际法学家，著有大量权威的国际法著作，近代中国成长起来的一代国际法名家、学者，几乎没有不曾受惠于他的教益的。[⑥] 由法学家来出任国立大学校长，这在近代法学史和教育史上是十分罕见的。也正由于这种原因，自 1928 年以

① 本部分内容详见钱锦宇、赵海怡：《论 20 世纪 30—40 年代陕西地区的高等法律教育：以西北大学为中心的初步考察》，载《西北大学学报（哲学社会科学版）》，2007（1）。

② 1912—1937 年法科毕业生统计参见《全国公私立大学、独立学院、专科学校一览表》（1936 年 1 月），载《中华民国史档案资料汇编》，第五辑第一编教育（一），334、336、344 页，南京，江苏古籍出版社，1994。此数字包括公私立大学。

③ 《国民会议确定教育设施之趋向案》（1931 年 5 月 13 日），载《中华民国史档案资料汇编》，第五辑第一编教育（一），1026 页以下，南京，江苏古籍出版社，1994。

④ 参见《教育部民国二十三年 4269 号训令》。

⑤ 参见孙晓楼等：《法律教育》，81～85 页，北京，中国政法大学出版社，1997。

⑥ 参见韩德培：《周鲠生先生生平、贡献和设置"纪念周鲠生法学奖金"的重要意义》（1985 年 10 月 17 日），载《韩德培文选》，462 页，武汉，武汉大学出版社，1996。韩德培毫不夸张地说："他 1922 年就开始在北大教国际法。从那时起，在中国凡是有些成就的国际法学者，就我所知，几乎很少不是在他的直接或间接影响下成长起来的……"有关周鲠生生平经历，还可以看《周鲠生小传》，载武汉大学国际法研究所网，http://zggjfw.org，访问时间：2009 年 8 月 26 日。

后，武大法学院很快就发展成为武大各学科中的一个重点，燕树棠、皮宗石、吴学义、梅汝璈、王铁崖、李浩培、韩德培等人先后来校任教，组成了较强的法学院阵容。这些教授多以国际法学著称，由此形成了武汉大学法学院的国际法学科在国内大学中居于优势的传统。

第二节
教会大学与私立大学的法科

一、概述

私立大学，是相对于官办（公立）大学而言的，它是指由私人或私法人团体设办的大学。就此来讲，近代外国来华的传教团体所办的教会大学也属于私立大学的一种形式。不过，为了区别其来源的不同，这里所讲的私立大学仅指由国人或本国法人创办的大学。近代的私立大学和教会大学都分别不同的设有法科，它们是中国近代法律教育产生的两条重要途径。

首先看私立大学方面的情况。

国人创办私立大学最早是在清朝末年，一个是 1905 年春由爱国天主教徒马相伯（1840—1939）在上海创办的复旦公学（含光复震旦之意）；最初仅有普通高等科目，1917 年改名私立复旦大学以后才设法科。另一个是 1906 年在上海吴淞为罢学归国的留日学生创办的中国公学，这是辛亥革命时期一所著名的革命学校。当时，清政府的《学务纲要》（1904 年）中虽然订有"私学堂禁专习政治法律"、私设学堂"概不准讲习政治法律专科"之类的规定，但其实际的约束力十分有限。后因立宪形势促迫而开通禁令，甚至支持广开私立学堂，讲习法政。

进入民国以后，一方面，在政府先后公布的一系列法令中，仍都准予设办私立大学，如《大学令》（1912 年）、《私立大学规程》（1913 年）、《修正大学令》（1917 年）、《大学组织法》（1929 年）等；另一方面，在民主共和精神的激荡下，不少名流贤达集资创办私立大学。不过，民国初期的私立大学多不稳定，时有归并，或停而复设，随时代的不同，几经变迁。至1936 年，设有法科类的私立大学、学院（不包括原由教会主办者）已有相当规模的发展，分列如下①：

私立大学：

1. 复旦大学，设理、文、法、商四院，法学院设法律、政治、经济三系，校长李登辉，校址上海（下同）。

2. 光华大学，设理、文、商三院，文学院有政治系、社会学系，张寿庸，上海。

3. 大夏大学，法学院设法律系、政治经济系二系，王伯群，上海。

4. 沪江大学，文学院设有政治系、社会学系，刘湛恩，上海。

---

① 参见《全国公私立大学、独立学院、专科学校一览表》（1936 年 1 月），载《中华民国史档案资料汇编》，第五辑第一编教育（一），306～311、314～317 页，南京，江苏古籍出版社，1994。

5. 南开大学，文学院设有政治系，张伯苓，天津。

6. 齐鲁大学，文学院设有社会学、政治学系，刘世传，济南。

7. 武昌中华大学，文学院设法律系（令将法律系按年停办），陈时，武昌。

8. 厦门大学，法商学院设法律、商业、政经三系，林文庆，厦门。

9. 广东国民大学，法学院设法律、政治、经济三系，吴鼎新，广州。

10. 广州大学，法学院设法律、政治、经济三系，金会澄，广州。

私立独立学院：

11. 上海法学院，设法律、政经、商业专修科，褚辅成，上海。

12. 上海法政学院，设政治、经济、法律三系，章士钊，上海。

13. 正风文学院，法学院设法律、政经、商学三系，王蕴章，上海。

14. 中国公学：法学院设法律、经济系（令办至现有学生毕业为止），吴铁城，上海。

15. 中国学院，法学院设法律、政治经济二系，王正廷（儒堂），北平。

16. 朝阳学院，设法律、政治、经济、边政系，江庸，北平。

17. 北平民国学院，法学院设法律、政治、经济系，鲁荡平，北平。

18. 福建学院，法学院设法律、政治、经济系（法科已令停办结束，法律系本年暂准招生），黄朴心（代理），福州。

以上私立大学（学院），从分布上看，大多集中在上海等少数大城市里，这一现象，正反映了半殖民地半封建经济、文化畸形的发展。还有一点应当注意，自 20 世纪 30 年代前后，一些私立大学更为"国立"，这几乎成为一种趋势。如著名的厦门大学（1937 年）、复旦大学（1941 年）、南开大学（1946 年），其主要原因是办学经费陷于绝境，最终不得已而交政府公办。

尽管在旧中国受兵祸侵扰和筹措经费之苦而办学维艰，作为近代法律教育产生的一条途径，私立大学的法科对法律教育仍有其不可忽视的贡献。私立朝阳大学正是这方面的突出代表。

近代中国的教会大学主要是由外国传教会，特别是注重"以学辅教"的一批自由派传教士创办的[①]，它们大体上经历了从初级学校到中等学校再进而扩充发展为大学的长期过程。

一般来讲，产生于不平等条约的教会学校是近代中国半殖民、半封建教育的一个重要特征。传教士在中国办学的目的，并不单纯是传教，而是要以教会学校培养的新式知识分子取代士大夫，以控制中国社会发展的方向。正如美国传教士狄考文（Calvin Wilson Mateer, 1836—1908）所说：教会学校的作用是要"使学生成为社会上和教会里有势力的人物，成为一般民众的先生和领袖。……不论哪个社会，凡是受过高等教育的人都是有影响的人。他们会控制社会的感情和意见。中国作为儒家思想的支柱的，是受过高等教育的士大夫阶层。如果我们要对儒家的地位取而代之，我们就要训练好自己的人，用基督教和科学教育他们，使他们能胜过中国的旧式士大夫，从而取得旧式士大夫所占的统治地位"[②]。

---

① 关于自由派传教士的性质、特点等情况，参见王立新：《美国传教士与晚清中国现代化》，26 页以下，天津，天津人民出版社，1997。

② Records of the General Conference of the Protestant Missionaries of China held at Shanghai, May 7－20, 1890。转引自顾长声：《从马礼逊到司徒雷登》，287 页，上海，上海人民出版社，1985。

教会学校确实教育出了一批洋奴买办；但同时又在客观上传授了西学，在中西文化交流上起了一定的作用。这是与西方列强进行精神侵略的愿望相违的，也是他们始料未及的。教会大学设立的法律教育机构也有与此相同的性质和作用。

早在鸦片战争前后创办的马礼逊学堂（香港）中，就有学生用英文写出一篇题为《中国政府不公正》的习作：

> 中国不能说有一个好的政府，它与英、美或任何其他基督教国家相差很远。中国当权者有成千上万，据说，从最高级到最基层，只有极少数人在履行官职时诚实忠心，想到人民的利益，并公正地对待百姓。……公认的意见是：从最高级到最低级的官员，全都是敲诈者。对他们能抓到的每一个人，都进行勒索。如不给他们行贿，几乎无一人能挣脱他的手指头而滑走。①

1876 年，英国传教士傅兰雅（John Fryer，1839—1928）等人由中西绅商襄赞，合力在上海开办了颇有特色的格致书院，意在介绍和传播西方的自然科学。王韬执掌书院以后，沿用傅兰雅按季命题的课考之举，聘请南北洋大臣暨诸海关道宪命题。"课以西学为主，而旁及时事、洋务，然史论亦在所不废。"②从王韬细心汇辑的《格致书院课艺》来看，涉及公法律例的题目亦在命题范围之中③，计有：

1889 年春（己丑）

> 问：各国立约通商，本为彼此人民来往营生起见。今设有一国，议欲禁止有约之国人民来往，其理与公法背否？能详考博征以明之欤？（命题人：李鸿章）

1893 年夏（癸巳）

> 中外各国刑律轻重宽严异同得失考。（命题人：吴引孙）

1893 年秋（癸巳）

> 西国用律师判断两造，权与官埒，此中国无也。中西律例异同得失安在？（命题人：刘坤一）④

---

① 《中国丛报》，1845 年 10 月。转引自顾长声：《从马礼逊到司徒雷登》，98～99 页，上海，上海人民出版社，1985。

② 《格致书院课艺》戊子年春季，王韬眉批。

③ 格致书院季课始于 1886 年，止于 1894 年，一年四次，未曾间断。特课始于 1889 年，止于 1893 年，无间断。春季由北洋大臣命题，秋季由南洋大臣命题。前后计有 18 人参加命题，李鸿章、曾国荃、刘坤一、薛福成、郑观应、盛宣怀等均在其中。考课凡 46 次，88 题。90% 以上涉及西学及时务内容。仅获得超等、特等、一等奖者就有 1 878 人次，来自十多省区。王韬将历次课艺题目、命题人姓名、部分优秀答卷、鉴定人评语、眉批逐年汇集印行，光绪二十年（1894 年）版 15 册。参见熊月之：《西学东渐与晚清社会》，"格致书院"一节，上海，上海人民出版社，1994。

④ 原题全题为：《风俗通》论称：皋陶造律，至汉萧何因秦法作律九章，律之名所由始。其曰例者，《王制》之所谓比是也。古者狱辞之成，必察大小之比。律有一定，例则随时变通。读律者有八字、十六字之分，剖析毫厘，不得畸轻畸重。无非明慎钦恤，以仁施法之意。《史记》言，匈奴狱，久者不过十月，一国之囚，不过数人，何其速而简也。宋邓萧对高宗言，外国文书简，简故速；中国文书繁，繁故迟。其说信否？西国用律师判断两造，权与官埒，此中国所无也。中西律例异同得失安在？能详悉言之欤？

1893 年秋（癸巳）

中国若设议院，利害若何？（命题人：郑观应）①

从格致书院汇集的这些课艺作品中可以看出，传教士长期所从事的西学译介出版工作在当时已有相当程度的传播和影响。1893 年的"中外各国刑律轻重宽严异同得失考"一题，就有李经邦、许克勤等 56 人获得优胜奖。② 有关这方面题目的几篇作品还收入了《皇朝经世文统编》。③

随着形势的发展，19 世纪 90 年代以后，早期创办的众多教会书院经过重组和扩充，逐渐演变为教会大学。1906 年清学部颁布了《咨各省督抚为外人设学无庸立案文》，为外人在华办学大开绿灯。民国初期，由于不受国内政治动乱的影响，加之有经费上的保障，教会大学乘机大力发展。尤其是美国，更是利用第一次世界大战的有利时机，加紧实施扩展在华教会学校的计划，并使大学教育长期保持独占的优势地位。"我国许多有名的学校如燕京、协和、汇文、圣约翰、金陵、东吴、之江、湘雅、华西、岭南等，都是美国人设立的。"④

二、震旦大学与燕京大学

教会大学设办法学的情形各不相同。总的来看，震旦大学、东吴大学和燕京大学这三所教会大学都曾设有法科，其他的如金陵、之江、岭南、齐鲁等校都只设政治或政治经济系。

震旦大学（Aurora University）是天主教徒马相伯于 1903 年年初在上海徐家汇创办的，属于法国天主教耶稣会办理的。最初称震旦学院（"震旦"二字取东方光明及前途无量之意）。1911 年开办法科，讲授法国法，也讲中国法，由在沪执业的法国律师担任讲授。学校不仅开设法文和英文课，而且大部分法律教学用法语进行。学习期限为预科二年，法律专科三年。1932 年立案并改名为震旦大学。⑤ 1935 年设法学院，下分法律、政治经济二系，学制四年。⑥ 1952 年 2 月人民政府接管了震旦大学，1952 年各系分类调整至有关院校，医学院在原址成立上海第二医院。

燕京大学（Yenching University）是 1919 年至 1920 年间，由英、美在华的基督教会将北京的汇文、通州的华北协和（原潞河书院）和北京的华北女子协和这三所大学合并而成的。这三所学校均为在华的各基督教会所创办。自 1926 年夏起，燕大开始由城里迁入陆续落成的京西海淀新校园，即今天北京大学的所在。这块园地最初是以 6 万银元向曾任陕西督

---

① 全题为：考泰西于近百十年间，各国皆设立上下议院，藉以通君民之情，其风几同于皇古。《书》有之曰："民为邦本，本固邦宁。"又曰："众心成城。"设使堂廉高远，则下情或不能上达。故说者谓中国亦宜设议院，从达舆情、采清议，有若古者乡校之遗意。苟或行之，其果有利益欤？或者悉其间利害若何，能一一敷陈之欤？

② 参见熊月之：《西学东渐与晚清社会》，381 页，上海，上海人民出版社，1994。

③ 参见贺长龄、魏源：《皇朝经世文统编》（增辑，一百二十卷），卷一百十五，洋务十三，用律。

④ 毛泽东：《"友谊"，还是侵略？》，载《毛泽东选集》，2 版，第 4 卷，1506 页，北京，人民出版社，1991。

⑤ 根据北洋政府 1925 年 10 月 16 日颁布的《外人捐资设立学校请求认可办法》，宣布所有教会大学须向中国政府立案注册。但各教会大学注册时间不一，最晚者为 1947 年立案的圣约翰大学。

⑥ 此处关于震旦大学的资料，分见震旦大学《上海震旦大学》（1935 年），63～88 页；W. W. Blume, Legal Education in China,（1922 年）。《全国公私立大学，独立学院，专科学校一览表》（1936 年 1 月），载《中华民国史档案资料汇编》，第五辑第一编教育（一），308 页，南京，江苏古籍出版社，1994。

军的陈树藩永久租用而来的；而陈又系购诸前清睿亲王府。此地为明代米万钟氏勺园旧址，勺园在明季即为京西名园之一，史籍备载，多有称道。首任校长司徒雷登不仅为燕大的开办倾心尽力，四方奔走，还与几位同仁从《圣经》当中为燕大演绎出一句有名的校训：因真理得自由而服务。

燕京大学成立之初，大学称文理科，并未分设学系。1929 年立案后为遵循国民政府教育部新颁《大学组织法》的要求，大学分设文学院、自然科学院和应用社会科学院三院；应用社会科学院下面又分设政治、经济、社会三个学系。可以推测，燕京大学起初并无开办法律系的打算；之所以添设法律系，大概与稍后不久的应用社会科学院改名为法学院有关。因为根据《大学组织法》进一步制定出的《大学规程》规定，大学法学院或独立学院法科分法律、政治、经济三学系，"但得专设法律学系"。这个规定多少强调了法律学系作为法学院组成部分的不可或缺及其在法学院里的突出地位。于是，燕京大学将应用社会科学院改设法学院后，就必须添设法律学系，以符部章的规定。

据《私立燕京大学一览 1930—1931》记载，作为法学院的主修学系之一，除了在入学条件（需由官办或经立案的私立高中或其他程度相当学校毕业并经考试合格）和其他的日常管理方面通用文、理学院的一般规定外，法律学系还订有一套相当完备的课程计划，其"宗旨在造就法学人材及司法实务人材，以应国家之需要，内以完成司法独立；外以准备法权收回，所用讲授方法，学理与实用并重，先就现行各种重要法律之内容加以有系统之讲述，并讨论其得失利弊，使学者对于本国法律有深切之认识，然后进而研究中外法律源流、比较法学及法律哲学，期于解决现代立法、司法各种问题有所贡献焉"。

在课目方面，第一年主修国文、英文、第二外国语、法学通论、政治学、经济学和社会学等普通或入门课，此外还有体育、国民党党义、军事训练、卫生学（女生修习）等；以后则为法律学专门课，计有 33 门。其各年修习的课目如下：

第二年：民法总则、刑法总则、宪法、罗马法、法院编制法、债编总论、民法亲属编继承编；

第三年：行政法、国际公法、民法债编各论、民法物权、民法商事四种（公司法、保险法、票据法、海商法）、刑法分则、民事诉讼法、证据法学、诉讼实习；

第四年：国际私法、中国近世外交史、法理学、破产法强制执行法、社会立法、外国法、法律的补助科学（法医学、监狱学、刑事政策、犯罪学、刑罚学）、法学专题研究。

法律系规定取得法学士学位的修业期限原本是 5 年，在课目表上还列出了第五年的课程，如各国法律制度概要、中国法律史、欧陆英美法律学史、比较民法学、立法方术论、法律解释学、法律哲学、法德日文法学名著选读、高深法理专题研究等。但这个计划报经校务会议决后又作了一些局部的调整，首先将期限由 5 年缩短为 4 年，另外决定自次年起添聘教员、增加课点，并将原定第五年课目之一部分划入研究院法律课程之内。上面 4 年的课程目录，基本是以当时司法院确定的大学法律科课程编制的内容为依据的。

当时，燕大法学院的院长是徐淑希。徐是广东汕头人，曾获得美国哥伦比亚大学哲学博士学位。但他是政治系的教授兼系主任，并不属于法律系的教师。法律系的教师当时只有 6人，其中教授有郭云观和潘昌煦二人。郭云观（1889— ?），字闳畴，浙江玉环人，早年毕业于北洋大学法科。1916 年应第一届外交官考试获隽，翌年赴美留学，入哥伦比亚大学研究国际法。1920 年回国，先后任修订法律馆纂修和大理院推事等职。1924 年到校，设系后兼系主任。他主要讲授法理学、民法总则、亲属继承和国际私法。潘昌煦是江苏吴县人，日本中央大学法学士毕业，曾任大理院庭长，1928 年到校，讲授行政法、刑法和刑诉。其他还有讲师李祖荫，兼职讲师毕善功、李怀亮、钱鸿业。李祖荫系日本明治大学研究院法学士毕业，主要讲授民法和商法。李怀亮亦日本法科毕业，主讲法院组织法和民诉。他与钱鸿业均为当时司法界的骨干。毕善功（Louis Rhys Oxley Bevan, 1874—1945）是英国人，法科出身，1902 年来华，先是在李提摩太（Timothy Richard, 1845—1919）主持的山西大学堂西学专斋任法律教习。1910 年转任北大。1926 年 9 月到燕大兼职，讲授罗马法和外国法。他曾经写过一本英文书，名为《中国的宪政建设》（Constitution Building in China）。

法律系的课程计划虽然详备，但开办时间不长，到了 1934 年法律系便被撤销了，同年 5 月，根据教育部颁布《大学研究院暂行组织规程》，燕大遂依照规程组织了研究院，并成立了文、理、法三个研究所。总之，燕大最终没能形成持久的法律教育传统，以致在人们的印象中，对于燕京大学时否曾经有过法律系都变得依稀模糊，甚至在记忆中消失了。究竟是因为经费拮据、无力举办，还是当时北平法科云集，无重复之必要，抑或办学者主观上另有倾重，无意于法科，这些都不得而知。

瞿同祖先生 1930 年至 1934 年间就读于燕京大学。虽然主修方向是社会学，但他仍能知道有关当时的一些情况。据他回忆："燕京大学当时的确有法律系，但课程有限，力量薄弱，只记得吕复曾给我们讲过法学概论课，别的就没什么印象了。"作为法学院的学生，既然连亲历者都对法律系的情况了解甚微，也可以想见当时法律系规模和影响的微弱。如果比起东吴法学院来，更可说是无足记述。

尽管如此，作为燕大诸学科的一个重心，社会学系在系主任吴文藻（1901—1985）的主持和精心安排下，培养出不少著名的社会学者。费孝通和瞿同祖均为当时的社会学系毕业生。瞿同祖后来还在法律社会史研究领域作出了有国际影响的学术贡献。因此，作为秉承近代法学传统的一代人，也许我们应当保留着她在中国近代法律教育漫漫历史长河中那瞬间闪过的一段记忆。

与以上的教会大学相比，私立东吴大学法学院在法律教育方面的成就最为突出，它是教会大学中唯一的一所独立设置的法学院。

三、东吴大学法学院

东吴大学是由美国基督教卫理公会传教士于 1900 年在苏州创办的，东吴大学法学院则是东吴大学的政治学教师兰金（Charles Rankin）于 1915 年在上海创办的。[①] 兰金是一位美

① 人们往往容易将东吴大学与东吴法学院误解为都设在苏州。实际上，东吴大学在苏州，设文、理学院，1952 年原址改建江苏师范学院，即今天的苏州大学。东吴法学院则开办于上海，1952 年院系调整后，法学院的大部分图书与法律系师生被并入新建的华东政法学院，会计系归入上海财经学院。在苏州的大学本部与在上海的法学院两者之间，既有渊源关系，但又相对独立。东吴法学院"完全独立于东吴大学。因为学院设于另一个城市，聘用自己的教师，又很大程度上是自立的。因此，学院慢慢地形成了自己的一套做法。学院只是在表面上依赖于东吴的领导"。［美］杰西·格·卢茨：《中国教会大学史（1850—1950）》，曾钜生译，295～296 页，杭州，浙江教育出版社，1987。

国律师和虔诚的基督教徒。1914 年他被派往上海担任隶属东吴"学校网"之一的东吴第二附中校长。兰金来到上海，发现了"为新生的共和国作出卓越贡献的绝好时机"，而作为中国最重要的商业和工业中心的上海，又提供了与此相关的所有资源。① 于是，他利用东吴二中晚间空闲的条件，聘请上海租界里的律师和法官为义务教授，又在美国驻华法院法官，也是罗马法和比较法学家罗炳吉（Charles Sumner Lobingier，1866—1956）的参与筹划之下②，于 1915 年 9 月招收了 7 名学生，便正式开班上课了。兰金于次年辞去二中校职务，专办法科。

东吴法学院的名称最初为东吴大学法科，1927 年改为东吴大学法律学院，1935 年又改为东吴大学法学院。③ 其英文校名 The Comparative Law School of China，即"中华比较法律学院"，是由罗炳吉法官提出的。在 1949 年以前，法学院对外一直沿用这个名称④，这一名称恰当地反映了东吴法学院的教学风格或特色。东吴的校训非常有名："养天地正气，法古今完人"（Unto a fullgrown man）。

1921 年，东吴大学聘美国密歇根大学的刘伯穆（W. W. Blume）接替兰金，任法学院的第二任教务长。此后，法学院在学生、师资和声誉方面都迅速发展。⑤ 1927 年 4 月，按照南京政府要求由华人担任外人所办大学校长的规定，东吴大学校董会议决延聘法律学院 24 届的毕业生盛振为博士（1900—1997，英文名为 Robert C. W. Sheng）为第一任华人教务长，同时新设院长一职，由"东吴法学院最著名的毕业生"吴经熊博士（1899—1986，英文名为 John C. H. Wu）担任。盛振为又于 1942 年起任法学院院长，直到 1950 年学校关闭。

在抗日战争期间，部分留在上海的师生以"中国比较法学校"的名称非正规地管理着法学院；而另外的一部分师生内迁重庆后，与沪江大学、之江大学联合组成"东吴沪江联合法商学院"，直到抗战结束后在上海复员。⑥

东吴法学院是中国近代的一所著名的法学院。而其所以著名，大抵是由于两方面的原因，一是东吴法学院在其开办的过程中，培养了不少优秀的法学家或法律家；二是因为它的

---

① 参见文乃史（W. B. Nance）：《东吴大学》（1956）。

② 罗炳吉是美国的罗马法和比较法学家，曾任菲律宾法典编纂委员会委员，美国统一法律委员会委员，内布拉斯加州最高法院委员会委员和内布拉斯加大学法学教授。著有《人民的法律》（The People's Law，1909）、《罗马法之演进》（The Evolution of Roman Law，1915）和《美国在华法院》（American Courts in Chian，1919）等著作。1914 年由威尔逊总统任命为美国驻华全权司法代表（United States Court for China），直至 1924 年。他参与了东吴法学院的筹办，包括设计校名、制订课章等工作。参见 W. W. Blume, Judge Charles Sumner Lobingier, Appreciation, The China Law Review, (1923), No. 1, pp. 264~265。

③ 参见《私立东吴大学校史概略》（1928），载《中华民国史档案资料汇编》，第三辑教育，273 页，南京，江苏古籍出版社，1991。

④ 参见 Charles S. Lobingier, Legal Education in China in Twentieth Century, Law Guild Rev. (1944), July-Aug. pp. 1~2。

⑤ 详见《私立东吴大学法学院概况及大事记》（1930 年），载《中华民国史档案资料汇编》，第三辑教育，274~277 页，南京，江苏古籍出版社，1991。

⑥ 以上关于东吴法学院的沿革，参见［美］康雅信：《培养中国的近代法律家：东吴大学法学院》，王健译，载贺卫方编：《中国法律教育之路》，248 页以下，北京，中国政法大学出版社，1997。此文是作者关于东吴法学院的院史及其毕业生在近代中国法律职业发展的作用的一篇专题论文。原文载《中国法研究》（美国哥伦比亚法学院出版），1994 年春季号，第 8 卷第 1 期。

富有特色的法律人才培养方式，即注重英美法教学，培养具有比较法素质的法律人才。养成优秀的法律人才，自然需要提供某种有效的专业课程和教学方法，但并不仅限于此，实际上，办学者的指导思想，高质量的师资，特别是，是否具备发挥法律人才作用的社会环境或机遇，都是其中的重要因素。

从创办东吴法学院的最初动因来看，当兰金于1914年被派赴上海时，他以法律职业者的敏感，发现了上海并存的各种复杂的法律制度，包括中国、美国和欧洲的法律以及混合法庭。这使兰金感到"大为震惊"，"看来确实有必要发展比较法律专业，培养能使中国法制现代化的法官"。他还进一步作出判断，"在以后的几十年时间，中国将需要能够制定民法、编纂法典、组织法官团体的专家"，而上海的领事法庭、英国驻华最高法院和美国驻华法院正聚集着一个人才库，可以随时提供法律教学人员。兰金相信，上海一些有抱负的年轻人，将会非常高兴有机会兼学法律，以获得比较有利可图的和有趣味的职业。① 自19世纪60年代起，随着公共租界的开拓，上海的商业、航运、对外贸易和金融业日益地发达和繁荣，并逐步形成全国经济和文化的重地，这为培养以职业律师为目标的法律教育的发展，提供了有利的物质条件。

兰金的这个认识，不仅立足于当时上海的法律制度的特殊环境②，而且着眼于中国法律发展的未来，并由此而奠定了以培养具有比较法素质的职业法律家为目标的法学院发展模式。

东吴法学院以强调比较法的训练为办学宗旨，但从其发展的前后过程来看，其比较法律的内容成分以及其学制和课程的重心是有所变化的。这一点应当注意。

盛振为在《十九年来之东吴法律教育》一文中概括了东吴法学院办学方针的沿革：

> 本校原以英美法与中国法为依据，而旁参以大陆法，继应时势之需求，改以中国法为主体，以英美与大陆法为比较之研究。俾学生对于世界各大法系之要理，皆有相当认识。是以本校课程之编制，除依照教育部令所颁布之法学院法律系课程外，更参照欧美各国法律学校课程之优点，使本校学生毕业本校后，除在国内法界服务外，得免试插入世界各国之著名大学院，继续其高深法学研究，此则本校适内而应外之鸟瞰也。③

东吴法学院为美国的法律家所创办，其学制和课程设置自然以美国的法学院为模式，授课的内容也以英美法为主。但在20世纪20年代后期，中国主要法典的渐次制定，扭转了法

---

① 参见《东吴大学概览，1915～1916年》，2、25页；文乃史：《东吴大学》，70～72页；《中国基督教差会年鉴，1916年》，273页。转引自［美］卢茨：《中国教会大学史》，170～171页，杭州，浙江教育出版社，1988。

② 根据19世纪中国与西方列强之间的一系列不平等条约的规定，外国人在沿海通商口岸攫取了领事裁判权。当时的上海实际上被划分为中国治辖区、法租界和1863年由英、美租界合并而成的国际公共租界三个部分。而上海的公共租界分别成为十多个国家的领事法庭的所在地。领事法庭林立，诸国法律并存。租界的司法制度是根据被告人的国籍来决定受理案件的法庭和适用的法律。以中国人、"无约国人"等为被告的案件，均由中国法庭受理，并适用中国法律。以"有约国"人为被告的案件，则由该国的领事法庭或其他法庭管辖，并按该国法律判决。1906年设立的美国驻华法院由职业法律家代替了领事裁判，在执行业务上，与美国的地方法院居同等地位。英国设在上海的地方法院和高等法院对所有的民刑案件，超越其国民行使司法管辖。这些法院都采用西方的司法程序。这实际上是中国半殖民地半封建社会畸形的司法制度的典型反映。参见费成康：《中国租界史》，第四章法律制度，115～159页，上海，上海社会科学院出版社，1991。

③ 《法学杂志》（东吴法学院），1934年第7卷第2期。

学院的教学方法和课程结构。另外，1928 年以后，政府也加强了对法学院课程设置的监督，使其与国内其他的法学院保持同样的课程标准。① 以 1929 年 8 月向国民政府教育部立案为分界，大体上，法学院前后的学制与课程所发生的变化是：

在前期（1915—1929 年），法学院的大学部为五年肄业制，修业期满，即授予法学士学位；大学又分正预两科；预科附设于苏州东吴大学文理学院内，授课时间为日间。正科设于上海，授课时间自下午四时半至七时半。研究院二年肄业制，修业期满，授予法学硕士学位。法律预科的课程包括政治、经济、哲学、心理、论理、社会、辩论、外交史、世界史以及第二外国语文等，大都为社会科学。正科则均为法律课目，教材为选读各国法学原理及判例，注重比较法方面。课程的顺序是先读私法，后读公法。②

后期（1929 年以后）的学制：大学废止正预科名称，改为大学五年卒业制。并增设日校部，上课时间自上午九时至下午四时。复依照教育部所订定之大学规程，改为四年卒业制；将夜校五年所定之学程，缩短于四年授完。使日校学生得以专心攻读，不致为尘务所扰。夜校授课时间改为下午四时二十五分至八时，日上四课。第一时为选修学程，第二至四时为必修课主科学程。夜校学生可利用日间实习。研究院改为三年卒业制。凡本校毕业生，或经本校认可的法学院法律系毕业，并得有法学士学位者，均可投考，肄业期满后，视其成绩授予法学硕士学位。

课程方面，将以前大一、二两级的社会科学略予削减。并重新编排法律课目为：日校大一为社会科学与法学通论；大二至大四均为专门法律课目。夜校大一为社会科学学程；大二至大三为法律必修学程；大四至大五为行政法、法理学、法律哲学等高深学程。教材方面，各国比较法约占 1/3，用英语或各该国语言教授；2/3 为中国现行法规，用汉语教授。程序上改为先读公法，后读私法。其他实习等，除增设诉讼实务及诉状卷宗两课，使学生熟知诉讼程序方法和各项卷宗的格式记录应用的问题外，并注重个人自修。兼用导师制度，每个学生每学年须写作一二篇书评，呈由导师评阅。

比较其前后的变化，可以看到，东吴法学院在开办的初期，形式上的确犹如一所搬到中国来的美国法学院。除了二年大学加上三年法学的学制、模拟法庭以及判例教学法的采用之外，承担法学院讲授的教师也大多为美国的法律家，如驻华法院的罗炳吉法官、工部局总办费信惇（Fessenden）、刘伯穆（W. W. Blume）、驻沪美国律师公会会长佑尼干（Jernigan），以及林百克（Linebarger）、博良（Bryan）、萨莱德（George Sellet）等。当然，也有少部分中国人，如王宠惠、梅华铨，但他们都是长期受英美法训练的法律家。此外，1926 年以后，法学院还曾聘请德国的高恩厚博士为德国法教授、法国人宝道博士为法国法教授，董康为中国法教授，以此来突出比较法的学习。直到 20 世纪 20 年代以后，本国的教师才多了起来，例如在 30 年代中期兼任法学院教授的人员有：法理学的吴经熊，宪法的乔万选、吴芷芳，罗马法的应时、丘汉平，公司法的潘序伦，德国民刑法的刘世芳，法制史的董康，刑法与刑诉法的赵琛、俞承修、郁华，劳动法的孙晓楼，国际公法的梁鋆立、姚启胤、夏晋麟，民法与民诉的钟洪声、张正学、瞿曾泽、过守一、曹杰、李辛阳，英美法的张志让、黄应荣、卢

① 参见《培养中国的近代法律家：东吴大学法学院》，258 页，北京，中国政法大学出版社，1997。
② 学习法律的程序先从私法入手，继而再入公法领域，这是美国法学院的课程学习模式。1998 年 5 月间，笔者在一次向倪征噢法官的专访中，他特别指出了这一点，即先学私法，然后学公法。他还回忆说当时在东吴法律学院学习时，尤其重视合同法，认为它"非常重要"。

峻，土地法及商事法规的吴尚鹰、王效文，海商法的查良鉴，国际私法的徐砥平等，皆负盛望之法律专家，各尽其长，各献其能。

到了 20 世纪 30 年代末期，法学院最终迫于政府的命令而改设标准的四年制学程。[①] 这意味着东吴法学院的办学模式逐步脱离美国的法学院模式而转向大陆制，即学生自中学毕业后直接考入法学院，进行四年以取得法学士学位为目标的本科法律专业学习。不过，东吴法学院注重英美法和比较法训练的传统，仍在相当的程度上予以保持。例如，直到 1946 年，东吴仍有 16 名教授英美法的教员，其中包括 2 名美国人和在美国受过教育的中国教师。另外，英美法中的一些重要课程，如侵权行为法、合同法、代理、公司法、信托合伙、法律救济与衡平等课目也仍然或选修或必修地开设着。

东吴法学院创办的法律刊物颇有特色，值得一提，这就是 1922 年 4 月创刊的中英文合璧的《法学季刊》，这份杂志自 1930 年又分别以中文和英文，中文名为《法学杂志》，英文名为 The China Law Review。与法学院的办学方针一致，该刊以促进法律原理的比较研究为宗旨，"将外国法的原理介绍给中国，并使外国了解中国法的原理"。因此，英文方面论文多为中国法的内容，注重对当时法典编纂的评论和介绍，中文方面的论文则侧重评价外国法。[②] 它们是"了解中国法制史上一个具有创造性的时期的重要资料"[③]。

东吴法学院培养出了大批的法官、律师和法律教师。据 1946 年的统计，其毕业生已有 1 200 多名。[④] 仅在法学院最初的 20 年里，就有 72 人在大学中从事教学，有 4 人担任法学院院长，31 人任法官，41 人在政府机关任职，7 人为立法院委员。[⑤] 其中包括一些相当出色的法律家，例如吴经熊、盛振为、陈霆锐、查良鉴、章任堪、丘汉平、何世桢等人，东吴法学院的早期毕业生李浩培和倪征燠均为著名的国际法院大法官。

四、朝阳大学

朝阳大学的起源，最早可以追溯到清末在北京成立的法学会组织，而且从某种意义上，可说是修律大臣沈家本等设馆修律，培植法律人才，开创法学研究风气的一个结果。

据沈家本《法学会杂志序》所载：

> 庚戌之冬，汪君子健、江君翊云、汪君乐园、陈君鲤庭、王君璞川、熊君飏咨诸君，勾合同志，筹设法学会，来质于余。余喜法学之甫有萌芽者，渐见滋生也，亟赞成之，并捐资为之助，而汪君子健总其成。子健热心、毅力订章程，筹经费，规模略具，力图进行……[⑥]

----

① 1937 年 10 月 9 日，教育部令东吴法学院开设四年制学程，从当时的一、二年学生实行。

② *The China Law Review*，1922，No. 1，p. 33.

③ ［美］卢茨：《中国教会大学史》，297 页，杭州，浙江教育出版社，1988。

④ 参见 ［美］康雅信：《培养中国的近代法律家：东吴大学法学院》，258 页，北京，中国政法大学出版社，1997。

⑤ 参见 Hugh Chan（陈晓），Modern Legal Education in China，*The China Law Review*，Vol. 9，No. 2。

⑥ 沈家本《法学会杂志》一文发表于 1913 年 2 月 15 日发行的《法学会杂志》第一卷第一号。同年 6 月 9 日，沈氏在京去世。故此文发表时，沈氏尚在。但应当注意的是，发表于《法学会杂志》的这篇序文，与《寄簃文存》中所录的同名文章，内容多有不同。如本文此处所引一事，在《寄簃文存》所录一文中记为："庚戌之冬，法律学堂学员熊君煜、王君克忠诸君，勾合同志，筹设法学会，来质于余……"等等，有兴趣者，不妨将二者对照阅读，并可参阅李贵连：《寄簃文存版本漫谈》，载《改革与法制建设》，北京，北京大学出版社，1989。

沈氏此处所提汪子健（1879—？）即汪有龄，子健系其字，又名汪永龄，浙江杭县人，曾留学日本法政大学。他与江庸（1877—1960，字翊云，福建长汀人）均为京师法律学堂的教员或管理人员。他们要成立法学研究会，请沈氏指导，而沈氏热情襄赞，支持此事，并对法学会的发展寄予厚望。是年冬，法学会成立之后，会员又公推沈氏担任会长，主持会务。[1]沈氏与汪有龄等同仁对法学事业的钟爱以及其间关系之亲密，于此可见。

按照法学会订定的章程，法学会应办之事，第一项就是"设立大学或法政专门学校"[2]。这就是说，法学会自成立时，就有创办法科大学的打算。

民国初元，国政更新。汪有龄、江庸等人为落实办学计划奔走各方，黄群（1882—？）、蹇念益两人赞助此事[3]，法学会会员亦捐资相助，于是成立了这所以研究法学为重心的大学，共推汪有龄为首任校长。大学原以旧翰林院衙门为校址，后来改拨朝阳门海运仓故址为校址，大学也因此得名，并象征着"一代青年如旭日东升的朝气"[4]。

大学于1913年8月开始招生。经过严格的甄别，录取大学部预科生数十名，专门部法律别科及本科学生百余人。当年9月10日，学校正式开学。1914年5月19日，大学经教育部认可立案。[5]自大学成立至1929年改组这一期间，朝阳大学计有大学部法律系与经济系各4班毕业，商科2班毕业。专门部法律别科3班毕业，法律本科13班毕业，经济科4班毕业。其中，以法律科最为突出，经济科系的人才，远不如法律科之盛。[6]

1923年，朝阳大学的同学会还创办了《法律评论》（周刊）。该刊连续出版，成为民国时期最著名的法律期刊之一。

1929年，南京政府教育部依照《大学组织法》（1929年）对全国的公私立大学加以整顿，要求前经立案的各大学全部重新立案。根据《大学组织法》第5条的规定，"凡具备三学院以上者，始得称为大学。不合上项条件者为独立学院"[7]，于是，校当局召集董事会，依法以朝阳学院呈请立案。其时因校长汪有龄因事滞留上海，乃敦请江庸应付局面。1930年

① 参见《法学会杂志》，1913年第一卷第一号，"会报"。
② 《法学会章程》第五条，载《法学会杂志》（1913），第一号。
③ 黄群，字溯初，浙江永嘉人，早年留学日本早稻田大学，辛亥革命后任湖北省政府临时约法起草委员，1912年1月被选为南京临时政府参议院议员，后加入共和党，1913年被选为众议院议员，国会解散后回上海，并经营上海《时事新闻》。后任上海通易信托公司经理。蹇念益生平不详。此二人当时并非法学会会员。参见徐友春主编：《民国人物大辞典》，1099页，石家庄，河北人民出版社，1991。
④ 谷凤翔：《私立朝阳学院》，载《中华民国大学志》，179页，台北，中国新闻出版公司，1953。又参见熊先觉、徐葵主编：《法学摇篮：朝阳大学》，"校史志略"（三），11页，北京，燕山出版社，1997。
⑤ 按1918年《教育部公布全国大学概况》的记载，"朝阳大学原名民国大学，五年（1916年）改称今名"，并注明民国二年（1913年）九月开办，三年（1914年）五月认可。另据《法学摇篮：朝阳大学》一书所录"校史志略"（一）、（二）、（四）等材料，均指示为1915年5月立案。不知据何材料。此外，该书中的四份"校史志略"中，均未提到朝阳大学原名民国大学，而五年改为今名一事。朝阳大学究系何时立案、何时正式取此校名及其与私立民国大学之关系等问题，因尚乏材料待考。本文此处暂以1918年教育部公布的概况（北洋政府教育部档案）并参酌"校史志略"所记载的时间。参见《中华民国史档案资料汇编》，第三辑教育，178～179页，南京，江苏古籍出版社，1991。
⑥ 参见熊先觉、徐葵主编：《法学摇篮：朝阳大学》，"校史志略"（三），12页，北京，燕山出版社，1997。
⑦ 《大学组织法》（1929年7月26日国民政府公布，1934年4月28日国民政府修正公布），《中华民国教育法规选编》（1912—1949），415～418页，南京，江苏教育出版社，1990。

12月部令准以朝阳学院名义立案，江庸任院长，夏勤任副院长。其他组织仍旧不变。[①] 同年，添设大学部政治系，次年又设边政系。原有专门部经济科办至 1927 年 6 月第四班停止。在 1924 年时扩成的政治经济科（政经科第一班），办至 1933 年第七班毕业时停止。专门部的法律本科办至 1934 年第 19 班毕业停止，此后即成为一个单纯的独立学院。

1936 年由于教育政策限制社会科学招生名额，学校因此受到很大的影响，但教育部仍特别放宽了朝阳学院录取法科学生的比例。江庸辞职南下后，为了维持学校基金，加强了校董会组织，以居正为董事长，又聘张知本为院长，夏勤仍为副院长。[②]

1937 年 3 月，居正与张知本亲莅北平，到校接事，给在北平已经处于日趋恶化形势下的朝阳师生以很大的鼓舞。然而随即不久，抗日战争的全面爆发打断了学校进一步发展的计划，从此学校紧随政府步入了播迁阶段。除了留守人员看管校址和图书文卷外，学校开始内迁。先至湖北沙市，此间，法律系第 14 班学生毕业，并招法律、政治、经济系新生各一班。半年后，在居正的安排和川省校友的热心帮助下，于 1938 年年底迁往成都，落脚于成都东门外法云庵。1940 年春，张知本调任行政法院院长，不能兼顾校务，遂请江庸复任院长，江于 1941 年辞卸院务，又聘行政院参事孙晓楼（1902—1958 年）接任院长。同年学校又由成都迁至重庆兴隆场及连升湾两地，直到 1945 年秋。这一期间，朝阳学院除法律、经济、政治三系及一司法组外，还受司法行政部委托开设了书记官、监狱官和司法会计三个专修班，在校学生几近2 000 人。[③]

1946 年暑期后，学校全部复员，此后，石志泉、夏勤和余榮昌曾先后主持过校务。

关于朝阳大学的教学风格和特点，人们往往把它与东吴法学院相对比，认为东吴法学院是英美法派（即注重英美法教学），而朝阳大学则宗大陆法系，注重法典的学习。许多亲身经过朝阳大学法学训练的毕业生们大都强调指出了这一点。[④]

朝阳大学与东吴法学院同为私立性质的单科大学，均以置办法科为重，以培养法律专门人才为主旨；共同分享著名私立法科大学的良好声誉——所谓"北有朝阳，南有东吴"，即为称赞两校兴办法律教育较早且著有成就的誉美之词。[⑤] 两校分处于不同的地域——东吴处于租界制度下的商业文化氛围之中，多出律师[⑥]；朝阳则处于传统的政治权力的中心，"为政

[①]　1929 年 10 月 24 日教部指令准予校董会立案，1930 年 12 月 1 日，奉河北省教育厅函转教育部第 2455 号指令，准以朝阳学院名义立案。但校印一直未改，仅在旁边注"暂用旧印"四字。

[②]　校董会成员大都有较强的政治背景。董事长居正为国民政府司法院院长，董事丁惟汾、王宠惠、孔祥熙、邹鲁均为国民党中央委员，除江庸任律师外，孙科为立法院院长，谢冠生为司法行政部部长，张知本为行政法院院长，夏勤为最高法院院长，陈立夫为立法院副院长，秦德纯为国防部次长，茅祖权为司法院秘书长，胡次威为内政部次长，邓哲熙为河北高级法院院长。参见熊先觉、徐葵主编：《法学摇篮：朝阳大学》，"朝阳大学创办人和校董姓名一览表"，69 页，北京，燕京出版社，1997。

[③]　参见熊先觉、徐葵主编：《法学摇篮：朝阳大学》，"校史志略"（三），北京，燕京出版社，1997。

[④]　参见王镕：《朝阳学院连升湾分校》，载熊先觉、徐葵主编：《法学摇篮：朝阳大学》，56 页，北京，燕京出版社，1997。该书中记录了不少朝阳大学各个时期毕业生的回忆录，这些回忆录中大都一致认可朝阳的这一特点。参见该书 32、58、223 页，等等，东吴法学院的毕业生对此也作同样的比较。

[⑤]　参见《中华民国史法律志（初稿）》，529 页，台北，"国史馆"，1994。

[⑥]　据康雅信（Alison W. Conner）的调查材料和研究，"东吴法学院培养的是律师，而非司法官"，"东吴法学院为江南商业界和职业界所吸引者"，"朝阳出法官，东吴出律师"。参见［美］康雅信：《培养中国的近代法律家：东吴大学法学院》，北京，中国政法大学出版社，1997。

法之渊海"①，多出司法官。两相对照起来，他们确有其各自的传统或风格。

与东吴法学院为美国律师所创办的渊源不同，在朝阳大学的创办人和讲授专业的教师当中，留学日本的法科毕业生占有明显的优势。仅从朝阳大学创办后近二十年的情形来看，先后担任校长的汪有龄、江庸，副校长夏勤，教务长王颧以及朱深、庄璟珂、李祖虞、林士钧、凌士钧、李炘、罗鼎、孙观圻、王侃、王玩增、金保康、周龙光、翁敬棠、戴修瓒、丁绍伋、尹朝桢、黄右昌、钟赓言、刘志敏、于光熙、王文豹、王家驹、余荣昌、李怀亮、李浦、李祖荫、沈逢甘、郁嶷、耿光、张孝移、陈瑾昆、陶惟能、彭时、程光铭、程树德、刘鸿渐、萧弨等一大批法学教师，均为日本的东京帝国大学、中央大学、明治大学、早稻田大学或者法政大学的法政科毕业生。他们不仅承担着民法、商法、民事诉讼、刑事诉讼、刑法、国际法、罗马法、法制史等法学主干课程的讲授，勤于施教，而且其中的不少人著书立说，学术精湛，当时就已是享有盛誉的法学名家。

不仅如此，在大学创办的初期，还有几位日本的法学家在校任教。在 1915 年回国以前，冈田朝太郎博士即在朝阳讲授刑法，他是编纂《大清新刑律》的一个重要人物。曾任京师法政学堂总教习的岩谷孙藏（1867—1918）博士在校讲授商法，日本早稻田大学讲师巽来次郎讲授国际公法。另外，还有日本税务学校的教员原冈武和二名德国教师（何德美和魏德根）分别讲授日文和德文。② 在朝阳聘请的外籍教师中，没有一名来自英国或美国的法学教师③，这与东吴法学院从未聘请过日本法学家任教的情形适成对照。

当然，在朝阳大学先后任教的众多教师当中，也不乏曾经留学英美的法科毕业生，如杜元载（美国西北大学法学博士，讲国际法）、郑天锡（伦敦大学法学博士，讲英文刑法）、郭云观（芝加哥大学毕业，讲英文民法）、宁协万（伦敦大学毕业，讲国际公法）、金问泗（美国法学硕士，讲国际公法）、梁敬惇（伦敦大学法学硕士，讲民法）、徐恭典（美国西北大学法学博士，讲法理学）、王毓英（芝加哥大学法学博士，讲法理学）、燕树棠（耶鲁大学毕业，讲英文民法和国际公法）等④，但就总体而言，朝阳仍有其浓厚的"东洋化"色彩。

日本的近代法律体系是继受以德、法等国为代表的民法法系的结果。而朝大的主持人和多数的法学教师又是在日本完成的法学训练，在那里获得了民法法系的法学知识和方法，因此，以其所学相售，朝大的课程体系和教学方法自然反映着民法法系的法学训练方法。

法律本科的课程体系是以法典体系为基础而组织起来的，包括民法总则、债权编（总论和各论）、物权编、亲属编、继承编、民事诉讼法、民事诉讼实务、商法（公司法、保险法、海商法、票据法）、刑法（总论和各论）、刑事诉讼法、刑事诉讼实务、罗马法、比较宪法和法院组织法等。⑤ 教学过程主要是通过教师讲授和学生笔记的方式来进行的。一位 1932 年毕

---

① 北京政府教育部专门教育司司长汤中等，在关于国立大学学科规划设置意见中说，"法科则无论为法律，为政治经济，所习皆经世之术，即将来皆从政之才。北京为政法之渊海，不仅教材易得，即观摩之益，亦十倍于他方，自有设立法科之必要……"《教育部关于并北京大学北洋大学为国立大学训令》（1914 年 2 月 3 日），《附汤中等呈及说贴》，载《中华民国史档案资料汇编》，第三辑教育，206 页，南京，江苏古籍出版社，1991。

② 以上朝阳大学各任课教师的资料均见朝阳学院编《朝阳学院毕业同学录》（1932 年），"朝阳大学职员名录"。

③ 据《朝阳学院毕业同学录》中的教员人名表，其间仅有教英文的施罗德一人是英国人。

④ 参见《朝阳学院毕业同学录》（1932 年）。

⑤ 关于朝阳大学课程设置方面的情况，尚乏直接的材料。此处所列，系据一位 1932 年法律系本科毕业生的回忆。参见熊先觉、徐葵主编：《法学摇篮：朝阳大学》，24 页，北京，燕京出版社，1997。

业的法律系学生这样描述了当时课堂教学的情形：

> 每个学生在课堂上排有固定座位，课桌上贴有号码。在上课时，由教务处派人到各教室，按座位号检查缺席的桌位号数，然后回教务处登记，以备查考到缺席的学生姓名。这样点名，既节省课堂时间，又不影响教师的讲课。课堂上鸦雀无声，异常安静，教学效果极佳。一般上午四节课，下午两节课。课后无人管理。课堂上教师讲，学生用铅笔记笔记，等到下课后或在晚间，学生自行复习并把课堂上用铅笔记的笔记，用毛笔转抄在讲义的上方空白处。一门课程讲完，学生将讲义拿到校外装订处装订成册。同学所用教材均系担任各门课程的教师自编，编后交学校出版铅印，然后按页发给学生，学生交讲义费……①

还有一些毕业生回忆了朝阳的教学及其某些方面的特色：

> 各课讲义，母校自行精印按课分发，学员必须本人在听课当天早上到教务处领取当天讲授的章节，不许代领，也不许一次领齐全本讲义。……缺课就要缺讲义，必须全听课才能领到全部讲义。当时人们都知道，母校数十年间的各课讲义价值连城。全国各大学法律院系的师生和各级司法官员都托人甚至高价争购母校的讲义（包括已经阅读过的旧讲义），都以案头放有朝阳讲义为荣！

> ……朝阳大学受大陆法系自由心证、罪刑法定观念影响极深，特别重视成文法。朝阳大学在学习纪律、生活秩序，考试规则等方面要求极严，校风就是埋头苦读，规矩、庄重，强调语文深度，提倡法律文书字斟句酌，力求严谨……②

> 朝阳学院崇尚大陆法系的传统，教学注重实际，强调法律注释，实体法的课程体系都依据成文法典的条文为序。新生刚一入学报到，就要求人手一本《六法全书》，犹如《圣经》一样，随身携带，随时阅读，不仅要明了条文释义，还要背诵记住。……③

一位抗日战争结束后在朝阳读书的毕业生也回忆起当时学生要读"六法"的事："当时不少同学熟悉《六法全书》，有的同学甚至能倒背如流……"④ 再如一位 1945 年在重庆考入朝阳司法组的学生也回忆说，当时除了上课之外，就是"人手一册《六法全书》。没有教科书，全凭教授讲课，学生笔记。这就要集中思想认真听课，记好笔记，学习很紧张……"⑤

> 朝阳学院很重视国文，尤其重视古文，招考新生出的作文题，几乎全是从古书上摘取下来的警句，如《临财勿苟得，临难勿苟免论》、《徒善不足以为政、徒法不足以自行论》等等……朝阳为什么重视古文？有它的实际需要。当时司法界写作起诉书和判决书

① 熊先觉、徐葵主编：《法学摇篮：朝阳大学》，24 页，北京，燕京出版社，1997。
② 潘久维：《朝阳—我亲爱的母亲》，载熊先觉、徐葵主编：《法学摇篮：朝阳大学》，292 页，北京，燕京出版社，1997。
③ 王镕：《朝阳学院连升湾分校》，载熊先觉、徐葵主编：《法学摇篮：朝阳大学》，56 页，北京，燕京出版社，1997。
④ 范平：《朝阳学复员北平杂记》，载熊先觉、徐葵主编：《法学摇篮：朝阳大学》，58 页，北京，燕京出版社，1997。
⑤ 朱淑蓉：《从连升湾到北平的学习生活》，载熊先觉、徐葵主编：《法学摇篮：朝阳大学》，220 页，北京，燕京出版社，1997。

就要求使用文言，而朝阳的法科学生就是未来的推事（法官）或律师，必须掌握文言的熟练运用，所以，在招考新生时要采用古文命题，借此摸清考生的古汉语基础；在新生入学后还要继续培养学生提高使用文言的能力。当时学院规定，一年级学生必须学习古文，并要求读、背古文若干篇……①

从以上朝阳毕业生的忆述当中，我们不难看出，讲授法在朝阳的法律教学当中占有相当重要的地位。而各门课程的连续讲授，又形成了一套凝聚着众多名教授讲授心血的法学讲义，即以其完备、便于学习和应考文官与司法官而著称的《朝阳大学法律讲义》。②

此外，朝大的教学管理自有其规范化的一套制度，"管教认真，学风朴厚"已成传统，其教学效果也十分显著。事实上，朝阳大学的毕业生在历届司法官考试录取中以量多质优而屡获司法、教育两部的明令嘉奖。③

朝阳大学在创办后的较长一段时期里，的确保持有较为浓厚的大陆法的教学风格，然而这种教学风格也并不是一成不变的。20 世纪 40 年代以后，至少在法律教学方法方面作出的某些改进措施，显示出英美法系注重法律实务训练的教学方法，正在受到朝阳的重视和强调。1942 年作为司法院和教育部饬令首批办理司法组的九所校院之一，朝阳学院根据教育部公布的有关司法组的教学基本原则（详见法学学制一章中"大学法律系的分组制"），特聘国内有司法经验的法学家夏勤、洪文澜、章任堪、赵之远、赵琛、张鉴、杨兆龙、查良鉴等人组成司法组教务委员会，研究并制订出一套加强实务训练，"理实并重"的教学方案，力图改变"我国过去的法律教育每偏重于理论的研究，忽视于实务的训练"的状况。按照这一方案，英美德法的"问题讨论"（seminar）、郎特尔（Langdell）的"例案研究法"（Case Book System）、"法院的实习"以及英美法学院中的"法律救助社"（Legal Aid Society）等实务训练项目被要求在司法组的教学中加以推行。④

朝阳大学的毕业生除了少数从事教学和研究外，大多服务于司法界。抗战前后的全国各级司法机构，无不有朝阳毕业的学生，以致司法界有"无朝不成院"之说。⑤ 这与朝大

---

① 刘怀亮、王承斌：《在连升湾和兴隆场的学习生活》，载熊先觉、徐葵主编：《法学摇篮：朝阳大学》，204～205 页，北京，燕京出版社，1997。

② 参见谷凤翔：《私立朝阳学院》，载《中华民国大学志》，179 页。朝阳大学编印的《朝阳大学法律讲义》共22 册，1927 年已出至第 6 版。

③ 民国三年（1914 年）九月，北洋政府教育部派员视察该校，许为"管教认真，成绩大有可观"。五年（1916 年）十一月，教育部以该校办理成绩卓著而颁发特别奖状。七年（1918 年）三月，司法部许为"法学模范"。十年（1921 年）司法部许为"课士程功，历久不渝"。十一年（1922 年）教育部许为"办学认真，教授有方"，十三年（1924 年）司法部批奖"课程邃密，造就益宏"。旋因学生在国家考试中成绩特别优异而于十六年（1927 年）被教育部奖为"办理认真，成绩卓著"，法部又许为"成绩优异"。十八年（1929 年）呈奉司法行政部批示，奖以"该校自创办以来，成绩卓著，殊堪嘉尚"。二十年（1931 年）复奉教育部指令，谓该校"办理有年，近更努力扩充，益求精进，自足嘉尚"。二十二年（1933 年）一月，更经司法行政部第 52 号批示，谓："第三届法官初试，本学院毕业生录取几及三分之一，复多名列前茅，具征成绩优良，深堪嘉慰。"二十三年（1934 年）八月，复经教育部认为该校法科办理成绩优良，特补助法科图书费八千元。二十四年（1935 年）继续补助。二十四年（1935 年）一月又奉司法行政部第 62 号批示，奖以"办理有方，成绩卓绝"。参见熊先觉、徐葵主编：《法学摇篮：朝阳大学》，"校史志略"（四），16～17 页，北京，燕京出版社，1997。

④ 参见朝阳学院：《司法组推行理实并重制注意点》（未注日期），中国第二历史档案馆档案。

⑤ 参见熊先觉、徐葵主编：《法学摇篮：朝阳大学》，"校史志略"（三），15 页，北京，燕京出版社，1997。

的主持人及其教师多为司法界的要人或成员，培养方向注重司法的理论与实务都是很有关系的。[1]

还应提到的是，朝阳大学也是一所有着民主传统的学校，多进步学生和进步教授。例如，1949 年以后曾长期任北京大学法律系主任的陈守一（1906—1995）教授，在朝大读书时（1925—1929）即加入了共产党（当时朝大的共产党员就有近百人）。[2] 曾任最高人民法院委员兼刑庭庭长的贾潜（1903—1996）在朝大读书时（1924—1928 年）即倾向革命，后投身于抗日根据地和解放区的司法工作。[3] 张知本任朝阳学院院长时，曾邀请邓初民、黄松龄、马哲民三位民主教授来院任教。他们的讲课引起了学生对马列著作的兴趣。[4] 1946 年北平中山公园音乐堂"4·21 血案"发生后，朝阳的资深教授陈瑾昆愤然离开北平，奔赴延安参加革命。

朝阳大学的革命民主传统与其在 1949 年以后的发展命运正相衔接。1949 年 5 月 20 日，北平市军管会文化接管委员会文教部长张宗麟到校正式宣布接管朝阳学院，应届毕业生提前毕业，其余转入新校继续学习。[5] 新校即根据同年 6 月 7 日华北人民政府的命令所要筹办的"北平政法学院"。8 月 5 日，华北人民政府根据中央的批示通知，将北平政法学院改称为"中国政法大学"，毛泽东亲自题写了校牌名，任命华北人民政府司法部部长谢觉哉兼任校长，李达、左宗纶任副校长，并由谢觉哉、李达、左宗纶、罗青、陈守一、陈传纲、王汝琪、关世雄八人组成校务委员会。次日宣布新校正式成立。

在朝阳学院校址上成立的中国政法大学设校部和一、二、三学员部。校部设教务长、秘书处和图书馆。学员一部专门轮训在职司法干部，由陈守一任部主任；二部为法律专修科，王汝琪任部主任；三部为法律系本科，冀贡泉任部主任。各学员部均设三个班。8 月 15 日，一部学员到校。9 月 3 日和 20 日至 22 日举行了两次新生入学考试，11 月 6 日正式举行开学典礼。

中国政法大学的教育方针是："学习马列主义毛泽东思想的基本理论知识、新民主主义的政策及中华人民共和国的法律知识与司法工作，以确立学员为人民服务的新人生观及为人民民主专政服务的新法律观，并使之掌握切合于新中国实际需要的司法业务知识与技术。"

1950 年 2、3 月间，根据中央的决定，中国政法大学与华北大学合并成立了中国人民大学，中国政法大学的第二、三两部分别改为中国人民大学的法律专修科和法律系本科。华北

---

[1] 在朝阳大学的主持人和教师当中，汪有龄在民国初期曾任司法部次长，江庸曾任司法总长，余棨昌任大理院院长，夏勤曾任大理院推事、后又任最高法院院长，陈瑾昆、李怀亮、李祖虞曾任大理院庭长，朱学曾、胡锡安、徐维震、曹祖蕃、刘含章、郭云观、张孝琳、孙观圻、刘志敏、邵勋等均曾为大理院推事，朱深、汪燨芝曾为总检察厅检察长，梅诒经、戴修瓒曾任京师地方检察厅检察长，等等，许多司法人员。
[2] 参见王逸云：《二十年代的朝阳大学》，载熊先觉、徐葵主编：《法学摇篮：朝阳大学》，23 页，北京，燕京出版社，1997。
[3] 参见《贾潜大法官生平》，载熊先觉、徐葵主编：《法学摇篮：朝阳大学》，135 页，北京，燕京出版社，1997。
[4] 参见文河：《朝阳学院南迁湖北沙市》，载熊先觉、徐葵主编：《法学摇篮：朝阳大学》，30 页，北京，燕京出版社，1997。"有一次教育部召集张知本开会，指斥朝阳学院为共产党的窝子，张知本拍案大骂。"
[5] 此处关于朝阳学院在 1949 年至 1950 年间的演变情况，均依据熊先觉《从朝阳大学到政法大学、人民大学》一文所提供的材料，参见熊先觉、徐葵主编：《法学摇篮：朝阳大学》，62～68 页，北京，燕京出版社，1997。

大学于 1948 年 8 月成立于石家庄，它是由 1939 年 7 月在延安成立的华北联合大学和 1945 年 11 月成立的晋冀鲁豫边区的北方大学合并而成的，校长吴玉章。[①] 至此，中国政法大学正告结束。

1949 年至 1950 年间的中国政法大学基本上是由朝阳学院改设而成的。它不同于 1980 年代初期在北京成立的同名大学，后者是由 1952 年院系调整中组建的北京政法学院（容纳了北京大学法律系和清华大学、燕京大学、辅仁大学的法律系、政治系和社会学系）发展起来的。从渊源关系上来讲，朝阳学院是中国人民大学法律系的一个主要源头；但后者又是继承和发扬新民主主义革命时期政法教育传统的结果。

纵观朝阳大学的沿革，可以看到这样一条非常清晰的线索：它上承晚清变法修律所开创的法学事业，与民国法制的演变朝夕相伴，几近四十个春秋，最先迎来了新生的人民共和国的朝阳，汇入社会主义法制建设的洪流之中。这一历程所折射出来的，正是一部近现代中国法律的变迁史。

---

① 参见郑登云编著：《中国高等教育史》，上册，315～316 页，上海，华东师范大学出版社，1994。

第八章

法律教育机制的形成

第一节
法学学制的建立及其演变

一、《钦定学堂章程》与《奏定学堂章程》中的法科设置

晚清最初创办的一些讲授西学的学堂，如同文馆、北洋大学堂、湖南时务学堂、南洋公学等，都是各订章程，一事一例，并无统一的规制。1901年"新政"诏谕颁布之后，清廷下令变通、递减并最终停罢科举考试制度，同时创建全国性的、系统的学校教育制度。[①] 故《清史稿》上说："学校新制之沿革，略分二期。同治初迄光绪辛丑以前，为无系统教育时期；辛丑以后迄宣统末，为有系统教育时期。"[②]

在"无系统教育时期"，虽已不同程度地出现了近代的法律教育因素，但由于传统的科举制度仍然占有统治地位，因而新式法律人才不能广泛造就。而学校新制的建立，一方面提供了一种取代传统科举制度的手段，另一方面，也将近代法律人才的培养活动纳入其中，使之从一开始便建立在学校教育制度的基础上，并相应地形成了一套近代的法学学校教育制度。

光绪二十八年七月十二日（1902年8月15日）管学大臣张百熙"上溯古制，参考列

[①] 早在19世纪末期，救世之才不由科举出而由学堂出的观念就已相当地流行。何启、严复、梁启超、张之洞等许多人都从不同的方面指出了传统的科举制度的弊害或其消极片面性，提出了种种的变通措施，如增设经济特科或改八股为策论，并将中外政治或公法律例列为其中的重要内容。根据光绪二十七年七月十六日（1901年8月29日）上谕："著自明年为始，嗣后乡会试头场试中国政治史事论五篇，二场试各国政治艺学策五道，三场试《四书》二篇、《五经》义一篇。""生童岁科两考，仍先试经古一场，专试中国政治史事及各国政治艺学策论……进士朝考论疏、殿试策问，均以中国政治史事及各国政治艺学命题。"并规定"一切考试均不准用八股文程式"（《光绪政要》，卷27，59页）。光绪二十九年十一月二十六日（1904年1月13日）又谕："著自丙午科为始，将乡会试中额及各省学额，按照所陈逐科递减"，同时"著各该督抚等率各府厅州县建设学堂"逐渐推广（《光绪朝东华录》，第五册，5129页）。光绪三十一年八月初四日（1905年9月2日），又据袁世凯等立停科举，以广学校的奏请，上谕"自丙午科为始，所有乡会试一律停止，各省岁科考试亦即停止……严饬府厅州县赶紧于城乡各处遍设蒙小学堂"（《光绪政要》，卷31，59页）。至此，相沿千余年的科举考试制度彻底被废。

[②] 《清史稿·选举志二·学校二》。

邦"，拟定学堂章程六种，即所谓《钦定学堂章程》①，是为我国近代的第一个学校系统制度。因颁布的当年为壬寅年，又称《壬寅学制》。

据该学制的规定，整个学校教育在纵向上分为初级教育（包括蒙学堂 4 年，寻常小学堂 3 年，高等小学堂 3 年）、中等教育（即中学堂）和高等教育（即高等学堂 3 年、大学堂 3 至 4 年、大学院）三级，而于"高等学堂始习法学"②。"高等学堂为大学预备科。高等学堂虽非分科，已有渐入专门之意，应照大学预科，亦分政艺两科。"政科为预备升入大学的政治、文学、商务三科而设。③ 其三年之中设有法学（通论）一门课程。大学堂即大学本科，又称"大学专门分科"。按《大学堂章程》，大学分设政治、文学、格致、农业、工业、商务、医术七科。各科之下又分若干门目。"政治科之目二：一曰政治学，二曰法律学。"④

由上可见，在晚清颁布的第一个学制系统中，法学列于高等教育阶段。大学预科阶段设法（通论）一课，以便学生了解法学的基本知识，为升入大学堂的政治等专门科的学习而做准备。法律学与政治学并列于大学政治科之下。由于"俟预备科学生卒业之后再议课程"，所以，在《钦定大学堂章程》中，尚未列出这两个门目的各项课程（其他各分科亦未列出）。法律学既然设于专门分科之下，而该分科之名又为政治科，并非"政法"或者"法政"科之名，可见，法律学的名称并不占有突出的位置。顺便说明的是，这里所讲的"科"，相当于后来大学内设立的学院，科下的"门"（或"目"），相当于后来的（学）系。还应指出的是，这个学制是仿照日本的学制拟定的。⑤

《钦定学堂章程》颁布后不久，即被废止，实际上并未执行。

光绪二十九年十一月二十六日（1904 年 1 月 13 日），清政府又颁布了由张百熙、荣庆、张之洞三人会商重订的学堂章程，即《奏定学堂章程》⑥，因在癸卯年颁行，故又称《癸卯学制》。这一学制一直实行到了清朝灭亡。

按照《癸卯学制》，中学堂第五年的学习科目当中，即列有"法制及理财"一目，程度是"法制大意、理财大意"，教法是"当就法理及理财所关之事宜，教以国民生活所必需之知识，据现在之法律制度讲明其大概，及国家财政、民间财用之要略"。不过，这一科目"缺之亦可"⑦。就是说，虽然中学堂也设有法制课程，但不是必修的。

高等学堂学科分为三类，其中，在为准备升入经学科、政法科、文学科和商科等大学的第一类学科当中，列有"法学"一科目，其内容是"法学通论"，在第三年开设。此外，按

---

① 参见《光绪二十八年七月十二日张百熙进呈学堂章程折》，《光绪朝东华录》，第五册，4902～4903 页。该学堂章程计有《京师大学堂章程》、《考选入学章程》、《高等学堂章程》、《中学堂章程》、《小学堂章程》、《蒙学堂章程》六种。

② 《光绪二十九年管学大臣张（百熙）遵旨议奏湖广总督张（之洞）等奏次第兴办学堂折》（1903），《政艺丛书·政书通辑》卷二。

③ 参见《钦定高等学堂章程》第一章第四节。

④ 《钦定京师大学堂章程》第二章第二节。

⑤ 参见《钦定京师大学堂章程》第二章第二节，大学分科"略仿日本例"。

⑥ 《奏定学堂章程》包括高等学堂和大学堂等 16 个学堂章程，共 20 件。《光绪二十九年十一月二十六日张百熙、荣庆、张之洞重订学堂章程折》，《光绪朝东华录》，第五册，5125～5127 页。

⑦ 《奏定中学堂章程》。

照《奏定高等学堂章程》关于外语学习的规定，学生除英语必须通习之外，还须选习一门德语或法语。对于"以英语入学，而有志选习政法科大学法律门之德国法、法国法"的学生，则要缩减通常的英语授业钟点，并较通常情形增加德语或法语的授课时间。对有志入政法科大学者，在第三年增开选修性的拉丁语科目。①

大学堂分设经学、政法、文学、医、格致、农、工、商八科大学。② 各分科大学学习年限均为 3 年，但政法科及医科中的医学门须为 4 年。政法科大学分设政治学门和法律学门。法律学门的主课及其讲习方法是：

法律原理学（日本名法理学，可暂行斟酌采用，仍应自行编纂）；

大清律例要义（原书浩繁，讲授者以律为主，但须兼讲律注）；

中国历代刑律考（取汉律辑本、唐律疏义、明律及各史刑法志撮要自行编纂）；

中国古今历代法制考（此时暂行摘讲近人所编《三通考辑要》，日本有《中国法制史》，可仿其义例自行编纂教授，较为简易）；

东西各国法制比较（外国皆有其书，宜择译善本讲授）；

各国宪法（同上）；

各国民法及民事诉讼法（同上）；

各国刑法及刑事诉讼法（同上）；

各国商法（同上）；

交涉法（分国事交涉、民事交涉二种：国事交涉日本名国际公法；民事交涉日本名国际私法，可暂行采用，仍应自行编纂）；

泰西各国法（罗马法、英吉利法、法兰西法、德意志法）。

补助课为：

各国行政机关学（日本名为行政法学，可暂行采用，仍应自行编纂）；

全国人民财用学（日本名理财学及经济学，可暂行采用，仍应自行编纂）；

国家财政学（日本名为财政学，可暂行采用，仍应自行编纂）。

按奏定学堂章程，所谓主课即主要专门科目；补助课为辅助专门科目，两者均为必修。此外，如果有学习其他学科或其他分科大学的讲义，均作为随意科目，也即选修科目。该章程还定有主课、补助课的修习年级和授课时间。

政法科内与法律学门并列的政治学门的科目亦分主课与补助课，其中主课有：政治总义，大清会典要义，中国古今历代法制考，东西各国法制比较，全国人民财用学，国家财政学，各国理财史，全国理财学术史，全国土地民物统计学，各国行政机关学，警察监狱学，教育学，交涉法，各国近世外交史，各国海陆军政学。补助课为各国政治史，法律原理学，各国宪法、民法（包括民事诉讼法）、商法、刑法（包括刑事诉讼法），各国刑法总论。

以上法律学门共设 14 门课程，政治学门共设 19 门课程，两学门课程相同者 8 门。

除了政法科设有法律课程外，其他分科中也设有多少不等的法律课程。经学科各门和文学科中分别不同地设有中国古今历代法制考、西国法制史（随意科目）、比较法制史（随意

①　参见《奏定高等学堂章程》。

②　该分科计划是在改造日本的大学分科基础上形成的。据《奏定大学堂章程》，"日本国大学止文、法、医、格致、农、工六门，其商学即以政法学科内之商法统之，不立专门……"

科目）等科目。商科大学各门中必修或选修各国商法及比较商法、大清律例要义、各国宪法、各国民法、各国刑法大意、交涉学等科目。

《癸卯学制》中关于法科方面的规定要比《壬寅学制》有以下几方面的进步：

其一，科名改成了"政法科"（而原来称"政治科"），这样的名称当然便于反映或识别该科所设具体学门的全貌。不过，《癸卯学制》中的"政法科"名称并非一成不变，嗣后不久，"政法科"就改成了"法政科"。这一点应当注意。

大致来看，至少在《光绪三十二年八月十五日仕学馆毕业学员照章分别给奖折》（1906年10月2日）中，学部就已使用"法政"、"法政专科"这样的词语。[1]《光绪三十四年七月二十日学部奏分科大学开办经费按年筹拨部款折》（1908年8月16日）谓按照奏定章程，大学分"法政"等科。[2]《宣统元年十一月二十九日学部奏筹办京师分科大学并现办大概情形折》（1910年1月10日）又谓："查奏定章程……法政科原分法律、政治两门，现拟全设。"[3]这些奏章，均未见有"政法"字样。如果说从名称上，"政治科"不能概括反映出该科下设的"政治学门"和"法律学门"这两项内容，而改称"政法科"的话，那么，"政治学"和"法律学"这两个名称排列顺序上的变化，则多少不能不说是代表了当时对于政治与法律关系认识上的一种变化。

其二，对政法一科的教育更加关注和重视。《癸卯学制》中不仅首次列出了政治学门和法律学门的各项课程、讲授方法及授课时间，而且特别要求政法科的学习期限为4年，较八科当中的其他诸科（除医学外）多修一年；不仅考虑到法律学门学生要学习德国法和法国法，而在高等学堂中对学习德语、法语的时间相应地作出充分的安排，甚至包括拉丁文方面的准备，而且纵向上在中学堂即设选修性的"法制大意"课，横向上还将法律课程渗入经科、商科的科目当中。[4]

应当看到，《癸卯学制》中所列的法律学门科目表，是近代法律教育史上正式颁布的第一份法律科目表。它以日本的法科学制为蓝本，基本上是日本近代的法律教育模式在中国的翻版。[5] 在这份科目表中，课程的重心是外国法或比较法；其讲授方法完全参照日本的版本，甚至所列"中国古今历代法制考"一课都仿照日本《中国法制史》的义例编纂。仅此而言，亦可以看出，晚清引入近代的法律教育制度是相当被动的。

尤其应当注意的是，在规定进行法律专门教育的大学堂章程中，并没有明确法律教育的具体目标是什么，只在该章程的"立学总义"一章中提出了一个各分科统一的宗旨，即"端

---

① 参见《学部官报·本部章奏》，70～73页。

② 参见《光绪朝东华录》，第五册，5968～5969页。

③ 《大清教育新法令》，第六编，58～59页。

④ 《奏定大学堂章程》关于大学堂分科的说明中指出："日本国大学止文、法、医、格致、农、工六门，其商学即以政法学科内之商法统之，不立专门。"而《奏定大学堂章程》将商学独设一科，这与当时清政府推行"恤商"、发展实业的政策是有关的。

⑤ 甲午战争以后，在关于制度方面变革的议论中，日本即受到更多的关注。1898年姚锡光在上张之洞的考察日本学务报告中，就比较详细地介绍了日本的学制。详见《光绪二十四年闰三月二十日姚锡光上张之洞查看日本学校大概情形手折》（1898年4月22日），《东瀛学校举概》。1901—1903年间罗振玉主持的《教育世界》杂志翻译介绍了日本的教育章程、法令、规章制度97篇，这批资料是晚清制订近代学制的重要参考依据。参见谭汝谦：《中国译日本书综合目录》。

正趋向，造就通才"。这是清政府被动地举办法律教育的又一例证，也是该学制关于法科设计上的一个根本缺陷。

还应注意的是，在《癸卯学制》颁行的同时，清政府又颁发了一份阐发该学制设教宗旨与立法要义的指导说明书，即《学务纲要》。其中二条，直接关系清政府对待学习西方政治法律的态度和要求[①]：

第 14 条，"参考西国政治法律宜看全文"：

> 外国之所以富强者，良由于事事皆有政治法律也。而中国今日之剽窃西学者，辄以民权自由等字实之。变本加厉，流荡忘返。殊不知民权自由四字，乃外国政治、法律、学术中半面之词，而非政治法律之全体也。若不看其全文，而但举其一二字样，一二名词，依托附会，簧鼓天下之耳目，势不至去人伦无君子不止。而谓富强即在于是，有是理乎？即西人亦岂受其诬乎？
>
> 外国所谓民权者，与义务对待之名词也。所谓自由者，与法律对待之名词也。法律义务者，臣民当尽之职；权利自由者，臣民应享之福。不有法律义务，安得有权利自由？……总而言之；权利必本于义务，能尽应尽之义务，即能享应得之权利。自由必本乎法律，能守分内之法律，即受分内之自由……
>
> 乃近来更有创为蜚语者，谓学堂设政法一科，恐启自由民权之渐，此乃不睹西书之言，实为大谬……至学堂内讲习政法之课程，乃是中西兼考，择善而从……且政法一科，惟大学堂有之。高等学堂预备入大学政法科者习之。此乃成材入仕之人，岂可不知政法，果使全国人民皆知有政治，知有法律，决不至荒谬悖诞，拾外国一二字样、一二名词以摇惑人心矣。

第 15 条"私学堂禁专习政治法律"：

> 近来少年躁妄之徒，凡有妄谈民权自由种种悖谬者，皆由并不知西学西政为何事，亦并未多见西书。耳食臆揣，腾为谬说。其病由不讲西国科学而好谈西国政治法律起。盖科学皆有实艺，政法易涉空谈，崇实戒虚，最为防患正俗要领。……此次章程，除京师大学堂、各省城官设之高等学堂外，余均宜注重普通、实业两途。其私设学堂，概不准讲习政治法律专科，以防空谈妄论之流弊。……

仅从以上的两条来看，在《癸卯学制》中，一方面，清政府明确肯定了学习外国法律科目的重要意义，认为西方富强的原因，即在于事事皆有政治法律，反对那种学堂设立政法科目将启自由民权之渐的观点，并指出了入仕之人和全国人民皆知有政法的好处；但在另一方面，又反复指责谈论自由民权者，以崇实（即实学）戒虚（即政法）为防患正俗之要领，并将政法科目垄断于京师和省城的官设学堂，严禁私立学堂讲习政法。这就不能不令人怀疑清政府举办法律教育的真实态度。正如市古宙三教授所分析的那样，政府之所以对于民权、自由这些词语特别加以阐明，"是因为它害怕学生们可能会反对它而闹事，会蔑视皇帝的权威和不分轻重地一味坚持他们的权利"。实际上，"清政府开办学堂教育是很勉强的，是受外界压力的结果。它的目的并非培养宪政时代的一代新人，或者能使国家臻于富强的人民，而是

---

① 参见《奏定学堂章程·学务纲要》。该《学务纲要》冠于各学堂章程之首。

培养一种热爱清王朝和始终忠于清帝的人"①。

尽管《癸卯学制》是清末实行了的一个学制，但在当时，它对于组织法律教育而言，还只能是一份停留在纸面上的计划。因为，按照学制的要求，学生须由小学堂、中学堂、高等学堂、大学堂渐次递升，不能躐等。事实上，即使在首善之区的京师大学堂，也只是在颁布《癸卯学制》的 7 年之后，即 1910 年方才开办法政科大学。另外，清末各省开办的法政学堂，大多仿照直隶法政学堂或京师法政学堂的章程办理，而它们对于大学堂章程中的法科设计也多有变通。关于这方面的情况，在"清末民初的法政学堂"一节当中已有叙述，兹不赘述。

二、大学法学教育制度的进一步确立

民国代清而兴。元年（1912 年）3 月 2 日，南京临时政府教育部电令各省高等以上专门学校暂照旧章办事，"惟《大清会典》、《大清律例》、《皇朝掌故》、《国朝事实》及其他有碍民国精神科目，须一律废止；关于前清御批等书，一律禁止采用"②。

同年 10 月 24 日、北京政府教育部公布《大学令》22 条。嗣后于 1913 年 1 月 12 日又公布《大学规程》4 章 28 条。③ 这是民国初期规范大学教育的两项基本法令。

按照《大学令》和《大学规程》的规定，"大学以教授高深学术，养成硕学闳材，应国家需要为宗旨"；大学分为文科、理科、法科、商科、医科、农科、工科，以文理两科为主；文理两科并设或文科兼法商二科等情形方得名为大学；法科分法律学、政治学、经济学等三门；入学资格须由大学预科三年毕业或经试验有同等学力者；预科学生入学之资格，须在中学校毕业及经试验有同等学力者；预科学生愿入大学法科者，须修习外国语、国文、历史、伦理、心理、法学通论、第二外国语（英、德、法选习一种），另加拉丁语为随意科（即选修课）。法科修业年限为 4 年（除医科医学门外，其他诸科均为 3 年）。

法科法律学门设置的科目是：

（1）宪法；（2）行政法；（3）刑法；（4）民法；（5）商法；（6）破产法；（7）刑事诉讼法；（8）民事诉讼法；（9）国际公法；（10）国际私法；（11）罗马法；（12）法制史；（13）法理学；（14）经济学；（15）英吉利法、德意志法、法兰西法（以上三门任选一种）；（16）比较法制史；（17）刑事政策；（18）国法学；（19）财政学（后 4 门为选择科目）。

法科政治学门设置的科目是：

（1）宪法；（2）行政法；（3）国家法；（4）国法学；（5）政治学；（6）政治学史；（7）政治史；（8）政治地理；（9）国际公法；（10）外交史；（11）刑法总论；（12）民法；（13）商法；（14）经济学；（15）财政学；（16）统计学；（17）社会学；（18）法理学；（19）农业政策；（20）工业政策；（21）商业政策；（22）社会政策；（23）交通政策；（24）殖

---

① ［日］市古宙三：《1910—1911 年政治和制度的改革》。转引自［美］费正清、刘广京编：《剑桥中国晚清史》，下卷，第七章，442、443 页，北京，中国社会科学出版社，1993。

② 《教育杂志》，第 3 卷第 11 期。

③ 参见《教育部公布大学令》（1912 年 10 月 24 日）、《教育部公布大学规程令》（1913 年 1 月 12 日），载《中华民国史档案资料汇编》，第三辑教育，108～110、114～141 页，南京，江苏古籍出版社，1991。

民政策；（25）国际公法（各论）；（26）政党史；（27）国际私法（自法理学以下均为选择科目）。

法科经济学门设置的科目是：

（1）经济学；（2）经济学史；（3）经济史；（4）经济地理；（5）财政学；（6）财政史；（7）货币论；（8）银行论；（9）农政学；（10）林政学；（11）工业经济；（12）商业经济；（13）社会政策；（14）交通政策；（15）殖民政策；（16）保险学；（17）统计学；（18）宪法；（19）民法；（20）商法；（21）经济行政法；（22）政治学；（23）行政法；（24）刑法总论；（25）国际公法；（26）国际私法（自政治学以下均为选择科目）。

《大学规程》中仅列各科科目，并未规定各科目开设年级和授课时数。关于后者，规定："大学各科目授业时间及学生应选修之科目，由校长订定，呈报教育总长。"

除了法科开设法学课程外，大学商科的各个学门（银行学门、保险学门、外国贸易学门、领事学门、税关仓库学门、交通学门）中也列有相当比例的法学课程，包括民法概论、商法、商事行政法、破产法、国际公法、国际私法等。另外，大学农科还设有法学通论或森林法律学等科目。

就法科学制而言，民国初年颁布的《大学令》和《大学规程》，与清末的《癸卯学制》相比较，有以下几点应当注意：

（1）《大学令》规定以"教授高深学术，养成硕学闳材"为宗旨，这较清末大学堂"以忠孝为本"、"以经史之学为基"的封建教育宗旨有了进步，但法科教育的具体目标不甚明确。此外，《大学令》中的教育宗旨还反映出了大学教育注重探究科学原理的学术训练的倾向。

（2）大学的科名改称"法科"，不再使用"政法科"或"法政科"名称。但法科的涵盖面有了扩大，即法科内除了仍设政治学和法律学外，又增加了经济学一门，首次出现了法律学与政治学、经济学三门学科并立于法科之内的学科设置，而法科为大学七科之一。

（3）仍然保持了大学法科本科4年制，以及法科预科对于外国语学习的特别规定。

（4）法律课程仍然广泛地分布于法科各学门以及商科等分科之中，其内容仍以外国法或比较法为主，课程的名称已基本定型。

（5）管理或设施方面有了一定的变化，例如改高等学堂为大学预科；通儒院仍改为大学院（与《钦定学堂章程》同），改奖励科举出身为大学本科毕业生授以学士学位；改清末大学堂总监督、各科监督为大学校长，各科学长；改大学堂正教授员、副教授员为大学教授、助教授两级等等。

（6）准予私人或私法人设立大学，打破了清末官方垄断法律教育的制度性规定。

民国初期，除大学以外，组织进行法律教育的，还有另外一个重要系统，这就是"以养成法政专门人才为宗旨"的法政专门学校。据1912年10月22日教育部公布的《专门学校令》和同年11月2日教育部公布的《法政专门学校规程》，法政专门学校与大学法科，在入学资格、修业年限、分科结构和课程设置等方面基本一致。① 这就是说，法政专门学校大体

---

① 参见《教育部公布专门学校令》（1912年10月22日），《教育部公布法政专门学校规程令》（1912年11月2日），载《中华民国史档案资料汇编》，第三辑教育，107～108、111～114页，南京，江苏古籍出版社，1991。

是依照《大学规程》中法科的程度条件来设置的。其有关内容，可参见前文"清末民初的法政学堂"一节。

民国初年，由于政局动荡，加之教育设施尚不充分，《大学令》和《大学规程》等学校法令的规定，大多未能实施，不过，它所提出的大学教育模式在实践中仍在继续发展。

1917 年以后，教育界在新文化运动的影响下，激起了改革教育制度的浪潮，另外，随着留美学生回国，美国的教育思想观念和学制开始影响国内的大学学制。

1917 年 9 月，北洋政府教育部颁布的《修订大学令》，对 1912 年颁布的《大学令》作了修正。其中比较重要的修订是关于大学设立的分科条件，即："设二科以上者，得称为大学；其设一科者，称为某科大学。"[1] 这一规定突破了《大学令》中须文理二科并设或文科兼法商二科等始得设立大学的限制，允许设一科者称某科大学，如法科大学。在近代学制史上，设单科大学的规定，即始于此。另外，大学设立由各科学长、正教授及教授若干人组成的评议会，审议各学科的设立、废止及学科课程等教学管理事务。因此，大学的课程由各校自主取舍。

1922 年 11 月 1 日，教育部公布了《学校系统改革令》，即所谓 1922 年"新学制"[2]。该学制规定在学校设数科或一科均可，其单设一科者，称某科大学，如法科大学之类。关于大学的学制年限，特别规定法科大学及医科大学修业年限至少 5 年，较过去又提高了一年；另外"新学制"还取消了大学预科制度，并规定大学采用选科制。

1924 年 2 月 23 日，北洋政府教育部公布的《国立大学校条例》（20 条，附则 3 条）。[3] 重申了《大学令》和《修正大学令》中的教育宗旨以及"新学制"有关大学分科的规定，仍然保留了国立大学各科系及大学院教授会的地位及其在课程设置和指导教学方面的自主权。实际上，《国立大学校条例》可说是 1912 年至 1927 年间大学教育制度的总结性立法文件。

三、大学法学教育制度的完备

1928 年南京国民政府成立之后，近代的大学法学教育模式趋于成熟和稳定。其主要表现是，在较短的时间内，迅速建立起一套比较完备的大学教育立法体系；另外就是建立了教育行政部门与司法部门共同负责大学法律教育的管理体制。自 20 世纪 30 年代中期以后，大学法学教育的基本模式不再变化，只在其内部结构方面，仍有不断的讨论和修改，例如大学的法律课程设置以及大学法律系的分组教学问题。下面就分别叙述这几个方面。

让我们先来看看有关大学法学教育的几个立法文件。

---

[1] 《教育部公布修正大学令》（1917 年 9 月 27 日），载《中华民国史档案资料汇编》，第三辑教育，168～169 页，南京，江苏古籍出版社，1991。

[2] 《大总统公布学校系统令》，载《中华民国史档案资料汇编》，第三辑教育，105 页，南京，江苏古籍出版社，1991。

[3] 参见《教育部公布国立大学校条例令》，载《中华民国史档案资料汇编》，第三辑教育，173～175 页，南京，江苏古籍出版社，1991。

1929 年 7 月 26 日，南京国民政府颁布了贯彻"党化教育"① 精神的《大学组织法》26 条和《专科学校组织法》13 条。同年 8 月 14 日，南京国民政府教育部又根据以上两个组织法公布了《大学规程》6 章 30 条和《专科学校规程》6 章 25 条。②

根据《大学组织法》和《大学规程》的规定，国立、省立、市立和私立四种设立归属学校的组织权统归教育部，"其设立、变更及停办，须经教育部核准"。大学分文、理、法、教育、农、工、商、医各学院；"凡具备三学院以上者，始得称为大学"。不足三个学院者为独立学院，得分两科。"大学各学院或独立学院各科，得分若干学系。""各学系遇必要时，得再分组。"大学得设研究院。大学教员分教授、副教授、讲师、助教四级。大学修业年限，除医学院为 5 年外，其他均为 4 年。大学入学资格，须曾在公立或已立案之私立高级中学或同等学校毕业，经入学试验及格者。大学各学院或独立学院各科，除党义、国文、军事训练，第一第二外国语为共同必修科目外，并须为未分系之一年级生设基本课目。大学各学院或独立学院各科课程，得采学分制，但学生每年所修学分须有限制，不得提早毕业。

除了以上的一般性规定外，《大学规程》还专门规定："大学法学院或独立学院法科，分法律、政治、经济三学系，但得专设法律学系。"③ "大学或独立学院之有文学院或文科而不设法学院或法科，及设法学院或法科而专设法律学系者，得设政治、经济二学系于文学院或文科。"

依据《大学组织法》关于大学设立研究院的规定，教育部又于 1934 年 5 月 19 日颁发了《大学研究院暂行组织章程》，规定大学为招收大学本科毕业生，研究高深学术，并供给教员研究便利，得设研究院。研究院可按大学分科设各科研究所，法科研究所即其中之一。凡具备三研究所以上者，始得称研究院；独立学院得设置研究所。各研究生研究期限（暂定）为 2 年，其来源为国内外大学本科毕业生。④

1935 年 4 月 22 日，国民政府颁布了《学位授予法》，教育部据此于同年 5 月 23 日颁布了《学位分级细则》。按照规定，学位分学士、硕士、博士三级；为取得硕士学位和博士学位所需研究的年限分别为 2 年以上和 3 年以上；大学或独立学院设有政治学系、经济学系

① 1928 年 7 月 28 日，国民党北平政治分会就白崇禧提议实行三民主义化教育案电致国民政府，以北平旧有学校的青年学子因"管教之不严，或干预政治……贻害政治社会"为由，而要求教育行政主管机关"严加整顿"，"并实行三民主义化，树立教育之精神，以固党国百年之基"。这种"以党治国"、一党独裁的"党化教育"方针一经提出，即受到进步人士的抨击。同时在国民党内部，对"党化"含义解释不一。1928 年 5 月，大学院召开第一次全国教育会议，通过了废止"党化教育"的名称，而代之以"三民主义教育"的决议，并发表宣言提出，我们的全部教育应当准三民主义的宗旨，贯彻三民主义的精神。国民党中央训练部不满这一决议，认为决议对"三民主义教育之真谛，既无所阐明，而于教育与党的关系，尤乏实际联络"。同年 10 月，国民党训练部又制订出"党治教育"的整套方案。1929 年 3 月 25 日，国民党召开第三次全国代表大会，在《对于政治报告之决议集》中正式提出了三民主义教育宗旨。据此，南京国民政府于同年 4 月 26 日公布了《中华民国教育宗旨及其实施方针》，这一教育宗旨就是："中华民国之教育，根据三民主义，以充实人民生活，扶植社会生存，发展国民生计，延续民族生命为目的，务期民族独立，民权普遍，民生发展，以促进世界大同。"国民党政府教育立法即以上述决议为根据。参见《中华民国史档案资料汇编》，第五辑第一编教育（二），1010～1011 页以下，南京，江苏古籍出版社，1994；《中华民国教育法规选编（1912—1949）》，45～46 页，南京，江苏教育出版社，1990。

② 所列四种法规均见《中华民国教育法规选编》。

③ 教育部后经征询专家意见，将各学院所属各学系之名称分别作出了统一规范，规定"法学院设法律、政治、经济、社会学及其他各学系"。参见《大学及独立学院各学系名称》（1939 年 9 月 4 日），载《中华民国教育法规选编（1912—1949）》，425～426 页，南京，江苏教育出版社，1990。

④ 参见《中华民国教育法规选编（1912—1949）》，421～422 页，南京，江苏教育出版社，1990。

者，其学位级数及名称应与法科相同；法科学位分法学士、法学硕士和法学博士三级；大学法学院，或独立学院法科设有商学系及法科研究所设有商学部者，其学位级数与名称，应与商科相同；大学商学院或独立学院商科设有经济学系，及商科研究所设经济学部者，其学位级数与名称应与法科相同。①

按照《专科学校组织法》和《专科学校规程》的规定，专科学校之设立"以教授应用科学，养成技术人才"为目标，其种类包括工业、农业、商业、医科、药学、艺术、音乐、体育、图书馆、市政、商船等专科学校，不包括法科在内。教育部的理由是，"法、医两科直接关系人命，间接影响社会生存，唯大学或独立学院始得设立"，因此"凡旧有公私立法政、医学两种专门学校，一律自十八年度（1929 年）起停止招生，办至现有学生毕业时结束"。至此，清末民初盛极一时的法政专门学校，全部退出了近代法律教育的历史舞台。②

通过以上的大学教育法令、法规，法律教育完全被限定在 4 年制的大学（或学院）之中进行，大学以多科并立的综合性为设置标准，法律单科不能成为大学，其意在使大学法科教育具备良好的文理科教育环境。大学法学院并不限于法律一科，还包括政治学、经济学或社会学等学科；一个由中学毕业后升入大学法学院的学生，在经过 4 年的本科训练之后，无论他是毕业于法律学系、政治学系抑或经济学系，都将被授予法学士学位。③ 总的看来，法律教育完全被提高到大学的程度，成为一种单一制模式。

第二节
大学法律系的分组制

清末民初的学制，不论是在《奏定学堂章程》，还是在《大学令》、《大学规程》中，"政法"或"法"均被视为大学分科之一，可独立成为大学，其下再设政治学门、法律学门或经济学门。当时所谓的"学门"，实即今天高校"学系"或"学院"之类的二级办学单位，"法律门"之下不再细分。法科包含政治、法律、经济三个学科分支的概念为民国南京政府初期制订的大学法规所沿袭。1929 年的《大学组织法》和《大学规程》的规定，大学分文、理、法、教育、农、工、商、医各学院；"凡具备三学院以上者，始得称为大学"，不足三个学院者为独立学院，即不能称大学；"大学各学院或独立学院各科，得分若干学系"；大学的法学院或法科"分法律、政治、经济三学系"；"各学系遇必要时，得再分组"。

以上清末民国时期大学学制的构建过程，以下几点尤其值得注意：其一，政法或法科一

---

① 参见《中华民国教育法规选编（1912—1949）》，423～425 页，南京，江苏教育出版社，1990。
② 参见《教育部成立二年来的工作概况》（1930 年），《中华民国史档案资料汇编》，第五辑第一编教育（一），129～130 页，南京，江苏古籍出版社，1994。当时呈报并饬令限期停办的法政学校有：新疆省立俄文法政专门学校（迪化）、浙江省立法政专门学校（杭州）、广东公立法政专门学校（广州）、江西省立法政专门学校（南昌）、河北公立法政专门学校（天津）、广西公立法政专门学校（桂林）、山西公立法政学校（太原）、吉林公立法政专门学校（吉林）、云南公立法政专门学校（昆明），共计 9 所。
③ 参见 Hugh Chan（陈晓），Modern Legal Education in China, *The China Law Review*,（1936），Vol. 9，No. 2。

直是统帅政治、法律、经济等学科（后来还包括社会学、民政等）的一个集合概念，这与今天的经济学与法学同为"学科门类"、财经与政法并为"大学"的情形完全不同。其二，法科与大学概念这两者之间有了重大变化；清末民初法科独立作为"分科大学"之一，国民政府时代，法科必须外加任何其他两科方才具备大学资格，也就是说，法科在学制中的独立地位被降低。① 这种变化直接渊源于蔡元培的大学理念。其三，起初，作为隶属于法科的一个基本单元，法律学本身并无进一步的细分。但 1929 年的《大学规程》中"各学系遇必要时，得再分组"的这一规定，为打破法律学这一完整概念提供了制度保障，尽管规程并未解释什么是"遇必要时"。无论如何，到了民国后期，法科的分组制成为受到司法、教育以及大学关注和争议的一个问题。

1942 年 6 月，司法院以普设法院，曾饬令司法行政部筹设中央法官学校，后经该部与教育部协商，拟于各公私立校院各就原有法律学系改设法官班，不复另设专校。嗣经会商，又将法官班改称司法组，于 1942 年度令国立中央大学、私立朝阳学院等 9 所校院法律系增设司法组。教育部于 1942 年 10 月 22 日公布了由法律教育讨论会修订的《大学法学院法律系司法组必修选修科目表》。

司法组科目表拟订的基本原则共有五项：

（1）司法组注重培养一般司法裁判机关所需要之司法人才，及战后领事裁判权撤废时，各司法裁判机关处理涉外诉讼案件所需要之司法人才。

（2）注重法学人才创造、应变之能力。

（3）理论与实务并重。

（4）司法组之修业年限，仍以现制招收高中毕业生，肄业 4 年，为毕业期限。

（5）各种基本法学科目，以尽量提前讲授为原则，不必要之辅助科目，酌予减少。

这便是司法组设立的由来。

1945 年春，教育部特设法律教育委员会，邀集全国各大学法学专家研讨法律教育问题，"鉴于吾国过去之法律教育偏重造就司法人才，未能兼顾一般普通行政人员及外交人员在法律知识方面的需要"，于是订立分组的办法，以期造就多种法律人才，以应时需。② 同年，教育部通令各校院按法律教育委员会第二次会议的决议案兼采混合制和分组制，即在仍然适用原来法律系科目表的同时，设立司法、行政法学、国际法学和理论法学四组，并承 1944 年开始的第二次修订法律课程的工作，于 1945 年 10 月修正颁布了混合制和分组制两套科目表，供各校院选择采用。也就是说，混合制与分组制成为法律系中并行的两套教学方案。

推行大学法律系分组制后，其在实际中出现了很多的问题，而且对法律系下分设各组的作法以及其实施等方面的问题，各方也有不同的认识和意见。1946—1948 年美国法学家庞德来华担任司法、教育两部顾问，分组制的问题是其间被请教的一个问题。庞德认为这是"中国法律教育的特种问题"。这个问题经翻译被表述为："是否应设专门化学校和系分别为法官、律师、法律教师、普通文官及外交人员等施以不同的训练，抑或一种共同的法律教育，可使每一种人受到全部或部分满足的训练。"对此，庞德分别不同情况认真表达了自己的看

---

① 办学已成传统且卓有声誉的朝阳大学因此面临校名不保的危机，于 1930 年经教育部准以"朝阳学院"名称重新立案。

② 参见朱家骅：《法律教育》（教育部教育通讯社编），22 页，1948。

法。总的看法是"无论如何，法律学院的普通训练，既是日后专门训练的基础，自应一律施诸法官、法律教师及从事实务的人"①。

关于这方面的情况，时任教育部部长的朱家骅（1893—1963），在几次的法律教育委员会会议上，曾有总结并表明过他的看法，兹将他的讲话内容摘录如下，供我们参考。②

我们略一检讨三年来推行（分组制）的效果，却并不使人满意，其症结所在，在于师资设备不能配合。现各大学除司法组外，能设行政法学组者，已属勉强，国际法学组及理论法学组更不必说。本部曾训令法律学系办得较有基础的几个大学增设行政法学一组，而至今未能举办，足见事实上确有困难。至于司法组，在三十二年（1943年）创设之初，原意重在鼓励，故有全部公费之办法。在学科方面，与法律学系原无多大出入。现公费制度业已废除，鼓励作用不复存在，加之法律学系毕业学生参加司法官检定考试，必须修满司法组之必修科目，于是各校多纷纷呈请将法律学系原未订入之司法组必修科目改为必修，以便法律学系与司法组学生同可参加检定考试。因此，法律学系与司法组之学科内容，几已全无区别，另外分组乃成叠架，即系内分组似亦无必要。关于这问题，本部曾征询庞德先生的意见，他亦认为师资设备之充足，亦为采行分组之条件。另就原则而言，在大学四年的短时期中，对于法律的基本学科未能透澈了解前，是否有分组研究的必要，亦不无再加研讨之余地……

自分组制度实施以来，经本部核准采行者亦有数校，但大学本科与研究所有别，分工过细，或对通才教育不无妨碍，而使学生思想不够宽广，过早的分类研究，是否真能达到造就各种专门人才之目的，有人以为殊可怀疑。有些学校甚至利用此制来达到增设组主任的目的，或竟滥收学生，更属不可不加注意。

最近半年，申请设组者亦有数起，类多不合条件，故未轻予核准。设如此制不废，续在准备筹划者，当仍有之，而现时吾国之各种客观环境，实不容其具备充分之条件，其不易实施，亦不言可喻。所以我以为存之而不能行，或行之而弊多于利，无宁废之，庶各校不致徒费其精力，而能集中力量充实其混合制。

再则本会创立分组制之原意，无非在使学生依其兴趣偏重于第一门类之学科，分组制的科目表，亦不过是学生选习学科的指导而已。但组之名称，久已为学校行政单位习用之名词，如文学系每分为中国语文组，史地系每分为历史组与地理组。此种分组，以其学科性质之迥异，在行政上自有其成立各个单位之需要，而成为行政上之一种制度。至于法律学系之分组性质完全不同，但学校因其称之为组，立之为制，乃因袭成例，亦将各组分立成为各个单位，于是分组制之原有目的未达，而行政上庞杂之弊已见，且专究法学不分组之新制法学院，若一分组，将有形成为系的可能，则更不合理。

所以我们为法律学系之课程，可简单的分为必修科与选修科二种。必修科中仅将最基本之数种课程列入，选修科则不妨多设，将其分成数类，由学校斟酌情形酌量开设，依学生之兴趣指导选习，如是则原有分组制之目的可达，而其流弊可以除去……

仅就以上关于法律系分组制的问题当中，我们大体可以看出，到了20世纪40年代，我

---

① 详见［美］庞德：《法律教育第一次报告书》，1948年2月4日。
② 参见朱家骅：《法律教育》（教育部教育通讯社编），22～23、27～28页，1948。

国近代法律教育的发展程度，已经是相当地深入而细致了。就分组制本身的问题而言，其关键之处实际上在于，培养社会各个领域专门需要的法律人才，是否有必要分别设立一套各自专门的培养教育机制。而这个问题，即在今天的法律教育界中，也依然存在着。

第三节
法学课程、法学教材与教学方法

一、法学课程

1867 年同文馆设"万国公法"，丁韪良就任该课教习。1870 年以后，同文馆实行的八年制和五年制课表中，均开列"万国公法"或"公法学"课，此为我国新式教育机构开设法学课程之嚆矢。

清末民初全面推开法学教育，系统完整的法学课程表也随之出现。当时的课程设置颇不统一，但形式上大体仿照日本，内容以外国法为主，并视各地各校现有条件开设。课程设置方式主要在学堂章程中加以规定。

进入民国之后，法学课程的设置经历了一个自由发展的时代。1917 年《修正大学令》和1924 年《国立大学校条例》，都规定大学课程由各校自行规划，这不免导致各校的课程设置参差不齐，甚至出现"泛复凌乱，缺乏体系"，"轻重倒置，先后失序"的混乱状况。[①] 南京国民政府成立后，随着立法的完善和整顿大学教育的需要，在 1928 年和 1930 年先后召开了两次全国教育会议。会上都提出了严格确定大学课程标准的问题。

根据 1930 年《司法院监督国立大学法律科规程》的规定，国立大学法律科的必修课目包括：三民主义、宪法、民法及商事法、刑法、民事诉讼法、刑事诉讼法、法院组织法、行政法、国际公法、国际私法、政治学、经济学、社会学与劳工法共 14 门。这实际上是对各国立大学法学院统一设置的法律课程的一个最低标准。

不过从当时有的法律系的课表上看，其所开设的法律科目，要比上列科目的内容更为丰富。例如，中央大学法律系的法律科目，就不仅包括了上列的各项，而且还设有罗马法、英美法、中国法制史、最近大陆立法、欧美法制史、法理学、比较法律哲学、法学名著研究、唐律研究等必修课或选修课。[②] 这些课程基本上属于深化或者拓展法学专业知识背景性质的，反映出这一时期的法律教学水平较之清末已经有了相当的进步。有一点应当注意，在法学院的课程内容中加入党义或三民主义这门必修课，是 1928 年以后出现的一个变化，是国民党实施"党治教育"的一个结果。[③]

---

① 参见朱家骅：《九个月来教育部整理全国教育之说明》（1932 年 11 月）。

② 参见民国二十三年《国立中央大学课程一览》，89～99 页。

③ 参见《南京国民政府公布各级学校增加党义课程暂行条例》（1928 年 7 月 30 日），《国民党中央民众训练部订定的党治教育实施的方案》（1928 年 10 月），载《中华民国史档案资料汇编》，第五辑第一编教育（二），1011 页以下、1073 页以下，南京，江苏古籍出版社，1994。

不仅司法机关，教育部也关注法律科的基本课程标准。1930 年教育部曾组织大学课程标准起草委员会，试图对大学各院系必修课与选修课目、必修及选修科目之教材、必修及选修课目在各学年之分配这三项标准加以整理，力求划一。原拟两年完成此项工作，但因各院系学科浩繁，整理工作甚感不易，迄未完成。① 直到 1938 年，大学课程的整理工作才有了显著的进展。

1938 年，教育部公布了《文理法三学院各学系课程整理办法草案》。这是教育部组织全国各学科专家、教授的意见，并根据大学教育方针及国家需要反复商讨、综合而成的。其中关于课程整理的原则和要项也是法科课程整理的基本依据，因其有相当的参考价值，故录之如下：

一、原则

（1）规定统一标准。大学课程向由各校自行规定，得因人材之宜，自由发展。惟各校所定标准，颇不相合，遂至科目相异，程度不齐，失去大学教育一贯之精神。此次整理大学课程，以建立统一标准为第一原则，先从规定必修科目入手，选修科目暂不完全确定，仍留各校斟酌变通之余地。此种规定，不仅在于提高一般大学课程之水准，且期于国家文化及建设之政策相吻合。

（2）注重基本训练。各大学现有课程，分系过早，对于一般学术之基本训练，未能有深厚之基础。各科学术，相辅相成，本无严格之分野，学生专门过早，与深造之道，殊不相合。故大学课程，应先注重于学术广博基础之培养，文、理、法各科之最基本学科，定为共同必修，然后专精一科，以求合于由博反约之道，使学生不因专门之研究，而有偏固之流弊。

（3）注重精要科目。一般大学科目设置，不免于繁琐，学生所得知识，不免支离庞杂，未尽能提纲挈要，得一科学之要旨。故今后大学科目之设置，力求完整与集中，使学生对于一种学科之精要科目，有充分之修养，精密之研讨，而有融会贯通之精神。凡偏僻与琐细之科目，得由学生自习，一律不列入大学课程。

二、整理要项

（1）全国大学各院系必修及选修课程，一律由本部规定。必修科目，须全国一律，选修科目，各校得在本部规定范围内，参照实际需要，酌量损益。

（2）大学各学院第一学年，注重基本科目，不分学系，第二学年起分系，第三、四学年，视各院系性质，酌设实用科目，以为出校就业之准备。

（3）国文及外国文为基本工具科目，在第一学年终了时，应举行严格考试。国文须能阅读古今书籍及作通顺文字。外国文须能阅读各学院所习学科外国文参考书，方得及格。否则仍须继续修习，至达上述标准，方得毕业。

（4）各大学仍采用学年制，各学科学习分量，得以学分计算。每一学分规定教师须每周授课一小时，学生须每周自习二小时，其需要自习时间较多之科目，教师授课时间，得减少为每二学分每周一小时。

---

① 参见薛铨曾：《我国大学法学课程之演进》，载《中华法学杂志》，1944 年第三卷第八期。以下内容多依此文提供的材料。

（5）各科教学，除由教师上课讲习外，对于自习讨论与习作或实验，应同时并重。考试范围，除教师讲习材料外，亦应包括自习、讨论及习作或实验之材料。

（6）各科目应由教师详细规定自习书目与其他参考资料，督令学生按时阅读，并作摘记。文法学院学生应研究古今名著每科一种或数种。课间并应举行讨论，培养学生独立研究之精神。

（7）各科目须确实规定学生实习或实习次数，凡习作及实习报告，应由教师按时批阅。

（8）各学系除规定学生注重平时习作外，并应在高年级课程中规定重要科目数种，指导学生作学科论文，其题目应由教员指定或核定。

（9）学生毕业考试，应包括各院系四年中重要科目，其科目种类，得由各校自由规定，但须有五种以上。

根据上项整理的结果，教育部于 1938 年 9 月 22 日颁发了《大学法学院共同必修科目表》（教育部第 7551 号令）。并规定自 1938 年第一年级新生开始施行。

教育部在制订文理法三学院共同必修科目表的同时，又于 1938 年 5 月分请任职各大学的各科专家分别起草各院系的必修、选修科目表。法学院各系科目表由燕树棠、陈之迈、杨端六、吴景超四人起草。草案拟成后，教育部又将该草案寄请同系专家审查。法学院法律学系科目表的审查人员为谢冠生、孙晓楼、洪兰友、赵凤喈、梅汝璈；政治学系为萧公权、周鲠生、杭立武、张佛泉、浦逖生、萨孟武；经济学系为陈长蘅、陈岱孙、朱偰、皮宗石、赵兰坪；社会学系为孙本文、胡鉴民、吴泽霖、陶孟和、邵鹤亭。

是年 9、10 月间，各专家审查意见或修订科目表陆续到部，乃复将该项审查意见审订表及原拟草案各件，一并分发各校，令各校转发各学系主任，由系主任召集全系教授、讲师详细签订意见，送部汇核。1939 年春，各校签注意见陆续到部。教育部又聘请专家若干人予以整理，分系汇集，摘要列举。之后将此整理结果，连同原拟草案及审查意见另请专家分别修订各学系必修、选修科目表草案。6 月，教育部召开大学各学院课程会议，逐一讨论、修正，予以通过。法学院课程会议出席者为顾毓琇、张道藩、陈之迈、杨公达、马洗繁、童冠贤、朱偰、叶元龙、洪兰友、赵之远、吴景超、陈时、吴文藻、吴俊升、邵鹤亭、陈东原，计专家和教育部人员共 16 人。会议通过各科目表草案后，于 8 月间颁发各个院校，并令一律于 1939 年第二年级学生开始施行。法律系必修、选修科目表仅为暂行课程，俟教育部会商司法行政部后再行修订。①

至此，近代法律教育史上，第一次大规模的法律课程整理工作暂告段落。根据以上的两份科目表，一个大学法律学系的必修科目如下：

第一学年：党义、体育、军训（此三者为当然必修科目，不计学分），国文（6），外国文（6～8），中国通史（6），论理学（4），数学、物理、化学、生物学、生理学、地质学六门中任选一种（6～8），社会学、政治学、经济学、民法概要四门中任选二种（每种 6 学分）。

第二学年：西洋通史（6），哲学概论或科学概论二门中任选一种（6），社会学、政治

---

① 参见教育部编：《大学科目表》，229 页，南京，正中书局，1940。

学、经济学、民法概要四门中任选二中（每种 6 学分），民法总则（6），刑法总则（6），宪法（4），国际公法（4~6）。

第三学年：民法债编（8），民法物权（4），商法（6），刑法分则（4），法院组织法（1），行政法（6），法理学（3），中国法制史（3）。

第四学年：民法亲属继承（4），民事诉讼法（8），刑事诉讼法（6），国际私法（4~6），破产法（2），劳工法（3），强制执行法（2），诉讼实习（不计学分），毕业论文或研究报告（1~4）。

法学院法律系的选修科目均设在第三、四学年，其科目与规定学分为：

近代大陆法（2），犯罪学（3），监狱学（3），英美法（3），刑事政策（3），证据法（3），土地法（3），法医学（3），犯罪心理学（4），中国政治史（6），中国经济史（6），西洋政治外交史（6）。

关于大学法律学系学生毕业学分，1939 年 8 月 12 日颁布的大学各学院分系必修及选修科目表施行要点内，曾规定至少须修满 142 学分，方得毕业。

1938—1939 年制订的法律系科目表在实行了几年之后，1942 年 10 月，教育部又召集法律教育讨论会，再次对原科目表研究修订，其修订各点是：

（1）关于法律系学生的分院共同必修科目：原表中属于社会科学类的民法概要、社会学、政治学、经济学四科目中，该系学生免修民法概要，必须修习经济学及社会学、政治学三科目中之一种；自然科学类之各科目得免修习。增列伦理学科目（3 学分），并规定三民主义之学分数。

（2）关于分系必修科目：增设法学绪论及外国文（二）；商法一科目改称商事法概论，与公司法、票据法、保险法、海商法等四科目，并列为两类，任令学生择其一类必修；法院组织法一科目改称中国司法组织；破产法、强制执行法二科目改列为选修，诉讼实习一科目删。

（3）关于分系选修科目：如罗马法、中国旧律研究、比较法学绪论、比较民法、英美法、近代欧洲大陆法、中国法律思想史及法学专题研究等选修科目，得应实际需要，规定学生必须选习，法医学删；选习第二外国文者，强制其修习两学年，以为专攻比较法学之准备，而法律专题研究一科目之增设，亦为选修科目内之特色。

同年 12 月，教育部公布了修订法律学系必修科目表与选修科目表。

表 8—1　　　　　　　　　　修订法律学系必修科目表（1942 年 10 月）

| 科目 | 规定学分 | 第一学年 | | 第二学年 | | 第三学年 | | 第四学年 | |
		上	下	上	下	上	下	上	下
法学绪论	2~3	2~3							
宪法	4	4							
民法总则	6		6						
刑法总则	6			3	3				
民法债编	8			4	4				
民法物权	4			2	2				

续前表

科目	规定学分	第一学年 上	第一学年 下	第二学年 上	第二学年 下	第三学年 上	第三学年 下	第四学年 上	第四学年 下
国际公法	4～6			2～3	2～3				
中国司法组织	2～3			2～3					
外国文（二）	6～8			3～4	3～4				
民法亲属继承	4～6					2～3	2～3		
刑法分则	4					2	2		
行政法	6					3	3		
中国法制史	4～6				2～3	2～3			
刑事诉讼法	6					3	3		
商事法概论	6					3	3		
＊公司法	2～3					2～3			
＊票据法	2～3					2～3			
＊保险法	2～3						2～3		
＊海商法	2～3						2～3		
民事诉讼法	8							4	4
国际私法	4～6							2～3	2～3
法理学	4～6							2～3	2～3
劳工法	3							3	
毕业论文或专题研究	2～4							1～2	1～2
总　计	101～121	6～7	6	16～19	14～16	19～23	19～23	12～15	9～12

备注：民法物权可在一学期内讲授；商事法概论一课目与有＊号的商事法科目别为两类得由学生任择一类必修，但如择定有＊一类时须兼习该类四科目。

说明：1. 自第二学年起得选习选修科目，但每学期所习必修选修科目之总学分数，以不超过26学分为原则。

2. 法学绪论科目之目的，在使学生对于"法"之基本概念、作用及体系、世界重要法系之发展概况、各国法学教育之现状、研究法学之方法等有所认识，引起其对于法学之兴趣，进而研究各部门法学科目。

3. 在二十七年（1938年）九月二十日本部颁行之法学院共同必修科目表未行修订以前，本系须将三民主义四学分列为第一学年第一、二学期必修。伦理学三学分列为第二学年第一学期必修。数学及自然科学各科目，本系学生得免修习。社会科学中民法概论一科目，本系学生免修，但须选习经济学，其他任一科目。并须于第一学年修习。

表 8—2　　　　　　　　　　**修订法律学系选修科目表（1942年10月）**

科目	规定学分	备注
第二外国语（一）	6	第二学年选习第二外国语之学生，以有志研习外国法及比较法等为限，既经选习，须持续二年，否则，不给学分。
＊罗马法	6	第二学年选习第二外国语之学生，以有志研习外国法及比较法等为限，既经选习，须持续二年，否则，不给学分。

续前表

科目	规定学分	备注
第二外国语（二）	6	第三学年
刑事特别法	3	第三学年
*中国旧律研究	6	第三学年
*比较法学绪论	6	第三学年
*比较民法	6	第四学年
比较刑法	4～6	第四学年
中国司法问题	2～3	第四学年
比较司法制度	4～6	第四学年
*英美法	6	第三、四学年
*近代欧洲大陆法	6	第三、四学年
立法学	4～6	第三、四学年
破产法	2	第三、四学年
土地法	3	第三、四学年
证据法	3	第三、四学年
强制执行法	2	第三、四学年
犯罪法	3	第三、四学年
监狱学	3	第三、四学年
刑事政策	3	第三、四学年
*中国法律思想史	3～6	第三、四学年
中国政治史	6	第三、四学年
中国经济史	6	第三、四学年
西洋政治外交史	6	第三、四学年
*法学专题研究	3～6	第三、四学年

备注：学生得就民、刑法、商事法、行政法、比较法、法理学、中国法制史及其他科目，择定专题，从事研究。此项专题研究科目，得同时设置数门。

说明：1. 选修科目之选习次序，得由各校视实际情形酌予变更。

2. 凡有牵连关系之选修科目，得由各校分别列为先修与后修，凡未修毕先修科目之学生，不准其选习后修科目。

3. 凡有*号之先修科目，得因实际需要，改为必修科目，但须报部备案。

1944年8月，教育部以大学课程尚须加以讨论研究，以臻完备，遂在重庆召集第二次大学课程讨论会。大学法学院法律学系科目表由审查委员夏敬民、戴修瓒（召集人）、孙晓楼、盛振为、卢峻、何义均、梅仲协、杨兆龙、薛铨曾进行审查。大体来看，审查科目的工作主要是在1942年修订的科目表基础上，围绕科目名称、必修与选修科目的调整、学分数与授课时间的增减等具体方面进行细密地修订，并无大的方面的变化。此处不再详述。

二、法学教材与教学方法

清末新式学制的建立、推展和各地大规模举办新式学堂，极大地刺激了对教材的需求。编纂法学教材遂成热潮。政府方面虽然有意通过控制教科书的编纂来控制新式教育的发展方向，但实际上"国家编纂"教科书的设想往往难以实现。从目前我们见到的清末民初出版的教科书看，其主要来源有两种途径：一是当时有条件的学堂自行编纂讲义，集结印制和使用；二是出版机构与法学教师合作推动，编纂和出版教科书。就前者而言，京师法律学堂、浙江法政专门学堂等师资条件较好的学堂都印有整套的教科书。

京师法律学堂聘有日本教习，他们又负有在堂讲授的任务，因此形成了完整的教学材料。现存的两套京师法律学堂笔记就是我们今天所见到的我国最早出版的、完整的现代法学教科书。一套是《汪辑京师法律学堂笔记》，为汪庚年所编，京师法学编辑社 1911 年 7 月至 1912 年 4 月间出版，共 22 册。其中第 1 册是《法学通论（宪法、行政法）》（330 页），第 2 册《刑法总则》（290 页），第 3 册《刑法分则》（146 页），第 4 册《民法总则》（上卷，402 页），第 5 册《民法总则》（下卷，244 页），第 6 册《民法物权法》（246 页），第 7 册《民法债权法》（160 页），第 8 册《民法债权法各论（亲属法、相续法）》（269 页），第 9 册《商法总则》（226 页），第 10 册《商法（会社法、商行为法）》（116＋118 页），第 12 册《法院编制法》（238 页），第 13 册《刑事诉讼法》（252 页），第 14 册《民事诉讼法、破产法》（233＋113 页），第 15 册《国际私法》（184 页），第 16 册《国法学》（上卷，176 页），第 17 册《国法学》（下卷，299 页），第 18 册《平时国际法》（225 页），第 19 册《战时国际法》（276 页），第 20 册《监狱律、监狱学》（125＋88 页）。第 11 册为商法中《手形法》（即有价证券法）与《船舶法》（即海商法）。第 21、22 册分别为理财学与经济学。另一套是熊元翰、熊元襄、熊元楷编辑的《京师法律学堂笔记》，北京安徽法学社刊印，内容与汪氏笔记略同，亦为 22 册。两套教科书问世后的几年间，连续再版，仅熊氏编辑的那套笔记在 1911 年至 1914 年间几乎每册都重印过四次，大有洛阳纸贵的轰动效应。

不仅京师法律学堂有能力出版法学教科书，地方法政学堂也编纂自己的教科书。1908 年 9 月到 1911 年 2 月间，浙江法政学堂就出版了至少 9 册由贺学海编的《浙江法政学堂讲义录》，内容涉及民法、国际私法、刑法、商法、平时国际法和裁判所构成法等。这一时期的法学教科书有这样几个明显的特点，一是种类上系统完整，基本对应着法科学堂章程所列的各种法律科目，二是教科书的内容充斥着浓重的日本色彩，因为这些书籍要么是直接来自日本教习的讲授，要么就是留日学生直接取自东洋所学，几乎是留学时的讲义笔记，如最早一批留日学生所编的《译书汇编》，各期连载留日学生在日本所学各科的课堂笔记。这些书籍在各地学堂大量传播，满足了时代需要，体现着我国新的法学知识体系形成和构建过程。

三、教科书的样式设计和装订已不再是传统的线装，而采取新式设计和装订

除了学堂外，新出现的文化出版机构也推动着法学教科书的发展。商务印书馆即是这方面的一个典型。商务馆紧紧把握着时代发展的脉搏，着力推动教科书编纂事业，不仅是中小学课本，还有大量高等知识领域的各种专业书籍，其中包括政法类书籍，种类多、质量高，迅速形成了崇高的品质和良好声誉。从保留下来的各种政法类杂志的广告上，我们可以了解

到商务馆当年政法类书籍的出版和发行情况。

例如，宣统年间举行首次法官考试，商务印书馆抓住这一时机，为考生备考推出了整套考试用书，并大作宣传。透过宣统三年创办的《法政杂志》第一期登载的一则广告"愿应法官考试者鉴"里面，我们可以看到这次考试用书的范围和出品种类——

- 奏定宪法纲要 宪法大纲 钦定宪法大纲讲义 九年筹备宪政一览表
- 现行刑律 大清现行刑律案语 宪政编查馆复核案语
- 现行各项法律及暂行章程 大清光绪新法令 大清宣统新法令 新编现行法制大意 法院编制法讲义 大清会典及事例 资政院院章 资政院院章签释 谘议局章程（附图表十种） 谘议局章程签释 谘议局章程要义 谘议局职务须知 府厅州县地方自治章程 府厅州县地方自治章程签释 城镇乡地方自治章程 城镇乡地方自治章程要义 城镇乡地方自治章程通释 城镇乡地方自治章程论纲 城镇乡地方自治事宜详解 调查户口章程释义
- 各国民法、商法、刑法及诉讼法 法学名著（详解各国民法商法刑法及诉讼法） 日本六法全书 日本法规大全 法制经济通论 民法原论 织田万法学通论 新编法学通论
- 国际法 国际公法大纲 中国合于国际公法论

可见这套书既包含当时的法规，又有国外法律解释性著作和法学理论著作，内容极为丰富。广告词中强调说明，"凡应考者必须预备"。

进入民国时代，编纂教科书的主动权基本上仍然把握在大学和教师的手中，官方对于教科书的管理只限于要求备案或审核、推荐方面，并没有实际上也不可能形成垄断局面。各地法学院教师在自由的研究和讲授过程中产出了大量的法学教科书。

应该说明的是，处于大变革和无量输入西学的时代，任何的出版物实际上都承载着传播知识的使命。由于学者或教授的教学和研究之间并无严格的分别，因而教科书与普通图书之间也没有截然区分的界限。经过不断反复的翻译和表达，教科书的内容逐渐地"本国化"了，各门类的知识体系逐渐以熟练的方式表达出来，并因此形成了中国近代史上一批有特色的法学作品，瞿同祖在云南大学和西南联合大学讲授法制史和社会史，为准备讲稿而创造性地写出了《中国法律与中国社会》一书，它既是一部教材，又是作者完成的一部在中国现代学术史上享有很高声誉的学术著作。[1]

教材和教法以及教学管理活动是密切相联系的。总的来看，法政学校或法学院的教学方法自然是以教师在课堂上进行系统的讲授为主；学生则围绕讲授内容自由阅读各种书籍，做笔记，领会和消化老师所讲授的原理、知识和方法。这一做法是成文法的传统，尤其是在新的法律体系建立起来之前的 20 世纪最初二三十年。在当时，有的法学院经过不断努力和探索，已经逐步形成了自己的有特色的教育教学模式。由于相关文献档案资料的不足，因而早期法学课程与教材教法以及相关管理等办学方面的微观情形尚不十分清楚。从已经汇集出来的朝阳大学毕业生的回忆中，我们可以看到朝阳大学极有特色的教学管理模式，反映着民国

---

[1] 参见《瞿同祖法学论著集》，自序、1947 年版序、1981 年版序，北京，中国政法大学出版社，1998。该书封底录有国际学术界对该书的评价。

时代法律教学的时代风貌。具体内容已在本书朝阳大学一节中详述，这里不再重复。

从教法上讲，朝阳大学的实体法课程设置基本是按照成文法典的编制体例安排的，教学注重法学理论，强调法律解释，要求法科任课教师把各该门法律的立法宗旨、原则、学说流派、法理和条文释义等讲解清楚，又要联系实际，精选案例。教材方面，朝大不出版自己的教科书，"部颁"教科书和"大学用书"只是学生们的课外参考读物。而授课教师所编讲义和谁上课谁有讲义的管理办法最为独特。这些讲义对于通过司法官考试极有价值，因此成为其他高校法学院学生私下传抄的对象。

国民政府主要法典颁布完成后，法律发展的重点逐步转向司法领域，因此法律教育中的实践教学越来越受到重视。尽管烽火连天，天南地北，但在抗战期间，朝阳大学一直在为加强实践教学而努力着，这和当时国民政府深入推进司法建设需要大量应用型法律人才的时代背景有关。在1942年和1943年间朝阳大学的一份改革计划中，可以看到法律教育目标的方向性变化。[①] 根据这份文件，朝阳大学特邀夏勤、洪文澜、章任堪、赵之远、赵琛、张鉴、杨兆龙、查良鉴等国内当时资深法律实务专家组成司法组教务委员会，研究如何推行理实并重制，以矫"我国过去的法律教育，每偏重于理论的研究，忽视于实务的训练"之弊，提出了问题讨论、例案研究、法院实习和法律救助社之实习等具体实施措施，力图加强这些实践教学方法在法律人才培养中的分量。

第四节
法律教育管理体制

一、清末学部与法部的关系

前面已经讲过，晚清最初创办新式学堂都是各订章程，一事一例，学堂隶属颇不统一，各部门或各地政府出于培养自己需要的专门人才而主办自己的专门学堂。例如，同文馆由总理衙门所设，京师法律学堂隶修订法律馆，为法部下属机构。1905年12月清政府成立学部，首次建立起了专门统管全国学务的中央行政机构[②]，进而开始了统筹学堂事务的工作。

从机构和职能设置上，学部设五司，其中"专门司"掌核办大学堂、高等学堂及凡属文学、政法、学术、技艺、音乐各种专门学堂一切事务。这一规定表明包括法政学堂，或法政教育在内的所有教育事业都完全由学部进行统一管理。但要落实这一职能，必然触及学部与主办学堂的各有关部门的关系问题，而其核心关键，就在于互相之间办学权限职能的划分上面。

1906年清政府着手改革中央官制。各部院相继将改制后的职责范围以部门官制的形式确定下来，但这时中央尚未统筹考虑各部门之间职能权限的重新界定，也未统一对涉及两个以上部门的相关业务进行权限划分，除直接转型衔接的部门外，各部院之间存在权限不清的状

① 参见《朝阳学院司法组推行理实并重制注意点》，中国第二历史档案馆档案。
② 关晓红所著《晚清学部研究》（广东教育出版社，2000）是目前所见到的关于该主题最好的一项研究成果。本部分内容主要参考和采用了该书第四章"与各方权限关系"的研究成果，特致谢意。

况。有关部院只是在具体办事时，彼此协商提出解决权限纠纷的方案，然后奏报朝廷批准。而相关部门在协商解决各自的权限时，不免带有本位观念，使得实际操作不断发生摩擦。学部和法部（1906 年 10 月诏由刑部改设）之间就京师法律学堂的归属问题发生的争议，正是中国现代史上法律教育管理权限冲突的第一次体现。

1907 年夏秋之际，学部着手整顿各部院所设学馆，拟"将各部院之学馆设法合并，如度支部之计学馆、吏部之学治馆、礼部之礼学馆等统筹于学部，以期划一"。张之洞预料此举可能引发矛盾，要求学部堂官"与各部院商议妥协，再行定夺"。但是风声传出，"各部以学馆性质与学堂不同，均有不欲归并之意"①。面对学部整顿划一的决心，各部自有对策，因此与学部的冲突不断。

1907 年 7 月上旬，法部侍郎沈家本"以法律学堂开办至今已将一载，非随时整顿，不足以示讲求。现在法部、大理寺事务纷繁，势难再行兼顾，故于日前具折奏请将该学堂事宜一律划归学部管理，以专责成而免贻误。折上奉旨依议"②。

几天后，各地传媒纷纷报道法律学堂学员"全体反对"归并学部，"禀陈法部沈侍郎设法挽回，用以保全司法独立之权"③的消息。学生们群情汹涌，以联名禀告、请愿、散发传单、聚议、呼吁等方式，力图引起舆论及社会各界的关注，强调："学部管理普通教育，毕业后授予学位。若法律学堂多属已授官职之人，且系专门，与寻常学堂不同。如陆军之有武备学堂、度支部之有计学馆、民政部之有巡警学堂，事正相类，何以皆不归学部，而独于法律学堂有此举动？"指责此举"殊属不合缘由"，要求"收回成命"，大有不达目的誓不罢休之势。④

六月初七日，学部表态，上奏称："准修律大臣沈家本咨称奏请将现办之法律学堂改归臣部管理一片，奉旨依议钦此，知照臣部钦遵在案。臣等查光绪三十一年前管学大臣议准专设法律学堂折内声明奏定章程，大学堂政法专科须俟预备科及各省高等学堂毕业生升入。现在预科甫设，专科尚未有人，所请专设法律学堂实为党务之急，自应准如所请。将来专科毕业人才日出，届时酌议归并。各等语。是沈家本所设法律学堂，须大学专科毕业后方议归并。现在大学专科尚未成立，即臣部新设法律学堂，亦在甫经开办，臣部遽复接管法律学堂，似与议准原案稍有未符。且学堂之弊，莫大于纷更，若管理屡易其人，则成效无时可睹。拟请仍责成沈家本照旧管理，俟三年毕业时，请旨简派大臣会同臣部考验以符原案，届时查看情形，如大学专科毕业有人，再议归并。得旨如所议行。"⑤

时隔一年，1911 年 4 月，学部再度争取管理各部学堂的权限。在《奏拟将各部设立之学堂毕业考试权限画一折》中，学部指出：法部律学馆开办时"系为本署司员肄习律例"而

---

① 《各学馆不愿归并学部》，载《申报》，1907-10-16。参见中国第一历史档案馆藏：宪政编查馆档案全宗，考察筹备宪政类，第 35 卷，议字第 73 号。

② 《法律学堂奉归学部》，载《大公报》，1907-07-13。《德宗景皇帝实录》卷五七四载："法部右侍郎沈家本又奏：法律学堂，请改归学部管理。从之。"

③ 《法律学员力争法律学堂独立》，载《大公报》，1907-07-19。

④ 参见《时报·京师近信》，1907-07-27。

⑤ 《光绪朝东华续录》卷二〇七。另据 1907 年 7 月 22 日《大公报》"奏请法律学堂仍归沈侍郎"，内称学部尚书荣庆以"本部人员深悉法律者甚鲜，实难派以接管，该大臣为法律专家，此学自应仍归管理，以资得人而收实效"专折入奏。

设，且"原定章程两年毕业，由法部自行核办，并无奖励"，法部后来擅自改变性质，将原定进修培训的律学馆改为学历教育的法律专门学堂，通过"增订功课，展长期限"，试图取得奖励出身之资历。学部以此为例，请求重申统一各部设立学堂毕业考试等权限，声称："臣部职司教育，除军事教育外，无论何项学堂，臣部皆有考核之专责。故定章各省设立之学堂，平日须将课程讲义、学期分数送部查核，毕业之际，或将试卷送部复核，或调部复试。""凡应给奖出身者，均无不按照奏定章程送臣部考验。"此次律学馆学生毕业，其"平日课程分数表册既未送交臣部，迨至毕业，又未送臣部考验，即行请奖出身，实与奏定章程不甚符合"。"傥仍照该部所定办法，即不得比照学堂给予奖励。至其余各部所设之学堂，除不在学堂系统之内者均毋庸给奖外，其按照臣部奏定章程设立之学堂照章奖给出身者，须将课程规则、讲义课本、学期分数等送由臣部先行考核，毕业考试并应统归臣部办理。否则虽经请奖，仍由臣部请旨撤消，以昭核实而归画一。"

迫于现实，学部退而求其次，放弃直接管理各部学堂的努力，试图通过毕业考试及奖励出身来达到间接控制。这一奏请获得清廷的批准。①

可见，晚清法律改革和教育改革从一开始，就存在办学管理权限如何配置、高度集中统一的"一刀切"式管理和种种例外并存的问题。导致这一问题的出现，既有客观原因，也有主观或偶然方面的原因，而其间存在的矛盾或者摩擦一直延续了很长时间。

二、民国时期教育、司法部门的交叉管理模式

实际上，法律人才的培养根本不可能彻底脱离司法机关的管理。1929年6月15日，国民党第三届中央执行委员会第二次全体会议上讨论通过《关于司法制度之完成及其改良进步之规划案》，这使得司法机关对法律教育管理活动的介入有了规范的依据。该决议案提出：国立大学法律科之课程编制及研究指导，应归司法院直接监督；私立法律政治学校，非经司法院特许，教育部立案，不得设立；中央及地方之司法行政机关或法院，不得设立类似法官养成所之教育机关。② 接着，国民政府又公布和实施了《司法院特许私立法政学校设立规程》、《司法院监督国立大学法律科规程》。这两项"规程"均于1929年11月19日公布，1930年4月7日又修正公布，同日实施。《司法院发给法律科毕业学生证明书规则》于1933年5月10日司法院公布，1935年10月4日做过一次修正。

《司法院特许私立法政学校设立规程》共有7条，其中规定，凡私立大学内之法学院、独立法学院和设有法律或政治科之独立学院，均须经司法院特许；以上所举私立学校，除教育部核准立案及核准开办时应分别转请司法院备案外，其呈请特许时，应由该校校董会检具下列文件呈由教育部转送司法院审核：(1)教育部核准立案之证明文件；(2)法律或政治科之课程预定案；(3)法律或政治科之教员履历表；(4)法律或政治科之设备计划书。

前项所列各私立学校之设立，经司法院特许后，即由司法院知照教育部及咨明考试院备案，并送登政府公报公布。依本规程特许之私立学校，成绩不良者，司法院得令其改良或撤销其特许。经特许设立之私立学校法学院或法律科之组织变更时，应呈由教育部转送司法院

① 参见《奏拟将各部设立之学堂毕业考试权限画一折》，载中国第一历史档案馆藏：学部档案全宗，文图庶务类，第357卷；《学部官报》，第150期（1911年4月22日）。
② 参见《中国现代教育大事记》。转引自《教育部公报》，第一年第8期。

核准；如果撤销，应呈由教育部转送司法院备查。

此外，该规程还要求前已立案的私立大学或独立学院补行特许，办法另定。

《司法院监督国立大学法律科规程》（共 18 条）规定国立大学法律科之课程编制及其研究指导，由司法院直接监督。国立大学法律科应以下列学科为必修课目：

（1）三民主义；（2）宪法；（3）民法及商事法；（4）刑法；（5）民事诉讼法；（6）刑事诉讼法（7）法院组织法；（8）行政法；（9）国际公法；（10）国际私法；（11）政治学；（12）经济学；（13）社会学；（14）劳工法（前项课目授课时间应占该法律科总授课时间 2/3 以上）。

在教学方式和教学管理方面，该规程规定，国立大学法律科修业年限过半后，应于授课时间以外增加时间（每星期不得少于 4 小时），在上列各课教员指导下进行研究。其方法是（1）讨论学理（应以论文形式发表）；（2）实行诉讼（应作记录）；（3）法律的补助科学之研究；（4）检证的研究。

国立大学法律科应将所定的必修课目的授课时间按年分配，作成预定总表，呈送司法院核查，并应在每学期开始前，将该学期之课程及课程章节，详细列表，呈送司法院查核。司法院还可通过调阅讲义、讨论论文以及诉讼记录，或派员监试等方式监督大学法律科的教学。司法院如认为大学法律科的指导方法未臻适当或不按核定之课程表授课，得令改良，或咨由行政院转令教育部予以取缔。

国立大学法律科遵照本科规程办理，经司法院认为成绩优良者，其学生修业期满考试及格时，由司法院发给证明书。《司法院发给法律科毕业学生证明书规则》专门重申了这一条的规定。

以上规程（则）颁布之后，历年均经按照办理。例如 1944 年度各公私立大学（学院）法律系学生举行毕业考试，司法院即派员对国立中央大学等 12 所校院进行监试。此外还按照当年工作计划（即"凡造就司法人才之学校及其学生，其成绩优良者，得酌给奖金以资鼓励"），对私立朝阳学院及该院法律系一、二、三年级及司法组一、二年级名列前茅之学生，分别给予奖金。①

司法院制定的上述规程，实际上为大学法律科的课程以及教学等方面设定了一套最低标准。它有利于沟通法律教育与司法界的联系，有利于发挥司法实际部门在培养法律人才中的积极作用。

---

① 参见居正：《司法院三十三年度工作报告》（1945 年 3 月 12 日），载《居正文集》，221 页，武汉，华中师范大学出版社，1989。1946 年教育部法律教育委员会开会时，曾提出"拟请废止修正司法院监督国立大学法律科规程"及"司法院发给法律科毕业学生证明书规则"的议案，但会议仅推请原提案的史尚宽、孙晓楼、张企泰三委员先行研讨，并未有正式决定废止之结果。参见《教育通讯》（复刊），第五卷，第一期，30 页。

第九章

近代法律教育思想的演进

第一节
法政教育批判思潮的兴起

一、法政教育批判思潮的兴起

早在 19 世纪 70 年代，就已粗略地显露出了对于近代法律人才认识上的某些思想萌芽。正如我们在前文中曾反复提到的那个例子，1877 年李鸿章见到刚从英国留学回国不久的伍廷芳后，深感伍氏那种既"有儒士风"，又"绝无外洋习气"，而且"熟悉西洋律例"的人才"尤为难得"。这种人才在办理交涉的活动中，可以"翻译西例"，或"遇有疑难，俾与洋人辩论。凡折以中国律例而不服者，即以西律折之"，发挥"以彼之矛刺彼之盾"的作用。[①]

从这些零星的文字当中，我们可以看到当时顺应时代潮流的一派官僚，对于新式法律人才的伦理与专业技能评判标准的一种认识模式。其中，那种懂得西洋律例的法律人才可以发挥"以彼之矛刺彼之盾"的作用的认识，在此后很长的一段时期里仍能看到。例如，《皇朝经济文新编》（1901 年编）中收录的《华人宜习西律说》一文中说："我中国不乏颖秀之才。现在通西文西语者既多，宜令往西国律例学堂用心研究，学之既久，尽可从西人考试，充作律师。他日航海回华，即可主持讼事。经人延致，其费较轻，而律意精通，案情熟悉，以之辨驳，不致受亏。岂不一举而两得耶。"[②]

1902 年沈家本与伍廷芳受命修订法律后，他们从制订的新律需要有懂得新律的人来保障施行的实际需要出发，最早提出了培养法律人才的问题，并为此创办了培养新式法律人才的京师法律学堂，在中国近代法律教育史上有很大的贡献。这在前文已有详述，不再重复。

清末兴起的法政教育，到了民国初期几近泛滥之势，在当时的教育界引为巨观，且颇受社会舆论的关注。根据当时流行的意见来看，大多病其浮滥败坏。这在前文当中，也已述及。不过，此处还有两点需要补充：

---

① 参见《李鸿章请用伍廷芳（函）》（光绪三年九月初一日，1877 年 10 月 7 日），载李鸿章：《译署函稿》，卷七。转引自丁贤俊、喻作凤编：《伍廷芳集》，1～2 页，北京，中华书局，1993。
② 《皇朝经济文新编·西律》卷二，光绪二十七年（1901 年）。

其一，社会公众对于法政学生抱有鄙薄、蔑弃的态度和心理是有其原因的。就法政学生方面来讲，一些学生不认真追求学问，只求借文凭谋官钻营。蔡元培对此曾坦率地讲道："这种法政毕业生，既买得新招牌，便自以为很有本领，而中国因为从前法政之腐败，也以为应该用新学生。那晓得这般新学生腐败一如旧官僚，加之学得外国钻营的新法，就变为'双料官僚'。""并没有一点真实学问，却要在社会上占优胜的地位，那就和假冒王麻子招牌去图高价的一样，就是对于社会不尽劳力而要受报酬多的人，当然人人看不起他，千万法政学生，虽多半是假冒招牌，但其中亦非无一二好人，不过群众心理，大抵以大半数埋没少数，所以一律看不起他们了。"①

再从一般公众方面看，法政教育的勃然兴起，正值国家由封建专制向民主共和发生革命性转变的时代。为了实现这种转变，人们对于宪政和法政人才本抱有极高的期望，设想一旦制订出宪法，成立共和政府，国家即会迅速地强盛起来，所谓"变法自强"。到了民国时代，由于国家政权的极度混乱，原先那种充满着理想色彩的政治热情和不切实际的良好愿望一落千丈，于是，法政的信念发生了动摇，希望变成了失望，以致视法政毕业生如同粪土。诚如有的论者所言，"随着 1916 年后派别冲突的每一次循环，政治家立宪花招中的谎言明显增加，民众对民国政权的支持相应下降。最终结果是使自由共和国的观念信誉扫地"②。

其二，虽则法政学生的名声不佳，但也有起而抗争，自觉地振作精神，锐意树立法政教育良好形象者。例如，1918 年北京国立法政学校创办的《法政学报》（这是国内由法科学校创办的较早的法学期刊之一）第一期"发刊词"中说：

> 吾侪之见弃于社会也久矣。社会有游民，法政学生居其一；社会有废材，法政学生居其一。……吾侪之在今日，殆已难逃众目之轻视矣。顾吾侪圆颅方踵，俨然人类也。吾侪具有高深之理想，具有完密之学识，具有纯粹之理论，具有充分之能耐，社会虽弃吾侪，吾侪不敢自弃；社会虽侮吾侪，吾侪不敢自侮。惟吾侪既入于此困苦之境域，苟欲自拔，则不可不结力振神，准备与此困苦之境域相激战。吾侪固欲以自身之本能，应吾天职之要求，而结为一种道学上之机能团体。以期获取因果律上之少许之报酬。如是，则虽不能一时征服此境域，然吾侪本能之发展，究无限量也……
>
> 今日社会不安之象，强半皆由法律政治之不良。溯源求弊，是皆由人才不克以济之。盖法与政，非其人则不举。无法政之学识者，均不足以语政法之改良。今吾侪居修学之时代，虽不欲有出位之思。然吾侪之天职，固不能弃法政事业而首言担负。吾侪今日所斤斤自信者，即在求所增进学识共相切磋之一种良好方法，然后习而通之，发挥而光大之，庶使今后政法之设施，不恃学识以外之夤缘……③

几年之后，该学报又发表了一篇题为《法政学生的责任》的"社说"④，号召法政学生应当树立远大的志向和目标，明确自己的责任，并使自己成为对维护国家和社会的正常秩序有所作为的人。其文说：

---

① 《蔡孑民先生演说辞》，载《法政学报》（北京国立法政学校），1919 年第 11 期。
② ［美］费正清：《剑桥中华民国史》，上卷，288 页，北京，中国社会科学出版社，1993。
③ 刘琪：《发刊词》，载《法政学报》，第一期，1～2 页，1918 年 3 月 18 日出版。
④ 《法政学报》，第三卷第九期，"社说"，1 页，1924 年 9 月出版。

社会上的人常说："法政学校是官僚养成所"，"法政学生是未来的臭官僚，臭政客"。……我们听了这几话，切不可抹糊过去。确实，现在的法政学生，太放弃责任了。

中国闹得如此的乱七八糟，我们如果任随他则已，假设想要他进步而且满意一点，靠现在这般当权执事的人，是绝对不行的，非从今日起，所有的法政学生青年人们——政治人才——立下宏誓大愿，将来出去，痛加一番改造不可。所以，在学校的时候，一方面须努力的造就自己的学问，以为将来作事的工具；一方面须随时培养自己的高尚纯洁的人格，以为将来成就事业的基础。这是法政学生的一般责任。此外，应当在功课之余，把现在国内各种实际问题，拿来详细的研究，得失是非，自己须有一个明晰的观察，认清将来自己应做的工作。……至于在团体生活之中，还要养成一种"不争权利，不闹意见，以求最大多数之最大幸福为目的"的习惯。这是法政学生特别的责任。现在法政学生青年人们，如果不从速觉悟，尽目前应尽的责任，仍然醉生梦死的，只知道穿点好的，吃点好的，把学问人品丢在半边，只图混一张毕业文凭，那么，将来到了社会上，和今日这般当权执事的，还不是一丘之貉，于国家有何益处！我们要知道，现在当权执事的先生们，哪一个不是从前的所谓学生？——尤其是法政学生——然而把国家竟闹糟了，我们还可以因循吗？

国家政治的不良固然与法政教育有密切的关系。但法政教育要办得有成效，也绝非一朝一夕之事。当法政教育受到社会舆论种种责难之时，实距创办近代法律教育仅不过十余年的时间。以此短暂的时间，即指望它能有怎样的成就，发挥出多大的作用，是根本不切合实际的，更何况近代法律教育的创办，最初又是在极其仓促被动的情况下开展起来的呢。

二、蔡元培的大学法学教育思想

蔡元培在整顿北大的一系列计划中，曾较多地涉及了法科的性质及在大学中的地位问题。他关于大学的概念所构设的前提是"学"与"术"的区分。他认为"文理二科，专属学理；其他各科（指法、医、农、工、商等科），偏重致用"①。"以为文理两科，是农、工、医、药、法、商等应用科学的基础，而这些应用科学的研究时期，仍然要归到文、理两科来。"②"学与术虽关系至为密切，而习之者旨趣不同。文、理，学也，虽亦有间接之应用，而治此者以研究真理为的，终身以之。法、商、医、工，术也。直接应用，治此者虽亦可能有永久研究之兴趣，而及一程度，不可不服务于社会；转以服务时之所经验，促其学术之进步。"③按照这种"学"与"术"的划分，蔡元培所设想的大学，是以文理两科为基础，专门探索高深学问或学理的一种类型，他设计的大学分类结构是"治学者可谓之'大学'，治术者可谓之'高等专门学校'"④。虽然他认为一所完整的大学应当各科并设（包括法科），但是他仍倾向于把法科从大学中分离出去，办成专门的法科高等学校，"以示学与术的区别"⑤。不过，当

① 《大学改制之事实及理由》（1918年1月），载《蔡元培选集》，上卷，512页，杭州，浙江教育出版社，1993。
② 《我在北京大学的经历》，载《蔡元培选集》，下卷，1331页，杭州，浙江教育出版社，1993。
③ 《读周春嶽君〈大学改制之商榷〉》（1918年4月15日），载《蔡元培选集》，上卷，519页，杭州，浙江教育出版社，1993。
④ 《读周春嶽君〈大学改制之商榷〉》（1918年4月15日），载《蔡元培选集》，上卷，519页，杭州，浙江教育出版社，1993。
⑤ 《我在北京大学的经历》，载《蔡元培选集》，上卷，1331页，杭州，浙江教育出版社，1993。

他按此设想准备将北大法科并入国立北京法政专门学校时，却由于遭到反对而未能实现。

蔡元培认为法科属于直接应用的一种"术"，实际上，这只是强调了法科的一方面特征。应当说，法科并不仅仅是一种讲究应用的"术"，而且有其丰富而深厚的学理内涵。西方有的法学家称法律是一种艺术，其中的"术"，乃指法律中蕴涵的理性与经验，不同于这里的"术"。

应当看到的是，蔡元培如此强调大学的文理基础特性，除了因为他在德国留学时所获得观察和感受的影响外，也和他在国内教育界的经验有关，特别是他曾经看到过清末遗留下来的颓败的法政学风。这一点可以从他着手就任北京大学校长时的心理准备当中反映出来。对此他曾这样回忆道：

> 兄弟两年前（指 1916 年）到北京的时候，还受了外来的刺激，对于法政学生还没有看得起他。兄弟初到大学时，接见法科学生，也如此对他们说。那时兄弟听说多数法政学生，不是抱求学的目的，不过想借此取得资格而已。譬如法科学生对于各种教员，态度就有种种不同，有一种教员，实心研究学问的，但是在政界没有什么势力，他们就看不起他。有一种教员，在政界地位甚高的，但是为着做官忙时常请假，讲义也老年不改的，而学生们都要去巴结他。呵！他们心中还存在着那种科举时代老师照应门生的观念呀。我当时对法科学生，已经揭穿这个话了。[①]

以上蔡元培所讲的内容，正是他阐述大学教育宗旨的一个重要思想来源——在 1917 年 1 月 9 日所作的那篇著名的《就任北京大学校长之演说》当中，他对于大学的性质和学生的使命的阐述，几乎都是针对法科学生的不良学风而发的。而他从文科入手实施整顿北大的计划，也正是从改变学生学习法律的"干禄"观念开始的。

三、刘伯穆（W. W. Blume）的三点建议

直到 1920 年以前，我们尚不能看到专门论述法律教育问题的文字材料。1923 年 7 月出版的《中国法律评论》（The China Law Review）第一卷第六期上，发表了刘伯穆（W. W. Blume）的《中国的法律教育》（Legal Education in China）一文，是为目前我们所见到的关于中国法律教育的第一篇专文。[②]

刘伯穆是一位美国法学家，1920 年由密歇根大学来到中国上海，任东吴大学法律科，即中国比较法律学院（The Comparative Law School of China）的教务长（1921—1927 年在任）。此文原为提交国际律师协会（The International Bar Association）第三届年会（马尼拉，1923 年 8 月）的论文。[③]

---

① 《蔡孑民先生演说辞》，载《法政学报》（北京国立法政学校），1919 年第 11 期。

② 刘伯穆的这篇论文是据他的前一篇文章《基督教法律教育在中国》（Christian Legal Education in China）改编而成的，后者原为刘氏为"中国基督教律师"（China Christian Advocate）准备的报告。该文被作为"社论"发表在《中国法律评论》，1922 年第一卷第三期。

③ 国际律师协会源于菲律宾的东洋律师协会。1919 年菲律宾律师发起东洋律师协会，邀请中国及日本律师赴会。当年中国无律师前往，仅大理院推事胡文甫一人奉司法部命赴会。1920 年在东京开会，我国律师及公派者有赴会，但组织不当。此次会议由日本律师提议扩充范围，更名为国际律师协会，多数赞同。议决 1921 年在北京召开第一次国际律师协会成立大会。是年到会者除菲、日外，尚有在东方执业的欧美律师。"斯会虽不能即号称国际律师协会，然国际间以研究学术，交换知识为标识之团体，在我国国境内开会，实以此为嚆矢矣。"江庸：《敬劝京外律师赴菲律宾国际律师协会》，载《法律评论》，1923 年第 1 期。

在这篇论文中，刘伯穆首先论述了法律教育机构的创办和领事裁判制度下司法机构的运作这两方面对于中国近代法律教育发展的贡献。在前一方面，他叙述了自 1895 年创办天津北洋大学以来法律教育机构的发展状况，并分析了清末民初大量程度参差不齐的法政学校骤然出现的原因。根据他的观察，由于民国仅仅继承了大清帝国为数有限的法律文献，而又无法读懂西洋法律书籍，因而自然转向借助日本人大多用汉字写成的西洋法律著作。很多人去日本学习法政，因此中国的法律学校很快就被留日归国的中国人所把持。由于中国学生去西方国家学习法律的人数相对来讲非常之少，所以，中国对于西方法律的大部分知识是从德国转由日本而来的。不过，日本法制的近代化成就，是在日本法学家分别以其各自的语言研究了法国、英国和德国这些相互匹敌的法律制度之后取得的，中国所面临的问题是，应当将哪些西方的法律融汇于她的古代的法律制度当中。

作为间接的贡献，刘伯穆高度评价了不平等条约下的领事法庭以及混合法庭、美国驻华法院（the United States Court for China）、英国高等法院（the British Supreme Court）在日常开庭、发布判例等实际运作中对中国人了解和学习西方司法制度所给予的影响。他认为，"司法的完整性与独立性是中国的法律中最重要的一个问题，而上述法院及其他的法律无可置疑的完整性，将一种崇高而又可贵的理念摆在中国的法律学生面前。在华执业的各国律师业的法律家们，又可以同样的方式为此作出重要的贡献。"

接下来，刘伯穆又探讨了中国法律教育今后发展的目标问题。

刘伯穆认为，在西方国家，法律职业是由"通识教育"、"法律教育"和"良好的道德品质"这三个方面的条件加以维护和保障的。而在中国，极其低下的职业标准和法学院为当官提供捷径的流行观念的结合，导致了缺乏素质的法律职业群体。"鉴于中国绝大部分地方的律师业水平低劣，加之遗留下来的旧帝国衙门'讼棍'的不良名声，中国的法学院都似乎应当确立这样一种培养目标，即下一代的律师要能够提升训练水准，并将他们置于社会中受人尊敬的领袖地位。"刘伯穆敏感地意识到，在中国要实现这样一个目标是非常困难的，因为这有一个深层次的历史根源，即："中国人相信法学院的毕业生更可能破坏秩序，而不是建构秩序。""古代巧取豪夺的制度如此根深蒂固，致使人们通常的道德力量在巨大的诱惑面前几乎不可避免地要走向堕落。""而只要古老的制度残留不去，人们就会以恐惧、厌恶和憎恨的目光看待律师。"

尽管如此，刘伯穆仍然坚持："必须要把人们提高到一个新的品秩上来——他们受过最新的法律理论训练，能感受到法律具有一种神圣的威严，而且律师是它的侍臣；他们抱有捍卫正义的热忱，并能折冲樽俎，操纵裕如。"

为了实现上述的目标，刘伯穆按照西方的标准，提出了以下三点建议：

其一是关于良好的通识教育。他认为这个问题可以通过提高法学院的入学条件和只允许这种法学院的毕业生从事职业加以解决。这是美国律师公会倡导的方案。

其二是关于良好的道德品质问题。刘伯穆认为，这个问题即使在西方国家的法学院，也是一个悬而未决的问题。在英国和美国，职业道德是通过律师界的神圣传统的有益影响来把握其方向的。在中国，由于健全完善的法律传统非常欠缺，此外社会的道德约束力又很微弱，因而"首先是要改变那些即将成为未来的法官、律师和国家领袖的人的生活方式，这是中国迈向司法改革的最为关键的一步"。

其三是为法律学生提供适应国家需要的法律教育。刘伯穆认为，中国固有的法律体系不可忽视，然而它在许多方面都已显得苍然古老、陈旧落后，需要按照近代的法律观念和实际加以转变。对于这种转变所涉及的法律移植问题，刘伯穆指出："应将哪些西方的法律融汇于中国古代的制度当中，这个问题应当丢在一边，直到对中国的各种法律制度予以识别，并将全部现有的涉及每一种制度的习惯法收集和分类，而且直到对西方的各种法律体系，以其母语进行了认真严格的研究之后方能解决。"而在这一期间，大理院的法官们按照创制先例的办法，就案件作出经过认真推敲的判决意见的这种制度是非常适宜的。

刘伯穆首次对中国近代法律教育将近三十年的历史发展作了比较系统的概括。作为一个外国法学家，他以亲身的观察和中外比较的角度，提出了当时的法律教育中存在的三个严重问题，即学术水准低劣、司法职业道德欠缺和不能满足为学生提供一种适当的法律训练的需要，并由此探讨了法律教育发展的目标和现实途径，其中有不少引人深思的启发意义。特别是关于如何将西方的法律原理与中国的法律传统相融合的问题，是值得我们重视的。当然，他关于领事裁判权对中国近代司法改革所抱的十分欣赏的态度，我们是不能无原则地接受的。

四、周鲠生的为撤销领裁权而做法律教育准备的建议

与刘伯穆注意到领事裁判权对中国法律教育的发展所起的示范性作用相对，中国的法学家也同样注意到了这方面的问题。1922 年，周鲠生博士在他的一篇题为《领事裁判权问题》的论文中提出，为撤销列强在华的领事裁判权，我国在立法、司法和法律教育方面应当赶紧作出相应的准备。[①]

按照周的观察，中国目前的法律尚处于一个混沌的状况。现存的法律或完全适用前清所订的，或是暂行援用的，有的仍是草案，漠无系统。必须组织有历史观念和哲学眼光的法学家，包括聘请外国著名的法学家，尽快完成近代的法典编纂事业。同时整顿、改良全国的司法机构，并造就"适任的法官和历练的律师"。而法官和律师都是靠法律教育养成的，"没有完善的法律教育，如何能得适任的司法人才"。因此，必须"改良并提高法律教育"。

他不满意当时国内法律教育的状况，但也不同意公众的某些过分的批评。他说："国人的高等专门教育，本已一般的都不满足，但讲到法律教育，那是更坏了。国内一般人士，有轻视法政学校的倾向。常听得有人说，那些傍的科学不兴，而又懒于用功的人，都去学法政。这种批评，诚未免太苛，不尽切事实。但是这话也代表一般人对于法律教育的心理。中国人所受的法律教育之不完备，究竟不能讳言的。这种不完备状况，几乎在国内外皆然。试看从前出洋留学法政的人，不知几千，岂不是其中多数的，不仅没有外国语知识，一般科学根柢，甚至连法政知识本身，也是敷衍卒业了事。假设国内司法界，尽是这类人才，司法状态，怎么能望好，怎么能令外人信服。"

周鲠生认为，法律是社会科学的一部分，同时又构成一种专门职业教育。完整的法律教育，需要有外国文的素养，高等普通科学的准备，包括伦理、论理、心理、历史等方面，并要有其他社会科学，如社会学、经济学、政治学、史学等的知识。

按照这样的标准，他认为首先必须提高国内法律教育的程度。这又可以有两种办法，一

---

① 参见周鲠生：《领事裁判权问题》，载《法学季刊》，第一卷第二期，1922 年 7 月。

是改善国内的法政专门学校，使学生在进入法律本科之前，至少应受二年的高等普通教育；另一个就是把法政专门学校一律归并于各个大学的法科。而在这二者之中，他认为后者更为可取，理由是可以省去教育机构的重复，且能集中财力和设备。当然，他并不认为国内现有的大学法科已经办得很完善。"国内法政专门学校程度要提高，就是大学法科，亦何尝不应再提高程度。"他清楚地意识到，要提高法政学科的程度，实际上就意味着连同大学机构本身在内的"学科程度，并且学校内容、组织设备，均在应当大事改革之列"。具体来讲，除了必须具备丰富的藏书室和大学法科一律采行四年制以外，法律教育机构还务求为法律学生提供充实的外国文和外国法知识，并要有硕学的教授团。前者自然是出于撤销领事裁判权后，我国法院遇有审理涉外案件的业务需要而考虑的；而后者则是为了医治"国内法律教育的致命伤"。他强调："真正的一个大学法科，不是请几个司法界中人，来教导学生一点法律条文的知识，就算能事已毕的。究竟完善的法律教育，还是离不了以学问为专业的法学者。"

第二节
关于法律教育的讨论

一、概述

20世纪30年代，法律教育问题开始引起中国法学家们广泛的关注和重视。他们专就法律教育问题的兴论立说，发表了大量的作品。其中，最为引人瞩目的，就是1934年上海东吴大学法学院法学杂志社出版的《法学杂志》第七卷第二期和第三期连续刊出的"法律教育专号"（吴经熊为专号题名）。这两期的专号，发表论文和译文共22篇，计其篇目依次如下（第1～12篇载于第二期，第13～22篇载于第三期）：

1. 丘汉平，法律教育与现代
2. 燕树棠，法律教育之目的
3. 孙晓楼，我国法律教育的几个重要问题（第二、三期连载）
4. 杨兆龙，中国法律教育之弱点及其补救之方略
5. 赵琛，刑法学之任务及其补助科学之教育
6. Leon Green，梁敬钊译，法律教育之新计划
7. 杨鹏，德国之法律教育
8. 凌其翰，比利时的法律教育
9. ［日］高柳健藏，赵颐年译，日本之法律教育
10. 季福生，暹罗司法及其法律教育
11. E. R. Pineda，姚福园译，南中美洲法律教育之概观
12. 王文模，罗马之法律教育
13. 盛振为，十九年来之东吴法律教育
14. 董康，我国法律教育之历史谈（第三、四、五、六期连载）
15. 刘世芳，大陆英美法律教育制度之比较及我国应定之方针

16. ［意］赖班亚（A. Lavagna），杨兆龙译，意大利今日之法律学校

17. 徐象枢，法国之法律教育

18. 姚启胤，英国之法律教育

19. 卢峻，美国之法律教育

20. 艾国藩，瑞士之法律教育

21. 裘汾龄，苏俄法律教育

22. Phineas Leir，王式成译，纽西兰之法律教育

除了"专号"，还有专书。1935 年商务印书馆出版了孙晓楼的《法律教育》一书。同年，《法令周刊》（第 239 期）发表了吴经熊的《法律教育与法律头脑》；《教育杂志》（第 25 卷第 4 号）发表了阮毅成的《法律教育的失败及其补救》；1936 年东吴大学法学院出版的英文刊物《中国法律评论》（The China Law Review），第 9 卷第 2 期）发表了陈晓楼（英文名为 Hugh Chan）的《中国近代的法律教育》（Modern Legal Education in China）①；1938 年《新政治》月刊（第 1 卷第 2 期）发表了梅仲协的《改革法律教育与提高司法官待遇》；1939 年《中华法学杂志》（第 2 卷第 2 期）发表了刘仰之的《法律教育的改革问题》；等等。

以上所列篇目的数量及其论题涉及的范围，足以表明，在 20 世纪 30 年代，法律教育已经成为法学家们的关注和重视的一个领域。他们发表的这些论著，从内容方面看，大体可以分为两类：一类是有关中国法律教育问题的讨论；另一类是对于外国法律教育的译文或评介。不过，前者的讨论也大多是从中外比较的角度出发的，不纯然就国内的法律教育现状抒发己见。而后者多也不仅限于描述或介绍外国的法律教育制度，其主要的目的，还是要丰富人们的视野，以世界各国的经验，作为检视中国法律教育的参考背景。因此，可以说，所有这些论著都有这样一个总的目标，即认识和改进中国的法律教育。而其中的几篇论著，如丘汉平、燕树棠、吴经熊、杨兆龙以及孙晓楼的作品，或因其有独到的见解，或有其细致的观察和分析，而最值得我们的注意。下面就分别大略介绍一下他们的认识和观点。

二、丘汉平：寻求现代法律教育的目标

丘汉平（1904—），字知行，原籍福建海澄。1927 年毕业于东吴大学法律学院，后赴美留学并于 1929 年获华盛顿大学法学博士学位。曾执律师业，任暨南大学外交系主任，东吴大学法学院罗马法教授。著有《法学通论》、《罗马法》、《先秦法律思想史》等著作。他的《法律教育与现代》一文，着重探讨了法律教育的目的问题。

丘汉平认为，现代法律教育的目的主要是"训练立法及司法人才"；"培养法律教师"；"训练守法的精神"；"扶植法治"。而要实现这些目的，"非有适当的法律人才不可"，并以实施法律教育的机关，即法律学校作为保障。

什么是"适当的法律人才"呢？丘汉平认为，至少要具备以下五项条件的人，才可算是适当的法律人才。

第一，要认识时代的精神及时代的倾向。他认为，认识时代是研究法律最重要的工作。法律教育的实施，首先就是"要使学者明白时代的过去、现在与将来"，"特别要注重从某一时代转移到另一时代的如何过渡，及其因此所生的社会效果"。为此，他主张要研究历史。

第二，要了解法律的旨趣及现行法的文义。他认为，了解法律的旨趣，不可不先明了法律的目的和作用及其他相关的问题。要注意法律的变迁经过及其在各个时代的意义，"否则，简直习法不知有什么用了"。为此，要重视法律史、法律思想史的训练。至于现行法的文义，"一面须尽阐明之能事，一面须使其抓住中心问题及应用方法。本此原则，司法者不可不将现行法通盘的研究其梗概并其关系之点，而于问题之提出，尤须注意于解决的方法"。

第三，须熟谙审判方法及应用心理学。他认为诸如讯问当事人及证人、审择证据、应用论理方法等内容丰富的审判方法，是"适用文字法律到人事的渡桥"，连同审判心理学，都是非常重要的，有研究的必要。但目前中国各校的法律课程中，多不注意，不免引为遗憾。

第四，须知悉人情世故及社会的复杂组织。丘汉平赞同"法律不外乎人情"的说法，认为"适用法律，离开人情，便是走错了路"。但他强调，这里的"人情不是普通所说的'情面'或'交情'，是说一般人在社会上应该如此如此的"。他还进一步解释说："一时代有一时代的法律，同时亦有一时代的人情。著以甲时代的法律依照甲时代的人情，当然是符合的。如果以甲时代的法律施用于乙时代的人情，即便是牛头不对马嘴了。"另外，丘汉平还认为，"法律离开其对象（社会），便是乌托邦"。"知悉现代社会的组织情形，为应用现行法的第一步。譬如在陕西的推事调到上海来办理案件的时候，不注意上海社会的风俗习惯和组织，拿 18 世纪的头脑，来判 20 世纪的案件，当然要闹出笑话来了。"因此，要学习些社会学方面的知识，以便认清现有的社会。

第五，须有道德涵养并能舍弃小己。丘汉平认为，现代研究法律的人，太偏重功利而不顾道德，法律教育中对此万不能忽略。要开设"伦理学"、"法律道德"、"名法家传记"、"人生哲学"等课程。

丘汉平认为，以上五端，都是现代的法律教育不可忽略的。为此，他要求办学者和国家应注意在这样两方面加以推进：一方面是提高入学程度；另一方面就是现有的法律学校，择其善者加以扩充，其不良者加以整顿或淘汰。并仿英国伦敦大学、美国纽约大学等校设立夜校，使已在社会服务之普通大学毕业生得受高深的法律教育。其理由是，这种毕业生思想成熟，施以训练，收效较速。

丘汉平所说的法律教育的四种目的，实际上，大可归为两类：一是培养各种职业人才，这就包括了立法、司法和法学教师；二是培养法律人才所应具有的职业精神。因为"守法的精神"与"扶植法治"是完全相通的，而且前者是后者当中必不可少的成分。至于法律人才所应具备的那五项条件，则都是为了满足上述目的而对法律人才素质要求的具体体现。

三、燕树棠：造就具有"法律头脑"的法律人才

燕树棠（1891—1984），字召亭，河北定县人。1914 年毕业于北洋大学。1915 年赴美国入哥伦比亚大学、哈佛大学、耶鲁大学攻读法律，1920 年获耶鲁大学法学博士学位。回国后先后任北京大学、武汉大学、西南联大法律系教授，曾参与《法律适用条例草案》的起草工作。1947 年任武汉大学法律系主任，次年任司法院大法官。1949 年后在武汉大学法律系编

译室工作，兼任湖北省政协委员、中国政法学会理事等职。

燕树棠在《法律教育之目的》一文中，首先提出了关于法律教育的一个根本性问题，即："我们为什么要办法律教育？造就什么样的法律人才？"由于这个问题直接关系法律教育的实施途径，因此值得相当的注意。

燕树棠认为，法律教育的目的是随时代而有不同的。在中国古代，因国家和社会崇尚"礼教"，鄙视法律而"实无所谓法律教育"。但在有清一代，"中国的旧律已经脱离了幼稚的状态，其规则之复杂早已需要专门之研究而构成了专门的知识"。当时的法律教育，"只是期望把他们的'徒弟'们造成咬文嚼字的办理诉讼案件的刑名师爷而已"，"可以说是单纯的职业教育，而以取得法律专门知识而能谋生为目的"。

清末维新变法以后，无论君主立宪派，或者国民革命派都抱有"国家制度及法律一经变更，国家就可以强，人民就可以富，外侮就可以除"的迷信，于是，人们"对于法律的态度，大反从前鄙视的眼光，而承认法律是支配社会的重要工具，同时承认法律任务是社会的任务，法律事业是公益事业，法律教育是训练社会服务人才的教育"，法律教育的目的，"是在训练社会服务人才，不是在造就个人谋生的能力"，这就与从前的目的大不相同了。

民国成立后的十余年间，"学习法政的人们充满了国家的各机关；在朝在野的政客，以及乡间无业的高等流氓，也以学习法政的人为最多。多年来官场之贪污，政客之勾结，许多造乱之源，常归咎于'文法'，并且社会秩序日就纷乱，也直可以证明法律之无用和无力。一般人从前对于法律事业之奢望，渐变而为失望了"。南京政府成立后，"政府当局对于法律教育，亦并未宣示特别的教育宗旨，只是与别种专门知识同样的视为专门知识之训练而已"。由于国家各项法典的陆续颁布，法律教育成了"名词的解释和章句的说明"，目的是"使学生取得专门知识，能应付各项的考试"，"无须再有他求"。

燕树棠对过去各个时代的法律教育的目的概括，实际上也代表了他对各个时期法律教育状况的一般看法。从他的概括中，我们可以看出，法律教育的目的与人们对法律的认识态度有着密切的联系。而人们对于法律的认识又是随时代而不断变化的，这样，法律教育的目的也应当紧跟时代变化的需要，不断地发展。

在燕树棠看来，现代的法律必须顺应急剧变化的现代社会生活，而不能机械的使用，因此，法律人才的训练，也不能只限于一般的专门知识，而需要于此之外，另有一种"调剂的东西"，这种调剂的东西，燕树棠把它叫做"法律头脑"。他解释说，"法律头脑"的"意义的要点是说于学习法规之外，必须得到一种法学的精神，才算是完成了法律教育。学习法律的人，必须取得这种精神，他所学的机械的知识，才能变化而成为了解的认识；他的机械的法律知识才有了生机，有了动力，才可以说是死知识变为活知识，死法律变为活法律"，"他才能可以说是一个'用之不竭'的法律人才"。这就是说，现代社会法律教育的目的，应当是培养一种不仅要有机械的法规知识，而且要有灵活的"法律头脑"的法律人才。

那么如何才能培养具有"法律头脑"的法律人才呢？燕树棠提出，应有以下四方面的条件，即：

（1）须要有社会的常识；

（2）须要有剖辨的能力；

（3）须要有远大的思想；

（4）须要有历史的眼光。

燕树棠认为，所谓社会常识，即指对于社会人情之了解。他在解释法律人才所以须要了解社会人情时说：

> 我们中国现在的法律，一大部分是由东西洋输入的舶来品，寻常所不经见的名词更多。假若教员先生故神其说，罗列些专门名词，讲解一个法律问题，真可以使着学生侧耳静听，莫测高深。其实，法律问题都是人事问题，都是关于人干的事体的问题——油、盐、酱、醋的问题，吃烟、吃饭、饮酒的问题，住房耕田的问题；买卖借贷的问题；结婚生小孩子的问题；死亡分配财产的问题；铜元钞票的问题；骂人、打人、杀伤人的问题，偷鸡摸鸭子的问题，大而国家大事，小而孩童的争吵，都是人干的事体。从这些事情里边所发生的法律问题，我们若从浅处看，从易处看，法律并不是什么艰深而难了解的东西。假设我们依据对社会的经验和视察而研究法律，我们了解法律的程度一定增进不少。我们中国旧日思想把"国法"、"人情"并列并重，其中大有真理在！

关于法律人才的剖辨能力，他说：

> 一般人批评事体，议论是非，判断曲直，往往囫囵吞枣，依据一句概括的成语或列举一个简单的例子，就敢轻下断语，其中不知道耽误了多少的事，冤枉了多少的人。从事法律职务的人评判和处决事情的机会更多，虽有法律可以依据，若是缺乏相当程度之剖辨能力，就不能找到问题之肯綮，就不能为适当之处置。对于人事之剖辨犹如对于物体之分析……其内情虽复杂，若剖辨起来，也不难知道人与人彼此关系之构成的原素。分析是科学方法，是科学精神，学习法律的人若是得不到剖辨的能力，若是不注意培养自己剖辨的习惯和精神，那就是等于没有受过法律的训练。

关于法律人才要有远大的思想，他说：

> 研究法律系研究人生的琐事。法律所支配所干涉的事体，都是人与人之间常发生争端的事体。从事法律职业的人，直接处理那些争端，常常与坏事接触，常常与坏人接触，往往于不知不觉之中，熏陶渐染，淹埋于坏人坏事之中，以有堕落而不能自拔者，所在皆是。……应该提高学生的精神，超拔主观的影响，使入于理想的境界。办理俗事的任务而有超俗的思想，此乃法律教育不可少之要件。

最后，关于法律人才要有历史的眼光，他说：

> 法律问题是社会问题之一种。社会问题是社会整个的问题。不明社会的过去，无以明了社会的现在，更无以推测社会的将来。学习法律必须取得相当程度的历史知识，才能了解法律问题在社会问题中所占之位置，才能对于其所要解决之问题为适当之解决。学习法律的人必须能够把眼光放大、才能把问题认识的清楚。

以上是燕树棠关于具有"法律头脑"的法律人才的具体分析。他所讲的这四项条件，均是从法律与社会变迁的关系出发，而对法律人才所提出的社会学的、哲学的、伦理学的和历史方面的标准和要求。它们虽不直接涉及法规方面专门训练的问题，但对于提升法律人才的品质，并进而促进法律价值的实现，意义是非常重大的。正因此，燕树棠建议，必须改革现有的法律课程，减少民法、刑法、民事诉讼法、刑事诉讼法等占用大量时间、"成本大套"

的课程，尽可能扩充普通知识，特别是要重视政治学、经济学、社会学、伦理、心理、逻辑、哲学等社会科学科目的训练，使之与法律科目并重，"以便促学生对于整个的社会，全部的人生问题，得到相当的认识"。最后，他充满信心地预言，这样的改革，是中国和欧美各国法律教育界的共识，是法律教育今后的发展趋势。

四、吴经熊：培养理想与现实完美结合的法律人才

吴经熊（1899—1986，英文名 John C. H. Wu），字德生，浙江鄞县人，1920 年东吴大学法科毕业，1921 年赴美国留学，并于 1922 年获密歇根大学法学博士学位。曾任东吴大学法学院院长兼法理学教授，南京政府立法院立法委员及宪法草案起草委员会副委员长等职。中西文著述丰富；法学方面的作品主要有《法学论丛》（Judicial Essays and Studies，1928）、《法律哲学研究》（1933 年）、《法律之艺术》（The Art of Law and other Essays Judicial and Literary，1936）等，被认为是西方的社会学法学派在中国的代表性人物。[①]

反映吴经熊法律教育思想方面的作品，主要有《法律教育与法律头脑》一文。[②] 此文是吴经熊在读了燕树棠《法律教育之目的》一文后，有感于他所提出的法律教育的目的，就在于养成"法律头脑"的观点加以发挥而写成的。他不仅"完全赞同"燕树棠的主张，而且对他所提出的观点颇为称赞。

吴经熊认为"法律头脑"一词，从传统上讲，"似乎是指剖辨的能力而言的，就是所谓核名实，辨异同的工作"。但"燕先生把'法律头脑'这个概念扩充了。在他的手里，它的含义变成更丰富，更有意思的了"。吴认为，概念的含义与历史的过程有着密切的关系，并非一成不变。在 19 世纪西洋法学中，"法律头脑"（legal mind）不过是指"分析头脑"（analytical mind），而到了现在，则要包括研讨法律的社会基础、历史背景和它的目的、理想等。因此，使"法律头脑"的概念不断发展，以符合现代学术上的要求，完全是一个正当的办法。

吴经熊特别注意到了燕树棠提出的"远大的思想"和"历史的眼光"这两个问题，认为他对于这两项虽有论述，但语焉不详。因此，他要在这篇短文当中，专就这两个要件作"比较详细"的阐发。

首先是关于"远大的思想"。吴经熊认为，教授法律的目的，并不只在于产生一般的法律实务家，使他们将来毕业后，挂牌当律师，解决个人的职业和生活问题。尽管这也是法律教育所应做的事，但法律教育的目的不仅在此。法律教育与一般教育都有三种不同，但同时又互相补充的目的，即"求实用"、"满足知欲"、"对于人生的总价值的促进"。他特别强调，对于法律教育而言，这三者不仅不可分离，而且是"混而为一的"。他说：

> 法律是实际和理想的会合点。法律凭着实际的力量促进人类的理想——如像一朵荷花种在泥土之上，而不染泥土，而同时却又少不得泥土。总之，不知道法律的目的，也就是不知道法律不能用"为求知而求知"的态度去研究法律，也就是不能致法律于实用。

---

① 参见王健：《超越东西方：法学家吴经熊》，载《比较法研究》，1998（2）。

② 此文原为应约为《教育杂志》而作，载该刊第 25 卷第 1 号，1935 年第 239 期："兹以法律教育问题，在我国现状下，无论在教育方面，司法方面，关系颇为重要，故特再付《法令周刊》发表"。

为了说明上述的观点，吴经熊还进一步引用民法第一条的规定（即"民事，法律所未规定者，依习惯；无习惯者，依法理"）来加以说明。他认为，在这条的规定中，法理与条文、习惯构成了一个鼎足之势。不懂法理，也就是不懂民法，至多也不过是一知半解。

但什么是"法理"呢？吴经熊论道：

> 法理不是天上掉下来的，只能在法律和人生的关系里面去找的。人生的理想，也就是法律的理想了。要达到人生的理想，当然不能专恃法律的力量。可是法律也是主要工具之一种。这里面就发生了三个重要问题：第一，人生的理想何在；第二，对于实现人生的理想，法律的贡献何在；第三，法律在种种所以促进人生理想的工具中处什么地位，如何和他们分工合作。我们教授法律学生的时候，一定要时时刻刻使他们注意到这些问题，并且帮助他们推求对于这些问题的解答。

他针对燕树棠所说"办理俗事的任务而有超俗的思想，此乃法律教育不可少之要件"这句话进一步发挥道：

> 有了超俗的思想，才配办理世俗上的事务。因为识得法外意，才算识得"法内言"。这句话是似非而是的真理。

其次是关于"历史的眼光"。吴经熊认为，燕树棠关于这个问题的论述与他一向主张的"法律的相对论"如出一辙。在此，他以西方的法律思想发展作背景，来说明法律的相对性的合理性。他反对西方传统的自然法学说关于法律超越时空的绝对性和普遍有效性的观点，认为"自然法是适合社会情状的，实事求是的，具有先见，能促进文化，使其于最短期间之内，从现有的地位踏进比它高一级境界的一种法律"，而法律教育的最高目的，就在于帮助学生以社会历史的方法，去寻找这种法律。如果不能找到这种自然法，那就是没有法律头脑的了。

总而言之，吴经熊的法律教育思想，立意高远，既注重追求法律教育的终极理想，又非常强调法律教育的现实目的，并在此两者之间努力寻求其完美的结合。

五、杨兆龙：中国法律教育之弱点及其补救方略

杨兆龙（1904—1979），江苏金坛人，1927年毕业于东吴法学院，获法学士学位，旋即留学美国、德国，获哈佛大学法律博士学位。曾任上海地方法院推事、立法院宪法起草委员会委员，司法行政部刑事司司长及东吴法学院、朝阳学院、复旦大学等校教授。1949年后曾任上海社会科学院教授，法学著述颇丰。

杨兆龙关于法律教育的研究，一如他文章的标题所示，分为两个方面，一个是中国法律教育的弱点究竟在哪里。另外，就是如何补救中国法律教育的弱点。从这两方面，他对当时法律教育的状况作了广泛地观察和分析，指出其弱点所在，并相应提出了一系列的改良方案。

杨氏不满意当时人们对于法律教育的一般看法，这包括那些只知批评和攻击现状的"高调派"和那些认为中国的法律教育已经不可救药而提出"废除或停止法律教育"口号的"低调派"，认为"高调派"改良法律教育的要求，仅仅停留在口头上，而毫无具体方法，因此，

他们是否切实研究过中国法律教育的改良问题，是值得怀疑的。至于"低调派"所标榜的，实为"因噎废食"主义，"简直是没有出息"，其消极的态度，早为识者所不取。"因为谁也承认法律这个东西是现代无论哪个新式国家也不可缺少的；法律既是如此重要，则研究法律的人，当然也不可缺少；法律教育为培养法律人才的工具，其不应废除或停止，自属毫无疑义。"

杨兆龙对于"高调派"的概括，与吴经熊所观察的情形正相一致，并且同样受到了吴经熊的批评，吴曾指出：

> 现在我国一般研究法律的人们，好像有两种通病，一种是欢喜崇尚欧化，滥唱高调，好像外国的东西，什么都是好的，中国的东西什么都是坏的。他们忘了中国社会的事实，是法律的根本，所以造成许多不合宜的法律学者，于中国是没有什么贡献的。再有一种极端的消极派，他们因为现在许多研究法学的人，对于国家社会没有什么贡献，所以对于法律抱很怀疑、很消极的态度，好像法律教育于中国是不需要的，甚至主张法律学校应当裁并或停办。①

既然"高调派"和"低调派"两者都不可取，那么，要改良中国的法律教育，就必须对这个问题有彻底的认识，就"应该对于中国的法律教育的毛病重新下一番诊断的工夫，藉以知其弱点之真正所在"。

按照杨氏的观察，中国法律教育的弱点，可大别为学校与学生两类。在学校方面，存在着"学校行政当局办事不认真"、"办理学校无适当之宗旨及计划"；教授"学识浅薄"、"态度因循"、"任课过多"；课程方面"忽视法律之演进及现代之趋势"、"缺乏比较法学的课程"、"必要的法律未经列为科目"、"对于理论法学不甚注意"、"对于法律的实际方面没有彻底的训练"、"没有关于法律伦理的课程"、"法律之补助课程不完备"；设备方面存在着"法政学校的设备可以草率些"的错误观念等等的弱点。

在学生方面，则存在着"基本教育不好"、"对于法律之兴趣不浓厚"、"智力不尽合标准"和"纪律不严密"等等弱点。总之，在他的视域中，现有法律教育的各个方面，几乎没有一处不存在这样或那样的问题。同时，他对他所观察到的上述各种弱点都提出了不加掩饰的批评，其中不乏启人深思之见，现摘取几例如下：

针对法律学校不研究那些虽未制定但有前途的重要法律，他说：

> 研究法学不要专以法律条文为能事，而应就一国所需要的法律制度，不论已否存在，加以探讨。其已有草案的，我们固然应该加以讨论、批评及修正。就是那些无草案的，我们也不妨设立专科，就各国之成制及本国之情形，为学理及实际的研究，以为将来立法之准备。不然，则事事都要临进抱佛脚，那是何等的危险啊！

关于不重视理论法学的现象，他说：

> 现在有许多法律学校，对于理论法学不甚重视。……像法理学、法律哲学、法律方法论、立法原理等科目，只在少数学校里被列入课程，而与其他法律科学并重。所

---

① 孙晓楼：《法律教育》，"吴序"（1934 年），上海，商务印书馆，1935。

以无怪现在有许多法律学校的毕业生眼光小而不知应变。对于各种法律制度，只知其然而不知其所以然。我记得有好多次，法官或律师，因为新法与旧法不同，而武断地说新法不好；或因某种事实无现成的判例或解释例可以适用，而茫然不知所措，或因法律有点过于深奥，而将大家有争执的重要问题轻轻放过。这种现象，不消说，都是发生于一种错误观念，那就是：视条文、判例及解释例为法律学的全体而置法律的理论于不顾。

关于没有法律伦理的课程，他说：

> 学法律的人若是没有人格或道德，那么他的法学愈精，愈会玩弄法律，作奸犯科……我们虽不敢说学校里有了这一科，学生的人格或道德就一定会怎样的改善……（但）若是教授得法……即使不能收完全的效果，至少总比没有这种课程好得多……倘再不顾到他们道德的修养，那无异替国家社会造就一班饿虎。

关于法律学生智力不尽合标准的问题，他说：

> 法律与个人的生命财产既有极密切之关系，而其内容又非如寻常所推想之简单容易，那么，决不是人人所能学的。换句话说，凡是智力太差的人不宜于学它。虽然就个人那方面讲，我们不能反对任何人研究法律，但是就社会这方面讲，法律这件东西是社会上最重要的制度，扩行法律职务的人最足影响社会之福利。所以就这一点看来，我们实在顾不到个人的利害，我们只应该问问某某人研究法律是否适宜。若是一个人智力不足，那他在法律上的贡献是不会怎样好的，其影响于个人者还小，其影响于社会者则很大。我们时常看见许多法官，连一件极简单的案子都弄不明白。对于当事人、证人所说的话，他们就没有理解的能力。一个极明显的道理，往往需要他们许多思索。在别的法官审理一次可以终结的案件，在他审理起来，起码要三四次，甚而至于十、二十次，更甚而至于案子"开了花"而无从结束。像这样的法官，在他自己那方面看来，也许是很卖力气，一天到晚忙得不亦乐乎，但是在当事人方面看来，则受累万分，时间也费了，金钱也花了，精力也废了，职业也荒了，弄得哭笑不得。试问，人民遇见这种法官，是何等的不幸！我们或许要怪司法行政当局误用这种人为法官。但是，我们又何能重责司法行政当局？仅凭他们的整顿，又焉能正本清源？老实说，根本的毛病，还在法律学校的招收学生不当心，因为测验学生的智力这回事，在多数办法律教育的人的脑海里，就根本没有想到。学生中聪明的固然不少，愚笨的却也很多，对于那些愚笨者，学校的教育正如撒在瘠土上的种子一般，要想果实硕美，那是不可能的。

这里应当说明的是，杨兆龙在这里提出了一个人智商的高下与学习法律的关系问题。这在当时关于法律教育的诸多讨论意见中，是比较罕见的，而且以后似乎也很少有人关注到这一问题。但是这个问题的提出，并非没有它的意义。

既然已经"诊断"出来法律教育的"毛病"所在，那么救治"毛病"的药方也就不难开出来了。将这些存在的问题倒置过来，大体就是他所提出的补救法律教育弱点的改良方案。不过，由于他的方案如同他的观察范围一样的庞大，不便一一列述，故此从略，不过，他所提出的关于法律课程的编制原则，因为颇有创意，并有实际的参考价值而摘录如下：

课程分配次序可采取下列原则：

（1）先法律的补助科目而后法律的科目。（补助科目是为准备读法律而设的，所以应先研究。）

（2）先普通科目而后特别科目。（普通科目概括性较大，往往为特别科目之基础，故应先研究。）

（3）先实体法而后程序法。（程序法为保护实体法所规定之权利而设，故应于研究实体法后研究之。）

（4）先总论而后分论。（此为极明显之原则，毋庸细述。）

（5）先公法而后私法。（公法上的原则都比私法上的原则要"落落大端"些；其内容比较为初学者所容易领会。如此可收由易而难，循序渐进之益，若将次序颠倒，则徒使学生感到困难而无实益。）

（6）增加各种科目于特定期间之授课钟点，以缩短其训练期间而减少同时所授科目之种类（即采取集中授课的办法）。

六、孙晓楼："法律教育的得失，有关国家的盛衰"

孙晓楼（1902—1958），江苏无锡人。1927 年毕业于东吴大学法律学院，旋即赴美国西北大学法学院留学，1929 年获法学博士学位回国，曾先后任上海地方法院推事、东吴法学院教授、国民政府行政院参事，朝阳学院院长等职。1949 年在复旦大学图书馆工作。除《法律教育》一书外，其他法学作品主要还有《劳动法学》（1935 年）、《领事裁判权问题》（上、下，1936 年）等。

据吴经熊评价，孙晓楼"任国内法律学校讲座有年，对法律教育如何改良，尤其关心，前此东吴《法学杂志》'法律教育专号'就是他所编的。近又以其平日研究法律教育之心得，编集成书，其分十五章，对于中国法律教育的弱点，及其种种补救的方法，凭其经验观察，成《法律教育》一书，学理事实，互相参证，披阅之余，便了解于国内法律教育之内容，与今后应采之方针，深觉此书一出，不但使一般读者对于法律教育能得深切的了解，同时藉此可以唤起教育界的注意。他的结论，当然他并不希望人家奉为金科玉律，不过，这部著作实在可认为研究法律教育的开路先锋"①。

由吴经熊的这一评价，可以看出，孙晓楼对于法律教育的研究十分热心。作为东吴《法学杂志》的编委，他组织编辑了两期"法律教育专号"。另外，他还集自己的平素观察和亲身体验，写成《法律教育》专书，是为中国近代法学史上第一部研究法律教育问题的专著。

孙晓楼所以要研究法律教育问题，从他个人的感受来讲，就是"万百事情，不研究便不觉得有所不满，一研究便到处见得破绽"。在他看来，中国法律教育的弱点，"实在是因为办理法律教育的人们不是以法律学校当做一个教育事业——所谓为教育而教育"。他抱怨："国内许多法律学校，有几多人是在那里研究法律教育的？再看到中国的出版界，有几种杂志或单行本上，是曾经讨论这个问题的？一个法律学校，是不是只要设置几个法律课程，悬挂一块法律学院的校牌便可以了事？"可见，在孙晓楼的心目中，法律教育应当是一个专门的事

---

① 孙晓楼：《法律教育》，"吴序"，上海，商务印书馆，1935。

业，进一步说，法律教育应当是一个需要人们关注的专门的研究对象。而他组织专号，并且著书立说，只是"藉以唤起办理法律教育者的注意罢了"。

孙氏的《法律教育》一书，包括其导言与结论，共 15 章，计约 10 万言。在这部书中，他详细地探讨了属于近代法律教育范畴的几乎所有的重要问题，举凡法律教育的目的、法律的基本科目、法律学校应添设之学课、法律研究方法之转变、大陆英美法律教育之比较、专任教授的重要、研究院之设立、限制学生人数与提高入学资格、法律夜校之设立、法律学校之设备、比较法学讲座之重要以及法律课程之编制方法等问题，均在他的讨论之列。当然，也应看到，他能够如此广泛而系统地讨论法律教育问题，除开他个人的经验与观察之外，也是在专号中汇集起来的论文给他提供了思想和观点比较丰富的研究材料分不开的。

《法律教育》一书内容的丰富已经略如上述，然而归纳其要端，可以有以下四点：

其一，法律是公益的事业，是社会的事业。由法律的这一概念出发，则法律教育的目的，在于训练为社会服务、为国家谋利益的法律人才。这种人才，"一定要有法律学问，才可以认识并且改善法律；一定要有社会的常识，才可以合于时宜的运用法律；一定要有法律的道德，才有资格来执行法律"。孙晓楼认为，法律教育应当从这三方面着眼来办理法律学校，陶冶法律学生，以期学生毕业之后，能成为为社会服务的有用之才。"不要盲人瞎马，一味的提倡法律教育，而不知法律教育的腐化，或一味的蔑视法律教育，而不知法律教育的重要。"

其二，孙晓楼引用西方学者，特别是社会法学者关于法律是"社会利益"（social interest）、"社会需要"（social need）、"社会功利"（social utility）、"社会要求"（social claim）的观点，认为"研究法律，决不可以闭关自守，专就法律研究法律，应当由社会人事的各方面，来推求法律之所以然"，"应当以社会科学作为基础"。这样，政治学、经济学、哲学、心理学、伦理学、历史学、生物学及人类学、社会学等和法律有关系的科学，都是法律学生应备的基础。同时，在研究法律的方法上，也要相应地从狭义的研究转变为广义的研究，从分析的研究转变为功用的研究。

其三，"研究法律，一定要学与术并重，太偏重理论，便不免于空泛；太偏重运用，亦不免于迂腐，必也有法律之术，法理之学，互相为用，而后可以臻于美备"。因此，就前者而言，法律学校应当添设完善的模拟法庭、讨论室和法律救助社；就后者而言，法理学、法律哲学、立法原理、法律方法论、比较法学等理论法学科目部应纳入课程体系，并给予重视。另外，有必要添设法律研究院，为有志研究高深法律的学生提供场所。

其四，"法律教育不是公民教育。公民教育只求学生有些法律常识，教他如何做一个国民。法律教育是希望培植出完善的法律人才，有组织头脑，有高尚品格，于做一个好的国民之外，能为人民服务，为社会造福。法律教育负有如此重大的使命，所以法律教育望它普遍化是不可能的，法律学校招收新生，决不可以来者不拒的滥招，应当看学校的资力，社会的环境，限制学生人数并提高入学资格"。

以上孙晓楼关于法律教育的主张及其理论依据，基本上来源于欧美法律教育的思想与模式。他自己也承认他在书中大量引用了美国法律教育家的观点和主张。但他并不认为完全抄袭外国的课程和设施，就可以达到自己的目的。他说："我们的所谓法律教育，是希望以外国的科学方法，来训练出适合于国情的法律人才。"

第三节
不同视角下的中国法律教育

20 世纪 30 年代中期，法学家们对法律教育问题进行了比较集中的专门讨论。此后，有关这一主题的讨论仍在继续。30 年代末至 40 年代初，蔡枢衡所发表的关于中国法学和法学教育的一系列批判意见，可说是一种来自大学教授的观察视角。到了 40 年代中期，官方对于法律教育的态度开始变得积极起来。1945 年国民党政府教育部法律教育委员会，邀集法学专家研讨。教育部长朱家骅于每次会议均到会讲演，先后共五次。1946 年 7 月至 1948 年 11 月间，美国法学家庞德应司法行政部之聘担任顾问，教育部悉后又请任教育部顾问。尽管庞德是以官方顾问的身份在法律教育委员会的讲坛上发表他对中国法律教育的改进意见，但作为一位美国的法学家，他对中国法律教育的观察，无疑代表了一种比较的视角。这样，在 40 年代，对法律教育观察的视角就更丰富了。

一、蔡枢衡：对中国法学与法学教育的学理批判

蔡枢衡（1904—1983），江西永修人。1919 年赴日先后入中央大学法学系及研究院、东京帝国大学法律系，毕业于东京帝大研究院。1933 年回国后曾任北京大学、西南联合大学等校教授。1949 年后曾在中央人民政府法制委员会、国务院法制局、全国人大常委会办公厅工作。主要法学著作有《三十年来中国刑法之辩证法的发展》（1936 年）、《中国法理自觉的发展》（论文集，1947 年）、《刑事诉讼法教程》（1947 年）、《中国刑法史》（1983 年）等。[1]

用他本人的话来讲，1938 年末至 1943 年春，蔡枢衡"产生了一个散文时代"[2]。这些"散文"中的《法律学教育的生产和再生产》（1939），和与此主题密切相关的《法治与法学》（1941 年 3 月）、《中国法学的病和药》（1941 年 12 月）、《中国法学之贫困与出路》（1942），后来被著者集结起来，以"中国法学及法学教育"的标题，构成了《中国法理自觉的发展》书中的一章。[3] 在这些篇章里，中国近代的法学和法律教育一并受到了蔡枢衡严格的检验和批判。

蔡枢衡把批判视为时代赋予的一项任务。而完成这一任务的意义在于，对客观实在的对象的批判，能够揭示出"现实的和可能的二者间的关联，也就是合法则的发展之预言。"根据这一前提，蔡枢衡对他所要批判的对象，即现实的中国法学和法律教育作了一个基本的判断。他说：

> 今日中国法学之总体，直为一幅次殖民地风景图：在法哲学方面，留美学成回国者，例有一套 Pound（即庞德）学说之传播；出身法国者，必对 Duguit（即狄骥）之学

---

① 参见《国立西南联合大学校史》（1996），306 页。
② 蔡枢衡：《中国法理自觉的发展》，"写在前面"，自刊，1947。
③ 以上文章，除《法治与法学》一篇外，分别原载于《新动向》（半月刊），第 3 卷第 6 期，1939 年 12 月 1 日；《当代评论》，第 1 卷第 3 期，1941 年 12 月 8 日；云南《民国日报》，1942-11-13，"专论"。

说服膺拳拳；德国回来者，则于新康德派之 Stammler（即施塔姆勒）法哲学五体投地；以中国闭关时代的农业社会为背景之理论家，又有其王道、礼治、德治之古说，五颜六色，尽漫然杂居之壮观。然考其本质，无一为自我现实之反映；无一为自我明日之预言；无一为国家民族利益之代表者；无一能负建国过程中法学理论应负之责任。此种有人无我，有古无今之状况，即为现阶段中国法律思想之特质。①

在这个总的背景之下，蔡枢衡认为，中国法学存在着"质低量微"的"病象"。量"微到法学每一部门不能找到一二册书，或一二册较好的书"；质"低到这国那国的条文都晓得，问起中国相当的规定竟茫然。大学法律学系中的中国法制史科目，常常不易找到一个主观上兴味浓厚，客观上胜任愉快的教授，以及通行的见解，认为'总则'的学问硬比'分则'大，都可当作显著的旁证看。这样的质和量，形成了中国法学的贫困"②。

既然"中国法学的贫困"出自"次殖民地"这样的背景，那么中国法学质低量微的原因，也必然要回到这个背景中去寻找。经过对各种论断的分析，蔡枢衡认为，导致法学贫困的原因，第一是"社会不需要"；第二是"学人的能力不够大"。

就前者而言，蔡氏认为它来自中国数千年的"农业社会，专制政治和道德世界"的传统。他说：

> 二十世纪中国的环境虽然围绕着近代的、现代的工商业社会，中国社会自身对内却还保有着浓厚的农业社会色彩，用不着把个人作单位，把竞争作前提，把法治作理想的近代的、现代的法律。换句话说，现实的中国社会并不十分需要现代中国所有的各种法律。既然不需要这类的法律，阐明这种法律的法学之有无好歹，当然都是无关痛痒的事情。③

而那些在表面上需要法学的事实，如在外做事的法科毕业生、不少好学深思的实务家时感法学知识不足以解答问题，实际上也由于有了"代用品"而并不真正需要法学。这就决定了中国法学必然停滞在质低量微的状态。其中，十年来压抑法学教育的教育政策也起了为之推波助澜的作用。

民众和法官都不大需要法学，并不妨碍为学问而学问者之自由深造，也不妨已有深邃学问者之囊锥脱颖，"然而，教室的讲义几乎是千篇一律；法学书籍什九是刻板公式；法学论文中除了学究式的文章外，不是今人说古话，便是中国人转播外国人对外国说的话"。由此暴露出的问题，只能是学人的能力不够大。

在蔡枢衡看来，一个合格的法学家不仅需要能懂得成文的法条——这是中国社会的现象和形式，而且需要能懂不成文的活生生的现实社会。这是法学人士起码的能力。否则，"只懂外国教授的著书，不明中国社会的现实，算作有眼无珠，大概是不过分"。由于"任何知识都和法学直接间接保有或深或浅的关系"，所以，他暗示，法学者对法学以外的各种学问都应有相当的修养，是形成够大的认识能力的重要因素。这不仅是现代知识的教训，而且这是近代中国法学的历史启示。接着，他又对清末民初以来先后出现的法学者——留日习法者

---

① 蔡枢衡：《中国法理自觉的发展》，122 页，自刊，1947。
② 蔡枢衡：《中国法理自觉的发展》，107 页，自刊，1947。
③ 蔡枢衡：《中国法理自觉的发展》，110 页，自刊，1947。

和留学英美的习法者各自的问题和特点作了剖析，并以此批判了构成法学贫困因素的"形式主义"（即不从学问推论学位资格，而从学位资格推论学问）、"超形式主义"（即认为留学与学问间有必然联系）和"刀的外语观"（即以外语为法学人士的一把刀，剽窃外国特定思维体系的全部或一部，据为己有）。

关于法学教育自身，蔡枢衡认为："初期模仿日本，后来效法西洋，此为数十年来中国一切制度文化之写照，亦即中国近代的法学教育制度蓝本之说明。"[①] 1929 年颁布的《司法院监督国立大学法律科规程》和《大学组织法》虽对教育方针、科目及学分作了规范，但从各校的实际看，"若非院系主持者自身留学当时情况之再现，亦必即其留学国家通行学风之延长。大体言之，其最大缺点在于学生程度不及预悬之标准"。而究其原因，"则制度与人谋各半"。1939 年教育部颁行的大学法律系课程表，"实际上则使比较接近欧陆日本之法学教育标准，一变为美国式的教育政策；易词言之，即为标准之下降"，总之，"今日中国之法学教育，亦不能满足建国事业关于法学人才之需要"，"法学教育之更张，宜为当前之急务"。

另外，在《法律学教育的生产和再生产》一文中，蔡枢衡还提出了一个观察法律教育的一般公式，即他认为法律教育的三个根本问题：（1）法律学教育的目的是什么？（2）应该教些什么东西？（3）最好怎样教？并认为这三者之间是一种目的和手段的关系，且互为因果。按照这个一般的公式，蔡氏对现行的法律教育制度，诸如法律教育之目的、教员、各科课程编制及学分等一系列具体问题作了专详的评论。最后，他特别提出了"法律教育自身的再生产"问题。他说：

> 法律学教育自身的再生产……是法律学教育最大最根本的问题。这问题超越了法律学教育的目的论和手段论而独立存在，同时也是法律学教育的目的和手段存在的前提。这个问题从前是留学问题，今后也是留学问题。不过，留学外国读本科，不如在本国读本科；本科毕业马上留学，不如在国内研究几年再留学。这是近数十年留学外国的经验和教训，也是研究社会科学理之所当然。[②]

为此，他主张在大学创设法律研究所。这是使法律教育永久延绵的根本问题；否则，"不孝有三，无后为大"。

近代中国的法与法学，可以说是西方的"舶来品"，或说是中西文化的"混合物"。无论这种"舶来品"或"混合物"表现为何种形态，其物质性载体终将是中国人的，而非外国人的。本民族的文化，包括法文化在内，又是永动不息的，的确是需要——如同蔡氏所言——生产和再生产的。就此而言，蔡氏极端重视法律教育的生产与再生产问题，而且视之为"法律教育最大最根本的问题"，诚非过分之言。应该说，他主张在大学中设立法律研究所的理由，较之其他的法律教育论者，如孙晓楼等关于设立法律研究所的理由，更有其特殊的深意。蔡氏以此问题作为其文章的标题，也正反映了他极其重视这一问题的态度。

蔡氏关于法律教育的那些意见，均发表于 1942 年以前。若干年后，他发现他所提出的这些意见，竟与法律教育改革的方向有着相当的一致性，便这样说："读了三十六年五月十六日《北方日报》所载教育部朱部长之政策，证实昔日所论并非新病呻吟。政策之方向较之

---

① 蔡枢衡：《中国法理自觉的发展》，123 页以下，自刊，1947。
② 蔡枢衡：《中国法理自觉的发展》，139 页，自刊，1947。

所论，并无本质的差异，衷心实感无限欣慰。"

二、朱家骅：关于法律教育的宏观总结与政策调整

朱家骅（1893—1963），字骝先，浙江吴兴人。早年毕业于同济德文医学校，先后留学德国和瑞士，专攻地质学。1922 年获柏林大学哲学博士学位。曾任北京大学地质学系教授兼德文系主任，中央大学校长。先后三次任教育部部长。[①]

尽管不是法科专业出身，但自 1945 年教育部设立法律教育委员会后，每次会议，他都到会讲演，先后共五次，且能发表不少有关法律教育方面的意见和看法。其历次讲稿后经汇辑，编成一本《法律教育》的小册子。[②]

在法律教育委员会成立后召开的第一次会议上，朱家骅从法律毕业生的质与量两方面，对 20 世纪 50 年代来近代法律教育的演进作了一番官方性的检讨。

他说："清末学习法政者，大多留学日本，而毕业者以速成科程度居多，国内的法政学校，应时而起，入学程度既低，师资亦感缺乏，因陋就简，当然谈不上法学，所以学法律的人数虽属不少，而有用之材却又不多。民国以来，北京政府虽曾加一番整顿，第以政权未能统一，因整顿之计划，也未能普遍贯彻，且主其事者，对于大陆及英美实际情形也多隔膜，而国家法典尚未制定，所以理论实际均无显著进步，国民政府奠都南京以后，重要法典经陆续公布，法律教育客观条件业已具备，但因国家社会需要各种学科人才，均甚迫切，于是有人主张限制文法，侧重实科，法律教育受了限制政策的影响，汰劣留良，惟以设备、师资、教材及方针未能多所改善，因此培成的法学人士，质的方面进步有限，而量的方面则减少甚多。二十七年（1938 年）以后，中央教育政策对于专科以上教育采取均衡发展的原则，法律教育得到了新的开展的机会。但因种种困难仍未打破，在教育当局虽已尽了相当的努力，而法学人才在质量方面仍距理想的标准还很远。综观五十年来，我国法律教育开始虽早，而进展则较迟缓"。

在量的方面，根据他所提供的统计，清末法政学校法律科毕业生有 4 000 余人。民元至 1927 年，国内专门及大学毕业的法律学生每年约有 1 000 人，合计约有 16 000 人；1928 年至 1943 年合计 12 212 人。法科留学生，除速成科毕业者外，先后共计 1 700 余人。这样，国内外学校法律科毕业者总数计近 30 000 人。"实则除去死亡、年老、改业、荒废及程度太差者外，可用之才当不足 10 000 人。"

朱家骅认为，清末以来毕业的法律学生，不但在数量上与实际需要相差很大，即在质量上，也存在许多问题。从数量上看，现有可用之才不足万人，而此后如各县普设法院，每县最少以 3 人计，则需司法官 6 000 人，律师人才之必需 6 000 人，酌配熟谙比较法及国际私法者 1 000 人，最高法院、高等法院需要约 1 000 人，县市政府需要法学人才约 2 000 人至 4 000 人，省市政府及其所属各厅、处、局需要的约 500 至 700 人，加之中央各机关所需要的法学人才，军队方面所需要的军法官，以及企业机关所需要的法律专家等，合计所需至少约 30 000 人左右，显然相差甚远。即以近年培养的法学人才的数量补其不足，亦太有限。

---

① 参见徐友春主编：《民国人物大辞典》，198 页，石家庄，河北人民出版社，1991。

② 参见朱家骅：《法律教育》，教育部教育通讯社编，1948。这五次讲演的时间是：1945 年 4 月 18 日，1946 年 6 月 27 日，1948 年 2 月 4 日，1948 年 7 月 1 日，1948 年 12 月 2 日。

从质的方面看，"由于人们往往囿于先秦法家的传统学说，而具有一种牢不可破的成见，把法律当做一种'定刑论罪'的学科，一提到法官，便联想到从前的刑名师爷，一提到律师，便联想到从前的刀笔讼师，以为法律无非条文，熟读条文便算懂得法律，而法律又不外人情，识透人情，则法律无深奥的道理，因而产生种种误解。一般社会对法学不重视，对学法律者不充分延用，而学法律者，亦多以只求了解一些条文，致用于世为满足，忽视法学的精要，人才的造诣未能达到合理的要求，其运用自不能得到应有的效率，循此推演，社会自然缺乏对于法治的认识，人才难期有法学的造诣，影响及于民主政治之树立与确保，实属无可否认"。

在总结过去的基础上，朱家骅提出："今后法律教育的开展，我以为必须把握时代的适应，和国家社会的需要这两个前提"。本此，对法学人才的标准、法学人才的数量、法学人才的分布这三个方面，必须先有通盘的筹划。

关于法学人才的标准，朱家骅的看法是："我们所需要的法学人才，将来须在司法界、立法机关、行政机关、事业机关以及一般社会展开服务的园地"，"更须培成许多法学的理论学者，以担任立法与法律部门的师资，并以之推进法律学的进步"。"社会愈趋法治，则法律问题牵连到各种学科及社会习惯的地方更多，所以今后的法学人才，一面须具有必要的基本法学知识，一面又须具有将来职务上所必要的特种法学智识，还须了解各种学科，并有丰富的社会常识"。

关于法学人才的分布问题，朱家骅认为："我们要使全国各地平均普遍达到法治的境界，则各地都有法学人才的需要，虽则各地人事、财富容有繁简多寡的不同，不过需要的数量亦有不同而已。过去培养法学人才的学校，大都集中于东南各省及平津一带，学生的籍贯也以这些地方为多，所以边远省区很缺乏法学人才，今后自应纠正这种畸形的发展，使法律教育机关可能为均衡的分布"。

除了上述的基本问题外，朱家骅还提出了几个现实问题，希望通过法律教育委员会（该会为常设机构）的各法学专家，研讨拟议出若干具体方案。这些问题包括：

（1）法学人才之质的改进问题。本问题之属于道德培养方面的，如何改进法学生之训育及伦理学科之贯彻；其属于智识方面的，如何提高法律学科之水准，及何种学科为基本学科，何种学科为特种学科，则涉及法学课程之改革问题。

（2）法学人才之量的扩充及法学人才之分布问题。解决此问题之方法有三种：扩充现有法律系学生之名额；于若干未设法律系之大学内增设法律系；斟酌各地需要增设法律学校。

（3）法律教育之师资问题。

（4）法学院各系之调整问题与法学人才之分工培养问题。此后法学人才之任务既趋广泛，因此需要人才之种类，亦不一致。各校分工培养的办法，是否值得采用，殊有考虑的价值。同时，我国法学院的分系，大体参照日本，并有将社会学系列入者。欧美各国的法科，大概不外两种制度：一为以专攻法学者，一为以法学为主体者。我国此后是否应酌采欧美制度，将法学列为法学院课程之主体，而于法律系以外各系，多设法学科目，并将法学院的主持人员由法学界充任？

（5）法学教育的年限及阶段问题。近年学者有认为法律教育的年限过短，有认为法律教育的年限应具有伸缩性，亦有认为法律教育应分阶段，种种主张不一。此与法学人才之质的改进与量的扩充都有关系，均须加以研究。

朱家骅提出的上列问题，基本上也是他在法律教育委员会以后各次的会议上讨论的议题。他的讲演主要是从宏观管理者的角度而对法律教育作出的一种政策性考虑，其基调是积极加强和推进法律教育的发展。但应注意到的是，对于法律教育的政策性推动，与当时"改良司法"、"实施宪政"的背景是分不开的。

自 1935 年国民政府召开第一次全国司法会议后，有关改革司法制度和法律教育的意见仍屡屡不断。1939 年国民参政会第三次大会议决通过了周鲠生等 20 人提出的《充实司法机构案》（内容主要包括"普设法院"、"确立司法经费由国库负担之原则"、"改善法官待遇，吸收有力的司法人才"、"展宽司法人员登用之路，以培养后进"、"厉行司法专门化之原则，以杜倖进"五项）。[①] 在 1941 年国民参政会第二届第一次大会上，参政员苏鲁岱等提出《政府应注意法律教育案》，经大会决议："查法学之发达，关系国家根本。而法律人才，并为建设事项所需要。应请政府切实注意，详定办法，俾达此目的。"[②] 以后，领事裁判权的收回（1943 年）和增设法院计划的实施，都从客观形势上要求教育部门提供更多的法律人才，以充实各个司法机关。抗日战争结束之后，于 1946 年颁布了《中华民国宪法》。在"还政于民"、建设"三民主义法治国家"的口号下，"提倡法律教育，实为当务之急"[③]。但是，由于实施"宪政"，旨在建立一个国民党独裁统治的政权，宪法的政治意义高于其法律的价值，[④] 因此，法律教育的积极推进，也只能成为服务于国民党专制统治的一个步骤和工具。

三、庞德：中国法律教育的改进方案

庞德（Roscoe Pound，1870—1964）是一位美国的法学家，曾从事律师、法官等职业，长期担任哈佛大学法学院院长（1916—1936 年）。法学著述丰富，是社会学法学的著名代表人物。1946 年 7 月至 1948 年 11 月间，他应国民政府司法行政部之聘担任顾问。教育部悉后，又请任教育部顾问。在华期间，庞德曾就中国的司法与法律教育问题提供过不少的建议，对当时的法学界有一定的影响。[⑤]

1948 年 2 月 4 日，庞德在教育部法律教育委员会第五次会议上作关于改进中国法律教育的长篇报告。其报告的讲稿《法律教育第一次报告书》（First Report on Legal Education）共分四个部分，洋洋 3 万余言，不仅广泛比较欧美各国法律教育的历史及发展趋势，而且提出

---

① 参见吴学义：《司法建设与司法人才》，38 页，重庆，国民图书出版社，1941。
② 吴学义：《司法建设与司法人才》，67～68 页，重庆，国民图书出版社，1941。
③ 朱家骅：《法律教育》，21 页，1948。
④ 参见张晋藩主编：《中国法律史》，574 页，北京，法律出版社，1995。朱家骅在讲演中曾说："我们的宪法业已实施，其中经过了许多艰苦周折，这可说政治多于法律。但以后的问题，应当是法律多于政治了……"孙晓楼：《法律教育》，16 页，上海，商务印书馆，1935。
⑤ 有关庞德来华工作过程的详细记述，参见张文伯：《庞德学述》（国风社、中华大典编印会，1967）一书。关于庞德社会学法学思想在中国的影响，可参见华友根：《中国近代法律思想史》（下），222 页以下，上海，上海社会科学院出版社，1993。

了中国法律教育存在的问题及一系列具体的改进意见。①

在这篇报告中，庞德首先讲述了法律教育在现代立宪政体中的地位问题。他从"宪政团体是法律的政治团体（legal polity）"这个命题出发，指出立宪政体需要法律，而法律又需要有系统的法律教育。"有宪政而无法律，不能有效地运行，有法律而无有系统训练的法官、行政官及法律家，也不能发生宏伟的效力。"从西方法律的发展来讲，"世界各国，具有发达的法律制度者，莫不有统一的法律教育，有发达的宪政团体者，同时也有发达的法律制度与之并肩滋长"。"倘使我们有一种宪法，有力地指示着官方行动的途径，它不仅是政府组织的规定，同时也成了一种法律文件，那么，凡是执行解释以及适应宪法的人，一律都有受法律训练的必要。"总之，法律教育是法律的基础，而法律又是建立宪政的基础。就中国而言，要想建立一个永久的立宪政体，关键就是要创设并维持一个组织良好而又统一的法律训练制度，庶几整个的中国法律可有一种研习的传统而确保其发展，从而保障司法的效率和官民之间公正、和谐的关系。

关于中国法律教育上的一般性问题，庞德特别注意到了一个令他"殊觉惊异"的现象，即中国的立法者，法学家、法官、律师和法律教师所受到的不同方式的法律训练。他们"有的在美国受的训练，也有在英国、法国、苏格兰、德国受训练的，很多却是从日本间接地由德国传统里孕育出来的。就是在本国学习的，也非由同一的传统去认识法典，而是由说不同法律语文的教师们所传授的"。为此，他反复强调："中国实在需要彻底统一的中国法律教育来讲述中国本位的法律，这是时候了。"在法律方面所要做的，"不再是继续研求他国法律中理想的规定，就每一细小节目，力图摹仿外国，求取最时髦的法律，而是由法学家对立法作学理上的探讨及运用判例，根据经理性启发的经验来配合特定时间、特定空间的实际生活。若将他人之制度、原则及规律移植于本土，而不了解其过去的历史及经验的过程，实是一种错误"。总之，"此时亟需对于中国已有的法典予以理解及实验，使成彻底为中国所有的法律"。

但要做到这一点，需要有优良的法官和律师作为前提。而这些法官和律师，应当是由统一的讲授传统中培育出来的。这样，就涉及了庞德强调的另一个问题，即与统一的法律教育密切相关的学理性著述的必要性问题。

庞德根据欧陆法律史的经验论道："我们必须牢牢记着，一个现代法典的主要目的，仅在供给一个法律上的新起端。法典的条文，并不是用以解决其范围内的事件，同时仍须以类推解释的方法，加以阐发，以适应新事件的需要。此将有赖于学理上的写作、法律讲授和判例了。""凡是具有现代法典的国家，莫不有丰富的法律文献，这足以说明，法律是依赖法律文献而发扬的。"可以说，"没有法律家，实际上等于没有法律"。因此，他主张中国迫切需要有一部原理上的著作，如"中国法原论"的书，可将中国法写成完整的体系，并且提供一

① 庞德的《法律教育第一次报告书》的中译本是一个44页的单印本，未注明译者及出版日期。1997年春，笔者函请上海社会科学院法学研究所华友根印得此件。后经贺卫方校订，收入他编的《中国法律教育之路》（北京，中国政法大学出版社，1997）一书。此外，庞德的法律教育报告还有各种不同的中文译本。就笔者查索，有张文伯《庞德学述》一书中收录的译本，题为《中国法律教育改进方案》（161～190页）。参见宋哲译：《从西方法律教育谈到中国法律教育》，载（台）《政治评论》，1966（12）；陈森译：《欧美法律教育与中国法律教育》，载（台）《法律评论》，1972（2）。

种统一的研究方法。

讲到法律教育本身的问题，即它的范围和目标，庞德认为，法律教育的目标是专在培养法官、律师，还是应同时包括培养师资、普通文官及外交人员，又是否应设专门学校或学系，分别培养法官、律师、法律教师、普通文官及外交人员，抑或一种共同的法律训练，这些问题应专门研究。"但观乎中国的情形，无论如何，法律学院的普通训练，既是日后专门训练的基础，自应一律施诸法官、法律教师及从事实务的人。"

在改进中国的法律教育方面，庞德所提的建议，大多为回答教育部向他提出的实际问题。这里我们概括介绍一下所提的问题以及庞德的意见的要点。

（1）应否设置独立法学院，抑或以之为大学之一部，或两者并存

庞德认为，在目前中国，因特殊情形，一时或许需要设置或维护若干独立的法学院，但在政策上应鼓励法学院置于大学，而不设与大学分离的独立法学院，以便法律学生受到学术空气的熏陶，启发他们的职业精神。

（2）学生名额多少的问题

所谓某人有"法学才具"并可以某种方法测验，是荒诞之说。中国现在需要足量的经过良好训练的法律家，以充实司法界、学校及行政、外交机关，除应有良好的预备教育外，无限制人数的必要。

（3）关于设立法律夜校问题

中国法律教育正在初创时期，法律夜校确有其用处；但今日法律课程日益增多，因此法律夜校不可能为学生提供适当的训练，至多只能作为一种临时措施。

（4）学习法律的年限

最应注意考虑的有两点：一是法律是一门渊深的学问，故律师应有良好的教育；二是开始从事律业时应在25岁以下，并历大约10年之功而得成就。因此，最理想的目标是，一个学生在22岁时完成全部大学教育，再经3年法学院专业训练。为培养法学师资等人员的研究院训练，年限可较短些。

（5）关于入学条件

仍以上列两点考虑为基础，施以广博的普通教育；切记在预备阶段特别注意语文训练；又因司法人员以维护民族正义为职责，最好通过文学了解该民族的文化及其性格与理想。西方有希腊罗马文学，"中国有其自己的经史子集，纵无决定中国文化的功效，至少已经渗入了中国的文化。圆通的中国教育，决不能疏忽中国的经史子集"。最后，习法者须懂得有层次的思索与理解，知道怎样细密分析、明辨类别和正确演绎。总之，学生在入法学院时，需要有良好的大学教育。

（6）关于每一科目应需若干小时

这要视标准课程表的方式及其详细内容而定。

（7）"案例方法"（case method）

案例方法不能唯一地用做法典法的教学方法；可在某些学科（如国际私法等）中翻译并使用标准的美国案例汇编。

（8）法律研究院

设置法律研究院的重要，没有疑义。但设独立的法律研究院，另添校舍、图书馆、教

授，将发生许多重复，实属得不偿失。

（9）法学教授的地位

中国需要训练及造就最好的法律教授和法官，教授和法官的职位必须稳固，并须设法诱致法律界中最有才能的人才。"自今而后，用于研究外国法典及外国法律制度以其在纸面上具有最新立法及最优法律制度的心力、财力，最好改用扶掖法学院及法院，使能充分发达，以达成统一的中国法律。"

（10）法律图书馆

法是一种教学传统，而其传统的最大储藏便是图书馆。具有现代法典国家的学理著述，为阐发中国法典所必需，亦为写作充实的中国学理性论著所必需参考，自应先备置。

以上是庞德所作报告的基本内容。从他对中国法律教育提出的一系列建议来看，他的基本倾向是维护现行的一套法典体系，并对中国传统文化和近代以来的立法成就表现出相当的尊重。由于中国近代法律的建设走得是西方法律发展的道路，因而他按照西方法典编纂运动的历史经验，主张在现有的法典体系已经建立的条件下，应尽快发展统一的法律教育和讲授本国法的高水平法学著述，自然也是合乎规律的。他认为中国法制的改革，既要借鉴西方，又必须结合本国的历史与现状，这与当时国内法学界要求建设具有本民族特色的法律制度的主张，有接近之处。应该说，他对中国法律教育不统一的直率批评，是他报告中的一条非常重要的内容。但遗憾的是，他对这一问题并未提供更多的意见，也未提出解决这一问题的某种方案。总的来说，庞德所提的这些建议，都颇受司法行政部和教育部的重视。不过，随着他所服务的国民党政权的迅速垮台，他的一套改进方案也迅速变成了历史。

新中国法学教育六十年

新中国成立至今已经走过了整整一个花甲之年。中国的法治建设和法学教育可谓发生了沧海桑田的变化。这个变化如此之大，反差如此鲜明，过程如此复杂，内容如此丰富，足以为我们提供一个观察现代中国发展的独特的视角。本文主要从宏观角度回顾和总结新中国成立以来六十年法学教育的历史发展。

一、新中国前三十年法学教育之回顾

（一）现代法学教育的建立与除旧布新

传统中国一直是以经律兼习和官学私学并立的方式培养服务于皇权专制制度下的法律人才。经历一个由盛到衰漫长的发展演变过程，但最终没有发展出一套培养法律职业人的正规机制。19世纪末20世纪初，在欧美法系的强势影响之下，清政府开始实行新政和"预备立宪"，中国现代的法学教育于斯萌发。时全国各地法政专门学堂蜂起，1912年全国设有法政学堂64所，法科（以速成为主）毕业生约4 000人。法政教育的发展与政治改良、法律变革兼程并进，培养出来的人才大多是既有中国传统旧学基础、又具有西学法律知识，同时具备丰富的实践经验。这些人先后成为司法系统的骨干力量，顺应了立宪修律和由封建专制向共和制转变的时代需要，为中国法制近代化的渐次推展起到了桥梁和纽带的作用。

进入民国后，法政教育得到整顿和规范，法政学堂逐年减少，至1926年，全国公立和私立法政学校仅剩25所（国立2所，公立16所，私立7所）。到了20世纪30年代，随着"六法"体系的基本构造完成和大学学制的定型与拓展，中国确立了大陆法系的教育模式。1949年国民政府留下的227所高校中，有53所设有法律院系。以培养司法官量多质优而著称的私立朝阳大学、注重英美法和比较法教学的东吴法学院（世称"南东吴，北朝阳"），以及公办的北京大学、中央大学、武汉大学、山西大学、中山大学、四川大学、浙江大学、湖南大学、复旦大学、浙江大学等的法学院，都是当时法律教育的重心。北京大学、东吴法学院还开办了法科研究生教育。民国期间国内外法科毕业生总计近3万人。

1949年新中国成立后，为了适应有计划地开展社会主义建设的需要，法学教育无论从精神层面，还是在体系结构和管理运行机制方面都进行了必要的重新调整。这是一个除旧布新的过程，一方面，它在某种意义上继承了清末以来的法学教育遗产；另一方面，又形成了社会主义法学教育框架，成为支撑和发展今天社会主义法治的重要基础。

1. 法学教育的精神层面发生了重大变化，即在法学教育领域废除和批判"旧法"，确立马列主义毛泽东思想的国家观和法律观。1949 年 2 月中央发布的一份具有划时代意义的政治法律文件中要求，人民司法机关要"经常……蔑视和批判国民党六法全书、欧美日本资本主义国家法律"；要"学习和掌握马列主义、毛泽东思想的国家观、法律观及新民主主义政策、纲领、法律、命令、条例、决议"，旨在教育和改造司法工作干部，"彻底粉碎那些学过旧法律而食古不化的人的错误的和有害的思想，使他们重新学起，把自己改造成为新民主主义政权下的人民司法干部"。此后相当长的时期里，不论是在课堂上、在教研室里，还是编写教科书、从事法学研究，批判欧美日本的法律和法学都成为一项重要任务。这种做法的极端表现，最终走向了取消法学研究和教学，因为已经没有必要再去研究那些已经被"判刑"的法学理论和知识。事实上，在后来的政治运动中，那些在教学和研究当中认为"无罪推定"有合理性等等的学者，都付出了惨重的代价。法律教学内容当中，凡涉及欧美国家的，都是以被批判的错误理论、知识的面目出现的。即便是翻译出版那些作品，也都是出于"揭露其反动本质"或者"肃清其流毒影响"的需要。

为了适应这一变化所采取的具体措施主要是：

（1）1950—1952 年间在高校中全面开展思想改造运动，方式是把教师集中起来听报告、读文件，联系本人和学校状况，开展批评与自我批评，还组织教师直接参加为建设新政权服务的社会实践活动。至 1952 年秋学习运动结束，全国 91% 的高校教师、80% 的大学生、75% 的中学教师参加了这场学习运动。1951 年 9 月，北大、清华两校政法系学生八百多人和教师，去西北、中南、西南参加了为期半年的土改工作，开展土改政策学习宣传，或去上述地区参观新解放区的土地改革运动。

（2）集中组织旧法人员政治学习。1951 年 4 月，在原 1949 年 7 月成立的新法学研究会和 1950 年 4 月成立的司法干部轮训班的基础上正式成立了中国新法学研究院，以解决"团结改造社会上失业的旧高级司法人员，给以出路"，并为新政权培训司法干部。有个在山东省高等法院当了二十多年法官的学员叫李法先，在题为《我作了反动派的忠臣爪牙》的学习汇报中这样评价自己：自己是个颇得周围好评的好法官，忠于业务，独善其身，一直"自高自是"，所以解放后听到有人说过去在法院服务的人也是反动派，他就"很气愤"，他就带着这种心理来到研究院的。自听了董必武副总理和罗青、艾思奇的报告，学习了社会发展史，知道了劳动的伟大和阶级斗争，更明白了旧法是统治被压迫人民保护少数人财产的工具，法院是反动政府机构之一部分，感觉到自己在那种法院当司法官，"忠心耿耿的干了多年，也就正是忠心耿耿的帮助他们统治和压迫了人民多年，我实在不对了，我实在是人民的罪人。通过学习，知道过去的思想和作风都错了，知道要站在无产阶级的立场跟着劳动群众走，要忠于群众，生活于群众之中"。

2. 移植苏联法学教育模式，主要是指对苏联法律制度和法律思想的学习，包括苏联学者对马列主义经典著作中关于法律论述的阐释、苏联学者创立的法学理论和苏联的法律制度。当时学习苏联法学教育主要是通过以下渠道进行的：

（1）聘请苏联法学专家来中国的法律教育机构担任顾问和讲学，传授苏联的法律教育的内容和方法。

（2）派遣留学生去苏联的大学考察、进修或学习法律。据统计，赴苏联学习法律的留学生有八十多人①，主要是去莫斯科大学、喀山大学、莫斯科国际关系学院等高校的法律系，学习的专业包括了法学的主要部门。

（3）翻译大量有关苏联的法律、法典、法学著作和法学教材、教学大纲。1952—1956 年间，共翻译苏联法学教材及著作 165 种。

（4）法律教育管理制度以前苏联为模式，如仿照苏联的学制，建立教学研究组（室），改革考试制度等。

法学教育学习苏联的典型尝试，即是 1950 年 10 月在北京创办的中国人民大学法律系。②该校法律系设法学专业，分本科和研究生两个层次，前者学制 4 年，后者为 2～3 年。聘请苏联法学专家担任顾问和教师。教材主要采用苏联各大学及专科学校的最新课本。此外，还举办多期法学教师进修班。该机构在当时承担了培养政法干部和法学教师、研究人员的历史任务，是中国社会主义法律教育的主要来源，对马克思主义法学在当代中国的形成和发展起了重要作用。

学习苏联法律或法学教育，主要在 20 世纪 50 年代的上半期。自 50 年代后期，随着中苏两国关系的剧变，学习苏联法律的那种活跃景象也开始沉寂下来。苏联的某些法律理论，如"全民国家"、"全民法"还受到了"批判"，但苏联的法学教育模式对后来法学教育的发展产生了长期的不同程度的影响。

3. 对全国政法院系进行结构性调整。1952—1953 年前后，在全国开展司法改革运动的同时，又对当时全国的法律教育机构进行了大规模的院系调整。当时全面调整法律院系的主要理由是：（1）旧中国的法律教育是殖民地、半殖民地和半封建经济的上层建筑，它是直接为帝国主义、封建主义和官僚资产阶级利益服务的；（2）设有政治、法律科系的大学多集中在少数大城市，布局很不合理；（3）政治、法律学科设置庞杂重复，在整个教育中所占比重过大；（4）法律教育基本沿袭资本主义国家教育思想；（5）教学内容不符合社会主义革命和建设要求。

院系调整以发展苏联模式的单科性、多科性专门学院和文理科综合大学为方向。据此确定的对政法学院的第一次调整原则是："政法学院以培养各种政法干部为任务，目前的附设在大学内，不单独设立学院为原则，但每个大行政区在条件具备时得单独设立一所，由中央或大行政区政法委员会直接领导。"第二次的调整原则是："着重改组旧的庞杂的大学，加强和增加工业学院，并适当设立高等师范学校，对政法财经等各院系原则上适当集中，大力整顿和加强师资培养，为以后发展准备条件。"③

在院系调整过程中，除新建的中国人民大学法律系和保留原国民党政府时期留下的武汉大学法律系（但 1958 年撤销并入湖北大学，直至 1979 年恢复）不变外，1950 年，原东北行

---

①　参见李逢江：《高等学校法学教育概况》，载《中国法律年鉴 1988》，99 页，北京，法律出版社，1989。另外，法律出版社出版的《中国法律人》2004 年第 4 期还刊登了"1950 年代法学留苏学生名单"，但这个名单并不完全。

②　中国人民大学是根据 1949 年 12 月 16 日政务院第十一次会议通过的《关于成立中国人民大学的决定》设立的，旨在"接受苏联先进的建设经验，并聘请苏联教授，有计划有步骤地培养新国家的各种建设干部"。参见《关于中国人民大学实施计划的决定》，中央人民政府政务院，1949 年 12 月 16 日。

③　蔡诚主编：《中国司法行政大辞典》，89 页，北京，法律出版社，1993。

政学院设立的司法系改为东北人民大学法律系（现吉林大学法学院）；在西北大学设司法专修科（1954 年改设法律系）；将北京大学法律系和清华大学、燕京大学、辅仁大学的法律系、政治系、社会学系合并成立北京政法学院（该校 1971 年撤销后于 1979 年恢复，1983 年改名为中国政法大学）；将复旦大学、东吴大学、圣约翰大学、厦门大学、南京大学等学校法律系、政治系和社会学系合并，在上海成立华东政法学院（该校 1958 年被撤销后与复旦大学法律系、上海社会科学院合并成立上海法学研究所，1963 年恢复，1971 年再次被撤销，1979 年恢复）；1953 年在武汉原中原大学政治系基础上，并入湖南大学、中山大学的政治系、广西大学政治系和法律系及中山大学社会民政系成立了中南政法学院（1958 年被撤销并入新建的湖北大学，1984 年复建，2000 年与中南财经学院合并成立中南财经政法大学）；1952—1953 年间，在组建西南人民革命大学政法系的基础上，先后将重庆大学法学院（含政治系、法律系）、四川大学政法学院（含政治系、法律系）、重庆财经学院法律系、贵州大学法律系、云南大学法律系合并，在重庆成立了西南政法学院（该校 1958 年后与四川公安学院、四川政法干校合并，1962 年改为四川行政学院，1963 年改为西南政法学院，1971 年撤销，1978 年恢复，今西南政法大学）。1958 年，西北大学法律系撤销，与中央政法干校西北分校合并成立西安政法学院，不久与西安财经学院合并为西安政治经济学院，1963 年更名为西北政法学院，1971 年撤销，1979 年恢复。

1954 年教育部组织召开了第一次全国政法教育会议。会议确定了法律教育发展的总方针和目标；法律教学改革的内容和任务；制订出第一份法律专业课程统一的教学计划；恢复设立北京大学和复旦大学法律系，由此形成了"四院六系"的法律教育机构格局。会议对综合大学法律系和政法学院各自的任务作了分工，即综合大学法律系兼顾培养政法工作人员、法律专门人才和法律科学研究人员；政法学院主要培养法院、检察院和国家机关的政法工作人员。① 此外，当时还强调法律教育工作要贯彻理论与实际结合的原则；学习苏联先进经验要与中国实际结合起来，重视或加强对国内司法实践经验的教学和研究，以期逐步建立起中国的法律科学新体系。至此，经过对旧法律人员的思想改造，全国法律教育机构的结构性调整，到政法教育目标的确立及制度化建设的完成，中国社会主义法律教育的格局基本形成。

（二）法学教育在政治运动中消失

1956 年社会主义改造基本完成后，全国开始转入大规模的社会主义建设阶段。但随之而起的接连不断的政治运动，使法学教育陷入了艰难曲折的发展历程。

"反右"运动开始后，不少法学院的教授、讲师被扣上右派帽子，"公民在法律面前一律平等"、"法院独立审判只服从法律"、"无罪推定"、"有利被告"等问题受到批判，都成为学术上的禁区，不能作为正常的学术讨论的范围。1958 年"大跃进"运动，全国高校掀起了教育大革命的高潮，围绕开展教学工作大检查和政法教育大革命，教研组、教师和学生都订立集体和个人的红专规划，在"红专辩论"和"向党交心"的基础上，号召师生"拔白旗"，"乘风破浪，鼓足干劲，向又红又专的目标跃进"，进而推动学习与斗争相结合、教学与生产相结合的"新的学风"。

华东政法学院党委提出了"猛攻保守山，抓紧教学环，支援大生产，奔向红又专"的口

---

① 参见刘英杰主编：《中国教育大事典 1949—1990》，1204 页，杭州，浙江教育出版社，1993。

号，并在"文武双全，勤工俭学；德才兼备，又红又专"口号动员下，学校大搞勤工俭学。在校内组织了装订、补鞋、白铁、木工、养兔、理发等 17 个小组。为了深入社会实际，民法教研组 14 位教师和市、区、农村、工厂、外县的 41 个单位建立联系，参加了 22 次各种座谈会，访问农村干部、司法干部和企业机关干部 68 人，请实际部门的同志给他们上了 10 次小课，搜集了内部资料、典型案例、统计、总结、规划等实际材料 320 件，抄写了法院、农村、里弄有关的大字报 444 张。学校还开展同学大检查，老教授们还敲锣打鼓地高举"引火烧身"的大字牌进入师生协作代表会议的会场，要求同学们提意见。①

武汉大学法律系为了"门门课程插红旗，人人思想插红旗"和"战胜白色法学专家"，采取党委、教师、学生、业务部门四结合的方法，把课程由 32 门减为 11 门，并重点备 8 门课（国家与法的理论、宪法、刑法、民法、诉讼法、劳动法、农业合作社法、司法鉴定），同时抽调 124 名师生，利用参加武汉市政法工作检查，去基层工作 20 天，搜集材料写成 168 篇文章，经过研究以后将其中与法律专业有关的加以汇集，归纳为十个专题：（1）司法机关采取群众路线的办法和犯罪行为作斗争；（2）基层治安的三道防线：爱国公约、调处委员会、治安管理条例；（3）党在街道工作中的领导；（4）群众路线的办案方法；（5）司法工作为生产建设服务；（6）居民经济互助组代替旧式标会的意义；（7）街道民办各项事业；（8）公安、检察、法院协同对敌斗争的经验；（9）五好家庭；（10）群众路线的预防犯罪。计划将这些专题再经过研究、修改、补充，作为教材印发给同学，又可以搬上讲台讲授。从一个专题到几个专题，逐渐发展成为各个课程体系，再进而发展成为法学体系。准备在一二年内建立起新的课程体系。为了贯彻教育与生产劳动相结合的教育方针，法律系办了 13 个工厂和 1 个农场，以实际行动反驳"理科可以办工厂，法科不能办"的言论。②

20 世纪 60 年代初，随着政治形势的变化，人们开始对政法教育此前工作中出现的问题加以反思。1963 年 10 月教育部和最高人民法院联合召开全国政法教育工作会议，贯彻落实中央批转的中央政法小组、教育部党组《关于加强高等政法教育和调整政法院系问题的请示报告》。报告认为，全国高等政法教育近年来有所削弱，培养的学生无论数量和质量都不能满足政法队伍建设的需要，需要加强。为此决定：调整政法院校，稳定招生规模。全国调整为北京政法学院、西南政法学院、华东政法学院、西北政法学院四所（西南和西北两校的政法以外其他专业都要逐步停办）；政法院校的办学定位是培养"又红又专，能够作为党的驯服工具的政法工作者"③。北京大学、中国人民大学、吉林大学法律系定位为培养法学理论人才，学制五年，其他院系四年；调整补充师资，明确领导关系，各政法学院统一由教育部和最高人民法院双重领导，北京大学、中国人民大学、吉林大学由教育部直属，法律系业务上接受最高人民法院指导。鉴于法律属于党性、阶级性较强的专业，为了从思想上、政治上保证人才培养工作的纯洁性，法律专业被列为"按绝密专业标准招生"④。

---

①　参见《华东政法学院教学改革工作初步总结》，载《法学》，1958（4）。

②　参见武汉大学法律系编：《政法教学工作的新道路》，1958。

③　《西南政法学院 1958 年修订教学计划》等有关资料。

④　《中央政法小组教育部党组关于加强高等政法教育和调整政法院系问题的请示报告》（中共中央文件中发〔63〕462 号）。转引自《中国教育年鉴 1949—1987》，268 页，北京，中国大百科全书出版社，1984。又：《教育部关于高等学校一般专业按绝密、机密专业政治审查标准录取新生的通知》，1963 年 7 月 11 日。

这一时期开展的"政法教育改革"主要基于以下信念和认识:政法教育过去一直存在着教学脱离生产、理论脱离实际斗争(阶级斗争、政法战线上的思想斗争和学生的思想斗争)等根本性问题。因此,必须抓住这个根本开展政法教育大革命,使学习与斗争相结合、教学与生产相结合,这样才能达到理论与实践相结合、知识分子与工农群众相结合、脑力劳动与体力劳动相结合的目的;才能培养出适合国家需要的、又红又专的、既掌握法律知识、又学会生产本领和群众工作的政法干部。要使他们目前做到既是好学生、又是好工人,将来做好干部。政法工作是掌握刀把子的,所以招生条件应该严格规定政治条件,主要是吸收工农干部和工农子弟。这样才能使政法教育适应经济基础的需要。

在当时"左"的理论看来,一方面,法律教育被肯定为仅仅是阶级斗争的工具;另一方面,又认为这些阶级斗争主要是通过政治运动、政治批判、政治斗争来进行的。政策可以代替法律,而法律或法制的作用是微不足道的,甚至是政治运动的障碍。法律已成为可有可无的东西,那么法律教育也就必然难以正常发展,以至最终丧失了其存在的必要。政法院校被认为实质上具有党校的特点;政法教育的任务就是培养"刀把子";政法专业被神秘化。法律专业课程有的被合并,有的被取消,政治理论学习基本代替了专业学习。接连不断的政治运动致使法律教学活动根本无法正常进行。①

1966 年"文化大革命"开始后,"天下大乱",提出了"无法无天"、"砸烂公检法"的反动口号。全国政法院系立即全部卷入一场混乱动荡之中。政法教育随同社会主义民主、法制的厄运遭到严重破坏。总体上看,在这一期间,除北京大学和吉林大学法律系仍保留行政建制,但实际上处于停顿、瘫痪状态外,全国其他的政法教育机构一律被撤销了。② 政法院校被部队或其他单位占用;许多教授被戴上"资产阶级反动学术权威"等各种政治帽子,并成为审查和批判的对象,他们有的被转业,或者被下放从事体力劳动;法律图书和教学资料大量散失。中国的法学教育遭受到了一场空前严重的灾难。

奇迹般留存下来的两个法律系是我们今天了解那个疯狂时代法学教育的唯一窗口。

"文化大革命"开始后,面临解散边缘的北大法律系有马列主义国家与法的理论、国际法、国家与法的历史、民法、刑事审判五个教研室,全部"到农村、工厂、政法机关进行普查和教改探索,总结无产阶级'文化大革命'的伟大成果"。1970 年"清理阶级队伍"时法律系 65 名教职员中有 60% 被立案审查,十多人被定为"敌我"矛盾。但图书资料基本保存下来了,教职员基本没有分散。1972 年平反恢复了一些教师的工作,还开办了北京市政法、公安干部短训班、华北五省市政法干部短训班。此后又举办过多期干部培训班。1973 年法律系接收了 36 名被撤销的中国人民大学法律系的教师。1974 年至 1976 年间,法律系连续招收了三届 150 余名来自工农兵的大学生。法律系专门制订了 3 年制教学计划。在这个特殊的年代,法律专业学生的学习是按照"开门办学、结合战斗任务"的方式来组织进行的:哲学课要求结合学习马列的战斗任务到厂矿进行;刑法课以办案为战斗任务到公安部门进行;等等。1974 年 11 月至 1975 年 2 月是安排在农村完成的,1975 年 3 月至 1975 年 4 月学军,中共党史课结合学军时完成。到了 1976 年,教学计划中将"学红学农学军"单独安排,政治、

---

① 参见陈守一:《新中国法学三十年一回顾》,载《法学研究》,1980 (1),2 页。

② 根据 1971 年全国教育工作会议《关于高等学校调整方案》,共撤销全国 105 所高等学校,政法教育机构即由此被撤销。

文化和专业课也单独安排，课程有形势教育、中共党史、政治经济学、哲学、经典著作选读、逻辑、汉语、体育、国家与法的理论、宪法、刑法、刑事侦查、民法、婚姻法、国际法、中国政治法律史、外国政治法律史、资产阶级政治制度。①"文化大革命"后期北大法律系开展的教学活动为新时代的到来保留了火种。

这一期间，吉林大学法律系除留下部分教师外，多数中老年教师被送到伊通、舒兰、柳河等县农村"插队落户"。留下的教师争取说服工、军宣队终于保留了法律系。1971年学校庆祝"七一"党的生日大会的上，法律系以小合唱的形式参加歌咏比赛，表明了法律系的存在。"九一三事件"后，被下放的教师陆续归系。1972年7月法律系同吉林省革命委员会人民保卫部联合举办了两期政法干部短训班。学员来自吉林省当时的64个县市，每期大约70名。理论教研组、民事、刑事政策教研组、公安业务教研组的专业教师为学员讲授了一些基本理论、基本政策和基本知识。1973年起至1976年，法律系相继招收了四届工农兵大学生，学制三年，学生由全国各地选送。七三级一个班35名学生，七四级两个班70名学生，七五、七六两个年级各一个班计100名学生。这批学生均由基层选送，选拔标准侧重于实践经验和个人政治表现，但其中既有高中毕业生，又有初中生，文化水平参差不齐，给教学带来了一定的困难。在课程设置方面，除政治理论课外，开设了业务课，但比重仍然很小。为突出政治和避免"业务挂帅"之嫌，所有课程均冠以"政策"字样，如民事政策、刑事政策、婚姻政策、国际时事政策等。教师在教学中力求贯彻"以阶级斗争为纲"精神，并淡化法学基础知识和基本理论成分。"文化大革命"后期，在批判"克己复礼"、"反回潮"、"反右倾"政治形势下，法律系广大师生以学工、学农、学军的名义，到怀德县刘房子公社下属的生产队，与农民同住同吃同劳动；又到吉林铁路局配件厂、内蒙古哲理木盟印刷厂去学工，到图们驻军下连队去学军，这些过多的政治活动和劳动严重冲击和影响了法学的专业教育。

二、最近三十年来法学教育之发展

（一）法学教育的恢复与重建（20世纪70年代末至90年代初）

在改革开放的初期，实行法制面临的一项紧迫的、突出的而又基础性的问题，就是要在几乎完全空白的条件下迅速恢复和重建中国的法律教育，解决没有法律院校，师资、图书和设施"奇缺"，法律人才队伍的数量和质量远远不能满足社会需要，如何千方百计补偿"文化大革命"欠账的问题。

1. 在法律教育机构方面。1978年中央批转的《第八次全国人民司法会议纪要》中明确提出要"恢复法律系，培养司法人才"。1979年中央在关于保证《刑法》、《刑事诉讼法》切实实施的64号文件中又指出："过去撤销的政法院校系和政法、公安院校应尽快恢复起来。有条件的文科大学应设置法律系或法律专业。各省、市、自治区可根据需要，逐步建立各类政法院校和司法、公安干警学校，举办多种形式的训练班，培养各种专门人才，轮训现有的司法、公安干部。"同年恢复设立的司法部承担起了培训政法干部和办好政法院校两项基本任务。1977年，北京大学法律系、吉林大学法律系、湖北财经学院法律系率先恢复招生；1978年西南政法学院和中国人民大学法律系恢复招生；1979年北京、华东和西北3个政法

① 参见李贵连等编：《百年法学——北京大学法学院院史》，252～256页，北京，北京大学出版社，2004。

学院恢复招生。1981年10月，最高人民法院、最高人民检察院、公安部、民政部和司法部向中央上报《关于恢复中南政法学院的请示报告》。同年10月司法部党组上报《关于迅速筹建中国政法大学，恢复公安学院和迁建中央政法干部学校的请示报告》。1983年经中央批准决定在北京政法学院基础上建立中国政法大学，邓小平亲笔题写了校牌，表明了对建立政法教育机构的重视。到1983年年底，全国已有南京大学、武汉大学、复旦大学、中山大学等31所综合大学恢复设立了法律系或法律专业。五所政法大学被占的校园以及师生宿舍、教学设备、图书资料等都基本上得到了恢复和建设。1985年，邓小平仍在关注法律院校的建设问题，他说：建设一个社会主义法制国家，没有大批法律院校怎么行呢？所以要大力扩大、发展法律院校。①

2. 在法学师资和法学教材方面。由于师资和教材奇缺，因而在采取归队政策、输血政法和毕业生优先补充的同时，还组织举办了"全国法律专业师资进修班"。据统计，从1980年到1990年间，司法部共举办了近20期各类的师资培训班，培训各类法学教师八九千人。这种大规模的师资培训，直到20世纪90年代随着越来越多的硕士、博士毕业生充实到法律院校才告结束。为解决教学资料奇缺的问题，1980年7月，由司法部和教育部牵头的法学教材编辑部正式成立。编辑部组织全国三百多位专家、学者编写了"高等学校法学试用教材"30种，配套教学参考资料10种，共1 600多万字。这套教材体系完整，科目齐全，内容反映了新中国成立三十多年来马克思主义法学教学和研究的最高成就。另外还针对培训干部和中等法律教育的急需组织编写了"简明法学教材"15种，近200万字。与此同时，基础条件比较好的单位还迅速组织力量翻译国外法学研究资料，编写法学辞典或法规汇编等工具书，如1981年知识出版社出版、上海社会科学院法学研究编译的外国法律系列丛书，1981年法律出版社、中国社会科学院法学研究所民法研究室民诉组和北京政法学院诉讼法教研室民诉组合编的《民事诉讼法参考资料》共七册等，极大地满足了教师备课和研究工作的需要，为法学教育的传承和重新起步奠定了重要基础。法学类报刊和普法类杂志也在陆续复刊或创刊，成为凝聚法学工作者的重要平台。

3. 在政法机关干部队伍方面。由于"文化大革命"中砸烂"公检法"的严重破坏和影响，政法干部的数量和质量都严重欠缺。当时政法机关的人员构成主要是原有人员、重新归队人员、军队转业干部、其他党政干部等。全国政法队伍法律大专以上毕业的仅有大约3%，54%受过不足一个月的短期法律培训，大约40%的干部没有受过任何法律专业训练。在这种特殊的历史条件下，司法行政管理部门主持制订了全国法律教育发展规划，加强了法律教育的行业指导工作，按照"两条腿走路"的方针，在努力恢复高等法律院校培养人才的同时，组织实施了大规模的干部培训工作。如各省（区、市）政法领导干部和对外开放29个城市的政法"五长"、军队转业干部、重新归队和新上岗的法、检、司在职干部，以及中央二十多个部委系统委托的全国企事业法律顾问等的培训；创办地方政法干部学校工作；组织开展函授、电视大学和自学考试等形式，法院、检察院创办的法官、检察官培训中心等，为恢复政法队伍提供了必要的保障。

4. 这一期间，还对法律人才培养观念和法律教学模式进行了初步的总结和探讨。1983

---

① 转引自彭真：《论新中国政法工作》，386页，北京，中央文献出版社，1992。

年年底到 1984 年年初，司法部和教育部联合召开了时隔二十多年后的第一次"全国高等法学教育工作座谈会"。会议肯定了"文化大革命"结束后"积极发展多层次、多规格、多种形式的高等法学教育"，在大批培养后备力量的同时，大力培训在职干部的实践经验，并把它作为今后发展高等法律教育的基本方针确定下来。同时，还对政法院系分工、人才培养的层次和规格、专业设置、教学计划、培养法学师资、教材建设、科研工作、图书资料、招生管理以及加强政法高校思想政治工作等方面的发展设想提出了具体意见。在这次会议上，教育部政策研究室的郝克明提出一篇题为《法学教育的层次结构应当适应我国法制建设的实际需要》的专题报告，最早提出了政法各部门的工作应当视为专业性质的工作，法院、检察院和司法局等业务部门应当认真、细致地研究和分析各类职业人员的知识和能力这个问题。这次会议以后，法律教育的改革问题渐渐引起人们的关注，法学报刊上关于我国法律教育改革的论文和译介发达国家法律教育情况的文章越来越多。中国政法大学、西北政法大学等学校还创办了政法教育研究专刊。北京大学法学院、中国人民大学法学院、武汉大学法学院等全国许多高校还经常举办法律教育改革研讨会。法律教育研究开始呈现出活跃的景象。

据 1993 年的统计，改革开放 15 年间，全国共培养本、专科法律毕业生 5 万多名，高等政法院校系（专业）135 个；除法律专业外，还增设了经济法、国际法、国际经济法、犯罪学、刑事侦查、劳改管理和司法管理 7 个专业。1985 年又增设了环境法学、知识产权两个第二学位专业。1991 年起，国家教委和司法部共同组织修订法科专业设置目录，于 1993 年调整为法学、经济法、国际法、国际经济法和劳动改造法学 5 个本科专业、4 个专科专业。师资队伍建设方面，1983 年全国仅有 27 名法学教授，大部分都在 65 岁以上；仅有 117 名法学副教授，年龄也大多在 55 岁以上。到了 1993 年，全国共有法律专业教师约 9 300 人，其中教授、副教授 1 500 多人，其他具有高级职称的约 500 人。

5. 随着我国《学位条例》（1980 年）的制定和实施，1981 年到 1990 年间，全国有 26 所高校和研究所先后获得了法学专业的硕士学位授权，其中北京大学、中国社会科学院法学所、中国人民大学、对外经济贸易大学、中国政法大学、武汉大学、吉林大学、厦门大学还先后获得了法学专业博士学位授权。1987 年我国首次为自己培养的法律史、刑法学和国际法专业的研究生授予了法学博士学位。以张晋藩、高铭暄、韩德培等为代表的教授为我国高层次法学人才的培养作出了开创性贡献。从此，一批青年法学才俊在法学教学和研究领域崭露头角。

这一时期的法律教育完全是在遭受"文化大革命"毁灭性破坏后重新起步的，一方面要克服起点低、基础薄弱、条件差的重重困难，另一方面又要积极满足建设民主法制的崇高要求和期待。老一代政法工作者和"文化大革命"后幸存下来但专业上已经长期荒疏的一批老法学家们不畏艰难、努力奉献，为法律教育的恢复，为法学传统的重构，为培养年青一代法学人才作出了历史性的贡献。

（二）法学教育改革的深化：机遇和挑战（20 世纪 90 年代以来）

进入 20 世纪 90 年代，随着建立社会主义市场经济体制目标的确立，"依法治国，建设社会主义法治国家"作为治国基本方略被载入《宪法》，中国的法律教育进一步获得了市场和法治的双重推动力量，迎来了一个新的发展机遇，开始了在探索中不断前进的阶段。

1. 法律教育的发展推动了政法队伍专业化方向的发展，后者又反过来对法律人才的培养提出了新的更高要求。继 1983 年《人民法院组织法》和《人民检察院组织法》对审判和检察人员提出"法律专业知识"的任职要求之后，1995 年通过的《法官法》和《检察官法》进一步强调了法官和检察官任职的学历条件，要求必须具有高等学校专科以上学历才能担任法官和检察官。《检察官法》还确立了对检察官的分类管理制度，规定了检察官的任职条件、权利义务、任免制度、考核制度、奖惩制度和保障制度等。同时规定了检察官资格制度、检察官任免制度、检察官晋升和奖励制度、检察官保障制度。同年，初任审判员和初任检察官资格的全国统一考试开始实行。《法官法》和《检察官法》的实施，标志着政法队伍建设开始向正规化、专业化和职业化方向发展。它对政法队伍的数量和质量，进而对法律人才培养工作，无疑提出了新的挑战。

按 1993 年年底的统计，当时全国法院、检察院具有本科学历的分别为 2.09 万人（其中法律专业 1.4 万人）和 1.31 万人（法律专业 0.77 万人），分别占队伍总量的 8.40%（法律专业占 5.60%）和 7.40%（法律专业占 4.32%）。全国法院、检察院中研究生层次的（含博士、硕士和第二学士学位）分别为 711 人（其中法律专业 628 人）和 247 人（法律专业 200 人），分别占法院系统和检察院系统干部总数的 0.28%（法律专业占 0.25%）和 0.14%（法律专业占 0.11%）。而全国法院、检察院和司法行政部门每年自然减员人数共达 4.3 万人，高于 1993 年全国普通高校全部在校法科生人数总数。与此同时，随着改革开放的深入，社会生活内容的日益复杂，各种新类型案件的大量出现和法律适用领域的扩展，对政法机关人员的知识、能力和素质也都提出了新的要求。

2. 高等教育改革的深入推动着法律教育在探索中前进。在《中国教育改革和发展纲要》（1992 年）、《关于加快改革和积极发展普通高等教育的意见》（国务院办公厅 1993 年）、《关于深化高等教育体制改革的若干意见》（国务院办公厅 1995 年）发布后，根据国务院领导要求采取倾斜政策加快法学教育发展培养高层次法律人才的指示，司法部于 1996 年 1 月在北京召开了全国法学教育工作会议。中共中央书记处书记、中央政法委书记任建新出席开幕式，作了《适应我国法制建设的需要，进一步加快法学教育发展》的讲话，司法部肖扬部长做了题为《抓住机遇，加快发展，为国家经济建设和民主法制建设培养更多的法律人才》的大会主题报告。会议总结交流了十一届三中全会以来我国法学教育取得的成就和经验；分析了法学教育在新的历史时期面临的新形势和任务，研究确立了进一步加快法学教育改革和发展的指导思想和奋斗目标。提出"九五"期间和今后 14 年法学教育的指导思想和奋斗目标，要求以改革为动力，调整层次和机构，扩大办学规模，使法学教育的结构更加合理，质量效益明显提高，最大限度地缓解社会对法律人才的需求矛盾。这次会议，实际上是对法律教育今后的发展战略、发展途径、办学模式、层次结构、学科建设、教学改革和经费投入等诸多深层次的具体实际问题做了政策上的论证和探讨。

3. 转变管理模式和措施，成立全国性法律教育行业管理组织。1997 年，根据教育部高等教育司的职责范围，为加强高校人才培养工作的宏观指导与管理，推动高校教学改革和教学建设，进一步提高人才培养质量，教育部高等学校法学学科教学指导委员会在京成立。时任中国人民大学法学院院长曾宪义教授先后担任了第一、二届主任委员，委员由教育部聘请高校有关专家组成，其主要任务是配合高教司的工作，承担对全国各高校法学学科专业的教育教学工作进行研究、咨询、指导、评估和服务。法学学科教学指导委员会的成立，为全国的法学专业教学机构建立了一个规范办学行为，加强指导、管理和监督的工作平台。

4. 实施教学改革工程，调整法学专业结构和教学内容结构。1996年原国家教委决定启动高教司1994年制订的"高等教育面向21世纪教学内容和课程体系改革计划"。法学学科教学指导委员会参与并组织承担了"面向21世纪法学类专业课程结构、共同核心课及主要教学内容改革的研究与实践"课题。经过两年多调研和讨论，按照"宽口径、厚基础"的专业设计原则，将原有的法学、经济法、国际法、国际经济法、知识产权法、环境法、犯罪学、劳动改造法、刑事侦查、律师等专业统一合并为一个"法学专业"；在此基础上，明确了法学专业的教学内涵，提出了"法学专业核心课程"的概念，确定法理学、中国法制史、宪法、行政法与行政诉讼法、民法、知识产权法、商法、经济法、刑法、民事诉讼法、刑事诉讼法、国际法、国际私法、国际经济法14门为法学专业的核心课程。其中法理学、民法和刑法每周教学不少于5～6课时，其他均为3～4课时，并规定了毕业论文和实习是必需的教学内容。1998年教育部高教司又召开了组织审定14门核心课教学指导纲要和遴选教材主编的工作会议。这项改革由教育部于1999年7月起在全国范围内统一实施。①

在调整本科专业的同时，根据国务院学位委员会和原国家教委修订学科、专业目录的工作安排和要求，本着"科学、规范、拓宽"的原则，确定了法学门类下设法学、政治学、社会学、民族学4个一级学科和27个二级学科；其中法学一级学科下原有的13个二级学科，经过归并和新增，调整为法学理论、法律史、宪法学与行政法学、刑法学、民商法学（含：劳动法学、社会保障法学）、诉讼法学、经济法学、环境与资源保护法学、国际法学（含：国际公法、国际私法、国际经济法）、军事法学10个二级学科。该方案于1997年颁布实施，直到今天，都一直是指导研究生培养和高校开展法学学科建设工作的重要依据。

5. 探索和创办法律硕士专业学位（JM）教育制度。法律硕士专业学位教育的创办是改革本科后高级专门人才培养模式、满足社会对应用型高级专门人才的需要和借鉴发达国家应用型法律人才培养模式的结果。早在1988年，教育部就进行了培养应用型研究生的改革，但效果并不理想，随后设立了专业学位教育制度。这为法律硕士教育的开展提供了制度框架。1995年经国务院学位委员会第13次会议批准在我国试办法律硕士专业学位教育。1996年获得授权的中国人民大学、北京大学、中国政法大学、对外经贸大学、吉林大学、武汉大学、西南政法大学和华东政法学院共8所院校作为首批试点单位招收了539名学生，标志着我国法律硕士教育的正式起步。1997年经国务院学位委员会、司法部决定，开展了同等学力在职人员攻读法律硕士学位的教育项目，由此形成了法律硕士教育的二元结构。以后又不断扩大试点院校，至1999年全国已达28所高校，法律硕士培养单位的全国布局已成规模。根据开展专业学位工作的需要，1998年国务院学位委员会、国家教委和司法部决定成立全国法律硕士专业学位教育指导委员会，制定了指导委员会章程。按照章程规定，指导委员会秘书处设在司法部——这是我国所有专业学位中唯一将秘书处设在职业部门的一个。时任司法部部长的肖扬同志任首届指导委员会主任委员，委员由中央政法委、最高人民法院、最高人民检察院、公安部、司法部、全国律师协会和主要政法院校的校（院）长、专家组成，理论与

① 参见教育部高等教育司、全国高等学校教学研究中心编：《中国法学教育改革研究报告：中国法学教育的改革与未来》，北京，高等教育出版社，2000。

实务专家共同构成管理机构的方式，充分体现了法律硕士教育的政法实务部门人员的参与和行业管理的特点。

这一时期的法律教育，从办学指导思想上看，逐步实现了由"小政法"到"大政法"的转变，人才培养由解决法律人才"青黄不接"到以市场为导向，为政法队伍建设服务，为社会各行各业服务的转变。专业结构设计和课程设置体系的改革取得了显著成效，行业教学管理组织出现并开始发挥作用，人才培养模式在现有制度框架下有了新的突破。

从 20 世纪末以来，在中国加入世界贸易组织、全面实施依法治国方略、提出建设小康社会和构建和谐社会奋斗目标的大背景下，法律教育在高等教育管理体制重大改革、扩大高等教育招生规模、改革投资体制和高等教育举办体制、实施"985 工程"和"211 工程"以及国家统一司法考试制度等各种外部因素的交互推动作用下，呈现出过热增长和急剧膨胀的发展态势。

2000 年前后，全国五所政法大学脱离司法部分别改由教育部或地方政府管理。其他设有法学专业的高校也经过了合并、划转或调整。全国的法学教育资源因为所在高校的重新定位（如"985"、"211"、普通地方院校等）和由此形成的办学条件上差异也发生了分化、转移和重组。随着办学投资体制多样化的实行和民办教育的兴起，大量新的法学专业如雨后春笋大量涌现出来。到了 2006 年，全国设有法学专业的普通高校已发展到 607 所①，这其中的 70% 是 1998 年以后新设立的，而"三本院校"（独立学院）又在其中占有很大比例。由于扩大高校办学自主权、开办法学专业的成本低等因素，法学专业的数量过快、过热地增长。高校扩招政策的实施，法学专业学生规模也相应地在成倍增长着，形成了目前在校法科学生约 30 万人的庞大规模。作为释放就业压力的一个出口，2003 年以后硕士研究生的招生规模迅速膨胀，年增长率最高时曾一度达到 30% 左右，直到最近几年才强调硕士研究生"适度"增长，博士研究生规模控制，但不是零增长。其他如法律硕士专业学位点和招生规模、博士研究生招生规模以及博士后流动站的设置也都随之大幅扩大。为了应对规模的急剧扩张，五所政法大学都扩展了自己的校园空间，投资兴建了新的校区。但同样引人关注的问题是，学校的办学条件、教学服务标准和质量保障方面能否经受得起扩招的考验。人们对法律教育的这种"跨越式"发展也有种种不同的评价，甚至是比较严厉的批评意见。

政府、行业管理组织和高校积极探索和实施保障法律人才培养质量的各种措施。教育部 2001 年印发了《关于加强高等学校本科教学工作提高教育质量的若干意见》，2003 年又启动并实施了"高等学校教学质量与教学改革工程"，旨在把高等教育发展的战略重点转移到提高质量上来，具体有评选高校教学名师、启动"国家精品课程"建设项目、开展高校本科教学水平评估工作、落实"马克思主义理论研究和建设工程"、实施"万种教材建设计划"、推动大学英语教学改革、实施"对口支援西部地区高等学校计划"、启动高校实验教学示范中心建设项目和加强人才培养基地建设等措施。法学学科教学指导委员会于 2002 年完成了教育部"面向 21 世纪教育振兴行动计划"中的重大课题研究，出版了研究报告。② 同时研究制订了"高等学校法学专业本科教学工作合格评估方案"，提出了法学教育教学质量监督与评

---

① 据教育部高等教育司财经政法处提供的统计。
② 参见《中国法学专业教育教学改革与发展战略研究报告》，北京，高等教育出版社，2002。

价指标体系，为开展法学本科教学评估提供了保障。在 2001 年教育部开展随机评估工作之后，又进行了新一轮的评估工作，为规范办学和保障教学质量发挥了重要作用。

广大高校也在积极探索各具特色的法律人才培养模式。这一点，从每年召开的法学教育研究会年会上提交的丰富多彩的论文题目中就能充分地感受到。各种民间性法学学术交流活动和中外法学教育交流活动也异常活跃。值得一提的是，自 2000 年以来，由福特基金会资助的法律诊所训练项目已经吸引了全国五十多所法律院校的参加，法律诊所已经作为一门课程进入了法学院的课程体系。

这一时期，法律硕士教育也日趋规范化和制度化。2001 年法律硕士专业学位教育指导委员会秘书处受国务院学位办委托开展了全国范围的调研活动，撰写完成了《法律硕士专业学位教育改革与发展报告》；2004 年第二届法律硕士专业学位教育指导委员会成立后，健全管理工作机制，制订并由国务院学位办转发实施了《法律硕士专业学位教育指导性培养方案》、《法律硕士专业学位论文规范》；改革了在职法律硕士考试科目设置并完善了录取制度，评选了"全国优秀法律硕士专业学位论文"和"全国法律硕士教育优秀教学和管理工作者"，完成了新增单位的评审工作，截至 2007 年，全国法律硕士培养单位已增至 80 所。为了加强业务指导，秘书处还分批组织了赴美国考察交流的活动。

国家统一司法考试制度的建立对法律教育提出了挑战。根据 2001 年全国人大常委会通过的《法官法》、《检察官法》修正案，将分别对取得律师资格和对从事法官、检察官任职资格的考试合而为一，规定在同一时间并按照同一内容进行考试，最终按照同一标准确定考试资格。由此建立起了我国统一的司法考试制度。统一司法考试制度在促进司法工作进一步职业化、专门化的同时，也对法律教育提出了新的课题。司法考试和法学教育的关系问题迅速成为法律院校、司法界和有关管理部门的热门话题。2001 年国家检察官学院在京召开的司法官培训研讨会，2002 年吉林大学法学院等 8 家单位在牡丹江召开的法律职业与中国法治之路研讨会，以及 2002 年以后中国法学会法学教育研究会的历次年会，有关司法考试和法律教育都是受到热烈探讨的一个主题，司法部还曾先后于 2003 年、2006 年在北京和大连召开过两次司法考试专题研讨会。讨论的内容——司法考试在依法治国中的定位，司法考试的性质、公正与质量，法律职业素质考核及其试题设计，分阶段考试模式设计及相关政策制订，通过考试后的职前培训，考试与法官、检察官选任制度，统一考试与基层和西部地区法律职业队伍建设等问题，都紧密触及法律教育的改革。法律教育如何适应司法考试的现实要求，如何重新定位法律教育的目标和使命，目前仍然是摆在我们面前的一项重要课题。

行业组织更加完善，法律教育研究日益深入。与法学学科教学指导委员会换届同步，2001 年 12 月在中国法学会下成立了中国法学教育研究会，研究会汇聚了全国所有主要的法学院校、研究机构的负责人，同时有教育主管部门和政法实务部门的人员参加，与教育部法学学科教学指导委员会形成相互合作、一体运行的运作机制，协调开展业内重大活动。法学学科教学指导委员会和中国法学教育研究会每年召开一次年会，会议名家云集，规模庞大，彼此沟通信息，交流切磋，共商计议，可谓中国法学教育界的盛会。2002 年上海年会研讨的主题是"法学教育与司法考试"；2003 年重庆年会研讨的主题是"法学教育中的素质教育"；2004 年海口年会研讨的主题是"高级法律人才的培养与中、日、韩法学教育改革"；2005 年北京年会暨世界法律大会主题是"新世纪的法学教育与续职法律教育"。每次年会都有大量法律教育研究论文或经验交流材料，极大促进了法律教育的研究。

广泛参与，积极加强与世界各国法律院校的交流与合作，向世界展示中国法学教育的良好形象。从 1999 年举办中美著名法学院院长联席会起，以中国人民大学法学院为突出代表，连续举办了多次国际性法律教育大会，如 2000 年 6 月 "中欧著名法学院院长联席会议暨法学教育研讨会"，2000 年 12 月的 "21 世纪世界百所著名大学法学院院长论坛"，2001 年的 "法学教育改革与发展论坛"，2005 年 4 月的 "中美法学院院（校）长会议"，同年组织中国法学教育界代表团参加在中国召开的第 22 届世界法律大会。2006 年 7 月的 "中澳百所著名法学院院长联席会议"，2006 年 11 月的 "中国—非洲法学教育与法律文化论坛"，2006 年 12 月召开的 "中美法学教育研讨会" 上，宣布由中国教育部法指委与美国法学院协会（Association of American Law School）共同成立 "中美法律教育联合委员会"。此外，还有各法学院校自行组织的各类出访考察和接待来访等双边学术交流等活动，这些都充分表明法学教育对外交流与合作已经走向全面发展的时期，中国法学教育正以新的形象走向世界。

中国近代法科留学生简表*

　　本表主要依据徐有春主编《民国人物大辞典》（河北人民出版社 2007 年增订本）、周棉主编《中国留学生大辞典》（南京大学出版社 1999 年版）并综合其他有关文献资料编制而成，收录中国近代法科留学生 835 人，其中《民国人物大辞典》670 人，《中国留学生大辞典》158 人，另补充 7 人，收录范围包括 1840 年至 1949 年间的三类留学生：其一，出国攻读法政专业（包括法律、政治、政治经济、警政等）并获有学位者；其二，在国内大学就读法政后出国改读其他专业者；其三，在外国攻读哲学、经济、文学等专业曾被授予名誉法学学位，或回国后投身法律工作者。本表以第一类为主。

　　本表记录了人物姓名、生卒年代、籍贯、出国时间及年龄、留学国别、就读学校、所学专业及学位、回国时间、职业与身份等信息，按姓氏笔画顺序排列，部分空缺信息以及编辑整理中的不足之外，有待完善。

＊　本表由赵银（法学硕士（法律史专业），河北科技师范学院欧美学院人文艺术系法学专业讲师）编制。

序号	姓名	籍贯	出国时间 出国年龄	国别	学校	专业	回国时间	职业和身份 出国前	职业和身份 回国后
1	丁士源 (1879—197?)	浙江	1902 (23岁)	英	新林青大学	法学	1904	1895年天津水师学堂，后入上海圣约翰大学	政府官员
2	丁元普 (1888—1957)	上海		日	早稻田大学	法学		清举人	政府官员，大学教授
3	丁石曾 (1879—1956)	云南	1902 (23岁)	日	日本大学	法学	1911	生贡院试榜首，补廪食气	革命者
4	丁廷标 (1906—1959)	江苏	1927 (21岁)	英	伦敦大学		1931	1924年入中国公学，1927年加入中国青年党	大学教授，立法委员
5	丁兆冠 (1881—)	云南			早稻田大学	政治经济科			政府官员
6	丁作韶 (1902—)	河南	1928 (26岁)	法	巴黎大学	法学硕士	1931	毕业于封留美预备学校及上海震旦大学	大学教授，报社主笔
7	丁佛言 (1888—1930)	山东		日	法政大学速成科	法政		清廪贡生	革命者，政府官员
8	丁绍级 (1884—?)	湖北	1904 (20岁)	日	东京帝国大学	经济	1916		大学教授，外交官员
9	丁惟汾 (1874—1954)	山东	1904 (30岁)	日	明治大学	法学	1907	毕业于保定师范学院	大学校长，革命者，政府官员
10	丁象谦 (1875—1956)	安徽	1905 (30岁)	日	东洋大学高等师范科 早稻田大学 中央大学研究科	政治经济科学士	1911	毕业于江南高等学堂	大学教授，革命者，政府官员
11	刁安仁 (1872—1913)	云南	1906 (34岁)	日	东京法政学堂	法政	1907	承袭腾越府干崖宣府司土司，1896年抗击英军入侵	革命者
12	刁作谦 (1880—19?)	广东	1908年前	英	剑桥大学	文学硕士 法学博士	1910	毕业于上海圣约翰大学	曾在英国任律师，外交官员，报社主笔

续前表

序号	姓名	籍贯	出国时间出国年龄	国别	学校	专业	回国时间	出国前	回国后
13	刁敏谦 (1888—192?)	广东		英	剑桥大学	法学博士	1916	毕业于上海圣约翰大学	外交官员、报社主笔
14	于斌 (1901—1978)	黑龙江	1924 (23 岁)	意	罗马传信大学圣多玛斯学院意大利国立伯鲁日大学	哲学博士宗教学博士政治学博士	1933	1919 年省立师范学校毕业，就读上海震旦大学	宗教人士、社会学者
15	于衡 (1924—)	山东	1943 年后	日	法政大学明治大学	法学硕士	1946	长春法政大学毕业	出版界人士、大学教授
16	于庭辉 (1895—)	浙江		日	明治大学			毕业于浙江法政大学	商行经理
17	于能模 (1893—)	浙江	1921 (28 岁)	法	巴黎法学国际研究院		1928		外交官员、大学教授
18	于宝轩 (1875—)	江苏		日				清末监生	司法官员
19	广禄 (1900—1973)	新疆	1925 年后	俄	莫斯科大学	法律	1926	毕业于伊利惠远师范学校。1919 年入京、外交部俄文法政专门学校，毕业后 1925 年派赴中东铁路工作	外交官员、政府官员、立法委员
20	寸树声 (1896—1978)	云南		日	九州帝国大学	经济学	1932		大学教授、政府官员
21	万仲文 (1911—)	广州	1936 (25 岁)	日	东京帝国大学法科研究院	法学	1937		大学教授
22	万兆芝 (1890—)	江西		美	哈佛大学	硕士			大学教授、政府官员（行政、司法、外交）
23	马小进 (1883—)	广州		美	哥伦比亚大学纽约大学	财经	1913 年前	就读于广东法政学堂法律本科、肄业。入香港圣士提反土提高等学堂	国会议员、宪法起草委员会外交股常任委员

续前表

序号	姓名	籍贯	出国时间 出国年龄	国别	学校	专业	回国时间	职业和身份 出国前	职业和身份 回国后
24	马文车（1889—1961）	浙江	1913（24岁）	日	法政大学	法学	1915	1907年入浙江金华、衢州等四府公学师范科。一年后转入浙江优级师范学堂理化科	政府官员
25	马伯援（1884—1939）	湖北	1905（21岁）1913（29岁）	日 美	早稻田大学 芝加哥西北大学	政治学	1911 1914	1905年考入湖北新军左旗学习军事，在日加入同盟会	革命者，政府官员
26	马元放（1902—1953）	江苏	1926（24岁）	日 朝			1926	1922年毕业于江苏法政学校，任教，1925年研究科毕业，任大学教师	外派考察日本、朝鲜，政府官员
27	马洪焕	广东		日	京都帝国大学	法学			政府官员，大学教授
28	马博庵（1899—1966）	江苏	1928（29岁）	美	芝加哥大学 哥伦比亚大学	外交史 国际法学博士		1920年考入南京金陵大学历史系，毕业后任南京金陵大学注册主任	大学教授，大学校长
29	马德润	湖北	1903	德		法学博士		1899年入湖北自强学堂	司法官员，律师
30	马彝德	四川		日	法政大学			清末举人	司法官员
31	马起华（1911—）	贵州	1970（59岁）	美	威斯康辛大学	政治学		国立政治大学政治系毕业，后为政治研究所高级研究生，获法学硕士。1970年获法学博士学位	大学教授
32	马哲民（1889—1980）	湖北	1920（31岁）	日	早稻田大学	政治学	1926	大学教授	大学教授
33	王傑	河南	1913	日	法政学堂	政治学	1916年前	毕业于河南法政学堂。1912年任河南省议会议长	国会议员

续前表

序号	姓名	籍贯	出国时间 出国年龄	国别	学校	专业	回国时间	职业和身份	
								出国前	回国后
34	王未(1880—)	浙江	1895年后	日	法政大学	法学	清末		政府官员
35	王界(1902—)	河南	1925(23岁)	苏	莫斯科中山大学	法学	1927	1923年就读上海法政大学	军事官员
36	王宣(1889—1988)	河北	1910年前后	美	伊利诺伊大学	政治学	1930年前	北京法政专门学校本科	政府官员、大学教授
37	王烈(1882—)	浙江	清末	日	法政大学	法学学士	1912年前	清朝拔贡	大学校长、国会议员
38	王广庆(1889—1974)	河南	1914(25岁)	日	法政大学	政治经济学	1917	新安县高等小学堂毕业。1911年加入同盟会，参加武昌起义	政府官员、大学教授、立法委员
39	王天木(1883—)	河北	1903年后	日	明治大学	法学学士	1911年前	1903年中进士	司法官员、汪伪政府官员
40	王开化(1893—1976)	湖北	1922(29岁)	德	图宾根大学	经济学博士	1926	湖北外国语专门学校	政府官员、立法委员
41	王开疆(1890—1940)	江苏	1916(26岁)	日	早稻田大学	法学	1920	1912年就读上海中国公学法政专业、考取法官、任律师	律师、大学教授、政府官员
42	王凤仪(1887—1937)	陕西		法	巴黎大学	法学博士			大学教授
43	王文豹(1887—)	湖南	1904(17岁)	日	东京警事厅	警政	1905		司法官员
44	王正延(1882—1961)	浙江	1905(23岁)	日美	密歇根大学耶鲁大学	文学硕士	1911	1896年就读天津北洋西学堂，1898升入北洋大学法科，1900年在海关任职	外交官员、1919年出席巴黎和会
45	王世杰(1891—1981)	湖北	1913(22岁)	英法	伦敦大学巴黎大学	政治学学士法学博士	1920	毕业于天津北洋大学、参加武昌革命	政府官员、外交官员(巴黎和会代表团团长)、法学家

续前表

序号	姓名	籍贯	出国时间 出国年龄	国别	学校	专业	回国时间	职业和身份	
								出国前	回国后
46	王世宪 (1908—1993)	福建	1931年后	美	南加州大学	公共行政硕士	1937	上海沪江大学毕业	立法委员、大学教授
47	王世澄 (1876—)	福建		英	林肯法律专门学校	法律		1903年中进士	外交官员、《京报》主笔
48	王用宾 (1881—1944)	山西	1904 (23岁)	日	法政大学	法学	1907年前		政府官员、立法委员
49	王东珍(女)(1898—1977)	河北	1929 (31岁)	日	早稻田大学		1931	1920年毕业于天津师范大学,任政府官员	立法委员
50	王印川 (1879—1939)	河南	1900年后	日	早稻田大学	法学学士	1911年前	清举人	政府官员、出版界人士
51	王礼培 (1864—1943)	湖南	清末	日	东京帝国大学	法政	1911	清举人	大学教授、古书籍收藏家
52	王有兰 (1887—1967)	江西	1908 (21岁)	日	中央大学	法学	1911	就读于江西高等学堂	政府官员
53	王亚强 (1915—)	湖北	1944 (29岁)	美	哥伦比亚大学	硕士	1947	1939年毕业于中央大学	大学教授
54	王任远 (1910—)	河北	1930年前后	日	明治大学	政治学硕士	1937年前	毕业于朝阳大学,获法学士	立法委员、政府官员
55	王仲裕 (1891)	山东	1918 (27岁) 1925 (34岁)	日 苏	早稻田大学 莫斯科中山大学	政治 经济	1919 1926		政府官员、立法委员
56	王兆荣 (1888—)	四川	1906 (18岁)	日	东京帝国大学	政治学	1918		报社社长、大学校长
57	王次甫 (18?—19?)	湖南	1921	日 英	早稻田大学		1921 1925		大学教授、政府官员
58	王光祈 (1892—1936)	四川	1920 (28岁)	德	柏林大学	音乐博士	未归国	1915年就读于北京大学攻读法律,报社主笔	改学音乐,任恩大学讲师,后逝世于波恩

续前表

序号	姓名	籍贯	出国时间出国年龄	国别	学校	专业	回国时间	出国前	职业和身份 回国后
59	王式通 (1864—1930)	浙江	1906 (42 岁)	日	教育考察			1898 年进士，肄业于京师通艺学堂，任教于大学	司法官员
60	王芝庭 (1885—)	陕西		日	明治大学	法学			司法官员
61	王汝圻 (1880—)	江苏		日	早稻田大学	政治经济			大学教授
62	王伯琦 (1900—1961)	江苏	1931 (31 岁)	法	巴黎大学		1936	毕业于东吴大学法律系	大学教授
63	王茂材 (1872—)	江苏		日	法政大学	政治		宁属师范学校毕业	政府官员
64	王志焘 (1891—)	湖北		法	巴黎大学	法学博士			大学教授
65	王九龄 (1882—1951)	云南		日	法政大学	法学	1911 年后		政府官员
66	王克家 (1876—)	湖南	清末	日	早稻田大学			两湖大学堂	司法官员，大学教授
67	王抚洲 (1900—1978)	河南	1921 (21 岁)	美	华盛顿州立大学俄亥俄州立大学	工商管理硕士	1924	1916 年考入北京法政专门学校	大学教授，政府官员
68	王怀明 (1891—1982)	山东	? 1950	美	西北大学	法学博士	1922 1982	就读于山西法政专门学校	大学教授，司法官员
69	王启江 (1902—1974)	河北		德	耶鲁大学	经济学			外交官员、大学教授、立法委员
70	王宗山 (1897—1977)	陕西	1919 (22 岁)	美	威斯康辛州立大学华盛顿大学	政治经济学士	1923	北京大学法学院预科	报社主笔、政府官员
71	王国磐 (1880—1956)	天津	1907 (27 岁)	德	柏林警察学校	警政	1909	就读于天津北洋警务学堂	司法官员
72	王宠惠 (1881—1958)	广东	1901 (20 岁)	日美	耶鲁大学	法学博士	1911	1895 年就读北洋大学法科，1900 年毕业后在南洋公学任教	国际法庭法官、外交官员、法学家

续前表

序号	姓名	籍贯	出国时间 出国年龄	国别	学校	专业	回国时间	职业和身份 出国前	职业和身份 回国后
73	王绍靖 (1923—)	浙江	20世纪40年代	日	东京大学	法学	1949年前	就读于复旦大学政治经济系	政府官员
74	王绍鏊 (1888—1970)	江苏	1908 (20岁)	日	早稻田大学	政治经济学硕士	1911	1902年入同里镇同川学堂，入理化研究院，毕业后考入江苏省教育总会政政讲习所	革命人士、政府官员
75	王建今 (1906—)	江苏		日	早稻田大学	法学研究员		毕业于国立中央政治学院	大学教授、司法官员
76	王建祖 (1877—)	广东		日 美	加利福尼亚大学	硕士		毕业于香港皇仁、天津北洋大学	大学教授、司法官员
77	王南复 (1886—1962)	河北		日	东京高等工业学校				政府官员
78	王荫泰 (1888—1947)	山西	1906年前	日 德	东京第一高等学校 柏林大学	法学	1913		律师、外交官员，政府官员，后投靠日本，被处决
79	王荫棠 (1903—)	江苏	1930 (27岁)	美	南加州大学 华盛顿大学	政治学硕士	1933	毕业于省立东南大学法科，政府官员	大学教授
80	王冠吾 (1898—1990)	吉林	1935 (37岁)	日	明治大学	刑法学	1935	就读于双城师范学院，1912年入吉林警察学校，1914年入朝阳大学法学系、1918年毕业后任司法官员，政府官员	政府官员
81	王钟声 (1874—1911)	浙江	1898 (24岁)	德	德莱伯的西大学		1906		戏剧学校校长
82	王冠英 (1904—)	江西	20世纪20年代	美	都郎郡杜大学	政治经济博士	1927	东吴大学毕业	报社主编
83	王炳南 (1908—1988)	陕西	1929 (21岁)	德	柏林大学	政治学	1936	1925年加入青年团、1926年加入共产党	革命人士、外交官员

续前表

序号	姓名	籍贯	出国时间 出国年龄	国别	学校	专业	回国时间	职业和身份 出国前	职业和身份 回国后
84	王铁崖 (1913—2003)	福建	1937 (24岁)	英	伦敦政治经济学院	法学	1939	1929年就读复旦大学英语系，1931年转入清华大学政治系，1933年入清华专业研究院国际法专业研究生，1936年获硕士学位，并通过中英庚款留学考试	法学家
85	王造时 (1902—1971)	江西	1925 (23岁)	美英	威斯康辛大学 伦敦大学研究院	政治学博士	1930	清华大学毕业	出版界人士，革命者（七君子之一）
86	王家驹 (1881—)	江苏	清末	日	东京法政大学	法学	1911年前	清附生	政府官员，大学教授
87	王家桢 (1897—1984)	黑龙江	1917年后	日	庆应大学	经济学	1930年前	北京大学法科	外交官员（1945年出席联合国成立大会中国代表团顾问）
88	王家福 (1931—)	四川	1955 (24岁)	苏	列宁格勒大学	法学副博士	1959		法学家
89	王继曾 (1880—)	福建	1902年后	法	巴黎政治大学		1911年前	1902年上海南洋学堂毕业	外交官员
90	王培骥 (1905—)	河北		法	巴黎大学	法学博士	1928年前		大学教授，政府官员，退休后从事会计师业务
91	王敏川 (1889—1940)	台湾		日	早稻田大学	法学	1921年前		报刊记者
92	王陆一 (1896—1943)	陕西	1925 (29岁)	苏	莫斯科中山大学	政治经济学	1926	1912年西北大学法科，毕业后从事革命活动	政府官员
93	王培仁 (1900—1970)	安徽		日	法政大学	法学学士			政府官员
94	王鸿年 (1874—)	浙江		日	东京帝国大学	法科		清廪贡生，湖北武备学堂	归国后考取法科举人。外交官员

续前表

序号	姓名	籍贯	出国时间 出国年龄	国别	学校	专业	回国时间	职业和身份 出国前	职业和身份 回国后
95	王颉愚 (1906—)	福建	1929 (23岁)	美 英	哈佛大学 伦敦大学	政治经济学 博士	1933	1925年入清华大学政治科	大学教授
96	王揖唐 (1877—1946)	安徽	1904 (27岁)	日	东京振武学校 法政大学		1907	1904年甲辰科进士	政府官员，后加入汪伪政权，1946年被南京国民政府处决
97	王景岐 (1882—1941)	福建	1900 (18岁) 1908 1910	法 法 英	巴黎政治大学 牛津大学	政治 国际法学	1903 1912	早年入武汉方言学堂文班	外交官员。1918年出席巴黎和会中国代表团参事。曾任国联中国代表
98	王景尧 (1878—1950)	江苏	1903 (25岁)	日	法政大学	法学			司法官员、晚年从事慈善活动
99	王锡山 (1906—)	河北	1931 (25岁)	日	东京东亚学校 明治大学	日文 法学	1935	1927年入朝阳大学法律系，获法学士学位	大学教授、法学家
100	王德箴 (女) (1912—)	江苏	1937 (25岁)	美	北卡罗来纳大学 华盛顿公教大学研究所	英语语言文学硕士	1940	1930年入北平师范大学国文系，1932年转入上海光华大学，此年再次转南京中央大学中文系，1935年获文学士后转学英文	大学教授、立法委员
101	王善祥 (1912—)	安徽	1935 (23岁)	日					毕业于上海法政学校。任司法官员。1935年派往日本考察司法。回国后任司法官员、大学教授、律师
102	王裕凯 (1903—)	江苏		美		博士			大学教授
103	王梦云 (1896—)	广东		日	日本大学	法科			毕业于朝阳大学。大学教授、律师

续前表

序号	姓名	籍贯	出国时间 出国年龄	国别	学校	专业	回国时间	职业和身份 出国前	职业和身份 回国后
104	王辅宜（1883—）	江西		日	东京帝国大学				司法官员
105	王震生（1903—）	安徽		美	纽约大学	法学博士			法学教授，汪伪政权立法委员
106	王麟阁（1880—）	河北	清末	美	康奈尔大学	法政科硕士	1912年前	就读于京师大学堂、获文学士学位	外交官员
107	王馥炜（1887—1952）	湖北	1905（18岁）	日	早稻田大学法政大学	法学学士	1911	毕业于公立京师大学堂	政府官员、大学教授
108	尤百威（1914—）	江苏		美	华盛顿大学研究院			毕业于东吴大学、获法学士学位，通过会计师考试	政府官员、大学教授
109	戈定远	浙江		日	早稻田大学			毕业于浙江法政大学	外交官员、政府官员，任汪伪政权官员
110	毛以亨（1895—1968）	浙江	1918（23岁）	法	巴黎大学	政治学博士	1923	1911年参加辛亥革命。就读于北京大学，任北大阅书报社干事	大学教授、外交官员
111	毛振翔（1913—）	浙江	1933（20岁）	意大利 法 美	罗马传信大学 里昂大学 芝加哥蒂保大学	神学博士 哲学博士 法学博士		12岁立志修道为神父	1938年升任神父
112	仇鳌（1876—1970）	湖南	清末	日	明治大学		1912年前	清附生	政府官员
113	文斐（18?—）	湖南	1905	日	东京铁路学校 东洋大学	法政	1906 1908	1903年湖南师范馆肄业	革命者、政府官员
114	尹朝桢（1882—）	四川		日	法政大学			1903年癸卯科举人	政府官员、检察官

续前表

序号	姓名	籍贯	出国时间 出国年龄	国别	学校	专业	回国时间	职业和身份	
								出国前	回国后
115	方毅 (1875—1918)	湖北	1911 (36岁)	日	法政大学	法政	1917	湖北商业专科教员讲习所毕业, 任教员, 武昌起义后, 参加革命	革命者
116	方人定 (1901—1975)	广东	1929 (28岁)	日	东京美术专科学校	美术	1935	1919年毕业于广东香山县师范学院, 1920年就读于广州罗馥生国学馆, 1921年入广东法政学校, 1926年入广东法官学校高等研究部	画家
117	方文政 (1893—)	浙江		日	早稻田大学	法律			大学教授
118	尹文敬 (1902—)	四川	1924 (22岁)	法	巴黎大学	经济学博士	1930	1924年毕业于北平大学经济系	大学教授
119	尹葆宇 (1908—)	山东	1930 (22岁)	美	霍普金斯大学	政治学博士	1935	1930年毕业于上海沪江大学政治系	大学教授, 政府官员, 外交官员
120	尹宏庆 (1872—)	山东		日	法政大学			清举人	政府官员
121	尹神武 (1892—1918)	辽宁	1910年后	日		法律	1915	就读于奉天甲种商业学校	革命者
122	尹朝桢 (1882—)	四川	1903年后	日	法政大学	法政		1903年癸卯科举人	司法官员
123	孔昭綫 (1886—)	广东	清末	日	法政大学速成科	法政	1912年前	拔贡生	司法官员, 大学教务长
124	孔祥熙 (1880—1967)	山西	1901 (21岁) 1925	美	奥柏林大学 耶鲁大学	矿物学硕士 名誉法学博士	1908 1925	1890—1895年在华美公学学习, 后入河北通州潞河书院	政府官员, 民国四大家族成员之一
125	孔宪鍱 (1899—)	广东		法比	巴黎大学 自由大学	法学硕士 经济学博士			大学教授, 汪伪政府官员

续前表

序号	姓名	籍贯	出国时间出国年龄	国别	学校	专业	回国时间	职业和身份 出国前	职业和身份 回国后
126	邓公玄（1901—1977）	湖南	1926（25岁）	美	斯坦福大学	法学硕士	1928	1921年考入南京高等师范学校文史地部哲学系，并加入国民党。1925年南京东南大学毕业	政府官员、大学教授
127	邓付楷（1912—）	江苏		美	华盛顿大学	文学学士		毕业于国立暨南大学	政府官员、大学校长
128	张伯烈（1872—1934）	湖北	1905（33岁）	日	法政大学	法政	1909		政府官员、大学教授
129	邓哲熙（1892—1981）	河北		日	法政大学		1925年后	毕业于南开大学	司法官员、政府官员
130	邓青阳（1884—1960）	广东		日	明治大学	法学学士	1911		政府官员、大学教授
131	邓鸿藩（1899—）	云南	1920年后	日	东京帝国大学	法学学士	1925		大学教授、司法官员
132	张君劢（1887—1969）	上海	1906（19岁）1913	日德	早稻田大学柏林大学	政治学法学	19101915	1903年入南京高等学堂学习，后任教	报社主编、政府官员、大学教授
133	甘雨沛（1907—）	辽宁	1933（26岁）	日	东京帝国大学明治大学	法学	1943	1928年入东北大学俄文预科，1930年入北京大学法学院	光明日报社社长、大学教授
134	甘鹏云（1861—1940）	湖北	1903（42岁）	日	法政大学	法政	1908	1903年癸卯科进士，任工部主事	政府官员、大学教授
135	古应芬（1873—1931）	广东	1904（31岁）	日	法政大学速成科	法政	1907	1902年中秀才	政府官员
136	左宗藎（1881—1964）	湖南	1902年后	日	法政大学	政治经济	1911年前	1900年、1901年庚子、辛丑并科举人，清廷内阁中书派遣留日	政府官员、大学校长、沙厂厂长、农矿处处长
137	石志泉（1885—1960）	湖北	1903（18岁）1912	日	东京帝国大学	法学学士	19111914	1900年考入武昌农务学堂	1905年加入同盟会、司法官员、大学教授

续前表

序号	姓名	籍贯	出国时间出国年龄	国别	学校	专业	回国时间	职业和身份	
								出国前	回国后
138	石黄生 (1878—1943)	安徽	1902 (24岁)	日	法政大学	法学	1910		革命者
139	石韶庸 (1899—1968)	广西	1923 (24岁)	美	密歇根大学 耶鲁大学	法学博士	1926	1922年入东吴大学，获法学学士学位，被选为中国裴多菲荣誉学会会员	大学教授、律师
140	石正澜 (—1924)	安徽		日	明治大学	法科	1906年前		加入同盟会，1924年就义
141	龙吟 (1911—)	广东	1942 (31岁)	法	巴黎政治大学 里昂大学	财经学 法学博士	1946年前	1937年北京中法大学经济系毕业	大学教授
142	龙灵 (1877—)	四川		日	中央大学	法政			司法官员
143	龙鸣剑 (1877—1911)	四川	1907 (30岁)	日	早稻田大学	法政	1908	1905年入成都初级师范学堂，因思想激进，被学堂斥退	加入同盟会，革命者
144	张忠绂 (1901—1977)	湖北	1923 (22岁)	美	密苏里州立大学 密歇根大学 哈佛大学	政治学 法学博士	1929		外交官员、大学教授
145	卢信 (1885—1933)	广东	1905 (20岁)	日		法学	1911	1903年任香港《中国日报》记者，加入兴中会	报社社长、政府官员
146	卢干东 (1908—)	广东	1929 (21岁)	法	里昂大学	法学博士	1935	就读于广东省法科大学，1919年获法学学士学位	法学教授
147	卢天游 (1879—)	广西		日	法政大学		1903		政府官员
148	卢慎之 (1876—1967)	湖北	1902 (26岁)	日	东京弘文学院 速成师范学校 早稻田大学	政治经济	1908	就读于两湖书院	政府官员、司法官员

续前表

序号	姓名	籍贯	出国时间 出国年龄	国别	学校	专业	回国时间	职业和身份	
								出国前	回国后
149	卢钟岳 (1887—)	浙江	清末	日	东京警监学校 明治大学	警监		早年就读于绍兴府中学堂	革命者、国会议员
150	叶玉森 (1880—1933)	江苏		日	早稻田大学 明治大学	法律		1899年考取秀才，1909年优贡生，入南菁书院读书。拒任七品京官，自费留学日本	甲骨文研究学者
151	叶祖灏 (1911—1987)	河南		美	加利福尼亚大学	政治学硕士		毕业于北京大学，获法学士	大学教授、政府官员
152	叶鸿绩 (1890—1968)	上海	1915	日	考察		1915	就读于北京法政门学校，任政府官员	政府官员
153	叶霞翟 女 (1914—1981)	浙江	1939 (25岁)	美	华盛顿大学 威斯康辛大学	政治学博士	1944	1939年上海光华大学毕业	大学教授，1947年与胡宗南结婚。曾从事特殊教育工作
154	田稔 (1887—)	浙江		日	法政大学专门部	政治科		清附生	国会议员
155	田炯锦 (1899—1977)	甘肃	1925 (26岁)	美	华盛顿大学 密苏里大学 伊利诺伊大学	政治学博士	1930	1923年北京大学哲学系毕业	大学教授、司法官员、政府官员
156	田培林 (1893—1975)	河南	1935 (42岁)	德	柏林大学	教育学博士	1947 年前	1920年北京大学哲学系毕业，1921年回豫任教、法政专科学校。1928年任教于北平大学法商学院、俄文法政专门学校	大学教授、政府官员
157	冉黄谷 (1896—1976)	陕西	民国初年	日	早稻田大学				政府官员、立法委员

续前表

序号	姓名	籍贯	出国时间 出国年龄	国别	学校	专业	回国时间	职业和身份	
								出国前	回国后
158	史大璞 (1892—1960)	安徽	1914 (22岁)	日 德	名古屋第八高等学校 东京帝国大学 法兰克福大学	经济	1926	桐城县立中学毕业	大学教授、立法委员
159	史尚宽 (1899—1970)	安徽	1915 (26岁)	日 德 法	东京帝国大学 柏林大学 巴黎大学	经济 法学 政治经济	1927		大学教授、立法委员、司法官员
160	史维焕 (1864—1945)	贵州		日	东京帝国大学经济学院	法学学士			大学教授、立法委员
161	史泽成 (1885—)	山东	1905 年后	日	东京帝国大学	法科	1911 年后	1901 年毕业于山东高等学堂	政府官员
162	张知本 (1881—1976)	湖北	1904 (23岁)	日	法政大学	法学	1905	武昌两湖书院毕业	司法官员、大学教授、政府官员
163	张季鸾 (1888—1941)	陕西	1905 (17岁)	日	东京经纬学堂 东京第一高等学校	政治经济学	1908	1903 年在三元宏道高等学堂学习	报社主编
164	丘辰 (1900—1972)	福建		法	波亚芝野大学	法学硕士	1931		政府官员
165	白逾桓 (1875—1935)	湖北	1904 (29岁)	日	明治法律学校	法学	1907		革命者
166	白鹏飞 (1870—1943)	广西		日	东京帝国大学	法学学士			大学校长、教授、中国现代行政法学家、法律教育家
167	丘日庆 (1913—)	广东	1937 (24岁)	美 英	印第安纳大学 伦敦大学	法学博士	1940	1931 年入东吴大学文理学院	大学教授、法学家
168	丘汉平 (1904—)	福建	1928 (24岁)	美	华盛顿大学	法学博士	1930	1924 年入暨南大学商科毕业、1925 年入东吴大学法学院	大学教授、律师、政府官员

续前表

序号	姓名	籍贯	出国时间 出国年龄	国别	学校	专业	回国时间	职业和身份（出国前）	职业和身份（回国后）
169	包达三（1884—1957）	浙江	1906（22岁）	日	明治大学	法学	1911		资本家，积极协助革命
170	冯绂（1889—1954）	山西	1917（28岁）	日	明治大学	法学	1920	1914年入山西大学法科	大学教授，法学院院长
171	冯司直（1884—）	山西	1904（20岁）	日	明治大学	政治学	1907	1903年癸卯科举人	政府官员，汪伪政府任职
172	冯承钧（1885—1946）	湖北	1901（16岁）	法	巴黎大学	法学学士	1911年后		大学教授，立法委员
173	冯兆异（1894—）	辽宁		德	莱比锡大学	经济学博士			立法委员，大学讲师
174	冯振骧（1888—）	湖北	1906（18岁）	日	宏文学院 明治大学	法科	1911		国会议员
175	冯熙连（1886—）	天津		美	哈佛大学 芝加哥大学	法学博士	1913年前		大学教授，校长
176	邢端（1883—）	贵州		日	大阪高等工业预备学校 法政大学			1904年甲辰科进士	大学校长，政府官员
177	张钟端（1878—1911）	河南	1905（28岁）	日	弘文书院 中央大学	法学	1911		革命者
178	光仁洪（1918—1991）	安徽	1939年后	美	芝加哥大学	政治学 国际法研究生肄业	1948年后	1935年入南京中央大学法律系	大学教授，社团负责人
179	光明甫（1876—1963）	安徽		日	早稻田大学				大学教授，政府官员
180	吕复（1879—1955）	河北	1904（25岁）	日	经纬学校 明治大学	法学	1905	1903年癸卯科举人	记者，大学教授，政府官员，立法委员

续前表

序号	姓名	籍贯	出国时间出国年龄	国别	学校	专业	回国时间	职业和身份	
								出国前	回国后
181	吕志伊 (1881—1940)	云南	1904 (23岁)	日	早稻田大学			清庚子、辛丑并科举人	报社主笔、司法官员
182	朱曜 (1885—)	浙江		日	法政大学速成科		1915年前		政府官员
183	朱少穆 (1885—1926)	广东	1903 (18岁)	日	日本法律学校	法学		幼年随父至越南	革命者、律师
184	朱文劭 (1882—)	浙江		日	法政大学速成科		1911	1900年甲辰科进士	司法官员、政府官员
185	朱文焯 (1875—1941)	江苏	1905 (30岁)	日	法政大学附设速成班 法政大学	法学学士	1916	1902年肄业于东吴大学	司法官员、革命者
186	朱世龙								
187	朱延丰 (1906—1969)	江苏	1935 (29岁)	英 法	牛津大学 巴黎大学	近代史硕士 欧洲史	1938年后	1925年考入公立清华大学历史系，后入清华研究院所深造，任助教	大学教授、立法委员
188	朱执信 (1885—1920)	浙江	1905 (20岁)	日		法政	1906	1902年入广州教忠学堂，1904年考入京师大学堂预科	革命者、报社创办者
189	朱兆莘 (1879—1932)	广东	1907 (28岁)	美	纽约大学 哥伦比亚大学	法学硕士	1912	京师大学堂优级师范馆毕业，钦命奖举人	外交官员
190	朱佛定 (1889—1981)	江苏	1914 (25岁)	法 瑞士	巴黎大学 日内瓦大学	法学博士	1923	早年毕业于苏州高等学堂，钦命奖举人，授清廷中书科中书	外交官员、学院院长、政府官员
191	朱学范 (1905—)	浙江	1939 (34岁)	美	哈佛大学法学院	法学	1942	1933年上海法学院毕业	政府官员
192	朱学曾 (1885—1924)	贵州	1899 (14岁)	日	法政大学	法律	1909	幼承家学	大学教授、司法官员

续前表

序号	姓名	籍贯	出国时间 出国年龄	国别	学校	专业	回国时间	职业和身份 出国前	职业和身份 回国后
193	向传义 (1888—1950)	四川	1913 (25岁)	日	法政大学	法政	1915	1909年加入同盟会，1912年入保定军官学校。1912年参加"二次革命"，失败后东渡日本	军人、政府官员
194	朱剑农 (1910—1986)	安徽	1935 (25岁)	日	明治大学	农村经济	1937	1928入上海大学法学院学习经济学	大学教授
195	张洪岛 (1913—)	河北	1947 (34岁)	法	里昂音乐学院 巴黎音乐学院 巴黎大学	音乐	1949	1932年朝阳大学法律系毕业	改学音乐、大学教授
196	朱斯煃 (1885—)	浙江	1904 (19岁)	美	华盛顿中央高等学校大学预科 耶鲁大学	法学学士	1909	1879年入上海圣约翰大学，肄业	律师
197	张振武 (1883—1912)	湖北	1905 (22岁)	日	早稻田大学	法学	1909	1894年入西湖师范学堂肄业	革命人士，后遇害
198	朱复龢 (1877—1945)	浙江		英					司法官员
199	朱献文 (1876—1949)	浙江		日	日本帝国大学	法科			司法官员
200	朱腾芬 (1882—)	福建		日	法政大学	法科			国会议员、大学校长
201	朱鹤翔 (1888—)	江苏	1907 (19岁)	比	鲁文大学	政治学博士	1915	1907年上海震旦大学毕业	外交官员
202	伍廷芳 (1842—1922)	广东	1874 (32岁)	英	林肯法学院	法学	1877	1861年香港圣保罗书院毕业，香港高等审判庭任翻译	外交部长、著名法学家
203	伍朝枢 (1887—1934)	广东	1897 (10岁) 1908	美 英	伦敦大学	法学	1904 1922	伍廷芳之子，10岁随父赴美	著名外交官员

续前表

序号	姓名	籍贯	出国时间 出国年龄	国别	学校	专业	回国时间	职业和身份（出国前）	职业和身份（回国后）
204	任显群（1912—1975）	江苏		日 意	中央大学政治研究所 罗马皇家大学			就读于东吴大学法律系	政府官员、公司董事长、律师
205	刘彦（1879—）	湖南	1905（26岁）	日	早稻田大学	政治经济	1911	1904年在武昌参加科学补习所	政府官员、大学讲师
206	刘少少（1870—1929）	湖南	1905（35岁）	日		法政	1909	青年就学于岳麓书院	报社主笔
207	张奚若（1898—1973）	陕西	1913（15岁）	美	哥伦比亚大学	政治学硕士	1925	1909年入上海新武学校	大学教授、政府官员
208	刘蕃（1878—）	湖北		日	法政大学	法律		清贡生	司法官员
209	刘濂（1876—）	江西		日	早稻田大学	法律		清优附生	国会议员、大学教员
210	刘镨（1907—1991）	广东		英 美	牛津大学 哥伦比亚大学	法学硕士	1930	早年就读于香港圣士提反书院	外交官员
211	刘馥（1879—）	湖南		日	法政大学		1912年前		政府官员
212	张梦九（1893—1974）	四川	1915（22岁） 1920	日 德	法政大学	法政	1918 1924	就读于成都英法文官学堂学习日文	报社主编
213	刘文岛（1893—1967）	湖北	1913（20岁） 1918	日 法	早稻田大学 巴黎大学	政治经济学 法学博士	1916 1925	1909年入保定军官学校学习。参加"二次革命"	大学教授、外交官员、立法委员
214	刘驭万（1896—1966）	湖北	1920（24岁）	美	奥柏林大学 威斯康辛大学 哈佛大学	政治学硕士	1924	1912年入武昌文华学院、1916年考入北京清华学校	政府官员、外交官员
215	刘百闵（1899—1968）	浙江	1928（29岁）	日	法政大学	法学	1931	黄岩县立中学毕业	大学教授、政府官员
216	刘文嘉（1884—1962）	湖北		日	早稻田大学	法律		官立方言学堂肄业	大学教授
217	刘以芬（1885—1961）	福建		日	早稻田大学	法律		清优贡生	国会议员、大学校长

续前表

序号	姓名	籍贯	出国时间 出国年龄	国别	学校	专业	回国时间	职业和身份 出国前	职业和身份 回国后
218	刘芝明 (1905—1968)	辽宁		日	早稻田大学		1929		大学教授、政府官员
219	刘克儁 (1893—)	江西		德	慕尼黑大学	法学博士	1926年前		立法委员、司法官员
220	刘明朝 (1895—1985)	台湾		日	东京帝国大学	政治			立法委员、公司董事长
221	刘庚先 (1873—1921)	湖南	1906 (33 岁)	日	明治大学	法律	1908	清举人	军界人士、政府官员
222	刘润英 (1896—)	四川		日	法政大学				公司经理、报社编辑
223	刘凤竹 (1894—1981)	吉林	1914 (20 岁)	美	密歇根大学	法学博士	1921	毕业于吉林省优级师范学校	大学校长、政府官员
224	刘迅驹 (1875—)	湖北		日	法政大学			1904 年甲辰科进士，毕业于北京大学	司法官员、政府官员
225	刘志詹	山西	1903	日	法政大学		1906年前	清贡生	国会议员
226	刘春霖 (1872—1944)	河北	1907 (35 岁)	日	法政大学		1912年前	1902 年甲辰科状元	政府官员
227	刘振东 (1898—1987)	山东	1919 (21 岁) 1926	美 英	哥伦比亚大学 伦敦大学	历史经济 经济	1927	1919 年毕业于北京大学法学院	大学教授、立法委员
228	刘峨青 (1887—)	河南		日	法政大学		1913年前		国会议员、政府官员
229	刘师舜 (1900—)	江西	1920 (20 岁)	美	约翰霍金斯大学 哈佛大学 哥伦比亚大学	哲学博士	1925	毕业于清华学校	外交官员
230	刘展超 (1888—)	广东		日	东京大学	法学			政府官员
231	刘博崑 (1906—1976)	辽宁		日	早稻田大学				立法委员

续前表

序号	姓名	籍贯	出国时间 出国年龄	国别	学校	专业	回国时间	职业和身份 出国前	职业和身份 回国后
232	刘景熏 (1889—)	内蒙古		日美	哥伦比亚大学	哲学博士	1917年前		立法委员
233	刘积学 (1880—1960)	河南	1906 (26岁)	日	东京实业学堂法政大学		1911	1903年癸卯科举人，后就读于河南武备学堂	革命人士，政府官员
234	刘继昌 (1890—)	贵州		日	明治大学	法科	1916年前		政府官员
235	刘鸿渐 (1885—1962)	湖南		日	东京帝国大学	法科			大学教授
236	刘恩格 (1888—)	辽宁		日		法学		早年入奉天法政学堂学习	立法委员，大学教师
237	刘崇杰 (1880—)	福建	清末	日	早稻田大学	法学	1949年前		外交官员
238	刘绵训 (1881—1919)	山西	1904 (23岁)	日	早稻田大学	法政	1906	1904年中进士	1905年加入同盟会，革命者，司法官员
239	刘阆才 (1911—1993)	台湾	1930年后	日	京都帝国大学	法学	1945年前	毕业于台北高等学校文科	政府官员，公司董事长，立法院副院长
240	刘穗初	广东		法	里昂大学	法学博士			大学教授，司法官员
241	江平 (1930—)	浙江	1951 (21岁)	苏	莫斯科大学	法学	1956	1948年就读于燕京大学新闻系	大学教授，当代著名法学家
242	江庸 (1877—1960)	福建	1901 (24岁)	日	东京成城学校早稻田大学	法政经济	1907	1897年入成都中西学堂学习英文	大学教授，司法官员，报社社长
243	江琭 (1882—)	广东		日	日本大学	法律	1913年前	毕业于广东公立广东高等学堂预科	国会议员
244	江海潮 (1908—)	辽宁	1929 (21岁)	德	法兰克福大学 德国科学院国际法研究所	法学博士	1939	省立东北大学法学院肄业	大学教授

续前表

序号	姓名	籍贯	出国时间 出国年龄	国别	学校	专业	回国时间	职业和身份 出国前	职业和身份 回国后
245	江镇三 (1891—)	湖南		日	明治大学	法科			大学教授
246	汤中 (1882—)	江苏		日	私立日本大学	法科	1908年后		大学教授，政府官员
247	汤铁樵 (1878—)	湖南		日	早稻田大学	法科			司法官员
248	安体诚 (1896—1927)	河北	1918（22岁）	日	京都帝国大学	经济学	1921	1917年直隶省公立法政专门学校毕业	大学教授，革命者
249	许修直 (1880—1954)	江苏	清末	日	东京中央大学	法学		早年就读于中国公学	大学教授，政府官员，汪伪政府任职
250	许愈曾 (1893—1965)	江苏		法	巴黎法科大学	法学学士 政治经济学博士		上海震旦大学文学博士	外交官员
251	张清源 (1894—1978)	河北	1930（36岁）	日	明治大学	教育学	1933	1912年加入国民党。毕业于北京国立专门法政专门学校法律系本科。任报社编辑，中学校长，国民党党员	政府官员，立法委员
252	许闻天 (1902—1982)	江苏		日					革命人士，立法委员
253	许德瑗 (1900—1972)	江西	1913年前	法德	帝雄大学法学院 柏林政治大学财经研究院	硕士	1936		大学教授，政府官员
254	阮志道 (1883—1949)	江苏		英	牛津大学	法律	1910	清末举人，后毕业于京师大学堂，第一批官费留英人员	大学教授，政府官员
255	阮性存 (1874—1928)	浙江	1905（31岁）	日	法政大学	法政	1906	早年在苏北各县任职	大学校长，律师，司法官员

续前表

序号	姓名	籍贯	出国时间 出国年龄	国别	学校	专业	回国时间	职业和身份 出国前	回国后
256	阮毅成 (1905—1988)	浙江	1927 (22岁)	法	巴黎大学	法学硕士	1931	1927年中国公学大学部政治经济学系毕业	大学教授、报社社长
257	孙镜 (1883—1958)	湖北	1913 (30岁)	日	东京法政学校	政治经济	1917	1906年加入同盟会,军人,"二次革命"后逃亡日本	政府官员
258	孙科 (1891—1973)	广东	1911 (20岁)	美	加利福尼亚大学 哥伦比亚大学	经济学硕士	1917	孙中山之子,1910年毕业于圣路易斯中学	政府官员、国民党领袖
259	孙濡 (1914—1987)	广东	1935 (21岁)	日	东京中央大学	政治经济	1940	1930年在马来西亚、新加坡等地任小学教师	政府官员、报社主编
260	孙文明 (1907—)	山西	1932 (25岁)	法	巴黎大学	法学博士	1937	1927年入国立南京中央大学政治系学习	大学教授
261	孙世伟 (1883—1958)	浙江		日	法政大学	法学学士	1912年前		司法官员、政府官员
262	陈文彬 (1902—1984)	台湾		日	法政大学	哲学	1931		大学教授
263	孙玺凤 (1892—1961)	山东	1919年后	法		法学博士	1930	毕业于山东省第一师范,后入北京高等法文专修馆	司法官员
264	孙镜清 (1884—)	四川	1905 (21岁)	日	早稻田大学	法政	1906	1905年科第举中书	国会议员、教员、律师
265	孙润宇 (1879—1960)	江苏	1904 (25岁)	日	法政大学	法学学士	1908	毕业于北洋大学,在奉天任教	政府官员、外交官员、律师,曾任伪政府官员
266	杜元载 (1905—1975)	湖南	1925 (20岁)	美	明尼苏达州立大学 西北大学	教育学硕士 法学博士	1928	1924年北京师范大学毕业,获教育学硕士学位,任教于湖南省第二师范学校	大学教授、院长、国民党官员

续前表

序号	姓名	籍贯	出国时间 出国年龄	国别	学校	专业	回国时间	职业和身份 出国前	职业和身份 回国后
267	杜光埙 (1901—1975)	山东	1921（20岁）	美	芝加哥大学 哥伦比亚大学	法学硕士	1928	1920年考入北京大学本科，1921年考取山东省官费留学资格	外交官员，大学教授，院长
268	杜建时 (1907—1989)	天津	1936（29岁）	美	堪萨斯州陆军指挥参谋大学 加州大学	法学博士	1939	1935年陆军大学毕业，任教官，1936年任陆军炮兵中校	军人，政府官员
269	芮正皋 (1919—)	浙江		荷法	海牙国际法学院 巴黎政治研究院	法学博士		毕业于上海震旦大学法律系	外交官员
270	杨策 (1881—)	吉林		日	法政大学				政府官员
271	杨晟 (1867—)	广东	1887（20岁）	德	柏林大学 莱比锡大学	法学 军事学硕士	1894	早年入广东同文馆，京师同文馆	翻译官，大学教授，外交官员
272	杨云竹 (1901—1967)	河北	1923（22岁）	日	东京帝国大学	政治学	1936年前	1923年平北师范学院毕业	外交官员
273	杨文魁 (1919—)	台湾		日	日本大学	法学			企业董事长
274	杨公达 (1907—1972)	四川	1925（18岁）	法	法国政治学院 巴黎大学	法学	1929	北平高等师范学校毕业	大学教授，主编，立法委员
275	杨光洊 (1900—1942)	浙江	1920（20岁）	美	科罗拉多大学 普林斯顿大学	哲学 法学博士	1927	1916年考入北京清华学校，1920年考取清华庚款留学生	外交官员，烈士
276	杨兆龙 (1904—1979)	江苏	1934（30岁）	美德	哈佛大学法学院 柏林大学	法学博士	1936	1922年考入燕京大学哲学系，1923年转入东吴大学法科，1926年加入国民党	大学教授，司法官员，著名法学家
277	杨时杰 (1881—1956)	湖北	1905（24岁）	日	弘文学院 东斌学校 中央大学	警宪 法政	1910		政府官员，革命人士

续前表

序号	姓名	籍贯	出国时间 出国年龄	国别	学校	专业	回国时间	职业和身份 出国前	职业和身份 回国后
278	杨家骧（1883—）	福建		日	日本大学	法科			国会议员
279	杨明轩（1891—1967）	陕西	1913（22岁）	日	东京同文学院	外语	1914	早年在陕西法政学堂学习	政府官员，大学教授，革命人士
280	杨性恂（1870—1931）	湖南	1905（35岁）	日		法政	1908	幼读私塾，成年后任私塾教员	革命人士
281	杨荫杭（1878—1945）	江苏	1904（26岁）	日美	早稻田大学 宾夕法尼亚大学	法学硕士	1910		司法官员，报社主笔，律师
282	张蒹鼎（1902—）	山西	1928（26岁）	美	芝加哥大学 哥伦比亚大学	法学博士	1933	毕业于清华大学留美预备部	政府官员，大学校长
283	杨鲍安（1896—1931）	广东	1931（35岁）	日		政治学	1916	早年入两广高等学堂中学班学习	革命人士
284	杨鸿烈（1903—1977）	云南	1926（23岁）	日	东京帝国大学	历史学博士	1937年前	北京师范大学外文系毕业，入清华大学国学研究院研究历史	大学教授
285	林如稷（1902—1976）	四川	1923（21岁）	法	巴黎大学 里昂大学	法学 外国文学	1930	1921年考入上海中法通惠工商学校，创办杂志	大学教授，政府官员，主编
286	林顶立（1908—1980）	台湾	1927年后	日	陆军经理学校 明治大学	政治学 经济学	1931		革命人士
287	杨肇燧（1876—）	四川		日	弘文学院 日本大学 明治大学	法律	1911	清增生，入四川东文学堂	大学教授，国会议员
288	靳文翰（1913—）	河南	1937年后	加	多伦多大学	法学硕士	1943年后	1937年毕业于清华大学研究院	大学教授
289	杨霖垣（1879—1965）	湖北	1905（26岁）	日	早稻田大学	法政	1908	早年入经心书院，肄业	大学教授，外交官员，政府官员

续前表

序号	姓名	籍贯	出国时间 出国年龄	国别	学校	专业	回国时间	职业和身份 出国前	职业和身份 回国后
290	杨肇基 (1876—)	四川	1906 (30岁)	日	日本大学 明治大学	法学	1911	四川东文学堂毕业	国会议员
291	芮沐 (1908—)	浙江	1930 (22岁)	法 德	巴黎大学 法兰克福大学	法学博士	1935	1930年上海震旦大学毕业	立法委员、大学教授
292	李士伟 (1883—1927)	河北	1901 (18岁)	日	早稻田大学	政治经济	1906		公司董事、总裁、银行行长
293	李大钊 (1889—1927)	河北	1913 (24岁)	日	早稻田大学	政治学	1916	1907年考入天津北洋法政专门学校	大学教授、报社主笔、伟大的革命先驱者
294	李檠 (1877—)	河南		日	法政大学		1913年前		司法官员
295	李汉丞 (1868—)	湖南	1904 (36岁)	日	法政大学 明治大学	警察	1908	清优附生	政府官员
296	李子欣 (1902—)	湖南	1927年前	美	纽约大学法学院 翰大学	法学博士	1935年后	1927年毕业于上海圣约翰大学	大学教授、政府官员
297	林金生 (1916—)	台湾		日	东京帝国大学	法学		台北高等学校文科毕业	政府官员
298	李元簇 (1923—)	湖南	1958 (35岁)	德	波恩大学	法学博士	1963	中央政治学校法政系毕业。任记者、去台湾，任司法官员	大学教授，1990年当选台湾当局"副总统"
299	李文范 (1884—1953)	广东	1910 (26岁) 1920	日 法	法政大学	法学	1905 1924		政府官员
300	李仙子 (1900—)	台北		日	明治大学	法学学士		毕业于台北农业专科学校	政府官员、公司经理
301	李立中 (1911—)	云南	1938年后	美	密歇根大学	经济硕士	1947	1933年毕业于复旦大学，获法学学士，任报社主编，宣传抗日殉亡	大学教授

续前表

序号	姓名	籍贯	出国时间 出国年龄	国别	学校	专业	回国时间	职业和身份	
								出国前	回国后
302	郁华 (1884—1939)	浙江	1913 (29岁)	日	早稻田大学 法政大学	法学学士	1910	1905年毕业于杭州府中学堂	司法官员、大学教授
303	李广和 (1901—1953)	山西		法	里昂大学	法学博士			大学教授、政府官员
304	李秀芬(女)(1910—1985)	河北		美	斯坦福大学	硕士		北平师范大学毕业,获学士学位	大学教授、立法委员
305	罗刚 (1901—1977)	安徽	1930 (29岁)	美	俄亥俄州立大学 哥伦比亚大学	政治学硕士	1933年后	1924—1930年间就读于金陵大学、东南大学、中央大学,同时任国民党官员	大学教授、国民党官员
306	李祖虞 (1888—)	江苏	清末 1921	日 欧	早稻田大学 考察比法	政治经济科	1911年前		编订法律、律师、司法官员,曾任汪伪政权官员
307	罗万俤 (1897—1963)	台湾	1920年前	日	明治大学	法学			报社经理
308	李庆芳 (1879—)	山西	1905 (26岁)	日美	宾夕法尼亚大学	政治学		毕业于山西大学	政府官员、报社主编
309	李精芳 (1881—)	湖南		日	经纬学校 早稻田大学	政治经济科		湖北仕学馆	政府官员
310	李国定 (1864—1938)	四川		日	法政大学	法律			国会议员
311	李国珍 (1884—)	江西		日	早稻田大学	政治经济			国会议员
312	李剑华 (1900—)	四川	1921 (21岁)	日	日本大学	文学学士	1925	县立中学毕业	大学教授、报社主编
313	李春涛 (1897—1927)	广州	1917 (20岁)	日	早稻田大学	政治经济	1921		大学教授、报社社长
314	李钟桂(女)(1938—)	江苏	1960年后	法	巴黎大学	法学博士	20世纪60年代中期	台湾政治大学外交系毕业	大学教授、政府官员

续前表

序号	姓名	籍贯	出国时间 出国年龄	国别	学校	专业	回国时间	职业和身份 出国前	回国后
315	李剑农（1880—1963）	湖南	1910（30岁） 1913	日 英	早稻田大学 伦敦政治经济学院	政治 经济学	1911 1916	1904年入湖南中等师范学堂史地科，1906年加入同盟会，1908年毕业后任教	报社主编、大学教授
316	李铁铮（1906—1990）	湖南	1932（26岁）	美 英	伦敦大学政治学院 哥伦比亚大学	政治学博士	1964	就读于金陵大学，后转入东吴大学，1928年获法学学士学位	外交官员、大学教授
317	李浩培（1906—）	江苏	1936（30岁）	英	伦敦大学	法学硕士	1939	1924—1928年就读于上海持志大学、东吴大学法学院	大学教授、大法官、法学家
318	邱仰濬（1896—1949）	山西	1917（21岁）	日	明治大学	法学 政治学	1925年前	早年就读于山西省立法政专门学校	大学教授、政府官员
319	李悦羲（1907—）	广东		法 英	巴黎大学 帝雄大学 伦敦大学	政治经济学硕士 法学博士研究员	1925年后	毕业于国立中山大学获法学学士	大学教授、政府官员
320	李景禧（1911—1995）	福建	1935（24岁）	日	东北帝国大学	法学硕士		1933年朝阳大学毕业获法学学士	大学教授
321	李景龢（1882—）	福建		日	法政大学		1913年前	清举人	国会议员
322	李圣五（1899—）	山东		日 英	帝国大学 牛津大学	法学学士	1932年前	毕业于北京大学	报社主编、曾任汪伪政权官员
323	李载赓（1885—）	河南	1905（20岁）	日	弘文学院 东斌学堂 早稻田大学	师范科 警察监狱 法律	1911	河南高等学堂肄业	国会议员

续前表

序号	姓名	籍贯	出国时间 出国年龄	国别	学校	专业	回国时间	出国前	回国后
								职业和身份	
324	李锦伦 (1886—1956)	广东	生于美国	美	芝加哥大学 纽约大学	法律硕士	1911		外交官员
325	李学橙 (1911—)	江苏		美	德州法学院	荣誉法学博士		毕业于国立中央大学，获法学学士	司法官员
326	李鹰林 (1892—1954)	广东	1917 (25岁)	美	奥柏林大学 哥伦比亚大学	名誉法学博士	1921年后	1914年毕业于广州岭南学堂	宗教人士、校长、政府官员
327	李鸿文 (1880—1969)	山西	1904 (24岁)	日	法政大学			1930年癸卯科优贡, 1904年朝考一等、任书院山长	政府官员
328	李怀亮 (1886—)	湖南		日	中央大学	法科			大学教授、司法官员
329	李德新 (1893—)	辽宁		日	东京帝国大学	法学	1923		政府官员
330	李儒聪 (1921—)	福建		日	法政大学				公司董事、立法委员
331	罗文干 (1888—1941)	广东	1904 (16岁)	英	牛津大学	法学硕士	1909		司法官员
332	李肇甫 (1887—1950)	四川	1905 (18岁)	日	明治大学	法学	1912年前	幼年读经史、习法律	立法委员、律师、大法官
333	李燮和 (1874—1927)	湖南	1905 (31岁)	日	东京警监学校	警政	1906	1904年入长沙明德学堂，参加华兴会，后参加光复会	初为革命派、后为袁氏鼓吹帝制
334	严继光 (1895—)	云南	1926 (31岁)	美	斯坦福大学 加州大学	法学学士	1930	早年毕业于云南方言学堂，后入北京清华学校	政府官员、报社主笔
335	严鹤龄 (1876—1937)	浙江	1908 (32岁)	美	哥伦比亚大学	政治学博士	1911	早年入上海圣约翰大学学习，毕业后任教于复旦公学	外交官员
336	时昭瀛 (1901—1956)	湖北	1922 (21岁)	美	明尼苏达大学 哈佛大学	政治学 法学硕士	1927	1914年入北京清华学校	外交官员

续前表

序号	姓名	籍贯	出国时间 出国年龄	国别	学校	专业	回国时间	职业和身份 出国前	职业和身份 回国后
337	吴虞 (1874—1939)	四川	1905 (31岁)	日	法政大学		1907		报社主编，思想界人士
338	巫启圣 (1906—1942)	江西	1936 (25岁)	德 法 英	柏林大学 巴黎大学 伦敦大学	经济博士		1926年北京大学毕业，任国民党党员，习法政。	大学教授
339	车辙 (—1906)	河南		日	法政大学速成科		1906	创立学会，并办立学堂	革命人士
340	周楠 (1908—)	江苏	1928 (20岁)	比	鲁文大学	法学博士	1934	1926年入中国公学商科	著名法学家
341	时敏行 (1881—)	河南		日	日本大学	法律科	1911	考入河南大学，后入京师大学堂优级师范科	政府官员
342	吴山 (1876—1936)	四川		日	明治大学	法科	1916	就读于两湖书院。参加反袁活动	革命人士，政府官员，司法官员
343	吴歧 (1884—1957)	浙江		日	东京帝国大学	法律	1925		大学教授
344	罗家衡 (1883—1961)	江西	清末	日	早稻田大学	政治经济	1911年前	清末举人	政府官员，律师
345	吴乃琛 (1882—)	浙江		美	加利福尼亚大学 威斯康辛大学	经济学博士	1912年前	1903年癸卯科举人、上海南洋公学毕业	政府官员
346	吴月波 (1886—1961)	江苏	1918 (32岁)	日	法政大学	法政	1921	就读于南京政学堂，参加中华革命党	革命人士
347	吴永权 (1889—)	四川		日 英 德	东京帝国大学 伦敦大学 柏林大学	法学士	1913年前		大学教授
348	吴光汉 (1909—)	江苏	1929 (20岁)	瑞	日内瓦大学	法律硕士	1985	上海震旦大学预科毕业	外交官员
349	罗隆基 (1898—1965)	江西	1919年后	美	威斯康辛大学 哥伦比亚大学	政治学博士	1928	1912年如清华学堂	报社社长，政府官员

续前表

序号	姓名	籍贯	出国时间 出国年龄	国别	学校	专业	回国时间	职业和身份 出国前	职业和身份 回国后
350	吴其玉 (1904—)	福建	1930 (26岁)	美	普林斯顿大学	哲学博士	1933	就读于燕京大学，初为政治系，后改文学系，获文学硕士	大学教授
351	吴尚鹰 (1892—1980)	广东		美	奥瑞根州立大学	经济科	1914 年前		立法委员、政府官员
352	吴大英 (1932—)	浙江	1955 (23岁)	苏	列宁格勒大学	法学副博士	1959	1950—1953 年先后在东吴大学社会学系、北京大学政治系、北京政法学院学习，任教员	大学教授、当代著名法学家、政治学家
353	吴玉章 (1878—1966)	四川	1903 (25岁) 1913 1927	日 法 苏	岗山第六高等学校 巴黎法科大学 莫斯科中山大学	政治经济学	1911 1917 1938	1898 年入自贡旭川书院，后任家庭教师	革命人士、政府官员、大学校长
354	季源溥 (1906—1979)	江苏	1925 年后	日	中央大学	政治学	1931	国民党官员	政府官员
355	吴经熊 (1899—1986)	浙江	1920 (31岁)	美	密歇根大学法学院	法学博士	1924	早年入上海沪江大学学习，1920 年东吴大学毕业，获法学士学位	大学教授、著名法学家
356	吴承仕 (1884—1939)	安徽	1908 (24岁)	日		法政	清末	1903 年北京译学馆习法律，1907 年丁未朝考一等第一名，点大理院主事	清司法官员、大学教授
357	吴南如 (1898—1975)	江苏	1922 (24岁)	美 英	乔治大学 伦敦大学	法科		1916 年考入北京大学预科，1917 年入北洋大学法科	报社社长、外交官员
358	吴凯声 (1900—)	江苏	1922 年后	法	巴黎大学	法学博士	1926	1922 年毕业于上海仓圣明智大学文科	律师、大学教授、外交官员、曾任汪伪政权官员

续前表

序号	姓名	籍贯	出国时间 出国年龄	国别	学校	专业	回国时间	职业和身份	
								出国前	回国后
359	吴舜文(女)(1912—)	江苏		美	哥伦比亚大学 肯尼迪学院 圣若望大学	文学硕士 荣誉法学博士 文学博士		上海圣约翰大学毕业	工商业人士
360	吴颂皋(1898—)	江苏		法 英	巴黎大学 伦敦大学	法科		毕业于上海复旦大学	大学教授、汪伪政权官员
361	吴荣苯(1879—)	江苏		日	法政大学速成科 明治大学	法科			国会议员
362	吴绪华(1879—)	贵州		日	明治大学	法科			司法官员
363	吴德镇	河北		日	法政大学			1904年甲辰科进士	政府官员
364	吴瀚涛(1894—1988)	吉林		日 美	东京帝国大学 加利福尼亚大学 芝加哥大学 堪萨斯大学 伊利诺伊大学等	法学士		南开大学毕业	大学教授、政府官员
365	吴铁城(1888—1953)	广东	1913(25岁)	日	明治大学	法律		1907年加入同盟会，1908年毕业于同文书院，参加革命活动	报社主笔、革命人士
366	金万善(1923—)	黑龙江		日	日本大学	法学	1942	就读于黑龙江绥化中学	报社总编辑
367	吴恩裕(1909—1979)	辽宁	1936(27岁)	英	伦敦大学政治经济学院	政治学博士	1939	1928年入东北大学哲学系、1933年毕业于清华大学哲学系	大学教授、报社主编
368	何启(1859—1914)	广州	1872(13岁)	英	帕尔玛学校 阿伯丁大学 林肯法学院	医科学士 外科学士 法学学士	1882	早年就读于香港中央书院	创办医院、任律师、参与革命
369	贝元澄(1865—1929)	湖南		日	法政大学				学校校长

续前表

序号	姓名	籍贯	出国时间 出国年龄	国别	学校	专业	回国时间	职业和身份 出国前	职业和身份 回国后
370	何雯 (1884—)	安徽		日	法政大学			清举人	报社主任、司法官员
371	何遹 (1908—)	广东		法	南锡大学	法学士		北平大学毕业，获法学士	大学教授
372	何世桢 (1894—)	安徽		美	密歇根大学	法学博士	1923 年前	毕业于东吴大学，参加五四运动	大学教授、律师、司法官员
373	何任清 (1910—)	广东		法	耶鲁大学	法学博士	1939 年前	毕业于复旦大学、东吴大学，获法学士	大学教授
374	金问泗 (1892—1968)	浙江	1917 (25 岁)	美	哥伦比亚大学	法学硕士		1915 年获北洋大学学士学位	外交官员
375	何春帆 (1893—)	广东		日	东京帝国大学	法学士		陆军第一预备学校	政府官员
376	何基鸿 (1892—)	河北		日 德	东京帝国大学	法学士	1929 年前		司法官员
377	何聊奎 (1903—1977)	广东	1928 (25 岁)	法 英	巴黎大学 伦敦大学	社会学 民族学 政治经济		毕业于浙江省立法政专门学校、北京大学本科、英国文科系。加入国民党，任国民党官员	大学教授、政府官员、报社社长
378	何世琨 (1899—1987)	安徽	1934 (35 岁)	日	法政大学	法学	1936	早年就读于湖北武昌商科大学、中华大学，任教育局长。参加北伐战争	政府官员
379	何孝元 (1896—1976)	福建	1916 (20 岁)	美	哥伦比亚大学 芝加哥大学	法学博士	1923	早年在清华学校学习工程	大学教授
380	何思敬 (1896—1968)	浙江	1916 (20 岁)	日	东京帝国大学	法学 哲学学士	1927		大学教授、政府官员
381	邱昌渭 (1898—1956)	湖南	1921 (23 岁)	美	哥伦比亚大学	政治学博士			大学教授、政府官员

续前表

序号	姓名	籍贯	出国时间 出国年龄	国别	学校	专业	回国时间	职业和身份 出国前	职业和身份 回国后
382	邱冠棻（1885—）	江西	1906（21岁）	日	早稻田大学	政治经济学士	1910	清附生	政府官员
383	金岳霖（1895—1984）	湖南	1914（19岁）	美	宾夕法尼亚大学 哥伦比亚大学	政治学博士	1925	1911年考入北京清华学校	大学教授
384	但焘（1881—1970）	湖北	1903（22岁）	日	神田同文书院 中央大学	法学学士	1911	幼得家学，1903年赴河南开封应试，结识宋教仁等	政府官员
385	余伯泉（1910—1982）	广东	1926年后	英	剑桥大学	法学	1945年前	幼年在香港读书	军事干领
386	余绍宋（1882—1949）	浙江	1903（21岁）	日	法政大学	法学	1909	幼读私塾，在中学任教	政府官员
387	余兆麒（1902—）	广东		美	陆军军官学校 密歇根大学	法学士	1929		军人、金融界人士
388	余绍琴（1887—）	四川		日	中央大学高等研究科	法学士	1916年前	就读于四川法政学校法律专业。任律师	国会议员
389	余棨昌（1881—）	浙江	1908（27岁）	日	东京帝国大学	法学学士	1911		司法官员
390	谷思慎（1881—1945）	山西	1904（23岁）	日	明治大学	法政	1906	1903年入山西大学中斋	立法委员
391	周复（1901—1943）	江西	1931（30岁）	日	陆军士官学校 明治大学	法科	1932	1924年考入黄埔军校	军人
392	辛汉（1880—）	江苏		日	东京帝国大学	法科		清附贡生	司法官员、政府官员
393	辛文炳（1912—）	台湾		日	明治大学	法学士		毕业于台南市第一中学	立法委员
394	闵刚侯（1904—1971）	江苏	1933（29岁）	日	九州帝国大学	法学	1937年前	1932年东吴大学法律系毕业	司法官员、大学教授
395	汪孝熙（1905—1962）	江苏		瑞	日内瓦大学	法学博士	1919年前		外交官员

续前表

序号	姓名	籍贯	出国时间出国年龄	国别	学校	专业	回国时间	职业和身份	
								出国前	回国后
396	汪祖华 (1908—1998)	安徽		日	东京法科专修大学	法学士			大学教授、政府官员
397	周子亚 (1911—)	浙江	1935 (24岁)	德	柏林大学法学院	法学	1937	南京中央政治大学外交系毕业、外交部任职	大学教授
398	汪馥炙 (1891—1940)	江苏		日	法政大学	法学			大学教授
399	汪宝瑄 (1900—)	江苏	1930 (30岁)	法	巴黎大学	法学	1934	1927年上海复旦大学毕业，任国民党江苏党部书记	政府官员、立法委员
400	汪振声 (1883—1945)	四川	1904 (21岁)	日	早稻田大学	法学士	1909		银行业人士
401	汪新民 (1907—)	安徽	1933 (26岁)	英	伦敦大学政治经济学院	政治经济	1936	1931年南京中央大学法学院法律系毕业	大学教授、政府官员
402	沈其昌 (1881—)	浙江		日	明治大学	法学士			司法官员
403	沈重宇 (1900—1966)	四川	1929 (29岁)	美	哥伦比亚大学	法学硕士	1933	1926年考入黄埔军校政治科、军人	军人、立法委员
404	沈昌焕 (1913—)	江苏	1935 (22岁)	美	密歇根大学	政治学硕士	1938	1933年上海光华大学政治系毕业、1935年入燕京大学研究院研习国际政治	外交官员
405	沈宗灵 (1923—)	浙江	1947 (24岁)	美	宾夕法尼亚大学	法学硕士	1948		大学教授、著名法学家
406	沈钧儒 (1875—1963)	浙江	1905 (30岁)	日	法政大学	法学	1907	1903年癸卯科举人、1904年甲辰科进士。任清廷廷官员	政府官员、报社主笔、革命进步人士、曾任七君子之一、民主党派代表人物
407	沈家彝 (1882—)	江苏	1903 (21岁)	日	东京帝国大学	法学	1905	1903年癸卯科举人	司法官员

续前表

序号	姓名	籍贯	出国时间 出国年龄	国别	学校	专业	回国时间	出国前	职业和身份 回国后
408	周日宣 (1881—1919)	浙江	1905 (24岁)	日	东京警察学校	警政	1909	1904年光绪甲辰科院试第一	革命人士
409	宋文军 (1917—)	辽宁	1935 (18岁)	日	京都大学	法学	1942		报社编辑、大学教授
410	宋念慈 (1905—)	辽宁	1925 (20岁)	日	早稻田大学 明治大学	政治学博士	1931	1924年入沈阳满州医科大学	报社主笔、政府官员
411	宋垣忠 (1894—1965)	河南	1919 (25岁)	日	明治大学	政治经济学	1924		大学教授、政府官员
412	宋教仁 (1882—1913)	湖南	1904 (22岁)	日	法政大学 早稻田大学	法政	1911	1899年入漳江书院读书,1903年考入武昌文华普通中学堂。1904年创办华兴会,举行武装起义	国民党领袖、革命人士
413	宋楚瑜 (1942—)	湖南	1968 (26岁)	美	加州大学柏克莱分校 乔治城大学	政治学博士	1974	20世纪60年代中期台湾政治大学毕业	国民党要员
414	张冲 (1903—1941)	浙江	1923年后	苏	莫斯科中山大学		1927	1923年考入北方交通大学俄文专业,后转入哈尔滨政法大学就读。加入国民党	国民党重要官员
415	张翘 (1884—)	浙江		日	中央大学	法学士			外交官员
416	周作人 (1885—1968)	浙江	1906 (21岁)	日	法政大学 立教大学	外语	1911	1901年考入南京江南水师学堂	五四运动的风云人物,任汪伪政权官员
417	张铭 (1889—1977)	江苏		美	华盛顿大学	法学硕士			外交官员
418	张铮 (1883—)	四川		日	帝国大学	法律			报社社长
419	张谦 (1888—)	广东		美	宾夕法尼亚大学	法学士			外交官员

续前表

序号	姓名	籍贯	出国时间 出国年龄	国别	学校	专业	回国时间	职业和身份	
								出国前	回国后
420	张鹏 (1876—1966)	江苏							政府官员
421	张一鹏 (1873—)	江苏	1899 (26岁)	日	法政大学	法学	1902	1983年中举人	司法官员、律师
422	张丰绪 (1928—)	台湾	1954 (26岁)	美	新墨西哥大学	政治学硕士	1956	1952年台湾大学政治系毕业,后入预备军官训练班受训	政府官员
423	张友渔 (1899—1992)	山西	1930 (31岁)	日	日本大学社会学部	法学	1931	1923年陕西第一师范学校毕业,后入国立法政大学法律系。1927年加入中国共产党	报社主编、政府官员、法学家
424	张一中 (1912—)	吉林		日	早稻田大学	法律			开办公司、任董事长
425	张乃维 (1920—)	江苏		美	康奈尔大学 哈佛大学	政治学硕士 公法学硕士 哲学博士		毕业于中央政治学校外文系	大学教授、外交官员
426	张于浔 (1887—1951)	江西		日 法	振武学校 巴黎大学	法科		江西陆军学校毕业	军人、司法官员
427	张大同 (1905—1955)	浙江	1931年前	美	加利福尼亚大学 西北大学	经济学硕士 法学博士	1934年后		大学教授
428	张大义 (1883—)	云南		日	岩仓铁道学校 法政大学			就读于云南高等学堂	司法官员、新闻界人士
429	张止戈 (1905—1981)	四川	1928 (23岁)	日	早稻田大学 陆军士官学校	市政	1933	毕业于上海法科大学	军人
430	周作民 (1884—1955)	江苏	1905 (21岁)	日	东京帝国大学	法学	1927	就读于南洋公学	金融界人士
431	张名振 (1875—)	四川		日	法政大学	法学		1904年甲辰科进士	政府官员
432	张百麟 (1878—1919)	湖南	1902 (24岁)	日	早稻田大学	法政	1905		革命人士

续前表

序号	姓名	籍贯	出国时间 出国年龄	国别	学校	专业	回国时间	职业和身份	
								出国前	回国后
433	张志让 (1894—1978)	江苏	1915 (21岁)	美 德	加利福尼亚大学 哥伦比亚大学 柏林大学	法学硕士	1921	早年就读清华学校初级部、北京大学预科、复旦公学	大学教授、政府官员、司法官员
434	张孝栘 (1881—)	湖北	清末	日	早稻田大学	法学	1911年前		大学教授、司法官员
435	张则尧 (1914—)	江苏	1935 (21岁)	日	明治大学	法学	1937	1935年毕业于朝阳大学法律系	大学教授
436	周钟岳 (1876—1955)	云南	1904 (28岁)	日	弘文书院 早稻田大学	法学	1907	1903年癸卯科举人	政府官员
437	张芳燮 (1914—)	台湾	1936年前	日	中央大学	法律	1946		经商
438	张庆桢 (1904—)	安徽		美	芝加哥大学	法学博士		毕业于东吴大学、获法学学士	大学教授、立法委员
439	颜楷 (1877—1927)	四川	1905 (28岁)	日	东京帝国大学	法政		1902年中举人，1904年中进士	保路运动著名人物
440	应时 (1886—)	浙江		法	巴黎大学	法学博士			大学教授、司法官员
441	张良修 (1905—)	广东		日	帝雄大学	博士		毕业于上海法政大学	大学院长
442	张国溶 (1877—1943)	湖北	1904年后	日	东京帝国大学	法政	1914年前	1904年中进士	政府官员
443	张国辉 (1896—)	福建		美	芝加哥大学	法学博士	1927年前	毕业于清华学校	大学教授、曾任汪伪政权官员
444	张知竞 (1877—1940)	四川	1902 (25岁)	日	法政大学	法学学士	1906	清附生	司法官员、立法委员
445	周家彦 (1879—)	广西	清末	日	东京帝国大学	法学	1911		政府官员、大学教授

452 | 中国传统法律文化研究 第六卷

续前表

序号	姓名	籍贯	出国时间 出国年龄	国别	学校	专业	回国时间	职业和身份 出国前	职业和身份 回国后
446	张汇文（1905—）	山东	1928（23岁） 1932	美 英	斯坦福大学 伦敦大学公法研究所	政治法律博士	1933	1928年毕业于国立清华大学	大学教授、立法委员
447	张煜全（1879—）	广东		日 美	东京帝国大学 加利福尼亚大学 耶鲁大学	法学硕士	1913年前	毕业于天津北洋大学	大学校长、外交官员、曾任汪伪政权政府官员
448	张治祥（1883—1919）	四川	1903（20岁）	日	东京法政大学速成班	法政	1906	清秀才	革命人士
449	张复元（1880—）	浙江		日	中央大学	法学学士			司法官员、国会议员
450	张恩绶（1881—）	河北	1904（23岁）	日	早稻田大学	政治经济科	1910	毕业于保定大学	大学教授、国会议员
451	张隽青（1894—1966）	山东	1923（29岁）	英	利物浦大学 爱丁堡大学	文学 法学硕士	1931		大学教授
452	张福连（1890—1983）	山东		美	哈佛大学	文学 法学学士	1918	毕业于北京清华学校	政府官员、大学校长
453	张履鳌（1887—）	江苏		美	勿而吉尼亚大学 耶鲁大学	文学 法学学士	1911	清进士，早年毕业于上海圣约翰大学	外交官员
454	张树森（1881—）	陕西		日	法政大学	法政	1913年前	清季朴增生	国会议员
455	屠振鹏（1879—1926）	江苏		日		法政			政府官员，后从商
456	项眉（1885—）	浙江		日		法政			国会议员
457	陆鼎揆（1896—）	江苏		美	密歇根大学	法学博士			大学教授
458	陆宗舆（1876—1958）	浙江	1899（23岁）	日	早稻田大学	政治经济	1902	1896年入南京正文书院习文	政府官员、外交官员
459	陈介（1885—1951）	湖南	1902（17岁） 1905	日 德	东京帝国大学 柏林大学	法学 法政经济	1904 1912	1902年杭州府中学堂毕业	外交官员、政府官员

续前表

序号	姓名	籍贯	出国时间 出国年龄	国别	学校	专业	回国时间	职业和身份 出国前	职业和身份 回国后
460	陈时（1891—1953）	湖北	1907（16岁）	日	庆应大学 中央大学 早稻田大学	法学学士	1911		大学校长
461	陈郁（1901—1974）	广东	1931（30岁）	苏	列宁学院		1940	毕业于湖南法律学校。工人运动负责人，中共官员	政府官员
462	陈洪（1901）	江苏	1921（20岁）	法	里昂中法大学 里昂大学	法学硕士	1932		大学教授，立法委员
463	陈群（1890—1945）	福建		日	明治大学 东洋大学	法学学士 文学学士	1917年前		政府官员，后任汪伪政府官员
464	陈箓（1877—1939）	福建	1903（26岁）	法	巴黎大学	法学学士	1908	1898年入武昌自学堂。毕业后任教	外交官员，曾任汪伪外交官员
465	陈融（1876—1955）	江苏	1904（28岁）	日	法政大学	法政	1901年前	1904年在广西西庵书院组织群智社	司法官员，政府官员
466	陈与燊（1888—1911）	福建	1908（20岁）	日	早稻田大学	法学	1911		革命者，黄花岗七十二烈士之一
467	陈友仁（1879—1944）	广东		英属殖民地	西班牙港圣玛丽罗马主教公学	法学	1912		报社主编，政府官员
468	周新民（1896—1979）	安徽	1924年前	日	明治大学	法学	1924		大学教授，政府官员
469	陈文彬（1909—1980）	福建		日	明治大学	法科			大学教授
470	陈丕士（1901—1989）	广东		英	密度坦普法律学院	法律	1921年后	生于国外	大律师
471	陈世荣（1918—）	台湾		日	东北帝国大学	法学学士	1946		司法官员，大学教授

续前表

序号	姓名	籍贯	出国时间（出国年龄）	国别	学校	专业	回国时间	职业和身份（出国前）	职业和身份（回国后）
472	陈而锡（1881—）	湖南		日	京都帝国大学	法学士			司法官员
473	陈长簇（1892—）	湖南		日	法政大学		1928年前	毕业于北京大学	司法官员
474	陈长蘅（1888—1987）	四川	1911（23岁）	美	密歇根大学哈佛大学	化工政治经济学硕士	1917	1906年考入西川留学预备学堂英文班	大学教授、立法委员
475	陈和铣（1893—）	江西		法	巴黎大学政治系	法学博士	1925年前		大学教授、政府官员
476	陈受中（1879—）	山西		日	早稻田大学	政治经济科	1917年前		大学教授、政府官员
477	陈公亮（1912—1984）	浙江	1930（18岁）	日	东京第一高等法政大学	法学学士	1937	1928年考入北京大学预科	政府官员
478	陈公箪（1923—）	湖北	1947（24岁）	瑞士法	日内瓦大学洛桑大学巴黎大学	法学	1951	1945年武汉大学法律系毕业	翻译家
479	陈汉章（1925—）	浙江	1951（26岁）	苏	莫斯科大学	法学	1956	1946年入晋察冀边区华北大学俄文系，1948年加入中共党员	中共立法官员、大学教授
480	陈体强（1917—1983）	福建	1945（28岁）	英	牛津大学	法学博士	1948	1939年清华大学政治系毕业，任国民党党员	大学教授、国际法研究专家
481	陈劲先（1886—1967）	江西	1913（27岁）	日	东京法政专科学校	法政		清光绪秀才，1909年考入南京两江师范学堂，次年加入共进会	革命者、民主人士

续前表

序号	姓名	籍贯	出国时间 出国年龄	国别	学校	专业	回国时间	职业和身份 出国前	职业和身份 回国后
482	陈叔通 (1876—1966)	浙江	1904 (28岁)	日	法政大学	政治法律	1906	1903年癸卯科进士、授翰林院编修	公司董事、政协委员
483	陈季同 (1851—1907)	福建	1877 (26岁)	法		法学 政治学	1884	1869年人福州船正学堂，1873年赴台湾考察军事及港湾，1875年奉命赴法国购置马尾船厂设备	清末外交官员
484	陈治世 (1923—)	广东	1956 (33岁)	美	华盛顿大学 尼布拉斯卡大学	政治学博士	1963	1974年国立政治大学外文学系毕业、任陆军训练司令部翻译官、驻韩国美军译员	大学教授
485	陈承泽 (1885—1922)	福建		日		法学 哲学		清举人	著名编辑
486	陈启修 (1886—1960)	四川	1907 (21岁) 1924	日 苏	东京帝国大学 莫斯科东方大学	法科	1917 1925	毕业于法国人办的初中班	大学教授
487	陈启清 (1903—1989)	台湾		日	明治大学	法科			工商业人士
488	陈访先 (1894—1976)	安徽		日	明治大学	法政		1894年毕业于安徽法政专门学校	国民党官员
489	周鲠生 (1889—1971)	湖南	1906 (17岁) 1913	日 英 法	早稻田大学 爱丁堡大学 巴黎大学	法学博士	1911 1921	1900年人湖南省立第一小学	大学校长、外交顾问、著名法学家
490	陈则民 (1881—1951)	江苏		日	法政大学	法科	1917年前		国会议员、曾任汪伪政权官员
491	魏道明 (1901—1978)	江西	1924年前	法	巴黎大学	法学博士	1926	曾就读于北京法文学堂	报社经理、政府官员
492	陈国祥	贵州		日	法政大学			翰林院庶吉士	政府官员

续前表

序号	姓名	籍贯	出国时间/出国年龄	国别	学校	专业	回国时间	职业和身份（出国前）	职业和身份（回国后）
493	陈觅生（1889—）	广东		日	东京帝国大学	农学 法学学士			政府官员
494	庞士谦（1900—1958）	河南	1937（37岁）	埃	艾资哈尔大学	伊斯兰教	1946	回族，接受伊斯兰教育，1930年后任教	宗教界外交人士
495	陈宝川（1917—）	台湾		日	京都大学	法律		东北法政大学	大学教授、公司董事长
496	陈茹玄（1894—1955）	广东		美	伊利诺伊州立大学 哥伦比亚大学	法学			大学教授、立法委员
497	陈昭桐（1912—）	福建		日	东北帝国大学	社会学史	1936	考入北平中国大学法科，后入北平大学法学院为编级生，习经济科	大学教授
498	陈继烈（1905—）	广东		法	巴黎大学	政经科硕士		北京大学肄业、北平中国大学法律系	国会议员
499	陈豹隐（1886—1960）	四川	1907（21岁） / 1924	日 / 苏	东京第一高等学校 东京帝国大学 莫斯科东方大学	法学	1918 / 1925		革命人士、大学教授
500	陈逸松（1907—）	台湾	1931年前	日	东京帝国大学	法学	1933		律师、议员
501	郑烈（1888—1958）	福建	1905（17岁）	日	法政大学	法学	1911年后	入长沙实业学堂学习	司法官员
502	陈祖烈	福建		日	法政大学			1903年癸卯科举人	大学教授、国会议员
503	陈海澄（1892—1972）	江苏	1915（23岁）	日	明治大学 京都帝国大学	法学	1923	1912年入省立法政专门学校	大学教授
504	陈家鼎（1875—1928）	湖南	1902（27岁）	日	早稻田大学	法学士	1903	1898入两湖书院	创办杂志、国会议员

续前表

序号	姓名	籍贯	出国时间 出国年龄	国别	学校	专业	回国时间	职业和身份 出国前	职业和身份 回国后
505	陈家鼐	湖南	1913	日	早稻田大学 东京法政学校	政治经济	1918年前	1906年毕业于湖北陆军学堂。参加反袁斗争	军人
506	陈陶遗（1881—1946）	江苏	1905（24岁）	日	早稻田大学	法政	1907	1901年中秀才，1905年松江师范学堂	政府官员
507	陈寿民（1893—1986）	广西	1920（27岁）	日	法政大学	法律	1923	参加辛亥革命，后逃往马来西亚	政府官员、立法委员
508	陈逸云（女）（1911—1969）	广东		美	密歇根大学	市政管理硕士		毕业于中山大学法学院政治系	政府官员、立法委员
509	陈朝璧（1905—1982）	江苏		比	卢文大学	法学博士	1932年后		大学教授
510	陈雄飞（1911—）	上海		法	巴黎大学	法学博士	1943	上海震旦大学毕业，获法学博士	外交官员
511	陈贻范（1871—1919）	江苏	1896（25岁）	英	林肯法学院	法律	1911年前	1890年入京师同文馆就读，并任翻译	外交官员
512	郑谦（1870—1929）	江苏	1911年前	日	法政大学	政治法律	1911年后		政府官员
513	郑天锡（1884—1970）	广东	1907（23岁） 1904	英	伦敦大学	法学博士	1912 1917	就读于香港皇仁学院	律师、外交官员、大法官、法学家
514	陈瑾昆（1887—1959）	湖南		日	东京帝国大学	法学士	1922年前		大学教授、司法官员
515	郑彦棻（1903—）	广东	1926（23岁）	法	国立统计学院 巴黎大学	法学硕士	1935	广东高等师范学校毕业	大学校长、政府官员
516	陈壁榗（1874—）	浙江		日	早稻田大学	政治经济科	1912年前	清优廪生	大学校长、国会议员

续前表

序号	姓名	籍贯	出国时间 出国年龄	国别	学校	专业	回国时间	职业和身份 出国前	职业和身份 回国后
517	陈鸿钧（1881—）	江西			中央大学	法律	1913年前	清优廪生、江西高等学校	国会议员
518	郑毓秀（女）（1891—1959）	广东	1905（14岁） 1914	日 法	松堡大学 巴黎大学	法学博士	1911 1925	早年入天津教会崇实女校	外交官员、司法官员、律师
519	陈霆锐（1890—1976）	江苏	1920（30岁）	美	密歇根大学	法学博士	1923	早年毕业于东吴大学	大学教授
520	陈瑾昆（1887—1959）	湖南	1908（21岁）	日	东京帝国大学	法学士	1917		司法官员
521	邵从恩（1871—1949）	四川	1904（33岁）	日	东京帝国大学	法学		1897年入京师大学堂、1902年中举人、1904年中进士	大学校长、国会议员、政府官员
522	邵循正（1909—1973）	福建	1934（25岁）	法 德	法兰西学院 东方语言学院 柏林大学	历史学	1936	1926年入清华大学政治系、学习国际法与国际关系、1930年入清华大学研究院改学历史	大学教授
523	邵章（1874—1953）	浙江	1903年后	日	法政大学速成科	法政		1902年、1903年甲科进士	国会议员
524	邵修文（1880—）	山西		日	明治大学				司法官员
525	邵飘萍（1884—1926）	浙江	1914（30岁）	日	东方政治专门学校	政治学	1916	1902年入浙江高等学堂、为《申报》评论员	新闻界著名人士。大学教授
526	青主（1893—1959）	广东	1912（19岁）	德	汉堡大学	法学 音乐 博士	1922	参加辛亥革命	编辑
527	武和轩（1901—1986）	山西	1927（26岁）	日	东京帝国大学	政治学	1928		政府官员
528	武誓彭（1907—）	山西		美	哥伦比亚大学	法律		毕业于山西大学法律系	立法委员
529	范振绪（1872—1960）	甘肃	1903（31岁）	日	法政大学	法政	1910		报社社长

续前表

序号	姓名	籍贯	出国时间出国年龄	国别	学校	专业	回国时间	出国前	职业和身份 回国后
530	林文（1887—1911）	福建	1905（18岁）	日	东京帝国大学	法学	1911	就读于浙江学堂	革命人士，黄花岗七十二烈士之一
531	林彪（1889—）	广东		比美德	比利时大学威斯康辛大学威而士堡大学	法学博士	1923		司法官员、律师
532	林栋（1913—）	江西		美	密歇根大学伯莱诺大学	政治学硕士法学博士		江陵大学法学学士	大学教授、国民党党员
533	林翔（1882—1935）	福建		日	明治大学	法律	1911年后	早岁，朴博士弟子员	司法官员
534	林之棠（1896—1964）	福建	1934年后	日	考察		1938年前	1919年北京中国大学法律系毕业，1926年北京大学毕业，获文大学士。任北京大学教授	大学教授
535	林云陔（1881—1948）	广东	1912（31岁）	美	圣理乔斯大学	法学政治学	1918	1909年考入两广方言学堂。参加黄花岗起义	政府官员
536	林长民（1876—1925）	福建	1906（30岁）	日	早稻田大学	政治学经济学	1909	1897年中秀才	政府官员
537	林文英（1873—1914）	广东	清末	日	早稻田大学	法学	1907年前	早年经商	革命人士
538	林白水（1874—1926）	福建	1903（29岁）	日	早稻田大学	法学	1905		国会议员、创办报社
539	林同济（1906—1980）	福建	1926（20岁）	美	密歇根大学加利福尼亚大学	政治学博士	1934	1922年考入清华学校	大学教授
540	林以文（1914—1976）	台湾		日	东京中央大学	法学士商学博士			中国留日华侨联合会会长、立法委员

续前表

序号	姓名	籍贯	出国时间 出国年龄	国别	学校	专业	回国时间	职业和身份	
								出国前	回国后
541	林行规 (1884—)	浙江		英	伦敦大学	法学士			司法官员
542	林国英 (1879—1951)	广东	1904 (25岁)	日	法政大学	法政	1906	19岁，补博士弟子员	革命人士、公司董事
543	林绍南 (1889—)	浙江		日	明治大学 法政大学				外交官员
544	房金炎 (1931—)	台湾	20世纪 50年代初	美	美利坚大学	法学	1956	20世纪50年代获台湾大学法学士	外交官员
545	居正 (1876—1951)	湖北	1905 (29岁)	日	法政大学	法学	1907	24岁院试第一人县学	国民党要员
546	林攀龙 (1901—1893)	台湾	1910 (9岁)	日 英 法 德	东京帝国大学 牛津大学 巴黎大学 慕尼黑大学	法学士 文学 哲学宗教 德语文	1932	幼入私塾、在日本完成初等教育	校长、工商界人士
547	孟森 (1868—1937)	江苏	1901 (33岁)	日	法政大学	法学	1907	早年中秀才	政府官员、大学教授
548	范振绪 (1872—1960)	甘肃	1903 (31岁)	日	法政大学		1910	癸卯科进士	政府官员、国会议员
549	郁嶷 (1890—)	湖南		日	早稻田大学	法学		毕业于北洋学堂法科	大学教授
550	易恩侯 (1875—)	湖南		日	日本大学	法科	1913 年后	清附生	司法官员
551	罗鼎 (1887—)	湖南		日	东京帝国大学	法学士			司法官员
552	罗杰 (1895—1951)	四川		英 奥	伦敦大学 维也纳警官学院	政治	1938	毕业于湖北省立外语专修科	政府官员
553	罗介夫 (1882—1938)	湖南		日	法政大学	政治经济科			政府官员
554	严复 (1854—1921)	福建	1877 (23岁)	英	格林尼茨海军学校	海军	1879	福州船政学堂毕业	近代著名思想家
555	罗文锦 (1893—1959)	广东	1906 (13岁)	英		法律	1918		律师、社团负责人，获英王授勋

续前表

序号	姓名	籍贯	出国时间 出国年龄	国别	学校	专业	回国时间	职业和身份 出国前	职业和身份 回国后
556	罗永绍（1870—）	湖南		日	法政大学	法政			国会议员
557	罗昱华（1892—1941）	河南		日	东京帝国大学	法学			政府官员
558	罗隆耀（1880—）	广东	1910（30岁）	美	哈佛大学 哥伦比亚大学 芝加哥大学	法学博士	1911	毕业于北洋大学堂	大学教授、政府官员
559	罗雪甫（广东）			德法日美	考察	政法商务		于香港圣士提反学堂学习英文	经商
560	季宗孟（1889—）	四川		法	巴黎大学	法学博士	1924年前		政府官员
561	金世鼎（1904—1994）	江苏		法	巴黎大学	法学博士		国立中央大学毕业，获法学士。通过司法考试	司法官员、大学教授
562	施启杨（1935—）	台湾	1962（27岁）	德	海德堡大学	法学博士	1967年后	1958年台湾大学法律系毕业。1962年台大研究所硕士学位	大学教授、政府官员
563	施肇夔（1891—）	浙江	1919年期	美	华盛顿大学	硕士	1922	就读于北洋大学法科	外交官员
564	周纬（1883—）	贵州		法	巴黎大学	法学博士	1931年前		大学教授、立法委员
565	周择（1880—）	四川		日	法政大学	法政		清诸生。任教师	国会议员
566	洪述欣（1904—1981）	福建	1925年后	日	东京帝国大学	法学	1945	台北高等学校文科毕业	司法官员、大学教授
567	周北峰（1903—1989）	河南		法	都鲁士大学	法学硕士	1931年后		大学教授、政府官员
568	周廷弼（1871—）	山东	1910（39岁）	日	法政大学 速成班	政治		山东初等师范学校毕业	政府官员

续前表

序号	姓名	籍贯	出国时间 出国年龄	国别	学校	专业	回国时间	职业和身份	
								出国前	回国后
569	周贞亮(1867—1933)	湖北		日	法政大学	法政		1904年甲辰科进士	大学教授、政府官员
570	周埏年(1893—1971)	广东	1910(27岁)	英	牛津大学	文学士	1914	1909年毕业于香港圣士提反男校	获大律师资格。执业、社会活动家、政府官员
571	周德仁(1901—)	福建	1922年前	日	日本大学	法科	1923		大学教授
572	周庆恩(1871—)	山东		日	法政大学				国会议员、律师
573	周龙光(1885—)	安徽		日	东京帝国大学	法学	1925年前		大学教授、政府官员
574	周泽春(1881—?)	湖北	1903(22岁)	德	柏林大学	法学博士	1910		政府官员、法官、教授
575	庞树森(1886—1971)	江苏		日	东京帝国大学	法科	1908年后	毕业于公立两江高等学堂	政府官员
576	郑钺(1878—1943)	浙江	1906(28岁)	日	法政大学	法学士	1913		司法官员
577	祝世康(1901—1982)	江苏	1924年后	美	印第安纳州大学	博士	1935年前	北京政治大学毕业	政府官员、立法委员
578	郑文礼(1892—1948)	浙江	1919(27岁)	法	里昂大学 巴黎大学	法律 政治 经济	1925	1917年毕业于浙江法政专门学校	大学教授、司法官员
579	赵琛(1899—1969)	浙江	1921年前后	日	明治大学	法学	1924		大学教授、司法官员、法学家
580	赵欣伯(1887—1951)	河北	1915(28岁)	日	明治大学	法学	1926年前	辛亥革命后参加国民党	任汪伪政权官员
581	费矩(1885—1922)	湖北	1905(20岁)	日	日本大学	法学	1911	毕业于宜昌师范学院	政府官员

续前表

序号	姓名	籍贯	出国时间 出国年龄	国别	学校	专业	回国时间	职业和身份 出国前	职业和身份 回国后
582	赵俊欣 (1913—)	江苏	1935 (22岁)	法	巴黎大学	法学博士	1939	1935年南京中央大学法学院毕业	外交官员
583	赵振洲 (1898—1979)	河南	1924 (26岁)	德	柏林威廉大帝国际法研究所	法学博士	1929	北京大学预科毕业	政府官员，大学教授
584	赵理海 (1916—)	山西	1939 (23岁)	美	巴黎大学法学院 芝加哥大学 哈佛大学	文学硕士 法学博士	1944	1939年燕京大学毕业	大学教授，法学家
585	胡钧 (1870—)	湖北	清末	德	柏林大学	法学学士	1911 年前	光绪举人	大学官员，政府官员
586	胡汉民 (1879—1935)	广东	1902 (23岁) 1904	日	弘文书院 法政大学	师范 法政	1902 1906 年后	1899年中举人	著名政党要员
587	胡靖 (1877—)	河北		日	早稻田大学	政法科	1932 年前		军人
588	胡适 (1891—1962)	上海	1910 (19岁)	美	康奈尔大学 哥伦比亚大学	哲学博士	1917	1906年入私立中国公学。后任教员	大学教授，新文化运动的代表人物
589	胡世泽 (1894—1972)	浙江		俄 法	皇家大学 巴黎政治大学 巴黎大学	法学博士	1919 年后	早年赴俄	外交官员
590	胡瑞霖 (1878—1943)	湖北	清末	日	明治大学	经济学 法学	1909 年前	清末翰林	政府官员
591	胡秉柯 (1882—1914)	湖北	1903 (21岁)	比 法	巴黎大学	法学博士	1909	经张之洞推荐人经心和两湖书院，乡试未中	革命人士
592	胡宗尧	湖北	1905	日	东洋大学	法学	1906		革命人士
593	胡政之 (1889—1949)	四川	1905 (16岁)	日	东京帝国大学	法学	1911	安徽省高等学堂毕业	报社主编

续前表

序号	姓名	籍贯	出国时间 出国年龄	国别	学校	专业	回国时间	职业和身份 出国前	职业和身份 回国后
594	饶汉祥 (1883—1927)	湖北	1905 (22岁)	日	法政大学	法学	1907	早年中癸卯科乡试	政府官员
595	柯凌汉 (1896—)	福建		日	早稻田大学	法科			大学教授，司法官员
596	柯鸿烈 (1874—)	四川		日	明治大学	法科			外交官员
597	查良鉴 (1905—)	浙江	1930年前后	美	密歇根大学	法学博士	1943年前	南开大学政治系毕业，后入东吴法学院	大学教授，司法官员
598	钟世铭 (1879—1965)	天津	1906 (27岁)	美	哈佛大学	法学博士	1912年前	天津北洋大学堂学习	大学教授，政府官员
599	荆磐石 (1911—)	山西		日 美	日本大学 东京帝国大学 哈佛大学 哥伦比亚大学	法学士 文学士 法学博士 神学博士	1938年前	朝阳大学法律系毕业	外交官员
600	南兆丰 (—1918)	陕西		日	法政大学	法政	1910	陕西高等学堂	政府官员
601	顾明 (1919—)	江苏	1937年前	日	法政大学	法学	1937		政府官员
602	俞颂华 (1893—1947)	江苏	1915 (22岁)	日	法政大学	法学士	1918	就读于复旦公学	著名编辑记者
603	顾视高 (1887—1934)	云南	1906 (19岁)	日	法政大学	法学	1909年前	清末举人，进士	法学校长
604	饶孟任 (1882—)	江西		英	伦敦大学			1904年甲辰科进士	外交官员，政府官员
605	洪寿南 (1912—1997)	台湾		日	东京帝国大学	法学	1948年前		司法官员
606	洪应灶 (1914—1976)	福建		美 英	印第安纳大学 纽约大学 伦敦大学	法学博士		毕业于东吴法学院	大法官，大学教授
607	宦乡 (1909—1989)	贵州		日	早稻田大学	政治经济		上海交通大学毕业	报社社长

续前表

序号	姓名	籍贯	出国时间 出国年龄	国别	学校	专业	回国时间	职业和身份	
								出国前	回国后
608	韦永成（1907—1997）	广西	1925年后	苏 德	莫斯科中山大学 柏林大学	政治经济		军人、军校毕业	军人、立法委员
609	姚华（1876—1930）	江西	1904年后	日		法政	光绪末年	1904年甲辰科进士	国会议员
610	姚铉（1876—）	山东		日	法政大学	法政	1907		政府官员
611	姚憾（1875—1924）	安徽		日	早稻田大学	法政			大学校长
612	姚震（1885—1935）	安徽	1909年前	日	早稻田大学	法学学士	1910		司法官员
613	姚桐豫（1869—）	浙江		日	法政大学	法政	1912年前	清秀才	司法官员
614	姚华庭（1906—）	浙江		日	京都帝国大学	法学	1936年后		大学教授
615	顾维钧（1888—1985）	江苏	1904（16岁）	美	哥伦比亚大学	国际法外交学博士	1912	上海圣约翰书院毕业	近代著名外交官
616	姚孝楠（1882—1967）	安徽	1913（31岁）	日	日本大学	法政		清秀才。毕业于保定军校	军人
617	恩华（1879—）	江苏	1903年后	日	法政大学	法学	清末	举人、进士	司法官员
618	秦瑞玠（1874—）	江苏	1897年后	日	法政大学	法政		1897年丁酉科优贡	政府官员
619	秦毓鎏（1879—1937）	江苏	1902（23岁）	日	早稻田大学	法学	1904	1901年入南洋水师学堂	革命人士
620	袁永康	贵阳	1904年后	日	法政大学	法政	1912年前	1904年甲辰科进士	政府官员
621	袁家普（1873—?）	湖南		日	早稻田大学				大学教授、政府官员
622	耿光（1890—）	湖南		日	东京商科大学				大学教授

续前表

序号	姓名	出国时间 出国年龄	国别	学校	专业	回国时间	职业和身份	
							出国前	回国后
623	耿淡如 (1898—1975)	江苏	1929（31岁）	美	哈佛大学研究院	政治学硕士	1932	1923年复旦大学文科毕业	大学教授
624	桂崇基 (1901—)	江西	1915年后	美	俄亥俄州卫斯理大学 哥伦比亚大学 纽约市政研究所	政治学硕士	1925		大学教授
625	贾士毅 (1887—1965)	江苏	1908（21岁）	日	法政大学 明治大学	政治学 法科	1911		大学教授、政府官员
626	莫萱元 (1909—1983)	湖南		日	早稻田大学	法政	1940年前	上海复旦大学经济系毕业	大学教授、立法委员
627	庄仲舒 (1893—1974)	山东	1911年后	日	中央大学	法律	1919	1911年加入同盟会	报社经理、工商界人士
628	虞廷愷 (1880—)	浙江	1906（26岁）	日	东京法政大学	法政	1909		国会议员
629	夏勤 (1892—1950)	江苏	1912（20岁）	日	中央大学 东京帝国大学	法律	1917	1908年入京师法政学堂	大学教授、司法官员
630	祝瑞霖 (1880—)	河北		日	明治大学	法律		就读于保定大学	政府官员
631	雷荣珂 (1898—1974)	广西		日	京都帝国大学法学部	政治	1929		大学教授、政府官员
632	顾鳌 (1879—)	四川		日		法政	1912年前		政府官员
633	黄薇 (女) (1912—)	福建	1933（21岁）	日	明治大学	政治经济	1937	毕业于厦门集美女师	编辑记者
634	黄伦 (1910—1974)	广东		日	早稻田大学	法律系			大学教授、政府官员
635	倪征㠓 (1906—)	江苏	1928（22岁）	美	斯坦福大学 约翰·霍普金斯研究所	法学博士研究员	1931	1928年东吴大学毕业获法学士	大学教授、东京审判控诉方人员

续前表

序号	姓名	籍贯	出国时间 出国年龄	国别	学校	专业	回国时间	出国前	职业和身份（回国后）
636	钱泰（1886—）	浙江	1906年后	法	巴黎大学	法学博士	1915年前	1906年丙午科优贡	司法官员，外交官员
637	钱大櫆（1898—1950）	江苏	1915年后	日	明治大学	法学	1920	毕业于天津北洋政法专门学校	金融界人士、任汪伪政权官员
638	费孝通（1910—）	江苏	1936（26岁）	英	伦敦大学	哲学博士	1938	1933年燕京大学毕业，获学士学位。1935年获庚款奖学金出国	大学教授，中国社会学研究的代表人物和著名社会活动家
639	钱九威（1909—）	江苏		瑞	日内瓦大学	法学士		毕业于上海光华大学，获文学士	报社主编，大学教授
640	钱志豪（1916—1984）	江苏	1948（32岁）	法	巴黎大学	法学博士		毕业于上海震旦大学。1948年考录南京政府法官	法国国立研究院研究员
641	鄂森坤（1903—）	湖南		美 英	华盛顿大学 密歇根大学 伯明翰警官学校	警政硕士	1932年后	1920年就读于北平清华大学	政府官员
642	严冬汉（1878—）	辽宁		日	法政大学	法学博士	1946年前		军人，律师
643	钱剑秋（女）（1911—）	上海	1931年前后	美	西北大学	法学博士		上海法学院毕业	立法委员
644	徐昭（1914—1985）	浙江	1946（32岁）	比	布鲁塞尔大学	法学	1950	1938年清华大学经济系毕业。外交官员，派往比利时任副领事	文艺编辑
645	徐谟（1893—1956）	江苏	1920（27岁）	美	华盛顿大学	法学硕士	1922	1917年北洋大学法律系毕业。考录外交官，派往美国见习	外交官员，国际法庭大法官

续前表

序号	姓名	籍贯	出国时间 出国年龄	国别	学校	专业	回国时间	职业和身份 出国前	职业和身份 回国后
646	徐光（1888—1962）	江苏		美 德	威斯康辛大学 海德堡大学	法学博士	1916	清华学校毕业	大学教授、立法委员
647	徐浩（1895—1947）	浙江	1929（34岁）	日	明治大学	法学士 文学士	1932	加入国民党	政府官员
648	黄群（1882—）	浙江		日	早稻田大学	法政			国会议员
649	徐一清								
650	黄远生（1884—1951）	江西	1904（20岁）	日	中央大学	法学	1909	1904年甲辰进士	编辑记者
651	徐元诰（1887—1956）	江西		日	中央大学	法政	1923 年前		立法委员
652	徐天深（1893—）	广东		日	日本大学	政治科	1922 年前		政府官员、汪伪政府官员
653	徐志摩（1897—1931）	浙江	1918（21岁）	美 英	克拉克大学 哥伦比亚大学政治 经济学院 剑桥大学	历史学 经济学 文学硕士	1922	1916年入北京大学法政科	大学教授、著名学者
654	徐声金（1874—1958）	湖北	1905（31岁）	日	弘文书院 日本大学	法学	1910		司法官员
655	徐傅霖（1879—1858）	广东		日	早稻田大学	法学士	1909 年前	京师法政专门学堂毕业	国民党政府要员
656	萧其章（1883—1915）	福建	1913（20岁）	日	明治大学	法科	1914	1912年入福建法政学堂本科	革命人士
657	徐道邻（1906—1973）	江苏	1924（18岁）-1926	德	柏林大学	法学博士	1925 1936	生于日本	外交官员、大学教授

续前表

序号	姓名	出国时间 出国年龄	国别	学校	专业	回国时间	职业和身份 出国前	职业和身份 回国后
658	徐淑希（1892—）	广东		美	哥伦比亚大学	文学硕士	1920年前	香港大学毕业，文学士	大学教授、外交官员
659	徐维震（1880—）	浙江		美	加利福尼亚大学 芝加哥大学 印第安纳大学	法学士	1909	国立上海南洋大学毕业	司法官员
660	殷汝耕（1885—1974）	浙江	清末 1913	日	鹿儿岛第七高等学校 早稻田大学	政治学	1911 1920年前	政府官员	政府官员，曾任汪伪政权官员官员
661	殷德洋（1899—）	湖南		日	京都帝国大学	法学			政府官员
662	翁敬棠	福建		日	法政大学	法政	1927年前		司法官员
663	奚培文（1911—）	江苏		日	早稻田大学	法学			政府官员，曾任汪伪政权官员
664	奚树基（1909—）	江苏		法	巴黎大学 鲁汶大学	法学博士 政治学博士 外交硕士	1933	东吴大学法学士	政府官员、律师
665	高容艇（1887—）	福建		日	日本大学	政治	1932年前		政府官员
666	高德超（1909—）	辽宁	1943（34岁）	美	纽约大学	经济学硕士	1947	1934年清华大学法学士。任教官	大学教授
667	高一涵（1884—1968）	安徽	1912（28岁）	日	明治大学	政治学	1916		报社编辑、大学教授
668	高育仁（1934—）	福建	1960年前后	日 美	东京大学 夏威夷大学	法学	1968	台湾大学法律系毕业	律师、政府官员
669	郭心崧（1897—）	浙江		日	京都帝国大学	经济学士	1928年前		大学教授、政府官员

续前表

序号	姓名	籍贯	出国时间 出国年龄	国别	学校	专业	回国时间	职业和身份 出国前	回国后
670	黄演渥 (1902—1971)	台湾		日	东北帝国大学	法科			司法官员
671	郭国基 (1900—1970)	台湾		日	明治大学	法学学士	1943年前		政府官员
672	黄通甯 (1913—1987)	山东		日	明治大学 日本大学	新闻 法学	1937年前		报社编辑
673	郭冠杰 (1882—1951)	广东	1916 (34岁)	日 法	早稻田大学 里昂大学研究院	政治学 经济学 学士	1925	1911年参加广州起义，武昌起义	大学教授
674	黄赞元 (1880—)	湖南		日	法政大学	法政		曾在长沙倡办教学	政府官员
675	郭泰祺 (1890—1952)	湖北	1904 (13岁)	美	宾夕法尼亚大学	法学 政治学 博士	1912	毕业于武昌中学	外交官员
676	黄朝琴 (1897—1972)	福建	1918 (21岁)	日 美	早稻田大学 伊利诺伊大学	政治学 硕士	1928	毕业于彰化中学	外交官员
677	郭泰祯 (1899—)	湖北		美	宾夕法尼亚大学 纽约大学	硕士	1926	上海南洋公学	外交官员
678	黄德禄 (1913—1986)	四川	1946 (33岁)	美	纽约大学研究院 霍普金斯大学	政治学	1949年后	1931年起先后就读于成都大学、四川大学、北京大学、西南联合大学	大学教授
679	郭彝民	吉林		日	东京帝国大学	经济学	1923		大学教授
680	萧蔚云 (1924—)	湖南	1951年后	苏	列宁格勒大学	法学副博士	1959	1951年北京大学毕业	大学教授、立法委员
681	黄启瑞 (1910—1976)	台湾	1937年前	日	京都帝国大学	法学学士	1939	台北高等学校毕业	律师、政府官员
682	梅汝璈 (1904—1973)	江西	1926年前	美	斯坦福大学 芝加哥大学	法学博士	1929	毕业于清华学校	著名法学家、大法官

续前表

序号	姓名	籍贯	出国时间 出国年龄	国别	学校	专业	回国时间	职业和身份	
								出国前	回国后
683	唐蒙 (1897—1959)	江苏	1927年后	日	东京帝国大学	法学	1931年前	幼习武。曾任小学校长	政府官员
684	曹汝霖 (1877—1966)	上海	1900 (23岁)	日	早稻田大学 法政大学	法政	1904	汉阳铁路学堂毕业	律师、五四时期的卖国贼
685	容闳 (1828—1912)	广东	1847 (19岁)	美	耶鲁大学	文学学士 名誉法学博士	1854	1984年入澳门马礼逊学堂	近代留学运动之父
686	曹茂良 (1905—)	江苏	1930 (25岁)	法 英 德	巴黎大学 伦敦大学 波恩大学	法学博士 金融财政 地方财政	1936	1929年毕业于南京中央大学	大学教授
687	唐宝锷	广东		日	早稻田大学	法学士			律师、国会议员
688	曹绍濂 (1904—)	湖南	1935 (31岁)	英 法	伦敦大学 巴黎大学	经济政治 法学	1938	1932年毕业于武汉大学	大学教授
689	凌其翰 (1906—1992)	上海	1927 (21岁)	比	卢文大学 布鲁塞尔大学	法学博士	1931	震旦大学肄业	大学教授
690	章士钊 (1881—1973)	湖南	1905 (24岁)	日 英	阿贝丁大学	政治学	1911	1901年考入南京陆师学堂。参加兴中会	报社主编、政府官员
691	黄正铭 (1903—1973)	浙江	1933 (30岁)	英	伦敦大学政治经济学院	政治经济学博士	1936	1928年毕业于东南大学，获法学士	大学教授、大法官
692	黄汝壁 (1886—)	四川		日	东京帝国大学	法科		清末优贡	国会议员
693	黄伯度 (1891—1970)	安徽		日	早稻田大学	法学士			军人、政府官员
694	黄序鹓 (1879—)	江西		日	早稻田大学	政治经济	1912年前	清末附贡生	政府官员
695	黄季陆 (1899—1985)	四川	1918 (19岁)	日 美	庆应大学 威斯灵大学	政治学硕士	1924年前	1913年赴马来西亚，1915年复旦公学中学毕业	报社社长、政府官员

续前表

序号	姓名	籍贯	出国时间 出国年龄	国别	学校	专业	回国时间	职业和身份	
								出国前	回国后
696	黄柄坤(1911—)	广东	1935	日	东京专修大学	政治学硕士	1944年后	1934年毕业于南京中央大学政治系	大学教授
697	黄宽白(1880—1934)	浙江	1904(24岁)	美	斯坦福大学 芝加哥大学 哈佛大学	警政	1908	毕业于绍兴府学堂	革命人士
698	黄祖汉(1887—1970)	福建		日	东斌学校 法政大学 早稻田大学	法政			大学教授
699	阎宗临(1904—1978)	山西	1925(21岁)	法 瑞士	伏利堡大学	历史学博士	1937	1924年考入朝阳大学法律系。勤工俭学	大学教授
700	商衍鎏(1879—1963)	广东	1904(25岁)	日	法政大学	法政	1911年前	1904年甲辰科进士，中国最后一个探花。授翰林院编修	政府官员，应聘为德国大学教授
701	梁龙(1894—1967)	广东		英	剑桥大学				外交官员
702	梁大鹏(1911—)	广东	1930(19岁)	美	密歇根大学 纽约大学	政治学博士	1937	1930年上海复旦大学毕业	报社主笔，大学教授
703	梁仁杰	江西		法	巴黎大学	法学博士			司法官员
704	梁建章(1882—)	河北	1901年后	日	法政大学	法政	1913年前	清末科举人	政府官员
705	梁敬錞(1892—1984)	福建	1919(27岁)	英	伦敦大学经济学院	硕士	1922	1917年毕业于北京大学法科。任教	司法官员，政府官员
706	梁朝威(1900—1975)	广东		美	斯坦福大学 约翰霍金斯大学	博士 政治学博士	1929年前	毕业于清华学校	大学教授，报社社长
707	梁鋆立(1905—)	浙江		美	华盛顿大学	法学博士	1926年前	东吴大学法学士	外交官员

续前表

序号	姓名	籍贯	出国时间 出国年龄	国别	学校	专业	回国时间	职业和身份 出国前	职业和身份 回国后
708	村疆（1876—）	浙江		日	法政大学		1913年前	清附生	外交官员
709	管曙东（1884—1947）	安徽		日	东京同文书院 明治大学	法律	1906年前		革命人士
710	彭占元（1870—）	山东	1903（37岁）	日	法政大学			毕业于山东师范学堂	国会议员
711	彭邦栋（—1931）	湖南	1905	日	法政大学		1906	清廪生	革命人士
712	彭连斌（1867—）	湖南	1904（37岁）	日	法政大学	法政	1912年前	1904年甲辰科进士，任法部主事	国会议员
713	彭汉遗（1899—1931）	湖北		日		法律	1912年前	白鹿书院、江汉书院和两湖师范学堂就读	国会议员
714	董彦平（1896—1976）	吉林	1918（22岁） 1927	日	明治大学 陆军大学	法学士	1925年前 1930		军人、国会议员
715	葛建时（1896—1981）	江苏	1932（36岁）	日	明治大学 日本大学	法学 社会学	1935	1924年加入国民党，任国民党官员	国民党官员
716	董康（1867—1947）	江苏	1912（45岁）	日	日本大学	法学	1914	进士、法律馆编修	政府官员，大学教授
717	董霖（1907—）	江苏		美	伊利诺伊大学	法学博士	1928	上海复旦大学毕业	政府官员，外交官员
718	覃寿公（1875—）	湖北		日		法学			国会议员
719	单毓华（1883—1955）	江苏	1903（20岁）	日	法政大学	法学士	1908	1899年入南京实业师范学堂	大学教授
720	董必武（1886—1975）	湖北	1913（27岁） 1928	日 苏	日本大学 莫斯科中山大学 列宁学院	法学	1915 1932	秀才，1911年加入同盟会，入湖北军政府工作	中共要员

续前表

序号	姓名	籍贯	出国时间 出国年龄	国别	学校	专业	回国时间	职业和身份 出国前	职业和身份 回国后
721	韩汉藩 (1909—)	广东	1927 (18岁)	日	东京法政大学 京都帝国大学	经济学	1927年后	广东省立中学读书	政府官员
722	韩幽桐 (女) (1908—1985)	吉林	1932 (24岁)	日	早稻田大学 东京帝国大学	法学	1937	1926年加入中国共产党，考入国立京师大学法学院	政府官员、司法官员
723	韩振声 (1893—)	河北		日	东京明治大学	政治经济	1936年前	北平法政专科学校	立法委员
724	韩慕荆 (1876—1937)	江苏	清末	日	法政大学	法学	1911	早年入安徽陆军	司法官员
725	韩忠谟 (1915—)	安徽		美	耶鲁大学	法学硕士		毕业于国立中央大学法律系	大学教授
726	韩德培 (1911—)	江苏	1939 (28岁)	加 美	多伦多大学 哈佛大学	法学硕士	1945	1934年南京中央大学法律系毕业	法学家
727	景耀月 (1882—1944)	山西	1904 (22岁)	日	早稻田大学	法政	1939	清举人	政府官员
728	程克 (1878—1936)	河南	1900年后	日	东京帝国大学	法学学士	1911年前	毕业于河南大学	政府官员
729	程鹜 (1885—)	江西		日	早稻田大学	政治经济			律师、国会议员
730	程天放 (1899—1976)	江西	1920 (21岁)	美 加	芝加哥大学 伊利诺伊大学 多伦多大学	政治学博士	1926	1917年考入上海复旦公学	政府官员、外交官员
731	程启明	辽宁		日	明治大学	政法			政府官员
732	程树德 (1876—)	福建	1896年后	日	东京法政大学	法学	1911年前	清举人	法律史学家
733	程锡庚 (1893—1939)	江苏	1913前后	英 法 美	伦敦大学 巴黎大学 哥伦比亚大学	法学博士	1920年前		外交官员

续前表

序号	姓名	籍贯	出国时间 出国年龄	国别	学校	专业	回国时间	职业和身份 出国前	职业和身份 回国后
734	程镇球（1919—）	江苏	1945（26岁）	英	牛津大学	政治学	1949	1941年重庆中央大学政治系毕业	大学教授
735	邹昌炽（1888—）	湖北		美	西北大学 芝加哥大学	法学博士		毕业于武昌文华书院	大学教授、律师
736	焦实斋（1899—1987）	河北	1939（40岁）	英	牛津大学	政治学	1945 年前	1923年北京师范学校英语系毕业。任大学教授、政府官员	大学教授、政府官员
737	童杭时（1877—）	浙江		日	法政大学	法学士	1913 年前	毕业于江苏法政学校	司法官员
738	童冠贤（1894—1980）	河北	1914年后	日 美	早稻田大学 哥伦比亚大学	法学士 经济学硕士	1926		大学教授、政府官员
739	童德乾（1887—）	湖北		法	巴黎法律学校	法学	1911 年后	北京译学馆毕业	外交官员
740	温晋城（1892—1969）	江西		日		政治经济	1925 年前	保定军官学校肄业	军人、大学教授
741	温源宁（1899—1984）	广东	1920 年前后	英	剑桥大学	法学硕士	1925 年前		外交官员、立法委员
742	曾琦（1892—1951）	四川	1916（24岁） 1919	日 法	东京中央大学 巴黎社会学院	法学	1918 1924	1911年入法政学堂读书。报社主笔，入震旦大学学习法文	大学教授、报社编辑
743	曾昭琼（1912—）	湖南	1935（23岁）	日	东京帝国大学	法学	1937	1928年入武汉大学法律系	大学教授
744	曾友豪（1900—）	广东		美	霍普金斯大学 哥伦比亚大学	文学博士 哲学博士	1929		司法官员
745	曾祥鹤（1898—1960）	广东		法	里昂大学	政治学博士			大学教授

续前表

序号	姓名	籍贯	出国时间 出国年龄	国别	学校	专业	回国 时间	职业和身份 出国前	职业和身份 回国后
746	曾幹桢 (1877—)	江西	1904 (27 岁)	日	早稻田大学	法律 商业		江西公立高等学堂肄业	国会议员
747	宁柏青 (1890—)	湖北		日	中央大学 明治大学	商业		毕业于湖北法政专业学校	大学教授
748	贺颎 (1873—1942)	江苏	清末	日	日本大学	法政	1911 年前	中举,任大理院推事	政府官员
749	黎渊 (1880—)	贵州		日	中央大学	法学士	1913 年前	清举人	政府官员
750	谢健 (1883—1958)	四川		日	日本大学	法科	1928 年前		政府官员,司法官员
751	谢嘉 (1904—)	安徽	1937 (33 岁)	法 美	巴黎大学 哥伦比亚大学	经济学硕士	1947	1934 年清华大学政治系毕业。1937 年出任日内瓦国际劳工大会顾问	大学教授
752	谢森 (1885—1969)	江苏	1909 年前	日	明治大学	经济学学士			大学校长
753	谢介石 (1878—)	台湾		日	明治大学	法学	1907	曾任翻译、讲师	政府官员
754	谢仁剑 (1905—1978)	安徽	1935 (30 岁)	美	美利坚大学	法学硕士	1937 年后	国民党党员,任驻美大使馆秘书	政府官员
755	谢永森 (1885—)	浙江	1906 (21 岁)	英	剑桥大学	法学硕士	1915	上海中学毕业	法律顾问
756	谢冠生 (1897—1971)	浙江	1922 (25 岁)	法	巴黎大学	法学博士	1924	复旦大学法律科	外交官员,大学教授
757	谢瀛声 (1913—)	广东	20 世纪 30 年代	英	牛津大学	经济学硕士		国立政治大学毕业	大学教授
758	谢瀛洲 (1894—1972)	广东		法	巴黎大学	法学博士	1924	上海法律专门学校毕业	政府官员
759	谢嗣升 (1903—1975)	江苏	1931 (28 岁)	法	巴黎大学	法学	1936	南京东南大学毕业,后任教	大学教授

续前表

序号	姓名	籍贯	出国时间 出国年龄	国别	学校	专业	回国时间	职业和身份 出国前	职业和身份 回国后
760	谢澄孚 (1901—1967)	湖南	1927年后	法	巴黎大学	社会学博士	1933年前	工人	政府官员
761	蒲殿俊 (1885—1934)	四川	1904 (19岁)	日	法政大学	法政	1908	光绪朝进士	革命人士，报社主编
762	楼邦彦 (1912—1979)	浙江	1936 (24岁)	英		法学	1945年前	清华大学毕业	大学教授，法学家
763	雷加 (1915—)	辽宁	1935 (20岁)	日	法政大学	法政	1926	沈阳中学毕业	小说家
764	雷震 (1897—1979)	浙江	1916 (19岁)	日	京都帝国大学	法学	1926		大学教授，政府官员
765	雷崧生 (1907—1986)	湖南		法	巴黎大学	法学博士	1928	毕业于国立中央大学获法学士	外交官员
766	鲍事天 (1911—)	湖北	1931 (20岁)	菲	菲律宾大学圣多玛大学	政治学哲学博士	1935	1926年参加北伐	大学教授，社会活动人士
767	褚辅成 (1873—1948)	浙江	1904 (31岁)	日	东洋大学	警政	1905	初入监生	革命人士
768	蔡大愚 (1874—1945)	四川		日	法政大学	法学	1907		学校校长，革命人士
769	蔡枢衡 (1904—1983)	江西	20世纪20年代	日	东京帝国大学	法学	1937年前	复旦大学中文系毕业 1927年加入中国共产党	大学教授，法学家
770	廖芾光 (1902—)	广东	1930 (28岁)	日	法政大学	法政	1938		大学教授
771	廖世功 (1887—1955)	江苏		法	法国政治科学院	学士	1908	就读于上海方言馆，习外语	外交官员
772	廖蒉存 (1906—1970)	广西		美	林肯大学	法学博士		毕业于中山大学	大学教授
773	廖宗北	湖北		日	法政大学	政治	1913年前		国会议员

续前表

序号	姓名	籍贯	出国时间 出国年龄	国别	学校	专业	回国时间	职业和身份	
								出国前	回国后
774	端木正 (1920—)	安徽	1948（28岁）	法	巴黎大学法学院	法学博士	1951	武汉大学法学士、清华大学法学硕士	大学教授、司法官员
775	端木恺 (1903—1987)	安徽	20世纪20年代	美	纽约大学	法学博士	1931年前	东吴大学法学士	政府官员、律师
776	谭人凤 (1860—1920)	湖南	1907（47岁）	日	东京法政学堂	法政	1908	清秀才。创办新式学校、参加反清起义	革命人士
777	谭其茳 (1880—1941)	四川	1905（25岁）	日		法政	1909	就读于四川大学堂	政府官员
778	戢翼翚 (1878—1907)	湖北	1896（18岁）	日	早稻田大学	政科	1900	甲午战争后，任政府驻日公使议员，是中国最早派遣留日学生之一	革命人士、后遇害
779	熊成章 (1886—)	四川	1905（19岁）	日	早稻田大学	法政	1909		司法官员、大学教授
780	熊亨瀚 (1894—1928)	湖南	1913（19岁）	日	神田法政学院	法政	1915	1911年参加辛亥革命	报社社长、政府官员
781	潘大逵 (1902—1991)	四川	1925（23岁）	美	斯坦福大学 威斯康辛大学	政治学硕士	1930	1924年清华学校毕业	大学教授、政府官员
782	潘念之 (1902—1988)	浙江	1928（26岁）	日	明治大学	法学		1924年加入共产党，任党务工作	政府官员、大学教授
783	潘大道 (1888—1927)	四川	1903年后	日	早稻田大学	政治经济	1910		大学教授、国会议员
784	潘元敏 (1876—)	广东		日	法政大学速成科	法政	1920年前	清廪贡生	司法官员
785	潘系鎬 (1873—)	江苏		日	法政大学	法政	1922年前		国会议员、律师
786	潘冠英 (1895—1959)	广东		法	里昂大学	法学博士	1926	广东高等师范学校毕业	大学教授
787	潘学海 (1873—)	江西	1910年前	日	早稻田大学 中央大学	政治经济 法学士	1913年前	清廪生	国会议员

续前表

序号	姓名	出国时间 出国年龄	国别	学校	专业	回国时间	职业和身份 出国前	职业和身份 回国后
788	赖庆晖 (1882—)		江西 日	法政大学	法学	1911		教员、法官、国会议员
789	燕化棠 (1883—1974)	1923（20岁） 1928	河南 日	日本大学	法学	1927 1929	早年宣传革命	政府官员
790	燕树棠 (1891—)		河北 美	耶鲁大学	法学博士	1921 年前		大学教授
791	薛光前 (1910—1978)	1935（25岁）	上海 意	罗马皇家大学	政治经济学博士	1936	东吴大学毕业，1933年任上海新闻报社长	外交官员
792	薛学海 (1887—)		江苏 美	威斯康辛大学	法学		毕业于公立清华大学	公司董事、外交官
793	冀鼎铉		山西 日	明治大学	商科	1913 年前		国会议员
794	冀贡泉 (1882—1976)	1908（26岁）	山西 日	明治大学	法学学士	1912 年前	清秀才，1908年山西大学堂毕业	政府官员、报社主编
795	冀朝鼎 (1903—1963)	1924	山西 美 苏	芝加哥大学 哥伦比亚大学 莫斯科中山大学	法学博士 经济学博士	1941	1924年清华学校毕业	大学教授、政府官员
796	穆超 (1913—)	20世纪 30年代	辽宁 日	明治大学	政治经济学博士	1937	宣传三民主义，曾就读于中山大学	立法委员
797	戴任 (1862—1937)		浙江 日	明治大学		1910	毕业于湖北武备学堂	政府官员、立法委员
798	戴夏 (1888—1963)	1925	浙江 德					司法官员、立法委员
799	戴天球 (1895—1975)		江苏 日	日本大学	法律	1917 年前	就读于两江法政学堂	政府官员
800	戴季陶 (1890—1949)	1905（15岁）	浙江 日	东京师范学校 东京帝国大学	法学	1909		国民党要员

续前表

序号	姓名	籍贯	出国时间 出国年龄	国别	学校	专业	回国时间	职业和身份	
								出国前	回国后
801	戴修瓚 (1887—1957)	湖南		日		法学		毕业于中央大学法科	司法官员，大学教授
802	戴修骏 (1894—)	湖南		法	巴黎大学	法学博士	1927年前		立法委员
803	魏镛 (1937—)	湖北	1960（23岁）	美	俄勒冈大学	政治学博士	1975		在美国执教，获奖项众多
804	魏文达 (1905—)	天津	1934（29岁）	英	伦敦特许保险学院		1935年前	上海东吴比较法学院毕业，获硕士学位	大学教授、律师、政府官员
805	龚国煌 (1883—1940)	湖北	1905（22岁）	日	东京私立法政学校	法政	1910	倡导反清言论	革命人士
806	凌士钧 (1885—1954)	浙江		日	法政大学速成科	法律	1914年前		司法官员
807	龚祥瑞 (1911—)	浙江	1936（25岁）	英法	伦敦大学巴黎大学	政治学法学博士	1939	清华大学政治系毕业	大学教授
808	凌道扬 (1890—)	广东		美	麻省大学耶鲁大学	名誉法学硕士	1915	上海圣约翰大学文学士	大学官员、政府官员
809	盛振为	上海		美	西北大学	法学博士	1927	东吴大学毕业获文学士、法学士	大学教授、立法委员
810	浦薛凤 (1900—1997)	江苏	1921（21岁）	美	翰墨林大学哈佛大学	法学硕士	1930	1921年毕业于清华大学	大学教授、报社主编
811	盛礼约 (1916—)	浙江		美	伊利诺伊大学	文学	1941年前	国立中央政治学校毕业，法学士	政府官员
812	陶然 (1914—1966)	山东	1935（21岁）	日	法政大学	文学	1937	毕业于北平弘达中学	大学教授
813	鄂森 (1902—1970)	江苏	1928（26岁）	美	斯坦福大学林肯大学	法学博士	1929	东吴大学法律系毕业	律师、大学教授
814	陶秀 (1912—)	安徽	1931（19岁）	法	巴黎大学	法学		安徽第一中学毕业	大学教授

续前表

序号	姓名	籍贯	出国时间出国年龄	国别	学校	专业	回国时间	职业和身份 出国前	职业和身份 回国后
815	崔士杰（1887—）	山东		日	东京帝国大学	法学学士	1917年前		政府官员
816	陶樾（1910—）	浙江	1937（27岁）	法	巴黎大学	法学		复旦大学政治系毕业	大学教授
817	崔书琴（1906—1957）	河北	1930（24岁）	美	哈佛大学研究院	政治学博士	1934	南开大学毕业，加入国民党	大学教授、立法委员
818	陶百川（1903—2002）	浙江		美	哈佛大学	法律政治	1927	上海法科大学，法学士	报社主编
819	崔存璘（1909—1980）	浙江		美	华盛顿大学	政治学硕士	1929	就读于上海沪江大学	外交官员
820	陶思曾（1878—1943）	湖南	1902（24岁）	日	法政大学	法学	1907年前	清秀才	政府官员
821	崔廷献（1875—）	山西	1905（30岁）	日	法政大学	法学 经济学	1906	1898年优贡。山西大学管理人员	政府官员
822	陶保晋（1875—）	江苏		日	法政大学	法政	1913年前		国会议员
823	崔克讷（1915—）	安徽	1944（29岁）	美	宾州大学沃登商学院	工业管理硕士	1947	1940年毕业于东大学，获法学士	大学教授
824	黄元彬（1891—）	山东		日	京都帝国大学	法政			法学院长
825	章力生（1904—）	江苏	1925年后	法英	巴黎大学法学院 牛津大学 剑桥大学	法学	1929	十余岁即著有《中国土地问题》印行。任大学教授	大学教授
826	黄允之（1878—1931）	江苏	1904（26岁）	日		法政	1907年前	清末廪生。中英文社习英语、数学	报社主笔、大学教授
827	章任堪（1904—）	浙江	1927（23岁）	美	哈佛大学	法学博士	1937年前	1927年东吴大学法科毕业	大学教授

续前表

序号	姓名	籍贯	出国时间 出国年龄	国别	学校	专业	回国时间	职业和身份 出国前	职业和身份 回国后
828	章宗元 (1878—)	浙江	1900 (22岁)	美	加利福尼亚大学	经济学	1907	张宗祥之兄，清附生，肄业于上海南洋公学	政府官员
829	章宗祥 (1879—1962)	浙江	1899 (20岁)	日	东京帝国大学	法学	1903		政府官员，五四时期卖国贼
830	章辁吾(女) (1906—1981)	江西		日 法 美	巴黎大学 哥伦比亚大学	法学博士	1945	教师	外交官员
831	章雨苍 (1885—1916)	安徽		日	法政大学				革命人士
832	章骏锜 (1902—1975)	江西		法	巴黎大学	硕士		毕业于北京大学	政府官员
833	章鹏若 (1907—1964)	江苏	1935 (28岁)	日	明治大学	经济学士	1938	毕业于无锡国学专修馆。任职立法院	大学教授
834	钟介民 (1893—1964)	广东	1915 年后	美	拉萨尔函授大学	法律		毕业于上海复旦大学	大学教授，政府官员

后　记

　　本卷是 2005 年教育部批准的哲学社会科学研究重大课题攻关项目"中国传统法律文化研究"子课题之一，是在项目首席专家曾宪义教授的主持和直接指导下完成的。自项目启动以来，曾宪义教授以惊人的毅力，在处理各种繁忙公务的同时，精心擘画，劳力费神，督课程限，率领大家按照预定的课题计划从事研究，对本卷的写作计划，每每提出明确的要求，保障了课题研究的顺利进行。特别是曾教授视课题学术质量如生命的再三强调，令晚辈们深受教益。他一再强调：学术规范是我们开展这项课题"最重要、最根本的问题，也是最最关乎每位主编与总主编的政治生命和学术品质、信誉的重大问题，绝不能有一丝一毫的侥幸、懈怠和疏忽"。

　　其他各子课题负责人——中国人民大学叶秋华教授、赵晓耕教授、马小红教授、王云霞教授、史彤彪教授，南京师范大学夏锦文教授，中南财经政法大学范忠信教授，湖南社会主义学院胡旭晟教授以及湘潭大学夏新华教授等专家，不论是在课题组会议，还是平日私下间，都对本课题给予很好的修改意见，提供了相当大的精神鼓励和专业上的帮助，并让我们分享了合作开展学术研究的快乐。课题组秘书，特别是庞朝骥，还有姜栋、蒋家棣在从事艰巨的博士学业任务的同时，承担了繁重而琐碎的课题组秘书工作，他们的敬业精神和组织、协调能力令人难忘，几乎可以说，没有他们就没有本卷的问世，他们应当受到特别的感谢。

　　本卷由中国人民大学曾宪义教授、西北政法大学王健教授、闫晓君教授负责完成。引言由曾宪义教授撰写。第一编由闫晓君教授负责，分别由西北政法大学法律史专业的年轻教师和硕士研究生完成，其各章节写作分工情况是：第一编第一章第一、二、三节为王颖，第四、五、六、七节为陈玺；第二章第一节为武瑞，第二节为韩玮，第三节为张文涛，第四节为赵璐璐，第五节为司贻文，第六节、第七节为闫晓君；第三章第一节为律璞，第二节为黄博，第三节为高学强，最后由闫晓君教授统筹、补充和修改。第二编全部由王健承担。

　　本卷在内容结构上大别为古代和近现代两部分，但近现代部分截至中华民国时期。为弥补新中国成立后六十年法律教育和法学发展的情况空白的缺憾，提供了一篇由王健整理的《新中国法学教育六十年》的专文，附于本卷正文之后。附录中另外收录了赵银整理的"中国近代法科留学生简表"，对正文相应内容提供了补充。

　　本卷吸收了作者过去和现有的相关代表性研究成果，对于书中存在的问题，欢迎读者批评指正。

王健
2010 年中秋节

图书在版编目（CIP）数据

律学与法学：中国法律教育与法律学术的传统及其现代发展/曾宪义，王健，闫晓君主编 . —北京：中国人民大学出版社，2012.1
（中国传统法律文化研究）
ISBN 978-7-300-15008-6

Ⅰ. ①律…　Ⅱ. ①曾…②王…③闫…　Ⅲ. ①法学教育-教育史-中国　Ⅳ. ①D929

中国版本图书馆 CIP 数据核字（2011）第 271604 号

"十一五"国家重点图书出版规划
教育部哲学社会科学研究重大课题攻关项目资助
中国传统法律文化研究
总主编　曾宪义
律学与法学：中国法律教育与法律学术的传统及其现代发展
主　编　曾宪义　王　健　闫晓君
Lüxue yu Faxue：Zhongguo Falü Jiaoyu yu Falü Xueshu de Chuantong Jiqi Xiandai Fazhan

出版发行	中国人民大学出版社				
社　　址	北京中关村大街 31 号		邮政编码	100080	
电　　话	010 - 62511242（总编室）		010 - 62511398（质管部）		
	010 - 82501766（邮购部）		010 - 62514148（门市部）		
	010 - 62515195（发行公司）		010 - 62515275（盗版举报）		
网　　址	http://www.crup.com.cn				
	http://www.ttrnet.com(人大教研网)				
经　　销	新华书店				
印　　刷	涿州星河印刷有限公司				
规　　格	185 mm×240 mm　16 开本		版　次	2012 年 1 月第 1 版	
印　　张	30.5 插页 1		印　次	2012 年 1 月第 1 次印刷	
字　　数	620 000		定　价	88.00 元	